suhrkamp taschenbuch 252

Hermann Hesse, am 2. Juli 1877 in Calw/Württemberg als Sohn eines baltendeutschen Missionars geboren, starb am 9. August 1962 in Montagnola bei Lugano. Das Werk Hermann Hesses, ausgezeichnet mit dem Nobelpreis 1946, erscheint im Suhrkamp Verlag.

Das literarische Leben seiner Zeit hat Hermann Hesse mit mehr als dreitausend Buchbesprechungen in etwa sechzig verschiedenen Zeitungen und Zeitschriften begleitet und mitgeprägt. Es gibt kaum einen »Klassiker der Moderne«, auf den nicht Hermann Hesse als einer der allerersten publizistisch hingewiesen hätte. Thomas Mann schrieb darüber: »Der Begriff der Weltliteratur, den Goethe stiftete, ist ihm der natürlichste, heimatlichste. Es ist ein Dienen, Huldigen, Auswählen, Revidieren, Wiedervorlegen und kundiges Bevorworten, ausreichend, das Leben manches gelehrten literatus zu füllen. Hier ist es ein bloßer Überschuß an Liebe (und an Arbeitskraft!), eine tätige Liebhaberei neben einem persönlichen, außerordentlich persönlichen Werk, das an Vielschichtigkeit und Beladenheit mit den Problemen von Ich und Welt unter den zeitgenössischen seinesgleichen sucht.«

Diese Auswahl dokumentiert etwa den zehnten Teil aller Buchbesprechungen Hesses. Von Besprechungen der frühesten Werke der Weltliteratur bis hin zu den Schriften zeitgenössischer Autoren (Max Frisch, Arno Schmidt, Peter Weiss) ergibt sie eine Literaturgeschichte in Rezensionen und Aufsätzen.

Hermann Hesse
Eine Literaturgeschichte
in Rezensionen und Aufsätzen

Herausgegeben von
Volker Michels

Suhrkamp

suhrkamp taschenbuch 252
Zweite Auflage, 13.–15. Tausend 1979
© Suhrkamp Verlag Frankfurt am Main 1970
Suhrkamp Taschenbuch Verlag
Alle Rechte vorbehalten, insbesondere das des
öffentlichen Vortrags, der Übertragung durch
Rundfunk und Fernsehen sowie der Übersetzung, auch einzelner Teile.
Druck: Nomos Verlagsgesellschaft,
Baden-Baden.
Printed in Germany.
Umschlag nach Entwürfen von
Willy Fleckhaus und Rolf Staudt.

INHALT*

* Bei kursiv gesetzten Überschriften handelt es sich um die Titel der be-
sprochenen Bücher, während aufrecht gesetzte Überschriften die Originaltitel
von Hesse kennzeichnen.

Urteile sind nur wertvoll, wenn sie bejahen. Jedes verneinende, tadelnde Urteil, wenn es als Beobachtung noch so richtig ist, wird falsch, sobald man es äußert. Was Menschen übereinander reden, davon sind zwei Drittel solche »Urteile«. Wenn ich von einem Menschen sage, er sei mir zuwider, so ist das eine ehrliche Aussage. Wer sie hört, dem ist es anheimgegeben, ob er die Schuld an diesem Zuwidersein mir oder dem andern zuschreiben will. Sage ich aber von jemand, er sei eitel oder geizig oder er trinke, so tue ich unrecht. Auf diese Art ließe jeder Mensch sich rasch durch Urteile »erledigen«. Für diese Art von Urteil ist Jean Paul ein Biertrinker, Feuerbach eine Sammetjacke und Hölderlin ein Verrückter gewesen. Ist damit etwas über sie gesagt, etwas von ihnen gegeben? Ebensogut kann einer sagen: Die Erde ist ein Planet, auf dem es Flöhe gibt. Diese Art von »Wahrheiten« sind der Inbegriff aller Fälschung und Lüge. Wirklich wahr sind wir nur, wo wir Ja sagen und anerkennen. Das Feststellen von »Fehlern«, und klinge es noch so fein und geistig, ist nicht Urteil, sondern Klatsch.

Hermann Hesse

EINE LITERATURGESCHICHTE
IN REZENSIONEN UND AUFSÄTZEN

Ich habe stets die Sicherheit, mit der Kritiker auftreten und Zeit- und Kulturkritik treiben, mit Mißtrauen betrachtet und mir eigentlich wirkliche Kritik öffentlich überhaupt nie erlaubt. Vielleicht warnte mich auch ein Instinkt der seelischen Ökonomie, allzuweit in rein intellektuellen Äußerungen zu gehen, um den Boden nicht auszutrocknen, auf dem die Dichtung wächst.

(Hermann Hesse, 1926, in einem Brief an Hugo Ball)

EINE BIBLIOTHEK DER WELTLITERATUR

(1927)

Echte Bildung ist nicht Bildung zu irgendeinem Zwekke, sondern sie hat, wie jedes Streben nach dem Vollkommenen, ihren Sinn in sich selbst. So wie das Streben nach körperlicher Kraft, Gewandtheit und Schönheit nicht irgendeinen Endzweck hat, etwa den, uns reich, berühmt und mächtig zu machen, sondern seinen Lohn in sich selbst trägt, indem es unser Lebensgefühl und unser Selbstvertrauen steigert, indem es uns froher und glücklicher macht und uns ein höheres Gefühl von Sicherheit und Gesundheit gibt, ebenso ist auch das Streben nach «Bildung», das heißt nach geistiger und seelischer Vervollkommnung, nicht ein mühsamer Weg zu irgendwelchen begrenzten Zielen, sondern ein beglückendes und stärkendes Erweitern unsres Bewußtseins, eine Bereicherung unserer Lebens- und Glücksmöglichkeiten. Darum ist echte Bildung, ebenso wie echte Körperkultur, Erfüllung und Antrieb zugleich, ist überall am Ziele und bleibt doch nirgends rasten, ist ein Unterwegssein im Unendlichen, ein Mitschwingen im Universum, ein Mitleben im Zeitlosen. Ihr Ziel ist nicht Steigerung einzelner Fähigkeiten und Leistungen, sondern sie hilft uns, unsrem Leben einen Sinn zu geben, die Vergangenheit zu deuten, der Zukunft in furchtloser Bereitschaft offenzustehen.

Von den Wegen, die zu solcher Bildung führen, ist einer der wichtigsten das Studium der Weltliteratur, das allmähliche Sichvertrautmachen mit dem ungeheuren Schatz von Gedanken, Erfahrungen, Symbolen, Phantasien und Wunschbildern, den die Vergangenheit uns in den Werken der Dichter und Denker vieler Völker hinterlassen hat. Dieser Weg ist endlos, niemand kann ihn jemals zu Ende gehen, niemand könnte jemals die gesamte Literatur auch nur eines einzigen großen Kulturvolkes völlig durchstudieren und kennenlernen, geschweige denn die der ganzen Menschheit. Dafür ist aber jedes verstehende Eindringen in ein Denker- oder Dichterwerk von hohem Rang eine Erfüllung, ein beglückendes Erlebnis — nicht an totem Wissen, sondern an lebendigem Bewußtsein und Verständnis. Nicht darauf soll es uns ankommen, möglichst viel gelesen zu haben und zu kennen, sondern in einer freien, persönlichen Auswahl von Meisterwerken, denen wir uns in Feierstunden ganz hingeben, eine Ahnung zu bekommen von der Weite und Fülle des von Menschen Gedachten und Erstrebten, und zur Gesamtheit selbst, zum Leben und Herzschlag der Menschheit, in ein belebendes, mitschwingendes Verhältnis zu kommen. Dies ist schließlich der Sinn alles Lebens, soweit es nicht bloß der nackten Notdurft dient. Keineswegs etwa «zerstreuen» soll uns das Lesen, sondern vielmehr sammeln, nicht über ein sinnloses Leben uns wegtäuschen und mit einem Scheintroste betäuben, sondern unserm Leben im Gegenteil einen immer höhern, immer volleren Sinn geben helfen.

Die Auswahl nun, in der wir die Weltliteratur kennenlernen, wird für jeden einzelnen eine andere sein; sie hängt nicht nur davon ab, wieviel Zeit und Geld ein Leser diesem edlen Bedürfnis zu opfern hat, sondern noch von vielen anderen Umständen. Dem einen wird etwa Plato der verehrte Weise, Homer der geliebteste Dichter sein, und stets werden sie für ihn der Mittelpunkt aller Literatur sein, von welchem aus er alles andre ordnet und beurteilt; einem andern werden andre Namen diese Stellung ausfüllen. Der eine wird zum Genuß edler Versgebilde, zum Miterleben geistvoller Phantasiespiele und schwingender Sprachmusik fähig sein, der andere mehr beim streng Verständigen bleiben; der eine wird stets den Werken seiner Muttersprache den Vorzug geben, ja gar keine anderen lesen mögen, ein anderer wieder wird etwa eine besondere Vorliebe für die Franzosen, für die Griechen, für die

Russen haben. Dazu kommt noch, daß auch der denkbar Gelehrteste immer nur einige wenige Sprachen kennt, und daß nicht nur nicht alle bedeutenden Werke anderer Zeiten und Völker ins Deutsche übersetzt sind, sondern daß sehr viele Dichtungen überhaupt unübersetzbar sind. Echte Lyrik zum Beispiel, welche nicht nur in angenehm gebauten Versen hübsche Inhalte häuft, sondern in welcher die Musik einer schöpferischen Sprache schwingendes Symbol der Welt und der Lebensvorgänge wird — solche Lyrik bleibt stets an die einmalige Sprache des Dichters, an seine Muttersprache nicht nur, sondern an seine persönliche, nur ihm allein mögliche Dichtersprache gebunden, und ist also unübersetzbar. Einige der edelsten und kostbarsten Dichtungen — es sei etwa an die provenzalischen Troubadour-Gedichte erinnert — sind nur für sehr wenige Menschen überhaupt noch erreichbar und genießbar, denn ihre Sprache ist zusammen mit der Kulturgemeinschaft, aus welcher sie stammen, untergegangen und nur auf gelehrtem Wege in liebevollem Studium wieder zum Tönen zu bringen. Immerhin haben wir das Glück, über einen außerordentlich reichen Schatz an guten Übertragungen aus fremden und toten Sprachen zu verfügen.

Wichtig für ein lebendiges Verhältnis des Lesers zur Weltliteratur ist vor allem, daß er sich selbst und damit die Werke, die auf ihn besonders wirken, kennenlerne und nicht irgendeinem Schema oder Bildungsprogramm folge! Er muß den Weg der Liebe gehen, nicht den der Pflicht. Sich zum Lesen irgendeines Meisterwerkes zu zwingen, nur weil es so berühmt ist und weil man sich schämt, es noch nicht zu kennen, wäre sehr verkehrt. Statt dessen muß jeder mit dem Lesen, Kennen und Lieben dort beginnen, wo es ihm natürlich ist. Einer wird schon in frühen Schuljahren die Liebe zu schönen Versen in sich entdecken, ein anderer die Liebe zur Geschichte oder den Sagen seiner Heimat, ein andrer vielleicht die Freude an Volksliedern, und wieder ein andrer wird das Lesen dort als reizend und beglückend empfinden, wo er Gefühle unsres Herzens genau untersucht und von einem überlegenen Verstande gedeutet findet. Der Wege sind tausend. Vom Schullesebuch, vom Kalender kann man ausgehen, und kann bei Shakespeare, Goethe oder Dante enden. Ein Werk, das uns gerühmt wird, das wir zu lesen versuchen und das uns nicht gefällt, das uns Widerstände entgegensetzt und uns nicht in sich einlassen will, sollen wir nicht mit Gewalt noch mit Geduld bezwingen wollen, sondern es wieder weglegen. Darum soll man auch Kinder und ganz junge Menschen nie allzusehr zu einer bestimmten Lektüre ermuntern und anhalten; man kann jungen Menschen dadurch die schönsten Werke, ja das echte Lesen überhaupt, fürs ganze Leben entleiden. Jeder knüpfe dort an, wo eine Dichtung, ein Lied, ein Bericht, eine Betrachtung ihm gefallen hat, er suche von dort aus nach Ähnlichem weiter.

Genug nun der Einleitung! Jedem Strebenden steht der ehrwürdige Bildersaal der Weltliteratur offen, keiner braucht sich durch seine Fülle schrecken zu lassen, denn es kommt nicht auf die Masse an. Es gibt Leser, welche zeitlebens mit einem Dutzend Bücher auskommen und dennoch echte Leser sind. Und es gibt andre, die alles geschluckt haben und über alles mitzureden wissen, und doch war all ihre Mühe vergebens. Denn Bildung setzt etwas zu Bildendes voraus: einen Charakter nämlich, eine Persönlichkeit. Wo die nicht vorhanden ist, wo sich Bildung ohne Substanz gewissermaßen im Leeren vollzieht, da kann wohl Wissen entstehen, nicht aber Liebe und Leben. Lesen ohne Liebe, Wissen ohne Ehrfurcht, Bildung ohne Herz ist eine der schlimmsten Sünden gegen den Geist.

Gehen wir auf unsere Aufgabe los! Ohne irgendwelches gelehrte Ideal, ohne irgend auf Vollständigkeit erpicht zu sein, im wesentlichen einfach meiner ganz persönlichen Lebens- und Leser-Erfahrung folgend, will ich auf diesen Seiten den Versuch machen, eine ideale kleine Bibliothek der Weltliteratur zu beschreiben. Nur noch einige praktische Winke über den Umgang mit Büchern seien vorausgeschickt.

Wer einmal den Anfang des Weges zurückgelegt und sich in der unsterblichen Welt der Bücher etwas heimisch gemacht hat, der wird bald nicht nur zum Inhalt der Bücher, sondern zum Buche selbst in ein neues Verhältnis treten. Daß man Bücher nicht nur lesen, sondern auch kaufen solle, ist eine häufig gepredigte Forderung, und als alter Bücherfreund und Besitzer einer nicht kleinen Bibliothek kann ich aus Erfahrung versichern, daß das Bücherkaufen nicht bloß dazu dient, die Buchhändler und die Autoren zu füttern, sondern daß der Besitz von Büchern (nicht bloß ihre Lektüre) seine ganz eigenen Freuden und seine eigene Moral hat. Eine Freude kann es zum Beispiel sein und ein entzückender Sport, bei sehr knappen Geldverhältnissen unter Benutzung der billigsten Volksausgaben und beständigem Studium vieler Kataloge sich klug, zäh und listig allmählich allen Schwierigkeiten zum Trotz eben doch eine schöne kleine Bücherei zu schaffen. Umgekehrt gehört es für den gebildeten Reichen zu den ganz ausgesuchten Freuden, von jedem Lieblingsbuche die beste, die schönste Ausgabe aufzutreiben, seltene alte Bücher zu sammeln und seinen Büchern dann eigene, schöne, liebevoll ausgedachte Einbände zu geben. Hier stehen, vom sorgsamen Anlegen des Spargroschens bis zum höchsten Luxus, viele Wege, viele Freuden offen.

Wer mit dem Aufbau einer eigenen Bücherei beginnt, der wird vor allem andern darauf sehen, nur gute Ausgaben zu erwerben. Unter «guten Ausgaben» verstehe ich nun nicht kostbare, sondern solche, deren Texte wirklich sorgfältig und mit der Ehrfurcht behandelt sind, die edlen Werken gebührt. Es gibt manche teure, in Leder gebundene, mit Gold bedruckte und mit Bildern geschmückte Ausgaben, die nichtsdestoweniger lieblos und miserabel gemacht sind, und es gibt wohlfeile Volksausgaben, deren Herausgeber treu und musterhaft gearbeitet haben. Eine beinahe allgemein eingerissene Unsitte ist es, daß jeder Herausgeber eines Autors seine Ausgabe unter dem Titel «Sämtliche Werke» anzeigen darf, während seine Ausgabe doch nur eine bescheidene Auswahl aus diesen Werken darstellt. Und wie verschieden können verschiedene Herausgeber einen Dichter auswählen! Ob ein Mensch in tiefer Verehrung und Liebe aus einem Dichter, den er in vielen Jahren immer wieder gelesen hat, eine weise Auswahl herstellt, oder ob ein beliebiger Literat, der gerade diesen Auftrag zufällig bekommen hat, in liebloser hastiger Arbeit eine solche Auswahl hinwirft, ist wahrlich nicht dasselbe. Und dann müssen bei jeder anständigen Neuausgabe die Texte auf das sorgfältigste geprüft werden. Es gab und gibt eine Menge von beliebten Dichterwerken, die ein Drucker dem andern immer wieder nachdruckte, ohne daß die Ur-Ausgaben zu Rate gezogen wurden, und am Ende wimmelt der Text von Irrtümern, Entstellungen und andern Fehlern. Ich könnte erstaunliche Beispiele nennen. Aber leider ist es nicht möglich, dem Leser hierüber Rezepte in die Hand zu geben, etwa gewisse Verleger und ihre Ausgaben unbedingt als Muster oder als tadelnswert zu nennen. Beinahe jeder deutsche Klassikerverlag besitzt einige gute und einige weniger geglückte Ausgaben; bei dem einen finden wir etwa den vollständigsten Heine mit den bestkontrollierten Texten, aber dafür ist bei ihm mancher andere Dichter ungenügend bearbeitet. Außerdem wechseln diese Zustände beständig. Kürzlich hat ein angesehener Verlag, in dessen Klassikerausgaben jahrzehntelang der Dichter Novalis mit auffallender Lieblosigkeit behandelt war, gerade von Novalis eine Neuausgabe gebracht, die alle strengsten Forderungen erfüllt. Aber man hüte sich davor, bei der Wahl seiner Ausgaben mehr auf Papier und Einband zu sehen, als auf die Güte der Texte, und man hüte sich auch davor, der äußeren Einheitlichkeit wegen möglichst alle «Klassiker» in uniformen Ausgaben zu kaufen, sondern man suche und frage, bis man von dem Dichter, dessen Werke man kaufen will, die jeweils beste Ausgabe ausfindig gemacht hat. Mancher Leser ist ja auch zum Beispiel selbständig genug, um selbst zu entscheiden, von welchen Dichtern er möglichst vollständige Ausgaben wünscht, von welchen andern ihm Auswahlen genügen. Von einigen Dichtern gibt es vollständige und befriedigende Ausgaben zur Zeit überhaupt nicht, oder es sind Gesamtausgaben zwar seit Jahren und Jahrzehnten in der Herausgabe begriffen, aber es besteht keine Aussicht, ihr Fertigwerden zu erleben. Dann heißt es sich mit einer modernen minderen Ausgabe begnügen, oder aber mit Hilfe der Antiquare sich der alten Ausgaben zu bemächtigen. Von manchen deutschen Dichtern gibt es drei, vier vortreffliche Ausgaben, von anderen nur eine einzige, von manchen leider keine. Es fehlt noch immer ein vollständiger Jean Paul, es fehlt ein genügender Brentano. Die so wichtigen Jugendschriften Friedrich Schlegels, die Schlegel selbst in seinen späteren Jahren nicht mehr in seine Werke aufgenommen hat, sind vor Jahrzehnten einmal musterhaft wieder herausgegeben worden, sind seit vielen Jahren vergriffen, und es ist nie ein Ersatz gekommen. Von einigen Dichtern (z. B. Heinse, Hölderlin, die Droste) hat unsre heutige Zeit nach jahrzehntelanger Vernachlässigung wundervolle Ausgaben zustande gebracht. Unter den wohlfeilen Volksausgaben, in welchen man Werke aller Völker und Zeiten finden kann, steht noch immer Reclams Universal-Bibliothek unbestritten obenan. Von manchen Dichtern, die ich liebe und von deren Werken ich auch das kleinste und unbekannteste nicht entbehren mag, besitze ich zwei, ja drei verschiedene Ausgaben, deren jede irgend etwas enthält, was in allen anderen fehlt.

Gilt dies schon von unserem eigenen Besitz, von den

Werken unsrer besten deutschen Dichter, so wird die Sache noch um vieles heikler, wo es sich um Übersetzungen aus andern Sprachen handelt. Die Zahl der wirklich klassischen Übersetzungen ist nicht eben groß; Werke wie Martin Luthers deutsche Bibel, wie Schlegel-Tiecks deutscher Shakespeare gehören dazu, in diesen Meisterübersetzungen hat unsere Sprache sich Werke einer fremden Sprache angeeignet — für eine lange Zeit, aber nicht für ewig! Diese «lange Zeit» geht einmal zu Ende, und zum Beispiel Luthers Bibel würde vom größeren Teil unseres Volkes nicht mehr verstanden werden können, wenn sie nicht sprachlich immer wieder überarbeitet und der Zeit angepaßt würde. Und neuestens ist eine völlig neue deutsche Bibel im Erscheinen begriffen, deren Übersetzung von Martin Buber geleitet wurde, und in der wir das vertraute Buch unsrer Kindheit kaum mehr wiedererkennen, so sehr hat seine Gestalt sich verändert. Luthers Bibeldeutsch ist dicht an der Grenze des Alters, das Werke unsrer Sprache erreichen können. Das Deutsch vom Jahre 1500 ist dem heutigen Deutsch schon sehr fremd geworden. Eine einzigartige Ausnahme macht das italienische Volk mit Dante, von dessen Gedicht noch heute sehr viele Italiener große Teile auswendig wissen. Kein andrer Dichter in Europa hat, ohne sehr umgeändert oder geradezu übersetzt zu werden, ein solches Alter erreicht. Für uns aber ist die Frage, in welcher deutschen Übersetzung wir Dante lesen sollen, überhaupt nicht zu lösen, jede Übersetzung ist nur eine Annäherung, und wo wir uns von einzelnen Stellen einer Übersetzung ergriffen fühlen, gerade da greifen wir begierig nach dem Original und suchen das Altitalienisch der ehrwürdigen Verse einfühlend zu verstehen.

Wir gehen nun an unsre Aufgabe, eine gute kleine Weltbücherei aufzubauen, und da stoßen wir gleich auf einen Grundsatz aller Geistesgeschichte: daß nämlich die allerältesten Werke am wenigsten veralten. Was heute

Mode ist und Aufsehen erregt, kann morgen wieder verworfen werden; was heute neu und interessant ist, ist es übermorgen nicht mehr. Was aber erst einmal einige Jahrhunderte überdauert hat und noch immer nicht vergessen oder untergegangen ist, dessen Wertschätzung wird auch innerhalb unsrer Lebenszeit vermutlich keine großen Schwankungen mehr durchmachen. Wir beginnen mit den ältesten und heiligsten Zeugnissen des Menschengeistes, mit den Büchern der Religionen und der Mythen. Außer der uns allen bekannten Bibel stelle ich an den Anfang unsrer Bücherei jenen Teil der altindischen Weisheit, den man Vedanta, Ende des Veda, nennt, in Form einer Auswahl aus den Upanischaden. Eine Auswahl aus den Reden des Buddha gehört mit dazu, und nicht minder der aus Babylon stammende «Gilgamesch», das gewaltige Lied vom großen Helden, der es unternimmt, mit dem Tod zu kämpfen. Aus dem alten China wählen wir die Gespräche des Konfuzius, das Tao-te-King des Lao-tse und die herrlichen Gleichnisse des Dschuang Dse. Damit haben wir die Grundakkorde aller menschlichen Literatur angeschlagen: das Streben nach Norm und Gesetz, wie es im Alten Testament und bei Konfuzius sich vorbildlich ausspricht, das ahnungsvolle Suchen nach Erlösung von der Ungenüge irdischen Daseins, wie es die Inder und das Neue Testament verkünden, das Geheimwissen um die ewige Harmonie jenseits der ruhelosen, vielgestaltigen Erscheinungswelt, die Verehrung der Natur- und der Seelengewalten in Gestalt von Göttern und das beinahe schon gleichzeitige Wissen oder Ahnen darum, daß Götter nur Sinnbilder sind, und daß Macht und Schwäche, Jubel und Leid des Lebens in des Menschen Hände gelegt sind. Alle Spekulationen abstrakten Denkens, alle Spiele der Dichtung, alles Leid über die Hinfälligkeit unsres Daseins, aller Trost und aller Humor darüber ist in jenen wenigen Büchern schon zum Ausdruck gekommen. Eine Auswahl aus der klassischen Lyrik der Chinesen gehört mit dazu.

Von den späteren Werken des Orients ist unserer Bücherei unentbehrlich die große Märchensammlung «Tausendundeine Nacht», eine Quelle unendlichen Genusses, das reichste Bilderbuch der Welt. Obwohl alle Völker der Welt wunderschöne Märchen gedichtet haben, genügt in unsrer Sammlung vorerst dieses klassische Zauberbuch, ergänzt einzig durch unsere eigenen deutschen Volksmärchen in der Sammlung der Brüder Grimm. Sehr erwünscht wäre uns eine schöne Blütenlese aus der persischen Lyrik, leider ist ein solches Buch in deutscher Nachdichtung nicht vorhanden, nur Hafis und Omar Chayam sind häufig übersetzt worden.

Wir kommen zur europäischen Literatur. Aus der reichen und herrlichen Welt der antiken Dichtung wählen wir uns vor allem die beiden großen Gedichte des Homer, damit haben wir die ganze Luft und Stimmung des alten Griechenland, vielmehr es gehören dazu auch die drei großen Tragiker Äschylus, Sophokles und Euripides, welchen wir die «Anthologie» beigesellen, die klassische Blütenlese lyrischer Dichter. Wenden wir uns zur Welt der griechischen Weisheit, so stoßen wir wieder auf eine schmerzliche Lücke: den wirksamsten, vielleicht wichtigsten Weisen Griechenlands, Sokrates, müssen wir uns aus den Schriften mehrerer anderer, namentlich Platons und Xenophons, in Bruchstücken zusammensuchen. Ein Buch, welches die wertvollsten Zeugnisse über Leben und Lehre des Sokrates übersichtlich zusammenstellt, wäre eine Wohltat. Die Philologen wagen sich an diese Arbeit nicht heran, sie wäre auch in der Tat heikel. Die eigentlichen Philosophen beziehe ich in unsere Bibliothek nicht ein. Dagegen ist uns Aristophanes unentbehrlich, dessen Lustspiele die große Reihe europäischer Humoristen ehrwürdig einleiten. Auch wollen wir von Plutarch, dem Meister der Heldenbiographie, zumindest einen oder zwei Bände aufnehmen, und auch Lukian darf nicht ganz fehlen, der Meister des spöttischen Fabulierens. Nun fehlt uns noch etwas Wichtiges: ein Buch, das die Geschichten der griechischen Götter und Heroen erzählt. Die volkstümlichen Mythologiebücher sind unzulänglich. In Ermangelung eines andern Werkes greifen wir zu Gustav Schwabs «Sagen des klassischen Altertums», welche die Mehrzahl der schönsten Mythen in sehr guter Haltung erzählen. In unsrer Zeit hat Schwab übrigens einen ernsthaften Nachfolger erhalten: Albrecht Schäffer hat ein griechisches Sagenbuch begonnen, dessen erste Teile erschienen sind und viel versprechen.

Bei den Römern habe ich immer die Geschichtsschreiber den Dichtern vorgezogen, immerhin werden wir Horaz, Vergil und Ovid aufnehmen, neben sie aber auch den Tacitus stellen, dem ich noch den Sueton beifüge, sowie das «Satyrikon» des Petronius, diesen witzigen Sittenroman aus der Zeit des Nero, und den «Goldenen Esel» des Apulejus. In diesen beiden Werken sehen wir den inneren Verfall der Antike in der römischen Kaiserzeit. Neben diese weltmännischen und etwas spielerischen Bücher aus dem niedergehenden Rom stelle ich ein großes, unheimliches Gegenstück, ebenfalls lateinisch geschrieben, aber aus einer andern Welt, aus der des jungen Christentums stammend: die «Bekenntnisse» des heiligen Augustin. Die etwas kühle Temperatur der römischen Antike weicht einer anderen, weiter gespannten Atmosphäre, der des beginnenden Mittelalters.

Die Geisteswelt des Mittelalters, das man bis vor kurzem bei uns allgemein das «dunkle» nannte, ist von unseren Vätern und Großvätern stark vernachlässigt worden, und so kommt es, daß wir von der lateinischen Literatur jener Jahrhunderte wenig moderne Ausgaben und Übersetzungen besitzen; eine rühmliche Ausnahme macht das ausgezeichnete Werk Paul von Winterfelds: «Deutsche Dichter des lateinischen Mittelalters», das mir für unsere Bibliothek sehr willkommen ist. Als Inbegriff und Krone des großartigen mittelalterlichen Geistes lebt in der Dichtung Dantes «Göttliche Komödie» fort, außerhalb Italiens und gelehrter Kreise nur von wenigen mehr ernstlich gelesen, aber immer wieder tiefe Wirkungen ausstrahlend, eines der paar großen Jahrtausendbücher der Menschheit.

Als zeitlich nächstfolgendes Buch aus der altitalienischen Dichtung wählen wir das «Dekameron» des Boccaccio. Diese berühmte, bei Prüden um ihrer Derbheiten willen berüchtigte Novellensammlung, ist das erste große Meisterwerk europäischer Erzählungskunst, in einem wunderbar lebendigen Altitalienisch geschrieben und viele Male in alle Kultursprachen übersetzt. Gewarnt sei vor den vielen schlechten Ausgaben. Von den modernen deutschen empfehle ich die des Insel-Verlages. Von Boccaccios zahlreichen Nachfolgern, die drei Jahrhunderte lang viele berühmte Novellenbücher verfaßt haben, erreicht ihn keiner, doch soll eine Auswahl aus ihnen (es gibt eine von Paul Ernst, beim Inselverlag, und neuerdings eine schwere dreibändige im Verlag Lambert Schneider) in unserer Liste nicht fehlen. Von den italienischen Verserzählern der Renaissance können wir Ariosto nicht entbehren, den Dichter des «Rasenden Roland», eines zauberhaften romantischen Irrgartens voll entzückender Bilder und auserlesener Einfälle, Vorbild für zahlreiche Nachfolger, deren letzter und vielleicht bester Wieland war. Petrarcas Sonette stellen wir in die Nähe und vergessen die Gedichte des Michelangelo nicht, einsam und stolz steht das kleine ernste Buch inmitten seiner Zeit. Als ein Zeugnis für Ton und Lebensstimmung der italienischen Renaissance nehmen wir auch die Selbstbiographie des Benvenuto Cellini auf. Die spätere italienische Dichtung kommt wenig mehr für unsere Auswahl in Betracht, etwa noch zwei, drei Komödien von Goldoni und romantische Märchenstücke von Gozzi, und dann im neunzehnten Jahrhundert die herrlichen Lyriker Leopardi und Carducci.

Zum Schönsten, was das Mittelalter hervorgebracht

hat, gehören die französischen, englischen und deutschen christlichen Heldensagen, vor allem jene von der Tafelrunde des Königs Artus. Ein Teil dieser über ganz Europa verbreiteten Sagen findet sich in den «Deutschen Volksbüchern» aufbewahrt, denen ein Ehrenplatz in unserer Sammlung gebührt. Die beste moderne Ausgabe ist die von Richard Benz besorgte. Sie gehören neben das Nibelungenlied und das Gudrunlied, obwohl sie nicht, wie diese, Originaldichtungen, sondern späte, aus verschiedenen Sprachen übersetzte Bearbeitungen weitverbreiteter Stoffe sind. Die Gedichte der provenzalischen Troubadours wurden schon erwähnt. Es folgen nun Walther von der Vogelweide, Gottfried von Straßburg, Wolfram von Eschenbach, deren Werke wir (d. h. die Gedichte Walthers, den «Tristan» Gottfrieds und den «Parcival» Wolframs) dankbar in unsere Bibliothek aufnehmen, ebenso wie eine gute Auswahl aus den Liedern der ritterlichen Minnesänger. Wir sind damit am Ende des Mittelalters angelangt. Mit dem Abwelken der christlich-lateinischen Literatur und der großen Sagenquellen entstand damals in Europa in Leben und Literatur etwas Neues, die einzelnen Nationalsprachen lösten das Lateinisch allmählich ab, und eine nicht mehr mönchische und anonyme, sondern städtische und individuelle Art von Dichtung (wie sie in Italien mit Boccaccio begann) nahm ihren Beginn.

In Frankreich blühte damals, einsam und verwildert, ein außerordentlicher Dichter auf, Villon, dessen wilde, unheimliche Gedichte ohnegleichen sind. Gehen wir weiter durch die französische Literatur, so finden wir manches für uns Unentbehrliche: mindestens einen Band Essays von Montaigne müssen wir haben, und dann den «Gargantua» und den «Pantagruel» von Fr. Rabelais, dem lachenden Meister des Humors und der Philisterverachtung, dann die «Gedanken» und vielleicht auch noch die «Jesuitenbriefe» Pascals, des einsamen Frommen und asketischen Denkers. Von Corneille müssen wir den «Cid» und «Horace» haben, von Racine die «Phädra», die «Athalie» und die «Berenice», damit besitzen wir die Väter und Klassiker des französischen Theaters, doch gehört dazu noch der dritte Stern, der Komödiendichter Molière, dessen Meisterdramen wir in einem Auswahlband hinzufügen — oft denken wir ihn zur Hand zu nehmen, den Meister des Spotts, den Schöpfer des Tartüff. Die Fabeln Lafontaines und der «Telemach» des feinen Fenelon sollten auch nicht fehlen. Von Voltaire glauben wir die Dramen entbehren zu können, ebenso wie die Versdichtungen, aber einen oder zwei Bände seiner blitzenden Prosa müssen wir haben, vor allem den «Candide» und den «Zadig», deren Spottlust und gute Laune eine Zeitlang der Welt als Vorbilder dessen galten, was man französischen Geist nannte. Aber Frankreich hat viele Gesichter, auch das Frankreich der Revolution, und außer Voltaire brauchen wir auch noch den «Figaro» von Beaumarchais sowie die «Bekenntnisse» von Rousseau. Aber da fällt mir ein: ich habe den «Gil Blas» von Lesage vergessen, den wundervollen Schelmenroman, und die «Geschichte der Manon Lescaut», die rührende Liebesgeschichte des Abbé Prévost. Dann kommt die französische Romantik und, ihre Erbin, die Reihe der großen Romanciers — Hunderte von Büchertiteln möchte man da nennen! Aber halten wir uns an das wirklich Einzigartige und Unersetzliche! Da sind vor allem die Romane «Rot und Schwarz» und «Die Kartause von Parma» von Stendhal (Henry Beyle), in denen aus dem Kampf einer glühenden Seele mit einem überlegenen, mißtrauisch wachen Verstand eine ganz neue Art von Dichtung entstanden ist. Nicht minder einzig ist Baudelaires Gedichtband «Les fleurs du mal» — neben diesen beiden werden die liebenswürdigen Gestalten von Musset und die charmanten romantischen Erzähler Gautier und Murger klein. Es folgt Balzac, von dessen Romanen wir mindestens den «Goriot», die «Grandet», «Das Chagrinleder», «Die Frau von dreißig Jahren» haben müssen. Diesen heftigen, mit Stoff überfüllten, vor Leben berstenden Büchern gesellen wir die meisterhaften, edlen Novellen von Mérimée bei und die Hauptwerke des subtilsten französischen Prosaisten Flaubert, die «Madame Bovary» und «L'éducation sentimentale». Von hier zu Zola geht es einige Stufen abwärts, doch muß auch er dabei sein, etwa mit dem «Assommoir» oder der «Sünde des Priesters», und ebenso Maupassant mit einigen seiner etwas morbiden, schönen Novellen. Damit sind wir an der Grenze der neuesten Zeit angelangt, die wir nicht überschreiten wollen, sonst wären noch manche edle Werke zu nennen. Nicht vergessen aber dürfen wir die Gedichte von Paul Verlaine, diese vielleicht beseeltesten, zartesten aller französischen Gedichte.

In der englischen Literatur beginnen wir nun mit den «Canterbury-Geschichten» von Chaucer (Ende 14. Jahrhundert), die zum Teil von Boccaccio entlehnt sind, aber neuer im Ton; er ist der erste eigentlich englische Dichter. Neben sein Buch stellen wir die Werke Shakespeares, nicht in Auswahl, sondern vollständig. Mit hoher Achtung sprachen unsere Lehrer von Miltons «Verlorenem Paradies», aber hat einer von uns es gelesen? Nein. Wir verzichten also darauf, vielleicht ungerecht. Chesterfields Briefe an seinen Sohn sind kein tugendhaftes Buch, aber nehmen wir es doch auf. Vom Dichter des «Gulliver», Swift, dem genialen Iren, nehmen wir alles auf, was wir nur bekommen können; sein großes Herz, sein bitterer blutiger Humor, seine vereinsamte Genialität wiegt alle Schrullen seines Sonderlingtums reichlich auf. Von den vielen Werken des Daniel Defoe ist uns der «Robinson Crusoe» wichtig und auch die «Geschichte der Moll Flanders», mit ihnen hebt die stattliche Reihe der klassischen englischen Romane an. Fieldings «Tom Jones» und auch Smollets «Peregrine Pickle» nehmen wir womöglich mit auf, ganz gewiß aber Sternes «Tristram Shandy» und seine «Empfindsame Reise», zwei Bücher von echt englischer

Haltung, vom Sentimentalen zum krausesten Humor springend. Von Ossian, dem romantischen Barden, genügt uns das, was wir in Goethes «Werther» finden. Die Gedichte von Shelley und von Keats dürfen wir nicht vergessen, sie gehören zum Schönsten an Lyrik, was es gibt. Von Byron dagegen, so sehr ich diesen romantischen Übermenschen bewundere, begnügen wir uns nur mit einem seiner großen Gedichte, am besten dem «Childe Harold». Auch einen der historischen Romane von Walter Scott nehmen wir aus Pietät auf, etwa den «Ivanhoe». Und von dem unglücklichen de Quincey nehmen wir, obwohl sie ein sehr pathologisches Buch sind, die «Bekenntnisse eines Opiumessers». Ein Band Essays von Macaulay darf uns nicht entgehen, und von Carlyle, dem Bittern, nehmen wir außer den «Helden» vielleicht auch noch den «Sartor Resartus» seines so sehr englischen Witzes wegen. Dann kommen die großen Sterne des Romans: Thackeray mit dem «Jahrmarkt der Eitelkeit» und dem «Snobs-Buch», und Dickens, der trotz aller gelegentlichen Rührsamkeit doch königlichste englische Erzähler mit seinem gütigen Herzen und seiner prachtvollen Laune, von ihm müssen wir mindestens die «Pickwickier» und den «Copperfield» haben. Von seinen Nachfolgern scheint uns besonders Meredith wichtig, namentlich der «Egoist», und womöglich nehmen wir auch den «Richard Feverel» mit auf. Die schönen Gedichte von Swinburne (allerdings in hervorragendem Maße unübersetzbar!) dürfen auch nicht fehlen und nicht ein oder zwei Bände von Oscar Wilde, vor allem sein «Dorian Gray» und einige Essays. — Die amerikanische Dichtung sei vertreten durch einen Novellenband von Poe, dem Dichter der Angst und des Grauens, und die kühnen pathetischen Gedichte Walt Whitmans.

Aus Spanien holen wir uns vor allem andern den «Don Quijote» von Cervantes, eines der grandiosesten und zugleich entzückendsten Bücher aller Zeiten, die Geschichte des irrenden Ritters und seiner Kämpfe mit eingebildeten Bösewichtern und seines fetten Knappen Sancho, zweier unsterblicher Figuren. Wir verzichten aber auch nicht auf die Novellen dieses selben Dichters, sie sind wahre Kleinode einer überlegenen Erzählungskunst. Auch einen der berühmten spanischen Schelmenromane müssen wir haben, einen der Vorgänger des braven Gil Blas. Die Wahl fällt schwer, ich entscheide mich für den «Erzschelm Pablo Segovia» von Quevedo y Villegas, ein saftiges Stück voll heftiger Abenteuer und toller Witze. Von den spanischen Dramatikern, deren eine stattliche und edle Reihe existiert, halten wir für unentbehrlich Calderon, den großen Dichter des Barock, den Magier einer halb weltlich-pomphaften, halb geistlich-erbaulichen Bühne.

Noch bleiben uns verschiedene Literaturen zu durchwandern, so die niederländische und vlämische, aus der wir den «Tyl Ulenspegel» von de Coster und den «Max Havelaar» von Multatuli wählen. Costers Roman, eine Art späten Bruders des Don Quijote, ist ein Epos des vlämischen Volks. Havelaar ist das Hauptbuch des Märtyrers Multatuli, der vor einigen Jahrzehnten sein Leben dem Kampf für die Rechte der ausgebeuteten Malaien widmete.

Die Juden, das zerstreute Volk, haben an vielen Orten und in vielen Sprachen der Welt Werke hinterlassen, deren einige wir hier nicht vergessen dürfen. Die hebräischen Gedichte und Hymnen des spanischen Juden Jehuda Halevy gehören dazu, und die schönsten Legenden der chassidischen Juden, wir finden sie in Martin Bubers klassischer Übertragung in seinen Büchern «Baalschem» und «Der große Maggid».

Aus der nordischen Welt nehmen wir in unsere Sammlung die «Lieder der alten Edda», von den Brüdern Grimm übertragen, sowie eine der isländischen Sagas, etwa die vom Skalden Egil, oder eine Auswahl und Bearbeitung wie etwa das «Isländerbuch» von Bonus. Aus den neueren skandinavischen Literaturen wählen wir Andersens Märchen und die Erzählungen Jacobsens, die Hauptstücke von Ibsen und mehrere Bände Strindberg, obwohl die letzteren beiden vielleicht späteren Zeiten nicht mehr so viel bedeuten werden. Besonders reich ist die russische Literatur des letzten Jahrhunderts. Da der große Klassiker der russischen Sprache, Puschkin, zu den unübersetzbaren gehört, beginnen wir mit Gogol, dessen «Tote Seelen» und kleine Erzählungen wir unserer Bücherei einreihen, wir nehmen von Turgenjew «Väter und Söhne», ein heute schon etwas vergessenes Meisterwerk, und den «Oblomow» von Gontscharow. Von Tolstoi, dessen großes Künstlertum zeitweise etwas über die Problematik seiner Predigten und Reformversuche vergessen worden ist, sind uns zumindest die Romane «Krieg und Frieden» (vielleicht der schönste russische Roman) und «Anna Karenina» notwendig, doch wollen wir auch seine Volkserzählungen nicht missen. Und von Dostojewski dürfen wir weder die «Karamasows» vergessen noch den «Raskolnikow», noch auch sein beseeltestes Werk, den «Idioten».

Nun haben wir von China bis Rußland, vom frühesten Altertum bis an die Grenze unserer Tage, die Literaturen mancher Völker durchstöbert und eine Menge des Bewundernswerten und Liebenswerten gefunden und haben doch unseren größten Schatz, die deutsche Dichtung, noch unbesichtigt gelassen. Einzig vom Nibelungenlied und einigen Erscheinungen des späteren Mittelalters war die Rede. Jetzt wollen wir diese Welt, die deutsche Literatur seit etwa 1500, noch mit besonderer Liebe betrachten und uns das auswählen, was wir davon am meisten zu lieben und uns zu eigen gemacht zu haben glauben.

Von Luther haben wir das Hauptwerk schon ganz zu Anfang genannt, die deutsche Bibel. Wir wollen aber von ihm auch einen Band kleinerer Schriften besitzen, entweder einige seiner volkstümlichsten Flugschriften enthal-

tend oder eine Auswahl der Tischreden oder ein Buch wie
etwa das im Jahre 1871 erschienene «Luther als deutscher
Klassiker». Während der Gegenreformation erscheint in
Breslau ein merkwürdiger Mensch und Dichter, von dessen Werk uns lediglich ein schmales Büchlein voll Verse
angeht — dies aber gehört zu den sublimsten Blüten deutscher Frömmigkeit und Dichtung: der «Cherubinische
Wandersmann» des Angelus Silesius. Im übrigen mag für
die Lyrik der Zeit vor Goethe eine der vielen vorhandenen Auswahlen genügen. Aus der Lutherzeit scheint uns
noch der Nürnberger volkstümliche Dichter Hans Sachs
durchaus der Aufnahme in unsere Sammlung würdig. Ihm
reihen wir den «Simplicissimus» von Grimmelshausen an,
in dem die Zeit des Dreißigjährigen Krieges wild und
grimmig aufklingt, ein Meisterwerk an Frische und blühender Originalität. Bescheidener, aber unserer Liebe
wohl würdig, steht daneben der «Schelmuffsky» von Chr.
Reuter, dem kräftigen Humoristen. In diese Gegend unserer Bücherei stellen wir auch die Abenteuer des Barons
Münchhausen, die im 18. Jahrhundert verfaßt sind. Und
nun sind wir an der Schwelle des großen Jahrhunderts
der neueren deutschen Dichtung. Mit Freude stellen wir
die Bände von Lessing auf, es brauchen nicht die vollständigen Werke zu sein, aber sie müssen auch etwas von seinen Briefen enthalten. Klopstock? Die schönsten seiner
Oden finden wir in unserer Anthologie, das genügt.
Schwierig ist es mit Herder, der sehr vergessen ist und
doch sicherlich seine Rolle noch nicht ausgespielt hat — es
lohnt sich sehr, von Zeit zu Zeit in ihm herumzublättern
und zu lesen, wenn auch keines seiner größeren Werke als
Ganzes noch standhält. Bei Reclam gibt es eine gute Auswahl, auch eine bei Kröner.

Auch bei Wieland ist eine Gesamtausgabe sehr entbehrlich, sein «Oberon» aber, und womöglich auch die Geschichte der Abderiten darf nicht fehlen. Freundlich, witzig, ein spielerischer Kalligraph der Form, an der Antike

und den Franzosen geschult, Anhänger der Aufklärung, aber nicht auf Kosten der Phantasie, ist Wieland eine eigene, allzusehr vergessene Gestalt.

Von Goethe nehmen wir in unsere Sammlung die schönste und vollständigste Ausgabe auf, die unsere Mittel uns irgend erlauben. Mag von den Gelegenheitsdramen, von den Aufsätzen und Rezensionen dies und jenes wegbleiben, die eigentlichen Dichtungen, auch die lyrischen Gedichte, müssen wir ungekürzt haben. Hier, in diesen Bänden, tönt alles an, was uns Seelenschicksal ist, und vieles davon wird endgültig formuliert. Und welch ein Weg vom Werther zur «Novelle», von den frühen Gedichten zum zweiten Teil des Faust! Neben den Werken müssen wir auch die wichtigsten biographischen Dokumente haben, die Gespräche Eckermanns und einige der Briefwechsel, vor allem den mit Schiller und mit der Frau von Stein. Aus dem Freundeskreis des jungen Goethe ist manches hervorgegangen, vielleicht das Schönste ist «Heinrich Stillings Jugend» von Jung-Stilling. Wir stellen dieses liebe Buch in die Nähe Goethes und ebenso eine Auswahl aus den Schriften von Matthias Claudius, dem Wandsbecker Boten.

Bei Schiller neige ich zu Konzessionen. Obwohl ich die Mehrzahl seiner Schriften kaum je mehr zur Hand nehme, ist mir das Ganze dieses Mannes, sein Geist und Leben doch etwas Großes und Bezwingendes. Seine Prosaschriften (die historischen und die ästhetischen) und die Reihe seiner großen Gedichte aus der Zeit um 1800 ziehen wir vor, und wir stellen hinzu das Buch «Schillers Gespräche» von Petersen. Gern würde ich aus jener Zeit noch manches hinzufügen, Bücher von Musäus, von Hippel, von Thümmel, von Moritz, von Seume — aber wir müssen unerbittlich sein und dürfen nicht in eine Bibliothek, die auf Musset und Viktor Hugo verzichtet, Liebenswürdigkeiten kleineren Formates hineinschmuggeln. Aus der einzigartigen Zeit um 1800, Deutschlands geistig reichster Zeit, haben wir ohnehin noch eine Reihe von Autoren ersten Ranges einzureihen, zum Teil solche, die bis vor kurzem infolge von Zeitströmungen und auch infolge einer sehr beschränkten Art von Literaturgeschichtsschreibung entweder überhaupt vergessen oder unglaublich unterschätzt waren. So kann man über Jean Paul, einen der größten deutschen Geister, noch heute in populären Literaturgeschichten, die Tausenden von Studenten als Handbuch dienen, abgeschriebene Urteile einer verschollenen Kritik antreffen, in denen vom Bild dieses Dichters nichts mehr übrigbleibt. Wir rächen uns dafür, indem wir von Jean Paul die vollständigste Ausgabe aufstellen, welche wir finden können. Wer das übertrieben findet, der halte sich wenigstens für verpflichtet, die Hauptwerke zu besitzen: die «Flegeljahre», den «Siebenkäs» und den «Titan». Und das «Schatzkästlein» des klassischen Anekdotenerzählers J. P. Hebel dürfen wir auch nicht vergessen, samt seinen alemannischen Gedichten.

Von Hölderlin gibt es neuerdings mehrere gute und vollständige Ausgaben, eine von ihnen stellen wir mit Andacht auf; oft werden wir diesen edlen Schatten beschwören, oft dieser Zauberstimme lauschen. Die Werke von Novalis sollen ihm von der einen, die von Clemens Brentano von der anderen Seite Nachbarn sein, leider fehlt von Brentano noch eine wirklich genügende Ausgabe. Seine Erzählungen und Märchen sind nie ganz vergessen worden, die tiefe Sprachmusik seiner Gedichte haben erst wenige entdeckt. Ein gemeinsames Denkmal für ihn und seine Schwester Bettina ist das Buch «Clemens Brentanos Frühlingskranz». Die von ihm und Arnim besorgte Sammlung deutscher Volkslieder «Des Knaben Wunderhorn» gehört als eines der schönsten und originellsten deutschen Bücher natürlich mit dazu. Von Arnim müssen wir einen Band Novellen in guter Auswahl haben, Prachtstücke wie die «Majoratsherren» und die «Isabella von Ägypten» dürfen darin nicht fehlen. Einige Erzählungen von Tieck (vor allem «Der blonde Eckbert», «Des Lebens Überfluß» und «Aufruhr in den Cevennen») sowie sein «Gestiefelter Kater», wohl das launigste Stück der deutschen Romantik, schließen sich an. Von Görres fehlt eine brauchbare Ausgabe, leider. Auch ein Kabinettstück wie Friedrich Schlegels «Geschichte Merlins» ist seit Jahrzehnten nicht mehr gedruckt worden! Von Fouqué kommt einzig die hübsche «Undine» für uns in Betracht.

Die Werke Heinrich von Kleists müssen wir vollständig haben, die Dramen sowohl wie die Erzählungen, Aufsätze und Anekdoten. Auch er ist von seinem Volke erst spät entdeckt worden. Von Chamisso genügt uns der «Peter Schlemihl», doch gebührt dem kleinen Büchlein ein Ehrenplatz. Von Eichendorff nehmen wir eine möglichst vollständige Ausgabe: außer den Gedichten und dem beliebten «Taugenichts» müssen auch die übrigen Erzählungen vorhanden sein, dagegen sind die Dramen und theoretischen Schriften entbehrlich. Von E. T. A. Hoffmann, dem virtuosesten Erzähler der Romantik, sollten wir ebenfalls mehrere Bände haben, nicht nur die beliebtesten seiner kürzeren Geschichten, sondern auch den Roman «Elixiere des Teufels».

Hauffs Märchen und Uhlands Gedichte seien zur Wahl gestellt, wichtiger sind die Gedichte Lenaus und die der Droste, beides einzigartige Sprachmusikanten. Von Friedrich Hebbels Dramen ein oder zwei Bände, dazu seine Tagebücher, wenigstens in Auswahl, und eine anständige, nicht zu knappe Ausgabe der Werke Heines (auch Prosa!) dürfen nicht fehlen. Und dann eine hübsche, reichliche Ausgabe von Mörike, vor allem die Gedichte, dann den Mozart und das Hutzelmännlein, womöglich auch den Maler Nolten. An ihn mag sich Adalbert Stifter, der letzte Klassiker deutscher Prosa, anschließen mit dem «Nachsommer», dem «Witiko», den «Studien» und den «Bunten Steinen». Aus der Schweiz sind dem deutschen Schrifttum im letzten Jahrhundert drei bedeutende Erzähler zugewachsen: Jeremias Gotthelf, der Berner, der großartige Epiker des Bauerntums, und die Zürcher Gottfried Keller und C. F. Meyer. Von Gotthelf nehmen wir die beiden Uli-Romane, von Keller den «Grünen Heinrich», «Die Leute von Seldwyla» und auch das «Sinngedicht», von Meyer den «Jürg Jenatsch». Von beiden gibt es auch Gedichte von hohem Rang — wir suchen sie, wie noch manche andere Dichternamen, die zu nennen kein Raum war, in einer guten Blütenlese der neueren Lyrik, deren es ja manche gibt. Wer Lust hat, nehme noch Scheffels «Ekkehard» dazu, und ein Wort möchte ich auch für Wilhelm Raabe einlegen: seinen «Abu Telfan» und «Schüdderump» sollten wir uns nicht entgehen lassen. Aber damit hören wir auf — natürlich nicht, um uns der zeitgenössischen Bücherwelt zu verschließen, nein, es soll auch für sie in unseren Gedanken und in unserer Bibliothek Raum sein, doch gehört sie nicht mehr zu unserem Thema. Was in den Bestand gehört, der Generationen überdauert, darüber hat die eigene Zeit nicht zu urteilen.

Wenn ich nun am Schluß unseres Rundganges auf meine Arbeit zurücksehe, so kann ich mir deren Lückenhaftigkeit und Ungleichheit nicht verhehlen. Ist es richtig, in eine Weltbibliothek die Abenteuer des Barons Münchhausen aufzunehmen, die indische Bhagavad-Gita aber wegzulassen? Durfte ich, wenn ich gerecht sein wollte, die herrlichen Lustspieldichter des älteren Spaniens unterschlagen und die Volkslieder der Serben und die irischen Feenmärchen und so unendlich viel anderes? Wiegt ein Novellenband von Keller wirklich den Thukydides auf und der «Maler Nolten» das indische Pancatantram oder das chinesische Orakelbuch «I Ging»? Nein, natürlich nicht! Und so wird es denn leicht sein, meine Auswahl aus der Weltliteratur als höchst subjektiv und launenhaft aufzuzeigen. Schwer aber, vielmehr unmöglich wird es sein, sie durch eine andere, völlig gerechte, völlig objektive zu ersetzen. Dann müßten alle jene Autoren und

Werke aufgenommen werden, die wir seit Knabenzeiten gewohnt sind, in allen Literaturgeschichten anzutreffen, und deren Inhaltsangaben eine Literaturgeschichte immer wieder von der anderen abschreibt, denn um sie wirklich zu lesen, ist das Leben zu kurz. Und offen gestanden, ein guter schöner Vers eines deutschen Dichters, dessen Melodie ich bis in die letzte Schwingung zu kosten weiß, gibt mir unter Umständen sehr viel mehr als das ehrwürdigste Werk der Sanskrit-Literatur, wenn es mir nur in einer steifen, ungenießbaren Übersetzung zugänglich ist. Und außerdem sind Kenntnis und Schätzung der Dichter und ihrer Bücher oft sehr wechselndem Geschick unterworfen. Wir verehren heute Dichter, die vor zwanzig Jahren in einer Literaturgeschichte überhaupt nicht zu finden waren. (Um Gottes willen, da fällt mir ein schweres Versehen ein: Ich habe den Dichter Georg Büchner [gestorben 1837] vergessen, den Dichter des «Woyzeck», des «Danton», der «Leonce und Lena»! Natürlich darf er nicht fehlen!) Das, was uns Heutigen aus der deutschen Dichtung der klassischen Zeit wichtig und lebendig zu sein scheint, ist keineswegs dasselbe, was ein guter Kenner dieser Literatur noch vor fünfundzwanzig Jahren als unvergänglich bezeichnet hätte. Während das deutsche Volk den «Trompeter von Säckingen» las, und die Gelehrten in ihren Nachschlagebüchern uns den Theodor Körner als Klassiker empfahlen, war Büchner unbekannt, Brentano völlig vergessen, Jean Paul als verludertes Genie auf der schwarzen Liste! Und so werden unsere Söhne und Enkel wieder unsere heutigen Auffassungen und Schätzungen arg rückständig finden. Dagegen gibt es keine Versicherung, auch nicht in der Gelehrsamkeit. Doch beruht dieses ewige Schwanken der Schätzungen, dieses Vergessenwerden von Geistern, welche dann einige Jahrzehnte später wieder entdeckt und hoch gepriesen werden, keineswegs nur auf der menschlichen Schwäche und Unbeständigkeit, sondern unterliegt Gesetzen, welche wir zwar nicht genau formulieren, wohl aber ahnen und er- fühlen können. Nämlich alles Geistesgut, das einmal über eine gewisse Frist hinaus gewirkt und sich bewährt hat, gehört dem Bestand der Menschheit an und kann jeder- zeit wieder hervorgeholt, nachgeprüft und zu neuem Leben erweckt werden, je nach den Strömungen und seeli- schen Bedürfnissen der jeweils lebenden Generation. Un- sere Großväter haben nicht nur eine ganz andere Vorstel- lung von Goethe gehabt als wir, sie haben nicht nur den Brentano vergessen und den Tiedge oder den Redwitz oder andere Modedichter überschätzt — sie haben auch das Tao-te-King des Lao-tse, eines der großen Mensch- heitsbücher, gar nicht gekannt, denn das Wiederentdecken des alten China und seiner Weisheit war eine Angelegen- heit unserer heutigen Welt und Zeit, nicht der unserer Großväter. Dafür haben wir heute ohne Zweifel manche große und herrliche Provinz der Geisteswelt aus den Au- gen verloren, die unseren Ahnen wohlbekannt war, und die von unseren Enkeln wieder wird entdeckt werden müssen.

Gewiß, wir haben da beim Aufbau unserer idealen klei- nen Bibliothek ohne Zweifel ziemlich grob gewirtschaf- tet, wir haben Kleinode übersehen, wir haben ganze ge- waltige Kulturkreise weggelassen. Oder wie steht es etwa mit den Ägyptern? Sind diese paar tausend Jahre einer so hohen und einheitlichen Kultur, diese strahlenden Dy- nastien, diese Religion mit ihren mächtigen Systemen und ihrem unheimlichen Todeskult — ist das alles nichts für uns, soll das alles in unserer Bibliothek nichts hinterlas- sen haben? Und doch ist es so. Die Geschichte Ägyptens gehört für mich zu einer Art von Büchern, welche ich bei unserer Betrachtung ganz weggelassen habe: zu den Bil- derbüchern nämlich. Es gibt mehrere Werke über die Kunst der Ägypter, namentlich die von Steindorff und von Fechheimer, mit wunderbaren Abbildungen, und diese Werke habe ich viel in Händen gehabt, aus ihnen weiß ich das, was ich über Ägypten zu wissen glaube. Aber ein Buch, das uns die Literatur Ägyptens nahebringen würde, kenne ich nicht. Ich las einmal vor vielen Jahren mit Aufmerksamkeit ein Werk über die Religion Ägyptens, darin waren auch Teile von ägyptischen Texten, Gesetzen, Grabinschriften, Hymnen und Gebeten mitgeteilt, aber so sehr das Ganze mich inhaltlich interessierte, es blieb mir doch wenig davon übrig; jenes Buch war gut und brav, aber es war kein klassisches. Und so fehlt denn Ägypten in unserer Sammlung. Aber da fällt mir schon wieder eine unbegreifliche Vergeßlichkeit und Unterlassungssünde ein! Meine Vorstellung von Ägypten beruht, wenn ich mich besinne, keineswegs bloß auf jenen Bilderwerken und jenem religionsgeschichtlichen Buch, sondern ebenso stark auf der Lektüre eines von mir sehr geliebten griechischen Schriftstellers, nämlich des Herodot, der sehr in die Ägypter verliebt war und eigentlich mehr von ihnen hielt als von seinen eigenen ionischen Landsleuten. Und diesen Herodot habe ich also richtig vergessen. Das muß gutgemacht werden, es gebührt ihm ein Ehrenplatz unter den Griechen.

Wenn ich nun aber die von uns aufgestellte Liste der Ideal-Bibliothek immer wieder betrachte und mustere, so halte ich sie zwar für reichlich unvollständig und fehlerhaft, aber dennoch ist nicht dies der Schönheitsfehler, der mich an unserer Bibliothek am meisten stört. Je mehr ich sie mir als Ganzes vorzustellen suche, diese zwar subjektiv und ohne Pedanterie, aber doch nach manchen Kenntnissen und Erfahrungen zusammengestellte Büchersammlung, desto mehr scheint sie mir eigentlich nicht an ihrer Subjektivität und Zufälligkeit zu kranken, sondern vielmehr am Gegenteil. Unsre kleine Ideal-Bibliothek ist, trotz ihrer Mängel, mir im Grunde zu ideal, sie ist mir zu sehr geordnet, zu sehr Schmuckkästchen. Mag auch dies und jenes Gute vergessen sein, die schönsten Perlen der Dichtung aller Zeiten sind ja doch da, an Güte und objektivem Wert kann unsre Sammlung nicht mehr viel übertroffen werden. Aber wenn ich mich vor diese von uns ausgedachte Bücherei stelle und mir vorzustellen suche, wer nun wohl der Schöpfer und Besitzer dieser Sammlung sein möchte, so vermag ich mir diesen Besitzer nicht vorzustellen, es ist weder ein alter verbohrter Gelehrter mit eingesunkenen Augen und asketischem Nachtwachengesicht, noch ist es ein Weltmann in seinem hübschen modischen Haus, noch ein Landarzt oder Geistlicher, noch eine Dame. Unsre Bibliothek sieht sehr hübsch und sehr ideal aus, aber allzu unpersönlich; ihr Katalog ist so, daß beinahe jeder alte Bücherfreund ihn in den Grundlagen beinahe gleich aufgestellt hätte. Würde ich unsre Bibliothek in der Wirklichkeit vor mir sehen, so würde ich dabei denken: Eine recht brave Sammlung, lauter bewährte Stücke — aber hat der Besitzer dieser Bücher denn gar keine Liebhabereien, hat er keine Vorlieben, keine Leidenschaften, hat er nichts im Herzen als einige Literaturgeschichte? Wenn er zum Beispiel zwei Romane von Dickens besitzt und zwei von Balzac, so hat er sich die eben aufschwatzen lassen. Würde er wirklich persönlich und lebendig gewählt haben, so würde er entweder beide lieben und von beiden möglichst viel besitzen oder er würde den einen dem andern vorziehen, er würde den hübschen, liebenswerten, charmanten Dickens viel lieber haben als den etwas brutalen Balzac, oder aber er würde Balzac lieben, würde alle seine Bücher haben wollen und würde den allzu süßen, allzu braven, allzu bürgerlichen Dickens wieder aus seiner Bücherei hinauswerfen. Irgendeine solche persönliche Prägung muß eine Bibliothek haben, die mir gefallen soll.

Ich sehe nun, um unsren allzu korrekten, allzu neutralen Katalog wieder etwas in Unordnung zu bringen und um zu zeigen, wie etwa es bei einem persönlichen, lebendigen, leidenschaftlichen Umgang mit Büchern zugehe, keinen anderen Weg als den, daß ich einige meiner eige-

nen Leserleidenschaften bekenne. Mir ist schon sehr früh
das Leben mit Büchern vertraut geworden, und auch das
Streben nach einer klug und gerecht auswählenden Lektüre der Weltliteratur ist mir nicht fremd geblieben, ich
habe aus vielen Schüsseln gegessen und mir das Kennenlernen und Verstehen manches mir Fremden zur Pflicht
gemacht. Aber dies Lesen als Studium, dies Kennenlernen
fremder Literaturen aus Bildungs- und Gerechtigkeitssinn
war meiner Natur gar nicht gemäß, sondern immer wieder hat innerhalb der Welt der Bücher irgendeine besondere Verliebtheit mich ergriffen, eine besondere Neuent-
deckung mich entzückt, eine neue Leidenschaft mir warm
gemacht. Viele solche Leidenschaften haben einander abgelöst, einige von ihnen sind in gewissen Perioden wieder-
gekehrt, andere waren einmalig und haben sich wieder
verloren. Darum gleicht auch meine eigene Privatbüche-
rei keineswegs jenem oben aufgestellten Muster, obwohl
sie die dort genannten Bücher so ziemlich alle enthält.
Sondern meine Bücherei hat da und dort Erweiterungen
und Blähungen, und so wird es jeder aus echtem Bedürfnis entstandenen Bücherei gehen: gewisse Teile werden
pflichtgemäß und mager bedacht sein, andere Teile aber
werden Schoßkinder und Lieblinge sein und ein verwöhn-
tes und gepflegtes Aussehen haben.

Solche besondere Abteilungen nun, die mit ganz eigener Liebe gepflegt wurden, hat meine Bücherei manche
gehabt, und nicht von allen kann ich hier erzählen, aber
es soll von den wichtigsten die Rede sein. Wie in einem
einzelnen Menschen sich die Weltliteratur spiegelt, wie sie
ihn bald von der, bald von jener Seite anzieht, wie sie
seinen Charakter bald beeinflußt und bildet, bald von
ihm dirigiert und vergewaltigt wird, davon will ich ein
wenig erzählen.

Bücherfreude und Lesetrieb hatten bei mir früh begonnen, und in den ersten Jugendjahren war die einzige große Bibliothek, die ich kannte und benutzen durfte, die

XLVIII

meines Großvaters. Der weitaus größte Teil dieser gewaltigen Bibliothek von vielen tausend Bänden war mir gleichgültig und blieb es immer, ich konnte gar nicht begreifen, wie man in solchen Mengen Bücher dieser Art anhäufen könne: historische und erdkundliche Jahrbücher in langen Reihen, theologische Werke in englischer und französischer Sprache, englische Jugendschriften und Erbauungsbücher mit Goldschnitt, endlose Fächer voll gelehrter Zeitschriften, sauber in Karton gebunden oder jahrgangweise in Päcken verschnürt. Das alles schien mir recht langweilig, staubig und kaum des Aufbewahrens wert zu sein. Aber nun hatte diese Bibliothek, wie ich allmählich entdeckte, auch andere Abteilungen. Zunächst waren es einige einzelne Bücher, die mich anzogen und mich veranlaßten, das Ganze dieser so öde scheinenden Bücherei allmählich zu durchstöbern und das für mich Interessante herauszufischen.

Es war da namentlich ein «Robinson Crusoe» mit ganz entzückenden Zeichnungen von Grandville, und eine deutsche Ausgabe von «Tausendundeine Nacht», zwei schwere Quartbände aus den dreißiger Jahren, ebenfalls illustriert. Diese beiden Bücher zeigten mir, daß es in diesem trüben Meere auch Perlen zu fischen gebe, und ich ließ nicht nach, die hohen Bücherregale des Saales abzusuchen, oft saß ich dabei stundenlang hoch oben auf einer Leiter, oder lag bäuchlings am Boden, wo überall unzählige Bücher gestapelt lagen.

Hier nun, in diesem geheimnisvollen und staubigen Büchersaal, machte ich die erste wertvolle Entdeckung auf dem Gebiete der Dichtung: ich entdeckte die deutsche Literatur des 18. Jahrhunderts! Sie war in dieser seltsamen Bücherei in einer seltenen Vollständigkeit vorhanden, nicht etwa nur der Werther, die Messiade und einige Almanache mit Kupfern von Chodowiecki, sondern auch weniger bekannte Schätze: Hamanns sämtliche Schriften in neun Bänden, der gesamte Jung-Stilling, der ganze

Lessing, die Gedichte von Weiße, von Rabener, von Ramler, von Gellert, die sechs Bände «Sophiens Reise von Memel nach Sachsen», einige Literaturzeitungen und verschiedene Bände von Jean Paul. Übrigens erinnere ich mich auch, damals zum erstenmal den Namen Balzac gelesen zu haben, es fanden sich einige blaue Kartonbändchen in Sedezformat, eine deutsche Ausgabe von Balzac, noch zu dessen Lebzeiten erschienen. Ich habe nicht vergessen, wie ich diesen Dichter zum erstenmal in die Hand bekam, und wie wenig ich ihn verstand. Ich begann in einem der Bände zu lesen, da wurden die Vermögensverhältnisse des Helden ausführlich dargelegt, wieviel monatliche Einkünfte aus seinem Gut er habe, wieviel mütterliches Erbe, welche Aussichten auf weitere Erbschaften, wieviel Schulden usw. Ich war tief enttäuscht. Ich hatte erwartet, von Leidenschaften und Verstrickungen zu hören, von Reisen in wilde Länder oder von süßen verbotenen Liebeserlebnissen, und statt dessen sollte ich mich da für den Geldbeutel eines jungen Mannes interessieren, von dem ich noch gar nichts wußte! Angewidert legte ich das kleine blaue Buch wieder an seinen Ort, und habe dann viele Jahre lang nie mehr ein Buch von Balzac gelesen, bis ich ihn, sehr viel später, von neuem entdeckte, diesmal ernstlich und für immer.

Aber das Erlebnis jener großväterlichen Bibliothek war für mich also die deutsche Dichtung des 18. Jahrhunderts. Da lernte ich wunderliche verschollene Dinge kennen: Bodmers Noachide, Geßners Idyllen, die Reisen Georg Forsters, den ganzen Matthias Claudius, des Hofrats von Eckartshausen «Tiger von Bengalen», die Klostergeschichte «Siegwart», Hippels «Kreuz- und Querzüge» und unzähliges andre. Es waren unter diesen Schmökern ohne Zweifel viele sehr entbehrliche, viele mit vollem Recht vergessene und verworfene Dichtungen, aber es waren auch wunderbare Oden von Klopstock, Seiten einer zärtlich eleganten Prosa von Geßner und von Wieland, wunderliche erschütternde Geistesblitze von Hamann darunter, und auch das Minderwertige gelesen zu haben, darf ich nicht bereuen, denn eine gewisse geschichtliche Periode recht reichlich und ausgiebig kennenzulernen, hat auch seine Vorzüge. Kurz, ich lernte das deutsche Schrifttum eines Jahrhunderts in einer Vollständigkeit kennen, wie es kaum ein gelehrter Fachmann kannte, und aus den zum Teil zopfigen und kauzigen Büchern wehte mir doch der Atem einer Sprache entgegen, meiner lieben Muttersprache, die gerade während jenes Jahrhunderts ihre klassische Blüte vorbereitete. Ich habe in jener Bibliothek, in jenen Almanachen, in jenen staubigen Romanen und Heldengedichten Deutsch gelernt, und als ich dann, dicht darauf, Goethe und die ganze Hochblüte der deutschen Dichtung neuerer Zeit kennenlernte, war mein Ohr und Sprachgewissen geschärft und geschult, und die spezielle Art von Geistigkeit, aus welcher Goethe und die deutsche Klassik herkam, war mir vertraut und geläufig geworden. Noch heute habe ich eine Vorliebe für jene Literatur, und manche jener verschollenen Dichtungen stehen noch heut in meiner Bücherei.

Wieder um manche Jahre später, während deren ich viel erlebt und viel gelesen hatte, begann eine andre Provinz der Geistesgeschichte mich anzuziehen, nämlich das alte Indien. Es ging nicht auf geradem Wege. Ich lernte durch Fremde gewisse Schriften kennen, die man damals theosophisch nannte, und in denen eine okkulte Weisheit stehen sollte. Die Schriften, zum Teil dicke Wälzer, zum Teil winzige schäbige Traktätchen, waren alle etwas unerfreulicher Art, unangenehm lehrhaft und tantenhaft altklug, sie hatten eine gewisse Idealität und Weltfremdheit, die nicht unsympathisch war, aber auch eine Blutleere und etwas altjüngferliche Erbaulichkeit, die ich ganz abscheulich fand. Dennoch fesselten sie mich eine ganze Weile, und bald hatte ich das Geheimnis dieser Anziehung entdeckt. Alle diese Geheimlehren nämlich, welche den

Verfassern dieser sektiererhaften Bücher angeblich von unsichtbaren geistigen Führern sollten zugeflüstert worden sein, wiesen auf eine gemeinsame Herkunft, auf die indische. Von da aus suchte ich weiter, und bald tat ich den ersten Fund, ich las mit Herzklopfen eine Übersetzung der Bhagavad-Gita. Es war eine schauderhafte Übersetzung, und bis heute kenne ich keine wirklich schöne, obwohl ich mehrere las, aber hier fand ich zum erstenmal ein Korn von dem Gold, das ich bei dieser Suche geahnt hatte: ich entdeckte den asiatischen Einheitsgedanken in seiner indischen Gestalt. Von da an hörte ich auf, jene wichtigtuenden Schriftchen über Karma und Wiedergeburtslehre zu lesen und mich über ihre Enge und Schulmeisterei zu ärgern; statt dessen suchte ich mir anzueignen, was mir an echten Quellen erreichbar war. Ich lernte Oldenbergs und Deußens Bücher und ihre Übersetzungen aus dem Sanskrit kennen, Leopold Schröders Buch «Indiens Literatur und Kultur», einige ältere Übersetzungen indischer Dichtungen. Zusammen mit der Gedankenwelt Schopenhauers, die mir in jenen Jahren wichtig geworden war, haben diese altindischen Weisheiten und Denkarten einige Jahre lang mein Denken und Leben stark beeinflußt. Indessen war immer ein Rest von Unbefriedigtsein und Enttäuschung dabei. Es waren erstens die Übersetzungen indischer Quellen, die ich auftreiben konnte, beinahe alle sehr mangelhaft, einzig Deußens «Sechzig Upanishaden» und Neumanns deutsche «Reden Buddhas» gaben mir einen reinen, vollen Geschmack und Genuß der indischen Welt. Aber es lag nicht allein an den Übersetzungen. Ich suchte in dieser indischen Welt etwas, was dort nicht zu finden war, eine Art von Weisheit, deren Möglichkeit und deren Vorhandensein, ja Vorhandenseinmüssen ich ahnte, die ich aber nirgends im Wort verwirklicht antraf.

Da brachte, wieder um manche Jahre später, ein neues Bücher-Erlebnis mir die Erfüllung — soweit in diesen

Dingen von Erfüllung die Rede sein kann. Schon vorher hatte ich, durch meinen Vater auf ihn hingewiesen, den Lao-tse kennengelernt, zuerst in der Übersetzung von Grill. Und nun begann eine chinesische Bücherreihe zu erscheinen, die ich für eins der wichtigsten Ereignisse im jetzigen deutschen Geistesleben halte: Richard Wilhelms Übersetzungen der chinesischen Klassiker. Eine der edelsten und höchstentwickelten Blüten menschlicher Kultur, bisher für deutsche Leser nur als ungekanntes belächeltes Kuriosum vorhanden, wurde uns zu eigen gegeben, nicht auf dem üblichen Umwege über Lateinisch und Englisch, nicht aus dritter und vierter Hand, sondern unmittelbar, übersetzt von einem Deutschen, der sein halbes Leben in China gelebt und im geistigen China unglaublich zu Hause war, der nicht nur Chinesisch, sondern auch Deutsch konnte, und der die Bedeutung der chinesischen Geistigkeit für das heutige Europa an sich erlebt hatte. Die Bücherreihe begann, bei Diederichs in Jena, mit den Gesprächen des Konfuzius, und ich werde nicht vergessen, wie erstaunt und märchenhaft entzückt ich dieses Buch in mich aufnahm, wie fremd und zugleich wie richtig, wie vorgeahnt, wie erwünscht und herrlich mir dies alles entgegenklang. Seither ist diese Bücherreihe stattlich geworden, dem Konfuzius sind der Lao-tse, der Dschuang Dsi, der Mong Dsi, der Lü Bu We, die chinesischen Volksmärchen gefolgt. Gleichzeitig haben mehrere Übersetzer sich neu um die chinesische Lyrik bemüht und, mit größerem Gelingen, auch um die volkstümliche Erzählungsliteratur Chinas, da haben Martin Buber, H. Rudelsberger, Paul Kühnel, Leo Greiner und andre Schönes geleistet und Richard Wilhelms Werk angenehm ergänzt.

An diesen Chinesenbüchern nun habe ich seit Jahrzehnten meine immer zunehmende Freude, eines von ihnen liegt meistens neben meinem Bett. Was jenen Indern gefehlt hatte: die Lebensnähe, die Harmonie einer edlen, zu den höchsten sittlichen Forderungen entschlossenen

Geistigkeit mit dem Spiel und Reiz des sinnlichen und alltäglichen Lebens — das weite Hin und Her zwischen hoher Vergeistigung und naivem Lebensbehagen, das alles war hier in Fülle vorhanden. Wenn Indien in der Askese und im mönchischen Weltentsagen Hohes und Rührendes erreicht hatte, so hatte das alte China nicht minder Wunderbares erreicht in der Zucht einer Geistigkeit, für welche Natur und Geist, Religion und Alltag nicht feindliche, sondern freundliche Gegensätze bedeuten und beide zu ihrem Rechte kommen. War die indisch-asketische Weisheit jugendlich-puritanisch in ihrer Radikalität des Forderns, so war die Weisheit Chinas die eines erfahrenen, klug gewordenen, des Humors nicht unkundigen Mannes, den die Erfahrung nicht enttäuscht, den die Klugheit nicht frivol gemacht hat.

Die besten Geister des deutschen Sprach-Kreises haben während der beiden letzten Jahrzehnte sich von diesem wohltätigen Strom berühren lassen, neben mancher heftig lauten und rasch wieder erloschenen Geistesbewegung ist Richard Wilhelms China-Werk in aller Stille stetig an Wichtigkeit und Einfluß gewachsen.

Wie die Vorliebe für das deutsche achtzehnte Jahrhundert, wie das Suchen nach indischer Lehre, wie das allmähliche Bekanntwerden mit den Lehren und Dichtungen Chinas meine Bücherei stark verändert und bereichert haben, so taten es auch noch manche andre Erlebnisse und geistige Verliebtheiten. Es gab zum Beispiel eine Zeit, da besaß ich fast alle großen italienischen Novellisten in Originalausgaben, den Bandello und den Masuccio, den Basile und den Poggio. Auch gab es eine Zeit, in der ich nicht genug bekommen konnte von den Märchen und Sagen fremder Völker. Diese Interessen sind langsam wieder erloschen. Andre aber sind geblieben und nehmen, wie mir scheint, mit dem Älterwerden eher zu als ab. Dazu gehört die Freude an Memoiren, Briefen und Biographien von Menschen, die mir einmal Eindruck gemacht haben.

Schon in früher Jugend habe ich einige Jahre lang alles gesammelt und gelesen, was ich über Person und Leben Goethes nur irgend auftreiben konnte. Meine Liebe zu Mozart hat mich dazu gebracht, nahezu alle seine Briefe und alles über ihn Aufgeschriebene zu lesen. Eine ähnliche Liebe hatte ich zuzeiten für Chopin, für den französischen Dichter Guerin, der den «Centaur» gedichtet hat, für den venezianischen Maler Giorgione, für Leonardo da Vinci. Was ich über solche Menschen las, bestand nicht aus sehr wichtigen und wertvollen Büchern, und doch hat es mir, weil dahinter Liebe stand, manchen Gewinn gebracht.

Die heutige Welt neigt ein wenig zum Unterschätzen der Bücher. Man findet heute viele junge Menschen, denen es lächerlich und unwürdig scheint, statt lebendigen Lebens Bücher zu lieben, sie finden, dafür sei unser Leben allzu kurz und allzu wertvoll, und finden dennoch Zeit, sechsmal in der Woche viele Stunden bei Kaffeehausmusik und Tanz hinzubringen. Es mag nun in den Hochschulen und Werkstätten, in den Börsen und Vergnügungsstätten der «wirklichen» Welt noch so lebhaft zugehen, wir sind dennoch in ihnen dem eigentlichen Leben nicht näher, als wir es sind, wenn wir täglich eine oder zwei Stunden für Weise und Dichter der Vorzeit übrighaben. Gewiß, es kann das viele Lesen Schaden anrichten, und die Bücher können dem Leben unlautere Konkurrenz machen. Ich warne darum doch niemand vor der Hingabe an Bücher.

Es wäre noch viel zu sagen und noch viel zu erzählen. Zu den schon berichteten Liebhabereien kam noch eine hinzu: das Suchen nach dem geheimen Leben des christlichen Mittelalters. Seine politische Geschichte war mir in ihren Einzelheiten gleichgültig, wichtig war mir nur die Spannung zwischen den beiden großen Mächten: Kirche und Kaisertum. Und besonders anziehend war mir das mönchische Leben nicht wegen der asketischen Seite, sondern weil ich in der mönchischen Kunst und Dichtung wunderbare Schätze fand, und weil die Orden und Klöster mir als Freistätten eines fromm-beschaulichen Lebens beneidenswert, und als Stätten der Kultur und Bildung höchst vorbildlich erschienen. Bei meinen Streifzügen im mönchischen Mittelalter fand ich manches Buch, das nicht in unsre Ideal-Bücherei gehört und mir doch sehr lieb wurde, und ich fand auch solche, die ich der Aufnahme in unsre Liste sehr würdig finde, zum Beispiel die Predigten Taulers, das Leben Susos, die Predigten Eckharts.

Was mir heute als Inbegriff der Weltliteratur erscheint, wird meinen Söhnen einst ebenso einseitig und ungenügend vorkommen, wie es meinem Vater oder Großvater belächelnswert erschienen wäre. Wir müssen uns ins Unvermeidliche ergeben und dürfen uns nicht einbilden, klüger zu sein als unsere Väter. Streben nach Objektivität und Gerechtigkeit ist eine schöne Sache, wir wollen aber der Unerfüllbarkeit all dieser Ideale eingedenk bleiben. Wir wollen uns ja in unsrer hübschen Weltbibliothek nicht zu Gelehrten oder gar zu Weltrichtern emporlesen, sondern nur durch die uns zugänglichsten Pforten in das Heiligtum des Geistes eintreten. Beginne jeder mit dem, was er verstehen und lieben kann! Lesen lernen im höhern Sinne kann man nicht aus Zeitungen und nicht aus zufälliger Tagesliteratur, sondern nur aus Meisterwerken. Sie schmecken oft weniger süß und weniger pikant als die Modelektüre. Sie wollen ernst genommen werden, sie wollen erworben sein. Es ist leichter, einen zügig gespielten amerikanischen Tanz in sich eingehen zu lassen als die gemessenen und stählern federnden Abmessungen eines Dramas von Racine oder die zart abgestuften reich spielenden Humore eines Sterne oder Jean Paul.

Ehe die Meisterwerke sich an uns bewähren, müssen wir uns erst an ihnen bewährt haben.

GILGAMESCH

Die gewaltigste Dichtung, die ich seit langem gelesen
habe, heißt «Gilgamesch, eine Erzählung aus dem alten
Orient». Das Original ist nur in Keilschrift-Bruchstücken
erhalten. Über das Philologische lese man andern Ortes
nach. Über das Werk selbst ist zu sagen, daß es eine der
ganz großen Urdichtungen ist, wie die indischen Mythen
und wie die besten Stücke des Alten Testamentes.

«Gilgamesch» ist ein mächtiges Lied vom Tode. Der große
Held und König Gilgamesch hat alles, was ein Helden-
herz erträumen kann, er hat Stärke und Macht, die Mäch-
tigen küssen seine Füße, und die Schönheit wirbt um ihn.
Im Kampf erwirbt er sich sein Bestes, seinen Freund
Enkidu. Aber sein Freund fällt den bösen Geistern zum
Opfer, furchtbare Angstträume verfolgen ihn, und am
Ende hüllt ihn das Fieber ein und verzehrt den starken
Helden der Steppe. Schon dies alles ist tief und ergreifend
erzählt, nun aber hebt sich die Dichtung ganz ins Große.
Der Held Gilgamesch hat den Tod gesehen, er hat gesehen, wie sein Freund zu Erde wurde, wie er zu Lehm
des Landes wurde. Und sein heldisches Herz bäumt sich
auf und wehrt sich gegen den Tod, der ihn angeweht, es
wehrt sich grimmig und verzweifelt, und der im Innersten von Geisterhand angerührte Held geht aus und wandert durch Welt und Unterwelt, zum Garten der Götter
und bis über die Wasser des Todes, und nach tödlichen
Fahrten und Schrecken erringt er das Kraut, das ewiges
Leben gibt. Aber während er badet, kommt eine Schlange
und frißt das Kraut. Gilgamesch muß sterben, es gibt keine

Ewigkeit für ihn, es gibt kein anderes Schicksal für ihn,
den Helden, als das Schicksal jedes armen Menschen. Es
gelingt ihm, den Schatten des toten Freundes zu beschwören, und er fragt ihn nach dem «Gesetz der Erde».

«Ich kann es dir nicht sagen, Freund, ich kann es dir
nicht sagen. Künde ich dir das Gesetz der Erde, so wirst
du dich hinsetzen und weinen.»

Wieder fragt Gilgamesch, und der tote Freund berichtet
ihm von den Greueln der Verwesung. Da kehrt er heim,
den Tod im Herzen. «Gilgamesch legte sich nieder zu
schlafen, und ihn packte der Tod in der schimmernden
Halle seines Palastes.»

Dieses kleine Buch ist ein Goldschatz, aus Urgrüften
der Menschheit spät wieder ans Licht gezogen.   (1916)

INDISCHES

Indisches*

Religionen von protestantisch-puritanischem Charakter
haben im ganzen, wie es scheint, eine geringere Plastizität
und Anpassungsfähigkeit als die katholischen. So ist in
ganz Indien der Buddhismus, nachdem er Jahrhunderte
lang die alte Brahmanenreligion nahezu verdrängt und ersetzt hatte, seit langem wieder erloschen und fast völlig
verschwunden, und der «Hinduismus», das heißt die
Volksreligion auf alter brahmanischer Grundlage ist Sie-
gerin geblieben. Eine Dogmatik des Hinduismus gibt es
nicht, es wäre unmöglich, sie zu schreiben, denn diese Religion Indiens, des religiösesten Volkes der Welt, ist in der
Tat von einer Plastizität, von einer Anpassungsfähigkeit,

* Die Texte «Indisches» und «Hinduismus» sind zwei verschiedenen
Besprechungen des Buches: Helmuth v. Glasenapp «Der Hinduismus»
entnommen.

von einer Biegsamkeit und ewigen Produktivität, für welche es kein zweites Beispiel gibt. Es gibt «Hinduisten», welche nur einen höchsten, geistigen Gott verehren, und solche, welche Mengen von Göttern und Götzen anbeten, Hinduisten, die an Geister und Zauber glauben und Gräber- und Dämonenkult treiben, und andere, deren Glaube voll von Anklängen an islamitische und christliche Ideen ist.

Diese Religion des Hinduismus ist kein System, beruht nicht auf bestimmten Vorstellungen, besitzt keinen dogmatischen Kanon und hat sich dennoch in den Jahrtausenden nicht verloren oder aufgelöst, sondern ist mit schöpferischer Wandlungsfähigkeit tausend neue Bindungen eingegangen, hat immer neue Formen gefunden, hat mit endloser Weitherzigkeit und Toleranz fremde Elemente aufgenommen. Gleich den Gesichtern und Gestalten vielarmiger indischer Götter hat diese Religion tausend Gesichter, primitive und raffinierte, kindliche und männliche, sanfte und grausame.

Glasenapp gibt einen verblüffend reichen Überblick über Geschichte und Inhalte des Hinduismus, er versucht nicht, das Undefinierbare zu definieren, sondern erkennt, daß die geheime, von außen nicht sichtbare Einheit, welche diese Religion speist und zusammenhält, nichts anderes ist als die eigene Struktur der indischen Seele, und daß Fundament und Kern des Hinduismus weder in irgendeinem der vielen Kulte, noch in den Veden, noch im Priesterstande liegen, sondern im indischen Leben, im praktischen, täglichen Leben der indischen Völker mit ihrer so scharf ausgeformten sozialen Gliederung, dem sogenannten Kastenwesen. (1923)

Hinduismus

So wohlbekannt und fast populär bei uns der Buddhismus und die Anschauungen des sogenannten Vedanta sind, so wenig gekannt, so gemieden und gescheut bei Gelehrten wie Religiösen ist jene indische Hauptreligion, die man Hinduismus nennt. Es ist jene Religion, deren vielarmige und elefantenköpfige Götzen einst Goethe in einer Stunde schlechter Laune gegen sein eigenes tieferes Ahnen heftig abgelehnt hat. Diese Götter und Götzen kommen nun aber wieder, sie kamen schon seit zehn Jahren auf dem Wege der Kunst, denn plötzlich hatte das Abendland gemerkt, daß, was für Japan recht ist, für Indien billig sein muß, und es wurde auch die indische Kunst entdeckt. Und nun kommt die indische Götterwelt, mit ihren vielarmigen Götzen, mit ihren vielbrüstigen Göttinnen, mit ihren steinern und uraltlächelnden Gottheiten und Heiligen unaufhaltsam hereingebrochen, auf vielen Wegen, auf den Wegen des Okkultismus und der Sektiererei, auf den Wegen der Sammler und Kunst- und Raritätenliebhaber, auf den Wegen der Wissenschaft.

Das religiös genialste Volk der Erde haben wir bisher beinahe nur durch philosophische Brillen gesehen, wir kannten beinahe nur jene Systeme und Theorien des alten Indien, welche die religiösen Probleme intellektuell zu lösen suchen. Die eigentliche Religion des Volkes, den Hinduismus, diese genialste, an Plastizität beispiellose Religion beginnen wir erst allmählich in ihrer Größe und Wunderbarkeit zu ahnen.

Jenes Problem, das den Abendländer, wenn er sich auf Indisches einläßt, immer am meisten plagt und vor den Kopf stößt, daß nämlich für die Inder Gott zugleich transzendent und immanent sein könne, ist das eigentliche Herz der indischen Religion. Für den Inder, der sowohl im religiösen Gefühl wie im abstrakten Denken so merkwürdig genial ist, besteht jenes Problem gar nicht als solches, ihm ist von Anfang an ausgemacht und klar, daß alle menschliche Erkenntnis und Denkkunst lediglich der niedren Welt, der Menschenwelt, gerecht zu werden vermöge, daß wir dem Göttlichen dagegen einzig mit Hingabe, mit Verehrung, mit Meditation, mit Andacht entgegentreten dürfen. Und so beherbergt der Hinduismus, welcher heute wie vor dreitausend Jahren die herrschende Religion Indiens ist, friedlich in paradiesischer Buntheit die ungeheuersten Gegensätze, die widersprechendsten Formulierungen, die denkbar gegensätzlichsten Dogmen, Riten, Mythen und Kulte in sich, das Zarteste neben dem Rohesten, das Spirituellste neben dem massig Sinnlichsten, das Gütigste neben dem Grausamen und Wilden.

Die Wahrheit, das Ewige, ist nicht in diesen Gestaltungen, auch nicht in den feinsten und edelsten, die Wahrheit ist hoch darüber. Und so mag der Brahmane Gottesgelehrtheit treiben, der Sinnliche den zeugungsfrohen Krischna lieben, der Einfältige die mit Kuhmist bestrichene Steinfratze anbeten — es ist vor Gott alles dasselbe, es ist eine nur scheinbare Mannigfaltigkeit, es sind nur scheinbare Gegensätze. (1923)

Brahmanas und Upanischaden

Die Philosophie des Vedanta, des Veda-Endes, zeigt uns den vielgestaltigen indischen Geist wohl in seiner lebendigsten Blüte, zumindest steht uns Abendländern diese Philosophie besonders nahe. Wie erregend und beglückend das erste Kennenlernen vereinzelter «Upanischaden» einst auf Humboldt und auf Schopenhauer gewirkt hat, ist bekannt. Der Herausgeber der vorliegenden Auswahl warnt freilich vor Überschätzung. Er hat gewiß recht, wenn er die Upanischaden als weit entfernt vom Geist unsrer wissenschaftlichen Philosophie empfindet und sie mehr in die Nähe primitiver Opfersprüche und Zaubersegen stellt. Die Frage indessen, ob Weisheit nur mit den Mitteln der Professorenphilosophie erreichbar sei, und ob urtümliche Dichtung nicht etwa mehr sei als Literatur, möchte man ihm entgegenstellen.

Das Werk enthält im ersten Teil einige «Brahmanas», Vorläufer der Upanischaden, als Proben des älteren, noch ganz im vedischen Ritual-Geist befangenen Denkens, dann eine schöne Auswahl von Upanischaden. Ihre zentrale Lehre ist die vom Atman, vom Selbst im Ich. Das Finden des Selbst und das Unterscheiden des (individuellen, egoistischen) Ich vom Selbst ist für uns der Inbegriff aller indischen Lehre, wie es auch der Lehre Buddhas zugrunde liegt. (1920)

Die Reden Buddhas[*]

Die geistige Welle aus Indien, die in Europa, speziell in Deutschland, seit hundert Jahren wirksam war, ist nun allgemein fühlbar und sichtbar geworden; man mag über Tagore und über Keyserling denken, wie man will, die Sehnsucht Europas nach der seelischen Kultur des alten Ostens ist eklatant geworden.

Psychologisch gesprochen: Europa beginnt an mancherlei Verfallserscheinungen zu spüren, daß die hochgetriebene Einseitigkeit seiner geistigen Kultur (sie äußert sich am deutlichsten etwa im wissenschaftlichen Spezialistentum) einer Korrektur bedarf, einer Auffrischung vom Gegenpole her. Die allgemeine Sehnsucht gilt nicht einer neuen Ethik oder einer neuen Denkweise, sondern einer Kultur jener seelischen Funktionen, welchen unsere intellektualistische Geistigkeit nicht gerecht geworden ist. Die allgemeine Sehnsucht gilt nicht so sehr Buddha oder Laotse als dem Jogitum. Wir haben erfahren, daß der Mensch seinen Intellekt bis zu erstaunlichen Leistungen kultivieren kann, ohne dadurch der eigenen Seele Herr zu werden.

Zuweilen sind Neumanns Übersetzungen, ihrer Wört-

* Rezension anläßlich der Übersetzung von Karl Eugen Neumann.

lichkeit in den anscheinend endlosen Wiederholungen wegen, von deutschen Literaten bespöttelt worden. Manche fühlten sich durch diese geruhigen, endlos fließenden Betrachtungsreihen an Gebetsmühlen erinnert. Diese Kritik, so witzig sie sein mag, geht von einer Einstellung aus, welche der Sache nicht gerecht zu werden fähig ist. Buddhas Reden nämlich sind nicht Kompendien einer Lehre, sondern sie sind Beispiele von Meditationen, und das meditierende Denken eben ist es, was wir bei ihnen lernen können. Ob Meditation zu anderen wertvolleren Ergebnissen führen könne als wissenschaftliches Denken, ist eine müßige Frage. Zweck und Resultat der Meditation ist nicht ein Erkennen im Sinn unserer westlichen Geistigkeit, sondern ein Verschieben des Bewußtseinszustandes, eine Technik, deren höchstes Ziel eine reine Harmonie, ein gleichzeitiges und gleichmäßiges Zusammenarbeiten von logischem und intuitivem Denken ist. Über die Erreichbarkeit dieses idealen Zieles steht uns kein Urteil zu, wir sind in dieser Technik durchaus Kinder und Anfänger. Zum Eindringen in die Technik der Meditation aber gibt es keinen direkteren Weg als die Beschäftigung mit diesen Buddha-Reden.

Es gibt zahlreiche nervöse deutsche Professoren, welche etwas wie eine buddhistische Überschwemmung, einen Untergang des geistigen Abendlandes befürchten. Das Abendland wird jedoch nicht untergehen, und Europa wird nie ein Reich des Buddhismus werden. Wer Buddhas Reden liest und durch sie Buddhist wird, der mag für sich einen Trost gefunden haben — statt des Weges, den uns Buddha vielleicht zeigen kann, hat er aber einen Notausgang gewählt.

Die Modedame, die neben dem bronzenen Buddha aus Ceylon oder Siam nun die drei Bände der Reden Buddhas legt, wird ebensowenig jenen Weg finden wie der Asket, der sich aus dem Elend eines öden Alltags zu dem Opium eines dogmatischen Buddhismus flüchtet. Wenn wir Abendländer erst etwas Meditation gelernt haben werden, wird sie uns ganz andere Resultate zeigen als den Indern. Sie wird uns nicht zum Opium werden, sondern zu einer vertieften Selbsterkenntnis, wie sie als erste und heiligste Forderung den Schülern der griechischen Weisen gestellt wurde. (1921)

*So nutzlos es wäre, über die «Religion der Zukunft» schon heute zu reden, so nützlich und wertvoll ist es, wenn die Suchenden von heute sich an den wenigen großen Idealen der Vergangenheit messen. Unweigerlich endet dies Messen mit furchtbarer Niederlage. Unsere Zeit und Kultur sieht sich, sobald sie sich mit Zeiten einer echten Religiosität vergleicht, kindlich arm und hilflos. Wir wissen viel, und unsere Sehnsucht ist echt, echt auch unsere Bereitschaft, unser Wissen für nichts zu achten und seelisch von vorn zu beginnen. Aber eben da fehlt uns jede Tradition, jede Technik, jede Erziehung. Unser Besitz an Wissen vom inneren Leben, an Herrschaft über die Triebe, an Mitteln zur Pflege der Seele ist ein Nichts.

Hier ist der Punkt, wo wir gewiß recht haben von Helden ferner Zeiten zu lernen, von Jesus und den christlichen Heiligen, von den Chinesen, von Buddha. Noch die kleinste Ordensregel des bescheidensten Mönchsordens im Mittelalter kann uns, die wir hierin völlig hilflos sind, über Seelenzucht und Seelenpflege mehr lehren als alle Pädagogik unserer Zeit.

Für dies Gebiet nun sind die Reden Buddhas eine Quelle und Fundgrube von ganz unerhörter Fülle und Tiefe. Sobald wir aufhören, die Lehre Buddhas rein intellektuell zu betrachten und uns mit einer gewissen Sympathie für den uralten Einheitsgedanken des Ostens zu begnügen, sobald wir Buddha als Erscheinung, als Bild, als den Erwachten, den Vollendeten zu uns sprechen lassen, finden wir, fast unabhängig vom philosophischen Gehalt und dogmatischen Kern seiner Lehre, eines der großen Menschheitsvorbilder

* Rezension anläßlich der Übersetzung von Hermann Oldenberg

in ihm. Wer aufmerksam auch nur eine kleine Zahl der zahllosen «Reden» Buddhas liest, dem tönt daraus bald eine Harmonie entgegen, eine Seelenstille, ein Lächeln und Drüberstehen, eine völlig unerschütterliche Festigkeit, aber auch unerschütterliche Güte, unendliche Duldung. Und über die Wege und Mittel, zu dieser heiligen Seelenstille zu gelangen, sind die Reden voll von Ratschlägen, von Vorschriften, von Winken.

Der Gedankeninhalt der Buddhalehre ist nur eine Hälfte des Werkes Buddhas, die andere Hälfte ist sein Leben, ist gelebtes Leben, geleistete Arbeit, getane Tat. Eine Zucht, eine seelische Selbstzucht allerhöchster Ordnung ist hier geleistet und ist hier gelehrt, von welcher jene Ahnungslosen keine Vorstellung haben, die über «Quietismus» und «indische Träumerei» und dergleichen bei Buddha reden, und ihm jene westliche Kardinaltugend, die Aktivität, absprechen. Vielmehr sehen wir Buddha an sich und seinen Jüngern eine Arbeit tun, eine Zucht üben, eine Zielstrebigkeit und Konsequenz betätigen, vor denen auch die echten Helden europäischer Tatkraft nur Ehrfurcht empfinden können. Über die «Inhalte» jener neuen Religion oder Religiosität, die wir kommen fühlen oder doch ersehnen, werden wir schwerlich bei Buddha viel erfahren und lernen können, das «Inhaltliche» seiner Lehre ist uns auf philosophischem Wege, sei es auch nur auf dem nicht ganz reinen Umweg über Schopenhauer, schon zugänglich geworden. Auch handelt es sich bei einer «neuen Religion» ja gar nicht so sehr um Gedankeninhalte als um neue, lebendige Symbole für Uraltes. Die Religionen kommen gewissermaßen ohne uns, über unsere Köpfe hinweg. An uns ist es lediglich, die Bereitschaft zu pflegen, die «Lampen» bereitzuhalten.

Ein Bestandteil dieser Bereitschaft wird die Fähigkeit zur Ehrfurcht sein. Bringen wir die Ehrfurcht, die dem Heiligen gebührt, auch Buddha entgegen, hören wir auch diese wahrhaft heilige Stimme dankbar an, so wüßte ich wahrlich nicht, was für ein Schaden daraus entstehen könnte, die Warnungen vor dem gefährlichen «Osten», die wir zur Zeit so häufig vernehmen, stammen alle von Lagern, die Partei sind, die ein Dogma, eine Sekte, ein Rezept zu hüten haben. (1922)

Bhagavadgita

In dem äußerst interessanten Vorwort versucht Schroeder*, über die verschiedenen Auffassungen der Bhagavadgita durch hervorragende Forscher zu orientieren und eine plausible Lösung für jenen Zwiespalt zu finden, der in diesem herrlichen Liede zwischen vedisch-frommer und Samkhya-Philosophie herrscht, zwischen naivem Glauben und kritischem Atheismus. Es bestehen darüber bei den Philologen diverse Meinungen, während dem genießenden Laien der Streit um des Kaisers Bart zu gehen scheint. Denn daß in einem Epos, dessen Autor nicht Professor der Philosophie ist, Altes und Neues, Glaube und Modernismus, Aufklärung und Pietät sehr wohl nahe beisammenwohnen können, ist eigentlich nicht im mindesten wunderbar; es wäre weit wunderbarer, wenn das Gedicht eine ausgesprochen philosophische Lehrtendenz hätte. Die hat es nicht, wohl aber eine ethische, und eben die ist es, die seit Schlegel, Humboldt und Schopenhauer verehrt wurde. Naive Nachbarlichkeit, ja Verschmelzung verschiedener, oft direkt feindlicher Weltanschauungen ist nicht eine Ausnahme, sondern leider vielleicht die Regel; der Durchschnittseuropäer sähe drollig aus, wenn wir ihn auf das hin untersuchen wollten. Daß vollends bei einem indischen Dichter einige Philosophien zerstückelt und als Mosaik durcheinander gespielt werden, ist nicht im geringsten seltsam; heute noch vermag jeder gebildete Hindu in glänzender Rede Buddha und Kant, Christus und die Upanischaden zu einem solchen Mosaik zu verarbeiten. Das Wun-

* Leopold Schroeder im Diederichs Verlag, Jena.

derbare an der Bhagavadgita ist nicht, daß man zwei bis drei philosophische Systeme in ihr nebeneinander vertreten finden kann, sondern daß darüber hinweg eine ungelehrte, erlebte Weisheit sich als helfende Güte offenbart. Diese schöne Offenbarung, diese Lebensweisheit, diese zu Religion erblühte Philosophie ist es, die wir suchen und brauchen, und auf dem Wege zu ihr wollen wir jedem Führer dankbar sein.   (1912)

Jene Leute übrigens, welche in organisierten Verbänden das blonde Haar und blaue Auge als höchste Tugenden des Menschen pflegen, seien vor der Bhagavadgita gewarnt, und ebenso vor Laotse. Weder der Dichter der Bhagavad noch der Verfasser des Tao-Buches sind blond und blauäugig gewesen.   (1919)

CHINESISCHES

Was uns die Weisen des alten China zu sagen haben, mag mehr sein als mancher von uns denkt; doch mag das Wesentliche wohl in wenigen Büchern Raum finden. Davon sind einige der wichtigsten, wohl die wichtigsten überhaupt, uns jetzt schon zugänglich gemacht.

Der berühmteste chinesische Weise war von alters her Konfuzius, und insofern mit Recht, als er von allen Denkern den stärksten Einfluß auf Leben und Geschichte seines Landes gehabt hat. Ihn stellen wir uns denn auch im ganzen richtig vor, wenn wir ihn uns ganz «chinesisch» denken, das heißt formalistisch bis zur Pedanterie, aber wir tun den Chinesen unrecht, wenn wir auf Grund dieses Urteils den chinesischen Geist überhaupt für steif und unphilosophisch-äußerlich halten, wogegen schon Konfuzius selber genug Beweise enthielte. Daß es in China große

Philosophen und Ethiker gegeben hat, deren Kenntnis für uns nicht weniger wertvoll ist als die der Griechen, Buddhas und Jesus, das ist noch immer wenig bekannt. Ist doch der größte Weise Chinas in der eigenen Heimat nie recht populär geworden und neben Konfuzius, seinem etwas jüngeren Zeitgenossen, immer im Schatten geblieben. Ich rede von Laotse, dessen Lehre in dem Buch Tao-te-king uns aufbewahrt worden ist. Seine Lehre vom Tao, dem Urprinzip alles Seins, könnte uns als philosophisches System gleichgültig bleiben oder höchstens interessierte Liebhaber anziehen, enthielte sie nicht eine so persönlich-kräftige, große und schöne Ethik, daß ihr letzter deutscher Bearbeiter, übrigens ein Theologieprofessor, den Laotse direkt in Parallele mit Jesus stellt. Auf uns Ungelehrte nun wird freilich der Chinese einstweilen nicht so mächtige Wirkung üben können, da sein Werk für uns eine schwere, fremde Sprache redet, der nur mit Fleiß und echter Bemühung nahezukommen ist. Es handelt sich hier nicht um ein Kuriosum und eine literarisch-ethnologische Rarität, sondern um eines der ernsthaftesten und tiefsten Bücher des Altertums überhaupt.

Den Konfuzius machen uns die «Gespräche» zugänglich. Von den späteren chinesischen Denkern ist einer der originellsten und dabei anschaulichsten nun auch, wenigstens in einer Auswahl, deutsch zu haben: «Reden und Gleichnisse des Tschuang-Tse».

Tschuang-Tse ist dreihundert Jahre später als Laotse, und Grill vergleicht sein Verhältnis zu jenem dem des Plato zu Sokrates. Es steht mir nicht an, weder über die chinesischen Bücher selbst noch über die Arbeit ihrer Übersetzer klug zu reden; ich wollte nur erzählen, daß diese merkwürdigen Bücher mir, der ich vom alten Orient nur die buddhistischen und dem Buddhismus verwandten Philosophien als Laie gekannt hatte, ganz neue Werte mitgeteilt haben. Ostasien hat, zwischen Buddha und Christus, eine nie zur Volksreligion gewordene Philosophie besessen, deren aktive, lebendig schöne Ethik der christlichen entschieden nähersteht als der indisch-buddhistischen.

Ich habe mich manchmal darüber beklagt, daß wir von der Arbeit unserer akademischen Orientalisten so wenig Früchte zu sehen bekommen. Hier sind nun einige, und es ist nur zu wünschen, daß sie wirken und weiter wachsen. Ihre Kenntnis soll uns ja nicht auf fremde Wege führen, sondern eine frohe Bestätigung dessen bringen, was wir längst als unsern besten Besitz hochschätzten.   (1911)

Der chinesische Philosoph Laotse, vorher zwei Jahrtausende hindurch in Europa unbekannt, wurde in den letzten 15 Jahren in alle Sprachen Europas übersetzt und sein Tao-te-king ein Modebuch. In Deutschland war es Richard Wilhelm, dessen Übersetzungen und Einführungen die klassische Literatur und Weisheit Chinas in einem bisher unbekannten Umfang eingeführt haben. Und während China politisch schwach und zerrissen ist und den westlichen Mächten beinahe nur noch als ein großes, reiches, höchst vorsichtig zu behandelndes Ausbeutungsgebiet erscheint, hält altchinesische Weisheit, altchinesische Kunst ihren Einzug nicht nur in die Museen und Bibliotheken des Abendlandes, sondern auch in die Herzen der geistigen Jugend. Auf die vom Krieg aufgewühlte studierende Jugend Deutschlands hat, nächst Dostojewski, in den letzten zehn Jahren gewiß kein anderer Geist so stark gewirkt wie Laotse. Daß diese Bewegung sich in einer ziemlich kleinen Minorität abspielt, nimmt ihr nichts von ihrer Bedeutung: die von ihr ergriffene Minorität ist gerade die, auf welche es ankommt: der begabteste, bewußteste, verantwortungsbereiteste Teil der studierenden Jugend.

Unseren modernen abendländischen Kulturidealen ist das chinesische so entgegengesetzt, daß wir uns freuen sollten, auf der anderen Hälfte der Erdkugel einen so festen und ehrwürdigen Gegenpol zu besitzen. Es wäre töricht, zu wünschen, die ganze Welt möchte mit der Zeit euro-

päisch, oder sie möchte chinesisch kultiviert werden; wir
sollten aber vor diesem fremden Geist jene Achtung haben, ohne welche man nichts lernen und in sich aufnehmen
kann, und sollten den fernsten Osten mindestens ebenso
zu unseren Lehrern rechnen, wie wir es (man denke nur an
Goethe!) seit langem mit dem westasiatischen Orient getan haben. Und wenn wir in den überaus anregenden, von
Klugheit funkelnden Gesprächen des Konfuzius lesen, so
sollen wir sie nicht als ein verschollenes Kuriosum aus vergangenen Zeiten betrachten, sondern daran denken, daß
nicht nur die Lehre des Konfuzius dies riesige Reich durch
zwei Jahrtausende erhalten und gestützt hat, sondern daß
heute noch die Nachkommen des Konfuzius in China
leben, seinen Namen tragen und mit Stolz von ihm wissen — woneben auch der allerälteste und kultivierteste
Adel Europas kindlich jung erscheint. Laotse soll uns
nicht das Neue Testament ersetzen, aber er soll uns zeigen,
daß Ähnliches auch unter anderem Himmel und in noch
früheren Zeiten gewachsen ist, und das soll unseren Glauben daran stärken, daß die Menschheit, sei sie noch so sehr
in einander fremde und feindliche Rassen und Kulturen
zerspalten, dennoch eine Einheit ist und gemeinsame Möglichkeiten, Ideale und Ziele hat.

Es herrscht bei uns, trotz jener jungen China-Begeiste-
rung, noch immer in weitesten Kreisen die Meinung, die
Seele des Chinesen sei der unseren doch eigentlich vollkommen fremd. Seine Tugenden, vor allem seine unermüd-
liche Geduld und sein stiller, zäher Fleiß, seien eigentlich
mehr passiver Natur, und seine Laster, vor allem die berühmte chinesische Grausamkeit, seien uns im Grunde wel-
tenfern und völlig unverständlich. In Wahrheit sind das
dumme Vorurteile. Der Chinese kann grausam sein, genau wie der Abendländer es auch sein kann, und er kann
fromm und aufopfernd sein, genau wie auch der Europäer
es gelegentlich sein kann. Wenn wir aus der Geschichte Beispiele chinesischer Grausamkeit hervorziehen, so sollten

wir daneben auch jene Geschichten stellen, in denen China und sein Heldentum uns ebenso vorbildlich erscheinen müssen wie etwa die in unseren Schulen geläufigen heroisch-edlen Erzählungen aus der Bibel oder aus dem klassischen Altertum. (1926)

Laotse: «Tao-te-king»

... Neben die Vorstellung gehalten, die der Durchschnittseuropäer von der chinesischen Philosophie hat, erscheint Laotse oberflächlichem Betrachten beinahe unchinesisch in seiner Lebendigkeit. Der Übersetzer vergleicht ihn recht einleuchtend direkt mit Jesus, und jedenfalls ist unter den bekannteren Denkern des Fernen Ostens wohl keiner, dessen ethische Ideale uns westlichen Ariern näherstünden und verwandter wären als die des Laotse. Neben der weltabgewandten, oft spitzfindig grübelnden Philosophie Indiens, die bei uns in letzter Zeit so sehr wieder studiert wird, mutet diese chinesische Weisheit durchaus praktisch und einfach an, und vollends neben manchen entarteten Seitensprüngen abendländischer Denkakrobatik kann man den beschämenden Eindruck gewinnen, dieser uralte Chinese habe die elementaren Werte besser erkannt und habe größer und zweckmäßiger an der Entwicklung der Menschheit gearbeitet als so viele instinktverlassene Abendländer in ihrer anarchischen Spezialistenphilosophie. Als Probe sei der letzte Abschnitt des Tao-te-king in Richard Wilhelms Verdeutschung hier mitgeteilt:

Wahre Worte sind nicht schön,
Schöne Worte sind nicht wahr,
Tüchtigkeit überredet nicht,
Überredung ist nicht tüchtig.
Der Weise ist nicht gelehrt,
Der Gelehrte ist nicht weise.
Der Berufene häuft keinen Besitz auf.
Je mehr er für andere tut,

Desto mehr besitzt er.
Je mehr er anderen gibt,
Desto mehr hat er.
Des Himmels Sinn ist segnen, ohne zu schaden.
Der Berufenen Sinn ist wirken, ohne zu streiten.   (1910)

Konfuzius

... Leicht ist die Lektüre nicht, und immer wieder hat man das Gefühl, eine fremde Luft zu atmen, welche von anderer Art und Zusammensetzung ist als die, die wir zum Leben brauchen. Dennoch bereue ich die mit diesen Gesprächen verbrachten Tage nicht. Berührt uns auch der chinesische Geist wie der Anblick von Erzeugnissen eines fremden Weltkörpers, so tut es doch wohl und ist eine treffliche Übung, einmal mehr als nur oberflächlich da hineinzuschauen. Denn das nötigt uns, unsere eigene, individualistische Kultur auch einmal nicht als selbstverständlich, sondern im Vergleich mit ihrem Widerspiel zu betrachten. Und dabei bleibt es nicht, sondern es entsteht im Lesenden manchmal für Augenblicke die seltsam aufleuchtende Vorstellung der Möglichkeit einer Synthese beider Welten. Denn als innersten Kern im Wesen des großen Fremdlings Konfuzius erkennen wir dieselben Eigenschaften, die wir bei den großen Menschen der abendländischen Geschichte längst kennen. Wir empfinden Dinge als natürlich, die uns anfänglich wie groteske Verirrungen erschienen, und finden Dinge reizvoll, ja schön, die uns zuerst abschreckend trocken vorkamen. Und wir Individualisten beneiden diese chinesische Welt um die Sicherheit und Größe ihrer Pädagogik und Systematik, der wir nichts an die Seite zu stellen haben als unsre Kunst und unsere vielleicht größere Bescheidenheit vor der außermenschlichen Natur.

Ich beschließe meine laienhafte Empfehlung dieser östlichen Weisheit mit einigen ausgewählten Sprüchen aus den «Gesprächen».

Verkanntsein und Kennen.

Nicht kümmere ich mich, daß die Menschen mich nicht kennen. Ich kümmere mich, daß ich die Menschen nicht kenne.

Der Polarstern.

Wer kraft seines Wesens herrscht, gleich dem Nordstern, der verweilt an seinem Ort und alle Sterne umkreisen ihn.

Stufen der Entwicklung des Meisters.

Der Meister sprach: Ich war fünfzehn, und mein Wille stand aufs Lernen, mit Dreißig stand ich fest, mit Vierzig hatte ich keine Zweifel mehr, mit Fünfzig war mir das Gesetz des Himmels kund, mit Sechzig war mein Ohr aufgetan, mit Siebzig konnte ich meines Herzens Wünschen folgen, ohne das Maß zu übertreten.   (1909)

Chinesische Volksmärchen

Je notwendiger eine gründliche Auseinandersetzung mit Ostasien uns erscheint, je aktueller schon rein politisch das Bedürfnis nach einem Verständnis des Ostens wird, desto wichtiger wird es, die Völker Ostasiens aus ihrem eigenen Denken und Wesen heraus kennenzulernen, und dazu ist kein anderer Weg als durch ihre Kunst und Dichtung. Hier spielen die Volksmärchen eine große Rolle, denn hier ist, nächst dem Theater, die wahre Quelle der geistigen Volksnahrung. Was ich aus diesen Märchen lese, stimmt nun durchaus überein mit dem Eindruck, den mir die Chinesen Singapores gemacht haben. Wir finden viel Naivität, Kindlichkeit und Spielerei, daneben eine große Feinfühligkeit im Ästhetischen, Betonung der poetischen Einzelheit, Freude am Detail überhaupt neben einer gewissen Gleichgültigkeit gegen den erzählerischen Aufbau (mit Ausnahme der Kunstmärchen), Geisterglaube und andere animistische Vorstellungen herrschen durchaus, selten siegt persönliche Überlegenheit über diese dämonischen Abhängigkeiten. Dafür aber steht der Gebundenheit und

Primitivität solcher Anschauungen ein Gebäude von moralisch-politischer Lebensbeherrschung gegenüber, eine Autorität der Sitte, eine Zucht der Höflichkeit, eine Heiligkeit der auf der Familie aufgebauten sozialen Autorität, die wir voll Hochachtung bewundern müssen.   (1914)

Chinesische Lyrik

... Bis heute ist Wesen und Sinn der chinesischen Lyrik dem Westen noch ebenso fremd wie Wesen und Sinn der chinesischen Malerei. Der Reichtum an Nuancen bei beschränktester Palette, die Virtuosität der Handschrift, der heilige Ehrgeiz, das Höchste mit dem Minimum an äußeren Mitteln zum Ausdruck zu bringen, das unendlich zarte Spiel der Andeutungen, Anklänge, Beziehungen, überhaupt diese fabelhafte Kunst des Andeutens, des Erratenlassens, des Sparens und Zurückhaltens, das alles ist dem heutigen Europäer fremd; zum Genuß dieser Künste muß man erst Ohren, Augen und Fingerspitzen üben und sich an feinste Nuancen gewöhnen.   (1922)

Lü Bu We: «Frühling und Herbst»

Lü Bu We war keiner der großen chinesischen Denker, er steht bei den chinesischen Literaten in mäßigem Ruf, er war Minister und politischer Intrigant, vor bald zweitausend Jahren, und er hat sein großes Werk «Frühling und Herbst» nicht selber geschrieben, sondern hat es von Gelehrten, deren Mäzen er war, schreiben lassen. Uns braucht das nicht zu stören, und wir sind sehr dankbar dafür, daß Richard Wilhelm dies Werk ins Deutsche übersetzt hat. Die ganze Weisheit des klassischen China, deren echte Quellen zum großen Teil bei den Bücherverbrennungen verlorengingen, hat in diesem Sammelwerk Platz gefunden, und dazu eine Menge von Schilderungen und Anekdoten. Die Lektüre ist ein großer Genuß. Ich verbringe gute Stunden mit diesem weisen und liebenswerten Buch. Daß seine Weisheit zur Zeit der Welt verlorengegangen ist und nur noch in Büchern steht, stört mich ebensowenig, als daß diese Weisheit mit den sehr unweisen, aber desto fanatischeren Lebenslehren unsrer Zeit (seien sie amerikanisch-bürgerlich oder russisch-bolschewikisch) in so völligem Widerspruche steht. Die Zeit vergeht, und die Weisheit bleibt. Sie wechselt ihre Formen und Riten, aber sie beruht zu allen Zeiten auf demselben Fundament: auf der Einordnung des Menschen in die Natur, in den kosmischen Rhythmus. Mögen unruhige Zeiten immer wieder die Emanzipierung des Menschen von diesen Ordnungen anstreben, stets führt diese Scheinbefreiung zur Sklaverei, wie ja auch der heutige, sehr emanzipierte Mensch ein willenloser Sklave des Geldes und der Maschine ist. Wie einer vom farbig bestrahlten Asphalt der Großstadt zum Walde zurückkehrt, oder von der flotten aufpeitschenden Musik der großen Säle zur Musik des Meeres, mit dem Gefühl von Dankbarkeit und Heimkehr, so kehre ich von allen kurzfristigen und spannenden Abenteuern des Lebens und des Geistes immer wieder zu diesen alten, unerschöpflichen Weisheiten zurück. Sie sind bei jeder Rückkehr nicht älter geworden, sie stehen ruhig und warten auf uns, und sie sind immer wieder neu und strahlend, wie es an jedem Tag die Sonne ist, während der Krieg von gestern, der Modetanz von gestern, das Auto von gestern heute schon so alt und verwelkt und komisch geworden sind.   (1929)

« I Ging »

Es gibt Bücher, die man nicht lesen kann, Bücher des Heiligen und der Weisheit, in deren Begleitung und Atmosphäre man jahrelang leben kann, ohne sie je so zu lesen wie man andre Bücher liest. Teile der Bibel gehören zu diesen Büchern, und das Tao-te-king. Aus diesen Büchern genügt ein Satz, um sich für lange zu füllen, für lange zu beschäftigen, für lange zu durchdringen. Diese Bücher hat man leicht erreichbar liegen oder trägt sie in der Tasche mit, wenn man in den Wald geht, und liest niemals halbe oder ganze Stunden lang darin, sondern nimmt nur jedesmal einen Spruch, eine Zeile heraus, um darüber zu meditieren, um neben all dem Kram des Tages, auch dem der übrigen Lektüre, immer wieder den Maßstab des Großen und Heiligen aufzurichten.

Daß nun zu diesen paar Büchern für mich ein neues gekommen ist, betrachte ich als ein Glück. Es ist, selbstverständlich, gleich den wenigen andern ein Buch von hohem Alter, es ist Jahrtausende alt, aber den Versuch einer deutschen Übersetzung gab es bisher nicht. Es heißt «I Ging», das Buch der Wandlungen, und ist ein uraltes Weisheits- und Zauberbuch der Chinesen. Man kann es als Orakelbuch benutzen, um in schwierigen Lebenslagen Rat zu bekommen. Man kann es auch «nur» der Weisheit wegen lieben und benutzen. Es ist in diesem Buch, das ich niemals mehr als ahnungsweise und für Augenblicke werde verstehen können, ein System von Gleichnissen für die ganze Welt aufgebaut, welchem acht Eigenschaften oder Bilder zugrunde liegen, deren zwei erste der Himmel und die Erde, der Vater und die Mutter, das Starke und das Hingebende sind. Diese acht Eigenschaften sind je durch ein einfaches Zeichen ausgedrückt, sie treten in Kombinationen zueinander und ergeben dann 64 Möglichkeiten, auf diesen beruht das Orakel. Du fragst das Orakel, und bekommst etwa den Spruch: «Innere Wahrheit: Schweine und Fische. Heil! Fördernd ist es, das große Wasser zu durchqueren. Fördernd ist Beharrlichkeit.» Darüber kannst du nun meditieren, außerdem sind Kommentare vorhanden.

Dieses Buch der Wandlungen liegt seit einem halben Jahre in meinem Schlafzimmer, und nie habe ich auf einmal mehr als eine Seite gelesen. Wenn man eine der Zeichen-Kombinationen anblickt, sich in Kian, das Schöpferische, in Sun, das Sanfte, vertieft, so ist das kein Lesen, und ist auch kein Denken, sondern es ist wie das Blicken in fließendes Wasser oder in ziehende Wolken. Dort steht alles geschrieben, was gedacht und was gelebt werden kann. (1925)

BI-YAEN-LU: «Meister Yüan-Wu's Niederschrift von der smaragdenen Felswand»

Das chinesische Zen, jene ganz auf Praxis, auf Seelendisziplin gerichtete Form, die der aus Indien nach China gelangte Buddhismus dort angenommen hat, ist seinem Wesen nach, sehr im Gegensatz zum indischen, eigentlich der Literatur, der Spekulation, der Dogmatik und Scholastik durchaus abhold. Man könnte sagen, indischer und chinesischer Buddhismus verhalten sich zueinander wie Sanskrit zu Chinesisch. Dort eine Sprache der indogermanischen Art, Werkzeug eines differenzierenden, gelehrten, abstrakten Denkens, auch einer blühenden Scholastik, hier im Osten aber eine bildkräftige, lockere, auf die meisten der uns geläufigen grammatischen Feinheiten und Knifflichkeiten verzichtende Sprache, eine weitherzige, keineswegs eindeutige, deren Worte eher Bilder oder Gebärden als Worte in unsrem Sinne sind. Nun, trotzdem hat auch das Zen eine Art von Literatur entwickelt, und in diesem Jahr 1960 hat es sich ereignet, daß eins ihrer ehrwürdigsten Bücher (vielmehr vorerst nur ein Drittel des Ganzen) in einer Verdeutschung erschienen ist, die ihren Verfasser, Wilhelm Gundert, mehr als ein Dutzend Jahre gekostet hat. Das Buch «Bi-YAEN-LU, Meister Yüan-Wu's Niederschrift von der smaragdenen Felswand», ist zu Anfang des 12. Jahrhunderts entstanden und ist eine Sammlung von hundert Anekdoten und Aussprüchen bedeutender Zen-Meister samt auf sie gedichteten Hymnen und über sie verfaßten Erläuterungen. Von den 100 «Beispielen» gibt Gunderts Übersetzung die ersten 33.

Dies höchst merkwürdige Werk ist etwas wie eine zen-buddhistische Summa, nicht aber im Sinn einer Dogmatik, sondern in dem eines geistlichen Übungsbuches. Anhand von Aussprüchen berühmter Lehrer und Patriarchen wird den Novizen und Mönchen vorgeführt, auf welche Art dieser oder jener ihrer Vorgänger das Ziel erreicht hat, nämlich die Erleuchtung, das Innewerden der Wirklichkeit, die nicht als etwas Statisches, sondern etwa wie das Zucken eines Funkens zwischen zwei Polen vorzustellen ist, dem Pol Samsara, der vollen bunten Erscheinungswelt, und dem Pol Nirwana, der absoluten Leerheit und Erlöstheit. In den meisten dieser Beispiele aus der Praxis der Meister stellt ein Schüler eine Frage, die der abendländische Leser nicht selten verstehen kann, während die Antwort des Lehrers uns vor lauter Rätsel stellt, übrigens des öftern nicht aus Worten, sondern aus einer Gebärde oder Handlung besteht, und gar nicht selten ist diese Handlung eine Ohrfeige oder ein Stockhieb. Diese Beispiele, um 1100 aus der Überlieferung mehrerer Jahrhunderte aufgezeichnet, sind noch heute, 800 Jahre später, ein klassisches Lehrmittel der Zen-Lehrer. Daß wir sie jetzt deutsch lesen können ist schon viel, denn jedes Beispiel enthält die Anregung zu staunender Versenkung.

Es ist kein Buch, das man schlechthin «lesen» könnte; man muß sich in seinem Dickicht Zoll um Zoll vortasten, oft wieder umkehren, und bei mancher Umkehr zeigt uns auf einmal der Text ein ganz andres Gesicht. Es ist ein sehr fremdartiges, kompliziertes und schwer zugängliches Werk. Es ist eine Nuß mit drei- und vierfacher, recht harter Schale. Der normale, durchschnittliche Zeitgenosse wird nun vielleicht sagen, das alte Indien, das alte China, das Nirwana und das Zen seien erledigte Dinge, und der Rückgriff auf sie, also auch das Übersetzen und das Studieren dieses Werkes aus dem fernöstlichen Mittelalter sei unnütz, sei historische Schatzgräberei oder romantische Spielerei.

Darauf ließe sich zunächst antworten, daß ja das Zen

noch heute in Japan ebenso existiert und praktiziert wird wie bei uns das Christentum, daß ferner die Lehre des Shakyamuni in ihren verschiedenen östlichen Ausformungen nicht nur Schopenhauer und seine Jünger fasziniert, sondern auch das intensive Interesse des heutigen Abendlandes gewonnen hat, daß die Vorträge und Bücher heutiger Zen-Buddhisten, obenan die von Suzuki, in Europa und Amerika größte Aufmerksamkeit finden, ja daß es leider schon so etwas wie eine Zen-Mode gibt.   (1960)

Wang Schi Tschong(?): «Kin Ping Meh, oder die abenteuerliche Geschichte von Hsi Men und seinen sechs Frauen»

Hier haben wir es nicht mit dem heiligen China der Weisen und Helden zu tun, der alte Volksroman malt mit derbem Behagen Szenen des chinesischen Alltags. Die obszönen Stellen sind zahlreich, sie sind nicht witziger, als es solche Stellen in Volksbüchern auch anderer Völker sind. Dagegen ist der große, in China durch viele Jahrhunderte beliebte Roman ein reichhaltiges Bilderbuch des Volkes und häuslichen Lebens.   (1931)

Pu Ssung-Ling:
«Chinesische Geistergeschichten»

Es handelt sich bei diesem überaus merkwürdigen Buch weder um eine poetisch-gelehrte Spielerei, noch um einen der üblichen belanglosen Beiträge zur sogenannten Folkloristik, sondern um die Erschließung einer Märchenwelt, die wir noch nicht kannten und die nach dem Schi-King und nach den Gleichnissen des Tschuang-Tse das dichterisch Wertvollste ist, was ich überhaupt aus der chinesischen Literatur kennengelernt habe.

Der Dichter, der diesen seltsamen, uralten Geschichten ihre Form gegeben hat, war Pu Ssung-Ling, ein armer

Student und erfolgloser Gelehrter im siebzehnten Jahrhundert, und es ist schade, daß wir nicht mehr von ihm haben, denn seine Geistersagen sind so einheitlich erzählt und so schön im Ton, daß man sie recht wohl mit den Märchen und noch mehr mit den «Deutschen Sagen» der Brüder Grimm vergleichen darf. Es sind volkstümliche Spukgeschichten, die ganz wie ihre europäischen Schwestern von Geistern Verstorbener und Dämonen, von Träumen und Visionen handeln. Nur ist die Welt des Tages und des Menschentums zu der Welt der Nacht und des Dämonischen nicht in einen scharfen Gegensatz gestellt, die Geister gehen wie in Hoffmannschen Märchen am hellen Tage und mitten zwischen den Verrichtungen des Alltags ihre Wege, kreuzen die Wege der Menschen und treten zu ihnen beständig in enge Beziehungen, die nicht auf Furcht und Grauen, sondern auf Zuneigung und freundlichster Nachbarschaft beruhen. Wie der geliebte schöne Leib eines Mädchens geisterhaft wieder beseelt und der Liebe zurückgegeben wird, so werden Bilder, Tiere, Gegenstände, ja Träume und Gedichte zu schönen feinen Geistwesen, die überall durch das Leben der Menschen gehen und mit Anmut und Adel sich zwischen den Lebenden bewegen.

Zum unbegabten Studenten kommt der Geist eines toten Richters, gegen den sich jener höflich benommen hat, und bringt ihm Weisheit bei. Im Garten des Einsiedlers werden Blumengewächse zu schönen Frauen und verklären sein Leben. Ein Sternbild vom Himmel verliebt sich in einen Menschen und kommt zur Erde, um Glück und Leid zu kosten. Menschen werden in Vögel verwandelt und liebreiche Geister machen Speise aus Erde, Kleider aus Blättern. Dabei geht es, wie es in Spukgeschichten soll, oft etwas wirr und traumschwül zu, auch die chinesische Freude am Grotesken schlägt gelegentlich unlogische Schnörkel, alles in allem aber ist nichts Dummes dabei, es herrscht ein Zusammenhang der Dinge und eine Verschiebung des Möglichen genau wie im Traume, und der Geist des Ganzen läuft in einer für uns Fremdlinge beschämenden Weise rein auf Gerechtigkeit und Güte hinaus, nicht auf Bosheit und wilde Grausamkeit, wie so viele unsrer Geschichten.

Es geht da so zart und anmutig zu: «Er bemerkte eine junge Dame mit ihrer Dienerin. Sie hatte eben einen Pflaumenblütenzweig gebrochen, und ihr lächelndes Gesicht war unwiderstehlich. Er starrte sie an, ohne den Anstand zu beachten; und als sie vorbeigegangen war, sagte sie zu ihrer Dienerin: ‹Dieser junge Mensch hat glühende Augen wie ein Dieb.› Als sie lächelnd und schwatzend weiterging, ließ sie die Blüte fallen; Wang hob sie auf und stand trostlos da, als wäre seine Seele von ihm gegangen. Dann kehrte er in einer sehr schwermütigen Verfassung heim; und nachdem er die Blüte unter sein Kissen getan hatte, legte er sich nieder.» — Wer sollte denken, daß dies hübsche Mädchen ein Geist, ja eine «Füchsin» sei! Sie ist es aber und sie wird später von Wang gewonnen und versilbert sein Leben mit ihrem heiteren Lachen.

«Der Ärmel des Priesters» handelt von einem magischen Priester, und seit ich in Singapore den berühmten chinesischen Zauberer Han Peng Chien lächelnd seine Kunst üben sah, kann ich mir diesen Priester ganz genau vorstellen, der die Leute in seinen Ärmel steigen läßt, wo sie in einem großen Hause zu sein glauben und wo sie Liebesverse an die Wand schreiben, die sie nachher, wenn sie, aus dem Traum erwacht, wieder im täglichen Leben wandeln, mit Befremdung in winzig kleinen, doch deutlichen Lettern im Innern des Rockärmels angeschrieben finden. Noch schöner, vielleicht das Schönste aber ist «Der Traum». Da legt ein Mann sich am Nachmittag ein wenig nieder, und plötzlich steht vor ihm ein Herr in honigfarbenem Kleide und richtet ihm eine Einladung von seinem Fürsten aus. Der Mann geht mit, er kommt an den Hof des Fürsten, er trinkt dort Wein, hört Musik und genießt Speise, er sieht und liebt die Tochter des Fürsten, er wird ihr Mann und ist eben im vollen Glück, als ein furchtbares Ungeheuer den ganzen Hofstaat zu vernichten droht. Alles flieht, er aber will bei seiner Liebsten bleiben, und über dem Getümmel und Todesschreck wacht er auf und liegt wieder auf der Bank, wo er vor unvordenklicher Zeit sich zur Ruhe gelegt hat. Er hat aber im Ohr ein Summen, dessen Ton ihm vom Traume her seltsam vertraut ist, und als er nachsieht, sind es Bienen, die sich um ihn drängen, und als er weiter forscht, ist ein ganzer Bienenschwarm auf der Flucht vor einer Schlange, die in seinen Korb drang, flehend zu ihm gekommen. Er nimmt ihn auf und tut damit nichts als seinen Dank für all das Schöne abstatten, was er bei den Bienen erlebt hat, denn ihr Hofstaat war der seines Traumes, ihr König war sein Gastfreund, und das Ungeheuer war die Schlange. — In dieser Erzählung ist Traum und Realität so zart und geschmeidig und sinnbildhaft ineinandergewoben, wie auf einer Tempelstickerei magische Bilder und Schriftzeichen ineinandergeschlungen sind. (1912)

Es ist eines der allerschönsten Märchenbücher der Welt, kindlich-selbstverständlich wie Grimm und phantastischtoll, wie die Zeichnungen und Bronzen grotesker Art, die man in China findet. Diese Geschichten atmen Grauen und süßeste Lieblichkeit in einer so innigen Verbindung, mischen Traum und Leben, Dämonisches und Alltäglichstes so eng und naiv, daß ich sie mit nichts zu vergleichen wüßte als mit schönen Träumen. Wie es uns in Träumen geht, so wandeln hier Geister und Verstorbene, Gestalten der Wirklichkeit und des Glaubens, wandelt Mögliches und Gewünschtes, Süßes und Grausiges Hand in Hand im stillen Dämmerlicht, manches verliert sich umrißlos ins Dunkle, manches steigert sich im Ausdruck zum Symbol. Ich möchte jede Nacht solche Träume haben und ich möchte jedes Jahr ein neues Buch von dieser Art bekommen. Aber die sind selten! (1912)

Die beiden «farbigen» Völker, von denen ich am meisten gelernt und vor denen ich den größten Respekt habe, sind die Inder und die Chinesen. Beide haben eine geistige und künstlerische Kultur geschaffen, die der unsern an Alter überlegen, an Gehalt und Schönheit gleichwertig ist.

Die hohe Blütezeit des indischen Denkens sehe ich etwa in derselben Zeit wie die des europäischen, es sind die Jahrhunderte etwa zwischen Homer und Sokrates. Damals wurden über Welt und Mensch in Indien wie in Griechenland die bisher höchsten Gedanken gedacht und zu großartigen Denk- und Glaubenssystemen entwickelt, die eine wesentliche Bereicherung später nicht erfahren haben, ihrer aber auch wohl nicht bedurften, denn sie stehen heute noch in voller Lebenskraft und helfen Hunderten von Millionen Menschen das Leben bestehen. Der hohen Philosophie des alten Indien steht eine überaus vielgestaltige, an Tiefe und an Humor reiche Mythologie gegenüber, eine volkstümliche Götter- und Dämonenwelt und Kosmologie von üppigster Bildkraft, die in der Dichtung wie in der Skulptur, aber auch im Volksglauben blühend fortbesteht. Doch ist aus dieser farbig glühenden Welt auch die ehrwürdige Gestalt des großen durch Entsagung Überwindenden, des Buddha, hervorgegangen, und der Buddhismus erweist sich heute sowohl in seiner ursprünglichen wie auch in der chinesisch-japanischen Form des Zen nicht nur in seiner Heimat, sondern auch im ganzen Westen, Amerika inbegriffen, als eine Religion von höchster Moral und großer Anziehungskraft. Seit nahezu zweihundert Jahren ist das abendländische Denken häufig und kräftig vom indischen Geist beeinflußt worden; der letzte große Zeuge dafür ist Schopenhauer.

Wenn der indische Geist ein vorwiegend seelenhafter und frommer ist, so gilt das geistige Suchen der chinesischen Denker vor allem dem praktischen Leben, dem Staat und der Familie. Wessen es bedarf, um gut und erfolgreich zum Wohl aller zu regieren, das ist das oberste Anliegen der meisten chinesischen Weisen, wie es ja auch das Anliegen Hesiods und Platons war. Die Tugenden der Selbstbeherrschung, der Höflichkeit, der Geduld, des Gleichmuts werden ebenso wie in der abendländischen Stoa hoch bewertet. Es gibt aber daneben auch metaphysische und elementare Denker, obenan Laotse und sein poetischer Jünger Tschuang-Tse, und nach dem Eindringen der Buddha-Lehre hat China langsam eine höchst originelle, äußerst wirksame Form der buddhistischen Zucht entwickelt, das Zen, das ebenso wie die indische Form des Buddhismus auch im heutigen Westen von spürbarem Einfluß ist. Daß der chinesischen Geistigkeit eine nicht minder hoch und fein entwickelte bildende Kunst zur Seite steht, ist jedem bekannt.

Die heutige Weltlage hat an der Oberfläche alles verändert und unendlich vieles zerstört. Die Chinesen, einst das friedlichste und an antimilitaristischen Bekundungen reichste Volk der Erde, sind heute die gefürchtetste und rücksichtsloseste Nation geworden. Sie haben das heilige Tibet, neben Indien das frömmste aller Völker, barbarisch überfallen und erobert, und sie bedrohen dauernd Indien und jedes andere Nachbarland. Wir können das nur konstatieren. Vergleicht man etwa das politische Frankreich oder England des 17. Jahrhunderts mit dem heutigen, so zeigt sich, daß der politische Aspekt einer Nation sich im Lauf weniger Jahrhunderte gewaltig verändern kann, ohne daß dies auch eine Veränderung im Kern des Volkscharakters bedeuten müßte. Wir müssen wünschen, daß auch im chinesischen Volk über die Zeiten dieser Verstörung hinweg sich viele seiner wunderbaren Charakterzüge und Begabungen erhalten. (1959)

Fabeln

Von Urzeiten aus den Kinderstuben der Völker her überkommen, von den Griechen zuerst und oft endgültig geformt, sind die Tiergeschichten über die Jahrhunderte weg gewachsen, angepaßt, verändert und im Typ doch eines geblieben, oft verfeinert, oft verknöchert, und doch aus einem geheimen Bedürfnis der Menschheit nach dieser ursprünglichsten und kindlichsten Dichtungsart immer wieder erneuert und gerettet. Die Dichtigkeit und satte Anschaulichkeit guter Fabeln ist für den, der nur neuere Literatur zu lesen gewohnt ist, eine fast bestürzende Überraschung. Löwe und Fuchs, Hahn und Hirsch, Bär und Rabe handeln und reden aus einer naiv praktischen Intelligenz heraus, werden zu Brüdern und zu Gleichnissen der Menschen, zu Karikaturen und Vorbildern, und auch da noch, wo der volkstümliche Zusammenhang mit dem Tierleben verdünnt und verflogen scheint, waltet überall ein schlichtes Gefühl für das elementar Notwendige, Gute, Wünschenswerte, eine unbeirrte praktische Vernunft, deren Vorhandensein schlechthin tröstlich ist. Und siehe, diese Klugheit ist gar nicht langweilig, sie hat jene gesunde Freude an sich selber, aus welcher Spiel und Scherz, Witz und Gleichnis entspringen, und so atmet dies schöne Fabelbuch eine reine Freudigkeit und Frische, für die wir müde Menschen dankbar sein müssen.   (1913)

Die Märchen der Weltliteratur

Die literarisch wertvollen und originellen Volksmärchen aller Völker fänden in einem oder zwei Bändchen Platz. Aber als Dokumente der Völkerseelen, als immer neue Bestätigungen für die immer gleiche Struktur der Menschen-

seele in allen Rassen und Ländern, als Beispiele für die
Entstehungsgeschichte der Seele, der Dichtung, der Mythen
haben diese unzähligen Märchen aus allen Erdteilen den
Wert einer biologischen Sammlung, in welcher Präparate
der verschiedensten Herkunft dieselben Gesetze illustrie-
ren. Auch ist durch das ständige Wiederkehren derselben
Stoffe, Symbole, Witze keineswegs der Eindruck der Völ-
kerbuntheit aufgehoben, denn Auffassung und Vortrag
bringen noch Spiel und Wechsel genug, und es zeigen sich
nicht bloß verschiedene Stufen von Geschmack und literarischer Fähigkeit bei den Völkern, sondern auch gewisse
Typen seelischer Einstellung zur Umwelt.   (1919)

«Morgenländische Märchen»

Das Bedürfnis, aus dem wir uns von den Modernen weg
gelegentlich begierig und dankbar zu den Bildern früher
umbrischer oder altdeutscher Meister wenden, mit dem wir
zur schlichten Musik früherer Jahrhunderte oder zu den
Dichtungen vergangener Zeiten und Völker zurückkehren,
ist genau dasselbe, mit dem der erwachsene oder erwach-
sende Mensch zuzeiten sich in das Gedächtnis seiner Kindheit flüchtet. Dem in Werden, Wechsel und Entwicklungsnot
Befangenen erscheinen Zustände gewesener Zeiten leicht
selig verklärt, er rettet sich gelegentlich zu ihnen wie auf
eine feste Insel der Zeitlosigkeit, des aktuellen Lebens und
des Tageskampfes müde — nicht viel anders als der Städter
sich zur «Natur» flüchtet in dem instinktiven Bedürfnis,
aus Wechsel, Erregung und Spiel flüchtiger Werte und
Erscheinungen heraus einen Atemzug lang sich dem Sicheren, Zeitlosen, scheinbar Ewigen gegenüber zu wissen.
Wohl ist auch die Musik vergangener Zeiten nichts als
Wille und Streben, ist auch die älteste Malerei nichts als
Ringen nach Ausdruck und Erlösung, ist auch die Literatur ältester Völker ein Wissen und Sagen von Kampf, Not,
Leidenschaft. Die schönsten altitalienischen Novellen, die

S. a. Musäus «Volksmärchen der Deutschen» S. 130, «Andersens Märchen» S. 278.

44

herrlichsten altfranzösischen Gedichte, die verehrtesten griechischen Dramen handeln von Sorge, Schuld und Gewissensnot, von Leid und Erlösungswunsch, genau wie unsre heutigen Dichtungen auch — aber es sind ferne, fremde, nicht mehr aktuelle Sorgen und Nöte, und wir lesen von ihnen, als wären sie nie wirklich und blutig ernst gewesen, und es ist gut, daß wir das können.

In der Literatur ist es vor allem die erzählende Dichtung, innerhalb deren die Heutigen auf frühere Zeiten blicken als auf seliges Kinderland voll naiver Anschauungslust. Wir haben keine naive Erzählung, keine geschehensfrohe Novelle, keine unbekümmert frohe Anekdotenkunst mehr. An ihrer Stelle haben wir den modernen Roman, der infolge seiner labilen Formgesetze so leicht zum Spiegel des Aktuellen wird, und so spiegelt er denn in seinen besten Vertretern Individualismus und Intellektualismus, wendet sich vom reinen Erzählen ab, hat die Lust am Geschehnis, an den Verknüpfungen äußerer Geschicke verloren und geht grüblerisch dem vereinsamten Seelenleben des sensiblen modernen Intellektuellen nach. Und sosehr das Zeitgemäße dieser Dichtungsart uns fesselt und bewegt, zuzeiten sind wir doch der ganzen Psychologie und Klugheit elend müde und stürzen uns, wie auf frische Quellen, auf die Erzählungen anderer, glücklicherer, naiverer Zeiten. Die Dichter selbst fühlen wohl den tiefen Reiz einer alten, festgewordnen Form und spielen gelegentlich mit solchen Formen. So hat schon Balzac seine contes drôlatiques gemacht, so ist bei uns, um nur einen zu nennen, Paul Ernst von der Beschäftigung mit altitalienischer und alter deutscher Erzählungskunst zu einem archaisierenden Ton gekommen, der seine eigne Sprachkraft bald zu absorbieren scheint.

Und so ist auch der Leser gerade heute geneigt, als schöne Abwechslung und als flüchtigen Vergessenstrunk je und je etwas Altes, Behagliches zu genießen, die Menge der Übersetzungen und Neuausgaben beweist es. Das ist an sich weder zu loben noch zu tadeln, denn der Leser tut es meistens aus einem Mißverständnis. Er hat meistens nicht das Geschick und die Zeit, sich aus der heutigen Produktion das wirklich Beste auszusuchen, und greift oft in falschem Bildungsdrange zu dem Alten, das ihm schon durch sein Alter würdiger und «klassisch» scheint. Auch verstehen wenige Leser in einer modernen Dichtung den Willen und die eigentliche Kunst der Dichter, die darin besteht, das Leben der eigenen Zeit und Nähe kristallisierend zu Form und Schönheit zu gestalten. In Stunden der Müdigkeit und des Erholungsbedürfnisses greifen sie lieber zu einer Lektüre, die schon durch Titel und Stoff ins Ferne, Vergangene, Unaktuelle führt.

Allerdings, wenn man die Leser hört, so ist es ganz anders. Dann greifen sie zu Boccaccio und gehen zu Botticelli der sogenannten «Kultur» wegen, die unsre Zeit nicht habe, während man sie in früheren Zeiten überall als etwas Selbstverständliches antreffe. Das ist nun ein Gerede, auf das ich nicht eingehen möchte; denn gerade das Berechtigte daran ist das, wovon wieder jene Ankläger unserer Zeit nichts wissen wollen. Ich meinerseits finde es nicht übel, in einer Zeit zu leben, die von der Kinderschule bis zum Begräbnis keine alte, übernommene Form des Tuns und Denkens mehr passend und zureichend findet und eben darin, daß sie sich, nach einer gründlichen Umwälzung aller Lebensverhältnisse, ein neues Kleid und einen neuen Glauben und neue Götter zu schaffen gewillt ist, ihren Stolz und eine ganz neue Bahn des Wollens sucht.

Darum bin ich nicht der Meinung, wir müßten die Kunst gewesener Jahrhunderte und ferner Völker unbedingt als uns überlegen hinnehmen. Hingegen kenne und würdige ich jenes Bedürfnis wohl, das uns am Abend eines unruhigen Tages einlädt, unserer Kindheit zu denken, uns an Vaters Garten und an unsere Knabenspiele zu erinnern und dem Heute eine Stunde abzustehlen, die dem zeitlos Gewordenen gehört. Und wer aus diesem Bedürfnis alte Bilder ansieht, alte Musik hört und alte Bücher liest, dem kann es gewiß nur wohltun.

Nun aber zur Sache! Ich möchte nämlich diesen Liebhabern schöner alter Dinge heute eine Lektüre empfehlen, die schön und stark genug ist, uns für Stunden und auch für Tage aus allem Heutigen heraus in eine fremde, ferne, dennoch menschliche Welt zu führen, in der wir unsere Leidenschaften und Sorgen, Freuden und Wehen verklärt wie im Zauberspiegel erblicken, so daß sie uns inniger anreden und tiefer verständlich werden als unsere nächste Welt, ohne uns doch zu belästigen und des Friedens zu berauben.

Das sind die vielen alten orientalischen Märchen und Geschichten, die unter tausend Namen und Verkleidungen durch die Jahrhunderte und Völker herab auf uns gekommen sind. Die größte, einheitlichste und schönste Sammlung ist «Tausendundeine Nacht», die wir alle als Kinder kennengelernt haben, wenn auch in gekürzter, geschwächter, stark verblaßter Form. Es gibt keine orientalische Redaktion dieser riesigen Sammlung alten Gutes, die irgend für authentisch und maßgebend gelten könnte ...

Da liegen denn nun, im Lauf einiger Jahre fertig geworden, die zwölf kleinen, hübschen, erfreulichen Bände da, und wo man aufschlägt und beginnt, geht es bunt und farbenfroh her mit Abenteuern und naiver Lust am Erzählen, und auch die liebe «Kultur» ist da, nicht nur die der hübschen Teppiche und formulierten Höflichkeit, sondern die großartig starre, übermächtige des Islam, eines Glaubens und einer Philosophie, die sich mit dem bunten Leben abzufinden wissen. Geschäfte und Reisen, Lust und Leiden, helle Sinnlichkeit und dunkle Verderbtheit, alles brennt in lodernden Farben, aber über allem steht Allah und verfügt, und es mag einer beim Handeln, beim Lieben oder beim Morden sein — wenn die Gebetszeit kommt, so läßt er das Irdische liegen und wendet sich anbetend gen Osten. Und so toll es hergeht, so wild und gierig das Leben schäumt — diese Menschen sterben alle ergeben und ohne Lärm. Sie lassen dem Leben sein Recht, solange es währen mag; dann aber sterben sie wie Weise — oder wie Tiere, still und selbstverständlich und ohne sich zu wundern, daß das Kausalitätsgesetz ihretwegen keine Ausnahme macht, wie der individualistische Europäer es gern haben möchte. Darin können wir vom Morgenlande lernen, von den Indern, wie vom Islam.

Man kann an diesen schönen Dingen seine Lust haben als Verächter der eigenen Welt und Kultur, gewiß, und es kann in solchem Genießen viel Liebe und Leid sein. Aber schöner und voller und vielleicht verständiger genießt doch wohl der, der an Abenteuern Freude hat — weil er selber sich Abenteurer weiß —, und an fremden Kulturen, weil er Mut hat, sich selber als Mitschöpfer an der Kultur seiner Zeit zu fühlen.

«Tausendundein Tag». Das ist nicht etwa eine schwache Nachlese des Geringeren, sondern eine Sammlung ähnlicher Stücke, die zufällig in den älteren Redaktionen jener großen, berühmteren Sammlung fehlen. Beide Werke haben Anspruch auf besondere Beachtung. Und wer sie verständig liest, wird seine Freude nicht auf Kosten unsrer eignen, zeitgenössischen Dichtung haben, sondern am guten Alten und guten Fremden sein Gefühl für das Neue und Eigene stärken lernen.   (1909)

Eine Art von Literatur, die ich von Kind auf innig geliebt habe und deren Vermehrung mir immer wie die Entdeckung eines Schatzes erscheinen will, ist die der orientalischen Erzählungen und Märchen. Diese ganze, meist apokryphische, jedenfalls anonyme Literatur der Abenteuer und Weisheiten, der wilden Farben und Schicksale, der Schlingungen und Kapricen, aber auch der mohammedanischen Moral und des stillen, oft fast ironisch geklärten Fatalismus ist etwas so erstaunliches Reiches, Nichtauszuschöpfendes, und ist so voll befriedigender, sanft reizender, langsam beruhigender Wirkungen, wie keine Apotheke. Man wandert ziellos in fremden unterirdischen Gewölben, auf Überraschungen jeder Art gefaßt und doch durch jede wieder überrascht, in eine feine Zauberwolke gehüllt, dem Alltag fern, ganz dem Erstaunen über die Mannigfaltigkeit des Geschehens und über die innere Einfachheit der verwickelten menschlichen Dinge hingegeben. (1909)

«Das Papageienbuch»

Das «Papageienbuch», das im Orient seit Jahrhunderten in diversen Fassungen und in mehreren Sprachen verbreitet ist, stammt aus Indien. Zeit und Urheber der ersten indischen Niederschrift sind unbekannt, übrigens für den Laien auch ohne starkes Interesse, da uns das Buch vor allem stofflich interessiert. Es ist eine Sammlung von meist uralten Geschichten, Anekdoten, Legenden und Novellen, meist mit moralischer Nutzanwendung. Seinen Namen hat es von der das Ganze umschließenden Rahmenerzählung: Ein Kaufmann besitzt einen weisen Papagei und läßt, als er auf Reisen geht, den Vogel bei seinem schönen jungen Weibe als Hüter und Ratgeber zurück. Da nach einiger Zeit die Frau sich gelangweilt fühlt und auf Untreue sinnt, geht der Papagei scheinbar auf ihre Absichten ein, hält sie aber Nacht für Nacht vom Verlassen des Hauses dadurch zurück, daß er ihr eine Menge von spannenden Geschichten erzählt.

Diese kleinen Geschichten nun sind fast ausnahmslos prachtvoll, jede ein Stück alten Volksbesitzes, und mehrere davon sind auf dem Umwege über Byzanz und Süditalien längst auch in Europa eingewandert. In letzter Zeit sind die «Gesta Romanorum», der Apollonius von Tyrus, die «Cento Novelle Antiche» und andere Denkmäler alter Erzählungskunst neu herausgegeben worden; möchte nun auch den orientalischen Quellen mehr Interesse und Verständnis zuteil werden! Sie verdienen es wahrlich. (1905)

Somadewa: «Indische Märchen»

Wenn man durch die Bazare einer ostasiatischen Stadt geht oder mit nachlesendem Auge den Figuren der Stickerei auf einem schönen Stück altindischer oder altchinesischer Seidenkunst zu folgen sucht, dann erliegt bald Auge und Gedanke einer seltsamen Suggestion von Reichtum und Unendlichkeit, von ewiger Wiederholung und ewiger Erneuerung der Formen, von fabelhafter Fülle und Unausschöpflichkeit. Drachenköpfe und Götterfiguren, vielarmige Gottheiten und stilisierte Tierkörper, feine Pflanzenformen und unheimliche polypenhafte Gebilde ergeben zusammen eine phantastisch schöne Ornamentik, in der das Wunderbarste selbstverständlich, das Grellste mild, das Entlegenste natürlich erscheint. Im Bewundern des Ganzen weiß der Europäer nicht recht, soll er das alles für die launenhaften Gebilde der hochbegabten, aber unerzognen Phantasie eines primitiven Volkes ansehen oder für den Ausdruck einer sehr hohen geistigen und seelischen Bildung, der wir als untergeordnete Wesen nur mit halbem Verständnis gegenüberstehen.

Ähnlich geht es einem, wenn man in dem altindischen Märchenbuche liest, das «Kathasaritsagara» oder «Ozean der Märchenströme» heißt und von Somadewa etwa um die Mitte des elften Jahrhunderts aufgeschrieben worden ist. Es geht natürlich auf ältere Vorbilder zurück, und manche seiner Geschichten mag im ältesten Indien reiner und edler geklungen haben, aber gerade in der Buntheit seiner Mischungen und in seiner bald raffinierten, bald barbarischen Verbindung von Naivität und geistiger Höchstkultur ist es echt indisch.

Was diese Märchen von denen anderer Nationen sofort unterscheidet, ist die typische Färbung des indischen Geistes, seine uralte Neigung zu Frömmigkeit wie Gelehrsamkeit. Wie die Frömmigkeit der Inder zumeist im Verzichten und Entsagen besteht, so führt ihre Gelehrsamkeit ebenso vom Leben weg und in ein seltsam unwirkliches

Land reiner Formalität. Beides kommt in den Märchen stark zum Ausdruck. Zugleich sehen wir die indische Ethik, die tief im indischen Denken wurzelnde Überzeugung vom Unwert der Erscheinungswelt, von der Möglichkeit einer Erlösung durch Abtötung und Kasteiung, innig und grotesk verbunden mit einer fabelhaften Mythologie und einem abstrusen Dogmatismus. Die reinsten Gedanken der indischen Erlösungslehren kleiden sich in ernsthaft vorgetragene Göttergeschichten voll wilder und willkürlichster Symbolik; Naivstes und Tiefstes stehen dicht nebeneinander. Schon darum und weil dieses seltsame Nebeneinander noch heute für das Denken und Leben der nichtmohammedanischen Inder charakteristisch ist, scheint mir das Märchenbuch des Somadewa eine Quelle wertvoller Erkenntnisse.

Indessen, ich bin kein Gelehrter, und was nützt mir ein Märchenbuch, dessen Lektüre mir nur kulturpsychologische Erkenntnisse bringt? Nein, von einem Märchenbuch verlange ich weit mehr, verlange ich höchste dichterische Werte, Visionen von echter Intensität, Situationen von tiefer innerer Wahrheit, Phantasien von beschwingter, schön spielender Anmut.

Nun, diese indischen Märchen geben auch dichterisch sehr viel. Schon die Sprache erfreut noch durch die Übersetzung hindurch mit vielen lieben Einzelheiten. Um einige Bilder zu nennen: Eine Nachricht ist für den einen von zwei Freunden erfreulich, für den andern niederschmetternd, «so wie sich über den Beginn der Regenzeit der Wasservogel erfreut und der Zugvogel betrübt». Oder echt morgenländisch über die Trennung zweier Liebenden: «Das Wachs des Lebens schmilzt hin in dem Feuer der Trennung.» Oder es heißt von einem, dessen Aufgabe es ist, ein Gedicht möglichst vielen zur Kenntnis zu bringen: «Er wird es allerwärts verbreiten, wie der Wind den Duft der Blumen.»

Der alten Märchenfrage «Wer ist die Schönste im ganzen Land?» begegnen wir in einer wundervoll verklärten

Form. Ein Dämon lockt Hunderte ins Verderben, indem er sie fragt: «Wer ist die Schönste in dieser Stadt?» Endlich aber findet er den Weisen, der ihm die schöne Lösung gibt: «Du Tor; jede ist schön für den, der sie liebt.»

Der Einsiedler im Walde, der von Blättern lebt, der wandernde Büßer, der wißbegierige König, der schlaue Kaufmann und viele andere charakteristische Typen Indiens finden sich in guten Geschichten. Dazwischen groteske Bilder von überraschender Wirkung: etwa der Fisch auf dem Marktplatz, der beim Anblick einer vom Fürsten begangenen Torheit in ein lautes Gelächter ausbricht.

Dazwischen fällt eine im Grunde wenig indische Figur durch ihre wahrhaft alttestamentliche Großartigkeit auf. Das ist der Minister Sakatala, der vom König samt seinen hundert Söhnen in den Kerker geworfen wird. Sie erhalten alle zusammen täglich nur so viel zu essen, als ein einziger Mann zur Erhaltung seiner Kräfte braucht, da bittet der Minister seine Söhne, denjenigen unter ihnen auszuwählen, der sich stark genug fühlt, einmal Rache am König zu nehmen. Sie alle aber wählen den Vater, und so bekommt er, während die Söhne Hungers sterben, die tägliche Speise zu essen und erhält sich durch Jahre für die einstige Rache. Und wieder, als er nach Jahren frei und eine Rache möglich ist, da sucht er einen würdigen Gehilfen. Er wählt einen Brahmanen, den er ein Gras im dürren Boden tief mit der Wurzel ausgraben sieht, aus Rache dafür, daß eines seiner Blätter ihn in den Fuß gestochen hat. Und diesem Mann des zähen Zornes gelingt es, den König zu fällen.

Weiter finden wir, wie natürlich, eine Anzahl von Geschichten, die sich in vielen Märchen- und Anekdotenbüchern wiederfinden, bis weit nach Europa und ins Mittelalter hinein, bis zu Boccaccio. Daneben solche, die nur in Indien möglich sind, wie die altberühmte von der Taube, die an den Busen des guten Königs flüchtet und von ihm gegen den Habicht beschützt wird, mit Preisgabe seines eigenen Lebens, jenem Gegenstück zur Geschichte vom guten Hirten, das uns tief ins Herz des edelsten indischen Gedankens blicken läßt.

Die Geschichten sind miteinander verbunden durch Rahmenerzählungen von einer Verschlungenheit ohnegleichen, wie eine asiatische Stickerei von einem uralt mythischen Ornamentgeschlinge.

Möge Deutschland, das bisher allen Völkern vorangegangen ist im neidlosen Anerkennen fremder Leistungen und im Gefühl für das übernational Menschheitliche in den Literaturen, möge es bald wieder an solchen Werken des Friedens und des Verständnisses weiterarbeiten! Nicht das einzelne Werk, wohl aber der Geist solcher Arbeiten im ganzen wird es sein, der die Menschheit langsam und geduldig fördert — vielleicht in ferner Traumzukunft einmal so weit, daß Kriege entbehrlich werden.   (1914)

«Die Sagen der Juden»
(Hrsg. Micha Josef Bin Gorion)

Von dieser überaus reichen, aus der ganzen jüdischen Literatur zusammengetragenen Sammlung ist der dritte Band erschienen, die Sagen und Mythen über die zwölf Stämme enthaltend. Besonders anziehend ist der Teil, der von Josef handelt. Wer tiefer sucht, findet in den apokryphen und kabbalistischen Anhängen manches Seltene, und in den Literaturangaben nicht minder. Ein sonderbares Nebeneinander von Träumerei und von logisch-konstruktivem, ja spitzfindigem Denken herrscht in diesen Bänden, die Mehrzahl dieser Sagen ist umsponnen von Deutungen verschiedener Schichten und verschiedener Tendenz, eine Menge von Theologie steckt dazwischen. In diesen Sagen hat das alte Judenvolk nicht nur die Denkmäler seiner Geschichte bewahrt, sondern auch eine Menge von alter, zum Teil okkulter und in starren Bildern verborgener Weisheit und Erfahrung.   (1919)

«Born Judas»

(Hrsg. Micha Josef Bin Gorion)

Mit den «Sagen der Juden» zusammen ist dieser «Born
Judas» die erstaunliche und vielleicht noch nicht genug ge-
würdigte Gabe eines Ostjuden an die deutsche Sprache, es
gibt aus der neueren Zeit nur eine ähnliche Gabe und Leistung: das Übersetzungswerk Martin Bubers. Die jüdischen Geschichten, Fabeln, Anekdoten des «Born Judas»
sind später und stehen der Bibel und der klassischen Theologie ferner als die Sammlung der «Sagen». Sie stammen
aus nachtalmudischer Zeit, und der größere Teil von ihnen
gehört dem späteren Mittelalter an, die spätesten sind die
aus der Zeit des Chassidismus (bis 1700). Es steht manches
Rührende, manches Ergötzliche, manches Erbauliche in diesem Schatz von volkstümlichen Geschichten, er ist eine
richtige jüdische Tausendundeine Nacht. Die beherrschende
Idee dieser ganzen Tradition und Literatur ist der Begriff
der «Lehre», die eigentlich charakteristische Figur dieser
Geschichten ist der Lernende, der vom Zauber der Lehre
ergriffene Jüngling, der unter Verzicht auf Welt und Welt-
genuß sich dem Studium der Lehre ergibt und dessen Le-
bensinhalt die Thora, der Talmud, die Kabbala werden.
In dieser Gestalt hat das Judentum seinen bezeichnend-
sten Beitrag zum Sagenschatz der Völker gegeben. Wer
gleich das eigentlich Charakteristische der nachbiblischen,
aus Talmud und Midrasch stammenden Lehr-Legenden
kennenlernen will, den Kern der Sammlung, der beginne
mit dem dritten Buch «Aus dem Reiche der mündlichen
Lehre». Hier stoßen wir auf die frühesten Darstellungen
jener ehrwürdigsten Figur des nachbiblischen Judentums,
jener Figur, um derentwillen wir Geistigen aller Konfessio-
nen Grund haben, den Juden dankbar und ihnen gut zu
sein: des Dieners am Geist, der sich im Lernen, Forschen,
Denken verzehrt und asketisch unter dem Gebote genaue-
ster geistiger Redlichkeit sein Leben führt. Seit Hillel und
Akiba bis zu Baruch Spinoza ist diese Figur eine der klas-

sischen Inkarnationen des Begriffes «geistige Berufung» und «selbstloser Dienst im Geist» gewesen. Von ihr handeln viele Geschichten, und immer wieder, auch in der Weltliteratur, begegnen wir dieser bescheidenen, hageren, stillen Gestalt des Jünglings, der sein Leben dem Studium der Lehre widmet und dem Druck der Armut wie den Verlockungen des Weltlebens Trotz bietet. Um dieser Gestalt wegen, in der für uns auch der zwölfjährige Jesus im Tempel mitbeschworen wird, und um des Ideals willen, dessen Gleichnis diese Gestalt ist, haben wir soviel Respekt vor den Juden. Sie haben Fehler und Laster genug, sie haben ihr eigenes Ideal oft genug verloren und vergessen, sie haben oft genug, während Moses auf dem Berg mit Gott sprach, unten ihre Goldenen Kälber aufgerichtet. Aber sie haben in dieser charakteristisch jüdischen Gestalt einen der Grundtypen des Weisen aufgestellt und der Welt für alle Zeiten als Gleichnis und Vorbild geschenkt. Man muß den Weg über diese Gestalt nehmen, wenn man ins Beste des Judentums eindringen will. (1934)

« A r a b i s c h e   M ä r c h e n »
(Gesammelt von Enno Littmann)

Die Märchen dieses willkommenen, schönen Bandes stammen nicht aus schriftlichen und alten Quellen, sie sind in unserer Zeit nach dem Wortlaut, in dem sie heute da und dort noch erzählt werden, aufgeschrieben, namentlich nach den Erzählungen einer Frau in Jerusalem, einer richtigen Märchenmutter, jener Frau in Niederzwehren vergleichbar, von welcher die Brüder Grimm so viele Märchen erzählt bekamen. Aufgezeichnet wurden sie nicht in einer Literatursprache, sondern in der heutigen arabischen Vulgärsprache, wie sie in Jerusalem gesprochen wird. In dieser Gestalt hat Littmann die Märchen in den Jahren um 1900 gesammelt und mitgebracht und hat bald darauf auch einen ersten Band im Originaltext (Leyden, 1905) veröffentlicht: es war das erste gedruckte Buch im Jerusalemer Arabisch.

Wenn man diese Erzählungen etwa mit denen der Tausendundeinen Nacht vergleicht, deren Motive natürlich auch hier zum Teil wiederkehren, so kann man wohl neben einem stofflichen Zuwachs an Vorstellungen und Begriffen, die aus neuerer Zeit stammen, auch einen gewissen Niedergang und Zerfall der Erzählungskunst bemerken: jene alte klassische Sammlung zeigt den orientalischen Erzählungsstil auf seiner Höhe, die naive Erzählerlust im Bund mit einer überaus hohen literarischen und religiös-denkerischen Bildung. Die Jerusalemer Märchen Littmanns haben diese Klassizität nicht. Aber sie haben, in weniger reichem und weniger gepflegtem Gewand, die echte Tradition des morgenländischen Erzählens bewahrt, sie strömen aus demselben alten Quellgebiet, und sie haben auch das Wesentliche der alten, echten Märchen-Epik bewahrt, sie sind späte und ärmere, aber durchaus legitime Nachkommen der Märchenepik, die von Indien bis zum Mittelmeer ihre Blüte hatte und durch manche Kanäle auch die junge abendländische Erzählungskunst seit Boccaccio gespeist hat. Wer diese indisch-persisch-arabische Märchenwelt liebt und ihren tiefen Zauber kennt (wo ist der heutige Roman, der etwas von ihrer Magie hätte?) — der weiß Littmanns Geschenk zu würdigen. Es ist nicht viel mehr übrig von jenem Morgenland, in das die Kreuzfahrer zogen, das in der abendländischen Dichtung von den Karls-Sagen bis zu Ariost und bis zu Wielands Oberon immer wieder aufglüht und das in der deutschen und französischen Romantik vor etwas mehr als hundert Jahren nochmals ein Symbol und Sehnsuchtsziel wurde. Jenes Morgenland des Märchens, der Bilderfreude, der Kontemplation ist durch die Bücher, Zeitungen, Geschäftspraktiken und Arbeitsmoral des Abendlandes noch gründlicher zerstört worden als durch seine Armeen und Maschinengewehre. Und doch lebt es nicht bloß in den Bibliotheken weiter, sondern da und dort auch noch in einer Familie, einem Freundeskreis des Orients, wo immer noch, obwohl von Kino und Zeitung fast verdrängt, je und je im Mund eines Erzählers die alte Zauberkunst wieder lebendig wird. (1935)

Keltische und walisische Dichtungen
«Die vier Zweige des Mabinogi»

Aus dem 11. oder 12. Jahrhundert sind, in einer Handschrift aus der Zeit nach 1300 erhalten, einige keltische Sagen auf uns gekommen, walisische Prosadichtungen, welche vor geraumer Zeit ins Englische übertragen wurden und deren wertvollste jetzt eben auch in einer deutschen Übersetzung von Martin Buber erschienen sind. Das höchst merkwürdige Buch heißt «Die vier Zweige des Mabinogi».

Diese vier fabelhaften Geschichten sind offenbar der Rest einer ganzen Sagenwelt, sie stammen sichtlich aus einem vielästigen Wurzelgewirre von uraltem Sagengut, das bis in die heidnische Zeit der irdischen Götter zurückreicht. So sind sie denn auch unbeeinflußt von dem allmächtigen Sagenkreis der Artusgeschichten, denen das ganze europäische Mittelalter seine Epenstoffe, vom Tristan bis zum Parsifal, entnommen hat. Diese «Vier Zweige» sind ein seltener Schatz, Zeugen der Blütezeit eines längst abgestorbenen Stammes. Als sie aufgezeichnet wurden, waren diese Mythen schon nicht mehr lebendig, waren schon lang gelagerte, ererbte Stoffe der Bardendichtung, und niemand kannte die Götter mehr, von deren Taten sie einst erzählten. Entstellt zum Teil, zum Teil auch wohl verschönt und milder umgedeutet, stecken die Mythen in ihrer bardischen Form wie in fremden, aber reichen und schönen Kleidern. «Mabinog» ist der Name der Bardenschüler, und Mabinogi ist der keltische Name für den Lehrstoff dieser Schüler, für das ganze alte Gut an Sagen, Mythen und Geschichten, das sie zu bewahren hatten.

57

Ich entnehme diese Angaben der kurzen Einleitung Martin Bubers, dem wir nicht bloß für die Mitteilung überhaupt, sondern noch für eine sehr schöne, wortkräftige Übertragung zu danken haben. Dieses Mabinogi-Buch ist wie eine wundervolle Versteinerung, in deren wunderlichen Formen wir mit Ergriffenheit ein Stück uralter Geschichte lesen, und es ist mehr als das, denn es erzählt in seinen traumhaften Sagenbildern ein Stück der Geschichte, die uns am nächsten angeht, der Geschichte der menschlichen Seele. Die Beschäftigung mit Mythen, Sagen und Märchen ist für den Geist des heutigen Menschen gleichbedeutend mit der Pflege der Erinnerung an die eigene Kindheit. Nur der Minderwertige kennt das tiefe Bedürfnis nach dem zeitweiligen Leben in solchen Erinnerungen nicht, und nur der Minderwertige oder ganz Unkultivierte vermag die mythischen Gebilde früher Zeiten, oder die der Naturvölker, mit der billigen Überlegenheit des modernen Menschen als phantastische Hirngespinste abzutun. Ja man könnte sogar noch weitergehen und sagen, daß mit dem Absterben des Mythischen alle Poesie an Gehalt verloren hat, daß unsere Dichtung seit Jahrhunderten fast nur noch mit den Resten reicherer Zeiten gespielt hat.

Manchmal fühlt man sich beim Lesen des Buberschen Buches an die irischen Elfenmärchen erinnert, die uns die Brüder Grimm übersetzt haben, zumal die genauen Ortsangaben mahnen oft an jene Märchen. Am meisten aber erinnern diese Geschichten, wie alle wirklich von der Magie des Mythischen erfüllten Dichtungen, nicht an Gelesenes, sondern an Geträumtes. Hier ist die Schwelle, wo das Heute sich mit dem vor Jahrhunderten Gewesenen berührt. In unseren Träumen finden wir jene von der Logik entbundene Welt der Assoziationen und der Symbole wieder, aus welcher einst Sagen und Märchen aller Völker entstanden sind. Dies Merkmal des Traumhaften tragen die vier Mabinogi-Geschichten unverkennbar, und der Geruch des Zauberischen, den sie so stark atmen, erinnert deutlich an die Atmosphäre des echten, götterschaffenden Mythus. Dichtung, Gedankenweisheit, Religion gehen hier noch Hand in Hand, nicht anders als in den Veden, darum blüht diese Dichtung auch so reich und magisch, weil sie noch aus der ungeteilten, träumenden Seele kommt und noch nicht einzig dem Intellekt überantwortet ist. Alle Dichtung ist Äußerung pantheistischer Grundstimmung, und die ganze Welt der Zauberei, so fanatisch sie auch oft an einzelne Götter- oder Dämonennamen gebunden erscheint, ruht im Prinzip eben doch auch auf diesem Grunde. Die Phantasie naiver und jugendlicher Völker kennt noch nicht den tragischen Verzicht des Intellekts auf letztes Erkennen, sondern schöpft harmlos aus dem Traumbrunnen, in welchem Fremdestes beisammen liegt und Übergänge von jeder Stufe des Daseins zu jeder anderen möglich sind. Auch wir heutigen Menschen tun in unseren Träumen nichts anderes als Magie üben, indem wir, der Kontrolle des Verstandes für Stunden entlaufen, unseren Trieben in Wunschbildern Gewährung gönnen.

Solche magische Träume finden wir in unserem Buche nicht selten. Es gibt da einen Zauberhügel, auf welchem der Schloßherr von Arberth eine wunderbar schöne Dame langsam auf einem Pferde reiten sieht, die er auf seinem raschesten Renner nicht einholen kann, bis er sie bei dem Menschen, den sie am liebsten hat, beschwört, auf ihn zu warten und ihm Rede zu stehen. Da lächelt sie und wartet und steht ihm Rede, denn der Mensch, den sie am liebsten hat, das ist er selber. Ich kenne kaum einen schöneren Wunschtraum als diesen.

Es ließe sich eine Menge schöner Einzelheiten aus dem Buche pflücken. Wer indessen echte Sagendichtung liebt, wird schon Verlangen nach dem Ganzen tragen und sich das Buch beschaffen. Man kann es in einem Tage lesen, aber nicht in Wochen ganz auskosten. Um von Stil und Erzählungsweise eine kleine Probe zu geben, setze ich die Geschichte der Rache von Llew an Gronw Pebyr hierher.

Gronw Pebyr hat den Llew beim Bade am Bach mit dem Speer getroffen. Nun, da Llew wieder gerettet ist und Macht zur Rache hat, bietet ihm der Mörder Ersatzgaben an, die Llew ausschlägt:

«Ich nehme nichts an, Gott sei mein Zeuge. Das Geringste, was ich von ihm annehmen kann, ist dies, daß er sich an den Ort begebe, wo ich war, als er mich mit dem Wurfspieß traf, und ich stehe, wo er stand, und ich ihn mit einem Wurfspieß treffe. Dies ist die geringste Sühne, die ich annehmen kann.» Man überbrachte es Gronw Pebyr. «Wohl denn», sprach er, «ich bin gezwungen, es zu tun. Meine getreuen Krieger, mein Hausgesinde, meine Milchbrüder, ist keiner unter euch, der diesen Schlag an meiner Statt empfangen will?» — «Da ist keiner», antworteten sie. Um dessentwillen, weil sie sich weigerten, einen Schlag an ihres Herrn Statt zu empfangen, werden sie seither der dritte treulose Stamm genannt. «Wohl denn», sprach er, «so will ich ihn empfangen.» Sie begaben sich beide an die Ufer des Flusses Cynvacl. Gronw stand an dem Ort, wo Llew gestanden hatte, als er ihn traf, und Llew nahm seinen Platz ein. Gronw Pebyr sprach alsdann zu Llew: «Herr, da es die bösen Künste eines Weibes waren, die mich dazu antrieben, was ich getan habe, so bitte ich dich im Namen Gottes, du mögest zwischen mich und den Schlag diese Steinplatte legen lassen, die ich hier am Ufer des Flusses sehe.» — «Fürwahr», antwortete Llew, «ich will es dir nicht weigern.» — «Gott vergelte es dir», sprach er. Gronw nahm diese Steinplatte und hielt sie zwischen sich und den Schlag. Llew schleuderte seinen Wurfspieß und durchbohrte den Stein von Wand zu Wand und Gronw gleicherweise, daß dessen Rücken durchbohrt war. So wurde Gronw Pebyr getötet. (1914)

Von den griechischen Dichtern ist es Homer, den ich am meisten liebe, von den Geschichtsschreibern ist es Herodot, und von den Denkern sind es jene, die man die Vorsokratiker nennt. Die griechische Menschengestalt aber, die ich am meisten liebe und am höchsten achte, ist die des Sokrates. (1957)

PLUTARCH

ca. 46–125 n. Chr.

Erschienen sind in zwei Bänden Plutarchs vermischte Schriften, die wenig mehr bekannten Tischgespräche und kleineren Abhandlungen in der alten Übersetzung von Kaltwasser, die sich gut und vergnüglich liest. Und mit merkwürdigem Vergnügen geht man die Laubengänge dieser alten, feinen, geselligen Gedankenwelt mit, zuweilen über abstruse Themen und sophistische Beweise erstaunt, zuweilen überrascht von der Schärfe kleiner Einzelbeobachtungen. Die souveräne Logik aristotelischer Schule und die naive Scholastik eines ehrwürdigen Autoritätenglaubens wollen uns oft etwas drollig erscheinen, desto mehr muß uns Büchermenschen die Lebendigkeit und mitteilungsfrohe Frische dieser Bücher erfreuen, deren Weisheit wir überholt haben, ohne dessen recht froh werden zu können, weil wir darüber in anderem so sehr verarmt sind. (1915)

CÄSARIUS VON HEISTERBACH

um 1180–1245

Zu den wichtigsten Quellen für Kirchen- und Kulturgeschichte des dreizehnten Jahrhunderts gehören die Schriften des Mönches Cäsarius von Heisterbach. Kulturhistoriker, Philologen, katholische und protestantische Theologen haben sich denn auch häufig und zuweilen gründlich mit ihm beschäftigt. Außerhalb der engeren Gelehrtenrepublik aber kennt den bescheidenen Mönch beinahe kein Mensch, einige stille, weltliche Verehrer etwa ausgenommen. Als solcher möchte ich von ihm reden. In den Wissenschaften kenne ich mich zu wenig aus, um eine eingehende Charakteristik und Kritik geben zu können. Aber ich habe den Heisterbacher Homiletiker und Fabulisten in ergötzlichen und lehrreichen Lesestunden liebgewonnen und rechne ihn zu den verborgenen Schätzen unserer alten Literatur, ja ich halte ihn für einen Dichter, um den es schade ist, daß niemand ihn kennt, und noch mehr schade, daß er nichts anderes schreiben durfte als Predigten und Lehrbücher für Zisterzienserklöster.

Cäsarius ist gegen 1180 geboren, vermutlich in Köln, das damals eine der reichsten und größten Städte Deutschlands war. Gestorben ist er ungefähr um 1245 als Prior im Kloster Heisterbach. In jungen Jahren ging er in St. Andreas in Köln zur Schule und hat eine recht ansehnliche Gelehrsamkeit aufgespeichert; namentlich lernte er nicht nur das stereotype liturgische Latein, sondern las auch manche klassische Autoren und machte sich die Sprache innig zu eigen. Doch ist er trotz seiner bescheiden passiven Natur in dem prächtigen und kriegerischen Köln von damals mit offenen Augen herumgegangen und hat neben dem Verkehr mit Theologen, Priestern und Priesterschülern sich das betriebsame Leben der reichen Stadt gut angesehen. Wenigstens weiß er anschaulich von Handel und Wandel, Kaufherren und Goldschmieden, Soldaten, Handwerkern und Advokaten zu erzählen.

Aber bald wurde es dem stillen, redlichen Jungen unter der flotten Weltgeistlichkeit in Köln zu laut, er war ein schlicht frommer, treuer Mensch ohne großen Ehrgeiz und Tatentrieb nach außen, viel eher ein stiller Beobachter und Grübler, auch ein wenig Phantast. Er hatte Freude am Stillsitzen und am Zurechtlegen und Ausdenken von Fabeln und Geschichten, seine Weltbetrachtung ging von dem Begehren aus, das Vielerlei des täglichen Geschehens nicht in Theorie aufzulösen, sondern es unverändert mit den Grundsätzen seines Glaubens in Einklang zu bringen. Da nun sein Glaube kein philosophisch umgebildeter, sondern einfach ein Hinnehmen der kirchlichen Dogmatik mit einigen scholastischen Zutaten war, ist es einleuchtend, daß Cäsarius gerade wegen seines starken Wirklichkeitssinnes dem Wunderglauben zuneigte. Wenn wirklich ein persönlicher Gott existierte, der allmächtig war, wenn es wirklich einen Teufel gab, wenn wirklich Heilige zwischen Himmel und Erde vermittelten, so war nichts natürlicher als das Wunder.

Dann war aber auch nichts naheliegender, als daß der junge Schüler sich dem Mönchsleben zuwandte. Er trat unter Abt Gevard in Heisterbach ein und blieb zeitlebens ein genügsamer, vergnügter, frommer Klosterbruder. Heisterbach war eine noch ganz neue Gründung des Zisterzienserordens, von Brüdern aus Himmerode erst vor zehn Jahren (1189) besiedelt. Über seine Konversion erzählt Cäsarius selbst: «Als König Philipp zuerst unser Erzstift verwüstete, ging ich mit dem Abt Gevard nach Köln. Unterwegs redete er mir gar sehr zu, ich solle Mönch werden, doch überredete er mich nicht. Da erzählte er mir schließlich auch jenes köstliche Wunder, wie einst in Clairvaux um die Erntezeit, als die Mönche im Tale das Korn schnitten, die Mutter Gottes, ihre Mutter Anna und die heilige Maria Magdalena vom Gebirg herabkamen und in herrlicher Klarheit zu Tale stiegen, den Mönchen den Schweiß abtrockneten und Kühle zuwehten, und wie es weiter berichtet ist. Diese Erscheinung bewegte mich so tief, daß ich dem Abt versprach, kein anderes Kloster als seines zu wählen, wenn Gott mir je den Willen dazu gäbe. Ich war damals noch unfrei, da ich eine Pilgerfahrt zur Mutter Gottes von Rocamadour gelobt hatte. Nach drei Monaten hatte ich mein Gelübde erfüllt und ging nun, ohne daß einer meiner Freunde darum wußte, nach Heisterbach.»

Von manchen Reisen im Dienst des Ordens abgesehen, blieb Cäsarius von da an (etwa 1198) ständig in Heisterbach, das er auch Peterstal (Vallis Sancti Petri) nennt. Im Lauf der Zeit erhielt er das Amt eines Novizenmeisters und vielleicht auch die Würde eines Priors unter den Äbten Gevard und Heinrich, bis er Mitte der vierziger Jahre starb.

In Heisterbach begann er, wohl schon ziemlich früh, seine literarischen Arbeiten und fand reichliche Anerkennung. Er hat außer theologischen Traktaten und geschätzten Homilien ein Leben des St. Engelbert von Köln geschrieben, ferner ein Leben der heiligen Elisabeth, eine (nicht im Druck erschienene) Schrift über die Äbte von Prüm, ein Werk «Diversarum visionum seu miraculorum libri octo», von dem nur ein Fragment erhalten ist, und schließlich den «Dialogus miraculorum», sein Hauptwerk, von dem hier allein die Rede sein soll.

Das ist in Kürze der Inhalt seines Lebens. Es sieht nach wenig aus, aber es wird reich und überraschend köstlich und vielseitig, wenn man den Dialogus liest.

Das stattliche Werk entstand aus der Praxis des Novizenmeisters. Geschrieben ist es um 1122. Es ist eine Art Lehrbuch für die Novizen des Ordens, denen es die Weltanschauung und Theologie desselben beibringen soll. Leider werden solche Lehrbücher heute nimmer geschrieben;

unter denen aus meiner Schulzeit wenigstens ist keines, mit dem sein Autor in späteren Jahrhunderten Interesse erwecken und Ehre einlegen wird. Cäsarius gibt zwar gewissenhaft formulierte Definitionen der Bekehrung, der Zerknirschung, der Beichte, der himmlischen Belohnungen und Strafen und so weiter, aber er stopft sie seinen Schülern nicht grausam und in unverdaulicher Trockenheit in den Hals, sondern bietet sie nur gleichsam nebenher in kleinen, bekömmlichen Quanten dar.

Sein Dialogus hat zwölf Abschnitte, die wieder aus kurzen Kapiteln bestehen, und jeder Abschnitt behandelt eine dogmatische oder praktisch-theologische Hauptfrage. Das Buch müßte also für uns eigentlich ein Monstrum von Langeweile sein. Aber es ist das Gegenteil. Es ist das Werk eines heiteren Plauderers, eines fabulierenden Einsamen, die Schöpfung eines Dichters, der Spiegel einer lebhaft bewegten Zeit und zugleich eines reinen, guten Menschen. Denn die Kapitel enthalten nicht Lehrsätze und Abhandlungen, sondern jedes eine kleine, sehr gut erzählte Historie, bald eine schwankhaft amüsante, bald eine bitter ernste, bald eine rührend feine.

Die Dialogform ist nur eine Maske. Personen des Zwiegesprächs sind ein Mönch und ein Novize. Der Mönch lehrt, der Novize lernt, jener doziert, dieser fragt oder rekapituliert. Aber die Art, wie der Mönch lehrt, macht den Dialog hinfällig. Er lehrt durch Beispiele, durch Geschichten, denen sich dann zwei, drei kurze theologische Fragen und Antworten anschließen, manchmal auch gar keine. Begonnen wird mit einer Distinctio, ausgegangen wird von einem Lehrpensum, aber über dem Geschichtenerzählen wird der Mönch warm, der Novize vergißt Fragen zu stellen, und erst nach einer guten Weile besinnen sie sich auf ihr Pensum, und der Mönch erklärt nachträglich, inwiefern seine Erzählungen sich auf das gestellte theologische Thema beziehen.

Trotzdem ist das Lehrbuch auch als solches vortrefflich;

denn der Autor mag abschweifen so weit es sei, immer bleibt er derselbe redliche, wohlmeinende, gute Mensch, dessen Wesen an sich erziehend wirkt, und immer bleibt er auch überzeugter Gläubiger und Mönch. Wenn er manchmal bis ins Burleske gerät, fühlt man hinter dem spielenden Erzähler doch deutlich den ernsten, unbeirrten Frommen, und wenn er Marienwunder erzählt, gewinnt er neben der stets beherrschten, durch und durch anschaulichen Darstellung eine feine, dichterische Innigkeit, die schlechthin ergreifend ist.

Den Inhalt des Werkes bilden, wie der Titel sagt, vorwiegend Wundergeschichten. Der Autor ist womöglich noch wundergläubiger als seine Zeit, an Mirakeln übt er nie Kritik. Ihm ist das tägliche Eingreifen guter und böser übersinnlicher Mächte ins Menschenleben etwas Bewiesenes, ja Selbstverständliches. Aber er malt keine schemenhaften Gebilde, löst seine Gestalten nicht in Wolken auf, auch nicht in Weihrauchwolken, sondern er läßt die Menschen menschlich bleiben und stellt Heilige, Engel und Dämonen menschenähnlich dar. Und seine Schildereien sind solide, seine Darstellungen sind nicht Fiktionen, sondern Erinnerungen und Beobachtungen. Er erzählt vom Leben der Mönche, der Kaufleute, der Weltgeistlichen, von Kriegs- und Kreuzzügen, von Markt und Schiffahrt, von Klugen und Narren, Liebesgeschichten, Mordgeschichten, Diebsgeschichten. Auch verheimlicht er das Vorhandensein böser Zustände und schlechter Menschen in Kirche und Klöstern nicht, die Weltkirche klagt er sogar manchmal ernsthaft an, und wenn er von Brüdern, etwa gar von Brüdern des eigenen Klosters, Übles zu berichten hat, so tut er es zwar mit Scham und Trauer und mit aller Diskretion, aber er tut es ehrlich und sachlich. So gibt er wertvolle Bilder aus dem damaligen Leben aller Stände, aus Geschichte und Kirchengeschichte, und überall macht er den Eindruck fragloser Glaubwürdigkeit. Er teilt den Glauben und auch den Aberglauben seiner Zeit, er kennt nicht nur Wunder, Engel und Erscheinungen, sondern weiß auch von Nigromanten, Wahrsagern, Zauberern, Dämonen und Teufelskünsten. Freilich war auch der Teil Deutschlands, in dem er lebte, auf diesen Gebieten besonders fruchtbar und hat unter anderem den übelberüchtigten «Hexenhammer» hervorgebracht. Man hat dem Cäsarius Leichtgläubigkeit und allzu große Naivität vorgeworfen. Man hat ihn sogar beschuldigt, dem Aberglauben Vorschub geleistet und indirekt zu den späteren furchtbaren Hexenprozessen beigetragen zu haben. Ich will ihn dagegen nicht verteidigen, doch scheint es mir etwas übertrieben, um so mehr, als für die Kenntnis der damaligen Ideenwelt des Volkes in jenen Landen eben Cäsarius selbst wieder eine der wichtigsten Quellen ist.

Anders sieht das alles wieder aus, wenn man den Cäsarius nur als Schriftsteller betrachtet. Da wird nebensächlich, was dem Theologen oder Historiker als Hauptsache erscheinen muß. Und so betrachtet, gewinnt der ohnehin sympathische, ehrliche und schätzenswerte Autor noch bedeutend.

Vor allem schreibt er ein Latein, das in seiner Zeit und Heimat von niemand besser geschrieben wurde. Es ist nicht klassisch. Es ist aber ebenso weit von dem schematischen Durchschnittslatein der Kirchensprache entfernt, wie von dem unbeholfen gewaltsamen Deutsch-Latein mancher Chronisten. Es ist im wesentlichen lateinisch empfunden und gedacht, daher klar und prägnant, namentlich sind die Satzkonstruktionen einfach. Syntaktische Überanstrengungen fehlen ganz, und rhetorische Mittel sind nur selten und diskret verwendet.

Als Erzähler darf Cäsarius ein Künstler genannt werden, und manche seiner Geschichten sind auch den guten Leistungen früher romanischer Novellisten ebenbürtig. Immerhin sind ihm hier durch Tendenz und Lehrzweck Grenzen gezogen, die er nur selten sprengt.

Wichtiger als die Komposition ist die Anschaulichkeit,

die literarische Ehrlichkeit und Sicherheit der Erzählungen. Fast immer wird zu Anfang ganz kurz berichtet, von wem und wann der Autor die Geschichte erfahren hat, und manchmal hat schon dieser einleitende Satz eine leise, suggestive Kraft, macht neugierig und empfänglich. Dann folgt die Erzählung selbst, kurz und deutlich. Die Höhepunkte der inneren Lösungen, die in der Kunstnovelle die Kristallisationspunkte ergeben, darf man hier nicht suchen, da die Historien zwar selbständig und vollständig sind, eine Unterredung darüber mit Erklärung der entscheidenden inneren Vorgänge aber als Dialogus nachfolgt. Desto sicherer und überzeugender ist alles greifbare Tun und Geschehen dargestellt. Schauplatz, handelnde Personen, ihre Beziehungen untereinander, Entstehung, Fortgang und Lösung der Verwicklung kommen sauber, kurz und oft packend heraus. Die direkte Rede hat häufig, trotz des Lateins einen volkstümlich lebendigen Klang: Kurze Sätze, oft ohne Zeitwort, und manchmal scherzhafte Wendungen.

Die Anekdote wiegt vor: Knappe Beispiele einer Bekehrung oder Bestrafung, kleine Züge aus dem Welt- und Klosterleben, Bonmots, treffende Antworten, auch lebendige Illustrationen zu Bibelstellen. Sie sind oft nicht mehr als zehn Zeilen lang, sie quellen unerschöpflich aus einem ungemein sicheren und gepflegten Gedächtnis und aus einer realistisch klaren Beobachtung des Alltäglichen — ein Schatzkästlein von Erfahrungen, Einfällen und Spruchweisheit. Cäsarius versichert feierlich, er habe keine einzige Geschichte selbst erfunden oder willkürlich verändert. Man darf ihm das unbedenklich glauben, auch wo er in weitgehender Diskretion Orte und Eigennamen verschweigt. Auch nennt er fast überall seine Quellen, und viele von den Personen, denen er die und jene Anekdote verdankte, waren zur Zeit der Abfassung noch am Leben und in nächster Nähe. Auch behandeln manche Geschichten Vorgänge, die dem Verfasser psychologisch unverständlich waren, so daß er desto treuer am Tatsächlichen festhält und damit ungewollt oft doppelt starke Wirkung erreicht: so in den ergreifend sachlichen Berichten von Selbstmorden unter Mönchen und Nonnen, deren Glaubenszweifel und furchtbare Anfechtung dem heiter beschaulichen Erzähler fremd und grausig erschienen. (1908)

THOMAS VON AQUIN
1225–1274

«Summe wider die Heiden»

Die «Summe wider die Heiden» (Summa contra gentiles) ist um zehn Jahre früher als die theologische verfaßt, ihre Notwendigkeit ergab sich für Thomas aus seiner Lehrtätigkeit an der Pariser Hochschule, denn sie wendet sich nicht so sehr an die wirklichen «Heiden» als vielmehr an die heidnisch beeinflußten, nicht mehr offenbarungsgläubigen christlichen Denker, vor allem die Averroisten, darüber hinaus aber überhaupt gegen den heraufkommenden Geist der Renaissance und des Naturalismus. Nicht theologisch und mit den Ansprüchen der kirchlichen Autorität, sondern philosophisch, rein mit den Mitteln der weltlichen Logik, unternimmt es Thomas, sein christlich-mittelalterliches Weltbild – das großartigste und einheitlichste, das je im Abendland aufgestellt worden ist – darzulegen. Es wird eben darum auch heute, wo in neuen Formen Christentum und Heidentum sich auseinanderzusetzen haben, manchen «Heiden» geben, der die theologische Summa ablehnt, der es aber ernst genug meint, um dem rein philosophischen Werk des großen Theologen nicht auszuweichen. (1935)

«Summe der Theologie»

Wie in jeder erschütterten Zeit, wo Neuorientierung angestrebt und deshalb der Bestand an geistiger Erbschaft höchsten Ranges neuen Wert und neue Deutungsmöglichkeiten gewinnt, so wird im heutigen Europa, das zum Teil schon völlig außerchristliche und antichristliche Versuche macht, auch das Erbe an katholischer Weisheit von vielen Seiten her neu studiert und durchgeprüft. Dazu gehört das so lebhaft wiedererwachte Interesse für die beiden gewaltigsten christlichen Autoren: Augustin und Thomas von Aquin. Es geht bei den Versuchen einer Wiederaneignung dieser ehrwürdigen Väter wenigstens ernsthaft und sachlich zu, während z. B. die Reklamation Eckharts durch sämtliche feindliche Parteien von heute ein Satyrspiel ist.

Der Weg in die Scholastik und namentlich in die Summa des hl. Thomas ist für moderne Leser, auch wenn sie in neuerer Philosophie belesen sind, recht schwer, andrerseits läßt sich ohne Thomas das ganze Mittelalter und Rom nicht verstehen. Als Bau, als System einer umfassenden Welterkenntnis mit Gott als Zentrum, ist diese Summa unvergleichlich, es gibt keinen größeren und einheitlicheren Versuch zur Bewältigung des ewigen Problems; darum ist keine Mühe vergeudet, die auf sein Verständnis, auf das Erlernen seiner Sprache verwendet wird — wenn es sich lohnt, um des Kung Fu Tse willen Chinesisch und um Sebastian Bachs willen Kontrapunkt zu lernen, so lohnt es sich nicht minder, um der Summa willen die Arbeit zu leisten, die das Eindringen in ihre Sprache fordert. (1935)

So fern die Scholastik und das Werk des seráphischen Heiligen von Aquin unserer erregten und geistig so gar nicht zentrierten Zeit zu liegen scheint — es sieht sich doch auch dieses Zeitalter, wie so viele vergangene, genötigt, sich diesem Licht zu nähern und eine Beziehung zu ihm zu suchen. Ja, sie nimmt es damit ernster und tut es aus größerer Not und unter weit größerem Druck, als einst vor einem Jahrhundert die Romantik, welche der dekorativen Außenseite des Mittelalters weit mehr Liebe und Bemühung schenkte als seinen geistigen Gipfelpunkten...

Nun hat aber Thomas gleich dem ganzen Mittelalter lateinisch gedacht und lateinisch geschrieben und hat in seinem Latein eine Sprache von höchster Feinfühligkeit und Klassizität geschaffen, eine unsinnliche, begriffliche, abstrakte, eine Disputations- und Buchsprache zwar, beinahe jedes sinnlichen Reizes entkleidet, aber dennoch eine klassische Sprache, da sie für ein bestimmtes, außerordentlich hochgezüchtetes Denken, das christliche Denken des Mittelalters, den idealen, vollkommenen, absolut biegsamen und brauchbaren Ausdruck bietet. Man kann in dieser Sprache auch ganz wohl, wenn man sie einmal beherrscht, weiter denken, weiter schaffen, weiter phantasieren, dieses so tot und abstrakt scheinende Latein hat eine ganz merkwürdige Kraft sich erweitern zu lassen: spätere katholische Denker, wie etwa Nikolaus von Kues sind prachtvolle Beispiele dafür.

Es scheint nahezu unmöglich, dies Latein ins Deutsche zu übersetzen, es sei denn in das Deutsch irgendeiner bestimmten Gelehrtenschule, wobei alle Hauptbegriffe ihre lateinischen Namen behalten und eben zu Fremdwörtern werden, deren Kenntnis vorausgesetzt wird...

Es stehen aber hinter dieser spröden gläsernen Wand der scholastischen Sprache Schätze aufbewahrt, die das Erobern lohnen. Man kann diese Partituren nun einmal nicht herunterlesen wie Feuilletons. Sie bezeichnen eine Denk-Musik, deren Kennenlernen manche Mühe lohnt.

(1934)

MEISTER ECKHART

um 1260–1327

Zu den großen Gestalten des deutschen Mittelalters gehört der Meister Eckhart, und es ist bedauerlich und ein Symptom für die Schwächung unsrer geistigen Kapazität, daß seine Gestalt in neuerer Zeit zu einem beliebten Streitobjekt zwischen Katholiken und Protestanten, ja zwischen Christen und Heiden geworden ist. Den Anlaß zu diesem Streit gibt Eckharts tragisches Ende: er mußte sich, nach einer fruchtbaren und glänzenden Laufbahn als Theologe, Prediger, Hochschullehrer und Vikar des Dominikanerordens, im Alter gegen eine Anklage wegen Ketzerei verteidigen, erreichte nur eine teilweise Rechtfertigung und erlebte das Ende des Prozesses nicht mehr, er wurde nach seinem Tode zu seinen Ungunsten entschieden. Es scheint auch festzustehen, daß die Anklage weniger der kirchlichen Besorgtheit wegen mancher kühnen Sprüche des mystischen Predigers ihren Ursprung verdankt, als vielmehr der Intrige der eifersüchtigen Franziskaner. Seither wird der große Initiator der deutschen Mystik nicht nur von den Gegnern Roms als Märtyrer verehrt, sondern er wird auch zum Helden einer nicht bloß unkatholischen, sondern widerchristlichen Gläubigkeit, etwa im Sinn eines Umwerters aller Glaubenswerte, gemacht. Es haben beide Seiten in diesem Kampf um einen Geist, der hoch über solchen Kämpfen steht, viel Leidenschaft aufgewendet, und wenn gelegentlich von katholischer Seite Eckhart beinah zu einem harmlosen Schüler des heiligen Thomas umgedeutet wurde, so war das nahezu ebenso oberflächlich und verfälschend, als wenn von andrer Seite aus ihm ein wilder Rebell gemacht wurde. Daß er, seinem Willen nach, Katholik, Dominikaner und gläubiger Verehrer des heiligen Thomas war, ist nachzuweisen nicht schwer. Daß er

trotzdem in der leidenschaftlichen Einseitigkeit seiner
Mystik und seines religiösen Erlebens die dogmatischen
Grenzen gesprengt und im Kampf um das Aussprechen
des Unaussprechlichen sich dem Dämonischen genähert hat,
scheint mir nicht minder wahr. (1935)

HEINRICH SEUSE
1295–1366

Das ist nun kein Buch* für jedermann, sondern wird immer ein Studium und entlegenes Dokument für solche bleiben, denen Askese, Ekstase und religiöse Mystik nicht ein
historisches, sondern ein anthropologisches Problem sind
und die ein Ohr haben für die Verwandtschaft aller dieser
vereinsamten Stimmen aus allen Jahrtausenden und aus
allen Religionen. Wem das wichtig ist, der wird sich
freuen, daß dieser übersetzte Seuse nun da ist. Er gehört,
wiewohl um einen Schatten blasser und schwächer, neben
seinen großen Bruder Eckhart. (1912)

JOHANNES TAULER
um 1300–1361

« Predigten »
Auf jeden ernsten Leser wird die Lektüre wirken, doch
nicht so stark und unmittelbar, wie die des Eckhart oder
auch des weicheren, poetischen Suso**. Tauler ist von
den großen religiösen Männern jener Zeit derjenige, der
am nächsten bei der Kirche und deren Dogmatik bleibt;

* «Schriften» Diederichs Verlag.
** Heinrich Seuse.

er erlebt das Mystische innerhalb der kirchlichen Formen, oder sein Ausdruck bleibt doch in diesen befangen. Und damit haftet seinen Predigten, trotz aller zuweilen durchbrechenden Wärme und tiefen Persönlichkeit, doch etwas Antiquiertes, etwas kirchlich Befangenes an, sie kommen aus einem Herzen, das wir verehren müssen, aber sie wandeln in den Formen einer Welt, zu der uns keine Sehnsucht mehr zurückführen darf. (1913)

GIOVANNI BOCCACCIO
1313–1375

Einiges über Giovanni Boccaccio als Dichter des Dekameron

Der einseitigen Auffassung, die italienische Renaissance sei eine «Wiedererweckung des klassischen Altertums», verdankt neben Petrarca auch Boccaccio den etwas zweifelhaften historisch-gelehrten Ruhm eines Vorbereiters dieser Wiedererweckung, da er die römischen Autoren mit Eifer las und sammelte und sich einige, übrigens nicht allzu große Verdienste um die Wiederaufnahme und Pflege der Lektüre griechischer Philosophen erwarb. Boccaccio selbst tat sich, während er sein «Dekameron» selbst wenig zu schätzen schien und in späteren Jahren am liebsten verleugnet hätte, auf seine philologisch-historischen Arbeiten nicht wenig zugute. Und die Wissenschaft hat sich bis in neuere Zeiten viel um seine lateinischen Werke bemüht, sein «Dekameron» aber gern scheu umgangen.

So könnte man meinen, der Florentiner habe am Ende recht gehabt, seine zahlreichen lateinischen Schriften dem Buche vorzuziehen, das doch in Wirklichkeit sein Hauptwerk und überhaupt eines der wichtigsten und wertvollsten Bücher des 14. Jahrhunderts ist. Nun, glücklicherweise war das Fortbestehen und der Ruhm hervorragender Dichtungen niemals von gelehrten Urteilen abhängig und Gott sei Dank hat das Gute und Lebensfähige sich stets von selbst erhalten, während auch das eifrigste Galvanisieren toter Größen selten oder nie von Erfolg gewesen ist. So sind auch die sämtlichen gelehrten Schriften sowie die Jugenddichtungen des Boccaccio seit langer Zeit fast völlig vom Plan verschwunden und gehören für uns heute zum Trödel oder bestenfalls zu den Kuriositäten, während sein herrliches Novellenbuch immer noch von Tausenden gelesen wird und noch mit aller alten Fülle, Kraft und Frische wirkt. Und wem der Name der Renaissance nicht ein gelehrtes Abstraktum ist, sondern das lebendige Bild der städtischen Kultur Italiens im 15. und 16. Jahrhundert vor Augen stellt, der könnte in diesem Bilde wohl zur Not die genealogia Deorum und die clarae mulieres entbehren, unmöglich aber das unsterbliche «Dekameron».

Über Art und Wesen des berühmten Buches viel zu sagen, scheint unnötig. Jedermann kennt es wenigstens dem Namen nach und jedermann weiß, daß es innerhalb einer schlichten Rahmenerzählung eine Sammlung von hundert Novellen enthält, deren Stoffe damals (um 1350) bei der Gesellschaft und im Volk in Italien besonders beliebt waren. Bekannt ist auch, daß das köstliche Buch schon seit Jahrhunderten seines freien und gelegentlich derben Tones wegen einen schlimmen Ruf genießt. Diesen üblen Leumund verdankt es jedenfalls vor allem seinen großen Erfolgen, seiner enormen Verbreitung über ganz Europa; denn ohne diese hätte es niemand jemals einfallen können, ein Werk so gründlich zu verleumden, dessen allerderbste Unanständigkeiten von zahlreichen Erzeugnissen der gleichzeitigen Literatur aller Länder (speziell Deutschlands und Frankreichs) weit überboten werden. Die vorwiegend von der Geistlichkeit ausgehende Unterdrückung und Verfolgung des «Dekameron» galt übrigens seinerzeit in erster Linie nicht der sinnlichen Derbheit und Anschaulichkeit seiner Novellen, sondern der kecken Freimütigkeit, mit welcher Boccaccio vom Leben und Charakter der Priester und Mönche seiner Zeit zu sprechen liebte. So ist es zum Beispiel amüsant zu sehen, in welchem Sinne die zahlreichen von geistlichen Zensoren verschlimmbesserten Ausgaben des «Dekameron» im 15. und 16. Jahrhundert redigiert wurden. Eine Novelle etwa, worin erzählt wird, wie ein Bürger oder Edelmann ein Weib verführt oder von der eigenen Frau betrogen wird, bleibt ungeändert stehen; wo aber Geistliche und Fratres ähnliche unfeine Streiche verüben, wird in majorem ecclesiae gloriam — nicht etwa die Novelle unterdrückt oder der Ausdruck gemildert, sondern einfach der Geistliche in einen Ritter, der Frater in einen Grafen, die Nonne in ein Bürgermädchen verwandelt, und alles ist nun gut und einwandfrei.

Doch davon soll hier nicht die Rede sein. Von den unzähligen Fragen, die jedem aufmerksamen Leser des «Dekameron» aufsteigen müssen, sei diesmal nur die eine herausgegriffen: Inwiefern ist der Verfasser dieser berühmtesten aller Novellensammlungen selbsttätiger Dichter und Erfinder und wieviel hat er aus seinem Leben und persönlichen Wesen in das Buch mitgegeben?

Die hundert Novellen des «Dekameron» dürften, rein stofflich betrachtet, wenig oder beinahe gar nichts von Giovanni Boccaccio frei Erfundenes enthalten. Sie bestehen aus Anekdoten, Fabeln, Possen, Bonmots, merkwürdigen Lebensläufen und anderen kleinen Erzählungen, die aus allen Ländern und Jahrhunderten stammend zum Besitz des Volkes und der Höfe gehörten und vom Sammler teils nach mündlicher Tradition, teils nach älteren handschriftlichen Quellen wiedererzählt wurden. Viele von ihnen findet man in orientalischen Geschichtsbüchern, in den französischen Fabliaux und anderwärts wieder. Sobald wir jedoch nicht die Stoffe, sondern die Form ihrer Darstellung betrachten, erweist sich das Buch als eine durchaus selbständige, persönliche Dichtung, indem der Sammler und Verfasser die buntfarbige Menge der Stoffe zu einem neuen, in Geist und Vortrag einheitlichen Werke vereinte. Das mächtige Werkzeug, das vor allem diese Verschmelzung und Neubildung alter Schätze möglich machte, war Boccaccios Sprache. Das umfangreiche Werk redet von der Vorrede bis zum letzten Wort der hundertsten Novelle dieselbe lebendige, elegante, frische Sprache, deren Zauber jeden Leser entzückt und festhält. Ob sie in großen, volltönenden Reden schwelgt, ob sie schlicht und scheinbar nachlässig erzählt oder ob sie in schalkhaft graziösen Wendungen mit sich selber spielt, sie ist immer von derselben sprudelnden Frische, Reinheit und Beweglichkeit, niemals lahm, niemals welk, sondern in jedem Augenblick elastisch, jugendlich und bei aller Zierlichkeit körnig und ursprünglich. An vielen Stellen läßt sich nicht verkennen, daß der Dichter ganz bewußt ein Schüler der lateinischen Klassiker, namentlich des Cicero ist; so liebt er zum Beispiel schöngebaute, lange, wohlgegliederte und oft fast kokett verschlungene Perioden. Ist aber für die Tektonik der Sätze Cicero sein Vorbild gewesen, so schöpfte er die Sprache selbst, die Worte und Bilder, unmittelbar aus der lebendigen Lingua parlata der Gesellschaft, der Gassen und Märkte. Und als Bestes kam sein eingeborenes, geniales Feingefühl dazu, das was erst einen Autor zum Dichter macht: der geheime Rhythmus, die souverän persönliche Freiheit von Konvenienz und Zopf, die Beseelung und Nuancierung der Worte, die prägnanten Neubildungen, der bei aller Mannigfaltigkeit schön und sicher in sich ruhende Stil.

Nächst der Sprache ist es die Einkleidung, die hier einer Sammlerarbeit das Unorganische und Zufällige nahm und eine neue, einheitliche Dichtung daraus gemacht hat. Die hundert Novellen erzählt Boccaccio uns nicht selbst. Er läßt sie von zehn jungen Leuten aus Florenz — sieben Mädchen und drei Jünglingen — vortragen, die während der großen Pest des Jahres 1348, der aussterbenden Stadt entronnen, einige Zeit in ländlicher Geselligkeit verbringen und als liebsten Zeitvertreib das Erzählen schöner und witziger Geschichten pflegen. Jeden Tag wird einer aus der Gesellschaft zum König erwählt, sorgt für die Unterhaltung der anderen und schreibt meistens auch das allgemeine Thema für die an diesem Tag zu erzählenden Novellen vor. Schon diese Einrahmung und Gliederung des vielfältigen Stoffes ist meisterhaft durchgeführt und hat sowohl als ein in Sprache und Stimmung überaus delikates und stilreines Idyll, wie auch als authentische Schilderung des Florentiner Land- und Gesellschaftslebens im Trecento ihre selbständige und hervorragende Bedeutung. Weiterhin aber gewinnt jede einzelne Novelle dadurch sehr an Farbe und Reiz, daß sie von einer bestimmten Person und in einem bestimmten Zusammenhang vorgetragen wird. Zwischenreden, in denen die Gesellschaft sich etwa über die zuletzt erzählte Geschichte unterhält, Neckereien, Witzworte und Lieder unterbrechen den Reigen der Erzählungen belebend und anmutig, ohne doch je zu überwuchern und zu stören.

So erweist sich im Detail der Rahmenerzählung sowohl wie in der Gesamtkomposition das «Dekameron» als das Meisterwerk eines genialen Dichters, mag auch die Menge seiner Stoffe aus allen Winden hergeweht sein. Nun liegt es nahe, sich dafür zu interessieren, ob der Dichter, nächst Auffassung, Einteilung und Sprache, auch im einzelnen Spuren seiner Persönlichkeit, seines Lebens und seiner Stimmungen im «Dekameron» hinterlassen habe.

Ob die ganze Erzählung von dem heiteren Landaufenthalt der zehn jungen Leute reine Erfindung, ob ihre Figuren nicht etwa wirkliche Porträts seien, darüber wurde früher viel gestritten. Zwischen Florenz und San Domenico wird ja auch die auf einem Hügel überm Mugnone-Tal liegende Villa Palmieri den Fremden als mutmaßlicher Schauplatz jenes Idylls gezeigt. Allein so verlockend es wäre, diesen Schauplatz wirklich zu kennen, und so ernsthaft und glaubhaft Boccaccio den Ausflug der Pestflüchtigen als eine Tatsache darstellt, so wenig läßt sich etwas Gewisses hierüber feststellen. Denn vorsichtig vermeidet es der Dichter, einen erkennbaren Ort bei Florenz zu zeichnen. Was er über Lage und Landschaft seiner Villa sagt, paßt auf jeden beliebigen Landsitz bei Florenz und gestattet schlechterdings keine bestimmten Schlüsse.

Sodann ist es gewiß, daß Boccaccio während der Pestzeit nicht in Florenz war. Seine berühmte, eingehende Schilderung der Pestilenza mortifera verliert dadurch nicht den Wert eines authentischen Zeugnisses, denn in Neapel, wo der Dichter im Jahre 1348 wahrscheinlich lebte, wütete die vom Orient herübergekommene Seuche nicht weniger schrecklich. Wenn wir nun in einem jener drei Florentiner Jünglinge, welche die sieben Mädchen aufs Land begleiteten, Boccaccio selbst zu erkennen glauben, so verliert die Annahme, es handle sich um ein wirkliches Begebnis, stark an Wahrscheinlichkeit. Und es liegt nahe, in dem Jüngling Dioneo, der am siebenten Tage König ist, Züge des Dichters selbst erblicken zu wollen. Nicht nur ist dieser Dioneo mit viel mehr Liebe und Sorgfalt gezeichnet und mit viel mehr individuellen Zügen ausgestattet als alle anderen Personen der Gesellschaft, sondern er spielt auch die Rolle des Lustigmachers, Unterhalters, Erheiterers, die Boccaccio selbst als Schreiber des «Dekameron» übernommen hat und zu der er sich im Vorwort ausdrücklich bekennt. Ferner aber scheint, so vage hier auch die Andeutungen sind, Dioneo als Liebhaber der Fiammetta, der Königin des fünften Tages, gedacht zu sein, und damit wären viele Zweifel behoben. Denn wen wir uns unter dieser Fiammetta zu denken haben, wissen wir ziemlich gewiß.

Daß eine der anmutigen Erzählerinnen des «Dekameron» jenen Namen trägt, geht auf eines der tiefsten Jugenderlebnisse des Dichters zurück. Boccaccio hat den größeren und jedenfalls wichtigsten Teil seiner Jugendjahre in Neapel verlebt. Wider seine Neigung und Anlage war er vom Vater zum Kaufmann bestimmt, und als Kaufmann kam er, nach längeren Florentiner Lehrjahren, schließlich nach Neapel, wo er bald umsattelte und das Studium des kanonischen Rechts ergriff, worin er es freilich nie sonderlich weit gebracht hat. Durch seinen einflußreichen Landsmann Niccolo Acciajuoli am üppigen Neapolitaner Hofe eingeführt, verliebte er sich in Maria, eine natürliche Tochter des Königs Robert, die er zuerst bei einem Ostergottesdienst in San Lorenzo zu sehen bekam (1334?). Sie galt offiziell für eine Gräfin Aquino und war an einen vornehmen Höfling verheiratet. Des jungen Dichters nicht unerwidert gebliebene Liebe füllte seine ganze erste Neapolitaner Zeit aus und ist der Hauptgegenstand fast aller seiner Jugenddichtungen. Er feierte seine vornehme Geliebte, deren wirklichen Namen er begreiflicherweise nicht öffentlich nennen durfte, stets unter dem Namen Fiammetta, und «Fiammetta» ist auch der Titel eines seiner noch vor dem Novellino verfaßten Romane. Dieser an frohen und bitteren Erfahrungen reichen Liebe hat Boccaccio ein letztes Denkmal gesetzt, indem er den Namen der Geliebten einer der jungen Damen des «Dekameron» beilegte, deren Schönheit und liebenswertes Wesen er (am Ende des vierten Tages) mit schönen Worten rühmt. War auch, als er das schrieb, sein Verhältnis zu Maria gelöst und die einstige Leidenschaft erloschen, so blieb die Erinnerung daran doch die stärkste seines Lebens. Auch mochte diese späte Huldigung einen letzten, wehmütigen und versöhnlichen Nachruf bedeuten, denn allem Vermuten nach ist jene Maria-Fiammetta während des Pestjahres in Neapel gestorben.

Wer diesen Faden weiterverfolgen will, findet in kleinen Zügen und Andeutungen noch manche Spuren jenes Erlebnisses in dem scheinbar so unpersönlich gehaltenen Werke. Wesentliche Aufschlüsse über den Charakter, die Neigungen und Anschauungen des Dichters geben auch seine Vorreden, deren galanten und zierlich scherzenden Ton öfters ein unverkennbarer Ernst durchbricht. Für seine

Art zu leben und die Natur zu sehen und zu genießen, sind die Schilderungen jenes Landaufenthaltes bei Florenz ein guter Spiegel. Sosehr sie gelegentlich an die Art der römischen Idylliker und an manche Briefe des Plinius erinnern, ist doch ein feiner persönlicher Duft über diesen reizenden Naturbildern und zuweilen ein fast modernes Naturempfinden unverkennbar. Der dritte Tag des «Dekameron» beginnt mit einer Beschreibung des schönen Lustortes, den der Volksglauben heute in der Villa Palmieri und ihrer Umgebung wiedererkennen will. Namentlich der an den Palast stoßende Garten ist mit Liebe und Begeisterung bis ins einzelne ausgemalt: die von Rosen und Jasmin eingefaßten Wege, die von Zitronen- und Pomeranzenbäumen umschlossene Wiese, deren Gras tief dunkelgrün (quasi nera parea) und von farbigen Blumen durchwirkt ist, der Springbrunnen, die Kanäle, die Vögel im Gezweig und in den Lüften. Das alles ist mit einem enthusiastischen Gefühl für Naturschönheit dargestellt, für welches die Malerei jener Zeit noch keine hinreichenden Ausdrucksmittel besaß. Und nicht vergessen ist der Duft der Zitronenbäume und der feine, süßwürzige Duft der Weinblüte, der den ganzen Garten köstlich erfüllt. Wer je an einem schönen Frühsommertag im Tal des Mugnone, des Greve oder der Elsa Rast gehalten hat, kann sich keine reizendere und duftigere Beschreibung dieser fruchtbaren, reichen Gartenlandschaft denken, und es gibt nichts Köstlicheres, als sie dort zu lesen, im Schatten der Zitronen oder Zypressen, zwischen den Obstgärten und den mit großen bunten Anemonen übersäten toskanischen Hügelwiesen.

So stellt sich die einleitende und einrahmende Geschichte von den zehn Erzählerinnen und Erzählern ganz als eine freie schöne Dichtung Boccaccios dar, in der er keine Scheu trug, Stimmungen und Erinnerungen aus seinem eigenen Leben leise andeutend einzuflechten. Anders ist es mit den hundert Novellen selbst, wenigstens betont der Autor in der merkwürdigen Vorrede zum vierten Tage, er sei bestrebt gewesen, sich aller Änderungen zu enthalten und alle Historien genau so zu berichten, «wie sie sich zugetragen haben», das heißt, wie er sie von glaubwürdigen Erzählern vernommen habe. Und doch hat er ohne Zweifel auch hier viel Eigenes gegeben. Am nackten Sachverhalt der Geschichten mag er nichts oder fast nichts geändert haben, aber er umkleidet sie mit schmückenden Schilderungen, fügt lange Reden ein, beginnt oder schließt sie mit allgemeinen Betrachtungen, die er der eigenen Erfahrung und Lebenskenntnis entnimmt. Beim mündlichen Erzählen nimmt jede Geschichte etwas Anekdotenhaftes an, verweilt nicht bei Schilderungen, zitiert keine größeren Reden, eilt der Pointe oder Lösung zu. So hatte Boccaccio seine Novellen erzählen hören. Wie er sie aber in Muße niederschrieb, ausrundete, in schöne Verhältnisse brachte und sorgsam stilisierte, floß ihm im behaglichen Ausmalen notwendig viel Eigenes mit ein; keineswegs zum Nachteil der Novellen.

Wo in den Erzählungen von den Geschäften, Reisen und Abenteuern der Florentiner Kaufleute die Rede ist, da verdankt der Dichter gewiß die Genauigkeit und Anschaulichkeit seiner Darstellung zum großen Teil seinen eigenen Erfahrungen. So findet sich in der zehnten Novelle des achten Tages eine eingehende Darlegung der Gebräuche und Verpflichtungen beim Hafenverkehr. Wir erfahren, wie und wo der fremde Kaufmann seine Waren unterbringt und versichert, wie aus den Packhofbüchern die Makler sich über Art und Preise der eingetroffenen Handelsgüter unterrichten, wie sie kaufen und tauschen usw. Ähnliche Aufschlüsse kann man an vielen andern Stellen des Buches finden.

Weniger häufig und deutlich tritt Boccaccios politische Anschauung und Erfahrung hervor. In den zahlreichen bei Hofe spielenden Novellen hätte auch seine fanatisch republikanische Gesinnung nur stören können. Dagegen ist seine Begeisterung für die Zeiten und die Charaktere des antiken Roms mehrmals deutlich zu spüren. Und am allerwenigsten hält er mit seiner Geringschätzung des Klerus hinterm Berge. Auffallend ist es schon, daß er mit solcher Vorliebe Geschichten erzählt, in denen Pfarrer, Äbte, Mönche und Nonnen eine häßliche oder lächerliche Rolle spielen. Doch mögen freilich bei dem Niedergang des Mönchwesens und des Klerus (es war die Zeit des Papstexils von Avignon) und bei der zunehmenden freien Denk- und Lebensart der Städte derartige Anekdoten allerwärts besonders viel und gerne kolportiert worden sein. Indes begnügt Boccaccio sich damit nicht. Mit sichtlicher Genugtuung flicht er den Novellen sowie seinen Vorreden nochmals ausführliche entrüstete Anklagereden namentlich wider die Mönche ein (die bezeichnendste in der 7. Novelle des 3. Tages).

Und doch ist es gerade eine der Mönchsnovellen (Tag 6, Novelle 10), in welcher wir den Dichter von seiner liebenswürdigsten Seite kennenlernen. Es ist die ergötzliche Geschichte vom Bruder Zippolla und seiner Reliquienpredigt, eine Perle des «Dekameron». An feurigem Witz, scharfsinnigen, geistreichen oder burlesken Einfällen fehlt es dem Boccaccio ja nie, aber in dieser meisterhaften Erzählung erreicht er die Höhe eines wirklichen, profunden, reinen Humors, wie wir ihn bei den zahllosen spätern italienischen Novellendichtern vergebens suchen. Die Art, wie der mit schwindelhaften Reliquien umherreisende schlaue Bettelmönch seine Überlister wieder überlistet, wie er sich aus einer höchst peinlichen Verlegenheit zu retten weiß, wie er sichtlich seiner eigenen Schlauheit noch mehr als des erschwindelten Geldes sich freut und schließlich zwar als durchschauter Übeltäter, aber doch ungestraft und fast mit einer kleinen diabolischen Glorie aus der heiklen Sache hervorgeht, das alles hat Boccaccio weder aus seinen Quellen noch bei Cicero holen können, das hat er aus seinem Eigensten geschöpft. Ihrer echt toskanischen, witzigen Grazie wegen ist gerade diese Novelle stets der Liebling der Florentiner gewesen und ist es heute noch. Und als um 1570 einst wieder einmal unter geistlicher Aufsicht eine «gereinigte» d. h. bis zur Unkenntlichkeit verstümmelte «Dekameron»-Ausgabe veranstaltet wurde, baten die Florentiner es sich eigens aus, es müsse wenigstens diese Historie vom Bruder Zippolla unverändert beim alten Wortlaut bleiben.

Eine einzige Novelle, obwohl auch ihr vielleicht ein älteres Vorbild zugrunde lag, soll nach mehreren Zeugnissen ein eigenes Erlebnis des Dichters darstellen. Es ist die siebente Novelle des achten Tages: Ein Student wird von einer Witwe, in die er verliebt ist, getäuscht und schmählich verhöhnt, wofür er grausame Rache an ihr nimmt.

Nun wissen wir aus Boccaccios eigenem Munde, daß er im Alter von etwas über vierzig Jahren sich einst in eine schöne Witwe verliebte. Diese stellte sich eine Zeitlang entgegenkommend, obwohl sie längst einen anderen, jüngeren Liebhaber hatte. Sie spornte den Verliebten zu einem feurigen Briefwechsel an und machte sich hinterrücks über ihn und seine Briefe mit ihrem jungen Freunde nicht wenig lustig. Das war das letzte, bittere Liebesabenteuer des Dichters.

In der erwähnten Novelle nun erzählt er von jenem Studenten, die Dame habe ihn im Winter eine ganze Nacht lang in einem windigen Hofraum im Schnee auf sich warten lassen, während sie die Türen abgeschlossen hatte und im Hause mit ihrem Liebhaber über den frierenden Anbeter nach Herzenslust lachte und ihn höhnte. Der Student aber beschloß sich gründlich zu rächen. Er wartete den Sommer ab und fand eine Gelegenheit, die Witwe allein auf einen Turm weit vor der Stadt zu locken, angeblich um gewisse Zauberbeschwörungen mit ihr zu vollbringen. Ohne Kleider oder Lagerstatt, ohne Speise und Trank und ohne irgendeinen Schutz vor der Sonne läßt er sie alsdann eingeschlossen auf der Plattform des Turmes einen ganzen glühend heißen Tag hindurch schmachten und rösten, wobei sie nahezu der Hitze und den Mückenstichen erliegt.

Es könnte scheinen, als spreche gerade die grausame Roheit dieser unedlen Rache dafür, daß die Geschichte alt und eine Erfindung des Boccaccio sei. Und wenn dieser nach dem «Dekameron» nichts mehr geschrieben hätte, müßte man entschieden dieser Auffassung beitreten. Aber leider haben wir allen Grund anzunehmen, daß er dennoch diese widerwärtige Szene auf dem Gewissen hat und durch sie seinem ohnmächtigen Rachedurst gegen die schöne und leichtfertige Witwe Ausdruck verleihen wollte.

Denn es war Boccaccios tragikomisches Schicksal, daß er, der seine Jugend an eine leidenschaftliche Liebe verschwendet hat, der sich im «Dekameron» ausdrücklich einen glühenden Verehrer, Freund und Diener der Frauen nennt und dessen frühere Dichtungen kaum einen anderen Gegenstand als den der Frauenliebe kennen — daß dieser selbe Dichter auf seine älteren Tage noch ein schonungslos gehässiger Frauenverächter werden mußte. Eine vereinzelte, frühe Äußerung dieser Verachtung finden wir in jener Novelle.

Jenes ernüchternde Erlebnis mit der Witwe scheint ihm den entscheidenden Stoß versetzt zu haben. Und bald darauf schrieb er, der Verfasser so vieler Liebesgedichte und Liebesnovellen, seinen schrecklichen «Corbaccio», eines der bösesten und niederträchtigsten Bücher, die jemals über und gegen die Weiber geschrieben wurden. Es wimmelt von den maßlosesten und unflätigsten Beschimpfungen. Es gibt uns mit seinem niedrigen und widerwärtig keifenden Ton aber auch das Recht, des Autors spätere Mißbilligung seines Meisterwerkes zu verlachen und den jüngeren Boccaccio gegen den alten in Schutz zu nehmen.

Was nach dieser schlimmen Wandlung etwa noch fehlte, um den Dichter sein «Dekameron» verleugnen und bereuen zu lassen, das vollbrachte im Jahre 1361, etwa fünf Jahre nach der Vollendung des «Corbaccio», der Kartäu-

sermönch Ciani. Hatte Boccaccio seine frühere Frauenver-
ehrung bereut und seine Hymnen auf die Frauen wider-
rufen, so war er doch immer noch der böse Spötter über
Priester und Mönche. Aber da erschien anno 1361 in seinem Hause jener Mönch Giovachino Ciani und es gelang
ihm — vermutlich wider eigenes Erwarten — den schlauen,
findigen, durchtriebenen Schalk und Mönchsfeind mit
einem recht groben, auf einer durchsichtigen Bauernfän-
gerei beruhenden, gewaltsamen Bekehrungsversuch übers
Ohr zu hauen. Boccaccio erschrak und glaubte sein Ende
nahe, er kroch zu Kreuz und legte damit sein letztes und
schwerstes Laster endgültig ab.

Das alles ist zum Glück nun schon über fünfhundert
Jahre her. Der «Corbaccio» ist verschollen, der Mönch
Ciani ist vergessen, das Bild des alternden Boccaccio ist
verblaßt und ferngerückt. Das «Dekameron» aber und
sein Verfasser, Vir juvenis Boccatius Certaldensis, sind
heute noch so jung und blühend und lebendig wie dazumal, und das köstliche Buch macht heute noch unzähligen
Jungen und Alten nicht weniger Vergnügen wie einst den
Florentinern des Trecento.   (1904)

DIE GESTA ROMANORUM*

Die Gesta Romanorum sind eine Sammlung von Erzählungen, Legenden und Anekdoten, von Geistlichen mit
moralischen Nutzanwendungen versehen, welche im späteren Mittelalter in ganz Europa als unterhaltende und
erbauliche Lektüre sehr verbreitet waren. Ursprünglich
waren wohl alle diese Geschichten, wie der Titel sagt, der
römischen Geschichte und Sage entnommen, mit der Zeit
kam eine Reihe von späteren Anekdoten und Heiligen-
legenden hinzu.

* Aus der Einführung zu einer von Hesse ausgewählten Sammlung der
Gesta Romanorum.

Der Verfasser oder Kompilator sowie die Heimat dieses seltsamen und einflußreichen Buches sind unbekannt. Es gibt nicht viele wichtige Werke der älteren Literatur, über welche soviel geforscht und geschrieben wurde und über die man doch so erstaunlich wenig weiß. Für Mutmaßungen ist hier nicht der Ort; es sei darum in kürzesten Worten das Wenige mitgeteilt, was wir über die Gesta Romanorum wirklich wissen.

Die älteste Handschrift der lateinischen Gesta Romanorum ist englischer Herkunft und stammt aus dem Jahre 1342. Von da bis zu Beginn des 16. Jahrhunderts finden sich sehr zahlreiche, meist lateinische Handschriften, die alle untereinander sehr stark abweichen, daneben einige englische und deutsche Übersetzungen oder Nachbildungen, die zum Teil Neues enthalten, während die Übersetzungen in andre Sprachen nur Wiedergaben der lateinischen Texte sind. Man nimmt nun an, die Gesta seien nach 1300 in England oder Deutschland entstanden; über den Urheber ist nichts bekannt, die paar gelehrten Vermutungen hierüber sind ohne Überzeugungskraft. Gewiß ist nur, daß das moralische Anekdotenbuch sich überall, besonders aber in Deutschland, einer großen Beliebtheit erfreute, sehr viele Male abgeschrieben, bearbeitet, gedruckt wurde. Mit der Reformation verschwindet es allmählich, und ein Teil seiner beliebtesten Stoffe ging in die damaligen frühen Fassungen der sogenannten deutschen Volksbücher über. Von der Mitte des 16. Jahrhunderts an, wenn nicht früher, scheinen die Gesta rasch in Vergessenheit gesunken zu sein.

Die lateinische Literatur des deutschen und englischen Mittelalters ist überaus wenig mehr bekannt. Ich habe bei meinen Kürzungen einige Male die «Moralen» der mönchischen Bearbeiter schonungslos behandelt; meine Liebe zu dieser reichen mittelalterlichen Welt gilt keineswegs den kirchlich-klerikalen Tendenzen, sondern ihren Stoffen, ihrer tiefen Phantasie und hellen Anschaulichkeit, ihrer warmen und schönen Menschlichkeit. Die Zeit ist noch ferne, wo die wunderbaren Sagen des französischen, englischen, deutschen Mittelalters uns wieder in ihrer Reinheit zu eigen wären; wir kennen Siegfried und Parzival, Tristan und Lohengrin allzusehr nur vom Theater her. Aber wir werden sie wiederfinden, sie werden wieder Eigentum der Lesenden, Stoffe der Dichter werden, und je klarer wir uns im Herzen vom Geruch des Weihrauchs und der Scheiterhaufen abwenden, desto eher werden uns die davon unberührten Seelenwerte jener dunklen Jahrhunderte und ihrer Dichtung wieder zu eigen gehören.

(1915)

NIKOLAUS CUSANUS
1401–1464

Nikolaus von Kues oder Nicolaus Cusanus gehört zu den großen katholischen Geistern Deutschlands. Ein Mensch der Renaissance und des Humanismus trieb er alle erdenkbaren Wissenschaften mit dem Eifer und Optimismus jener Zeit, da ein neuer Geist und ein neues Weltgefühl die Gelehrten antrieb. Aber im Gegensatz zu vielen verwandten Geistern seiner Zeit stand er fest zu Kirche und Rom und läßt in seinem Denken, so «modern» es damals erschien, das ganze Erbe des Mittelalters spüren.

«Vom Wissen des Nichtwissens»

In Zeiten, wo uns das Leben schwer zu tragen wird, gibt es keine wertvollere Zuflucht, als zu den Problemen des abstrakten Denkens, von welchen uns nicht irgend welcher billige Trost zufließt, wo uns aber die angestrengte Beschäftigung mit zeitlosen Werten das Herz kühlt und den Geist stärkt. In solchen Stunden diese Übersetzung der

Docta Ignorantia zu studieren, sei jedem jungen Denker freundlich geraten. Von Plotin herkommend, durch die Mathematik geschult, führt uns der große Cusanus keineswegs, wie man aus dem Titel seiner Schrift (einer seiner frühesten) schließen könnte, zu einem resignierten Skeptizismus, sondern ein gutes Stück Wegs den Gedanken entgegen, welchen höchste Realität innewohnt. Daß der Cusaner zu seiner Zeit den Bestrebungen diente, deren Endziel eine friedliche Verständigung zwischen allen religiösen Bekenntnissen war, rückt ihn unserer Zeit besonders nahe. (1920)

Deutsche Mystikerbriefe des Mittelalters

Ist es das Wesen der Mystik, über das Bildhafte ins Wesen, über die Person ins Göttliche vorzudringen, so hängt doch unsere Liebe und Wißbegierde gerade an den Persönlichkeiten der echten Mystiker mit besonderem Eifer, denn es sind eben ohne Ausnahme Menschen von großem Wurf und von gewaltigem Antrieb, welchen das mystische Erlebnis zum Lebensziele wird.

Die Briefe von Suso z. B. sind Kleinode und nicht minder dichterisch als seine bisher bekannten Schriften. Große Männer wie namentlich Nikolaus von Kues erkennen wir hier in der Vielseitigkeit ihrer Bestrebungen, Studien, Sorgen und Ämter, und es ergibt sich erneut die alte Erfahrung, daß gerade die aus der Zeit ins Zeitlose strebenden Geister niemals unklare Schwärmer, sondern ihrer Zeit mit starken Wurzeln verhaftet und verantwortlich waren, daß sie, je mehr wir über sie erfahren, desto bildhafter und damit vorbildlicher werden. Es zeigt sich in manchen dieser Briefe auch das schon seit Buddha wohlbekannte oft wiederkehrende Mißtrauen gegen die Askese, d. h. der echte Heilige, obwohl er selbst hohe Grade der Askese von sich verlangt, ist maßvoll, ja läßlich in den

asketischen Forderungen, die er an andere stellt. Es führt
zwar kein Weg zur Heiligkeit unter Umgehung der
Askese, aber sie ist nur ein Stadium dieses Weges und mit
ihr allein ist die Gnade nicht zu erzwingen. Die «Mystiker-
briefe» sind ein Kleinod, es ist uns in ihnen ein Strom
geistigen Lebens zugänglich gemacht, der bisher nur wenigen bekannt war.   (1932)

«Büchlein vom vollkommenen Leben»

Von Luther einst befürwortet, nachher von ihm beinahe verleugnet, ist es, seinem gewaltigen inneren Leben
entsprechend, immer wieder gedruckt, doch leider auch
«gereinigt» und zum Teil entstellt worden. Es wirkt mit
einer verblüffenden Neuheit und Kraft und macht uns
staunen, daß der im Spätmittelalter (seit Eckhart) zu so
reifer und verklärter Blüte erwachte deutsche Geist wieder
so völlig niedergehen konnte. Denn hier, wenn irgendwo,
ist eine im höchsten Sinn religiöse deutsche Weltanschauung zu finden, unabhängig von Dogma und Kirchentum
kühne Denkerwege zu Gott und dem Sinn des Lebens
wagend. Hier ist höchste Freiheit, weil höchstentwickeltes
Gewissen, und eine stolze, kühne Originalität im Bunde
mit frömmster Demut. Hier ist die Quelle auch mancher
tiefen zeitgenössischen Regung (ich erinnere z. B. an Rilkes
«Stundenbuch»), und vielleicht die einer kommenden deutschen Religion. Jedenfalls aber ist dies Büchlein nebst
Eckhart, Tauler und Suso für jeden ernsten, des Denkens
gewohnten Menschen (er braucht nicht systematisch-
philosophisch geschult zu sein) eine unschätzbare Mahnung und Erquickung. Man darf ruhig die vielen Lehrbücher, Überblicke und Philosophiegeschichten ungelesen
lassen, jedes Werk eines originalen Denkers gibt uns mehr,
denn es nötigt zum Selberdenken und erzieht und steigert
unser Bewußtsein.   (1907)

MICHELANGELO
1475–1564

«Gedichte»

Bis heute sind die Gedichte Michelangelos, auch in
Italien, eigentlich nur Historikern und Philologen bekannt. Es ist ja noch nicht lange her, seit sie durch treue
Forscher nach Möglichkeit gesammelt und in der originalen
Form wiederhergestellt worden sind. Vielleicht beginnt
jetzt erst ihre Wirkung in die Weite, und vielleicht nimmt
die jetzige Modeneigung der Kulturschreiber zur italienischen Renaissance neben vielem leichten auch dies
schwere Gepäck mit auf den Hausierhandel.

Wer irgendein Verhältnis zu Michelangelo hat, dem
müssen seine Gedichte ein Erlebnis werden. Mag ihr Eindruck auf uns nicht so stark sein wie der seiner anderen
Werke, da diese Gedichte immerhin unendlich viel mehr
zeitlich Beschränktes haben — im Grunde ist es doch, auf-
gelöster und nuancenreicher, derselbe bestürzende Eindruck, den man vor Michelangelos großen Werken hat.
Ein glühender Mensch stürmt einsam durch ein dunkles
Leben, in ewiger Flucht und Ungenüge, allen Täuschungen
des Denkens und der Liebe brennend hingegeben, und
über alldem Sturme schwebt heilig ein gottnaher Geist,
der die Leidenschaft zur Größe und die Trauer zur Andacht erhebt.   (1908)

MARTIN LUTHER
1483—1546

« Predigten »

Ich las kürzlich einige Predigten von Martin Luther und war wieder gepackt und betroffen von der Wucht dieser Natur, von Luthers Tapferkeit, von seiner Angriffslust, von seiner dampfend frischen Lebenskraft. Und war auch wieder angeweht vom Gegenteil, von der Erinnerung an Luthers Politik, an seine Verleugnung gegenüber starken und innigen Regungen seiner Jugend, an das fatale Erbe, dessen Liquidierung den heutigen protestantischen Kirchen nicht gelingen will, und da erschien mir Luther, in seiner Stärke und seiner Schwäche, in seinem Guten und Bösen, recht als ein Urbild deutschen Wesens, deutscher Genialität, deutscher Zerrissenheit, deutscher Hemmungen. (1925)

THOMAS MÜNTZER
1489—1525

Thomas Müntzer war uns, als wir noch Schüler und Studenten waren, lediglich bekannt als sogenannter Anführer im thüringischen Bauernkrieg, eine Art von Rebell, ja Antichrist, der denn auch nach dem Zusammenbruch des Aufstandes geköpft wurde (1525). Dann wurden wir, gegen das Ende des Weltkrieges, wieder an ihn erinnert durch Ernst Bloch und Hugo Ball, die ihn als Kommunisten sahen und seine Gegnerschaft gegen Luther priesen. Inzwischen haben mehrere Forscher Müntzers wirkliche Stellung sowohl im Bauernkrieg wie in der Reformationstheologie ziemlich eindeutig festgestellt, und jetzt erhalten wir dies schöne und wichtige Werk: eine mit schonender Hand dem heutigen Deutsch angenäherte Ausgabe von Müntzers Schriften — viele von ihnen sind in diesem Buch seit ihrem ersten Erscheinen, vor vierhundert Jahren, zum erstenmal wieder gedruckt worden. Sie zeigen einen reformatorischen, aber stark anti-lutherischen Geist, in ihrer leidenschaftlichen Polemik und oft wilden Überhitzung gleichen sie vielen Kampfschriften der Reformationszeit, in ihren Gedanken und ihrem inneren Herzensantrieb aber sind sie durchaus persönlich und originell, namentlich in ihrem Kampf gegen jedes dogmatische «Glauben», als Verfälschung des persönlichen, echten, erlebten Umganges mit Gott. Man lese etwa die «Protestaktion» von 1524. Müntzer erscheint als ein Mystiker mit dem Gefühl des Auserwählten, der sich zwar nicht für den Propheten Gottes an seine Zeit gehalten hat, aber sich von der Unmittelbarkeit göttlicher Inspiration erfüllt fühlte. Sein Kampf gegen Luther ist so wenig siegreich gewesen wie sein politischer Kampf. Aber erledigt ist er nicht, auch heute nicht. (1933)

FRANÇOIS RABELAIS
1494—1553

«Gargantua und Pantagruel»

Der vielgenannte, doch wenig gelesene Rabelais ist damit deutschen Lesern wieder in ungekürzter Form zugänglich gemacht, und deutsche Pantagruelisten mögen ihre Freude daran haben. Mag Rabelais' Ruf als Zotenreißer, gottloser Spötter und grotesker Dreck-Apotheker noch so schlecht sein, und mag sich bürgerlicher Geschmack mit noch so viel Recht gegen seine oft wahrhaft hahnebüchenen Unflätereien empören — es bleibt dennoch wahr,

daß niemals ein Dichter kraftvoller und trunkener das
Leben gepriesen und geliebt hat, als dieser schlimme Rabelais. Gegen alles, was ihm irgend lebensfeindlich und
glückzerstörend erscheint, richtet er seine heftige und bil-
derreiche Satire. Alles Behagen aber, alle Lust, alle im
Sinnlichen oder Geistigen sich stark und kühn auslebende
Lebenskraft hat in ihm ihren glühenden Anbeter und
Prediger. Mag sein Loblied auf das Leben noch so maß-
los, sein Humor noch so derb, seine Freude am Saftigen
und Quellenden noch so trunken sein, er ist dennoch heute
noch wunderbar lebendig, und ein Kapitel aus dem Gargantua mag einem heutigen Leser recht wohl als Kater-
frühstück nach der Lektüre problematischer Tagesliteratur
dienen. (1910)

JOHANNES KEPLER
1571—1630

«Kosmische Harmonie»

Der heutige Gebildete ist stolz darauf, daß er nicht
mehr, wie noch vorgestern, die Gedanken und Systeme
der vormodernen, vorkritischen Epochen bloß zu belächeln
weiß, daß er Lebenswerte hinter ihnen vermuten lernte.
Ach, wenn man nun so ein Buch ansieht, wie dies Kep-
lersche, dann schüttelt es einen vor Grausen über unsre
Leere, und man staunt ergriffen über die Fülle von Leben,
Wissen, Ehrfurcht, Andacht, Freudigkeit, Frömmigkeit,
mit welcher ein Gelehrter der Zeit um 1600 so ein Buch
schreiben konnte! Es ist eine Harmonielehre, in welche
zwar die musikalische Harmonielehre mit einbegriffen ist,
jedoch nur als Teil. Das Ganze gilt nicht der menschlichen
Musik, sondern der Musik des Weltalls, dem Schöpfungs-
konzert, und hat zur Grundlage den freudigen Glauben

an die Einheitlichkeit und Harmonie des Weltplanes, ein Glaube, in dem Nachklänge von Pythagoras und starke platonische Einflüsse mit einem naiven Christenglauben sich aufs beste vertragen. Oft klingt es darin wie Händelsche Musik, so stolz und zugleich warm, so überlegen und zugleich naiv, so strahlend und verklärt.   (1925)

JAKOB BÖHME
1575–1624

Jakob Böhme ist nicht nur schwer zu lesen, so wie etwa Kant in vielen Kapiteln schwer zu lesen ist. Er ist überhaupt nicht zu lesen, wenn die Einstellung fehlt. Am schwersten kommt der gebildete Vielleser in ihn hinein. Seine Lektüre erfordert, könnte man sagen, gerade dieselben Vorbedingungen wie das mystische Erlebnis selber — sie erfordert ein vorhergehendes «Leerwerden», eine völlig freie Aufmerksamkeit und Seelenstille. In den Stunden, wo diese uns fehlt, spricht Böhme nicht zu uns, ist er uns tot und öde, denn der Neugierde und dem bloßen intellektuellen Spieltrieb gibt er nichts. Aber in Stunden, wo wir reif für ihn sind, sehen wir in seinem mystischen Abbilde der Welt die Sterne kreisen und ordnen uns in seinen Kosmos lebendig mit ein. Die Böhmesche Tradition, einst in Novalis und namentlich in Franz Baader bei den Geistigsten in Deutschland tief lebendig, hat sich fast nur noch in abgeschlossenen, pietistischen Kreisen, fern vom Geistesleben der Zeit, erhalten. Nun scheint ihr ein neuer Tag zu dämmern.   (1920)

H. J. CHRISTOFFEL VON GRIMMELSHAUSEN
vor 1620–1676

« Simplizius Simplizissimus »

Als Lektüre hatte ich mir den «Simplizius Simplizissimus» aufs Tischchen gelegt, darin las ich ziemlich viel, etwa
zwei Drittel des Buches, das ich in der Jugend sehr geliebt
habe und von dem ich zu Hause mehrere schöne Ausgaben
stehen habe. Diesmal, nach jahrzehntelanger Pause, blieb
es beim Lesen der zwei Drittel, dann hatte ich genug.
Krieg und Elend, Hunger und Totschlag, abgebrannte
Höfe und Dörfer, Städte unter Artilleriebeschuß, das sind
für uns Heutige keine interessanten Themen mehr. Was
diese zum Teil großartigen Schilderungen auch heute noch
lebendig erhält, das ist ihr Humor, eine oft komödianten-
hafte, possenreißerische, oft aber auch bis in die Tiefe
reichende Lustigkeit, ohne die das berühmte Buch ebensowenig mehr bestehen könnte wie der «Don Quijote»
ohne Sancho Pansa. Und dann die Sprache! Die ist gespickt mit Vokabeln, Redensarten, Sprichwörtern und
Gleichnissen teils bäurischer, teils soldatischer Herkunft,
es quillt da ein lebendiges, duftendes, immer ein wenig
zum Lachen neigendes und zum Lachen verführendes
Deutsch, und dieses urchige Deutsch wieder ist verbrämt
und durchflochten mit grellbunten Zieraten aus der
Sprache der Gelehrsamkeit und des Militärwesens. Diese
Sprache kommt daher wie ein Dragoner oder Musketier
des langen Krieges, ein derber westfälischer Soldat mit
einem guten westfälischen Dickschädel und guten naiven
Knabenaugen, aber mit aufgezwirbeltem Schnurrbart und
in Pluderhosen und geschlitzten Bauschärmeln.   (1959)

ANGELUS SILESIUS

1624—1677

Drei geistige Zeitströmungen trafen zusammen, um der Person und dem Werk des frommen Dichters Angelus Silesius ein neues, starkes Interesse zuzuführen: der Zug zur Mystik, die Wiederentdeckung der deutschen Barockdichtung und schließlich die starke katholische Welle.

Damit tritt eine der merkwürdigsten Erscheinungen unserer Literatur aufs neue vor unsern Blick, eine anziehende und in mancher Hinsicht auch unheimliche Erscheinung. Angelus Silesius, eigentlich Johannes Scheffler, ist der Kirchengeschichte wohlbekannt, während Literaturfreunden meist nur sein Name nebst einigen wundervollen Zweizeilern aus seinem «Cherubinischen Wandersmann» bekannt ist.

Betrachten wir nun Leben und Werk dieses Angelus Silesius, der Medizin studierte und Leibarzt bei einem protestantischen Herzog war, dann Katholik wurde und ungezählte heftige Propagandaschriften verfaßt hat (er lebte von 1624 bis 1677), so zeigt dies Leben und Werk einen auffallenden Höhe- und Blütepunkt und von da an einen tödlichen Bruch, eine tiefe Erkrankung. Scheffler muß ein außerordentlich unglückliches Leben gehabt haben. Da dies Schicksal bei ihm nicht Zufall und Außenseite, sondern Kern und Herz eines bedeutenden Lebens ist, lohnt es sich wohl, es ein wenig zu betrachten.

Die katholische Kirche betrachtet den Konvertiten Scheffler mit Recht als einen ihrer bedeutenden Söhne, sie hat sich seiner während der schlesischen Gegenreformation als eines politischen Werkzeuges bedient, und ein Teil seines Ruhmes fällt in der Tat ihr zu. Und dennoch ist gerade Schefflers Konversion, sein Übertritt zum Katholizismus, die böse Tat in seinem Leben gewesen, ein Verrat des

Geistes, für den er nie Verzeihung erlangt hat. Daß er der lutherischen Gemeinschaft den Rücken wandte, tief ernüchtert und enttäuscht von ihrem ewigen Mangel, wozu noch einige üble Zeiterscheinungen hinzukamen, ist durchaus begreiflich und richtig gewesen. Zur Zeit seines Abfalls vom Luthertum war Scheffler frei und reif zu diesem Schritt. Daß er jedoch, aus furchtbarer Angst und Schwäche, den Schritt nicht in die Freiheit und in das edle Martyrium geistiger Einsamkeit hinein tat, sondern bloß von einer Kirche in die andere übertrat, mochte die neugewählte auch die bessere sein, diesen Verrat am Geist hat er mit lebenslangem Seelenkummer bezahlen müssen.

Die Befreiung vom damaligen Luthertum, wie es in einer schon verknöcherten Kirche betrieben wurde, verdankte Angelus nämlich nicht der katholischen Lehre, sondern einer deutschen Geheimlehre, die ihm durch Freunde, namentlich durch den ehrwürdigen (natürlich vergessenen!) Abraham Franckenberg bekannt geworden war, und deren größter Lehrer Jakob Böhme ist. Tausende von entzückten und begeisterten Lesern haben sich am kühnen Geist des «Cherubinischen Wandersmann» berauscht und tun es heute noch, ohne zu wissen, daß diese herrlichen Gottesgedichte eine Frucht Böhmeschen Geistes sind. Es gehört zum deutschen Schicksal, daß in diesem Volk den großen Geistern die Wirkung auf das Volk versagt scheint.

Statt also den Schritt aus der engen lutherischen Glaubensgemeinschaft in die Freiheit Gottes und in die Gefahr einer einsamen Freiheit zu wagen, floh dieser arme Wandersmann zur katholischen Kirche, welche weiter, größer und schöner war als die verlassene, ohne doch diesem weiten, leidenschaftlichen Geist die wahre Heimat ersetzen zu können. Scheffler ist der katholischen Kirche treu geblieben, aber er hat ihr nicht mit befreitem Herzen in Freude gedient, sondern er hat es mit gedrücktem Herzen, fanatisch und in Finsternis getan, mit dem überanstrengten Willen des Unbefriedigten, mit den krampfhaften Übertreibungen des sich verdammt Fühlenden. In dieser Verfassung schrieb der unselige Mann eine Menge von antilutherischen Streitschriften, Pamphlete voll Bosheit und auch Roheit, die zum Glück längst vergessen sind.

Über das persönliche Schicksal dieses merkwürdigen Deutschen wissen wir sehr wenig, namentlich zeigen sich uns die Beweggründe nicht deutlich, die ihn zu jener Pseudo-Konversion brachten. Ein Rätsel liegt da verborgen, dem vielleicht einst ein Deuter kommt.

Ein Stück überpersönlichen, zeitlosen, menschheitlichen Schicksals aber spricht sich in Schefflers Leben sichtbar aus: die Gefahr dessen, der ein tiefes inneres Wissen aussprechen und vielen mundgerecht machen konnte. Das Aussprechen des Heiligsten geschieht nicht ohne furchtbare Gefahr. Die Weisheit des cherubinischen Wandersmanns verlangte von dem Manne, der sie in so glänzender, ja virtuoser Form auszusprechen wußte, ein nahezu übermenschliches Leben, wenn er nicht der Verantwortung solchen Aussprechens erliegen sollte. Er ist erlegen, und sein demütiger, zuzeiten sogar wilder und selbstvernichtender Dienst am neu gewählten Altar ist eine vieljährige furchtbare Buße gewesen, furchtbar wie die Buße Robert des Teufels. Unsere Zeit ist schlecht zum Verständnis solcher Geheimnisse vorbereitet, doch hat zum Beispiel Franz Werfel in vielen seiner Gedichte von ähnlichen Kämpfen gesprochen.

Das Leben und Werk des großen Angelus ist nicht bloß eine Kuriosität, und auch nicht bloß ein literarisches Kleinod. Es ist eine tiefe Mahnung. (1925)

DANIEL DEFOE
1660—1731

Defoe, der mit seinem Robinson eines der gelesensten und schönsten Bücher der Welt geschrieben hat, ist ein unglaublich produktiver und lebendiger Mensch gewesen. Er hat nicht bloß den famosen Robinson, die vier hier wieder neu erscheinenden sowie mehrere andere Romane geschrieben, die alle zu ihrer Zeit verschlungen wurden, es stammen von ihm außerdem eine lange Reihe von politischen, nationalökonomischen und erzieherischen Schriften. Damit wäre ein Leben von siebzig Jahren beim Kaminfeuer einer Gelehrtenstube hübsch ausgefüllt, aber dieser merkwürdige Defoe saß keineswegs hinter dem Ofen, er stak mitten im politischen Leben seiner Zeit, war eine Weile der Vertraute Wilhelm von Oraniens, war Soldat, machte Reisen, kam mehrmals ins Gefängnis. Viel von seinem vollen, fast überfüllten Leben ist in seine Romane geflossen, auch sie sind voll, reich, gespickt mit Erlebnis, Bildern und Abenteuern. Sie sind so amüsant wie belehrend zu lesen, einzig die Bekehrungen seiner oft recht wilden Helden, mit denen seine Bücher regelmäßig enden, schmecken uns etwas fremd und gewollt. (1919)

Umfrage der «Literarischen Welt», 1929: Welches war das Lieblingsbuch Ihrer Knabenjahre?
Antwort Hermann Hesses: «Robinson Crusoe».

JONATHAN SWIFT

1667–1745

«Gullivers Reisen»

Vor zweihundert Jahren sind in England kurz nachein-
ander zwei Bücher geschrieben worden, welche sich rasch
über die ganze Welt verbreitet haben und seither in tausend Bearbeitungen, Übersetzungen und Nachdichtungen
zu den weitverbreitetsten Büchern der Welt gehören. Es
sind Defoes Robinson und Swifts Gulliver, beides halb-
phantastische Reiseromane, beide ursprünglich durchaus
für Erwachsene geschrieben, beide im Laufe der Zeit zu
höchst haltbaren und unermeßlich einflußreichen Kinder-
büchern geworden.

Die «Reisen Gullivers» von Jonathan Swift haben ein
ganz besonderes Schicksal gehabt. Sie erschienen zuerst im
Jahr 1726, und zwar anonym, und wie es scheint, sind
schon die ersten englischen Ausgaben voll von Fehlern,
Weglassungen und Zutaten von fremder Hand gewesen.
Weiterhin wurde das rasch überaus berühmt gewordene
Buch unzähligemal neugedruckt, übersetzt, überarbeitet,
und jener «Gulliver», den wir als Kinder in Bearbeitungen und Kürzungen kennengelernt haben, ist nur noch
ein Schatten, eine Erinnerung an das Original. Hat diese
seltsame Dichtung auf diese Weise sich die Welt erobert,
so ist sie doch zugleich in ihrer ursprünglichen Meinung
und Form nahezu ganz verschwunden und mußte von Zeit
zu Zeit neu entdeckt und erobert werden. So bekannt
einem jeden von uns der Name Gulliver ist, so vertraut
uns die Namen Liliput und Brobdingnag klingen — den
eigentlichen, vollständigen, ursprünglichen Gulliver kennen nur sehr wenige. Und dieser eigentliche Gulliver sieht
wesentlich anders aus als der tausendmal umfrisierte und
abgeschwächte Gulliver unsrer Kinderbücher.

Sein Verfasser, Jonathan Swift, ist im Jahr 1667 in Dublin geboren. Sein ganzes Wesen drängte ihn zur Erforschung unsrer seelischen und sozialen Mechanismen und zur Politik; aus Armut griff er aber zum Studium der Theologie und begann seine Laufbahn als kleiner Hungerpastor. Auf Protektion angewiesen, fand er sich häufig schwer von seinen zeitweiligen Gönnern enttäuscht, und wie er mehr und mehr zum politischen Schriftsteller wurde, so kam auch in seinen Studien und literarischen Strebungen immer mehr die Kritiklust des Unterdrückten zum Ausdruck. Eine Zeitlang heftiger Verteidiger der Hochkirche, eine Zeitlang der bekannteste und feurigste Vorkämpfer Irlands gegen Walpole, endete er einsam, menschenscheu und tief verbittert in einem geistigen Zustande, den frühere Biographen Wahnsinn nannten, den wir aber, allen Zeugnissen nach, nicht mehr so nennen dürfen. Es war vielmehr die Vereinsamung eines tief leidenden, geistig aber völlig ungetrübten Neurotikers, eines Mannes, dessen Leben und Denken sich unheilvoll isoliert und zu einer nicht mehr ertragbaren Sensibilität gesteigert hatte.

Als das Bekenntnis dieses Mannes, dieses genialen, scharfsinnigen, empfindlichen und gegen das Leben schwach gewappneten Denkers ist uns der «Gulliver» geblieben, seine größte und reinste Dichtung. Die Menschheit hat es sich mit diesem Gulliver leichtgemacht. Sie nahm ihn erst als willkommene, abenteuerliche, spannende Lektüre, welche aber durch einige tödliche Bitterkeiten und Härten schwer verdaulich wurde, und nun half man sich damit, daß man das fabelhafte Werk, das viel zu lebendig war, um wieder untergehen zu können, zum ergötzlichen Kinder- und Märchenbuch stempelte.

Den unglücklichen Swift für die Bitterkeit seiner Beurteilung menschlicher Dinge anzuklagen, wäre ebenso falsch und nutzlos wie eine Anklage gegen die vielen Generationen seiner Leser, welche aus dem fabelhaften Reichtum seiner Dichtung sich nur die verdaulichsten, friedlichsten, bequemsten Bissen herausgerissen und das Ganze allmählich vergessen haben. Die lodernde Auflehnung und Erbitterung des vergrämten einzelnen gegen Menschheit und Weltlauf und die bequeme Art, mit welcher die Menge das Werk dieses genialen einzelnen verstümmelte, um es sich mundgerecht zu machen, beide waren tief begründet, beide waren notwendig. Nicht minder notwendig aber ist es, daß je und je die Menschheit sich einer so ungeheuren Mahnung, wie sie im Gulliver steckt, wieder erinnere, und von neuem den bitteren Bissen schlucke, da das Darüberweglesen und Darüberweglügen immer nur für eine kleine Weile hilft. Darum steht Swifts geniales und furchtbares Buch heute wieder vor uns und wird immer wieder seine Stimme gegen unsre Bequemlichkeit erheben, weil es Dinge sagt, welche zwar im Gehirn eines schwer leidenden einzelnen entstanden und von ihm mit einer vielleicht pathologischen Leidenschaftlichkeit erlebt und formuliert worden sind, welche aber nach wie vor uns alle angehen. Man lese nur auf den letzten Seiten des Buches die Sätze über Kolonialwesen und Annektierung, und man findet ein Problem, das wieder auf furchtbarste Weise aktuell geworden ist, auf eine menschliche Formel gebracht, deren anklagende Kritik in zweihundert Jahren nichts von ihrer Berechtigung verloren hat.

Es ist Jonathan Swift immer wieder zum schweren Vorwurf gemacht worden, daß seine Erbitterung über politische und gesellschaftliche Mißstände ihn zum Menschenhaß geführt habe. Es ist aber töricht, Swifts sogenannten Menschenhaß zu verurteilen. Es gibt keine Forderung für den Denker, seine Resultate einem Gebot unterzuordnen, das eine ideale Menschenliebe höher als die Wahrheit stellt. Und Wahrheit ist für den Denker das, was sich ihm als Resultat seines Erlebens und Denkens ergibt. Für den alternden Swift lautete diese Wahrheit bitter: Der Mensch ist im Grunde ein vernunftloses Tier. Unsre Aufgabe ist es nun nicht, diese bittere Wahrheit eines einzelnen als krankhaft zu verlachen und abzulehnen. Besser ist es, wenn wir uns fragen: Wie ist es möglich, daß ein Mensch von so ungeheurem Verstand, von so reicher Lebenskenntnis zu diesem traurigen Ergebnis kam? Welche Leiden sind da gelitten worden? Welche Gerechtigkeit vollzieht sich da? Was bedeutet diese scheinbare Rache eines gequälten Menschen an der Menschheit?

Sehen wir das Buch so an, so fällt uns vor allem auf, daß so sehr viele seiner Urteile und Anklagen noch heute, nach zweihundert Jahren, so heftig auf uns wirken können, während doch die Erfahrungen und Weltzustände, aus denen der Dichter damals seine Beispiele schöpfte, uns fremd sind und fern stehen. Der König oder Minister von Liliput oder von Laputa, oder wie immer die phantastischen Namen im Gulliver heißen, war einst eine Karikatur, er sollte an den oder jenen englischen Politiker oder Fürsten zu Swifts Zeit erinnern. Wir aber, die wir von jenen Ministern und jenen politischen Zuständen und Sorgen nichts mehr wissen, sind für diese erfundenen Minister und Begebenheiten heiß und heftig wie für nahe, aktuelle Dinge interessiert! Es steht also Zeitloses, es steht Menschliches in diesem Buch, das uns alle angeht, heut wie damals.

Und wenn schließlich dieser Jonathan Swift aus lauter Menschenhaß ein Land erfindet, in welchem edle Pferde herrschen und Vernunft und Tugend üben, wenn er die Menschen in jenem Fabellande zu scheußlichen Stinktieren entartet darstellt, die ein gewisser Schimmer von Vernunft gerade nur zu Verbrechen und zynischem Egoismus befähigt, wenn er alle Ziele menschlicher Gemeinschaft, menschlicher Ordnung, Vernunft und Brüderlichkeit jenen Pferden anvertraut und sich ihnen gegenüber seines eigenen Menschentums als eines Makels schämt — wie viel Menschenliebe, wie viel heiße Sorge um die Zukunft unsrer Art, wie viel heimliche, glühende Liebessorge um Menschheit, Staat, Moral, Gesellschaft glüht in dieser phantastischen Vorstellung auf! Nein, gerade dies letzte Buch der Reisen

Gullivers, dies berühmte und berüchtigte Dokument eines
ungewöhnlich wilden Menschenhasses ist ja nichts andres
als eine heftige, wenn schon pervertierte Liebe!

Die Menschheit unsrer Tage, die erschütterte und ratlose
Menschheit der Zeit nach diesem schauerlichen Kriege, ist
wunderbar auf den Gulliver vorbereitet und kann aus
ihm mehr haben und lernen als jede Zeit vorher. Darum
ist es gut, und darum heiße ich es von Herzen willkommen, daß Carl Seelig heute eine neue vollständige Übersetzung dieses schönen, furchtbaren, gefährlichen Buches
herausbringt.   (1945)

ALAIN-RENÉ LESAGE
1668–1747

«Gil Blas»

Gil Blas, wohl der einzige von den vielen spanischen
und französischen Schelmenromanen des 17. und 18. Jahrhunderts, der noch heute viel gelesen wird, ist das klassische Buch jener derb egoistischen, gerissenen, mit allen
Hunden gehetzten Weltweisheit der klugen betrügeri-
schen Diener, der Scharlatane und Kuppler. Sowenig vorbildlich die pfiffige Moral und Psychologie des Gil Blas
ist, sosehr ihr die Tiefe fehlen mag, ja so schäbig materiali-
stisch sie oft sich zeigt, sie entzückt doch immer wieder,
denn durch und durch ist sie mit saftiger Vitalität und
drallem Mutterwitz gesättigt. Der ferne Ahnherr dieser
naiven Lebenskünstler ist Sancho Pansa, ihr letzter Enkel
und Erbe ist Figaro.   (1923)

VOLTAIRE

1694–1778

Voltaire hat sich bei uns lang genug in einer völligen
Vergessenheit ausgeruht, um nun wieder, neu ans Licht
gebracht, neu und stark zu wirken. Außer den mühsamen
Lektüren in den Französischstunden der Gymnasien erfuh-
ren wir von ihm eigentlich nur wie von einer prähistori-
schen Größe, seine Dramen galten für kalte steife Prachtstücke, den Candide oder die Pucelle hörte man zwar je
und je als geistvolle witzige Dichtungen nennen, aber daß
man ihn wirklich und ernstlich noch lesen könne, daran
dachte außer Philologen kaum jemand mehr. Es war auch
mir so gegangen.

Als ich mir dann einmal den französischen Voltaire
kaufte, waren es in den vielen, mehr als 50 Bänden eigentlich immer die kleinen Erzählungen und Farcen, und die
beiden größeren Romane, die ich las und liebte. Diese
sind nun vollständig erschienen, zum Teil (nicht durchweg) schön übersetzt.

In diesen Erzählungen, deren entzückendste wohl doch
immer wieder der Candide ist, tritt der alte Voltaire für
uns wieder aus der Puderwolke und Literaturgeschichte
heraus und wird ein Mensch, ein lebendiger, unheimlich
kluger, erstaunlich kühner, dabei warmherziger, durch und
durch geistiger Mensch. Und, so nebenher, entdeckt man
mit Entzücken, was für feine und durchkultivierte Kunstwerke diese Erzählungen sind.   (1912)

Unserer Zeit tritt Voltaire wieder näher durch die
Geradheit, Würde und Rassigkeit seiner humanen Gesinnung, ist recht eigentlich aus der Gesinnung, aus dem Politischen heraus zum Dichter geworden. Und indem wir ihn
wieder lesen, sehen wir plötzlich auch etwas anderes neu:

die Kultiviertheit, Gescheitheit und meisterhafte Beherrschtheit dieser Kunstform, in welcher Voltaire nicht Neuerer, sondern Vollender alter, hochgetriebener Formen gewesen ist. Es ist in diesen Erzählungen nicht nur Witz und Satire, nicht nur Geist und Schlagfertigkeit, auch nicht bloß Menschenverständnis und stille weise Ironie, sondern überdies auch eine Geklärtheit und Vollendung des Ausdrucks, die aus Voltaires Dramen nicht mehr zu uns spricht, die aber in seinen Erzählungen gerade uns Heutige wieder ergreift und wehmütig entzückt. Denn hier hat nicht ein Empörer zugunsten neuer Ideen alte Formen zerschlagen, sondern sie mit neuem Geist erfüllt und in ihm zur Vollendung gebracht.   (1911)

HENRY FIELDING
1707–1754

« Tom Jones »

Damit tritt eins der lebendigsten Bücher aus dem England des 18. Jahrhunderts wieder auf den Plan, einer der Ahnen alles modernen Realismus. Der Findling Tom Jones lehrt uns nicht nur ein Stück englischer Sittengeschichte kennen, sondern auch ein gut Stück Menschenherz und Menschentorheit, und man freut sich, daß so ein Buch doch immer wieder wirkt und lebt. Man freut sich der Sache wegen, und freut sich speziell noch für den famosen Fielding, über den Lady Montague schrieb: «Sein glückliches Temperament, selbst nachdem er es mit großer Mühe fast verpfuscht hatte, ließ ihn vor einer Wildpastete und einer Flasche Champagner alles vergessen, und gewiß hat er mehr glückliche Augenblicke genossen als je ein Fürst dieser Erde.»   (1914)

DENIS DIDEROT

1713–1784

Um von neuem Geschmack an der französischen Literatur der Aufklärungszeit zu gewinnen, braucht man nur
eine Zeitlang sich mit der heutigen deutschen Dichtung
zu beschäftigen. Es scheint denn auch als Reaktion auf die
Formlosigkeit und menschliche Dürftigkeit unseres heutigen Schrifttums ein neues Verhältnis zu der französischen
Prosa des 18. Jahrhunderts erwacht zu sein, deren Probleme dem heutigen zum Teil nahe verwandt sind. Wenigstens sind seit einem Jahre auffallend viele ältere Franzosen bei uns übersetzt worden: Voltaire, Laclos, Rousseau, Rétif de la Bretonne. Und jetzt ist Diderot an der
Reihe.

Eigentlich war er überhaupt kein Schriftsteller. Er war
viel mehr ein Denker und Redner, ein Gesprächskünstler
und Plauderer, ein Kritiker und Anreger als ein Gestalter.
Was dichterisch bei ihm das Schönste ist, klingt stark an
Vorbilder an, an Richardson und auch an Sterne.

Dennoch bleibt Diderot als Autor bestehen, und daß
endlich eine deutsche Ausgabe seiner Prosadichtungen her-
auskam, ist sehr zu begrüßen. Hinter der Unfähigkeit,
ganz Dichter zu sein, sich ganz im poetisch Gestalteten
auszudrücken, steckt auf jeder Seite dennoch der Mensch
Diderot, dieser wundervolle, kluge, gutmütige, tapfere
und liebe Mensch, unendlich viel reiner und sympathischer
als Voltaire, und unendlich viel reiner und männlicher als
Rousseau. Was letzten Grundes dazu geführt hat, daß das
heutige Deutschland sich nach so langer völliger Ent-
fremdung wieder den klassischen Publizisten des 18. Jahrhunderts nähert, ist vielleicht gerade die Sehnsucht nach
dem Menschentypus, den Diderot am reinsten darstellt. Es
ist der Vorläufer des «guten Europäers», der aufrechte,

kritische, mißtrauische, aber tapfere, gutwillige Geistige. Ob dieser Typ als Ideal für unsere Tage noch genüge, sei hier nicht erörtert. Wesentlich ist, daß er uns wieder anzieht und beschäftigt. Denn sicherlich ist es keine Spielerei, welche diese Neuausgaben hervorbringt, sondern ein tiefes Bedürfnis, eine echte Not. (1921)

LAURENCE STERNE
1713–1768

«Die empfindsame Reise Yoricks»

Wenn der gute Yorick auch überaus empfindsam ist und mehr zärtliche Rührungstränen vergießt als ein heutiger sentimentaler Reisender auf einer Weltreise verbrauchen würde, so wurde er doch in Versailles für den offiziellen Spaßmacher des Königs von England gehalten; und wenn seine Reise durch Frankreich und Italien auch schon lang vor Turin aufhört, so genügt doch dieses Fragment, um uns zu zeigen, wie wenig es bei solchen empfindsamen Reisen auf Land und Leute und fremde Städtenamen ankommt, da die empfindsamen Reisenden eben stets nur das eigene törichte und zärtliche Herz erleben, im Weinen um arme Bettler oder Kranke nicht minder wie im Auskosten kleiner erotischer Aventiuren. (1909)

Wieder und wieder taucht dies Buch auf, das seit Lessing und Goethe in Deutschland so sehr geliebt worden ist, dies liebe, wehmütig-lustige, wohlmeinende, launige, entzückende kleine Buch des seltsamen Engländers, der noch immer zu den unverwüstlich Lebenden gehört.

Wozu mag der englische Pfarrherr wohl dies Büchlein damals geschrieben haben? Gewiß lediglich zu seinem Vergnügen, zum Vergnügen eines stillen, etwas einsamen, etwas sonderlinghaften Menschen. Aber Yorick sagt dies nicht; er sagt vielmehr: «Meine Absicht war, euch die Welt und eure Mitmenschen noch viel mehr lieben zu lehren» — und siehe, auch dies ist wahr.   (1922)

CASANOVA

1725–1798

Als ich ein junger Mensch war, wußte ich von Casanova nichts als dunkle Gerüchte. In den offiziellen Literaturgeschichten kam dieser große Memoirenschreiber nicht vor. Sein Ruf war der eines unerhörten Verführers und Lüstlings, und von seinen Memoiren wußte man, daß sie ein wahres Satanswerk von Schlüpfrigkeit und Frivolität seien. Es gab eine oder zwei deutsche Ausgaben davon, alte vergriffene Ausgaben in vielen Bänden, die man antiquarisch suchen mußte, wenn man sich für sie interessierte, und wer sie besaß, hielt sie in einem geschlossenen Schrank verborgen. Ich wurde mehr als dreißig Jahre alt, ehe ich diese Memoiren einst zu Gesicht bekam. Bis dahin hatte ich von ihnen nur darum gewußt, weil sie in Grabbes Lustspiel die Rolle eines Teufelsköders spielen. Dann aber kamen mehrere neue Ausgaben des Casanova heraus, auch zwei neue in deutscher Sprache, und das Urteil der Welt und der Gelehrten über das Werk und seinen Urheber veränderte sich sehr. Es war keine Schande und kein heimliches Laster mehr, diese Memoiren zu besitzen und zu lesen; im Gegenteil, es war eine Schande, sie nicht zu kennen. Und im Urteil der Kritiker wurde der früher verpönte und totgeschwiegene Casanova mehr und mehr zum Genie.

So hoch ich nun Casanovas prachtvolle Vitalität und auch seine literarische Leistung schätze, ein Genie würde ich ihn doch nicht nennen. Es fehlt diesem Virtuosen der

Gefühle und großen Praktiker der Liebes- und Verführungskunst das Heldische, es fehlt ihm vor allem gänzlich jene heroische Atmosphäre von Vereinzelung und tragischem Abgesondertsein, ohne die wir uns das Genie nicht denken können. Casanova ist keine sehr differenzierte und eigenartige, nicht einmal eine sehr aparte Persönlichkeit. Wohl aber ist er ein fabelhaft begabter Mensch (und alle echte Begabung beginnt und wurzelt im Sinnlichen, in einer guten Mitgift an Körper und Sinnen), er ist ein Kerl, der alles kann, und so wird er, mit seiner Beweglichkeit, seiner vortrefflichen Bildung, seiner schmiegsamen Lebenskunst, zum klassischen Vertreter des eleganten Typus seiner Zeit. Die elegante, weltmännische, heiter-frivole und virtuose Seite der Kultur des achtzehnten Jahrhunderts, der glänzenden Jahrzehnte vor der Revolution, finden wir in Casanova mit geradezu wunderbarer Vollständigkeit verkörpert. Weltreisender, eleganter Bummler und Genießer, Agent und Unternehmer, Spieler und gelegentlich Hochstapler, dabei von einer ebenso starken wie kultivierten Sinnlichkeit, ein Meister im Verführen, voll Zärtlichkeit, voll Ritterlichkeit gegen die Frauen, den Wechsel liebend und dennoch anhänglich, zeigt dieser glänzende Mensch eine für uns Heutige erstaunliche Vielseitigkeit. Nur aber sind alle diese Seiten nach außen gewendet, und dies ergibt eben doch wieder eine Einseitigkeit. Das Menschenideal eines hochstehenden Denkenden von heute wäre weder das «Genie» noch der Weltmann, weder der rein nach innen noch der rein nach außen gewandte Mensch, sondern der zwischen Weltverbundenheit und Einkehr, zwischen Extraversion und Introversion überlegen und harmonisch Wechselnde. Aber das ganze Leben Casanovas, der wahrlich nicht ohne Geist war, spielt sich rein in der Sphäre des Gesellschaftlichen ab, und es gehören schon sehr heftige Schicksalsschläge dazu, ihn für Augenblicke zu introvertieren, wo er dann alsbald verdüstert und sentimental wird.

Erstaunlich und befremdend ist für uns vor allem die innige Verbindung von Virtuosität und Naivität in diesem gerissenen Lebenskünstler. Die Virtuosität verdankt er, nächst seiner kräftigen physischen Anlage und Leistungsfähigkeit, vor allem dem Umstande, daß ihm die endlosen, lähmenden und verdummenden Schuljahre erspart blieben, die wir heute für unerläßlich halten, um die Jugend zahm zu kriegen. Sehr früh, wie alle Männer seiner Zeit, tritt er ins Leben, wird selbständig, muß sich selber helfen, wird von Gesellschaft und Lebensnot, und nicht zuletzt von den Frauen, geformt und gedrillt, lernt Anpassung, lernt Spielen und Maskentragen, lernt List, lernt Takt, und da alle seine Gaben und Triebe sich nach außen richten und sich nur im äußeren Leben befriedigen können, wird er ein Virtuose der galanten Lebenskunst. Dabei aber bleibt er ganz und gar naiv, und noch der greise Casanova, der nicht ohne Lüsternheit die vielen Liebesabenteuer seines Lebens zu erzählen unternimmt, ist — verglichen mit einer problematischen Seele von heute — ein Lamm an Unschuld. Er verführt viele Dutzende von Mädchen und Frauen, und niemals packt ihn das Grauen der Liebe, ihre Metaphysik, nie schwindelt ihm vor ihren Abgründen. Erst ganz spät im Alter, als er in unfreiwilliger Vereinsamung, ohne Glanz, ohne Weiber, ohne Geld, ohne Abenteuer in Dux in Böhmen sitzt, kommt ihm das Leben nicht mehr ganz so einwandfrei, kommt es ihm ein wenig problematisch vor.

Und damit bestrickt er uns, mit diesen beiden Zaubern, mit der uns schulverdorbenen und durch Berufe spezialisierten Heutigen nie erreichbaren Lebensvirtuosität und mit seiner merkwürdigen Unschuld, seiner so liebenswerten und hübschen Naivität. Zuzeiten kommt sie ihm sehr zustatten, diese Naivität, denn es sind ja keineswegs bloß geraubte Jungfernschaften und gebrochene Ehen, mit denen er sein kräftiges Gewissen belastet, sondern es sind auch saftige Gaunereien, Schiebereien, Ausbeutereien mannigfacher Art, mit denen er sein Leben amüsanter macht und seine Reisen, Genüsse und Liebschaften finanziert. Und allen diesen Einwänden gegen seine Anständigkeit, allen diesen Gewissensbelastungen steht er nicht sophistisch oder zynisch gegenüber, sondern mit kindlichem Lächeln. Er gibt zu, daß er da und dort etwas gewagte Streiche gespielt und die Leute tüchtig geprellt hat, aber weiß Gott, wie er da hineingeraten ist, es geschah immer in guter Absicht oder doch nur in momentaner Vergeßlichkeit, und immer gelingt es ihm, sich spielend vor dem eigenen Urteil wie vor dem der Welt zu rechtfertigen.

Es gibt heute gerissene Schieber und gewissenlose Geschäftemacher in Menge, und auch raffinierte Weiberhelden genug, ohne daß sie uns zu interessieren vermöchten. Auch dem begabtesten Manne dieser Art, wenn wir ihn mit Casanova verglichen, würden die zwei hohen Merkmale fehlen: das lebendige, stets wirksame Vorbild eines hochgezüchteten edelmännischen Lebens, und dann die hohe literarische Begabung. Ich glaube nicht, daß die Liebesbriefe eines heutigen Berliner Don Juans oder Schiebers eine höhere geistige und sprachliche Kultur zeigen würden als die Magazine, deren Abonnenten jene Herren sind.

Im übrigen ist es der Boden einer vollendeten äußern Lebenskultur, eines fest geprägten Stiles, den Casanova vor seinen heutigen Kollegen voraus hat. Die stilvoll schöne Linie seines Lebens wirkt auf uns ebenso entzückend und sehnsuchtweckend wie jede geringste Architektur, jedes letzte Möbelstück jener Zeit — es ist da eine Einheit und Schönheit vorhanden, welche unserem Leben vollkommen fehlt. Eben darum auch ist die Befürchtung der Moralisten hinfällig, daß heutige Leser durch die Lektüre des Casanova verdorben werden könnten. Ach nein, es ist zu dieser Befürchtung kein Grund vorhanden, leider nicht. Das Schiff, auf dem unser Held dahinschwimmt, ist nicht so sehr seine persönliche Genialität oder seine persönliche

Immoralität als vielmehr die Bildung und Kultur seiner Zeit. Auf einem solchen Boden, auf einem solchen Niveau genügt ein kleines persönliches Plus, um gewaltig zu wirken.

Wenn wir Heutigen den Casanova mit einer gewissen Wehmut lesen, so gilt sie vor allem diesem Milieu seines Lebens, dieser schönen durchgeformten Kultur des äußern Lebens. So mochte etwa ein gebildeter Leser auch schon vor Jahrzehnten empfinden. Heute aber scheint auch noch etwas anderes dahingegangen und Vergangenheit geworden zu sein, was Casanova besaß, und was auch noch unsere Väter besaßen, und was noch unsere eigene Jugend besaß und ihr viele Zauber verlieh: die Ehrfurcht vor der Liebe. Sei es auch nur die Casanova-Liebe, diese galante, falterhafte, etwas verspielte und jünglinghafte ewige Verliebtheit — auch sie scheint heute außer Kurs geraten zu sein, ebenso wie die empfindsame Liebe des Rousseau und des Werther, ebenso wie die tief glühende Liebe der Helden Stendhals. Es scheint heute weder den tragischen noch den virtuosen Liebenden mehr zu geben, nur noch den flachen Heiratsschwindler oder den Psychopathen. Daß ein vollsinniger, begabter, lebenskräftiger Mann alle seine Gaben und Kräfte auf das Geldverdienen richte oder auf den Dienst an einer politischen Partei, scheint heute jedem nicht nur möglich, sondern auch richtig und normal; — daß er diese Gaben und Kräfte den Frauen und der Liebe zuwenden könnte, das kommt heute niemandem in den Sinn. Vom bürgerlichsten Durchschnittsamerika bis zum rötesten Sowjetsozialismus — in keiner wahrhaft «modernen» Weltanschauung spielt die Liebe eine andere Rolle als die unbedeutende eines nebensächlichen Lustfaktors im Leben, zu dessen Regelung einige hygienische Rezepte genügen.

Aber möglicherweise wird auch die Modernität von heute das Schicksal aller Modernitäten haben, nur einen flüchtigen Weltaugenblick zu dauern. Während das Problem der Liebe, soweit ich die Geschichte kenne, nach

Augenblicken der Ablenkung immer wieder höchst aktuell
werden kann. (1925)

LESSING
1729–1781

Wie steht es denn eigentlich heute mit Lessing, das heißt:
was bedeutet er heute dem deutschen Volk? Er bedeutet
einen Namen in den Katalogen von Klassikerverlegern, er
bedeutet ein unbeliebtes Aufsatzthema im Obergymna-
sium, weiter nicht viel. Unser Volk, ohnehin der Musik
unendlich mehr zugetan als der Kunst des Wortes, ohnehin
gegen seine Dichter spröde und zurückhaltend, spricht
zwar noch heute von seinen «Klassikern», die mit Lessing
anfangen und mit Schiller enden, aber von diesen «Klassikern» sind Herder und Klopstock vollkommen, Lessing
und Wieland halb der Vergessenheit anheimgefallen. Ob
und wann Herder wiederzuerwecken sein wird, ist eine
schwierige Frage, vorerst jedenfalls ist er der verschol-
lenste von den großen Deutschen seines Jahrhunderts. Dagegen scheint für Lessing allmählich doch die Zeit einer
Revision gekommen. Es sind Anzeichen dafür sichtbar,
daß es hinter dem in der Schule gelernten, später nie mehr
gelesenen Lessing einen anderen Lessing gibt, der uns noch
sehr viel zu sagen hat, nicht einen Dichter, nicht einen
Philosophen, sondern einen ungemein kühnen, reinlichen
und klaren Geist, einen Menschen von lauterster Gesinnung, von edelster Leidenschaft für die Wahrheit, und
einen Schriftsteller von größtem Format, einen großen
Vorläufer Nietzsches. Das heutige Deutschland könnte
diesen noch nicht so ganz wiederentdeckten Lessing sehr
brauchen, nötiger als sämtliche heute gelesenen Kulturkritiker. (1931)

Salomon Geßners Dichtungen*
Vielfältig, wie das Gesicht jeder Zeit, ist für uns Heutige
das Antlitz des achtzehnten Jahrhunderts. Scheinbar eine
Epoche voll Stil und Form, scheinbar eine Zeit der Eleganz und Grazie, ist es auch die Zeit der großen Revolution gewesen, und was uns an den Gebilden jener Zeit, an
ihren Bildern, Moden, Architekturen so köstlich scheint,
der Stil, die Formung, das einheitliche Zeitgepräge, ist
vielleicht etwas, was wir in jeder Epoche der Geschichte
finden können, sobald sie uns nicht mehr zu nahe steht.
Hinter dem einheitlichen Stil, den für unser Gefühl die
Kulturzeugnisse des achtzehnten Jahrhunderts haben,
steckt wie hinter jedem Zeitgewande die volle Tausend-
fältigkeit des Lebens. Die Kunst- und Luxuserzeugnisse
jener Zeit, aus deren Anblick wir jene Illusion einer schönen Einheit des Stiles und Lebensgefühles gewinnen, sind
nur ein kleiner Teil des Ausdruckes damaligen Lebens, sie
geben die elegante, aristokratische Oberfläche. Die holde,
spielerische, luxuriöse Anmut jener Gebilde, an die wir
alsbald denken, wenn vom achtzehnten Jahrhundert die
Rede ist, ist Oberfläche über einem höchst bewegten,
kämpferischen, auf Untergang und Neubeginn gestimmten Leben. Von der Seite der Literatur betrachtet, ist jene
Zeit die Epoche zwischen Voltaire und Goethe, die Zeit
der Entwicklung eines neuen Humanitätsbegriffes, als deren Ziel und Blüte wir etwa die Weltanschauung des Wilhelm Meister betrachten mögen. So betrachtet, zeigt die
ganze Epoche auch geistig ein einheitliches Gesicht, eine
klare Linie: Der Mensch und die menschliche Gesellschaft

* Einleitung zu dem gleichnamigen, 1922 erschienenen, Bändchen mit
ausgewählten Dichtungen von Salomon Geßner.

sondert sich auf neue Art, mit neuem Stile ab, trennt sich vom Naturganzen und entwickelt ein neues, auf Vernunft, gesellschaftliche Kultur und Selbstbestimmung gegründetes Lebensgefühl. In diese Linie passen Voltaire und Diderot, paßt der mittlere Goethe, paßt Schiller. Es handelt sich für diese Geister um die Aufstellung neuer Menschenideale, um die Fassung eines neuen Bewußtseins von Gemeinschaft, Gesellschaft, Staat, Sozialität. Aber daneben steht, vom Gegenpol ausstrahlend, eine nicht minder lebhafte Tendenz zu einem neuen Naturgefühl, welches den Menschen keineswegs als losgelöstes Endergebnis der Natur betrachtet, sondern ihn pantheistisch aufs neue innig als ein Stück All und Natur empfindet. Auf dieser Seite stehen die meisten Gedanken und Stimmungen Rousseaus, Klopstocks, des jungen Goethe. Überall sehen wir beide Pole wirksam, der Sehnsucht nach einer bewußten, auf Vernunft gegründeten Gesittung steht ein Heimweh nach Chaos und Urwelt gegenüber, dem Streben nach Kritik und Vernunftmoral ein Verlangen nach Gefühlsfreiheit, Schwärmerei und paradiesischer Naivität.

Beide Richtungen kreuzen sich und vermengen sich, wie bei vielen andern, auch im Werk Salomon Geßners. Er gehört nicht zu den Gründern und Führern, sondern zu den Musikanten und Spielleuten, die überall mit dabei sind; er ist kein Denker, sondern ein Schwärmer; er ist mehr Kind als Mann, mehr Musikant als Komponist. Seine poetischen Werke tragen verschiedene Titel, aber sie sind alle ohne Ausnahme Idyllen, ihr Ton und innerstes, bestimmendes Lebensgefühl ist ein stilles, heiter-resigniertes In-sich-hinein-Musizieren, ein genügsames Schwelgen des einsamen Schäfers im Wohllaut seiner kleinen, schilfenen Flöte, welche wenig Tonarten und keinerlei Polyphonie besitzt. Aber sie tönt entzückend in der Dämmerung.

Jene angenehme Vorstellung von «achtzehntem Jahrhundert», die wir aus dem Betrachten damaliger Kleinkunst gewinnen, brauchen wir um Geßners willen nicht zu verlassen oder zu erweitern, sie ist weit genug, um ihn mit aufzunehmen. Unter den vielen hübschen, geschmackvollen, reizvollen Sachen und Sächelchen jener Zeit spielen sanfte kleine Bilder eine große Rolle, zarte holde Malereien in Wasserfarbe, graziöse, leicht und sicher stilisierende Zeichnungen, schön komponierte, poetisch-kokette kleine Kupferstiche und Radierungen. Es gibt da Landschäftchen mit friedevollen, in ein klassisches Mauerbecken gefaßten Quellen in milden Tälern, wo einige Bäume sich zum angenehmen Hain vereinen, wo ein Bauernmädchen oder eine Nymphe ihren Krug füllt und gedankenvoll oder gefallsüchtig ins klare Wasser schaut, oder eine schön gekleidete Dame lesend ihren Liebhaber erwartet, den man hinter den Stämmen im Schatten nahen sieht. Nachklänge dieser Art von Kunst findet man noch heute in den Mustern mancher Porzellane und in naiven, bäurischen Fenstervorhängen. Statt der Quelle ist es zuweilen ein Seestrand oder Wasserfall, statt der Bäume, oder neben ihnen, steht zuweilen ein Gartenhaus oder Tempelchen, statt der Nymphe ist es zuweilen ein galanter Herr oder ein Faun, statt des Kruges ein Lamm oder ein Füllhorn, das Ganze aber ist immer auf den gleichen, süßen, idyllischen Ton gestimmt. Wir fühlen in dieser kleinen Bilderwelt Erinnerungen an Antike und Heidentum, aber auch Anklänge an die Harmonie chinesischer Landschaften, deren kultivierte Abmessungen und Architekturen das französische Rokoko so stark beeinflußt haben, seit in Paris die ersten Nachrichten und Kunstgegenstände aus jener Wunderwelt bekanntgeworden waren und die Wonne von Sammlern bildeten. All diese Gebilde, all diese Radierungen und Malereien, all diese Quellen, Hirten und edel komponierten Baumgruppen aber haben gemeinsam eine Stimmung von Spielerei und Unwirklichkeit, sie atmen den Zauber der Kulisse, ihr Leben unterliegt den Gesetzen der Oper, nicht denen der Wirklichkeit. Dies Leben, dies flüchtige, anmutig kinderhafte Leben all der Nymphen und Liebespaare an ihren melodischen Bächen, unter ihren wehmütig-ernsten Baumkronen, in ihren geschmackvollen Toiletten — dies ganze Leben ist Oper, ist Spiel, ist Märchen und Traum. Alle diese zarten Gebilde sind nicht entstanden aus einem Bestreben, das Leben des Tages nachzuzeichnen, die Wirklichkeit zu ergründen und zu stilisieren, sondern aus dem Wunsch nach Spiel und Traum. Sie denken ans Leben und dienen dem Leben nur als Geschenke, welche Liebende einander geben, als zarte Anregungen zur Erotik. Ihrem ganzen Wesen nach streben sie vom Leben des Tages hinweg, ihr ganzer Sinn und Antrieb, aus dem sie geboren sind, ist Flucht vor dem Wirklichen.

Solche geschmackvolle, zärtlich zu Traum und Weltflucht verlockende Dinge hat auch Salomon Geßner gemacht. Er hat Aquarelle gemalt, schöne Bilder gezeichnet und radiert, und hat in diesen Künsten nicht bloß zu den stümpernden Liebhabern, sondern zu den vielen kleinen Meistern jener Zeit gehört. Und ebenso wie er gemalt und gezeichnet hat, so hat er auch gedichtet. Seine dichterischen Idyllen sind durchaus Geschwister seiner gemalten und radierten Blätter, sie gehören zusammen und setzen einander fort. Alles, was Geßner in seinem Leben gearbeitet hat, steht unter diesem Zeichen. Sein Leben lang hat er sich begnügt, seine sanften Melodien zu blasen, immer auf derselben Schäferflöte, immer weggekehrt vom Tag und Markt, immer sehnlich hinübergewendet ins Reich der seligen Spielerei, der Schäfer, der lichten Abendwölkchen, der zeitlosen und problemlosen Anmut.

Der Mensch von heute neigt dazu, diese Beschäftigung eines ganzen Lebens mit Tand und Spiel für reichlich absurd oder unwürdig anzusehen. Weit liegt jene unernste, wirklichkeitsfremde, problemlose Opernwelt hinter ihm. Was wir Menschen indessen als absurd und unwürdig empfinden, das gilt immer nur für eine kleine Weile, und wir betreiben heute mit blutigem Ernst und heiliger Überzeugung allerlei Dinge, über welche unsre Enkel ebenso lächeln werden wie wir über den Herrn Geßner und seine hübschen Idyllen. Daß er für seine eigene Zeit keineswegs etwas Unkluges und Unnützes tat, sehen wir schon daraus, daß diese Zeit ihn sehr gebrauchte, daß sie ihn freudig willkommen geheißen und seine Idyllen begierig verschlungen hat. Kluge und tätige Männer und Frauen haben an dieser Spielwelt ihr Gefallen und ihren Zeitvertreib, ihren Trost und ihr Entzücken gefunden. Vor allem aber fand dies der Maler und Dichter Geßner selbst. Denn sein ganzes Leben hat diesen Stil, er trieb seine schäferlichen Allotria keineswegs nebenher oder zum bloßen Geschäft und Erwerb (obwohl er auch den dabei fand), sondern sein ganzes Leben, nicht nur sein Schaffen, zielte nach derselben Seite hin, zielte weg vom Kampf und vom Aktuellen, und strebte nach Idylle, nach genügsamer Ruhe, Ländlichkeit und Friedlichkeit.

Salomon Geßner ist am 1. April 1730 in Zürich geboren, sein Vater war Buchhändler und gehörte dem Zürcher großen Rat an. Der junge Salomon entzückte seine Eltern keineswegs durch rasche Fortschritte und Erfolge, er blieb in der Schule stecken und galt für einen bequemen, gutartigen, aber mäßig begabten Knaben, mit dem nichts anzufangen sei. Vermutlich war seine Seele schon damals, von allem Anfang an, der Wirklichkeit abgekehrt und magnetisch von jener holden Spielwelt angezogen. Mochte diese Einstellung zum Leben nun gut oder schlecht, mochte sie unnütz oder wertvoll, mochte sie eine Tugend oder eine Krankheit sein — jedenfalls blieb er ihr mit einer Zähigkeit treu, welche der imponierendste, kräftigste Zug in seinem Wesen und Leben ist. Von den Lehrern nicht geachtet, die Eltern durch Trägheit in der Schule und schlechte Zeugnisse betrübend, ging der Knabe unbeirrt seinem Hange, seiner innern Stimme und Sehnsucht nach. Er entdeckte, daß man aus Wachs herrliche Gestalten von Tieren und Menschen kneten konnte, Buben und Mädchen, Schwäne und Wölfe, Greise und Engel, Helden und Damen, und er sparte jeden Kreuzer, um sich Wachs dafür zu kaufen. Vermutlich ist er zeitlebens, auch damals schon, ein ungewöhnlich glücklicher Mensch gewesen, ein Mensch mit großer Genügsamkeit, aber seiner Eigenheit und seinen Liebhabereien völlig und blind ergeben. Er ließ die Schule Schule sein und formte aus dem angenehmen, beglückend weichen und bildsamen Wachs seine Spielwelt um sich her, wie ein andrer Knabe Schlachten schlägt oder Weltbeglückerträume hat. Ungerührt durch Mißerfolg, unbeirrt durch den Gegensatz, in den er durch seine Neigungen zur Umwelt kam, lief er nachtwandlerisch seinen Weg. Mag dieser Weg eine Spielerei, eine Schwäche, eine Absonderlichkeit gewesen sein — er ging ihn, er ging ihn mit rührender Unbekümmertheit um die Meinung der Welt, um die Vorwürfe der Lehrer, um den Spott der Kameraden, um die Klagen der Eltern. Auch zu schreiben fing er früh an, aber seine Schreiberei war voll orthographischer und grammatischer Fehler, auch sie erwarb ihm nur Mißachtung. Die Lehrer gaben ihn auf, die Eltern entschlossen sich seufzend, den Buben aufs Land in ein Pfarrhaus zu schicken.

Dort lernte der junge Geßner einen Dichter kennen, der ihm tiefen Eindruck machte. Man besaß und las in jenem Pfarrhause die Schriften des Hamburgers Barthold Heinrich Brockes, vor allem sein Gedichtbuch «Irdisches Vergnügen in Gott». Dieser Dichter Brockes ist, ebenso wie Geßner selbst, nachdem er der Liebling einer Zeit gewesen war, vergessen, verachtet und bespöttelt worden, aber neuestens, erst in den letzten zwei, drei Jahren, taucht er wieder empor, wird wieder neu gedruckt, erregt wieder Liebe und Bewunderung. Brockes war ein Sänger der frommen Freude an der Natur, zumal am Kleinen, Lieblichen und Rührenden in der Natur, ein Liebhaber und Besinger der Vögel, des Morgenrots, der Blumen, ein Poet voll inniger, herzlicher Ergriffenheit und voll unerschöpflicher Freude am Malen und Nachahmen. Geßner, kleiner und schwächer als Natur, ist ihm sicher in wesentlichen Zügen verwandt gewesen. Hier sah der Knabe Geßner einen Dichter, einen berühmten und anerkannten Herrn, gerade dasselbe tun, was er selbst so gerne tat, was er mit seiner Wachskneterei und mit seinen ersten Schreibversuchen selber getrieben hatte. Er sah diesen Dichter Brockes mit einer stillen, frommen, in sich versunkenen Seligkeit immer und immer wieder Gefühle wecken und nachgenießen, in denen er sein Genüge und seine Wonne fand, und sah, wie er daran groß und zum Künstler geworden war. Ich weiß nicht, was die Gelehrten über den dichterischen Einfluß denken, den Brockes auf Geßner geübt hat; ich halte ihn nicht für groß, denn Brockes' Sprachkunst und musikalisch-lyrisches Talent ist von dem Geßners wesentlich verschieden. Gewaltig aber war, es kann nicht anders sein, der moralische Einfluß, die Bestärkung und innere Bestätigung, welche Geßner durch Brockes finden mußte. Er sah hier aus einem bis zur höchsten Andacht gesteigerten Spieltrieb eine Kunst entstanden, die ihn nicht nur hinriß und beglückte, sondern die auch von der Welt anerkannt und gefeiert wurde. Kein äußeres Erlebnis ist für den jugendlichen Künstler wichtiger, keines stärkender und anspornender, als wenn er Keime, die in ihm selber treiben, bei einem Zeitgenossen zur Blüte entwickelt sieht, als wenn er das, was er selbst noch kindlich und nur zum eigensten, einsamen Gefühlsbedürfnis treibt, von einem andern zur Kunst gesteigert sieht. Dies Erlebnis fand Geßner durch die Bekanntschaft mit Brockes' Büchern.

Nach zwei Jahren kam der junge Mann in die Stadt und ins väterliche Haus zurück, aber er war nicht viel weitergekommen in dem, was die Welt von ihm erwartete. Es fehlte ihm der Fleiß, es fehlte ihm die Freude an Kenntnissen, es fehlte ihm der Ehrgeiz. Zu keinem Studium hatte er Lust, kein Beruf zog ihn an. Da sein Vater Buchhändler war, nahm er ihn in sein Geschäft, Jahr um Jahr ging hin, aber auch der Buchhandel konnte den Jüngling nicht beglücken. Er verstand nach wie vor einzig die Kunst, sich immer wieder am Leben und Beruf vorbeizudrücken und mit Hingabe seinen stillen Beschäftigungen nachzugehen, dem Dichten und dem Zeichnen. Um ihm einen Stoß ins Leben zu geben, schickte ihn der Vater als Lehrling in eine berühmte Buchhandlung nach Berlin — dies war die einzige große Reise in Geßners Leben.

Sehr bald aber lief Salomon seinem Lehrherrn davon und führte sein Berliner Leben auf eigene Faust. Er hauste in einem Mietszimmer und trieb, wozu er Lust hatte. Und als nun der Vater vom fernen Zürich aus am einzigen Faden zog, an dem er den Sohn noch hängen hatte, und ihm kein Geld mehr schickte, da tat der Sohn den entscheidenden Schritt und beschloß, aus seinen Neigungen seinen Beruf zu machen und es zu probieren, sich mit seinen Talenten durch die Welt zu bringen. Er verschaffte sich Ölfarbe und malte eine Weile drauflos, bis er seine Stube voll hängen hatte. Diese Bilder zeigte er nun einem befreundeten Maler. Der wies ihm eine Menge von Fehlern und Anfänger-Irrtümern nach, fand aber seine Begabung bedeutend und machte ihm Mut. Der Vater, sichtlich ein gutmütiger Mann, hielt es in der Rolle des strafenden Gottes nicht lange aus und schickte wieder Wechsel, und nun ging Geßner in Berlin entschieden auf die Pflege und Ausbildung seiner Begabung los, als Maler und als Dichter. Ein Ausflug nach Hamburg, und bald darauf die Rückkehr nach Zürich waren die letzten Reisen dieses genügsamen Lebens. Von seiner Heimkehr (im Jahre 1750) bis zu seinem Tode (1788) hat er seine Heimatgegend nicht mehr verlassen. Doch hatte er nicht etwa einen bequemen Frieden mit der Welt geschlossen. Er lebte nach wie vor, wie es seiner Seele behagte, und machte zwar aus seiner Malerei mit der Zeit einen Beruf und verdiente sein Brot damit, ließ sich aber von Welt und Geschäften nicht einfangen, sondern blieb seinen Neigungen treu, und soviel er konnte, zog er sich von der Stadt in ein entlegenes

Landhaus zurück. Die väterliche Buchhandlung, die er später erbte, ließ er von seiner Frau führen, denn er hatte inzwischen eine Frau gefunden, die es offenbar verstand, ihn gewähren zu lassen und nötigen Ortes seinen Mangel an Wirklichkeitssinn durch eigene Tüchtigkeit auszugleichen.

Geßner las französisch und deutsch, lebendige Beziehungen zu Zeitgenossen und zeitgenössischer Dichtung aber hat er nur nach Deutschland hin gehabt. Er kannte Klopstock und Hagedorn, genoß den väterlichen Rat Ramlers in poetisch-metrischen Fragen, und ist ein naher und inniger Freund Wielands gewesen, welcher zeitlebens von ihm mit herzlicher Anhänglichkeit und Bewunderung sprach. Wieland, dieser geschmeidige und feine Geist, dieser heute wenig mehr gekannte glänzende Stilist und Erfinder, war als Dichter vielseitiger und weit größer als Geßner, hat aber dessen eigenste Musik und Gefühlstonart tief und dankbar begriffen.

Die Zeit war zu Ende, in welcher Geßner zu seinen deutschen Dichterfreunden nur im Verhältnis der Dankbarkeit und des Empfangenden stand. Nach mehreren erfolglos gebliebenen Publikationen fand er mit seinen «Idyllen» (zuerst erschienen 1756) eine begeisterte Aufnahme, und gehörte nun dem Sternhimmel der damaligen deutschen Dichtung an, wurde übrigens rasch auch ins Französische übersetzt und in Frankreich sehr gefeiert. Zürich war damals eine der Hauptstädte der deutschen Literatur, seit Bodmer bestanden zwischen der deutschen Schweiz und dem poetischen Deutschland enge, lebendige Beziehungen. Mag das maßlose Entzücken, die innige Sympathie, mit welcher Geßners bescheidene Dichtungen im damaligen Deutschland aufgenommen wurden, uns Heutigen seltsam erscheinen — damals fand die schöngeistige und empfindsame Welt in seinen Gedichten etwas, was sie in dieser Reinheit noch nicht vernommen hatte, und was wir nicht mehr in seiner ursprünglichen Stärke nachfühlen können. Denn in jener Welt war das, was für uns der klassische Ausdruck jener empfindsam-zärtlichen Seelenstimmung, jener idyllischen Weltflucht und Gefühlspflege ist, noch nicht vorhanden. Goethes Gedichte waren noch nicht da. Jene überaus holde, innige, zarte Stimmung des Goetheschen Mondliedes mit dem «Selig, wer sich vor der Welt ohne Haß verschließt», die wir, innig verbunden mit der wunderbaren Musik Schuberts, noch heute als etwas unendlich Süßes mitzuempfinden vermögen, sie war damals noch nicht ausgesprochen, war noch Ahnung und zarte Gefühlsdämmerung, und einer ihrer frühsten, melodischsten Verkünder ist Geßner gewesen.

Der berühmt gewordene Geßner genoß nun in Zürich großes Ansehen, wurde in den großen und in den kleinen Rat gewählt, sah häufig Gäste aus dem Auslande, zumal deutsche Literaturfreunde, bei sich zu Gaste und gehörte scheinbar nun ganz der offiziellen und richtigen Welt an, zu welcher er während seiner Jugendjahre nie die rechte Stellung hatte finden können. Aber sein eigentliches Leben hat sich nie geändert, Ruhm und Ämter kamen ihm nur von außen zu, und er verhielt sich zu all dem mehr leidend als tätig, er ließ die Welt gehen, «ohne Haß», aber er gehörte ihr nicht an. Als Dichter geliebt und berühmt, konnte er doch vom Ertrag seiner Schriften nicht leben und erwarb sich sein Brot als Maler. Im Malen und Dichten, in einem genügsamen Landleben mit einigen Freunden und in inniger Freundschaft mit allen Kindern seines Kreises fand er sein eigentliches Leben. Solche Genügsamkeit und idyllische Lebensenge erscheint heute eher als Schwäche und Bequemlichkeit, diese Einschätzungen indessen sind — wie schon gesagt — sehr vergänglich, und man mag Geßner sich mit nicht weniger Grund als einen wirklich Weisen vorstellen, welcher in goldener Mitte zwischen reich und arm, zwischen Weltzugehörigkeit und Weltflucht ein in sich begnügtes, in sich ausschwingendes Leben spann.

Wie es in Geßners Sommerwohnung im Sihlwalde etwa ausgesehen habe, möge man in Gottfried Kellers Zürcher Novellen, im «Landvogt von Greifensee», nachlesen. Über Geßners Person sagt Keller dort die freundlich schönen Worte: «Salomon Geßner hatte, da der Sommer begonnen, seine Amtswohnung im Sihlwalde bezogen, dessen Oberaufsicht ihm von seinen Mitbürgern übertragen worden war. Ob er das Amt wirklich selbst verwaltete, ist nicht mehr erfindlich; so viel ist gewiß, daß er in jenem Sommerhause dichtete und malte und sich mit den Freunden lustig machte, die ihn häufig besuchten. Er stand dazumal in der Blüte seines Lebens und seines Ruhmes, der sich bereits über alle Länder verbreitet hatte; was von diesem Ruhme verdient und gerecht war, trug er mit der Anspruchslosigkeit und Liebenswürdigkeit, die nur solchen Menschen eigen sind, die wirklich etwas können. Geßners idyllische Dichtungen sind durchaus keine schwächlichen und nichtssagenden Gebilde, sondern innerhalb ihrer Zeit, über die keiner hinauskann, der nicht ein Heros ist, fertige und stilvolle kleine Kunstwerke. Wir sehen sie jetzt kaum mehr an und bedenken nicht, was man in fünfzig Jahren von alledem sagen wird, was jetzt täglich entsteht. Sei dem wie ihm wolle, so war die Luft um den Mann, wenn er in seiner Waldwohnung saß, eine recht poetische und künstlerische, und sein mehrseitiges fröhliches Können, verbunden mit seinem unbefangenen Humor, erregte stets goldene Heiterkeit.»

Im Alter von achtundfünfzig Jahren starb Geßner, im März 1788, allgemein beliebt und betrauert.

Was nun «von seinem Ruhme verdient und gerecht war», dies zu entscheiden ist nicht unsere Sache. Wir fühlen uns, sosehr wir uns darum bemühen mögen, niemals völlig in die Seelenlage einer andern Zeit zurück. Und zu Geßners Zeit war in den «gebildeten Ständen» die Seelenlage eine solche, daß Geßners Dichtungen bei jenen Menschen auf ein tiefes Bedürfnis, auf eine lebendige Sehnsucht trafen, daß sie etwas aussprachen, was Tausende fühlten. So gehört seine Dichtung zu den wertvollen Geschenken, welche Deutschland von der Schweiz im Geistigen empfangen hat. Für meine Person bekenne ich, daß einige von den Geßnerschen Idyllen, welche ich schon als Knabe samt einer Menge andrer Literatur aus der Urgroßväterzeit in meines Vaters Bücherei kennenlernte, mir damals einen überaus schönen, rührend reinen, köstlich zarten Eindruck machten, und daß von daher eine kleine stille Liebe zu diesem verschollenen Dichter mich weiter begleitet hat.

Ein klein wenig störend war mir nur immer das klassisch-griechische, antike Gewand, die mythologischen Namen, und die Berufung auf Theokrit und andre griechische Vorbilder. Als ich, viele Jahre später, einmal aus einer Biographie Geßners erfuhr, daß dieser theokritische Dichter gar kein Griechisch verstand und keine griechischen Bücher lesen konnte, atmete ich erheitert auf, denn in der Tat hatte ich, außer den paar Namen, in seinen Idyllen niemals eine griechische Luft gespürt. Nein, Geßners Poesie hat mit Theokrit, oder Anakreon, oder andern antiken Dichtern sehr wenig zu tun. Seine Dichtung, seine Gefühlswelt ist gewiß für seine Zeit nicht die Wiedererweckung irgendeiner historischen Stimmung gewesen, sondern etwas ganz und gar Modernes. Es waren Gefühle und Schwärmereien seiner Zeit, der Zeit um 1750, die in Geßners Prosagedichten die Zeitgenossen bezauberten. Und das Gewand, die Dekoration, die märchenhaft-opernhafte Bühne, die musikalische Zeitlosigkeit, in der diese Dichtungen atmen, scheint mir überaus nahe mit einer ganz anderen Welt als der griechischen verwandt, nämlich mit der Welt der wirklichen Oper. Die Oper des achtzehnten Jahrhunderts, so scheint mir, atmet dieselbe Stimmung wie Geßner, sie schwebt in derselben Zeitlosigkeit, sie spielt mit derselben halbwehmütigen Tändelei alle Teilnahme

vom wirklichen Leben hinüber in eine Phantasiewelt von
feenhaft unirdischer Art. Und was in der Dichtung untergegangen ist und uns Späteren fremd und veraltet erscheint, das hat in der Musik Dauer und Geltung behalten, denn ist nicht die letzte, höchste, edelste, wahrhaft
zeitloseste Äußerung jener ganzen Seelenlage, des ganzen
Bedürfnisses nach Verklärung des Alltags, nach Flucht aus
der Zeit, nach spielender Vereinfachung und Idealisierung
jenes Werk, das uns aus diesem achtzehnten Jahrhundert
her so unbegreiflich jung und unverwelklich anschaut:
Mozarts Zauberflöte?

Jede Zeit hat ihre Wirklichkeit, ihre Verherrlichung des
Alltags, und jede Zeit hat ihre Flucht aus der Wirklichkeit. Jede Zeit hat ihre Tendenz nach Rationalisierung
und Fortschritt, und jede Zeit hat ihre Sehnsucht nach
Paradiestraum und unverantwortlichem Spiel der Gefühle. Keines dieser Bedürfnisse hat recht, keines hat unrecht. Es gab für die Menschen vor hundertfünfzig Jahren einen Augenblick, da entsprach Salomon Geßner mit
seinen Idyllen einem lebendigsten, einem notwendigsten,
einem echtesten Verlangen und Bedürfnis. Andere haben
sein Lied zu Ende gesungen, Goethes Jugendgedichte haben
Geßners Melodie vollendet. Scheinbar ist damit Geßners
Recht auf Fortleben verwirkt, scheinbar ist er erledigt und
entbehrlich geworden. Er war aber nicht bloß ein Instrument, auf dem jene Zeit sich ihre musikalischen Versuche
vorgespielt hat, er war auch ein Mensch, eine Persönlichkeit, eine einmalige, fertige Gestaltung mit dem Reiz und
der Unwiederbringlichkeit alles Einmaligen und Vergänglichen. Und vielleicht hat er das Beste seines Lebens nicht
gedichtet, sondern gemalt, und vielleicht auch nicht gemalt, sondern unmittelbar gelebt. Wie es immer damit
stehen möge, mir bleibt seine Gestalt liebenswert, wo ich
ihr begegne. Und es war mir, der ich von Kind auf ebensosehr Deutschland wie der Schweiz angehört habe, auch
immer eine Freude, von diesem Manne zu wissen, in des-

sen Dichtung die Schweiz etwas so Zartes, so Zärtliches
hervorgebracht hat. Es war mir eine Freude zu wissen,
daß es zwischen meinen beiden Heimatländern nicht eine
reinliche Arbeitsteilung gibt, daß nicht etwa die Schweiz
nur die soliden, derberen, kraftvollen Dichter liefert wie
den Gotthelf und Keller, sondern daß dazwischen auch
so hingehaucht feine Töne lebendig waren, wie wir sie
sonst nur von Schwaben, Franken und Österreichern zu
hören gewöhnt sind.   (1922)

CHRISTOPH MARTIN WIELAND
1733—1813

Ohne gerade sehr viel von dem vielbändigen Werk Wielands gelesen zu haben, habe ich doch einige seiner Werke
ziemlich gut kennengelernt und habe, für meinen Haus-
gebrauch, von Wieland eine ganz bestimmte Vorstellung.
Sie gilt nicht dem jungen, sondern dem älteren Wieland,
und sie stützt sich auf meine Liebe zu einigen seiner Werke,
in welchen Wieland mir als edelster Vertreter jener Art
von Dichtung erscheint, deren erster Repräsentant Voltaire
war, und zwar ist es nicht die Nachahmung Voltaires und
der Franzosen, die ich an Wieland bewundere, sondern
die Sauberkeit und Grazie, mit der er die französischen
Vorbilder in der deutschen Sprache spiegelt. Dieses Wie-
landsche Deutsch, namentlich die Prosa der «Abderiten»
und des «Agathon», hat etwas musterhaft Klares und Ge-
bändigtes. Hinzu kommt Wielands Humor, ein etwas
skeptischer und kritischer, aber graziöser und kräftiger
Humor. Dieser Humor spielt überall auch im «Oberon»,
und ihn betrachte ich doch als Wielands gelungenstes und
liebenswertestes Werk. Wenn die «Abderiten» etwas Vol-
tairisches an sich haben, so steht über dem «Oberon» der

Stern Ariosts, und ich bewundere an ihm ganz besonders die diskrete Mitte zwischen Schöpfung und Nachschöpfung, den Geist von Spiel und Virtuosität, der originell und selbstbewußt genug ist, um seine Vorbilder nicht verschleiern zu müssen. (1933)

J. K. A. MUSÄUS
1735–1787

«Volksmärchen der Deutschen»
Diese Musäus-Märchen setzen sich erstaunlich hartnäckig immer wieder durch, trotz der vielen Angriffe, die gegen sie gerichtet wurden. Musäus war der erste, der es versuchte, die deutschen Volksmärchen zu sammeln und wiederzuerzählen. Er tat es prachtvoll, mit einer Gestaltungskraft und Formkunst, die man nicht genug bewundern kann, aber vollkommen im Geist und Stil des achtzehnten Jahrhunderts. Später, nachdem Brentano und Arnim die Volkslieder, dann die Brüder Grimm ihre herrlichen Märchen herausgegeben hatten und die Welt im Zeichen der Romantik stand, da sank Musäus in der Geltung und kam in den Ruf eines zopfigen alten Herrn, der den alten Märchen Gewalt angetan habe, um sie in seine zierlichen Rokoko-Formen zu bringen. Indessen, auch die Romantik war eines Tages aus der Mode, und es zeigte sich, daß da und dort der alte Musäus immer noch gelesen werde, und so tauchte er, bis in unsere Tage, immer und immer wieder aus scheinbarer Vergessenheit auf. Seine Rübezahlgeschichten und seine «Richilde» sind auch wahrhaft köstliche Gebilde, und so freut man sich, Lebendiges sich durchsetzen zu sehen, und heißt den alten Musäus gerne wieder willkommen. (1921)

C. F. D. SCHUBART
1739–1791

Nachwort zu Schubart*

Schon in meiner Knabenzeit ist mir der schwäbische
Dichter Schubart bekannt und merkwürdig geworden, und
seit langem habe ich den Wunsch gehabt, diesem erstaunlichen Mann und seinem ungewöhnlichen Schicksal ein
Denkmal zu setzen. Hier ist es denn endlich, und mir
scheint, niemand wird diese Bekenntnisse lesen können,
ohne schon bei den ersten Seiten vom Klang dieser außerordentlichen Stimme, von der Wucht und Wärme dieses
Menschen und Dichters ergriffen zu werden, wenn auch
seine Sprache die einer anderen Zeit ist. Es wäre aber sehr
zu wünschen, daß nicht bloß die Dokumente dieses aufregenden Schicksals, wie unser Buch sie sammelt, der Neugierde und Teilnahme heutiger Leser wieder vorgelegt
würden, sondern auch die Werke des Dichters. Eine zeitgemäße knappe Auswahl aus Schubarts Werken, und zwar
nicht nur aus seinen Gedichten, sondern namentlich auch
aus seiner prächtigen Prosa, würde diesen leider Vergessenen vielleicht wieder zu Ehren bringen.

Kennengelernt habe ich Schubart zuerst in einem unsrer
schwäbischen Schul-Lesebücher, wo Gedichte von ihm ab-
gedruckt waren, und wenig später wurde mir auch zum
erstenmal die klägliche Geschichte seiner Gefangenschaft
erzählt, welche damals in Württemberg, obwohl mehr als
hundert Jahre alt, noch zu den volkstümlichen Legenden
gehörte. Im Alter von dreizehn Jahren besuchte ich zum
erstenmal die Solitüde bei Stuttgart, das entzückende
Jagdschloß des Herzogs Karl Eugen, der nicht bloß Schillers eigenwilliger Jugendpatron, sondern eine Zeitlang
auch Schubarts Landesfürst und sein böser Gewaltherr und

* «Schubart. Dokumente seines Lebens» 1926.

Kerkermeister war, und aus den üppigen eleganten Sälen der Solitüde sah man hinüber auf Ludwigsburg und auf den Asperg, in dessen Festung Schubart so lang und grausam eingekerkert sitzen mußte.

Es vergingen immerhin manche Jahre, ehe ich von Schubart mehr wußte und erfuhr als den starken Duft von Poesie und Eigenwilligkeit, den jene paar Gedichte ausströmten, und die rührende Geschichte von seiner schmählichen politischen Gefangenschaft, welche mich, als Knaben noch, zum erstenmal gegen Fürsten und Polizeigewalt für arme leidende Menschen Partei ergreifen ließ. Das Ganze von Schubarts Leben und Werk habe ich erst viel später erfaßt, als ich viele seiner glühenden und pathetischen Gedichte und Teile seiner so sehr frischen, volkstümlichen, prachtvollen Prosa kennengelernt hatte. In der Öffentlichkeit war er vergessen, selbst in den schwäbischen Schulen erfuhr man kaum etwas von ihm außer dem Namen, namentlich schien seine Zeitung, die eigentliche literarische Tat seines Lebens, völlig vergessen zu sein. In den Literaturgeschichten wurde sein Name wohl neben denen von Bürger, Lenz und Klinger genannt, mehr über ihn zu erfahren aber war mühsam, und wären nicht glücklicherweise seine Gedichte einst erschienen, so wäre er ganz und gar vergessen worden. Ich war schon etwa dreißig Jahre alt, als mir die Ausgabe der Briefe Schubarts in die Hände fiel. Und wieder um Jahre später lernte ich auch das Buch kennen, in dem Schubarts Sohn die merkwürdige Leidensgeschichte seines Vaters erzählt hat.

Das Gedächtnis dieses Meteors, dieses feurigen, wilden und weichen Menschen und seines wilden, traurigen und sonderbaren Schicksals aufzubewahren, es für unsre Tage, ohne fälschende moderne Redaktion, wiederzuerwecken und zum Sprechen zu bringen, habe ich mir seither gewünscht. Nun ist der Wunsch erfüllt.

Wer die ersten Seiten unsres Buches mit der Schilderung von Schubarts Jugendjahren liest, wird ohne weiteres vom Zauber dieser strahlenden, kindlichen und zugleich gefährlichen Persönlichkeit, vom Genius dieses extravaganten Menschen gefesselt sein. Wild und laut, prahlerisch und sentimental, ein Freund der großen Gebärden und der heftigen Ausdrücke, in seiner Sprache wie in seinem Leben von einer turbulenten, suggestiven, zuweilen sich beinah drollig übersteigernden Saftigkeit, steht er da, nicht frei von einem etwas theatralischen Geniewesen, ja einer gewissen Aufschneiderei, ein übersprudelnder Sanguiniker, ein Mensch des blühenden Trieblebens, liebenswürdig und erobernd allein schon durch die Wärme seiner Vitalität, ein ewiges Kind, aber mit Riesenkräften, stets mit Affekten überladen, stets um einen heftigen und eindrucksvollen Ausdruck für diese Affekte bemüht, aber in diesem Ausdruck auch immer wieder genial. Was für ein weicher, weinerlich rührsamer Ton ist zum Beispiel in seiner verdächtigen Zerknirschungsreligiosität, und doch ist auch hier, auch in diesem vielleicht wenigst aufrichtigen Winkel seiner reichen Kinderseele, zuweilen ein Aufblitzen und eine Erlebenskraft, eine Vollsaftigkeit und zeugende Wärme des Fühlens, welche an sich schon einen Wert bedeutet.

Und doch ist dieser Schubart, wie wir ihn aus den erhaltenen Dokumenten kennenlernen können, noch lange nicht der ganze Schubart. Es ist erst der Dichter und Literat Schubart, den wir da kennenlernen. Alle diese Eindrücke einer starken, wilden, brausend lebendigen Persönlichkeit, eines bis ins Geniale und bis ins Pathologische gesteigerten Charakters zeigen nur erst die eine Hälfte seines Lebens und Genies. Denn Schubart war keineswegs bloß Dichter und Publizist, er war ebensosehr Musiker. Wie er als Lehrer, als Kanzelredner, als Zeitungsschreiber und Dichter abwechselnd sich auslebte, so tat er es außerdem noch als fruchtbarer Komponist, als Kapellmeister, als Orgel- und Klaviervirtuose, als Musiklehrer und Leiter von Dilettantenorchestern, ein reiches Leben voll von Auf und Nieder, voll von Strebungen, Eitelkeiten, Erfolgen, voll Glanz und Elend, von dem wir nur noch eine blasse Legende überkommen haben. Er war eine jener durch und durch musikalischen, durch und durch vom Dämon besessenen Musikantenfiguren, wie sie damals hier und dort auftauchten und die wir in der Dichtung noch bis zum Ende der Romantik häufig antreffen. Hoffmanns Kapellmeister Kreisler ist die schönste dieser Figuren und die letzte Erscheinungsform dieses Typus.

Es ist nicht unwichtig, daß Schubart auch noch Musiker, daß er vielleicht sogar in erster Linie Musiker war. In einem großenteils ärmlichen äußeren Leben, wie auch im Umkreis seiner Dichtung, die zum großen Teil aus reinen Gelegenheitsgedichten besteht, konnte die warme Fülle, die Geschmeidigkeit und strömende Lebensbejahung dieses vulkanischen Temperamentes nicht voll zur Auswirkung kommen. Der Schubart der enthusiastischen Gedichte und der kräftigen Zeitungsaufsätze samt dem Schubart der schmachtenden Gefangenschaftsjahre und der pietistisch exaltierten Bekehrung ist immer noch nicht der ganze Schubart. Die andre Hälfte ging uns verloren, der musikalische Schubart, der in Musik schwimmende, um Ausdruck nie verlegene, faszinierende Musikant, Komponist, Sänger, Organist, Klavierspieler und Dirigent. Ich denke mir, daß hier, in seinem musikalischen Leben, all das zum Blühen kam und sich strahlend auslebte, wovon Schubarts Dichtung nur Anklänge enthält und was seine äußere Biographie niemals wiedergeben oder nur ahnen lassen kann. Und eben hier geben seine eigenen Bekenntnisse, seine wenigen Äußerungen über sein musikalisches Leben hier und dort etwas wie Ersatz für das Unersetzliche.

Jene Zeit war ja voll von Genies, es war die Zeit eines geistigen Pubertätsrausches, die Zeit der Lenz, Miller, Klinger und des jungen Goethe. Aber keiner von ihnen, selbst Lenz nicht, hat diese Durchtränktheit eines sich vergeudenden Lebens, hat diese heftige persönliche Tragik, keiner zeigt so rein die fatale und doch großartige Psychologie des genialen Amokläufers gegen Philistertum und Alltag. All dies, in Schubarts Gedichten nur zu fragmentarischem Ausdruck gediehen, glüht unverwelklich in der erschütternden Legende seines armen, wilden, verstürmten Lebens, in dieser Legende vom strahlend aufleuchtenden, schnell verloderten, traurig verluderten Genius.

Diese merkwürdige und herzzerreißende Legende in ihrer Reinheit, nur aus den echten Dokumenten heraus wiederherzustellen, ist meines Wissens seit Strauß nie mehr versucht worden. Wir haben es in diesem Buche getan.

Ein grell und sensationell geschriebener historischer Roman, eine mit Kinoromantik hingeschwindelte populäre Biographie Schubarts könnte heute ein Welterfolg sein. Möge auch dieser ernstere Versuch, mit reinern Mitteln das wahrhaft Merkwürdige dieses Lebens wieder sichtbar zu machen, zu vielen Herzen sprechen!   (1926)

JAMES BOSWELL
1740—1795

«Londoner Tagebuch 1762—1763»

Es ist der berühmte Biograph des Dr. Johnson, ein sanguinischer Schotte, der eigentlich weder ein wirklich bedeutender Mensch noch ein wirklich bedeutender Autor war, und der dennoch es fertiggebracht hat, von den Engländern so geschätzt und so geliebt zu werden, daß die Entdeckung seiner verloren geglaubten Tagebücher, beinah anderthalb hundert Jahre nach des Verfassers Tod, eine gewaltige Sensation bedeutete. Ein sehr charakteristisches Stück dieser Aufzeichnungen eines liebenswerten und etwas kauzigen Originals ist das Tagebuch jenes Londoner Jahres, in dem der temperamentvolle junge Boswell, von seiner Familie beargwöhnt und kurzgehalten, in der Hauptstadt Fuß zu fassen sucht. Man findet darin Kurioses und sittengeschichtlich Wissenswertes in Menge, Anekdoten aus Gesellschaft und Literatur, Liebesabenteuer, Seiten der Begeisterung und einer naiven Freude am Leben und am eigenen Ich, und Seiten des Zweifels und der Depression, und das Entzückende daran ist gerade die sprunghafte Buntheit und Mannigfaltigkeit. Dieser lebenslustige junge Mann war so sehr Literat, daß er fand: mehr zu erleben als man aufschreiben könne, sei ebenso unnütz, als mehr Korn anzubauen als man zu ernten vermöge. (1952)

MATTHIAS CLAUDIUS
1740–1815

«Der Wandsbecker Bote»

Der Wandsbecker Bote ist nicht nur wegen der Wirkung, die er zu seiner Zeit auf viele getan hat, unvergessen geblieben, sondern seines Wesens wegen, in welchem ein beachtenswertes Stück Deutschtum Gestalt und Person geworden war. Fromm in tiefster Seele, mit einer gegen das Alter wachsenden Neigung zu einer herzlichen, doch engen Pietisterei, in den Wissenschaften nicht unbewandert, voll Bedürfnis nach beständigem Umgang mit Büchern, mit Kunst, mit geistigen Menschen, blieb er doch immer ein Kind und ein Stück Volk. Und aus den beiden auseinanderstrebenden Elementen dieser beweglichen Seele, aus dem Streit zwischen Schönheitssinn und Grobfädigkeit, zwischen Bildungsdrang und Naturburschentum, zwischen Lehrhaftigkeit und Poesie, entstand ein typisch deutscher Humor, ein naher Vetter und direkter Vorläufer des klassischen deutschen Humors Jean Pauls. Zeitgenosse Goethes,

fand Claudius gleich Stilling und anderen in der Jugend
Anschluß an die Umwälzung der deutschen Dichtung, er
rezensierte in seinem Kalenderstil Klopstocks Oden und
Goethes Götz aus einer verwandten Seele heraus, ohne
doch weiterhin den großen Weg mitzugehen. Als Mensch
war er ein treuer, warmer, herzlicher Mann, dem sein
Bibelglaube gut zu Gesicht stand. Dieselbe Kindlichkeit
und volkstümlich naive Gesundheit eines einfachen Geistes, die ihn trotz seinem reichlichen Mutterwitz nie dazu
kommen ließ, ernstlich Kritik an sich und anderen zu treiben, bewahrte ihm dafür ein Herz voll guter, inniger
Gläubigkeit, die sich an Gottes Brust geborgen weiß und
deren Triebe alle nicht ins Abstrakte, sondern ins warme
Leben zielen.

Und so ganz nebenbei hat dieser einfache Mann einige
der schönsten deutschen Volkslieder gedichtet; solange
deutsche Lieder gesungen werden, wird sein «Abendlied»
nie mehr untergehen. (1915)

HEINRICH STILLING

1740–1817

« J u n g - S t i l l i n g s   J u g e n d »

... Doch hat allerdings dieses Büchlein den Einband und
alten Druck und das Küpferchen von Chodowiecki, so
reizend sie alle sind, nicht nötig, um von neuem eine herzliche Empfehlung zu verdienen. Außer Goethes Erstlingen
ist in jener Zeit wohl in ganz Deutschland nichts unver-
künstelt Wärmeres, ungesucht Persönlicheres geschrieben
und gedruckt worden. Die innige Lieblichkeit und zugleich
die treue, ungewollte Anschaulichkeit dieser Jugendgeschichte wird immer wieder Freude machen und Bewunderung wecken.

Die späteren Teile der Stillingschen Autobiographie zeigen zum Teil einen anderen Mann als dieser blütenhafte Anfang, und künstlerisch hat der Verfasser nie mehr etwas geleistet, das diesem lieben Kleinod gleichkäme. Immerhin gibt es noch viele, die sich für Stilling als für eine der merkwürdigsten religiösen Persönlichkeiten der Zeit um und nach Lavater interessieren. Diese wird es freuen, daß eine Auswahl Stillingscher Briefe erschienen ist. Das Buch ist gewiß die interessanteste und charakteristischste Stilling-Publikation und enthält viel Originelles und Lebendiges, auch viele kleine Beiträge zur Seelengeschichte jener merkwürdigen Zeit, deren Propheten uns heute zwar etwas gebärdenreich, aber doch nicht völlig antiquiert anmuten. Und immer wieder muß es unser Erstaunen wekken, wie viele und lange und gewissenhafte Briefe man einander damals geschrieben hat, da es den «sehr geehrten Herrn» und die gereinigte Reichsorthographie noch nicht gab. (1907)

GEORG CHRISTOPH LICHTENBERG
1742–1799

Den witzig-feinen Lichtenberg, der es vor lauter gewissenhafter Kleinarbeit zu keinem größeren Werke brachte, nimmt man gern für Stunden wieder zur Hand. Er steht Lessing nahe, ist aber weniger Pedant, und seine Satire hat oft etwas ganz Vollkommenes, Erstaunliches. (1907)

JOH. GOTTFRIED HERDER
1744–1803

Der vergessenste der Weimarer Klassiker, Herder, wird
immer von Zeit zu Zeit wieder beschworen, und mit Recht,
er gehört zu den Geistern, die als Anreger, Seher, Mahner,
belebende Lehrer, das Deutschland der Weimarer und der
romantischen Blütezeit haben erziehen helfen.

Es wirken die jugendlichen Schriften Herders stärker als
die spätern. Die genialische und frühlinghafte Sturmstim-
mung seines Kampfes gegen den moralisierenden und leicht
zur Schablone entartenden Geist der Aufklärung wird
wohl immer der Grundton sein, den wir bei Nennung des
Namens Herder angeschlagen fühlen. Und seine ahnungsvoll skizzierende Philosophie der Sprache samt seinem
Vorgang und Vorbild als Übersetzer hat ohne Zweifel die
geniale Zeit der deutschen Sprachwissenschaft bis zu Humboldt tief beeinflußt und befruchtet. Seine eigenwillige
Geschichtsauffassung, wie überhaupt die Grundgedanken
seiner «Ideen», betrachten wir heute skeptischer, obwohl
gerade sie damals bahnbrechend wirkten. Seine Begeisterung für das Lebendige, Dynamische in der Geschichte, und
seine Abneigung gegen das aufklärerische Rationalisieren
der Geschichtsbetrachtung haben ihn nicht gehindert, zuweilen recht voreingenommen über Geschichte zu philo-
sophieren. — Es sind ja manche der frühern Schriften Herders, obenan das Reisejournal, leicht und sogar entzückend
zu lesen und bedürfen keiner Wegleitung für den Leser;
zum Ganzen des Herderschen Geistes vorzudringen aber
ist für jeden, der es versucht, eine sehr dornige Aufgabe.
Es besteht ein eigentümlicher, oft reizender, oft auch ent-
täuschender Widerspruch zwischen dem Herder, den der
gutgewillte Leser nach dem Lesen etwa des Reisejournals
und nach Goethes Straßburger Herdererinnerungen sich

vorstellt, und dem sehr schwer zugänglichen Herder der
gesammelten Werke, und die Schwierigkeit liegt keineswegs bloß in der großen Bändezahl dieser Werke. (1936)

WILHELM HEINSE

1746—1803

Man kann darüber streiten, ob das Ausgraben und Neu-
herausgeben alter Dichtungen und die dafür aufgebrachte
mühsame Philologenarbeit wirklich etwas Wertvolles, ob
es nicht bloß Tuerei und Historikerwahn sei. Ich halte auch
einen Gelehrten nicht deswegen für verehrungswürdig,
weil er sein halbes oder ganzes Leben daran verwendet,
die Bleistiftkritzeleien eines seit hundert Jahren gestorbenen Dichters, die dieser selbst der Veröffentlichung nicht
wert gehalten, zu entziffern und in den Druck zu bringen,
mit Lesarten, kritischem Apparat und etwaigem Kommentar. Im Gegenteil, ich halte im Grunde all dies Wühlen in der Vergangenheit für eine belanglose und un-
männliche Fachleutearbeit. Aber andererseits: wenn ich
sehe, wie unser rührendes Volk Millionen für eine unaus-
sprechlich miserable Tagesliteratur ausgibt, so scheint mir
daneben der Luxus sehr erlaubt, sich einige Philologen zu
halten und je und je wieder etwas edleren Lesestoff aus
der Vergangenheit zu holen. Wenn schon unser Volk die
unausrottbare Neigung hat, statt seiner wirklichen Dichter lieber Schund zu lesen, und seine starken Geister zu
verachten und hungern zu lassen (die meisten Völker übrigens haben diese infantile Neigung, Deutschland steht damit nicht allein), so finde ich es dann doch wieder rührend,
ja entzückend, daß dasselbe Volk dann, wenn der ver-
hungerte Autor hundert Jahre tot ist, für seine Wiederaus-
grabung keine Mühe und Kosten scheut, nur weil der Be-

schäftigte und Honorierte diesmal kein lästiger Dichter, sondern ein Gelehrter, Beamter und Geheimrat ist. Ich finde es hübsch und bin damit einverstanden, obwohl es scheinbar so sinnlos ist, es gehört zu den profunden Sinnlosigkeiten und entzückenden Widersprüchen, aus denen das ganze Leben besteht. Und so leiste auch ich mir den Widerspruch, daß ich die jahrzehntelang an einem alten Dichter kratzenden Philologen eigentlich für bedauernswert halte und wenig verehre, mir dagegen das Resultat ihrer Arbeit sehr gern gefallen lasse.

Es ist nämlich wieder einmal der Fall zu melden, daß ein Autor ausgegraben und in einer köstlichen, vollständigen Neuausgabe wieder vorgelegt wurde, nachdem jahrzehntelang kein Hahn mehr nach ihm gekräht hatte. Diesmal ist es der Dichter Wilhelm Heinse, ein Altersgenosse Goethes, der in den Literaturgeschichten unter der Marke «Sturm und Drang» untergebracht zu werden pflegt, und, um es gleich zu sagen, es ist ein Glück, daß die Werke dieses prächtigen, feurigen und vielseitigen Geistes uns nun wieder zugänglich geworden sind — ja sogar zum Teil überhaupt zum erstenmal zugänglich.

Der durchschnittlich Gebildete, wenn er den Namen Heinse hört, verwechselt ihn weder mit Heine noch mit Heyse, sondern erinnert sich, das Heinse der Verfasser des «Ardinghello» ist, eines Romans, der vor Zeiten für ein zwar geniales, aber leider höchst unanständiges Buch galt. Auch soll, so erinnert er sich, derselbe Heinse den ebenfalls unanständigen Petronius übersetzt haben. In den älteren Literaturgeschichten beginnen die paar Zeilen über Heinse gewöhnlich etwa mit den Worten wie «Der geniale, aber leider undisziplinierte und in sittlicher Hinsicht so sehr anfechtbare Heinse —». Also dieser so sehr anfechtbare Heinse, der berüchtigte Verfasser des Ardinghello, ist nun in jahrzehntelanger Arbeit neu herausgegeben worden, in zehn dicken Bänden, seine Briefe und sein ganzer handschriftlicher Nachlaß sind mit in die große Ausgabe aufgenommen, er hat die größte Ehrung erlebt, die eine philologisch geschulte Nation einem Dichter erweisen kann, und auf welche zahlreiche große Dichter und Geister seiner Zeit noch immer vergeblich warten (erinnert sei an Jean Paul, an Tieck, an Friedrich Schlegel und viele andere).

Sehen wir uns nun Heinses Werke näher an, um etwa das Urteil jener älteren Literaturhistoriker zu korrigieren, so müssen wir feststellen, daß in der Tat der Ardinghello sein bestes, sein geglücktestes, freiestes und schönstes Werk ist, das insofern also die von der unerbittlichen Nachwelt getroffene Auswahl einwandfrei ist. Und ebenso richtig ist, daß das Werk, prachtvoll genial in der Vision, durch den Mangel an Straffheit und Zucht etwas Zerfahrenes und Enttäuschendes bekommen hat. Ebenso richtig ist, daß der Ardinghello, gleich Heinses meisten Schriften, seine Genialität durchaus und überall aus dem Sinnlichen schöpft, aus einer starken, sprühenden Sinnlichkeit, Genußsucht und Genußfähigkeit. Also wäre das Urteil der früheren Kritiker, zu denen schon Schiller gehörte, doch so ungefähr richtig? Ja und nein. Wir Heutigen sind keine Schiller, wir haben für unsere Urteile nicht den Maßstab einer klassischen Ästhetik, an die wir glauben. Wir sind viel bescheidener, viel unsicherer in unseren Urteilen, und wir sind durch die zeitgenössische Dichtung so durchaus nicht an überspannte Maßstäbe gewöhnt, so ganz und gar nicht verwöhnt, daß wir schon zufrieden sind und dankbar staunen, wenn ein Dichter uns durch die Stärke seiner Empfindung, durch den Wurf und Schwung seiner Natur, durch die Unmittelbarkeit seiner Einfälle überrascht und gewinnt — das ist schon so viel, daß wir gar nicht daran denken, mehr zu fordern. Und dann kommt allerdings etwas hinzu, was wir seit Schillers Zeiten hinzuerworben haben: Prüde sind wir nicht mehr. Es ist durchaus verständlich, daß jene außerordentlich prüde und sittenstrenge Mentalität Heinse ablehnen konnte, obwohl seine Sinnlichkeit durch und durch jugendlich gesund, keines-

142

wegs etwa pervertiert und krankhaft war. Ihre Äußerungen im Ardinghello und anderwärts sind lediglich etwas forciert, denn Heinses ungewöhnlich sensibles, zartes und intensives Sinnenleben konnte sich inmitten der damaligen Konvention kaum anders ausdrücken als mit diesen jugendlichen, vom Zwang einer prüden Sitte provozierten Übertreibungen.

Und so sehen wir denn doch schließlich den ganzen Heinse wesentlich anders an, als unsere Urgroßväter es taten, und bringen seinen ungewöhnlichen Qualitäten mehr Verständnis und Dankbarkeit entgegen, als es damals die öffentliche Kritik getan hat. Wir bewundern vor allem diese Feinheit, Gesundheit und spielerische Beweglichkeit der Sinne, diese Aufnahme- und Begeisterungsfähigkeit des Auges, des Ohres, des Tastsinns, wie sie in seinen Beschreibungen von Kunstwerken und in seinen oft naiv-genialen Aufzeichnungen über Musikalisches sich äußern. Und da wir nach gut und korrekt gebauten Romanen oder Dramen heute weniger lüstern sind als nach Äußerungen wahrer und starker Natur, darum schätzen wir heute auch die nur flüchtig formulierten Schriften, die Gelegenheitsaufzeichnungen Heinses höher, als frühere Zeiten es taten. Seine Briefe an Jacobi und Gleim aus der Schweiz und Italien sind vielleicht die schönsten des ganzen 18. Jahrhunderts, überhaupt bringen diese beiden Briefbände dem Freund Heinses wahre Schätze, ebenso die tagebuchartigen und aphoristischen Aufzeichnungen.

Wir sind um einen Dichter reicher geworden. Und dazu gehört nicht bloß der Wiederabdruck seiner Hauptwerke, die ein Suchender ja auch früher schon auf den Bibliotheken finden konnte. Nein, dazu gehört ganz wesentlich mit die Herausgabe seiner Briefe und kleinen Aufzeichnungen, denn von dort geht die stärkste Anziehungskraft auf heutige Leser aus, und erst von dort aus, entzückt und erstaunt über diese Kraft, Frische und Beweglichkeit, entdecken wir uns auch die schon zuvor bekannten Hauptwerke neu, vor allem den Ardinghello, der noch sehr lebendig ist, und auch die Hildegard von Hohenthal. Als Beurteiler, vielmehr als ausdruckskräftiger Schilderer von Werken der bildenden Kunst war Heinse schon zu seinen Lebzeiten berühmt, dies war die Spezialität, die man ihm zugestand und an ihm rühmte. Er hat aber auch über Musik sehr Wesentliches gesagt, sowohl in den sehr merkwürdigen «Musikalischen Dialogen» wie namentlich in seinen Briefen aus Italien, und zwar geht auch sein Musikverständnis ganz vom Sinnlichen aus, vom Klang, und nichts ist schöner zu lesen als seine begeisterten Versuche, in Worten den Eindruck einer schönen Singstimme wiederzugeben.

Alles, was untergegangen scheint, kann einmal wiederkommen. Wir lesen und lieben heute manche ältere Dichter, von welchen unsre Väter kaum noch die Namen kannten und über die sie die Achseln zuckten, und wir haben Dichter vergessen und zucken über sie die Achseln, die noch vor einer Generation in den Klassikerkatalogen obenan gestanden haben. Der Schatz einer Nation an Kunst und Dichtung ist wie der Schatz eines einzelnen an Erinnerungen und Erfahrungen: keine geht je völlig unter, jede kann zu jeder Zeit wieder neu und aktuell werden, obwohl das, was sich momentan im Bewußtsein spiegelt, immer nur ein millionster Teil des ganzen Besitzes ist. So ist heute der vergessene Dichter Heinse wiederaufgestanden, hat eine prachtvolle Gesamtausgabe erlebt, und findet nachdenkliche und dankbare Leser. (1925)

GOETHE
1749–1832

Dank an Goethe

Unter allen deutschen Dichtern ist Goethe derjenige, dem ich am meisten verdanke, der mich am meisten beschäftigt, bedrängt, ermuntert, zu Nachfolge oder Widerspruch gezwungen hat. Er ist nicht etwa der Dichter, den ich am meisten geliebt und genossen, gegen den ich die kleinsten Widerstände gehabt habe, o nein, da kämen andere vorher: Eichendorff, Jean Paul, Hölderlin, Novalis, Mörike und noch manche. Aber keiner dieser geliebten Dichter ist mir je zum tiefen Problem und wichtigen sittlichen Anstoß geworden, mit keinem von ihnen bedurfte ich des Kampfes und der Auseinandersetzung, während ich mit Goethe immer wieder Gedankengespräche und Gedankenkämpfe habe führen müssen (eines von ihnen steht im «Steppenwolf», eines von Hunderten). Darum möchte ich versuchen zu zeigen, was Goethe mir bedeutet und welches die Aspekte sind, unter denen er mir hauptsächlich erschienen ist.

Ich lernte ihn beinahe noch als Knabe kennen, und seine Jugendgedichte samt dem Werther gewannen mich vollkommen. Mich dem Dichter Goethe hinzugeben, fiel mir leicht, denn er brachte den Duft von Jugend mit, samt dem Duft von Wald, Wiese und Kornfeld, und in seiner Sprache, von der Frau Rat her, die ganze Tiefe und die ganze Spielerei der Volksweisheit, die Klänge von Natur und Handwerk, und dazu einen hohen Grad von Musik. Dieser Goethe, der reine Dichter, der Sänger, der ewig junge und naive, ist mir denn auch nie zum Problem geworden und hat sich mir nie verdunkelt.

Dagegen geriet ich während meiner Jünglingsjahre noch an einen anderen Goethe: an den großen Schriftsteller, an den Humanisten, Ideologen und Erzieher, den Rezensenten und Programmatiker, an den Weimarer Literaten Goethe, an den Freund Schillers, den Kunstsammler, den Zeitschriftengründer, den Verfasser zahlloser Aufsätze und Briefwechsel, den Diktator Eckermanns, und auch dieser Goethe wurde mir ungeheuer wichtig. Anfangs bewunderte und verehrte ich auch ihn bedingungslos, und verteidigte gegen meine Freunde oft noch seine kanzleimäßigsten Skripturen. War auch seine Erscheinung je und je etwas bürgerlich, etwas bieder, etwas beamtenhaft und allzu weit aus den Wildnissen Werthers entlaufen, so war das Format doch immer groß, und gemeint war immer ein hohes Ziel, das edelste aller Ziele: die Ermöglichung und Begründung eines vom Geist regierten Lebens, für ihn selbst nicht nur, sondern für seine Nation und Zeit. Es war, auch noch in seinen Entgleisungen, der Versuch, sich des Wissens und jeglicher Lebenserfahrung seiner Zeit allseitig zu bemächtigen und es in den Dienst eines hohen persönlichen Geistes, ja darüber hinaus in den Dienst einer überpersönlichen Geistigkeit und Sittlichkeit zu stellen. Der Schriftsteller Goethe hatte für die Besten seiner Zeit ein Menschenbild, ein Menschen-Vorbild errichtet, welchem zu gleichen, welchem sich näher zu bilden das Ideal derer war, welche eines guten Willens waren.

Bei Goethe dem Dichter war viel zu genießen, aber nichts zu lernen. Was er konnte, war unerlernbar und einmalig. Darum wurde er mir nicht zum Vorbild oder zum Problem. Dagegen war der Literat, der Humanist und Ideologe Goethe mir sehr bald ein großes Problem geworden; kein anderer Schriftsteller außer Nietzsche hat mich je so beschäftigt, so angezogen und gepeinigt, so zur Auseinandersetzung gezwungen. Ein Stück weit schien dieser Literat Goethe mit dem Dichter Goethe ganz parallel zu gehen und beinah eins zu sein, plötzlich aber waren sie weit auseinander, widersprachen sich und taten einander Abbruch. War auch der Dichter sympathischer und brachte mehr Genuß, so war doch der Literat Goethe sehr wichtig zu nehmen und durfte nicht umgangen werden, das fühlte ich schon als Zwanzigjähriger, denn er war der großzügigste und scheinbar geglückteste Versuch, ein deutsches Leben auf den Geist zu begründen. Er war ferner ein ganz einmaliger Versuch zu einer Synthese der deutschen Genialität mit der Vernunft, zu einer Versöhnung des Weltmanns mit dem Himmelsstürmer, des Antonio mit dem Tasso, der unverantwortlichen, musikalisch-dionysischen Schwärmerei mit einem Glauben an Verantwortlichkeit und sittliche Verpflichtung.

Geglückt war dieser Versuch offenbar nicht ganz. Er konnte ja auch gar nicht glücken! Er mußte trotzdem immer und immer wiederholt werden, denn das Höchste und Unmögliche immer wieder anzustreben, das gerade schien mir ja das Merkmal des Geistes zu sein. Es war Goethe in seinem eigenen Leben und Werke nicht ganz geglückt, den naiven Dichter und den klugen Weltmann, die Seele mit der Vernunft, den Anbeter der Natur mit dem Prediger des Geistes zu vereinen, es klaffte da und dort ein breiter Riß, es entstanden da und dort peinliche, ja unerträgliche Konflikte. Es hing zuweilen die Vernunft und Tugend dem Dichter wie eine zu große Perücke um den Kopf, und es erstickte nicht selten seine naive Genialität in einer Steifheit, die aus dem Streben nach Bewußtheit und Bändigung entstanden war.

Und darüber hinaus schien es Goethe auch nicht geglückt zu sein, sein Vorbild durchzusetzen und etwas wie eine richtige Schule oder Lehre zu hinterlassen. Auch jenen Dichtern und Schriftstellern, welche sich die größte Mühe gaben, seinem Vorbild nachzueifern, gelang es nicht, die gesuchte Einheit zu erreichen, sie blieben sogar weit hinter dem Vorgänger zurück. Ein Beispiel von vielen war Stifter, ein geliebter Dichter ersten Ranges, der in seinem wundervollen «Nachsommer» gelegentlich richtig wie ein kleinerer Goethe über Kunst und Leben philiströse Ge-

meinplätze in einer papiernen Sprache von sich geben
konnte, bei welchen man erschrak, daß sie so dicht neben
den zauberhaftesten Schönheiten stehen konnten. Das Vorbild war deutlich kenntlich, und man erinnerte sich: auch
im «Wilhelm Meister» standen die wunderbarsten dichterischen Seiten neben solchen von hoffnungsloser Dürre.

Nein, es war Goethe nicht so ganz geglückt, und zuzeiten wurde er mir dadurch richtig fatal und peinlich.
War er am Ende wirklich, wie die ihn nicht gelesen
habenden, naiven Marxisten meinten, eben nur ein Heros
des Bürgertums, der Mitschöpfer einer subalternen, kurzfristigen, heute längst schon wieder abgeblühten Ideologie?

Ich hätte ihn ja weglegen und es bei der Enttäuschung
bewenden lassen können. Aber eben das konnte ich nicht!
Eben dies war das Wunderliche, Schöne und auch Quälende: man kam nicht los von ihm, man mußte seine Anläufe mitlaufen, seine Mißerfolge mitleiden, seine Zwie-
spältigkeiten in sich selbst wiederfinden!

Schon dies war ja gewinnend und groß: daß er sich
nicht mit kleinen Zielen begnügte, daß er das große suchte,
daß er Ideale aufstellte, die nicht zu erfüllen waren. Zwingend aber war vor allem die mit den Jahren bei mir wach-
sende Einsicht, daß Goethes Problem nicht das seine allein,
und nicht das des Bürgertums allein war, sondern das
eines jeden Deutschen, dem es mit dem Geist und mit dem
Wort ernst war. Man konnte nicht ein deutscher Schriftsteller sein und sich um Goethes Vorbild und Versuche
drücken, einerlei ob sie mißglückt waren oder nicht. Es
mochte anderen Literaten viel besser gelungen sein, den
Geist ihrer Zeit im Wort zu repräsentieren, es mochte zum
Beispiel Voltaire sein Jahrhundert und seine Lebensschicht
reiner und vollkommener zur Darstellung gebracht haben
— aber war Voltaire nicht eben darum abgelebt, war er uns
denn mehr als eine Erinnerung, der Name eines großen
Virtuosen? Hatten wir noch herzlichen und verantwortlichen Anteil an seinen Antrieben und Meinungen? Nein.

Aber Goethe war nicht mit seinem Zeitalter abgeblüht, er ging uns noch an, er war noch unheimlich aktuell.

Manche Jahre habe ich mich so mit Goethe geplagt und ihn zur Unruhe meines geistigen Lebens werden lassen, ihn und Nietzsche. Wäre nicht der Weltkrieg gekommen, ich hätte noch tausendmal dieselben Gedanken gedacht und dieselben Schwankungen geschwankt. Aber es kam der Krieg, und es zeigte sich mir mit dem Krieg das alte deutsche Problem des Schriftstellers, das tragische Schicksal des Geistes und des Wortes im deutschen Leben schmerzlicher als jemals. Es zeigte sich das vollkommene Fehlen jener Tribüne, an welcher Goethe einst gebaut hatte. Es trat eine verantwortungslose, teils begeistert-trunkene, teils auch einfach gekaufte Schreiberei auf den Plan, eine sehr patriotische, aber dumme, verlogene und rohe Schreiberei, unwürdig Goethes, unwürdig des Geistes, unwürdig des deutschen Volkes, sogar berühmte Gelehrte und Autoren schrieben plötzlich wie Unteroffiziere, es schien nicht nur jede Brücke zwischen Geist und Volk abgebrochen, es schien überhaupt keinen Geist mehr zu geben. (Ich habe hier nicht zu untersuchen, wieweit diese Erscheinung keineswegs nur deutsch, sondern ein Merkmal vieler oder aller Kriegsländer war; für mich wurde sie in der deutschen Form wichtig und rief mich in der deutschen Form zum Kampf auf. Meine Pflicht war nicht zu untersuchen, ob Frankreich und England vom Geist verlassen seien und sie vor der täglich wachsenden Sünde gegen den Geist zu warnen, sondern dies auf meinem eigenen Boden zu tun.)

Scheinbar hörte hier das Problem Goethe für längere Zeit in meinem Leben auf, es hieß jetzt nicht mehr Goethe, sondern Krieg, und als der Krieg zu Ende war, hieß es: Europa, und heute steht es ja wohl auch so, daß in allen Ländern Europas die kleine Minorität der Denkenden das Problem und die Forderung der Stunde genau erkannt hat, während die gesamte offizielle Gehabung und Politik noch immer dicht vor dem Abgrund für die bunten Fahnen schon erstorbener Ideale kämpft.

Es war Krieg, und für den Augenblick schien es keinen Goethe mehr zu geben, während doch sein großes Problem: die Regierung des Menschenlebens durch den Geist, das einzige brennende Problem in der Welt war. Wir Literaten, soweit wir nicht käuflich oder eben vom Krieg betrunken waren, sahen uns genötigt, Schritt für Schritt die eigenen Fundamente abzutasten und Schritt für Schritt uns über die eigene Verantwortlichkeit klarzuwerden. Meine Geistessorgen waren in ein flammendes Stadium getreten. Aber auch mitten im Kriege gab es je und je Auseinandersetzungen mit Goethe, und zuweilen beschwor der aktuelle Konflikt ganz plötzlich seine Gestalt, welche mir von neuem zum Sinnbild wurde. Das geistige und sittliche Problem, das mir im ersten Stadium des Krieges das Leben zu Kampf und Qual machte, war der anscheinend unlösliche Konflikt zwischen Geist und Vaterlandsliebe. Hätte man damals den offiziellen Stimmen, vom großen Gelehrten bis zum Zeitungsplauderer herab, Glauben schenken wollen, so war der Geist (nämlich: die Wahrheit und der Dienst an ihr) der direkte Todfeind des Patriotismus. War man Patriot, so hatte man nach der öffentlichen Meinung mit Wahrheit nichts zu tun, war ihr keineswegs verpflichtet, sie war Spielerei und Schimäre; vielmehr war der Geist innerhalb des Patriotismus lediglich so weit erlaubt, als er mißbraucht werden konnte, um die Kanonen zu unterstützen. Wahrheit war Luxus, und Lüge war im Namen und Dienst des Vaterlandes erlaubt und löblich. Ich konnte mir die Moral der Patrioten nicht zu eigen machen, sosehr ich Deutschland liebte, denn ich sah im Geist nicht ein beliebiges Werkzeug oder Kampfmittel, und ich war nicht General oder Kanzler, sondern stand im Dienst des Geistes. Damals und in diesem Zusammenhang begegnete denn auch Goethe mir wieder. Die Patrioten, welche damals jeglichen Besitz der Nation als

Kriegsmittel auszubeuten suchten, entdeckten sehr bald, daß Goethe zu diesem Zwecke unbrauchbar sei, er war kein Nationalist, und er hatte sogar seinem Volk einige Male recht unangenehme Wahrheiten zu sagen gewagt. Vom Sommer 1914 an sank Goethe, und mit ihm mancher andere gute Geist, tief im Kurs, und es wurden, um die Lücke zu füllen (denn große Geister brauchte man für die ekelhafte «Kulturpropaganda»), andere Namen wiederentdeckt und plakatiert, die sich besser zur Rechtfertigung des Nationalismus und Krieges gebrauchen ließen: die erfolgreichste dieser Ausgrabungen hieß Hegel.

Als damals Romain Rolland in einem seiner Kriegsaufsätze mich als seinen Gesinnungsgenossen entdeckte und meinen Standpunkt als «goethisch» bezeichnete, traf das Wort mich mit durchdringender Mahnung: es erinnerte mich an Goethe, den Stern meiner Jugend, und bestärkte mich in allem, was mir heilig war, und zugleich entging mir nicht, daß vom offiziellen deutschen Standpunkt aus die Bezeichnung «goethisch» geradezu ein Schimpfwort war.

Auch jenes Stadium ist vorüber. Und auch jener heftige Einschnitt in unser Leben hatte also nicht vermocht, mich von Goethe zu trennen, mir ihn gleichgültig werden zu lassen.

Woran mochte das liegen? War Goethe am Ende noch mehr als der zum Teil gescheiterte Schriftsteller und Ideologe, war er nicht auch noch ein wenig mehr als nur der geniale, sprachkräftige Dichter? Warum mußte man zu ihm zurück, auch wenn man sich noch soviel mit ihm auseinandergesetzt, sich in Wichtigem von ihm getrennt hatte?

Wenn ich das zu ergründen suche, dann entsteht vor meiner Anschauung noch ein anderer Goethe, ein weniger deutlich umrissener, ein halbsichtbarer und geheimnisvoller: Goethe der Weise. So klar und so liebenswert mir das Bild des zauberischen Dichters Goethe erscheint, so klar ich auch den Literaten und Lehrer Goethe zu sehen

glaube — hinter diesen Gestalten steht, durch sie hindurch-
scheinend, noch eine andere Gestalt. In dieser, für mich
höchsten Goethegestalt vereinen sich die Widersprüche, sie
deckt sich nicht mit der einseitig apollinischen Klassizität
noch auch mit dem die Mütter suchenden, dunklen Faust-
geist, sondern besteht eben in dieser Bipolarität, in diesem Überall-und-nirgends-Zuhausesein. Einzelne Sprüche
und Dichtungen dieses geheimnisvollen Weisen finden wir
namentlich in seinen Alterswerken, in Gedichten, späten
Faustpartien, in Briefen, in der «Novelle». Aber derselbe
reife, schon überpersönliche Goethe blickt uns auch, wenn
wir ihn erst einmal kennen, aus manchen Werken und
Zeugnissen seiner Mannes- und Jünglingszeit an. Er war
immer vorhanden, er hat sich nur oft lange verborgen.
Er ist zeitlos, denn alle Weisheit ist zeitlos. Er ist unpersönlich, denn alle Weisheit überwindet die Person.

Diese Weisheit Goethes, die er selbst oft verhüllt, die
ihm selber oft wieder verlorengegangen schien, ist nicht
mehr bürgerlich, ist nicht mehr Sturm und Drang oder
Klassizismus oder gar Biedermeier, sie ist sogar kaum
mehr goethisch, sondern sie atmet gemeinsame Luft mit
der Weisheit Indiens, Chinas, Griechenlands, sie ist nicht
mehr Wille und nicht mehr Intellekt, sondern Frömmigkeit, Ehrfurcht, Dienenwollen: Tao. Jeder echte Dichter
hat ja einen Funken von ihr, weder Kunst noch Religion
sind ohne sie möglich, und gewiß atmet sie auch im kleinsten Gedicht von Eichendorff, aber sie hat bei Goethe ein
paarmal sich zu so magischen Worten verdichtet, wie sie
es nicht in jedem Volke und nicht in jedem Jahrhundert
tut. Sie steht hoch über aller Literatur. Sie ist nichts als
Anbetung, nichts als Ehrfurcht vor dem Leben, sie will
nur dienen und kennt keine Ansprüche, keine Forderungen oder Rechte. Es ist jene Weisheit, von der alle Sagen
aller edlen Völker wissen, daß sie einst vorhanden war,
zu den Zeiten der großen Herrscher, und daß die Herrscher und ihre Diener ihr untreu geworden sind, und daß

Umkehr zu ihr der einzige Weg ist, um die Erde wieder mit dem Himmel zu versöhnen.

Mir, der ich eine besondere Liebe zu den klassischen Autoren der Chinesen habe, scheint sie, auch bei Goethe, ein chinesisches Gesicht zu haben. Darum ist es mir eine kleine Freude zu wissen, daß in der Tat Goethe sich mehrmals mit Chinesischem befaßt hat, und daß ein kleiner, wunderbarer Gedichtkreis des ältesten Goethe (aus dem Jahre 1827) die Überschrift trägt: «Chinesisch-deutsche Jahres- und Tageszeiten». Wir haben in den neueren Literaturen nicht viele Äußerungen dieser Urweisheit. In Deutschland hat sie sich nur selten im Wort geäußert, Deutschland ist in seiner Musik frommer, reifer, weiser als in seinem Wort.

Daß Goethe durch sein Dichtertum und durch sein Literatentum hindurch je und je zu diesem Höchsten emporgestoßen ist, zu der Ruhe über den Wirbeln, das ist es, was mich immer wieder zu ihm gezogen, was mich veranlaßt hat, auch manche seiner zweifelhaften, seiner mißglückten Schriften je und je wieder zu durchsuchen. Denn es gibt kein höheres Schauspiel als den Menschen, der weise geworden ist und die Befangenheiten des Zeitlichen und Persönlichen abgestreift hat. Und wenn wir einen Menschen kennen, von dem wir glauben, daß er dies erreicht habe, dann gewinnt er für uns ein mit nichts zu vergleichendes Interesse. Und wenn wir an allem Glauben, an aller Weisheit zu verzweifeln beginnen, dann kann es recht eigentlich ein Trost sein, die Wege eines Weisen zu verfolgen und zu sehen, wie menschlich, wie schwach, wie unzulänglich auch er zuzeiten sein konnte.

Aus manchen Anzeichen muß ich schließen, daß die deutsche Jugend Goethe kaum mehr kennt. Vermutlich ist es ihren Lehrern gelungen, ihn ihr zu entleiden. Wenn ich eine Schule oder Hochschule zu leiten hätte, so würde ich die Lektüre Goethes verbieten und sie als höchste Belohnung den Besten, Reifsten, Wertvollsten vorbehalten.

Sie würden mit Erstaunen entdecken, wie unmittelbar er den heutigen Leser vor die große Frage des Heute stellt, vor die Frage Europas. Und sie würden in dem Geist, der uns retten könnte, und in der Bereitschaft, diesem Geist mit allen Opfern zu dienen, keinen besseren Führer und Kameraden finden als Goethe. (1932)

Über Goethes Gedichte

Zu den merkwürdigsten Büchern der Weltliteratur gehören die gesammelten Gedichte von Goethe: nahezu anderthalbtausend Seiten mit vielen Hunderten und aber Hunderten von Gedichten, geschrieben von einem und demselben Manne, von seiner Knabenzeit an bis zu seinem achtzigsten Jahr. Auf den ersten Blick hat diese beinah monströse Masse von Gedichten keine andere Einheit als den gemeinsamen Buchtitel, und man begreift kaum, daß das alles von demselben Urheber stammen soll, es scheint ein reizvolles, aber chaotisches Durcheinander von allem zu sein, was an Versdichtung nur irgend erdenkbar ist: von der wild hingestürmten Skizze, dem hingehauchten Seufzer bis zum ausgefeiltesten Kleinkunstwerk, vom ergriffenen Gestammel bis zur kühl-virtuosen Spielerei, vom drolligen Einfall bis zur konzentriertesten Lebensweisheit, vom steifen Gratulationsvers bis zum ekstatischen Liebesbekenntnis, von der gedrechselten Höflichkeitsphrase bis zum erschreckten Verstummen vor dem Weltgeheimnis. Es sind Verse von porzellanener Glätte dabei und wieder andere von rücksichtsloser Rauheit, Verse voll altkluger Könnerei und wieder andre voll Geheimnis und süßen Grauens, oft verspielt und vertändelt bis fast ins Törichte, dann wieder schwer voll innigsten Zaubers, Verse wie von einem dilettierenden Nachahmer ferner klassischer Vorbilder, und dann wieder solche, in welchen jede Zeile irgendein Goldkorn, ein Wunder, einen Schöpfungsakt enthält. Alles Ersinnliche scheint dieser Dichter einmal getrieben und probiert, jedes Vorbild einmal angebetet und nachgeahmt zu haben, mit den Vers- und Gedichtformen spielt er bald überlegen, bald verliebt wie ein Knabe, der einen Kasten voll Masken und Kostüme entdeckt hat und sie lüstern durchprobiert, er zwingt und biegt die deutsche Sprache und den deutschen Vers gegen das Griechische, das Latein, das Persische, das Französische, das Sanskrit hinüber, unbegrenzt experimentierlustig, äußerst launisch, oft fast unerträglich schulmeisternd, oft hinreißend kindlich, oft übermenschlich weise, immer wieder alle Stufen zwischen schöpferischer Besessenheit und Pedanterie, zwischen genialer Hingabe und ängstlicher Selbstbewahrung zurücklegend. Es ist ein einzigartiges Schauspiel, das sich schon beim bloßen Durchblättern, beim Überfliegen der tausend Gedichtüberschriften darbietet, und wenn Goethe keinen Werther, keinen Faust, keine Iphigenie, keine Farbenlehre und keinen Wilhelm Meister hinterlassen hätte, so wären wir dennoch über alle die Entwicklungen, die Inhalte und Bestrebungen, Arbeiten und Wandlungen seines langen Lebens unterrichtet, nur aus diesen Gedichten. Sie enthalten ihn ganz.

Und seine Person ist die Einheit, von der die verwirrende Vielfalt dieser Gedichte zusammengehalten wird. Es ist die Person eines wandlungsfähigen, eines strebenden und neugierigen Menschen, neugierig auf Menschen, neugierig auf Länder und Sprachen, eines Reisenden und gelehrten Vielwissers, der aber auch Weltmann und ein Anbeter der Frauen ist, der manchmal zu einem bloßen Sammler zu entarten scheint und sich mit dem Registrieren und Zettelaufkleben begnügt. Die Subalternen unter seinen Erklärern haben zuweilen gerade diesen beflissenen Sammler Goethe bewundert und gepriesen. Zu bewundern und zu preisen ist aber vielmehr, daß dieser zur Vielfalt und Zerstreuung neigende Geist immer wieder seine Genialität zurückgewinnt, daß der scheinbar leicht zu Verführende immer wieder aus der Buntheit in die Einfalt heimkehrt. Tausendmal hat er sich in die Spielereien des Geistes verloren, in die Schleier der Maja verliebt, tausendmal ist er zur Urmutter zurückgekehrt. Und jede solche Heimkehr des Weitgereisten erkennen wir an einem Aufflammen des mütterlichen Funkens, einem Aufblinken der naiven, zeugungsfrohen Sprachgenialität, mit welcher schon seine Mutter, die Frau Rat in Frankfurt, begabt war.

Diese sprachliche Schöpferkraft fließt in den Liebesgedichten des jungen Goethe, namentlich in denen der Straßburger Zeit, stark wie ein Gebirgswasser, später erlahmt und erblindet sie immer wieder in Gelehrsamkeit, in Spielerei, in endlosen Stilübungen, in Anstrengungen des Virtuosen, blitzt aber immer wieder neu und bezwingend auf — noch im spätesten Teil seiner Lyrik, in der Lyrik des Achtzigjährigen, finden wir zwischen vielen klugen und ehrwürdigen, aber sprachlich ungenialen Gedichten plötzlich ein Kleinod wie das «Dämmrung senkte sich von oben —», in welchem, gedämpft, aber mit noch vertiefter Magie, alle Bildnerkraft des jungen Goethe wieder durchbricht. Manchmal werden Genie und Virtuose, Natur und Erziehung, Instinkt und Bewußtsein eins, sie werden zur vollkommenen Meisterschaft, zu jener zweiten, höheren Unschuld und Naivität, die das bloße Naturgenie nicht hat. In diesen Gedichten, den schönsten der deutschen Sprache seit zwei Jahrhunderten, ist Goethe vollkommen, ist seine Dichtung mehr als die jedes andern deutschen Dichters klassisch.

Will man aus diesen Gedichten eine Auswahl treffen, so macht man dabei die wunderlichsten Erfahrungen. Namentlich entdeckt man zahlreiche Gedichte, welche als Ganzes unvollkommen, zuweilen sogar zweifellos minderwertig sind, aber einzelne zauberhafte Bilder enthalten. Hier entstehen unlösbare Probleme — Gott sei Dank sind sie unlösbar, denn sonst hätten wir längst eine klassische, einwandfreie Auswahl aus Goethes Gedichten, einen wunderbar edlen Garten zum Lustwandeln, aber nicht mehr den Urwald! Nein, zum Glück bleibt das großartige Chaos der «gesammelten Gedichte» dem, der lang in ihrem Urwald gegangen ist, unendlich lieber als jede Auswahl, und keine Auswahl kann durch ihre Reinheit das ersetzen, was das Geheimnis des Urwaldes war.

Ich habe dennoch mehrmals den Versuch einer Auswahl gemacht, und habe den Versuch erst vor kurzem wiederholt. Ich stelle mir diese Auswahl gern in den Händen von jungen Leuten vor, welche noch wenig oder nichts von Goethe wissen, welchen hier zum erstenmal dies Gestirn entgegenblickt. Denen, welche für die Magie der Sprache empfänglich sind, wird damit ein Erlebnis von hohem Rang zuteil. Andre, die des eigentlich dichterischen Genusses weniger fähig sind, wird doch der Anruf des großen Herzens treffen, denn Liebe, Hingabe, Ehrfurcht sind die Elemente von Goethes Dichtung. Und mancher junge Leser, den Goethes Wort heute überhaupt nicht erreicht, wird es doch noch einmal auf einem holden Umwege erleben: mit Hilfe der Musik. Denn beinahe alle diese Gedichte sind Lieder geworden und leben auch als Musik fort, alle echten Liederkomponisten haben Goethe geliebt und ihm Dank abgestattet, und in unsern Tagen ist Othmar Schoeck nicht weniger tief von Goethes Wort berührt worden und hat es nicht weniger innig seiner Kunst angeeignet, als vor hundert Jahren Franz Schubert.

Während Goethes Lebenszeit sind übrigens seine Gedichte, wie die Mehrzahl seiner Werke, nur in einem sehr kleinen Kreis von Lesern zu Wirkung und Ruhm gekommen. Zwar die Jugendgedichte gewannen im Gefolge des «Werther» viele Herzen, aber die Lyrik seiner späteren Jahrzehnte ist nicht ins Volk und nicht einmal zu vielen «Gebildeten» gedrungen. Zu der Zeit, da das gebildete Deutschland die Gedichte Emanuel Geibels in Dutzenden, ja Hunderten von Auflagen verschlang, lag Goethes westöstlicher Diwan, schon Jahrzehnte alt, noch in der Erstauflage unverkauft und unverkäuflich beim Verleger.

Dafür haben seine Gedichte seither ein Jahrhundert siegreich überdauert, Fundgruben der Philologen und Biographen, Glanznummern der Sänger und Sängerinnen, Wonne der Jünglinge und Liebenden, Gegenstand ehrfürchtiger Meditation für die Weisesten seines Volkes. Sie werden noch lange dauern, kraft ihrer Aufrichtigkeit und Herzenswärme, und kraft ihrer Sprache. Für den Dichter ist ja Sprache nicht Funktion und Ausdruckmittel, sondern heilige Substanz, wie es die Töne für den Musiker, die Farben für den Maler sind.

Es steht in Goethes Gedichten viel Zeitbedingtes und Vergängliches. Manches in ihnen ist bloß Rokoko, bloß Aufklärung, bloß Klassizismus, bloß Biedermeier, und wird uns allmählich gleichgültig. Es bleibt aber eine Ernte von Gedichten übrig, die sich mit ihrem zunehmenden Alter immer mehr zu erschließen und auszuwirken scheinen, und von denen wir uns nicht vorzustellen vermögen, daß sie jemals vergessen werden könnten.   (1932)

Erste Fassung von «Wilhelm Meisters theatralischer Sendung»

Der größte und schönste literarische Fund der letzten Jahre, die erste Fassung des Wilhelm Meister, ist unter dem ursprünglichen Titel «Wilhelm Meisters theatralische Sendung» erschienen.

Man sollte meinen, so ein Fund müßte ganz Deutschland aufregen und man hätte eine Zeitlang unter gebildeten Männern und Frauen von nichts so viel reden hören müssen, als von diesem herrlichen Funde. Aber es steht anders um unsere Kultur, und wie soll ein Leservolk, das zwar Schundblätter zu Hunderttausenden verschlingt, den Wilhelm Meister aber in seiner alten, seit bald hundert Jahren vorliegenden Form wenig mehr kennt, wie soll dies

Leservolk sich viel um die ursprüngliche Fassung dieses größten deutschen Romans bekümmern! Nun, ein paar Tausend werden immerhin dasein, denen dieser «Urmeister» ein Erlebnis und eine innige Freude bedeutet. Man hat darüber gestritten, ob er schöner und wertvoller sei als Goethes spätere Fassung, aber man kann ebensogut darüber streiten, ob der Frühling schöner sei als der Sommer. Hier, in diesem Urmeister, ist Goethescher Frühling, reich und blühend, aber ich möchte doch den späteren Meister dafür nicht hergeben; allein schon sein Anfang, jene paar namenlos suggestiven, zwingenden Seiten, ist dem Anfang des neugefundenen Werkes weit überlegen. Was der Urmeister Neues bringt, ist vor allem die Jugendgeschichte Meisters und dann eben ein unersetzliches, prächtiges Stück Goethescher Jugendprosa; wir tun am besten, nicht zu vergleichen und namentlich nicht zu kombinieren, sondern den neuen Fund als ein Werk für sich zu nehmen. Es gewinnt auch biographisch und psychologisch ein Interesse dadurch, daß es die heimliche Arbeit jener zehn Weimarer Jahre ist, in denen Goethe fast völlig auf die poetische Arbeit verzichten zu müssen meinte. Für den Goethe der Zeit zwischen dem Werther und den «Lehrjahren» ist nun diese «Sendung» entschieden das wichtigste Dokument. (1912)

«Wilhelm Meisters Lehrjahre»

Das achtzehnte Jahrhundert ist die letzte große Kulturepoche Europas gewesen. Sie hat in den bildenden Künsten, vor allem in der Baukunst, Geringeres geleistet als frühere große Zeiten; desto größer ist ihre literarische Bedeutung, und in ihrer internationalen, ganz Europa umfassenden Geistigkeit hat sie eine Macht und Weite erreicht, an deren Glanz und Andenken wir als ärmere Enkel noch immer zehren.

Eine edle, großzügige Form von Humanismus, eine un-

159

bedingte Ehrfurcht vor der menschlichen Natur und ein idealer Glaube an die Größe und Zukunft menschlicher Kultur spricht aus allen Zeugnissen jener Zeit, auch aus denen der Satiriker und Spötter. Der Mensch ist an die Stelle der Götter gerückt, die Würde des Menschentums ist die Krone der Welt und das Fundament jedes Glaubens geworden. Diese neue Religion, deren revolutionäre Anfänge in England und Frankreich liegen, deren tiefster Prophet Kant und deren letzte Blüte Weimar gewesen ist, dieser ideale Humanismus ist die Grundlage einer unsäglich reichen Kultur gewesen, die uns Enkel schon mit dem Zauberglanz des Unbegreiflichen blendet und gegen deren mahnende Übermacht wir uns nicht selten durch Spott zu wehren suchen, indem wir die dekorative Außenseite jenes Geistes als hohl und spielerisch zu erkennen meinen. Wir lächeln über die beschnittenen Gartenhecken, über die geschweiften chinesischen Dächer und schnörkelhaft launigen Porzellanfiguren jenes Jahrhunderts, obwohl weder unsere Gärten noch Häuser seither irgend besser oder schöner geworden sind, und wir reden gerne immer nur von der Perücke jener steifen Zeit, die durch die Pariser Revolution, durch die Räuber und den Werther besiegt und in ihrer hohlen Lächerlichkeit aufgedeckt worden sei.

In Wahrheit sollten wir jener Zeit und ihres Geistes nur mit beschämender Ehrfurcht denken. Es war nicht die Zeit der galanten Romane und der Nippsachen, das ist Außenseite, es war auch nicht die Zeit des unterdrückten Bürgertums und der Untertanenverkäufe, oder die Zeit des Puders und Zopfes. Das alles kann für jene Tage nicht so wesentlich gewesen sein, wie manche Kulturhistoriker und die Autoren historischer Romane uns glauben machen wollen; denn dies alles, das übrigens auch so schon eine recht ansehnliche und einheitliche Außenkultur darstellt, wird unendlich klein und versinkt fast völlig, sobald wir heute mit Ernst den Blick auf jene Epoche richten. Wir tun unrecht, wenn wir die Inferiorität des achtzehnten

Jahrhunderts aus seiner äußeren Kultur zu beweisen suchen. Wir sollten lieber jenes Vorurteil aufgeben, welches in Schiller, Goethe und Herder nicht Erben und Vollender, sondern Revolutionäre und Stürmer sieht. Sonst wäre Schillers Bedeutung in den Räubern, Goethes im Werther erschöpft, und Schubart oder Lenz müßten so hoch wie jene stehen.

Dieses Vorurteil ist zum Teil eine Frucht der Romantik, zum Teil auch aus dem Patriotismus der Befreiungskriege geboren, und es wäre gut, wenn es bald vollends verschwände. Wenn wir ohne Vorurteil die Perücke des achtzehnten Jahrhunderts lüften, um zu sehen, was unter der Maske steckt, so finden wir, Name an Name und Werk an Werk, einen kulturellen Reichtum und eine kaum übersehbare Ehrentafel des höchsten Menschentums ausgebreitet, vor der wir beschämt verstummen. Auf allen Gebieten des Geistes, in allen Wissenschaften und Künsten sehen wir eine hohe Blüte bestehen, und nicht etwa nur eine zufällige glückliche Häufung von einzelnen Begabungen, sondern eine Höhe des Durchschnitts, welche eben das Zeichen allgemeiner Kulturhöhe ist und überall nach demselben Zentrum gerichtet erscheint. Philosophen und Naturforscher, Dichter und Artikelschreiber, Politiker und Redner zeigen nicht nur eine allgemeine Höhe der Bildung und eine schöne formale Tradition, sondern sie haben alle das gemeinsam, daß sie — unserer Zeit der Spezialistenarbeit genau entgegengesetzt — stets vom Kleinen und einzelnen nach dem Ganzen zielen und mit instinktivem Triebe nach einer einzigen, universalen Sonne gerichtet sind, nämlich eben nach jenem menschheitlichen Ideal. Und welche wunderbare Fülle von Begabung, von Arbeit, von Können, von Zusammenhalt und Einigkeitsgefühl! Welche Schar von großen, würdigen Menschen, deren beinahe jeder uns wie eine Verkörperung jenes Ideals erscheint! Nein, das achtzehnte Jahrhundert ist nicht der parfümierte Liebeswinkel oder der putzige Eitel-

keitsmarkt, es ist vielmehr ein Pantheon, vor dem wir
voll Dankbarkeit und höchster Ehrfurcht stehen sollten.
Da ist die feine, kluge, gebändigte, bis zur Transparenz
durchgefeilte Literatur der Voltaire und Diderot, deren
gelegentliche Frivolität beinahe das Ideal noch höher erscheinen läßt, dem auch sie am Ende dienen mußten und
mit Pathos dienten. Da ist die Schar der englischen Literaten, der Schöpfer des modernen Romans und der modernen Psychologie, vom moralischen Addison bis zum bis-
sigen Satiriker Swift, eine Literatur voll Gescheitheit und
helläugiger Wachsamkeit, jenen Franzosen verwandt durch
dasselbe Streben, den Menschen zu erforschen und sein
Bild zu vervollkommnen. Da ist der einsame Kant, der
die Gesetze des menschlichen Denkens erforscht und wiederum, bei all seiner Bescheidenheit, den Menschen doch
als König vor ungeheure Pflichten und Perspektiven stellt.
Da ist Mozart, der sich den Teufel um Philosophie beküm-
mert und doch, gleichzeitig, in der Zauberflöte einen
Tempel der Menschlichkeit aufbaut, höher und reiner und
himmlischer als jeder andere. Da ist Friedrich von Preußen, der neben seinen Kriegen her damit beschäftigt ist,
den entthronten Gott der Frommen in der Brust des Menschen durch den Glauben an die eigene Bestimmung zu
ersetzen, der gewissenhafteste Skeptiker, der Freund Voltaires und Erbauer von Sanssouci. Da ist Lessing, der mit
der ehrlichsten und saubersten Fechtkunst von der Welt
die unwissenschaftliche Theologie erledigt und die deutsche Sprache unerschrocken auf das gefährliche Parkett der
französischen Geistigkeit führt. Da ist Schiller, der die
Wildheit seiner genialen Jugend unter edel verheimlichten
Schmerzen zum reinsten und liebenswertesten Idealismus
kristallisiert, und endlich Goethe, der geborene Erbe und
begünstigte Sohn dieser ganzen mächtigen Kultur, die er
übernimmt und beherrscht und in seinem vorbildlichen
Leben ohne Bruch und Krampf bis zur erstaunlichsten
Modernität verwandelt und fortgebildet hat.

Aus dieser Zeit und Kultur, welche unter andrem auch den modernen Roman geschaffen hat, sind zwei große, vorbildliche, geniale Romane auf uns gekommen, denen die Ewigkeit gesichert ist: der Robinson Crusoe und der Wilhelm Meister. Der Robinson, im ersten Viertel des achtzehnten Jahrhunderts entstanden und erschienen, stellt den Menschen dar, welcher nackt und arm der feindlichen Natur gegenübersteht und aus seinen Fähigkeiten sich Unterhalt und Sicherheit, sich die Grundlagen einer Zivilisation zu schaffen hat. Der Wilhelm Meister, in den letzten Jahren desselben Jahrhunderts erschienen, erzählt von dem Manne, den gute bürgerliche Abkunft und Erziehung, Vermögen und Charakter durchaus zu einem in seiner mäßigen Zivilisation wohlzufriedenen Bürger eignen würden, welcher aber, von einer göttlichen Sehnsucht getrieben, hinter Sternen und Irrsternen her einem Verlangen nach höherem Leben, reinerer Geistigkeit, tieferem und reiferem Menschentum folgen muß. Zwischen diesen beiden Büchern liegt das achtzehnte Jahrhundert, und aus beiden weht uns dieselbe reine Luft einer lebendigen Idealität entgegen, bei dem Engländer englischer, aparter, naiver und beschränkter, bei Goethe freier, mächtiger, poetischer.

Wie Goethes Roman der Erbe und glückliche Nachfolger einer reichen, guten Tradition und Kultur gewesen ist, so wurde er, mehr als irgendein anderer deutscher Roman, zum Vorbild, Erwecker und Anreger für eine ganze nachfolgende Literatur, ohne bis zur Stunde übertroffen, ja erreicht worden zu sein. Kaum waren Wilhelm Meisters Lehrjahre zum erstenmal erschienen, so wurde das erstaunliche Buch, das zum erstenmal Poesie und Prosa, Schilderung und Empfindung so innig und köstlich verband, zum Evangelium einer jungen Generation. Im Meister war ein Kunstwerk geschaffen, das durchaus aus einer lyrisch-poetischen Begabung floß und dennoch dem Ganzen der Welt eine Teilnahme, Treue und objektive Darstellungskunst entgegenbrachte, wie man sie noch nicht ge-

kannt hatte, alle Dichtungsarten schienen hier zusammen-
zuspielen und einen wundersamen Mikrokosmos erbaut
zu haben, ein ideales Spiegelbild der Welt.

Begeistert und bis zur Hingerissenheit entzückt haben
die damaligen Jungen dieses mächtige Werk studiert und
wieder studiert, für den jungen Novalis wurde es geradezu zum Schicksal von Jahren. Auf den Schultern des Wilhelm Meister steht der Ofterdingen, steht Jean Pauls
Titan, steht Tiecks Sternbald und Brentanos Godwi, bis
zum Maler Nolten und dem Grünen Heinrich hin ist es
Vorbild und Ideal geblieben, hundertmal nachgeahmt, studiert, umgefühlt, nie wieder erreicht, und bis in die Zeit
der Epigonen hat es diese Macht und Würde behalten; so
scheint uns zum Beispiel der berühmte Roman Soll und
Haben noch ganz und gar im Banne dieses großen Musters
entstanden zu sein.

Erst der Naturalismus im letzten Drittel des neunzehnten Jahrhunderts hat den Wilhelm Meister als Vorbild
verlassen und entthront. Neue geistige Zusammenhänge,
neue geschichtliche Bildungen waren erschienen, aus jungen fremdländischen Literaturen, vor allem aus der russischen, war neuer Rohstoff herangewachsen. An die Stelle
des sogenannten Bildungsromans, deren größter der Meister blieb, trat der psychologische und der soziale Roman.
Der Mensch war von der animalischen und geschichtlichen
Seite her neu beleuchtet, er war wieder ein Rätsel und
Problem geworden, er mußte neu erobert werden. Während den ernsthaften Dichtern im Kampf um neue Werte
Großes und Wertvolles gelang, sank andrerseits der Roman, als niedere Unterhaltungsliteratur, in seinen Ansprüchen tief herab und wurde zur Lieblingsform der
Spekulanten sowohl wie der Dilettanten.

Wenn nun ein durchschnittlich gebildeter Leser von
heute, der von den wertvollen Romanen der vormodernen
Zeit höchstens noch den Grünen Heinrich kennt, sich über
die Kunstform des Romans und über die geistige Höhe, aus

welcher einst das Bedürfnis nach dieser Form entstand, unterrichten will, so gibt es dazu keinen anderen Weg als über den Wilhelm Meister.

Die «Lehrjahre» haben eine lange Entstehungsgeschichte. Schon zwei oder höchstens drei Jahre nach dem Fertigwerden des «Werther» hat Goethe die Arbeit an diesem Roman begonnen. Das Werk hieß in jener ersten Fassung «Wilhelm Meisters theatralische Sendung» und war verloren und verschollen, bis ein glücklicher Zufall vor wenigen Jahren eine Zürcher Abschrift der ersten sechs Bücher dieses sogenannten «Urmeisters» wieder zutage brachte.

Die endgültige Form, in welcher die Lehrjahre seit ihrem ersten Erscheinen im Buchhandel bestehen, ist manche Jahre später entstanden als jene «theatralische Sendung». Die «Wanderjahre» sodann, die nur notdürftig vollendete Fortführung des Romans, sind wiederum Jahrzehnte später fertig gearbeitet worden, und alles in allem hat Goethe sich mit der Arbeit am Wilhelm Meister, der schließlich doch ein gewaltiger Torso blieb, mehr als fünfzig Jahre geschleppt! Man kann an diesem Werke, noch mehr und deutlicher als am Faust, die Phasen und Schichtungen dieses überreichen Dichterlebens studieren, wie ein Naturkundiger in einer Moränenlandschaft die Schiebungen und Veränderungen der Erdgeschichte abliest. Der ganze Goethe ist in diesem wunderlichen Werke gespiegelt: Feuergeist und stürmende Wildheit der Werthertage weht verglühend darin nach, Früchte der Freundschaft mit Schiller, Spuren der italienischen Einflüsse stellen sich dar, die ganze Atmosphäre der besten Weimarer Jahre atmet voll und klar herein, und schließlich geistert in den «Wanderjahren» die fast mythisch gewordene Gestalt des greisen Goethe, geheimnisvoll in tempelhafter Größe und Feierlichkeit.

Die «Lehrjahre» nun, mit denen wir es hier einzig zu tun haben, sind zum erstenmal in den Jahren 1795 und

1796 im Buchhandel erschienen; sie sind es, deren Lektüre die besten Geister jener Zeit so tief erregte, an denen Novalis sich labte und an denen er litt wie an einem Schicksal, über welche Schiller eine Reihe seiner schönsten Briefe an Goethe geschrieben hat.

Ein Vergleich der früheren Fassung mit der zweiten, ein Vergleich der «theatralischen Sendung» also mit den «Lehrjahren», ist so lockend und so unmöglich wie ein Vergleich des jüngeren Goethe mit dem älteren überhaupt. Dort ein Werk von kühnem, klarem Wurf und Willen, einheitlicher als der spätere Meister, im Detail voll blühender Kraft und Laune, sprühend und überquellend — hier ein stilleres, kühleres, gezwungeneres Buch, in manchen Kapiteln ärmer an Anschaulichkeit und momentaner Genialität, im ganzen aber so erschreckend hoch und weit gewachsen, so universell und über das Persönliche hinausgerückt, daß jede weitere Vergleichung hinfällig wird. Die «theatralische Sendung» ist ein herrlicher Schatz, an dem wir uns nicht genug freuen können; aber wir müssen sie als Fragment genießen, als ein wundervolles Dokument jener Jahre der verglühenden Jugendlichkeit und beginnenden Reife, und wir dürfen uns das Bild des Wilhelm Meister, wie Goethe selbst ihn ausgearbeitet und herausgegeben hat, durch den Vergleich mit dieser früheren Arbeit nicht ins Schwanken bringen lassen. Daß Goethe nun gar, wie einige Schwärmer meinen, jene erste Fassung hätte stehenlassen und unverändert den «Lehrjahren» hätte zugrunde legen sollen, ist eine törichte und indiskutable Forderung. Wir lernen durch die Lektüre der Zürcher Handschrift Goethes Arbeitsweise besser kennen und sehen ihn, indem er viele kleine Reize und Schönheiten opfert, die Jugendarbeit mit der Unerbittlichkeit des großen Meisters überwinden. Der Grundgedanke des Wilhelm Meister und die einzige zweifellose Einheit in diesem Werk ist Goethes großer Lebensgedanke selbst. An ihm hat der junge Goethe teil, aber er ist in ihm nicht vollendet. Die «Lehrjahre» sind denn also nicht etwa die Ausarbeitung eines früher liegengebliebenen Jugendwerkes, sondern sie sind, gleich dem Faust und gleich «Dichtung und Wahrheit», ein ungeheurer Versuch des Dichters, Jahrzehnte eines fabelhaft vielfältigen und tätigen Lebens dichterisch zu kristallisieren. Es ist im Wilhelm Meister das Höchste, das Unmögliche versucht, das macht ihn zum Vorbild für die größten Romane eines halben Jahrhunderts, und das trennt ihn von den Gebilden einer bescheideneren Generation, deren beste den «Meister» an scheinbarer Form übertreffen, deren keines ihm an Größe und innerer Fülle nur verglichen werden kann.

Von den Zeitgenossen hat keiner die Entstehung der «Lehrjahre» so liebevoll und zugleich so kritisch verfolgt wie Schiller. In keinem seiner Werke war Goethe so weit von ihm entfernt wie im Wilhelm Meister, keines brach so persönlich und neu aus den von ihnen beiden erkannten und viel diskutierten Formgesetzen heraus, und doch enthielt und entwickelte keines, außer dem Faust, das ihnen beiden gemeinsame Kulturideal vollkommener und bewußter. Schiller hat in mehreren Briefen den Wilhelm Meister scharf kritisiert, und einmal spricht er dem Roman überhaupt den Wert einer echten Kunstform ab, er nennt ihn unpoetisch, da er vor allem nur den Verstand zu befriedigen suche, und er konstatierte nicht ohne Unbehagen ein «sonderbares Schwanken zwischen einer prosaischen und poetischen Stimmung» im Wilhelm Meister. Er vergleicht ihn mit Hermann und Dorothea, und sagt «— und doch führt mich der Hermann (und zwar bloß durch seine rein poetische Form) in eine göttliche Dichterwelt, da mich der Meister aus der wirklichen Welt nicht ganz herausläßt.» Dann findet er «zuviel von der Tragödie» im Meister, und endet mit den Worten: «Kurz, mir däucht, Sie hätten sich hier eines Mittels bedient, zu dem der Geist des Werkes Sie nicht befugte.»

Aber trotz alledem schließt der strenge Schiller gerade

diesen selben kritischen Brief, beinahe wider seinen Willen doch bezwungen, mit der Anerkennung: «Übrigens kann ich Ihnen nicht genug sagen, wie mich der Meister auch bei diesem neuen Lesen bereichert, belebt, entzückt hat — es fließt mir darin eine Quelle, wo ich für jede Kraft der Seele und für diejenige besonders, welche die vereinigte Wirkung von allen ist, Nahrung schöpfen kann.»

Wenn das die Schlußmeinung Schillers ist, wenn er, der unerbittliche Ästhetiker und Verehrer der reinen Formen, über alle Bedenken und Anstöße hinweg sich zu solcher Liebe und Dankbarkeit gegen den Wilhelm Meister bekennt, so haben wir Heutige vollends keine Gründe, uns solcher Liebe und Dankbarkeit zu entziehen. Wir sind, was das Ästhetische betrifft, wenig mehr verwöhnt, und wenn wir irgendwo Grund haben, Schillers Ästhetik zu verlassen, so ist es diesem Roman gegenüber, den wir als Versuch, als grandioses Stückwerk empfinden mögen, der aber, auch als Form, der deutschen Dichtung neue, überaus fruchtbare Wege gewiesen hat.

Vielleicht ist Goethe gar kein unbedingter Meister der Erzählung in Prosa gewesen. Es scheint, daß ihm jedesmal, sobald er die strengeren poetischen Formen verließ und sich frei im ungebundenen Wort bewegte, die Fülle der Welt und seines Inneren so überwältigend entgegenströmte, daß er von Anfang an das Unmögliche einer rein artistisch begrenzten Darstellung erkannte oder fühlte und sich beschied, als Erzähler dem Menschlichen in allen Formen nachzugehen, wobei er ziemlich skrupellos die Form des Gesprächs, des Briefes, der Tagebücher, auch häufig die der direkten Belehrung, je nach Bedürfnis verwendete. Auch sein formal vollkommenstes Prosawerk, die Wahlverwandtschaften, ist nicht von diesen technischen Mängeln oder Sorglosigkeiten frei. Auf Seiten einer reinen, anschaulichen, sinnlich gegenwärtigen Darstellung, die niemand übertroffen hat, folgen gelegentlich lose Sätze und Seiten von plauderhaft mitteilender oder unterrichtender

Art, ein direktes Verhältnis zum Leser tritt oft unerwartet und naiv hervor. Von Goethes Prosa jene bescheidene Selbstbeschränkung des reinen Erzählers zu verlangen, welche jede Regung, jedes Mitteilungsbedürfnis, jedes Verlangen nach direktem, persönlichen Wirken zugunsten einer rein anschaulichen Darstellung unterdrückt, das wäre dasselbe, wie wenn man vom Faust eine strenge Unterordnung unter die Theatergesetze verlangen wollte. Goethe ist, in einem gewissen höchsten Sinne des Wortes, immer ein Dilettant gewesen; ihm war die Dichtung nicht nur Tempel und Gottesdienst, nicht nur Bühne und Festgewand, sie war ihm, dem Universalen, das universalste Organ, mit dem er sich nach außen wandte, um die Weisheit seines Inneren, um seine tausendfach erlebte Lehre der Liebe auszusprechen und mitzuteilen. Wie der Faust, als Ganzes, kein Theaterstück ist, so ist der Wilhelm Meister keine reine Erzählung. Er ist viel mehr. Und dennoch, es ist sonderbar, sind auch diese Gebilde einer außerordentlichen Seele übervoll von Kunst, von direktem, meisterhaften Können sowohl wie von tiefer Ahnung größerer, noch unerfüllter, noch unerfüllbarer Formen. Jeder literarisch gute Roman von heute achtet gewisse Regeln, gegen welche Goethe sorglos verstößt; im kleinen und einzelnen der Technik ist er zu übertreffen, ist er übertroffen worden. Aber nicht nur die Weite des Umfangs und die reife Größe der Menschlichkeit, die wir im Wilhelm Meister finden, ist nie wieder erreicht worden, sondern es ist auch nie wieder ein ähnlich großes Wollen im Roman formal so schön und meisterlich gezügelt und gelöst worden. Daß der Wilhelm Meister schließlich eine Art von Torso blieb, daran ist nicht Goethes Mangel an technischer Vollendung schuld, sondern einzig die ungeheure Weite des Horizonts, den er in einem einzigen Werke aufzuspannen unternahm.

Aus Wilhelm Meisters «theatralischer Sendung» sind Wilhelm Meisters «Lehrjahre» geworden, aus dem Künst-

lerroman der Roman des Menschen. Auch in den «Lehrjahren» noch nimmt das Theater einen großen Raum und
eine tiefe Bedeutung ein, aber Wilhelms theatralische
Laufbahn mündet, ohne daß ihr Scheitern irgend beklagt
würde, in eine größere, allgemeinere, und als Umgebung
des «Helden» tritt an die Stelle des beschränkten Theater-
mikrokosmos die wirkliche Welt. Der Held ist nicht ein
individuell stark umrissener, einmaliger, auffallender
Mensch, der Held bist du und bin ich, ebenso wie jeder von
uns beim Lesen in Knabenjahren selbst der Held des Robinson gewesen ist. Jugendliche Neigung führt ihn, den
Kaufmannssohn, zur Bühne, und es ist wohl ein wenig
junge Eitelkeit und Glanzsucht dabei, doch nur als Beiklang und Tribut an die menschliche Schwäche, nicht als
treibende Kraft. Die Kraft vielmehr, welche ihn treibt, die
ihn zum Theater und über das Theater hinweg ins Leben
und durchs Leben führt, ist die edle Sehnsucht nach einem
reinen, vollkommenen Sein und Wirken, nach Wachstum
und Bildung zum immer Vollkommeneren, Reineren,
Wertvolleren. Diese Sehnsucht allein ist es, die wir an dem
jungen Wilhelm Meister zu verehren haben, und sie müssen wir verstehen und teilen und mitleben, wenn uns sein
Leben wertvoll sein und nützen soll. Kein einzelnes Talent,
auch nicht das fürs Theater, ist bei ihm hervorstechend entwickelt, und es ist ein unendlich fruchtbarer und schöner
Gedanke Goethes gewesen, daß er diesen Helden eines
Bildungsromanes nicht als ein Erziehertalent, sondern als
eine Art von Genie im Erzogenwerden einführt. Wilhelm ist letzten Grundes an Gaben ein Durchschnitts-
mensch, nicht aber an seelischem Bedürfnis und an sittlichem Wollen. Er ist schwach und erliegt leicht äußeren
Anreizen und Einflüssen, er meint zu führen und wird geführt, er überschätzt die Menschen und ist an Lebensklug-
heit und an Stärke der Persönlichkeit im Aktiven kein
Held. So ist er ein gutes Beispiel für jeden und könnte
recht wohl für einen gültigen Vertreter menschlichen

Durchschnitts gelten, der als Spielball feindlicher und günstiger Mächte ein mehr passives als handelndes Leben erleidet.

Dennoch ist er das nicht. Er teilt wohl mit dem Durchschnitt der Menschen die intellektuellen Gaben, ist aber durch eine entschiedene Fähigkeit zur Menschenliebe und zu sittlichem Handeln höhergerückt. So stellt er denn am Ende nicht ein beliebiges Menschenexemplar vor, sondern ein persönlich wenig ausgezeichnetes, wenig differenziertes Exemplar des guten, des wohlgesinnten, des kulturell brauchbaren Menschen. Und damit erst wird er dem Dichter wertvoll und auf das tiefste interessant, denn es ist nicht der animalische Mensch, um den die Dichtung sich bemüht, sondern der Mensch in seiner Kulturfähigkeit, der zum Leben mit seinesgleichen, zur Wirkung und Unterordnung, zu Tätigkeit und wertvollem Mitleben Gewillte. Wilhelm Meister ist ein Jüngling, wie es manche gibt und wie recht viele sein sollten: neugierig gespannt auf das Leben, leidlich fürs Leben ausgestattet; bereit, sich ein Glück nicht schenken zu lassen, sondern zu erwerben; er erliegt dem Reiz des Abenteuers, er folgt den Lockungen der Ferne, aber was er sucht und ahnt und in seiner dumpfen Sehnsucht träumt und meint, das ist nicht Beute und errafftes Einzelglück, sondern es liegt auf dem Wege der Menschheit, es ist das Ideal eines klaren, frei dienenden, dem Ganzen wertvoll eingeordneten Lebens.

Dankbarkeit, Ehrfurcht, Gerechtigkeit sind die Gaben dieses Menschen, dessen Wesen Liebe ist. Als Dankbarkeit, als Ehrfurcht oder als Wille zur Gerechtigkeit äußert sich sein angeborenes Wesen in jeder Lebenslage, nicht ohne Kämpfe und widerstrebende Selbstliebe, aber stets von jener höheren Liebe geleitet und bezwungen. So ist der Mensch beschaffen, den die großen und guten Geister jener Zeit sich wünschten und erhofften, den sie heranzubilden strebten, von dem sie die Erfüllung ihrer schönen Menschheitswünsche erwarteten. An ihn hat Schiller seine Briefe und Abhandlungen gerichtet, von ihm hat Mozart in der Zauberflöte gesungen.

Mit Dankbarkeit denkt Wilhelm Meister seiner Kindheit, von welcher er bis in die tiefe Nacht hinein seiner ersten Geliebten erzählt, während sie mit dem Schlummer kämpft. Mit rührender Dankbarkeit hängt er an der Geliebten selbst, und als er sie untreu findet und verloren hat, kämpft er verzweifelt um ihr Bild und geht unermüdlich peinvolle Wege, dies getrübte Bild in seiner Reinheit wiederherzustellen.

Mit Ehrfurcht pflegt Wilhelm die Erinnerungen seiner Vergangenheit, mit Ehrfurcht achtet er Rang und Macht der Höherstehenden, mit höchster Ehrfurcht und Dankbarkeit liebt er das Genie, das ihm in Shakespeares Werken zum erstenmal herrlich und überwältigend entgegentritt. Und was als letzte Frucht seiner ganzen theatralischen Bemühungen übrigbleibt, noch uns Heutigen eine köstliche Gabe, das ist das Ergebnis seiner liebevollen Hingabe an Hamlet.

Mit reinem Willen zur Gerechtigkeit lebt er unter gemeinen und undankbaren Menschen, jedem von den wenig edlen und wenig liebenswerten Schauspielern seines Umgangs sucht er gerecht zu werden. Mit Achtung anerkennt er die Gaben anderer. Und was an ungestillter Liebe in ihm bleibt, das verzehrt er nicht in Wertherschem Selbstgenuß; er gibt es Unglücklichen, er gibt es der unseligen Aurelie, dem zerrütteten Harfenspieler, der sterbenden Mignon.

In die Atmosphäre solcher Liebe, die auf einem ehrfürchtigen Glauben an die Menschheit ruht, ist das ganze Werk gehüllt wie in eine goldig warme Luft. Dem bedächtigen, sparsamen Kaufmann, dem armen Teufel von kleinem Komödianten, dem pedantischen und eingebildeten Grafen, dem dilettantischen Baron, dem eitlen und genußgierigen Schauspieldirektor, der hübschen leichtfertigen Philine, dem frechen knabenhaften Abenteurer Friedrich, jedem und jedem haftet neben aller stark charakterisierten

Schwäche und Unwürdigkeit ein Schimmer von unangreifbarem Menschenwerte an, eine Liebenswürdigkeit und heimliche Schönheit, in jedem leuchtet eine kleine Flamme vom großen Liebesfeuer, jeder hat neben seiner Jämmerlichkeit seinen Teil von des Dichters Ehrfurcht vor allem Seienden, und keiner wird verdammt. Dabei gleicht keiner dem andern, dabei geschieht jedem Charakter und jeder Charakterlosigkeit ihr Recht, die menschliche Torheit spielt in allen Farben, und in hundert kleinen köstlichen Zügen lacht frei der Humor. Nur das Ganze bleibt unangetastet, die Bestimmung des Menschen, die ein einzelner hundertmal verfehlen und welcher er hundertmal hohnsprechen kann und der er doch irgendwie im stillen dienen und untertan sein muß.

Und wieder sind die Edlen und Wertvollen, die Träger des Ideals, ebenso wie Wilhelm Meister selbst, überall Menschen und in ihren individuellen Sonderlichkeiten beschränkt. Deutlich ist jeder Figur ihr Wert an die Stirn geschrieben, dennoch zerfällt die Welt keineswegs in Schafe und Böcke. Und wie der Geringste noch irgendeinmal uns zu rühren und zu versöhnen vermag, so trägt der Edelste noch die Zeichen menschlicher Unvollkommenheit.

Nicht einen Augenblick sehen wir Wilhelm Meister ohne Liebe leben. Es mag ihm gut oder übel gehen, er mag voll Hoffnung oder voll Betrübnis sein, niemals steht er abseits in egoistischer Einsamkeit, niemals verläßt ihn der Drang zu Teilnahme, Freundschaft, Wohltat. Von den ungebärdigen Schauspielern läßt er sich plündern und übers Ohr hauen, so daß zuweilen der Leser beinahe unwillig wird, und da er sie schließlich verläßt, ist es nicht ihre Undankbarkeit und Unverbesserlichkeit, die er beklagt, sondern die Kleinheit dessen, was er für sie getan zu haben meint. Als reisender Junggeselle knüpft er fremde Schicksale an seines und führt eine ganze kleine Familie von Bedürftigen mit sich. Oft wird er ungeduldig, oft findet er mit Unwillen und Beschämung sich genarrt und verwirrt, aber keinen Augenblick zweifelt er an dem Rechte, das seine Umgebung an ihm habe, keinen Augenblick erscheint ihm sein persönliches Geschick und Wohlergehen als das einzig Wichtige auf Erden. Mag er damit zuweilen wie ein gutmütiger Tor erscheinen, er kann nicht anders. Und schließlich erkennt man mit frohster Rührung, wie die stille Gerechtigkeit, an die er glaubt und die er üben hilft, auch ihm gerecht wird und auch seine Opfer und Mühen bezahlt. Wir sehen von den vielen Menschen, die ihm begegnen, stets die feineren und edleren ihm ihre Teilnahme schenken, seine Freunde werden und sein Leben bereichern; wir sehen, wie etwa bei der guten Frau Melina und bei Philine, weniger edle Seelen ihm doch ihre reineren und zarteren Seiten zuwenden. Und am Ende, als er sein Leben in eigene Hände zu nehmen meint und mit dem Heiratsantrag an Therese, mit dem ersten scheinbar ganz freien und wohlbesonnenen Schritt seines befreiten Lebens, seine erste gründliche und verhängnisvolle Torheit hat begehen müssen, als das Glück ihn zu narren scheint und sein Zustand wirklich bedenklich wird, da ist es doch nicht anders, als kehrten seine eigenen Guttaten und Gesinnungen zu ihm zurück, als strahle die Welt etwas von der Liebe wider, die er an sie verschwendet, und durch gute Menschen nimmt eben jetzt sein Schicksal die letzte große Wendung zu neuem Glücke und neuen weiten Ausblicken in herrliche Lebensmöglichkeiten.

Dieser Roman ist eine Welt, aber eine von menschlichen Gesetzen geleitete und vernünftige, kein Chaos durcheinanderstrebender Kräfte, sondern eine leise geordnete Mannigfaltigkeit, in deren Zusammenklang die rohe Notwendigkeit durch Geist und Güte gemildert erscheint. Nicht die Freiheit des Willens wird hier verkündet, sondern das Recht und der Sieg menschlicher Vernunft und Güte. In dieser Welt wandeln Greis und Kind, Weltmann und Sonderling, Frommer und Ungläubiger nicht gleichgeordnet und gleichgewertet, aber in Brüderlichkeit und vom Lichte

174

derselben Liebe, vom Recht derselben Menschlichkeit bestrahlt. Und es ist das Geheimnis und der Zauber dieses Werkes, daß diese seine Harmonie und tiefe innere Einheit aus einer so mannigfaltig erschauten, aus einer so frisch und sinnlich-anschaulich geschilderten Gestaltenfülle hervorblüht. Keine bestimmte Gläubigkeit oder Weltordnung wird vorausgesetzt, kein Gesellschaftsgesetz verkündet, die Einheitlichkeit und Klarheit des Ganzen wächst aus keinem Schema, aus keinem Programm heraus, sie hat keinen anderen Grund als die Liebe, die Liebe des Dichters zu allem Menschenwesen, und seinen Glauben an die Kulturfähigkeit der Menschen.

Seltsam und rührend stehen inmitten dieser bei aller Buntheit doch völlig rationellen Welt die einsamen Figuren des Harfenspielers und der Mignon. Man hat sich hin und wieder um ihre Bedeutung bemüht und sich schließlich begnügt, in Mignon eine Personifikation von Goethes Sehnsucht nach Italien zu sehen. Das ist, in solch armer Nacktheit, roh und übertrieben, auch würde eine solche Deutung einzelner Figuren notwendig weitergeführt werden müssen, und es entstünde ein Herabwürdigen dieser lebendigen Gestalten zu allegorischen Puppen, womit jedes reine Verhältnis zu der Dichtung zerstört wäre. Gewiß ist in der Gestalt und in den Liedern der Mignon Goethes Liebe zu Italien zu erkennen, aber Goethes Italien ist eben auch unendlich mehr als ein geographischer oder historischer Begriff, und es stünde eine so arme Eindeutigkeit im hellen Gegensatz zu dem ganzen, schillernden Reichtum der Beziehungen und Bedeutungen, mit denen das Buch geheimnisvoll erfüllt ist. Der Harfenspieler und Mignon sind die einzigen rein poetischen Gestalten des Romans, die einzigen, welche außerhalb der verständigen Welt im farbigen Dämmerlichte rein dichterischer Existenzen schweben. Sie sind die schönsten und innigsten Gebilde des ganzen Buches, und doch rächt sich gerade an ihnen jene Zwiespältigkeit der Orientierung, welche Schiller an dem

Roman tadelt. Die Auflösung dieser beiden Schicksale nämlich ins Ganze des Romans, die «Erklärung» der beiden schönen Schatten und ihre Zurückführung ins Reich des Verstandes und der Wirklichkeit ist eine der schwächsten Stellen in dem ganzen Kunstwerke. Hier sind die Forderungen der Poesie mit denen des Verstandes nicht vereinigt, und bei jeder neuen Lektüre des Wilhelm Meister geht man jenen Seiten, auf welchen Mignons Rätselgestalt demaskiert und ihr irdisches Schicksal aufgezeigt wird, mit einem gewissen ernüchterten Bangen entgegen. Hier ist eine der Stellen, wo das mächtige Gebäude dieser Dichtung die nackte Zimmerarbeit, die rohen Fugen herzeigt. Es gibt noch andre solche Stellen, einige voll befreiender Offenheit, andre maskierter und feiner vertüncht — aber ich weiß nicht, ob es nur mir allein so geht: mir ist gerade an diesen heiklen Stellen Goethe besonders lieb, seine große Gestalt wird menschlich und scheint zu lächeln, und das Ganze seines großen Romans, die fast übermenschliche Ungeheuerlichkeit des Gewollten, Versuchten, Gekonnten, wird angesichts dieser Stellen eines gewissen Versagens mir stets doppelt ehrwürdig und groß. Wie es kein großes Kunstwerk gibt, das nicht aus Liebe entstanden wäre, so gibt es kein edles und förderliches Verhältnis zu Kunstwerken, als wieder durch die Liebe, und wem an jenen Punkten, wo auch in großen Dichtungen ein Rest von menschlicher Schwäche vortritt, nur Kritik oder gar Schadenfreude zu Gebote steht, der wird immer arm und hungrig von diesen reichen Tischen gehen müssen. Jede Ritze, durch welche wir in den gewaltigen Bau des Wilhelm Meister, in das Innere seiner Konstruktion hineinsehen können, hebt nur die erstaunliche Vollendung des Fertiggewordenen noch klarer hervor. Und indem man an diesen verräterischen Stellen erst die Menge und Größe der Gefahren, die Heikelkeit und peinliche Vielgliedrigkeit dieser zarten Konstruktion erkennt, wird man stumm und blickt mit neuer, geschärfter Dankbarkeit und mit neuer, wacherer Freude auf die tausend Schwierigkeiten und Gefahren zurück, die man, als vom Dichter überwundene, nicht wahrgenommen hat und von denen man erst jetzt eine Ahnung bekommt. Wie eng die äußeren Mängel des Werkes mit seinen Vorzügen zusammenhängen, das zeigt kein Beispiel einleuchtender als das sechste Buch, das die «Bekenntnisse einer schönen Seele» enthält. Der Roman wird hier einfach durch die eingeschobenen Memoiren einer frommen Dame unterbrochen, wobei ohne weiteres angenommen wird, daß der innere Wert dieser Mitteilungen den Verstoß gegen die Form der Erzählung entschuldige. Beim ersten Lesen geht man darauf nicht ohne Widerstreben ein, denn so schön und tiefgründig dies Stück Psychologie auch sei, es unterbricht den Lauf des Romans, dem wir mit gespannter Teilnahme folgen, an wichtiger Stelle, und nicht etwa für einige Seiten oder ein kurzes Zwischenkapitel, sondern ein ganzes Buch hindurch. Schließlich ergibt man sich, begibt sich seiner Rechte auf die Fortsetzung der Geschichte Wilhelms und geht erstaunt und gefesselt durch den schönen, stillen Garten dieser zarten Bekenntnisse. Erst später dann, wenn der Leser längst wieder dem Schicksale Wilhelms folgt, tritt der Inhalt jener eingeschobenen Memoiren immer wieder und immer dringender als unentbehrlich in die Zusammenhänge ein, und am Ende wird mancher Leser sich genötigt sehen, jene Bekenntnisse, wenigstens teilweise, mit Aufmerksamkeit nochmals nachzulesen, um nicht wichtige Fäden zu verlieren. Beim zweiten und öfter wiederholten Lesen (denn den Wilhelm Meister muß man alle paar Jahre einmal wieder lesen) wird diese scheinbar plumpe Form der Unterbrechung ein Reiz mehr, auf den man sich geradezu freut, und am Ende wird kein Leser sein, der das Juwel dieser so schön in sich abgeschlossenen Bekenntnisse zugunsten einer einheitlicheren und technisch einfacheren Fortführung des Romans wieder missen möchte.

Und mit je schärferem Auge man zuschaut, desto merkwürdiger und verehrungswürdiger treten auch die Schönheiten der Darstellung im einzelnen heraus. Wie voll warmer Stimmung, wie voll Dämmerlicht und Liebeszauber sind die ersten Kapitel! Wie glänzt, beim Beginn von Wilhelms Reise, uns eine verklärte, reiche, bis in hundert Details hinein sichtbare Landschaft entgegen! Man erinnert sich ihrer gelegentlich, schlägt im Buche nach, erwartet drei, vier Seiten voll Kleinmalerei zu finden, weil man das Gedächtnis voll von Anklängen und Vorstellungen hat, und man findet, seltsam überrascht und fast befremdet, zehn oder fünfzehn Zeilen! Diese zehn Zeilen, im Zusammenhang gelesen, sind so suggestiv und bilderweckend, daß wir nach Monaten, nach Jahren schwören möchten, uns an hundert liebe, schöne Details darin beinahe genau zu erinnern, wovon in Wahrheit keines dasteht.

Solche Wirkungen sind nur dem Zauber echter Dichtung möglich. Überhaupt gibt es keinen gewisseren und keinen gefährlicheren Prüfstein für den rein poetischen Wert von Dichtungen, als die Erinnerungen an Details. Hier bewährt sich der Wilhelm Meister in seiner rätselhaften Zauberei jedesmal ganz überraschend. Der Leser erinnert sich an Szenen, an Personen, Begegnungen, Gespräche, und wo immer er nachschlägt und nachprüft, findet er, was in seinem Gedächtnis breit und detailliert dastand, präzise und sparsamst ausgedrückt. So ist es mit der Erscheinung des Geistes im Hamlet, mit der darauffolgenden rätselhaften Liebesnacht, mit jener Szene, wo der verwundete Wilhelm die Amazone sieht — und jede dieser Szenen ist meisterhaft, ist von jener traumhaft starken, unkontrollierbaren Wirkung höchster Kunst. Goethes Worte sind oft wie Samenkörner, die erst nach dem Lesen aufgehen und zu wachsen beginnen. Das kommt daher, daß sie selbst nicht launige Gebilde des Augenblicks, sondern Früchte gesiebter Erfahrung und innigster Konzentration sind. So schreibt Goethe selbst, als er im März 1795 an die Ausarbeitung der «Bekenntnisse einer schönen Seele» geht:

«Vorige Woche bin ich von einem sonderbaren Instinkte befallen worden, der glücklicherweise noch fortdauert. Ich bekam Lust, das religiöse Buch meines Romans auszuarbeiten, und da das Ganze auf den edelsten Täuschungen und auf der zartesten Verwechslung des Subjektiven und Objektiven beruht, so gehörte mehr Stimmung und Sammlung dazu als vielleicht zu einem andern Teile. Und doch wäre, wie Sie seinerzeit sehen werden, eine solche Darstellung unmöglich gewesen, wenn ich nicht früher die Studien nach der Natur dazu gesammelt hätte.» Diese «Studien nach der Natur» liegen beinahe jedem Satz im Wilhelm Meister zugrunde, wie denn oft gerade solche Stellen, die mit starkem momentanem Reiz auf uns wirken wie aus einer Laune geboren, oft hinter sich eine erschreckend tiefe Perspektive von Abwarten, Beharrlichkeit, Geduld verborgen haben. Was in diesen Sätzen steht, das ist in Jahren gesammelt, gesichtet, das hat sich gerüttelt und gesetzt, geklärt und konzentriert. Darum ist auch alles so voll Stil, so unantastbar, so fest und gesetzmäßig. Wie die Gestalten und Gestaltengruppen des Werkes gegen das Ende hin immer sinnvoller, bedeutender, ergreifender zusammentreten, darüber hat Schiller gesagt: «Es steht da wie ein schönes Planetensystem.»

Es ist das Geheimnis des dichterischen Genies, daß in seiner Hand das Selbstverständliche, daß die einfachen Dinge und Tatsachen des Lebens ihm, dem Ehrfürchtigen, beständig neu und lebendig und heilig sind. Er, der den Werther geschrieben hat, ist der größte Prophet für die Heiligkeit des Lebens geworden, nichts ist ihm ferner, nichts fremder und verhaßter, ja unverständlicher als jede Art von Blasiertheit, von Teilnahmslosigkeit, von müder Vereinsamung, die er denn auch im Wilhelm Meister nur dem ausgesprochen Geisteskranken gelegentlich erlaubt. Alles zielt auf Anerkennung und Förderung des Lebenden, auf Verehrung und Dankbarkeit, auf die Achtung gegen fremdes Verdienst, auf die Bereitschaft, fremdes Bedürfnis, fremdes Recht anzuerkennen. Es wird über Adel und Geburtsrecht gelegentlich recht freimütig gesprochen, dennoch ist Anerkennung des Höhergeordneten, ist Höflichkeit, Sorgsamkeit guter Sitte durchweg vorausgesetzt. Gelegentlich macht das Ernstnehmen der Rangunterschiede fast einen kindlich rührenden Eindruck, so, wenn im Dilettantentheater in Hochdorf der alte Forstmeister, der sich nachher selbst ziemlich mäßig benimmt, bei seinem Eintritt «mit der größten Verehrung» begrüßt wird.

Wilhelm, dessen Sein und Leben auf Liebe beruht, ist beständig auch von Frauenliebe umgeben. In den Armen seiner ersten Geliebten erwacht er zur Freudigkeit, ein neues, eigenes Leben zu beginnen, und vom Verlust dieser Geliebten bis zum Finden der wahren Braut hat er es immerfort mit Frauen zu tun, wird er immerzu gereizt, gelockt, an die Verlorene erinnert oder ahnungsvoll an die Zukünftige gemahnt, und bis zum letzten Augenblicke, da es beinahe zu spät ist, irrt er zwischen ähnlichen, verwandten Bildern hin und wider, seiner Ahnung sicher, aber durch die Spiele der Wirklichkeit verwirrt. Die Laune seiner Verliebtheiten gibt seinem Lebensgang die eigene, spielerisch reizende Linie, aber das Spiel ist niemals nur Spiel, es steht fühlbar immer der tiefe Ernst dahinter. Wilhelm hat von der munteren kleinen Liebeskünstlerin Philine nichts zu lernen; für ihn ist Liebe die Krone des Lebens, an der kein Makel haften darf. Er verliebt sich in die Gräfin, damit beginnt die seltsame Umkreisung, mit der er endlich zur wahren Geliebten hin findet, welche die Schwester der Gräfin ist, und obwohl der erste Anblick Nataliens ihn wie ein Blitz ins Herz getroffen und verwundet hat, irrt er doch und sucht und taumelt in dumpfem Liebestraum noch lange weiter, des Weges ungewiß, so daß seine endliche Befreiung durch Natalie kein Glücksfall und schöner Fund mehr ist, sondern höchstes Schicksal und endliche Vereinigung von Kräften, die seit langem dunkel zueinandergestrebt haben.

Genug der Einzelheiten! Wir wollen den Wilhelm Meister nicht erschöpfen und erklären, wir wollen die Vielfältigkeit dieses tausendfädigen Gewebes nicht aufzulösen suchen. Wir wollen trachten, ihn dankbar zu genießen, von ihm zu lernen, ihn recht zu besitzen. Das große, seltsame Buch hat für jeden Leser eine Stimme, für jeden ein Glück, für jeden eine Mahnung, für jeden einen tiefen, nie auf einmal zu umfassenden Wert, nur nicht für den Lieblosen, den Ungläubigen, den Bösen. Wen der animalische Mensch mehr anzieht als der kultivierte, wer die Schönheit des Chaos der Schönheit menschlicher Ordnung vorzieht, für den ist im Wilhelm Meister nichts Heiliges zu finden. Für den bleibt er höchstens ein schönes, gescheites, überlegenes Buch, interessant durch seine scharfäugige Beobachtung des Lebens, durch die Mannigfaltigkeit seiner Bilder, lesenswert wegen seiner schönen und wahren Einzelheiten. Wer hingegen fähig ist, sich selbst an Wilhelm Meisters Stelle zu fühlen, mit ihm zu lieben, mit ihm zu irren, mit ihm an die Menschheit zu glauben, mit ihm die Dankbarkeit, die Ehrfurcht, die Gerechtigkeit zu pflegen, dem ist dieser Roman kein Buch mehr, sondern eine Welt der Schönheit und Hoffnung, ein Dokument der edelsten Menschlichkeit und eine Bürgschaft für den Wert und die Dauer geistiger Kultur. Der so geartete Leser wird in jedem Satze Freude und Bestätigung seiner besten Regungen finden, aber er wird keinen Satz, keine Einzelheit zur Hauptsache machen wollen, er wird nicht Mängel und Tugenden des Werkes zählen und abwägen, sondern das Ganze in seiner Einheit lieben und verehren lernen. Diese Einheit besteht nicht in der Form, auch nicht in einem formulierbaren Glauben und Bekenntnis, sondern lediglich in einer tiefen, von jeder Selbstsucht gelösten Liebe. Diese Liebe ist Wilhelm Meisters Tugend, und ihm kann jeder von uns sich ähnlich fühlen und ähnlich werden, wenn er sich auch von Goethes großem Wesen unendlich fern und traurig unterschieden weiß.

Der Meister ist kein Kunstwerk, dessen Vollkommenheit uns bestürzt und niederschlägt. Er ist durchaus menschlich, er kann unser Freund und Begleiter werden, er fordert nichts von uns als die Aufrichtigkeit unserer Liebe. Haben wir die, so dürfen wir alles einzelne im Wilhelm Meister preisgeben; wir dürfen schließlich Schiller recht geben und im Roman überhaupt keine hohe Kunstform sehen, wir dürfen über kleine Unbeholfenheiten des Werkes ruhig lächeln und werden doch bei jeder Lektüre die Empfangenden, die Beschenkten, die Bezauberten sein. Wir sehen in ihm nicht eines jener Kunstwerke, die in erhöhter, einsamer Schönheit stehen, denen wir nur in festlichen Stunden nahen dürfen. Wir sehen in ihm einen Trost und eine Freude für jeden Tag, wir gehen auf seinen Fluren umher wie auf dem Boden des Vaterlandes, mit Ehrfurcht, doch ohne Scheu, unserer Rechte, unserer Zugehörigkeit gewiß.

Es ist diesem Buche eigen, daß es weder dem nach einzelnen Erkenntnissen suchenden Verstande, noch dem nur nach ästhetischer Befriedigung suchenden Gefühle sich ganz erschließt. Niemand kann den Wilhelm Meister auf einmal auslesen, niemand kann in irgendeinem Augenblick während oder nach der Lektüre den ganzen Reichtum des Buches auf einmal fühlen und kosten. Wir wandeln auf seinem Boden wie auf der guten, fruchtbaren, treuen Erde, wir blicken zu ihm empor wie zum ewigen, seligen Himmel, wir fühlen uns von ihm in unseren guten, wertvollen, edlen Regungen und Hoffnungen bestätigt und gestärkt, in unseren Schwächen und Fehlern aber wohl erkannt und getadelt, doch nicht verdammt. Im Wilhelm Meister ist, wenn irgendwo, die Religion für alle jene zu finden, die keines übernommenen Bekenntnisses mehr fähig sind und denen doch die bange Einsamkeit des glaubenlosen Gemütes unerträglich ist. Kein Gott wird hier gelehrt, kein Gott gestürzt, kein irgend reines Verhältnis der Seele zur Welt wird abgelehnt. Verlangt wird nicht Griechentum noch Christentum, einzig der Glaube an den Wert und die schöne Bestimmung des Menschen, zu lieben und tätig zu sein. (um 1911)

Goethes Briefe

Nun sind die Winterabende wieder da, die langen Abende mit Ofenwärme und Lampenlicht, wo man gerne sitzt und ruht und etwas liest, aber nichts Wildes und Heißes, sondern ruhige gediegene Sachen. In den letzten Wochen hatte ich Tiecks Übersetzung des Don Quichotte vor, jeden Abend ein Dutzend Seiten, oft auch zwei, und nun war ich fast betrübt, daß das Buch schon zu Ende ist. Was nun lesen?

Da kam vom Verlag Cotta eine Sendung, Goethes ausgewählte Briefe.

So begann ich denn zu lesen. Anfangs nicht ohne Mißtrauen. Denn, offen gestanden, sind wir doch des penetranten Goethegeschreis herzlich satt und können uns Goethe ohne eine Schulmeistergloriole fast nimmer vorstellen. Und das ist um so peinlicher, je lieber man ihn hat. Schließlich ist er doch, wenn auch meinetwegen ein Halbgott, so doch kein Herrgott, sondern trägt in manchen Dingen stark die Züge seiner Zeit, des 18. Jahrhunderts, und hat auch manche saftige Böcke geschossen. Oder, anders ausgedrückt, es gibt in Wissen und Kunst Gebiete, auf denen man Goethe nimmer ernst zu nehmen braucht. Von eigentlichem Musikverständnis z. B. hat er doch nichts gehabt, und auch sein Verhältnis zur bildenden Kunst hat für uns Heutige viel Antiquiertes, fast Lächerliches.

Ja, so revoltierte mein den Schulmeisteridealen abholdes Gemüt; es dauerte aber nicht lange. Ich las, und nun habe ich in nicht ganz drei Wochen die vorliegenden drei Bände durchgelesen, still und schlürfend, und brenne jetzt vor Ungeduld auf den vierten. Was in diesen Briefen steckt, das hat noch kein Biograph gesagt und wird auch keiner sagen, das ist ein zartes und starkes, lautes und leises, schön hinströmendes Lied der Kraft und des Lebens, weit über allen Vergleichen. Im ersten Bande stehen die Briefe aus Leipzig, Straßburg und Frankfurt und aus der ersten Weimarer Zeit (bis 1779). Da ist viel anmutiges Getändel und Gefasel neben ersten großen Ahnungen, viel schöne Jugendtorheit und prachtvolle Jugendromantik, viel Irrtum und viel Maske auch — alles momentan, alles Kind des Augenblicks, der Stimmung, der Laune. Da stehen altbackene, altkluge Weisheiten neben schönen, fröhlich blühenden Dummheiten, und in den Liebesbriefen allerlei parfümierte Galanterien neben zitternd erregter Leidenschaft. Es ist so heiter und tröstlich zu sehen, was dieser Goethe in jungen Jahren für ein Taps und Leckermaul und Hanswurst war!

Aber das nimmt schon im ersten Band sein Ende und verklingt in den Weimarer Ton der ersten Zeit, der noch viel harmlos Junges hat, aber mehr und mehr aufs Wirkliche geht, das Leben liebt und sucht und erste Wonnen des Erkennens und Beherrschens atmet. Und von da wird es äußerlich gefaßter, stiller, kühler, und innerlich wärmer, begehrender, sehnlicher, bis zum Rasten auf der Höhe. Diese Briefe sind golden, ein wunderbarer Klimax vom Suchen zum Finden, vom Begehren zum Besitzen. Dabei werden sie immer bescheidener, immer sachlicher, die sogenannten Glanzpunkte sind rar, aber durchs Ganze klingt ein wunderbares Wachsen und Reifwerden. «Ich rekapituliere in der Stille mein Leben seit diesen fünf Jahren, und finde wunderbare Geschichten. Der Mensch ist doch wie ein Nachtgänger, er steigt die gefährlichsten Kanten im Schlafe. Das muß einen befestigen, daß man mit allem Guten bleibender und näher wird, das andere wie Schalen und Schuppen täglich von einem herunterfällt» (7. Nov. 1780). In den Briefen von 1779 bis etwa 1795 fühlt man, bei immer größerer äußerer Mannigfaltigkeit der Beziehungen und Interessen, eine zunehmende

herrliche Konzentration aufs Wesentliche, bei immer wach-
sender Kühle und Sachlichkeit ein sich befestigendes herz-
liches Mitleben und Teilnehmen. Hundert Menschen und
Ereignisse, Taten, Schicksale und Bücher treten auf, und
Goethe steht in der Mitte, weiß überall den Kern und
Honig zu finden, fühlt sich überall bis zum Herzen der
Dinge durch, wächst und reift. Nicht zum Staatsmann,
Künstler, Gelehrten oder Dichter, sondern zum Menschen. Es ist ein Anblick ohnegleichen, wie er von tausend
Seiten, auch feindlichen Seiten, Strahlen und Kräfte saugt,
wie er das Leben nicht zwingt und vergewaltigt, sondern
erlebt und erleidet, aber mit sicherem Auge verfolgt und
nur reife Früchte vom Ast bricht. Dabei köstliche Beobachtungen —: «Die Hofmeister junger Fürsten, die ich
kenne, vergleiche ich Leuten, denen der Lauf eines Bachs
in einem Tal anvertraut wäre, es ist ihnen nur drum zu
tun, daß in dem Raum, den sie zu verantworten haben,
alles fein stille zugehe, sie ziehen Dämme quer vor und
stemmen das Wasser zurück, zu einem feinen Teiche.
Wird der Knabe majorenn erklärt, so gibt's einen Durch-
bruch, und das Wasser schießt mit Gewalt und Schaden
seinen Weg weiter und führt Steine und Schlamm mit
fort» (11. April 1782).
So weit sind die Briefe erschienen. Mitte der neunziger
Jahre ist der Höhepunkt, da ist ein Ruhen und Sichwiegen
im Gleichgewicht beherrschter Kräfte, ein Ausschauen nach
allen Enden der Welt und der Erkenntnis, und innen eine
bescheidene ernste Dankbarkeit und Güte. Schön und köstlich ist es, wie Goethe inmitten von so viel Menschen, Geschäften und Sorgen sein Naturgefühl bewahrt. Beständig
erwähnt er, oft mit kraftvoll anschaulichen Worten, das
Atmosphärische, Jahreszeit, Wind und Witterung, und hat
innige Fühlung mit dem irdischen und kosmischen Ganzen.
Wir wußten das ja längst, es stand in allen Goethebüchern,
aber aus diesen Briefen heraus redet es ganz anders, an-
spruchsloser und mächtiger. Irrtümer und Schroffheiten

mangeln dazwischen nicht, aber sie kommen nicht auf neben dem durchdringenden Gefühl fürs Ganze, das dieser seltsame Mensch besaß, dessen Leben in jenen Jahrzehnten den Anblick eines sicher und strahlend durch ungeheure Räume kreisenden Gestirnes hat. (1904)

Goethes Ehe in Briefen

An Stelle des 1916 in zwei Bänden erschienenen Briefwechsels Goethes und seiner Frau Christiane tritt nun diese Auswahl in einem starken Bande. Die Veröffentlichung jenes Briefwechsels stieß damals da und dort auf Widerspruch, so als handle es sich um erotischen Klatsch ohne Wert. Goethe hat indessen manchen Briefwechsel mit langweiligeren Leuten als Christiane geführt, die Briefe dieser resoluten, tapferen und vergnügten Frau machen sie einem aufs neue sympathisch, und Goethes Briefe an sie zeigen deutlich, wie sehr er an ihr hing. Goethes Liebesverhältnis und Ehe mit der Vulpius ist viel kritisiert worden, lange Zeit war es guter Ton, diese Ehe als ein Unglück und eine Unwürdigkeit anzusehen. Es liegt dazu kein wirklicher Grund vor, und wir tun besser, Goethe und sein Leben so zu betrachten, wie es war, als so, wie wir es etwa wünschen möchten. Aus diesem zum Teil entzückenden Briefwechsel, an dem auch das Kind August beteiligt ist, gewinnt man von Goethes Frau ein durchaus sympathisches und recht lebendiges Bild. Sie war weder geistreich noch sehr gebildet, dafür aber ein gesunder, naiver, regsamer Mensch, und ihrem Manne gerade mit jener hausfraulichen Treue zugetan, die ihm Bedürfnis war. (1921)

«Briefwechsel zwischen Goethe und Zelter»

Dieser reichhaltigste und vielleicht interessanteste Briefwechsel Goethes ist auffallend wenig populär geworden.

Man darf ihn recht wohl dem mit Schiller an die Seite stellen. Auch führt er über dreißig Jahre hin und zeigt den älteren Goethe so vielseitig und so aus der Nähe wie kaum ein anderes Dokument. Übrigens sind auch die Briefe von Zelter keineswegs nur in ihrer Beziehung auf Goethe merkwürdig und lesenswert, sie sind zum großen Teil an sich selber voll Interesse, voll Gescheitheit, Charakter und einer munteren, oft prächtig frischen Darstellungskraft, namentlich die Briefe von den größeren Reisen. Der Austausch Goethescher Musikgedanken und Musikbedürfnisse mit einem der solidesten Vertreter damaliger guter Schule ist allein schon vom höchsten Interesse. Ich erinnere mich noch wohl daran, wie ich in den Jünglingsjahren davon überzeugt war, Goethe habe von Musik keine Ahnung gehabt, weil ich es ihm übelnahm, daß er Beethoven nicht ganz und Schubert gar nicht erkannte. Seither habe ich längst gesehen, wie falsch es war, von dem konservativen Goethe andere Urteile zu erwarten, und wie nah und herzlich trotzdem sein Verhältnis zur Musik gewesen ist, ja wie sehr viel er davon verstanden hat.   (1919)

Goethe und Bettina

Die Legenden über Goethes Verhältnis zu Bettina Brentano, deren es seit «Goethes Briefwechsel mit einem Kinde» sehr viele gab, haben aufgehört, seit vor einigen Jahren der echte, originale Briefwechsel zwischen Bettina und Goethe veröffentlicht worden ist. Man kann jetzt die Briefe, welche die schwärmerische Frankfurterin tatsächlich an Goethe geschrieben, und die Antworten, die sie von ihm erhalten hat, Wort für Wort nachlesen, und der Herausgeber hat durch Einbeziehung andrer Briefwechsel sowie durch Auszüge aus Goethes Tagebüchern die Dokumente dieses merkwürdigen Verhältnisses lückenlos zusammengestellt. Wir sehen daraus, daß ein Briefwechsel seit Bettinas erstem Besuch in Weimar, im April 1807, bestanden hat, daß dieser Briefwechsel sehr einseitig war, indem auf zahlreiche, lange und liebevolle Briefe der Dame meist nur kurze, knappe und wenig herzliche Antworten, sehr häufig gar keine, erfolgten, daß ferner Bettina in späteren Jahren mehrmals in Weimar war, auch als Wohngast im Haus Goethe, daß bei einem dieser Besuche, im Spätsommer 1811, ein heftiger, häßlicher Auftritt, eine Beleidigung Bettinas durch Goethes Frau Christiane, den Beziehungen für lange Zeit ein Ende machte, welche dann niemals mehr die frühere Wärme gewannen. Es steht außerordentlich viel Schönes, Schwärmerisches und Herzliches in Bettinas Briefen, in denen Goethes wenig eigentlich Lesenswertes, es steht auch viel Trauriges in diesem eigenartigen Buche, worunter das Traurigste die Kühle und gelegentliche Bosheit ist, mit welcher Achim von Arnim seit dem Augenblick jener Beleidigung durch Christiane von dem bis dahin göttlich verehrten Goethe spricht.

Es besteht kein Zweifel darüber, daß Bettinas Briefe an Goethe unendlich viel schöner sind als dessen Antworten, auch nicht darüber, daß Bettina den Dichter mit einer rührenden, treuen, wunderbar beseelten Liebe geliebt hat, bis zu ihrem Tode, und daß Goethe diese Liebe nicht nur nicht erwidert, sondern auch nicht ganz anerkannt und verstanden hat, daß ihm diese ewige Bettina mit ihren langen Briefen und ihrer wortreichen Begeisterung im Grunde eher lästig war und daß seine Höflichkeit und sein gelegentliches Entgegenkommen stets einen frostigen Beigeschmack hat. Wäre Bettina nicht von Goethes alter Mutter an ihn empfohlen worden, so hätte er sie vielleicht gleich beim ersten Kennenlernen abgelehnt und sie später nie ermuntert, ihm zu schreiben. Sein Fehler und Versäumnis gegen Bettina bestand darin, daß er nicht nein sagen konnte, auch wo er nicht ja sagen mochte, und so hat er dies Verhältnis, das von seiten der Verehrerin stets völlig aufrichtig war, durch die Jahre und Jahrzehnte hingeschleppt, eine halbe und kühle Sache, eine im Grund unnütze und von seiner Seite unwahre Beziehung. Wenn man schon nach Schuld suchen will, so ist dies Goethes Schuld gewesen.

Wenn wir aber das Buch, das jenen so eigentümlichen Briefwechsel enthält, nicht mit Richteraugen betrachten und ihm in seiner Ausdehnung durch mehr als zwanzig Jahre folgen, so sehen wir am Ende nicht bloß der Liebe einer jüngeren Dichterin zu einem verehrten älteren Dichter zu und ihrem gegenseitigen Verhalten von Jahr zu Jahre, sondern einem halben Menschenleben, auf beiden Seiten. Wir sehen Bettina aus einem naseweisen Mädchen eine Frau und Mutter werden, wie denn das ganze Buch mit einem Verse endet, den der alte Goethe einem Sohne Bettinas ins Stammbuch schreibt und der das letzte ist, was Goethe vor seinem Tode geschrieben hat. Ihn aber, Goethe, sehen wir in diesem Buch umgekehrt sich entwickeln, wir sehen seinem Altwerden, seinem Abbauen, seiner zunehmenden Versteifung und Vereinsamung und seinem ganzen Absterben zu, und wenn wir dies ohne die Voreingenommenheit Arnims betrachten, der über Goethes Altwerden nur Witze macht, dann ist das Schauspiel ergreifend und groß. Es scheint mir wertvoll, sich dieser Betrachtung hinzugeben; wenn wir den Blick eine Weile auf diesem merkwürdigen Schauspiel ruhen lassen, so sehen wir nicht nur ein Stück Leben in seiner Größe und Unerbittlichkeit, sondern es wird uns auch der sogenannte «alte Goethe» neu beleuchtet.

So betrachtet, verwandelt sich der Briefwechsel in ein langes, symbolisches Gespräch zwischen Jugend und Alter, worin die reizenden Töne der Jugend zunächst werbend im Kampf mit der Müdigkeit des Alters stehen. Goethe wird umworben, er wird in eine Wolke von Anbetung und Liebe gehüllt, es wird ihm nahegelegt, die Rolle des Alten zu vergessen und sich von der liebenden Jugendlichkeit anstecken zu lassen. Und ganz erfolglos ist dies Werben nicht, es wird dem ältern Herrn dies und jenes freundliche Wort, dies und jenes Lächeln, der und jener wohlwollende Blick abgetrotzt, doch ist das Maximum an Entgegenkommen sehr rasch erreicht, und von nun an geht es unerbittlich, langsam und sicher abwärts, so daß man bei der Attacke Christianes schon nicht mehr verwundert darüber ist, daß Goethe sich über die Unbeherrschtheit seiner Frau nicht nur kein bedauerndes Wort, sondern nicht einmal eine versöhnliche Gebärde abgewinnen kann. Später, nach Christianes Tode, begann Bettina ihr Briefschreiben an Goethe aufs neue, und mit einem neuen, rührenden Ton, dem der frühere Goethe nicht widerstanden hätte, aber der jetzige konnte nicht mehr darauf eingehen, und er hat ihr nie mehr geschrieben, obwohl er sie bei ihren spätern Besuchen in Weimar empfing, auch mit ihrem Mann noch einige Briefe wechselte.

Und diese zweite Hälfte des «Briefwechsels», der nun aufgehört hat, ein Zwiegespräch zu sein, diese neue Reihe von Werbungen, Liebesgeständnissen und seelischen Geschenken, welche alle ohne Antwort bleiben, spricht noch beredter von jenem Vorgang in Goethes Seele, der mit den Worten Altern und Absterben nur negativ bezeichnet ist, der wohl ein Müdewerden, aber zugleich eine tiefe Verwandlung war. Während die jugendliche Stimme des Duetts weiter und weiter singt und sich in holden Tönen bis zur Verschwendung ausgibt, ist die andre Stimme überhaupt nicht mehr da, es ist kein Goethe mehr, an den Bettina ihre herrlichen Briefe richtet, es ist ein geheimnisvoller alter Mann da, der im Begriffe ist, sich mehr und mehr zu entpersönlichen und völlig ins Anonyme zu entschwinden. Er ist keineswegs altersschwach, das wissen wir aus seinen Studien und Leistungen jener Jahre, aber er ist keine Person mehr, man kann Liebeslieder und Gebete an ihn richten, den großen Thronenden, aber man kann keine Antwort mehr von ihm erhalten, man weiß nicht mehr, ob sein Ohr von den Stimmen dieser Welt noch erreicht wird.

Wenn man aber zu ihm nach Weimar reist und ihn aufsucht, dann ist der Gewaltige ein etwas klein und brum-
mig gewordener Greis, und man kann kleine Szenen mit
ihm erleben wie jene ergreifende, über die Bettina im
Herbst 1824 berichtet. Da hat der Olympier, während
Bettina bei ihm ist, im Nebenzimmer eine Bouteille Wein
aufgestellt, und viele Male im Lauf des Abends verschwindet er dorthin, und der zurückbleibende Gast hört im
Nebengemach die Flasche glucksen, aus der er sich jedesmal ein Glas einschenkt. Und am Schlusse dieses Abends
spricht der alte und etwas verwahrloste Weintrinker zum
Gast einige Worte, welche auf die weinende Frau den
Eindruck machen, daß sie darüber an eine Verwandte
schreibt, Goethes Genie sei jetzt im Begriff, «sich ganz in
Güte aufzulösen». An diesem Abend kommt noch einmal
Antwort vom Angebeteten, es ist der letzte Ton aus dem
Mund des Geliebten, den Bettina im Leben vernimmt —
aber es ist nicht er mehr, nicht Goethe mehr, welcher
spricht, es spricht aus den mit Wein befeuchteten Greisen-
lippen der Namenlose, nicht mehr Persönliche, in den er
sich verwandelt hat. Sein Haus ist verödet, seine Frau seit
vielen Jahren tot, bald wird ihn auch die Botschaft vom
Untergang des einzigen Sohnes treffen, ringsum bersten
die Räume von der Menge der in Jahrzehnten angehäuften
Sammlungen, die wie eine wuchernde Kruste dies hinsterbende Leben umschließen, in den Schränken gilben die
Zehntausende von registrierten Briefen, alles riecht schon
nach Verfall und Moder, alles nimmt schon Abschied, und
inmitten steht, neben der leer getrunkenen Flasche, das,
was von Goethe noch übrig ist, und aus seinem welken
Munde kommen Worte, die besten, die er je an diese
Liebende gerichtet hat und die zugleich von einer leisen
Selbstverhöhnung gefärbt sind.

So erstaunlich reich und dichterisch schön die Briefe
Bettinas an Goethe sind — die Seite, auf der sie ihrer
Nichte von dieser Weimarer Abendstunde berichtet, ist

ergreifender als alles andere. Es enthüllt sich plötzlich, daß dieses ganze, Jahrzehnte alte, oft so gequälte Verhältnis Goethes zu Bettina gar kein menschliches, gar kein persönliches war und daß es dennoch gut war und Wert hatte. Es enthüllt sich, für einen Augenblick, der ganze sinnvolle Widersinn des Goetheschen Lebens, der Sinn einer Formensteifheit, der Sinn seiner gehäuften Sammlungen, der Sinn seiner unheimlichen Betriebsamkeit, welche ihn auch das Phänomen Bettina, sowenig es ihm bequem war, nicht wegweisen, sondern mit in sein Naturalienkabinett aufnehmen hieß. Es enthüllt sich die Tendenz des alten Goethe: aus der Haft einer nahezu überkultivierten Persönlichkeit ins Überpersönliche, ins Anonyme hinüber zu sterben, hinüber zu wachsen. Plötzlich, für einen Augenblick, fühlen wir, daß dieser späte, alte Goethe gar nicht mehr der Bettina als ein Zweiter gegenübersteht, nicht mehr der Geliebte, der Empfänger ihrer Briefe und ihrer Verehrung ist, sondern sie ein Teil, eine Schöpfung, eine Ausstrahlung von ihm!

So empfand ich, als ich beim Lesen des Briefwechsels an jene gefährliche und unvergeßliche Stelle kam, wo Bettina von ihrem letzten Weimarer Besuch berichtet. Hatte sie nicht viele, viele Jahre lang, beinah ohne Dank und Erwiderung, ihr Herz und ihren Geist an diesen Goethe verblutet, verschwendet? Hatte sie nicht jüngst noch sein Denkmal entworfen, all ihr künstlerisches Vermögen in den Versuch konzentriert, dem Vergötterten einen würdigen Denkstein zu setzen — ein Versuch, über den sich Goethe gegen Bettina selbst gar nicht und gegen Dritte mit recht süffisanten Worten äußerte? Aber nein! All die hundert umfangreichen Briefe, samt Denkmal und allem, waren ebenso Goethes wie Bettinens Werk, ihr zeugendes Zentrum, ihre erhaltende Sonne war er, nicht sie — aber nicht die Person Goethe, sondern jener Goethe, der schon seit langem auf der Reise über sich hinaus begriffen war.

Der Gedanke mag etwas anmaßend klingen, die ganze Bettina, oder doch ihr ganzes Goethebuch, nur als eine Ausstrahlung oder eine Relation Goethes zu betrachten. In der Tat hat ja Bettina, selbst ein vom Genie gestreifter Mensch, Eigenes und Schöpferisches genug. Aber daß sie fruchtbar wurde, daß sie tief lieben, tief allein sein, tief leiden lernte, daß sie das Gefühl der Anbetung und zugleich das Gefühl der Unzulänglichkeit aller Anbetung kennenlernte, dies alles ist von Goethe mitbestimmt, wäre nicht ohne ihn. Wenn wir ihr Briefbuch lesen, so scheint es uns im Anfang, als ob da ein kleines munteres Schiff tapfer und sehnsüchtig einem fernen Berg entgegenstrebe. Alles scheint ganz eindeutig: das Schiff fährt, der Berg weilt; das Schiff ist Aktion, der Berg ist Passivität. Aber sobald wir den Berg als Magnetberg erkennen, werden all diese Verhältnisse umgedreht. Und es ist das Geheimnis des älteren Goethe, daß er, der wunderliche, steife Greis in seinem zu großen Gehäuse voll Kram und Sammlungen, weit um sich her wie ein chinesischer Magier jene magisch zwiefältige Atmosphäre, jene laotsehafte Luft erzeugt, in welcher Tun und Nichttun, Schaffen und Leiden nicht mehr zu unterscheiden sind. Von Leonardo da Vinci strahlt ein ähnliches Geheimnis aus, gefährlich lockend wie der Reiz eines Hermaphroditen, dies ist ja oft schon gesagt worden.

Bei weniger aktiven und bedeutenden Personen, als Bettina eine war, wird das Aufgesogensein durch Goethe ja noch unendlich viel deutlicher! Wer sind sie denn, all die Riemer, die Eckermann, die Müller und Meyer, selbst Zelter nicht ausgenommen — wer sind sie? Warum leben sie? Warum drucken und lesen wir ihre Briefe? Warum zuckt nach hundert Jahren noch dies Gespensterlicht um all diese so wenig wichtigen, so wenig großen Figuren? Weil in jeder von ihnen ein kleiner Strahl Goethe nachschimmert. Wahrlich, wenn Goethe 120 Jahre alt geworden wäre, er hätte aus ganz Deutschland eine solche Kruste und gespenstische Spinnwebhülle um seine sich auflösende

Person herum gemacht, wie es das Gehäuse seiner Kunst-
und Briefsammlungen, Archive und Naturalienkästen war!
Nur gab es da und dort Naturen von eigenem Gewicht,
mit Eigenbewegung, die ließen sich nicht von der Mumie
aufsaugen. Die mußten entweder unter Schmerzen sich
von der Sonne Goethe, oder vom Gespenst Goethe, lösen
oder zugrunde gehen, und im Untergang an dem Abgott
wenigstens dadurch Rache nehmen, daß in den Augen der
Bürger er an ihrem Untergange schuldig scheinen muß.
Wir wissen, wie die Kleist, Novalis, Beethoven an ihm
gelitten haben.

Diese fatale, unheimliche und geradezu schauerliche
Wirkung eines übergroßen Genies ist ein neuer, tausend-
ster Beweis für die Problematik des Menschen, für die
Ungelöstheit und vielleicht Mißglücktheit dieses interessantesten Versuches der Natur. Das Genie, wo es auch
auftaucht, wird entweder von der Umgebung erdrosselt
oder tyrannisiert sie; es gilt ohne Widerspruch als die
Blüte der Menschheit und richtet doch überall Not und
Wirrnis an, es tritt stets vereinzelt auf, zur Einsamkeit
verurteilt, ist unvererblich und hat stets eine Tendenz
zur Selbstaufgabe. So stirbt Novalis, unter einem Rake-
tenregen von blühender Geistigkeit, so bringt Kleist sich
um, so flieht Hölderlin, flieht Nietzsche in den Wahnsinn.
Und die scheinbar bejahenden Genies, die scheinbaren
Optimisten, jene Bürgerlichen, Gesunden, Erfolgreichen,
Altwerdenden, sie zeigen im Altern all diese Tendenz
zur Entpersönlichung, welche ebensowohl das Gesicht
einer Vergöttlichung wie einer Selbstzerfleischung annehmen kann. Man sehe sich den alten Goethe, den alten
Leonardo, den alten Rembrandt an, um den alten Fritz
von Preußen, den schrecklichsten dieser Greise, aus dem
Spiel zu lassen! Sind das Bejaher? Sind das überhaupt
noch Menschen? O ja, Bejaher des Lebens, Bejaher der
Natur sind sie alle, aber Verneiner ihrer selbst, Verneiner
des Menschen. Je mehr sie sich «vollenden», desto mehr

nimmt ihr Leben wie ihr Werk die Tendenz an, sich aufzulösen, einer geahnten fernen Möglichkeit entgegen, die nicht mehr Mensch, höchstens noch Übermensch heißt, einer neuen Lebensform entgegen, deren niemand sich mehr zu schämen brauchte, auf welche die Natur stolz sein könnte.

Ist es nötig zu sagen, daß diese Betrachtungen beim Anblick jenes alten Geheimrats mit der Weinflasche nicht geschichtlich sind, daß nichts leichter ist, als sie mit gültigen, vollwertigen Beweisen gründlich zu widerlegen? Und warum soll die Bettina, die so viel fabuliert, so viel erfunden, so viel gelogen hat, gerade hier, bei dieser interessanten Szene, ausgerechnet einmal die Wahrheit erzählt haben? Wie leicht ist es, zu zeigen, daß die Riemer und Kanzler Müller usw. auch abgesehen von ihrer Goethisierung recht wackere und des Gedächtnisses werte Leute waren! Wie leicht, zu beweisen, daß Goethe, wenn er gerade verliebt oder zornig war, auch noch im hohen Alter sich außerordentlich persönlich, strebsam und egoistisch zeigen konnte!

Darüber ist nicht zu streiten, dies alles ist richtig. Doch, wenn man von jenen Gedanken einmal infiziert ist, verliert zum Beispiel die Frage, ob Bettina vielleicht geflunkert habe, alle Bedeutung. Ist es nicht ganz einerlei, was diese Bettina sagt, ist denn nicht sie selbst, ihre ganze Beziehung zu Goethe, ihr Weinen und Knien in seinem Zimmer neben jener Weinflasche, ist dies alles zusammen denn eine Eigenwelt, mit eigenen Gesetzen, mit freiem Willen zu Lüge oder Wahrheit, ist es nicht vielmehr ein Luftkreis um Goethe, ein Faden seines Geistesnetzes, eine Ausstrahlung seines Zentrums?

Jene Gedanken von der Gespenstigkeit des alten Goethe, des alten Rembrandt, des alten Fritz, jene Gedanken von der Tendenz des Genies zur Selbstaufhebung, sei es auch in der sublimierten Form der Entpersönlichung durch sittliche Selbstüberwindung (dies der Weg des Genies Buddha, eines der größten), und jener letzte Gedanke, der diese

gefährliche Tendenz des Genies als die Folge der Selbsterkenntnis dessen deutet, der am Menschen, als einem
Experiment der Natur, verzweifeln muß — alle jene
Gedanken haben keine Möglichkeit, sich durch Beweise zu
erwahren, keine Fähigkeit, sich gegen Gegenbeweise zu
wehren. Sie kommen uns ungerufen in kontemplativen
Stunden, sind da und haben die unheimliche und gespenstische Tendenz, nach jeder noch so sorgfältig ausgeführten
Hinrichtung hartnäckig wieder zu erscheinen.   (1924)

Goethe und das Nationale

Beinahe jede, scheinbar noch so genaue und mit Zitaten
noch so gut belegte Äußerung über Goethe bringt, wenn
man sie auf den Kopf stellt und umdreht, die Überraschung, daß im Grunde das Gegenteil ebenso wahr und
richtig ist. Er war den Deutschen der große Klassiker und
Antiromantiker, und war gleichzeitig für mehrere nicht-
deutsche Literaturen der große Bahnbrecher und Vertreter
dessen, was sie unter Romantik verstanden. Er war den
christlichen Frommen seiner Zeit der freche Heide und
gefährliche Amoralist, und wurde späteren Generationen
zum Lehrer der Ehrfurcht und Menschlichkeit. Und so hat
er noch viele Gesichter, und jedes ist ein Janusgesicht und
hat seine nicht minder klare und evidente Kehrseite. Die
deutsche Literatur in den Jahrzehnten nach seinem Tode
sah in ihm häufig den überwundenen Konservativen, ja
Reaktionär, aber nur damit er von späteren Lesern als
Aufrüttler und Revolutionär entdeckt werden könne.
Überall ist seine Gestalt zu groß und seine Wirkung zu
weitgreifend, um von einer einzigen Generation ganz
erkannt werden zu können, und immer ist er, wenn die
Deuter ihn noch in Weimar meinen, schon in Jena.

So ist es auch mit Goethes Verhältnis zum Nationalen.
Er, der feinfühligste Liebhaber und Bewunderer aller
nationalen Eigenarten und Leistungen auf geistigem Ge-

biet, war das Gegenteil eines Patrioten, und man hat ihm denn auch bis heute tausendmal den Vorwurf gemacht, er habe für die politischen Geschicke seines Volkes kein rechtes Herz gehabt und habe Napoleon bewundert statt den Marschall Blücher. Heute nun, wo jeder weltoffene Geist im Überwinden des Nationalismus, das heißt des Mißtrauens und der Unfähigkeit zu brüderlicher Zusammenarbeit zwischen den Nationen, die politische Hauptaufgabe unserer Epoche sieht, heute ist Goethes Haltung plötzlich wieder vorbildlich und das Gegenteil von unzeitgemäß. Es wird der Welt zugute kommen, wenn sie darauf achtet, und es wird in hohem Maße Deutschland und seiner Wiederaufnahme in die Gemeinschaft der Völker zugute kommen, daß es in Goethe einen Lehrer der Ehrfurcht vor den Leistungen des Volksgeistes und zugleich einen Lehrer der Bereitschaft zu Verständnis und Zusammenarbeit zwischen den Völkern hat.   (1949)

«Die Briefe der Frau Rath Goethe»
Es ist unnötig und wäre unrecht, neue Worte über den alten Schatz zu sagen, der keinem gebildeten Deutschen fremd sein darf. Das Buch gehört zu denen, die man mehrmals im Jahr wieder für Stunden vornimmt, immer mit dem Gefühl, aus einem Jungborn zu trinken, der niemals zu erschöpfen ist.   (1907)

J. M. R. LENZ
1751–1792

Von dem Dichter J. M. R. Lenz haben wir alle in der Schule erfahren, daß er ein Jugendfreund von Goethe und ein großes, doch verwildertes und zügelloses Talent gewesen sei. Schlug man in den Literaturgeschichten nach, so fand man Goethes Lenzcharakteristik zitiert und erhielt den Eindruck, die Historiker selber hätten diesen Lenz wenig gelesen. Es war denn auch wirklich nicht leicht, ihn kennenzulernen, es gab (mit Ausnahme der ersten, verschollenen, überaus seltenen Drucke) nur die teure, fehlervolle, übrigens später auch selten gewordene Tiecksche Lenzausgabe. So überließ man den berühmten, doch ungekannten Mann unbefriedigt den Philologen, die sich je und je heftig mit ihm befaßten, ohne jedoch eine Neuausgabe zu wagen. (1909)

Da hat man in einem kleinen hübschen Bande das ganze Bild des Lyrikers Lenz. Der Herausgeber tritt in einer temperamentvollen Einführung warm für seinen verkannten Dichter ein und kommt dabei zu einer schweren und heftigen Anklage gegen Goethe, den er durchaus für Lenzens frühen Untergang verantwortlich macht. Mir scheint diese Anklage in ihrer heftigen Form immerhin gewagt. Es ist für uns heute leicht zu sehen, daß der arme Lenz damals in Weimar, wo er von Goethe Hilfe und mindestens Duldung erwartete, dem Zusammenbruch so nahe war, daß Goethes nicht ganz berechtigte Härte sein Ende beschleunigen mußte. Ob der empfindliche und schon kranke Mann nicht auch jedem anderen, zufälligeren, äußerlicheren Lebenssturme unterlegen wäre, wissen wir nicht. — Nun, der Herausgeber mag sein Vorwort selbst verantworten. Was es an Animosität gegen Goethe etwa zu viel hat, wird durch seine große Liebe zu Lenz aufgewogen — und schließlich kann Goethe von der ganzen Sache keinen Schaden, wohl aber Lenz großen Nutzen haben. Jedenfalls sei denen, die den merkwürdigen Vertreter des «Sturm und Drang» kennenlernen wollen, diese Gedichtauswahl sehr empfohlen. (1909)

F. M. KLINGER

1752–1831

« Faust »

Dieser Faust, der merkwürdige Zeitgenosse des Goetheschen, zeigt wieder deutlich die Verwandtschaft des Geistes der Geniezeit mit dem der jungen Romantik, bei welchen beiden ja Shakespeare Pate gestanden hat. Das feurige Klingersche Buch mit seinem genialischen Anarchismus und dekorativen Pessimismus ist eine der vielen Huldigungen deutscher Dichter an die Yorickesche Kirchhofstimmung. Der Teufel führt Fausten durch alle Länder und Höfe, schließlich «zum Nachtisch» an den päpstlichen des Alexander Borgia, mit dem Endergebnis, daß Faust als verzweifelter Pessimist selbst die Hölle durch die Schauerlichkeit seines Unglaubens in Schrecken setzt und als hoffnungslos Vereinsamter in einen Winkel der Hölle verbannt wird, «wo keine Hoffnung, kein Trost und kein Schlaf wohnen».   (1911)

SCHILLER

1759–1805

Ratschlag zum Schillerfest: Schiller sollte aus dem Lehrplan der Gymnasien gestrichen und womöglich auch noch den Schülern verboten werden. Dann wäre er bald wieder unerhört populär und wirksam. Uns allen ist er von den Schullehrern verleidet worden und wir mußten ihn uns später — oft schon zu spät — mühsam wieder erobern.   (1905)

199

« Gedichte »

Aus den vertrauten Überschriften und Gedichtanfängen
weht mir wieder die Stimmung jener Lesestunden entgegen, in denen ich als Knabe Schillers Gedichte kennenlernte, und ich denke der Begeisterung jener Stunden mit
Dankbarkeit. Noch immer hat dieser Dichter seine merkwürdige doppelte Anziehungskraft: die geistige für Männer reifen Alters (man spürt sie nirgends stärker als beim
Lesen von Schillers Gesprächen) und die sentimentale für
Knaben.   (1925)

JOHANN PETER HEBEL
1760–1826

Carl Burckhardts famose Geschichte* vom Erstaunen
Rilkes, als er in Paris durch einen französisch sprechenden
Elsässer von der Existenz eines ihm unbekannt gebliebenen deutschen Meisters der Sprache erfuhr, ist ja nicht nur
eine schöne Anekdote. Unsere deutsche Literatur von heute
mit ihrer so geringen dichterischen und sprachlichen Potenz
und ihrer so langweiligen Virtuosität im Abstrahieren und
Gescheitschwätzen ist von Hebels Größe und Hebels Witz
noch viel weiter entfernt und kennt sie vermutlich ebensowenig wie der arme Rilke.   (1952)

« Biblische Erzählungen »

Dieser alte, kluge Kalendermann geht nicht dem
Mystischen nach, er ist eher ein Rationalist, und seine
Theologie hat keine großen Tiefen, aber sein Ton ist
von einer wundervollen Kultur- und Erzählfrische und
seine kleinen Anwendungen und Moralsprüche kommen

* Carl Burckhardt: «Ein Vormittag beim Buchhändler»

aus einem gütigen und erfahrenen Herzen. Man kann
übrigens jahrelang moderne Dichter lesen, ohne auf eine
Erzählung zu stoßen, die sich so eingräbt, und die noch
lang nach dem Lesen so viel hergibt wie jede dieser bibli-
schen. (1920)

«Kalendergeschichten»

Die Hebelschen Kalendergeschichten im «Hausfreund»
haben sich im Volk, wenigstens in des Dichters Heimat,
zäh am Leben gehalten, während mancher sehr Gebildete
nicht weiß, daß diese Geschichten vielleicht das Beste sind,
was je ein deutscher Erzähler gemacht hat. (1910?)

Hebel nimmt als Dialektdichter noch immer eine zwar
geachtete, doch immerhin etwas abseitige Stellung in den
Literaturgeschichten ein. Daß seine Erzählungen (das
«Schatzkästlein») in ihrer populären Simplizität und
Kraft, auch streng künstlerisch betrachtet, Kleinode sind
und nicht ihresgleichen haben, daß sie mit ihrer Sicherheit
in Aufbau und Sprache schlechthin klassisch sind und alle
moderne Novellistik schlagen, wird noch zuwenig anerkannt. (1907)

GAUDENZ v. SALIS-SEEWIS

1762–1834

«Gedichte»

Diese zarten, rein gestimmten Gesänge einer empfind-
sameren, beseelteren und kultivierteren Zeit liegen nicht
an der Oberfläche und sind wenig mehr gekannt, mit Ausnahme der wenigen Gedichte, die seit langem in die Schul-

lesebücher übergegangen sind, wie namentlich das bekannte «Das Grab ist tief und stille».

Um mitten im Geist und der Gefühlswelt dieser Gedichte aus dem letzten Viertel des 18. Jahrhunderts drin zu sein, lese man nur die ersten Zeilen des Vorwortes, das der Dichter selbst im Jahre 1800 seinen Liedern mitgegeben hat. Daß dies wahrhaft rührende Vorwort Zeugnis einer wunderbar edlen Menschlichkeit dem Bändchen beigegeben ist, erhöht seinen Wert. Auch jene Leser, welche dem zarten Klang und der reinen Melodik dieser «altmodischen» Gedichte nicht ohne einige Mühen der Einfühlung beikommen werden, finden sich beim Lesen dieser beiden Vorreden unmittelbar vom Geist einer anderen Zeit berührt, vom Geist eines idealen Humanismus, wie er etwa in Schillers triumphierendem «Wie schön, o Mensch, mit deinem Palmenzweige» sich ausdrückt.

Der Wert und holde Reiz der Salisschen Gedichte beruht im Zusammentreffen einer ganz lyrisch-idyllischen Seele mit jenem klassisch-idealistischen Geist. Es sind da zwei Welten ineinander verschmolzen, die nicht ohne Gegensätze sind, ähnlich etwa wie in manchen Bauwerken der napoleonischen Zeit sich ein klassizistisch-strenges Stilgefühl entzückend mit einer naiv gebliebenen Freude am Kleinen und Lieblichen mischt. Wer diese liebenswerten Gedichte heute mit aufmerksamem Ohre liest, dem klingt überall hinter der klassischen und zuweilen etwas altmodischen Fassade ein warmer Liebesklang, ein Hauch von Unschuld und Echtheit, um dessentwillen diese Gedichte noch heute lebendig sind.   (1924)

JEAN PAUL
1763–1825

Über Jean Paul

Wenn man mir die Examensfrage stellen würde, in welchem Buche der neueren Zeit sich Deutschlands Seele am stärksten und charaktervollsten ausdrücke, so würde ich ohne Besinnen Jean Pauls «Flegeljahre» nennen. In Jean Paul hat jenes geheimnisvolle Deutschland, das noch immer lebt, obwohl seit manchen Jahrzehnten ein anderes, lauteres, hurtigeres, seelenloses Deutschland ihm im Lichte stand, seinen eigensten, reichsten und verworrensten Geist geboren, eine der größten Dichterbegabungen aller Zeiten, dessen Werke einen wahren Urwald der Poesie darstellen. Und in seinem erstaunlichen Reichtum und seiner erstaunlichen Gedächtnislosigkeit hat Deutschland diesen selben Dichter, nachdem er einst eine Weile ein Mode-Autor gewesen war, wieder vergessen. Einzelne seiner Werke, am meisten die Flegeljahre, sind noch da und dort in Familien mit guter Tradition bekannt, im übrigen kennen ihn nur Literaten. Es gibt in Deutschland, auch im neuesten Deutschland nach dem Kriege, zwar Gesamtausgaben von Tausendundeiner Nacht, von Voltaire und Diderot, einen vollständigen Jean Paul aber gibt es nicht.

Jean Paul hieß eigentlich Johann Paul Friedrich Richter und ist als Sohn eines Lehrers und Organisten am 21. März 1763 in Wunsiedel zur Welt gekommen.

«Lasse sich doch», sagt er später einmal, «lasse sich doch kein Dichter in einer Hauptstadt gebären und erziehen, sondern womöglich in einem Dorfe, höchstens in einem Städtchen. Die Überfülle und die Überreize einer großen Stadt sind für die erregbare Kinderseele ein Essen an einem Nachtisch und ein Trinken gebrannter Wasser und Baden in Glühwein. Das Leben erschöpft sich in ihm in der Knabenzeit, und er hat nun nach dem Größten nichts mehr zu wünschen als höchstens das Kleinere, die Dorfschaften. Denk ich vollends an das Wichtigste für den Dichter, an das Lieben: so muß er in der Stadt um den warmen Erdgürtel seiner elterlichen Freunde und Bekanntschaften die größeren kalten Wende- und Eiszonen der ungeliebten Menschen sehen, welche ihm unbekannt begegnen und für die er sich so wenig liebend entflammen oder erwärmen kann als ein Schiffsvolk, das vor einem andern fremden Schiffsvolk begegnend vorübersegelt. Aber im Dorfe liebt man das ganze Dorf, und kein Säugling wird da begraben, ohne daß jeder dessen Name und Krankheit und Trauer weiß; — und dieses herrliche Teilnehmen an jedem, der wie ein Mensch aussieht, welches daher sogar auf den Fremden und den Bettler übergeht, brütet eine verdichtete Menschenliebe aus, und die rechte Schlagkraft des Herzens.»

Zwei Jahre nach seiner Geburt verzog die Familie nach Joditz, dort verbrachte Jean Paul den größern Teil seiner Kindheit. Hungrig auf Wissen, bereit alles zu lernen, fand er nur wenig Unterricht und keinen guten, besorgten Lehrer. Er erzählt einmal, wie er als Kind zum erstenmal das Bewußtsein seiner selbst erlebte, «wo ich bei der Geburt meines Selbstbewußtseins stand, von der ich Zeit und Ort genau anzugeben weiß». Sein Vater, ein braver Mann, scheint ihn wenig verstanden und gefördert zu haben. Die letzten Kindheitsjahre verlebte er in Schwarzenbach und kam 1779 auf das Gymnasium in Hof. Im selben Jahr starb sein Vater. In Hof fand der glühende junge Mensch zwar keine bedeutenden Menschen, aber doch Bücher und drang stürmisch ins Reich des Geistes ein. Zunächst sog er mit begreiflichem Eifer die Literatur der Aufklärung ein, wie es sich für einen begabten Pastorensohn ziemt, und füllte sich mit jenem revolutionären, kritischen, unerbittlichen Geist, der mit zu einer rechten Jugend gehört, der sich manchmal altklug und verdrossen anhört und der auch bei Jean Paul nicht ohne Säure blieb. Er füllte viele Hefte mit Niederschriften, Aufsätzen, Abhandlungen, Programmen, auch einen Roman soll er damals geschrieben oder doch begonnen haben. Und bald fand er auch zwei, drei Freunde, von denen einer, Johann Richard Hermann, ein kühner, in sich selbst fester Mensch gewesen zu sein scheint, wenigstens gilt er für das Vorbild jener männlichsten, kühnsten Figuren in Jean Pauls spätern Dichtungen, jener Schoppe, Leibgeber und Gianozzo.

Im Jahre 1781 kam der Dichter als Theologiestudent nach Leipzig, studierte mit größtem Eifer, jedoch nicht Theologie, sondern alles, was irgend ihn anzog und was nicht nach Brotwissenschaft roch. Das Schreiben wurde heftig fortgesetzt, wie denn wenige unserer Dichter so sehr das Schwelgen in der eigenen Produktivität gekannt haben wie Jean Paul. Schon als Student trat er mit einem Buche auf, den «Grönländischen Prozessen», die im Jahre 1783 erschienen sind. Jener kritisch-revolutionäre Geist der Jünglingszeit äußert sich hier satirisch-witzig in frechen, oft geistvollen Glossen über alles in der Welt, über Sonne, Mond und Sterne. Dagegen schrieb er, nur etwa ein Jahr später, ein «Andachtsbüchlein», in dem er augustinische Wege geht und sich selber den Text liest, die Kritik ist zur Selbstkritik, der Zyniker zum Moralisten geworden. Im Spätherbst 1784 muß der junge Jean Paul sich aus Leipzig wegmachen, weil er rein nichts mehr zu beißen und einen Sack voll Schulden hatte. In Hof bei seiner Mutter blieb er nun zwei Jahre recht trostlos sitzen, in einer Umgebung ohne Klang und Schwung, früh entgleist, in sich versunken, unfähig, sich in die schnöde Welt zu finden und sich einen Platz in ihr zu erobern. Der Bruder eines seiner Schulfreunde nahm ihn schließlich als Hauslehrer auf, in einem Dorfe bei Hof; er blieb gegen zwei Jahre dort, fand dann einen Platz als Privatlehrer in Schwarzenbach und drückte sich recht ärmlich so von Jahr zu Jahr durch, immer dicht am Hunger vorbei, aber immer fleißig beim Schreiben und außerdem zu Zeiten von der Anbetung junger Mädchen schwärmerisch umgeben, welche er zeitlebens mit besonderer Magie an sich gezogen hat, obwohl er zwar ein großer Liebender, aber keineswegs ein guter Liebhaber gewesen ist. Dazu war er allzu flatterhaft und untreu, und allzusehr dem Geist und der Freundschaft ergeben. In den Jahren um 1790 sind die ersten wichtigen Schriften entstanden und erschienen, darunter das «Schulmeisterlein Wuz». Und nun blühte rasch, Stern um Stern, dieser ganze reiche Himmel auf, es kam «Die unsichtbare Loge» und der «Hesperus», 1794 der «Quintus Fixlein», 1795 der «Siebenkäs», dies wunderbare Buch. Hier ist in der Gestalt des Leibgeber zum erstenmal einer der Pole Jean Paulschen Wesens rein gestaltet.

In Weimar, wohin der junge Literat im Jahre 1796 pilgerte, fand er sich einigermaßen enttäuscht, wie denn überhaupt Enttäuschung das ewige Los dieser unersättlichen, anspruchsvollen Seele war, die überall das Ideal suchte und überall den fatalen Duft der sogenannten Wirklichkeit antreffen mußte. Einzig bei den Frauen, bei empfindsamen, lesenden Damen fand er häufig viel Verständnis, Liebe und Verehrung, aber so angenehm dies war, er hatte es doch immer bald satt. Ungenügen, Seelenhunger trieb ihn weiter. Bald als Lehrer, bald als Literat lebte er in diesen Jahren in Hof, in Leipzig, in Berlin, in Weimar, in Meiningen, in Coburg. Schnell berühmt geworden, auch von Fürsten beachtet und begönnert, entzückte er die Schwärmer und entsetzte die Bürger durch den Lebenswandel eines richtigen Sonderlings, der das Herz auf der Zunge trägt, nach Etikette und dergleichen Plunder nichts fragt, seinem Nächsten das Herz darbietet oder auf die Zehen tritt, wie es der Augenblick eben brachte. Man hat ihm die mangelnde Anpassung an die Welt oft als Fehler und Schwäche vorgeworfen. Es dürfte aber doch zu erwägen sein, daß für den von der Welt Enttäuschten, für den wirklichkeitsfeindlichen Poeten und Idealisten es eine ganz stattliche Leistung bedeutete, seine arme, hungernde Person allein der Welt gegenüberzustellen und trotzig bei seiner Art und seinen Unarten zu bleiben, es möge biegen oder brechen. Und so hat er es weiter gehalten, sein Leben lang.

Als Jean Paul, der schon berühmte Dichter, sich in Berlin mit der Tochter eines hohen Beamten verlobte und verheiratete, hatte er den «Siebenkäs» längst geschrieben und konnte wissen, wie es mit Liebe und Ehe für Menschen beschaffen ist, die gern den Kopf in den Wolken tragen. Er tat es dennoch, und die Ehe ist so unglücklich geworden und so anständig ertragen worden, wie es ihm zuzutrauen war. Und wieder kamen Werke, größere, durchglühtere, mächtigere: seine beiden Meisterwerke, der «Titan» und die «Flegeljahre». Hier liegt der deutlich spürbare Höhepunkt dieses Lebens. Die Mittagshöhe war schon überschritten, als er 1804 sich in Bayreuth niederließ, wo er in der berühmten Rollwenzelei sich mit Schreibzeug und Bierkrug einzuschließen pflegte und in Wonnen des Denkens und Schaffens zu vergessen suchte, was im Leben nicht stimmte. Und es stimmte sehr vieles nicht, außer einigen Freundschaften und Briefwechseln hatte dies Leben keine Wirklichkeit, es fiel auseinander in eine Hälfte, die am Schreibtisch, beim Bier und im Schöpfertaumel verlebt ward, und eine andere, Siebenkäsische, mit grauem Alltagsgesicht. Die beiden zusammenzubringen, gelang Jean Paul nie, weswegen ihn dieselben Schulmeister sehr zu tadeln pflegen, welche seine Werke immerhin als riesige Genieleistung anerkennen. Aber es wäre keines dieser Werke geschrieben worden, wenn Jean Paul das Glück gehabt hätte, sich leichter mit der Welt und mit sich selber abzufinden. Sie sind alle aus diesem Zwiespalt entstanden, dieser Mangel, die Leere zwischen Hier und Dort ist recht eigentlich die Quelle seines ganzen Schaffens. In seinen Bayreuther Jahren schrieb Jean Paul noch manches Buch, ungezählte Artikel, Vorreden, Rezensionen, Reden,

Betrachtungen, Aphorismen, worunter viel Köstliches ist, aber der große Quell war oder schien versiegt, aus der riesigen Produktionslust war ein Produktionszwang geworden, und nur spät noch einmal flammte etwas von der alten Kraft wieder prachtvoll auf, in dem Roman «Der Komet», der jedoch nicht fertig wurde. Jean Paul ist am 14. November 1825 gestorben.

Über Jean Paul ist viel geschrieben worden. Er, der einst in ganz Deutschland wie kaum ein anderer Dichter geliebt worden ist, hat bis in die Jugendzeit unserer Väter und Mütter hinein nachgewirkt, und fast in jeder Autobiographie bis über die Mitte des vorigen Jahrhunderts hinaus findet sich irgendein Bekenntnis zu Jean Paul, ein Bericht über Bezauberung, Verhexung, Verführung oder Berufung und Weihung durch ihn.

Vielleicht das Schönste, was je über den Dichter gesagt worden ist, stammt von einem anderen großen Deutschen, der ebenfalls zur Zeit vergessen ist, der ebenfalls noch heute unterirdisch nachwirkt und, wie Jean Paul selbst, eines Tages wieder neu sichtbar und wirksam sein wird, wenn hundert Größen von heute und gestern erloschen sein werden: Josef Görres. Ihm, wie allen Lesern des Dichters, war und blieb der mächtigste Eindruck der der Fülle, des strotzenden Reichtums. Einige seiner Sätze über Jean Paul sind so schön, daß es schade wäre, sie hier nicht anzuführen:

«Silbern, glänzendweiß und rein wie Schneeflocken drängen sich die Ideen in der Bläue des Himmels, den er uns auftut, und unter diesem Himmel liegt die Erde wie ein beruhigter Meeresspiegel: und er greift hinunter in die klare Welle und zieht wie Jamblichos den himmlischen Amor in Gestalt eines holden, schönen, überaus lieblichen Knaben aus dem Brunnquell irdischen Stoffs hervor. Aber nicht immer will das launenhafte Element ihm seinen Schatz so leicht gewähren, oft erscheint es getrübt und bis zum Boden aufgerührt; es kommen spielend die Tritonen auf die Oberfläche, die Meerweiber singen im Reigen, gaukelnd tanzen die Delphine, alle Ungeheuer der Tiefe eilen geladen zum Hexentanze, das querköpfige, seltsam blickende Fischgeschlecht, tausendarmige Polypen, Meersterne, geringelt Gewürme, und die Muscheltiere in den Porzellantürmen eingesperrt: und wie der Dichter brüllend über dem Sause schwebt, saugt sich das Meer an seiner Donnerwolke zur Wasserhose an, und es wirbelt das seltsame Volk sich auf und nieder in dem Meteor, das dem Sacke des Apostels gleicht, der mit allem Getier und Geblüme der Welt vom Himmel zur Erde geht, und wohlgefällig schreitet der Schöpfer des Spukes dem Riesen der Apokalypse gleich einher, dessen Füße zwei Säulen sind, das Haupt die Sonne.» Und an anderer Stelle des gleichen Aufsatzes «Die Romantik und ihr Nachhall» stehen die Worte: «Seine Werke gleichen jenem indischen Bilde des Gowinda, wo der Gott auf einem Elefanten reitet, der aus vielen ineinander geschlungenen Mädchen zusammengesetzt ist, und die Fächer dieser Bajaderen sind Pfauenspiegel, und ihr Haar geht in schlängelnde Madhavis aus, deren Ranken als bunte Karmesinschlangen den Koloß durchschlingen, und die Augen der Schlangen blühen wieder zu Wasserlilien auf, in deren Kelchen Kolibris sich wiegen und glänzende Flamingos aus dem Laube schimmern, Mädchen aber, Blumen und Vögel sind ihm wieder aus Schmetterlingsflügeln und Samenstaub, bunten Muscheln, vielfarbigem Edelgestein, elektrischem Feuer und Lichtgefunkel geformt, und alles bindet doch der innen verborgene Magnet der Kunst zu einem lebendigen, geschlossenen Ganzen aneinander.»

Das Bild des aufgewühlten, mit Schlamm und Muscheln empordrängenden Meeresgrundes, das Bild jenes Sackes, in welchem dem Apostel reines und unreines Getier dargeboten wird, das Bild des indischen Gottes, in welchem die ganze Schöpfung in ewigem Formwechsel, jede Form in ewigem Bedeutungswechsel, ewig wechselnd, ewig sich selbst gebärend wogt, wo Sein und Schein, Form und Wesen, Sterben und Geborenwerden gleichbedeutend werden, eines ins andere übergehend — alle diese Bilder sind uns Heutigen wieder nah vertraut, sie könnten ebensowohl in einer expressionistischen Dichtung wie in einem wissenschaftlichen Werk, etwa von Jung oder Silberer, sich finden, und alle diese Bilder bedeuten das, was die heutige Psychologie das Unbewußte nennt. Dies ist das Geheimnis des Jean Paulschen Reichtums, seiner Überfülle, seiner tropischen Zeugungskraft: die Beziehung zum Unbewußten ging bei ihm leicht und spielend vor sich, er brauchte in sich nur eine dünne Haut zu durchstoßen, so stand er im Urgrund der Erinnerungen, wo früheste Kindheit, ja Menschen- und Planetenvorwelt aufgezeichnet stehen, in dem Urgrunde, der alle Geschichte enthält, aus dem alle Religionen, alle Künste entstanden sind und beständig neu entstehen. Und, um es gleich zu sagen (denn natürlich schöpft jeder Dichter aus dem Unbewußten), Jean Paul hat nicht bloß die glückliche Anlage besessen, diese Leichtigkeit im Spiel der Einfälle, diese beständige Gegenwart alles scheinbar Vergessenen, sondern er hat davon gewußt, er hat das Geheimnis dieser Quelle geahnt, er hat Gedanken ausgesprochen, welche der heutigen psychoanalytischen Auffassung kongenial sind, und er hat jene bunte Brücke zwischen Bewußtem und Unbewußtem, den Traum, gekannt, gepflegt und studiert wie kaum je ein anderer Dichter, Dostojewski vielleicht ausgenommen. Jean Paul hat eine tiefe Ahnung von dem gehabt, was wir Heutigen, unter neuen Bildern und mit neuen Theorien, als Glück, als Vollendung, als seelische Harmonie suchen: von dem Gleichgewicht der seelischen Funktionen, von einem friedlichen und fruchtbaren Nebeneinander von Wissen und Ahnen, Denken und Fühlen.

Wenn wir nachsehen, welchen Ruf Jean Paul als Dichter heute etwa genießt, so finden wir: im Urteil der geleseneren Historiker und der Gebildeten gilt er für einen genialen, höchst begabten, aber chaotischen und namentlich unerträglich sentimentalen Dichter. Widerspricht man diesem Urteil, so wird daran erinnert, welche Menge von Tränen in Jean Pauls Dichtungen geweint werden, welche Rührungen und Wehmüte in Männerseelen er schildert, was für spinnwebzarte, mondscheinhafte, übersensible, von jedem Nichts zu Tränen ergriffene Mädchenfiguren er gedichtet habe. Dies alles ist richtig. Jean Paul hat die Tränen und die weichen Gefühle sehr geliebt, und er hat geschwelgt in zärtlichen, süßen, holden, feenhaft zarten Mädchengestalten — aber von alledem hat er auch das Gegenteil geliebt, das Gegenteil gestaltet. Er hat Figuren erfunden, die wie Äolsharfen sind, weich, passiv, hinschmelzend in ewiger Rührung, und daneben andere Figuren gestellt, von einer Härte, einer Kälte, einer rauhen Männlichkeit, einer Weltverachtung und inneren Einsamkeit, wie man sie bei wenigen Dichtern findet. Also ist Jean Paul doch nicht sentimental? Doch, natürlich ist er sentimental, und jene feige Scheu heutiger junger Literaten vor dem Zeigen einer Rührung, vor dem Anschein der Empfindsamkeit, hat er wahrlich nicht gekannt! Aber er ist auch das Gegenteil von sentimental, er ist auch ein Denker, ist auch ein Spötter, ist auch ein einsamer Prometheus, wissend um die Unmöglichkeit eines wahren Verstehens zwischen Menschen, eingeschlossen in einsamer Größe, kalt und schmerzlich rauh.

Denn Jean Paul ist nicht ein Gehirnmensch, oder ein Herzmensch, ein Denker, oder ein Ahner, oder ein Fühler — er ist dies alles, wie jeder Mensch jede dieser Fähigkeiten in sich hat. Jean Paul ist das Musterbeispiel eines Genialen, der nicht eine Spezialität in sich hochgezüchtet hat, sondern dessen Ideal das freie Spiel aller Seelenkräfte ist, der zu allem ja sagen, alles auskosten, alles lieben und leben möchte. So sehen wir den Dichter in jedem seiner Werke (abgesehen von den paar kleinen Idyllen wie dem Wuz oder Fibel) unaufhörlich zwischen Heiß und Kalt, zwischen Hart und Weich, zwischen all den hundert Polen und Gegenpolen seiner Natur hin und wider laufen, das Hin und Her, das elektrische Aufzucken zwischen all diesen Polen ist recht eigentlich das Leben seiner Dichtung.

Es scheint nun in dieser Anerkennung der Allseitigkeit Jean Pauls ein Widerspruch zu liegen zu dem, was ich vorher von seiner mangelnden Einpassung in die Wirklichkeit sagte. Oben sagte ich, er sei ein armer, ewig enttäuschter Schwärmer gewesen, und jetzt sage ich, er sei im Gegenteil ein ungemein frei und leicht spielender, zwischen allen Gegensätzen lebendig webender Geist gewesen. Der Widerspruch zwischen diesen beiden Aufstellungen ist eben der Widerspruch zwischen Dichtung und Leben. Wäre Jean Paul im Leben der Mensch gewesen, der er als Dichter war, hätte er die tiefen Einsichten, das profunde Wissen und innerste Lebensgeheimnisse, die er als Dichter besaß, auch in seinem Leben wissen und anwenden können, so wäre er ein vorbildlicher Mensch gewesen, ein eminent Glücklicher, ein Göttersohn. Aber vermutlich hätten wir nichts davon erfahren, denn er hätte dann keinerlei Ursache gehabt, sich die Mühsal all dieser komplizierten und umfangreichen Werke aufzuerlegen.

Was Jean Paul im Leben nicht konnte, das Gegensätzliche gelten lassen, zu allem ja sagen, zu den Träumen und auch zum Alltag, das versuchte er in seiner Dichtung, und hat es darin weiter gebracht als die meisten deutschen Dichter. Daran ist er zum großen Humoristen geworden, und sein Humor beruht nicht wenig mit auf einem heimlichen Selbsterkennen, auf einem stillen Wissen von der eigenen Schwäche des Dichters, der in seiner Schreibstube ein Herrgott, im täglichen Leben aber ein armer, nervöser, geplagter Mensch ist. Die letzte Erkenntnis, welche auf diesem Wege vielleicht möglich war, die Erkenntnis des Selbst im Ich, des überzeitlichen im zeitlichen Ich, hat er nirgends mit klaren Worten ausgesprochen, aber als Ahnung vorhanden ist sie überall in seinen Werken.

Unsere Zeit, wenn auch die Hüter der bürgerlichen Ordnung es verzweifelt ableugnen wollen, steht im Zeichen des Chaos. Der «Untergang des Abendlandes» findet tatsächlich statt, nur nicht so faustdick theaterhaft, wie der Philister sich ihn vorstellte. Er findet statt dadurch, daß jeder einzelne, soweit er nicht der absterbenden Welt angehört, in sich ein Chaos findet, eine durch keine Gesetzestafel regulierte Welt, in welcher Gut und Böse, Schön und Häßlich, Hell und Dunkel nicht mehr geschieden sind. Sie neu zu scheiden, neu zu verteilen, ist heute Sache jedes einzelnen. Darum taucht in der Kunst und Dichtung unserer Tage überall wieder das Chaos und der Demiurg auf, denn das Chaos will anerkannt, will erlebt sein, ehe es sich in neue Ordnung bringen läßt.

Gerade für diese Zeit ist daher Jean Paul eigentlich erst ganz verständlich geworden. Er, dem der Gedanke der Polarität auf allen Gebieten so innig vertraut war, hat uns heute ungemein viel zu sagen. Ein «Führer» wird und soll er uns nicht sein, aber ein Bestätiger, und auch ein Tröster, denn daß «das Wichtigste für den Dichter, das Lieben» durch die Anerkennung der Gegensätze nicht leidet, daß Harmonie zwischen divergenten Seelenkräften ein lebendiges, belebendes Ziel ist, predigt kein Dichter uns so eindringlich wie er. (1921)

«Siebenkäs»

Wenn ein Mensch sich alt und krank zu fühlen beginnt, wenn sein Streben matter wird und seine Ziele ihren Glanz allmählich verlieren wollen, dann taucht ihm wohl in müden Stunden und schlaflosen Nächten die Bilderwelt seiner Jugendzeit herauf, blickt ihn aus tausend lebendigen Augen an, weht ihm den Nachhall vergessener Strebungen, erloschener Leidenschaften, verbrannter Feuer des Ehemals entgegen, weckt die Erinnerung an Liebe, die einst geblüht, an Kraft, die einst gelodert, an Freude, die einst gefunkelt hat. Mag diese Erinnerung schmerzlich, mag sie voll Wehmut und voll Vorwurf sein, wohl tut sie dennoch, denn mag alles Gewesene unwiederbringlich und unwiederholbar sein, aus seiner Ferne blickt es doch voll Trost und Mahnung herüber: Trost, daß noch jedes Leid vorüberging, Mahnung, daß auch die Schmerzen und Hemmungen des Heute gelebt, gelitten, gekostet sein wollen und daß auch sie Frucht tragen werden. So mag wohl auch ein Volk in Zeiten drückender Last und schmerzlicher Krankheit bei den glänzenden Bildern seiner Vergangenheit einkehren, zu Trost und Mahnung, und um den Sinn seines Wesens, die Sicherheit des Fühlens, das Vertrauen zu sich selbst wiederzufinden. Viele Deutsche blättern heute im Buch der Vergangenheit ihres Volkes mit anderem Sinn, als sie es vor zehn Jahren noch taten, und die Besten unter ihnen tun es nicht, um den Nöten des Heute und des Morgen zu entfliehen, und wehmütig im Schatten des Unwiederbringlichen zu ruhen, sondern um sich der einstigen Kraft ihres Volkes zu freuen und sich mutiger dem anscheinenden Niedergang entgegenzustellen. Überall, wo ein Deutscher von Heute die Taten, Gedanken, Gebilde und Dichtungen der Vergangenheit dankbar und liebend aufsucht, ist die Möglichkeit einer Einkehr, einer Besinnung, eines Trostes, einer Erneuerung gegeben.

Mit einem besonderen Glanze, mit einem zwingenden Zauber blickt uns in solchen Stunden jene Blütezeit der deutschen Sprache und Dichtung an, aus welcher, neben vielen anderen Meisterwerken, auch der «Siebenkäs» von Jean Paul stammt. Zur Zeit als dies wunderbare Buch geschrieben und zuerst gelesen wurde, stand Goethe auf der Höhe seines Lebens, Hölderlin schrieb seine überirdischen Gedichte, Kleist sann über seinen ersten glühenden Entwürfen, Novalis spann die kristallnen Fäden seiner magischen Poesie, Brentano begann seine funkelnde Bahn, Tieck spielte seine zarte Märchenmusik, und zugleich waren Schiller, Wieland, Herder noch am Leben. Nie wieder seit diesen hundert Jahren hat die deutsche Dichtung so farbig geblüht, nie wieder war in der gesamten deutschen Geistigkeit ein so kühner und jugendlicher Zug, und es sei nicht vergessen, daß diese Blüte keineswegs auf dem Boden einer politischen Größe und wirtschaftlichen Macht gewachsen ist, sondern mitten in Armut und Gefahr.

Unter jener wunderlichen Schar von Dichtern war einer der wunderlichsten Jean Paul. Ihn hat, mehr als irgendeinen andern seiner Zeit, das deutsche Volk, zumal die Frauenwelt, geliebt, von seinem Werk und Namen war die Jugend berauscht, über seinen Büchern wurden Tränen geweint, Freundschaften geschlossen und heilige Schwüre getan, und über seine Person wurden zahllose Legenden berichtet. Jene Berühmtheit, jene Atmosphäre von leidenschaftlicher Liebe und Abneigung, welche Goethe eigentlich nur in der Wertherzeit erlebte, bildete sich rasch um den aufsteigenden Jean Paul, und blieb ihm bis weit über seinen Tod hinaus treu. Unzählige Leser, besonders Frauen, verehrten ihn wahrhaft abgöttisch, junge Dichter suchten seine Gunst, die Verleger, Zeitschriften und Almanache umwarben ihn. Vielleicht keiner unsrer großen Dichter ist so sehr und so lange in Mode gewesen wie er.

Erst lange nach des Dichters Tode begann diese Flamme der Begeisterung und Liebe zu erlöschen und erlosch dann allerdings so sehr, daß zu der Zeit, da ich ein Jüngling war, kein Mensch mehr Jean Paul kannte, und selbst seine schönsten Werke im Rufe von zwar sehr begabten, aber formlosen und wirren und heute ganz und gar ungenießbar gewordenen Büchern standen. Daß ich sie dennoch las, daran waren die Augen meiner Mutter schuld. Sie war eine fromme Frau und hat in ihren späteren Jahren wenig weltliche Bücher mehr gelesen, aber einst, als ich noch ein Knabe war, hörte ich sie von den Dichtern sprechen, die sie in ihrer Jugend geliebt hatte, und da sprach sie den wunderlichen Namen Jean Paul aus, und dabei leuchteten ihre Augen in einer so schönen Liebeswärme auf, daß der fremde Name und der Blick der Mutter mir im Gedächtnis haften blieb, so daß ich später, als ich in der Fremde zum erstenmal irgendwo ein Buch von Jean Paul zu Gesicht bekam, es sofort kaufte und las. Ich erinnere mich, daß irgend etwas bei dieser Lektüre (etwas, dessen ich mich heute nur noch dunkel entsinnen kann) mich störte und hemmte, daß ich eine gewisse Mühe hatte, ins Innere zu gelangen und den Dichter mir zu eigen zu machen. Aber der Blick meiner Mutter war bei mir, ein heimlicher Glaube an diesen verschollenen Dichter lebte in mir, und bald war die erste Fremdheit verschwunden, und seit damals ist dieser Dichter mir lieb und unentbehrlich und gehört zu meinen liebsten Schätzen, wie Goethe, wie Eichendorff, wie Stifter. Als ich dann, nach Jahren, einst in München einen Verehrer des Dichters Stefan George kennenlernte, war es mir merkwürdig und schön zu sehen, wie im Kreise dieser Jünger und Freunde Georges der Dichter Jean Paul mit dem Ton höchster Verehrung genannt wurde. Was seither in Deutschland geschehen ist, um die Gestalt und das Werk Jean Pauls wieder ins Bewußtsein der Gegenwart zu bringen, das ging zum größten Teile von jenem Kreise aus. Heute ist die Größe Jean Pauls wiederanerkannt, und kein Literarhistoriker würde die Torheiten und Verächtlichkeiten zu wiederholen wagen, welche man über Jean Paul in ältern Literaturgeschichten finden kann. Aber ist er auch anerkannt, wirklich gekannt und gelesen ist er doch noch nicht wieder, es ist noch etwas zwischen ihm und seinem Volke, ein Hemmnis, eine Kluft.

Was ist es nun wohl, was den heutigen Leser von Jean Paul trennt? Jene Literarhistoriker früherer Jahrzehnte warfen ihm vor allem zweierlei vor: eine uferlose Sentimentalität und eine allzu ungebändigte, allzu frei und formlos schweifende, im eigenen Überfluß erstickende Phantasie. Wenn aber dies wirklich die Fehler Jean Pauls wären: wie könnten sie für moderne Leser ein Hindernis sein? In der Modedichtung unserer Zeit, welche von den Hunderttausenden gelesen wird, kann weder an Sentimentalität noch an geiler Erfindungslust zu viel geboten werden, gerade dies kommt einem Bedürfnis im heimlichen Seelenleben unsres Volkes und dieser Zeit entgegen.

Es muß denn etwas andres sein, was zwischen unserm Dichter und seinen heutigen Lesern steht. Und wenn wir uns erinnern, daß nicht bloß Jean Paul den meisten modernen Lesern widerstrebt, sondern auch viele andre große Dichter seiner Zeit, vor allem Novalis, dann werden wir nachdenklich und stehen bald vor der grundsätzlichen Frage: Sind nicht alle oder nahezu alle Dichter der blühendsten deutschen Dichterzeit dem heutigen Geschlecht ein wenig fremd, ein wenig mühsam, ein wenig zuwider? Und diese Frage müssen wir bejahen. Alle jene Dichter der Zeit um 1800 sind für heutige Leser ein wenig schwer verdaulich und verschlossen, sie strengen an, sie verlangen zu viel. Sie haben eine Dimension mehr, als der Leser gewohnt ist. Sie setzen ein Eingehen, ein Ernstnehmen, ein Mitgehen, dann wieder ein Spielenkönnen und Kindseinkönnen voraus, welches den Gewohnheitslesern von Zeitungen und modernen Unterhaltungsbücher schwerfällt oder gar verlorengegangen ist. Gewiß, Jean Paul hat auch Schrullen und Eigenheiten, er hat auch Nachlässigkeiten und Fehler. Aber die sind es nicht zuerst, die ihn den Heutigen schwer zugänglich machen. Der weit größere Fehler, die weit größere Nachlässigkeit liegt beim Leser. Er ist nicht mehr gewohnt, eine Dichtung rein und ernst aufzunehmen, um ihre Geheimnisse zu werben, ihre seelische Spannung mitzuleben. Dieser Fehler ist schlimm, er ist sehr schlimm, er ist ebenso schlimm wie der Fehler eines Magens, der, durch Gifte oder Ersatzmittel verdorben, kein Brot und keine Milch mehr erträgt. Aber hoffnungslos ist dieser Fehler nicht, er ist heilbar.

Wenn ein moderner Leser zum erstenmal Jean Paul zu lesen versucht, so liest er meistens eben auf moderne Art, rasch, ungeduldig, sofort zu Kritik und zu Widerwillen bereit, er kommt zum Dichter nicht wie zu einem Arzt oder Priester oder Erlöser, sondern wie zu einem Akrobaten, rasche Zerstreuung, eilige Sensation begehrend. Und da versperrt sich die Dichtung, ihre Blumenkelche, ihre sprechenden Augen schließen sich zu, ihr Duft entflieht, ihr Wert erblaßt. Von einem modernen Feuilleton weg zu Jean Paul zu kommen, ist gerade so, wie von einer Kaffeehausmusik zu Mozart zu kommen. Da braucht es reinere Sinne, erzogenere Gefühle, wärmere Hingabe, wachere Bereitschaft.

Indessen, der Fehler ist heilbar. Schon mancher hat blind und obenhin gelebt, gehandelt, gedacht, gelesen und ist durch Not und schwere Zeiten geheilt worden. Auch möchte ich durchaus nicht dafür werben, daß die Bücher von Jean Paul nun von Hunderttausenden gelesen werden sollen. Die Heilung, Einkehr, Besinnung und Wiedergeburt eines Volkes vollzieht sich nicht an der Oberfläche, und nicht an den Massen, sondern geht still und verborgen in einzelnen vor sich. Eine Zahl von einzelnen, von guten Lesern für Jean Paul zu gewinnen ist die Absicht meiner Zeilen, und wenn ich nur einen einzigen gewänne, aber einen fruchtbaren Leser, eine Seele, die Samen aufzunehmen und in sich auszutragen vermag, so bin ich zufrieden. Jeder solche Leser aber, ebenso wie jeder wache, treue Leser Goethes oder des Novalis, Eichendorffs, Stifters, vollzieht in sich eine Einkehr beim deutschen Wesen, von welchem die Politiker in neueren Zeiten zwar viel geredet, das sie aber weder gekannt, noch vertreten und dargestellt haben.

Der «Siebenkäs» ist eines der Meisterwerke des Dichters, und alle Register seiner großen Orgel klingen in diesem Werke mit. Wie alle Werke Jean Pauls ist auch dieses vielstimmig, es läuft nicht flach in Einer Stimme, Einer Melodie, Einer Dimension, sondern klingt aus der Ver-

schlingung, Durchdringung, Reibung mehrerer Haupt-
melodien erst zur Einheit zusammen. Die Welt wird hier
betrachtet mit dem naiven guten Herzen Lenettens, mit
dem Humor und bittern Freimut Leibgebers, mit dem verwandten, doch weichern und poetischern Geiste Sieben-
käsens, außerdem mit der Wärme und Liebesfülle, mit dem
Witz und der Beweglichkeit des Jean Paulschen Geistes.
Einfachste Hingabe an das Leben, wie es nun einmal ist,
seufzendes Sichergeben in seine Schwere, lachendes Genießen seiner Freuden, liebevoll altväterliche Andacht für
das Kleine ist hier zu finden, und hart daneben der still
gewordne, beinah kalte Humor des bewußt Einsamen
und Leidenden. Freundlich und voll tiefsten Wohlwollens
wird jede Figur gestaltet und betrachtet, jede wird uns
innig lieb, und dennoch mit unheimlicher Unerbittlichkeit
erfolgt aus ihren Verbindungen und Konstellationen das
schwere Schicksal, und in Leid und Tränen wird zu Ende
getragen, was in holdem Spiel empfangen ward. Es wird
geweint und geschwärmt, Liebe und Freundschaft feiern
empfindsame Feste, aber jedes dieser Gefühle muß durch
die Mühle des Lebens gehen, und während der Dichter mit
überströmender Empfindsamkeit den lieblichen Augenblick in tausend zärtlichen Liebesfarben malt, ist ihm schon
das Ende gegenwärtig, die harte Prüfung, das bittere
Schicksal, und kein Gefühl, keine Seelenlage bleibt ge-
heiligt und bevorzugt, jede muß durchs Feuer, jede muß
sich bewähren oder sterben. Man wird, wenn man dies
herbe und wahre Buch gelesen hat, mit der Sage von Jean
Pauls Sentimentalität brechen müssen, es gibt wohl keinen
üppigeren, schwelgenderen Schilderer von Gefühlen, aber
auch keinen härteren, erfahreneren und klügeren Prüfer
der Gefühle als ihn. Dies eben ist ja die Größe dieses Dichters, daß er, wie es nur die Großen haben, stets den Gegenpol zum Pol hinzudenken weiß, daß er, ein Demiurg,
in der Welt jenseits der Gegensatzpaare heimisch ist,
und daß er darum nie die Wärme lobt, um die Kälte zu

schelten, oder das Herz preist, um den Verstand anzuklagen.

Im Siebenkäs spielt diese seltsame und kühne Musik
der Gegensätze jeden Augenblick, und daß daraus nicht
ein geistreiches und witziges Spiel wird, sondern die kleine
Siebenkäsische Welt, bis zum Kuhbraten und zum Zinn-
teller, überall ihren Eigenwert behält und dem Dichter nah
und lieb bleibt wie die eigene Haut, das ist das Wunderbare und wahrhaft Dichterische daran. Das Hochzeitsmahl
mit dem in seines Freundes Braut verliebten Rat Stiefel,
die Schilderung der zur Kirmes sich einfindenden Bettler
und Krüppel, die Chronik vom großen Kuhschnappeler
Preisschießen, das sind Gemälde des Kleinlebens, aus
einer unendlichen Liebe geboren. Mag der Dichter tausendmal in raffinierten Vergleichen schwelgen, sich in herrliche Abstraktionen verlieren oder halb-ironische Ausflüge
ins Reich der Gelehrsamkeit unternehmen, immer wieder
kehrt er treulich zum Faden zurück, und niemand kann
ihm vorwerfen, daß ihm auch der tiefste oder der lustigste
seiner eigenen Einfälle lieber sei als die Stecknadel, die
Lenette zwischen ihren Lippen stecken hat. Überhaupt
diese Lenette! Das sittsame Mädchen aus dem Volk, fleißig, häuslich, voll Respekt für Bildung und Gelehrsamkeit
und doch voll instinktiver Verachtung des papiernen
Wesens, voll Anmut mitten in aller Haushaltspedanterie,
ganz und gar geschaffen einen ihr ebenbürtigen Mann
wahrhaft glücklich zu machen und einer schönen Familie
vorzustehen, und nun eben unseligerweise mit einem Genie verheiratet, das Bücher schreibt, ihr Zinngerät verkauft und allzuviel in brotlosen Künsten lebt, und nach
der ersten glücklichen Zeit nun das allmähliche Befrem-
den, das langsame Erkalten — diese Frau und die Geschichte ihrer Ehe ist wohl eins der besten Kleinode unseres
Dichters.

Jede wahre Dichtung ist Jasagen, entsteht aus Liebe, hat
zum Grund und zur Quelle Dankbarkeit gegen das Leben,

ist Lobpreis Gottes und seiner Schöpfung. Diese dankbare Liebe, dies demütig-tapfere Ja zum Leben, zu seinen Schmerzen, zu seinen Verwicklungen, zu seiner furchtbaren Strenge weht in hundert Melodien aus der Geschichte des Armenadvokaten Siebenkäs und seiner Frau Lenette, der gewesenen Jungfer Egelkraut. Unschuldig blumenhaft wehen manche dieser Melodien hin, viele schalkhaft reizend, andre tief gepreßt, wie erstarrt im Eiswind des Schicksals, andre glühend in entzückter Begeisterung, andre leise schluchzend im Erleiden des Unbegreiflichen, dennoch Notwendigen, und all diese Melodien zusammen, die frohen und die schmerzlichen, die verhaltnen und die gelöst hinströmenden, singen den Sinn des Lebens, singen die tiefe, innige Frömmigkeit eines großen Herzens, das sich keiner Lust und keinem Leide dieser Welt verschließt, das Liebe und Einsamkeit, Freundschaft und Enttäuschung, Selbstbewußtsein und Selbstvernichtung geschmeckt hat und bereit ist, in allem die Stimme des Ewigen zu hören. Und so führen aus dem engen und ärmlichen Stüblein des Siebenkäs, von seinem ledernen Lehnstuhl und seinem mit Sand gescheuerten Boden aller Enden Jakobsleitern bis in alle Himmel und in alle Höllen des Lebens, bis in alle Erschütterungen der Seele, alle Erhebungen und Ernüchterungen des Geistes. Wir haben in unsrer heutigen deutschen Dichtung nichts, was auch nur von ferne an diese Vielstimmigkeit, diese Vieldimensionalität erinnern würde. Und wenn es, um in diese Welt zu treten und ihre ganze Musik zu verstehen, nicht bloß einigen guten Willens bedürfte, sondern großer Opfer und Anstrengungen, so würde es sich lohnen, sie auf sich zu nehmen.

Die Nuß liegt in des Lesers Hand. Eine kleine Welt ist darin. Eine Menge andrer Bücher werden durch dies Buch entbehrlich, wenn wir es uns zu eigen machen.   (1925)

FRANZ X. VON BAADER
1765—1841

«Grundzüge der Sozietätsphilosophie»
Aus langer Vergessenheit tritt die Gestalt Baaders wieder hervor, des romantischen Philosophen, und manche
Zeichen weisen auf neue Wirkungsmöglichkeiten dieses
Geistes hin. Die vorliegende Schrift, zuerst 1837 erschienen, einst eine Kampfschrift gegen den Liberalismus der
dreißiger Jahre, baut das Wesen jeder menschlichen Gesellschaft auf die Liebe zu Gott, aus dieser Liebe erwächst
jede wahre Evolution, aus deren Rückgang jede Erstar-
rung und jeder Umsturz. «Der Mensch steht mit den
Menschen in zeitlich-räumlichen Beziehungen, er steht aber
zugleich mit den Menschen, mit den übrigen Intelligenzen
und mit Gott in überzeitlichen und überräumlichen geistigen Beziehungen, woraus das Ineinanderbestehen zweier
Sozietäten sich ergibt, sowie zweier Autoritäten, einer
zeitlichen und einer nichtzeitlichen.» Konsequent wird
diese religiöse Auffassung der Gesellschaft durchgeführt
und aus der theologischen Spekulation her anschaulich gemacht. Baader erkennt die Anfänge dessen, was wir heute
Kapitalismus nennen, und was er Argyrokratie benannte,
mit schärfster Klarheit und sieht die Quellen des proleta-
rischen Elendes richtiger und tiefer als die damaligen Politiker. Die Schrift ist in mancher Hinsicht wie für den heutigen Tag geschrieben. Aber nicht nur darum war ihre
Neuherausgabe wertvoll. Mit dem Zusammenbruch des
bürgerlichen Liberalismus wie des zünftigen Mehrheits-
sozialismus geht Hand in Hand ein gewisser geistiger Zusammenbruch unserer ganzen Zeit, und es scheint, als lägen
wichtige Punkte für den Beginn neuen Aufbaus im vergessenen Denken Baaders und seiner Zeit. (1920)

MME. DE STAËL
1766–1817

Dieses Buch* ist eine Kombination aus den beiden Staëlschen Büchern: «Zehn Jahre Verbannung» und «Betrachtungen über die Französische Revolution». Die unruhige, geistreiche Tochter des Ministers Necker, die beliebte Schriftstellerin und politische Dilettantin hat in diesen Aufzeichnungen ein höchst eigenartiges Dokument hinterlassen, das Dokument eines Hasses gegen Napoleon, der zum Teil auf Patriotismus und politischen Anschauungen, weit mehr aber auf gekränkter Eigenliebe und Eitelkeit beruhte. Daß Napoleon ihre fanatische Bewunderung nicht erwiderte, daß er ihren Salon mied, daß er sie persönlich nicht leiden mochte und sie schließlich aus Paris verbannte, das war der große Schmerz im Leben dieser wunderlichen Frau, und dadurch ist ihr Memoirenbuch zu einer leidenschaftlichen Streitschrift gegen Napoleon geworden, deren zielbewußte Einseitigkeit nicht ohne Größe ist. (1912)

FRIEDRICH VON SCHLEGEL
1772–1829

... Es fällt mir jene Stelle in einem der schönsten Ritterromane des Mittelalters ein, im «Loher und Maller», wo der Ritter aus Deutschland, fern im Morgenlande gefangen und ins bitterste Elend, in Hunger und Krankheit und Schmutz gesunken, sein Hemd ansieht und anredet, das einzige Stück, das ihm aus der Heimat und dem früheren Wohlleben noch geblieben ist und das auch schon in Fet-

* «Die Memoiren der Frau von Staël», Morawe & Scheffel Verlag, Berlin.

zen gehen will. «O Hemd, mein Hemd!» ruft er da klagend, und die schöne Vergangenheit leuchtet ihm herzbewegend in die bittere Not der Fremde. (Anmerkung: Wenn es sich um einen recht hoffnungslosen, dummen, nach einer Saison vergessenen Roman aus Amerika oder Uruguay handelte, dann würden drei deutsche Verleger sich um das Recht reißen, eine Ausgabe davon zu veranstalten. Da es sich aber nur um eine wunderbare, alte deutsche Dichtung handelt, die einige Jahrhunderte in Ehren überdauert hat, interessiert sich natürlich kein einziger deutscher Verleger dafür. Die schönste neuere Ausgabe des «Loher und Maller», von Friedrich Schlegel, steht im siebenten Band von dessen Werken, seit Jahrzehnten vergriffen und selten, und im selben Bande steht Schlegels herrliche Bearbeitung des «Merlin» — zwei Kleinode, um die sich seit vierzig oder fünfzig Jahren kein Herausgeber oder Verleger mehr gekümmert hat!)   (1928)

HÖLDERLIN
1770–1843

Über Hölderlin

Seit hundert Jahren gab es einen deutschen Dichter, der die Besten immer wieder an sich zog, einen heimlichen Liebling und König der idealistischen Jugend, der aber niemals von den vielen gekannt war: Hölderlin. Sein Werk, ein kleiner Band Gedichte, teils von hymnisch großem Schwung, teils von zartester lyrischer Versunkenheit, klang merkwürdig schön, erregend und tragisch zusammen mit seinem Leben, das sich nach einer kurzen strahlenden Jugend in Wirrnis und Wahnsinn, aber auch in eine überpersönliche und mythische Atmosphäre verlor, er war das Urbild des vom Gott auserwählten und vom Gott geschlagenen Dichters, aufglänzend in übermenschlicher Reinheit, voll Adel und schmerzlicher Schönheit, des Dichters, der am «normalen Leben» zerbrechen muß und das Gedächtnis einer kurzen leuchtenden Geistesblüte hinterließ, wie es sonst nur die früh Gestorbenen begleitet.

Und nun, in den letzten paar Jahren, ist dieser Hölderlin von der deutschen Jugend neu entdeckt worden, hat sein Mahnruf an die Deutschen neue, verstärkte Bedeutung gewonnen, und noch einmal strahlte das Gestirn dieses schönen Fremdlings mächtig auf, allerdings in einer Zeit und Luft, welche jede Begeisterung leicht zur Mode macht. Es gab auch tatsächlich eine Hölderlin-Mode, und der gar nicht leicht zugängliche Dichter liegt heute auf den Tischen mancher Damen neben den Reden Buddhas und den Feuilletons von Tagore. Schon ist diese Mode nahezu wieder verblüht, und geblieben ist uns davon ein Gutes: daß auch die Philologen und die Verleger sich um Hölderlin bemüht haben, so daß es jetzt gute und schöne Ausgaben seines Werkes und seiner Briefe gibt.

Ist auch Hölderlin, wie ich glaube, von denen nicht ganz verstanden worden, die ihn in den letzten Jahren etwas lärmend auf den Schild gehoben haben, so war es doch keineswegs ein Zufall, daß man sich seiner gerade jetzt erinnerte, in der aufgewühlten eschatologischen Stimmung des geschlagenen Deutschland. Es war nicht nur die Ekstatik seiner flammenden Hymnen, welche in der Revolutionszeit gelegentlich etwas Manifestartiges gewannen; es war vor allem die Person des Dichters, der Hauch von edler Geistigkeit und adligem Übermenschentum, was in dieser Zeit einer tiefen Korruption und eines hoffnungslosen Verkauftseins an materielle Nöte so tief wirkte. Denn Hölderlin ist nicht nur ein Dichter, und sein Werk und Wesen ist mit dem seines geschriebenen Werkes nicht identisch, er ist mehr, er ist der Vertreter eines heldischen Typus.

In einem seiner sehr merkwürdigen Aufsätze steht ein

Gedanke, in welchem der Dichter sein eigenes Schicksal zu ahnen und sich selbst im Tiefsten zu erkennen scheint. Da steht: «Es kommt alles darauf an, daß die Vortrefflichern das Inferieure, die Schönern das Barbarische nicht zu sehr von sich ausschließen, sich aber auch nicht zu sehr damit vermischen, daß sie die Distanz, die zwischen ihnen und den andern ist, bestimmt und leidenschaftslos erkennen, und aus dieser Erkenntnis wirken und dulden. Isolieren sie sich zu sehr, so ist die Wirksamkeit verloren, und sie gehen in ihrer Einsamkeit unter.» Da hat Hölderlin, der wahrhaft zu den «Schönern» gehörte, eine tiefe Einsicht gehabt. Man darf diesen Satz von der Distanz und seine Forderung nicht nur so auffassen, als solle der edlere Mensch sich von den gemeineren Mitmenschen nicht allzu rigoros isolieren, seine eigentliche Tiefe zeigt der Satz erst, wenn wir ihn auch nach innen verstehen, als die Forderung, der Edle müsse nicht nur in der Umwelt, sondern auch in sich selbst, in der eigenen Seele das Gemeinere, das naturhaft Naive anzuerkennen und zu schonen wissen. Wir tun mit dieser Deutung Hölderlins Gedanken gewiß nicht Gewalt an, denn das Problem war ihm zeitlebens tief bewußt und wurde viele Male von ihm ausgesprochen; er kannte seine Gefahr, seine einseitige Zugehörigkeit zur Klasse der «Sentimentalischen», wie Schiller sagte, und er hat unter dem Mangel an Naivität beständig gelitten.

In die Sprache der heutigen Psychologie übersetzt, würde Hölderlins Forderung also etwa so lauten: Der Edle stelle sein Triebleben nicht allzu einseitig unter die Herrschaft des triebfeindlichen Geistes, denn jedes Stück unseres Trieblebens, dessen Sublimierung nicht gelingt, bringt uns auf dem Wege der «Verdrängung» schwere Leiden. Dies war Hölderlins individuelles Problem, und er ist ihm erlegen. Er hat eine Geistigkeit in sich hochgezüchtet, welche seiner Natur Gewalt antat; sein Ideal war, alles Gemeine hinter sich zu lassen, aber er hat nicht die unerhörte Zähigkeit Schillers besessen, welcher in ganz ähnlicher Lage ein

Höchstbeispiel geistiger Willenszucht gegeben und sich dabei restlos verzehrt und verbraucht hat. Durch und durch «sentimentalisch» wie Schiller, hat sein Verehrer und Schüler Hölderlin sich an der Forderung aufgerieben, die er sich selbst gestellt hat, er hat ein Beispiel von Vergeistigung angestrebt, das im Versuch mißglückte. Und wenn wir Hölderlins Dichtung betrachten, so finden wir, daß gerade jene Schillersche Geistigkeit, so edel sie ihm auch zu Gesicht steht, im Grunde seinem Wesen doch aufgezwungen war. Denn das, was wir in dieser herrlichen Dichtung als einzig und unnachahmlich verehren, ist weder ihre bewußte Meisterschaft, so hoch sie auch sei, noch ist es ihr «Inhalt» an Gedanken, sondern es ist die ganz einzige, vom Schillerschen Vorbilde oft nahezu erdrückte Unterströmung von Musik, von rhythmischem und klanglichem Geheimnis. Diese wunderbare geheimnisvoll schöpferische Unterströmung, im Unterbewußten wohnend, liegt in vielen Gedichten Hölderlins geradezu im Streit mit seinem bewußt gepflegten Dichterideal, und an der Vergewaltigung dieser heimlichen und heiligen Schöpferkraft ist er zugrunde gegangen. Hölderlin hat sich, im edelsten Streben, aber dem tiefsten Wert seines Wesens zum Schaden, unter Schillers Einfluß beinahe schon zum Intellektuellen entwickelt.

Diese Gedanken zur Individualpsychologie des Dichters erschöpfen jedoch Hölderlins Problem durchaus nicht. Sein Schicksal ist vor allem ein Heldenschicksal, und diese sind überindividuell. Eben darum sehen wir so oft große, begnadete Menschen an Widerständen zugrunde gehen, mit welchen der Kleine spielend fertig wird, und der gesunde Durchschnittsverstand hat es leicht, die Begnadeten als Psychopathen zu erklären, sei es nun mit oder ohne psychoanalytischen Apparat. Gewiß sind jene Helden unter anderm auch Psychopathen. Aber weit darüber hinaus sind sie Helden, sind ehrwürdige und gefährliche Versuche des Menschentums, sich zu veredeln, und ihr Schicksal steht

in der heldischen, in der tragischen Atmosphäre, auch wenn
ein solcher Held zufällig nicht auf erschreckende Weise
endet. Hölderlin war es beschieden, dies tragische Schicksal des Begnadeten denkmalhaft darzustellen. Die Tragik,
die etwa in Schillers Leben mit nicht kleinerer Gewalt
strömt, ist bei Hölderlin zu einer unerhört deutlichen, einem
unerhört ergreifenden Ausdruck gekommen. Das unterscheidet ihn, einen echten Heros, für das Gefühl eines jeden von allen Dichtern, deren Wesen und Bild in ihrem
Werk uns ohne Rest ausgedrückt scheint.   (1924)

In Band 4 der Werkausgabe findet sich auf S. 387 die Erzählung: «Im
Presselschen Gartenhaus». In ihr zeichnet H. H. ein Bild des kranken
Hölderlin.

NOVALIS
1772–1801

Dieser wunderbar reiche, elastische, kühne Geist, dieser
wahre Seher und Seelenleser, hat zu seiner Zeit das Ideal
deutscher Geistesbildung für hundert Jahre weiter hin-
ausgeträumt, ja er hat das Ideal einer Synthese von wis-
senschaftlichem Denken und seelischem Erleben so wuchtig
durchgeformt und ausgebildet wie nur noch Goethe. In
ihm hören wir die Stimme jenes sagenhaft gewordenen
Deutschland des Geistes und der Andacht, das heute von
vielen geleugnet wird, weil es nicht mehr die Oberfläche
des deutschen Lebens beherrscht. Dieser fast ganz ver-
geistigte Mensch hat in seinem Dichtertum, in seiner Sprach-
gewalt eine ganz einzige sinnliche Schönheit und Fülle,
ein Zusammenklingen von Geistigem und Leiblichem, wie
man es nur bei diesen seltenen Frühverstorbenen findet.
Mit Dankbarkeit und tiefer Bewegung folgen wir seinen
beflügelten Schritten und mit Rührung gedenken wir sei-

nes Menschlichen, von dem sein erster Biograph die schönen Worte gesagt hat: «Er lebte, wie er selbst sagte, gern im Land der Sinne, nicht in dem der Sinnlichkeit; denn sein innerer Sinn war der Führer des äußern. Und so schuf er sich in der sichtbaren Welt eine unsichtbare. Dies war das Land seiner Sehnsucht. Dahin ist er heimgekehrt, früh vollendet!» (1919)

Es gibt gewisse stille Kinder mit großen, vergeistigten Augen, deren Blick schwer zu ertragen ist. Man prophezeit ihnen kein langes Leben und betrachtet sie wie vornehme Fremdlinge mit ebensoviel Ehrfurcht als Mitleid.

Ein solches Kind war Novalis. Die Menge kennt von ihm nur den Namen und zwei oder drei Gesangbuchlieder. Auch in gebildeten Kreisen kennt man ihn kaum; ein Beweis dafür ist der Umstand, daß die vorliegende Neuausgabe seiner Werke seit einem halben Jahrhundert die erste ist.

Im tiefsten Grunde sympathisch und fesselnd ist die Erscheinung dieses Dichters, dessen Lieder und dessen Dichtername mit feiner Musik im deutschen Volke fortklingen, ohne daß das Werk des Frühgestorbenen über die engsten literarischen Kreise hinaus bekannt und wirksam geworden ist. Novalis ist achtundzwanzigjährig gestorben und hat die besten Keime der früheren deutschen Romantik mit ins Grab genommen. Im Andenken seiner Freunde lebt er verehrt in unwiderstehlicher Jugendschönheit fort, der Vielgeliebte, Unersetzliche, über dessen unvollendeter Dichtung ein Duft geheimen Liebreizes liegt, wie kaum über einem andern Dichterwerk.

Er war der genialste Mitbegründer der ersten «romantischen Schule», welche leider noch vielfach mit ihrer späteren minderwertigen Nachblüte verwechselt wird und zusammen mit ihr in Mißkredit und Vergessenheit gekommen ist. In Wahrheit kennt die Geschichte der deutschen Literatur wenige Epochen, die so interessant und fesselnd sind wie die frühromantische. Das Schicksal dieser Epoche ist leicht mit wenigen Worten zu berichten: es ist die kurze Geschichte eines Kreises junger Dichter, die an der Grundströmung ihrer Zeit, dem ungeheuren Überwiegen der Philosophie, künstlerisch zugrunde gingen. Das eigentlich Tragische im Schicksal dieser Schule aber ist, daß ihre größte Hoffnung, ihr einziger Dichter ersten Ranges als Jüngling gestorben ist. Dieser Jüngling war Novalis.

Eine interessantere, regsamere literarische Jugend hat Deutschland wohl nie gehabt als in jener Zeit, da Wilhelm Schlegel seine Organisation begann, da sein genialer, aber seiner selbst nicht mächtiger Bruder Friedrich in Berlin mit dem zähen, fleißigen Schleiermacher zusammenlebte, da der leicht entzündliche, rastlose Tieck den zögernden Wackenroder hinriß und zum Dichter machte. Schleiermacher trug seine epochemachenden «Reden» in der ehrlich begeisterten Seele, der ältere Schlegel feilte am Filigran seiner meisterhaften Kritiken und begann mit der starkgeistigen Karoline zusammen seine unschätzbare Shakespeareübersetzung, Friedrich Schlegel schrieb zwischen tausend widersprechenden Plänen und Ekstasen seine vielberufene, für uns nicht mehr genießbare Lucinde, Goethe begann auf das Brüderpaar sein aufmerksames Auge zu richten, Novalis streckte nach einer blendend raschen Entwicklung die feine Hand nach den höchsten Kränzen aus, neben Fichte trat der gemütstiefe Schelling neu und bedeutend hervor. Außer Dilthey (Leben Schleiermachers) und Haym (Die romantische Schule in Deutschland) hat kein Literarhistoriker die Fülle und den eigenartigen Reiz dieser Zeit recht begriffen. Jahrzehntelang wurde unter der Etikette «romantisch» kritiklos ein ganzer Wust von Literatur zusammengefaßt und abgetan.

Und doch ist der Mißbrauch mit dem Wort romantisch und die mangelhafte Kenntnis der genannten vortrefflichen Werke von Dilthey und Haym über jene Zeit nicht der einzige, nicht einmal der wichtigste Grund für die fast vollkommene Vergessenheit, in welche Novalis' Werke gerieten. Novalis ist schwer zu lesen, ist schwerer zu lesen als irgendein deutscher Schriftsteller der neueren Zeit. Was wir von ihm haben, sind fast nur Bruchstücke, in denen der Dichter erst begann über die Spekulation hinweg zur reinen Dichtung den Weg zu finden. Dennoch ist die Lektüre seiner Schriften für gute Leser überaus lohnend. Sie erwecken das Gefühl einer sich vorbereitenden künstlerischen Erlösung, jener Erlösung, die seiner Zeit und Schule not tat und die in ihm am weitesten gediehen war. Man wird von dem schmerzlich lebhaften Gefühl ergriffen: noch einen Schritt, noch zehn Lebensjahre, und wir hätten einen unvergänglichen Dichter mehr. So müssen wir uns mit Fragmenten begnügen, bei deren Lektüre einem immer wieder das schöne, lächelnde Haupt des zu früh weggenommenen Jünglings schmerzlich liebenswürdig vor Augen steht. Es ist ungemein zu beklagen, daß wir, strenggenommen, kein ganz vollendetes Werk des Dichters besitzen. Ein solches müßte unschätzbar wertvoll sein. Tieck z. B. hat in seiner früheren Zeit einige romantische Märchen von kostbar feinem Reiz geschrieben, aber eine Zeile von Novalis, die, weil Fragment, uns weniger befriedigt, hat unendlich mehr vom Zauber der höchsten Poesie. In den einzelnen Stücken seiner Arbeit, auch in seinen Liedern, ist ein ganz unbeschreiblicher Duft von Zartheit, von Seele; es gibt Worte von ihm, die uns berühren wie eine Liebkosung und solche, bei denen man den Atem anhalten möchte, um sich ganz dieser reinen, fast überirdischen Schönheit hinzugeben. Dabei haben seine Gedanken den warmen Hauch einer jugendlichen, berückend liebenswürdigen Persönlichkeit. Denn so unsinnlich und weltentrückt er oft erscheint, war er dennoch kein Asket und Geisterseher. Immerhin hat seine Person etwas Wunderbares, Unerklärliches, wie sein Leben und sein Ende, dessen kurze Beschreibung uns erhalten ist und seltsam rührend anmutet.

Novalis war in seinen letzten Tagen, obwohl krank, voll von Leben und Interesse; er ging umher, plauderte, arbeitete, und eines Morgens, während Klavier gespielt wird, hört er zu, setzt sich, lächelt einschlummernd und ist tot. Ist es nicht, als wäre diese feine, ungemein tiefe und lebendige Seele ohne Schmerz und Abschied hinübergegangen, den leichten Tönen nach, in die Takte dieser Musik, in das Land der ungesungenen Lieder, zu den blauen Bergen seines Heimwehs? Das menschlich Rätselhafte an Novalis ist sein stilles Lächeln, seine helläugige Heiterkeit, hinter der ein schweres Leiden ihm heimlich Körper und Seele quälte. So schildern ihn seine Freunde, und so tritt er aus seinen Schriften vor unserem inneren Auge hervor, eine schlanke, vornehme Gestalt von auffallender Würde, ohne einen gemeinen Zug in seinem Wesen, aber auch ohne jedes Pathos. Wenn ich an ihn denke, sehe ich sein freundlich ernstes Gesicht den Tönen seiner Sterbemusik zugeneigt, mit dem herzgewinnenden Zug einer verschwiegenen Zärtlichkeit, und ich sehe darauf jenes Lächeln, dessen heitere Milde der geheimste Reiz seiner unvollendeten Dichtungen und seines unvollendeten Lebens ist.

In Novalis' Schriften, wie sie uns vorliegen, fällt ersichtlich alles in zwei Teile auseinander — Philosophie und Poesie. Doch tut man, wie ich glaube, dem Dichter unrecht, wenn man die Mystik und Naturphilosophie z. B. der Lehrlinge von Sais oder der Hymnen als Philosophie nimmt. Sie ist als Stimmung, als Poesie weitaus wertvoller, und einige Aphorismen des Dichters lassen vermuten, daß er in seiner letzten Zeit mit Bewußtsein seinem Ziel nahe war. Neben seinen poetischen Fragmenten erscheinen auch berühmte Dichternachlasse erschreckend nüchtern und künstlich. In ihm war eine so prachtvolle Dichterseele lebendig, daß sein Arbeiten nur wie das Eindämmen und Formen eines wunderbaren seelischen Überflusses und nie wie ein Machen, ein Erfinden und Aufbauen erscheint. Geradezu rätselhaft ist neben so vielen raffiniert literarischen

Kleinigkeiten seiner Arbeit die durchaus unliterarische Fülle, Reinheit und Kindlichkeit seiner eigentlichen Schöpfungen. Vielleicht hat überhaupt kein anderer Deutscher eine so überquellend poetische Seele besessen, und dieser eine fiel dem verzehrenden Geist seiner Zeit zum Opfer. Denn jene Jahre sind die eigentliche Geburtszeit unserer modernen Literatur. Tieck besonders ist der erste moderne Bücherschreiber; so bewegliche, fleißige, schmiegsame Geister hat kein früheres Jahrhundert in Deutschland gekannt. Mit der Gründung des Athenäums und mit dem Entstehen der Berliner Salons beginnt bei uns die Literatur als Ding für sich, die Schriftstellerei als Beruf sich zu fühlen; seither haben wir Romandichter, Journalisten, Plauderer, Feuilletonisten und alle diese spezifisch literarischen Geister und Geistchen. Die zarte Knospe der Romantik selber fiel zuerst diesem Literaturmachen zum Opfer; die feinen Anfänge des Novalis sind von den Moderomantikern der zwanziger und dreißiger Jahre rücksichtslos verbraucht worden, wobei wir natürlich die reineren Naturen unter dieser Schar, wie Eichendorff, ausnehmen.

Heute nun hat man aufgehört, auf diese verblühte Romantik zu horchen, und kennt den erbitterten Kampf gegen die Romantik als reaktionäres Element nicht mehr. Wenn man aber das sehnsüchtige Heimweh unserer Modernen nach der «neuen Kunst» beobachtet, findet man gerade in den jüngsten Literaturkreisen Stimmungen und Bestrebungen, die mit auffallender Deutlichkeit an jene erregte Dichterjugend um 1800 erinnern.

Nun haben wir endlich wieder eine Ausgabe des Novalis. Es kann nur Segen stiften, wenn unsere «Neuromantiker» ihre Kraft und ihre dichterische Ehrlichkeit am Werk dieses verschollenen Toten messen. Möchten wir manche haben, welche den Blick dieser großen, seelenvollen Kinderaugen ertragen können! Und möchten recht viele Bücherleser einmal die ganze modische Lesetechnik und Äußerlichkeit von sich streifen und in dieser geheimnisvollen Tiefe unterzutauchen wagen! Es wird sie süß und schmerzlich anmuten wie die Melodie eines Liedes, das man als Kind gehört hat, oder wie der Duft einer Blume, den man als Kind in Vaters Garten liebte und jahrelang vergessen hatte. (1900)

Nachwort zu «Novalis · Dokumente seines Lebens und Sterbens»

Stets haben jene außerordentlichen Schicksale geistiger Menschen das tiefste Interesse der Nachlebenden erregt, in welchen die Tatsache zum Ausdruck kommt, daß das Genie nicht nur eine geistesgeschichtliche, sondern ebenso, ja vor allem, eine biologische Angelegenheit ist. In der neueren deutschen Geistesgeschichte sind die edelsten Gestalten von dieser Art Hölderlin, Novalis und Nietzsche. Während Hölderlin und Nietzsche sich, nachdem das Leben ihnen unmöglich geworden, in den Wahnsinn zurückziehen, zieht Novalis sich in den Tod zurück, und nicht etwa in dem beim Genie so sehr häufig sich aufdrängenden Selbstmord, sondern er stirbt, indem er wissend sich selbst von innen her verbrennt, einen magischen, frühen, blühenden und ungeheuer fruchtbaren Tod — denn gerade von diesem seltsamen Ende des Dichters, von seinem positiven, magischen, außerordentlichen Verhältnisse zum Tode strahlt seine stärkste Wirkung aus. Und diese Wirkung ist viel tiefer, als die Oberfläche unsres Geisteslebens ahnen läßt. Novalis ist zu seiner Zeit nur von überaus wenigen verstanden worden, und auch später, ja bis heute, ist die Zahl seiner Leser niemals groß gewesen, aber jeder ernstliche Leser hat an diesem wunderbaren, bis zur Gefährlichkeit lebendigen Geiste, an der glühenden Beseeltheit dieses Lebens sich tief entzündet: die nähere Bekanntschaft mit Novalis bedeutet für jeden bedeutenderen Geist ein tiefes und magisches Erlebnis, nämlich das Erlebnis der Initiation, der Einweihung ins Mysterium.

Wenn ich vom Genie als von einer biologischen Angelegenheit sprach, so meine ich damit, daß das Genie, der bedeutende Mensch in seinen gelungensten Exemplaren, nahezu immer ein tragisches Leben hat und in einem fahlen Lichte der Untergangsnähe lebt — was nichts zu tun hat mit der philiströsen Bourgeoislehre, daß Genie stets mit Irrsinn verwandt sei. Nein: Genie, das höchstgesteigerte Leben, schlägt so leicht in seinen Gegenpol, in Tod oder Wahnsinn um, weil in ihm das menschliche Dasein sich als ein furchtbares Mißgeschick, als ein großer und kühner, aber nicht ganz geglückter Wurf der Natur erkennt. Das Genie, ohne Widerspruch als erwünschteste und edelste Frucht am Baum der Menschheit anerkannt, wird von den biologischen Mechanismen in keiner Weise geschützt, geschweige denn fortgepflanzt, es kommt zur Welt inmitten eines Lebens, dem es Leuchte und Sehnsuchtsziel wird, während es zugleich an ihm ersticken muß. Dies der Sinn aller der tausend Geschichten und Legenden vom früh gestorbenen Genie, vom frühzeitig weggenommenen Götterlieblinge.

Wenn wir die Erinnerungen des Dichters Tieck und die schlichten, rührenden des Amtmanns Just an den jung gestorbenen Novalis lesen, so finden wir im Ton dieser Berichte den tiefen Nachklang eines großen, heiligen, geheimnisvollen Erlebnisses. Sie haben gefühlt, daß da neben ihnen einer lebte und gestorben war, den sie in mancher Hinsicht nicht als ihresgleichen empfanden, sondern je nachdem bald als einen Engel Gottes, bald als ein Gespenst, jedenfalls aber als einen von außerordentlichem Schicksal Gezeichneten.

Friedrich von Hardenberg ist 1772 auf dem Gut seiner Familie geboren und im Jahr 1801 gestorben, nachdem er einige Jahre zuvor eine erst fünfzehnjährige Braut durch den Tod verloren hatte und ihr nachzusterben ihm ein vertrauter Gedanke geworden war. Er starb an der Schwindsucht, aber was ist damit gesagt? Auch andere Menschen sind jung an der Schwindsucht gestorben, auch die eigenen Geschwister des Novalis hatten dies Schicksal, aber nur von ihm, nur von seinem Grabe strahlt jene magische Lokkung aus, nur er hat den Tod nicht erlitten, sondern ist in ihn eingegangen, wie ein verbannter König aus dem Grau der Fremde in den Palast heimkehrt.

Hinterlassen hat er das wunderlichste und geheimnisvollste Werk, das die deutsche Geistesgeschichte kennt. Ebenso wie sein kurzes, äußerlich tatenloses Leben den Eindruck seltsamster Fülle macht und jede Sinnlichkeit wie jede Geistigkeit erschöpft zu haben scheint, so zeigen die Runen dieses Werkes unter spielender, entzückend blumiger Oberfläche alle Abgründe des Geistes, der Vergöttlichung durch den Geist und der Verzweiflung am Geiste. Sein eigenes Schicksal hat Novalis wissend und gläubig erlebt, seiner Tragik bewußt und ihr doch überlegen, da eine schöpferische Frömmigkeit ihm erlaubte, den Tod gering zu achten.

Seine Dichtungen sind geblieben, stets nur von wenigen gelesen, stets diesen wenigen eine Pforte ins Magische, ja beinahe die Bereicherung um eine neue Dimension bedeutend, und einige seiner Gedichte sind sogar volkstümlich geworden und werden noch heute zuweilen an Sonntagen in protestantischen Kirchen von der Gemeinde gesungen. Denn durch Schleiermacher haben einige der religiösen Gedichte des Novalis Aufnahme in Kirchengesangbücher gefunden, und noch heute predigt mancher Pfarrer seine amtlichen Sonntagsworte ahnungslos dicht an der gefährlichen Glut dieser Verse vorbei.

Geblieben ist außer seiner Dichtung die rührende und aufwühlende Legende seines Lebens, wie einige Freunde es empfunden haben. Die echten Dokumente dieses Lebens in guter Auswahl zu zeigen, ist der Zweck unsres Buches.

(1924)

WILHELM HEINRICH WACKENRODER

1773–1798

«Herzensergießungen eines kunstliebenden Klosterbruders»

Die «Herzensergießungen» haben zum Verfasser Tiecks jung gestorbenen Lieblingsfreund Wilhelm Heinrich Wakkenroder, geboren 1773 in Berlin, gestorben ebenda am 18. Februar 1798. Wackenroder, von welchem wir außer dem vorliegenden Werkchen nur noch wenige Aufsätze in Tiecks «Phantasien über die Kunst» und einige Briefe haben, ist neben dem bedeutenderen Novalis wohl die typischste Erscheinung der deutschen Frühromantik. Sein lyrisch zartes, schmiegsames, allzu weiches und sensibles Wesen, sein kurzes, in fruchtlosem inneren Leiden und Entsagen verlaufenes Jünglingsleben, seine zärtlich glühende, empfindsame, fast weibliche Freundesliebe zu dem leichtsinnigeren und beweglicheren Ludwig Tieck — dies alles ist spezifisch romantisch und zeigt uns ebenso die liebenswerten, tiefen und feinen wie die kränklich schwachen Seiten eines romantischen Charakters und Lebens.

Die «Herzensergießungen» haben für uns nebst der überaus anmutigen persönlichen Eigenart Wackenroders ihren Hauptreiz und Wert als Dokument des romantisch-modernen Geistes im Gegensatz zu dem des 18. Jahrhunderts. An die Stelle der Vernunft tritt das persönliche Gefühl, anstelle der antiquarisch-philologischen Kunstschreiberei die Begeisterung eines liebevollen Anschauens. Dazu tritt als wichtiges Moment die Neigung zur Musik als zur absolutesten, universalsten, also romantischsten Kunst, und die eifrige Liebe zur deutschen Vorzeit, zur Gotik und zu Dürer, schon verbunden mit einem ahnungsvollen Hinneigen zu mittelalterlichem Wesen und einem fast naiv-koketten Liebäugeln mit Weihrauchduft und Klosterfrieden. Was aber später, namentlich bei Fouqué, unleidlich gekünstelt und geschmacklos wird, ist hier noch frisch und zart empfunden und voll vom seelenvollen Duft einer ersten Liebe.

Die positiven Mitteilungen über Künstler und Werke, soweit Wackenroder solche gibt, haben für uns begreiflicherweise kaum mehr irgendeinen Wert — liegt doch ein Jahrhundert Kunstgeschichte zwischen ihm und uns! Aber das Gefühl, das persönliche Sichversenken in ältere Kunstwerke, die Überzeugung, daß der Kunstgenuß nicht ein verstandesmäßiges Erkennen, sondern ein Erleben und Mitschaffen bedeute, das ist durchaus modern. Interessant und anziehend ist es auch, zu sehen, wie Wackenroder z. B. von Leonardo da Vinci schon mit ähnlicher magischer Gewalt gefesselt wird wie wir heutigen und wie er tastend versucht, das Unergründliche dieser enormen Persönlichkeit bewundernd zu umfassen. (1904)

Das liebe, zart duftende kleine Buch Wackenroders stammt aus einer guten, lichten Zeit der deutschen Dichtung, brüderlich steht es neben Novalis und Tieck. Für uns sieht schon das wie ein fernes Paradies aus: jene Zeit der Begeisterung, Träumerei und innigen Hingabe, jene enthusiastische Geistigkeit der jungen Romantik. Und doch weist sie viel weiter zurück, ist selber nur ein Abglanz, und wer ihrem bangen Rufe folgt, wird aus unsrer ganzen schwindelhaften Literatur zurückgeführt zu den geistigen Strömen des Mittelalters. Dort finden wir alles, was uns heute fehlt: Glaube, Moral, Ordnung, Seelenkultur. Und dort, nirgends anders müssen wir anknüpfen, um das Neue zu erreichen, das wir suchen. Das christliche Mittelalter ist, ebenso wie der Geist Asiens, eine der Urquellen, zu denen wir auf verschütteten, mit Druckerschwärze und Professorengerede zugeschütteten Wegen wieder hinsuchen.

(1924)

E. T. A. HOFFMANN
1776–1822

Es liegt viel zwischen heute und jener Zeit, wo Hoffmanns Name in aller Mund und seine Bücher in jedermanns Händen waren. Man hat das Verständnis für die
brillante, überlegene, ironische Schreibart und für die raffinierte Mischung von Alltag und Märchen verloren, deren
große Meister Ludwig Tieck und E. T. A. Hoffmann waren. Immerhin läßt sich das Schwinden des Interesses für
Tieck eher begreifen als die Vernachlässigung Hoffmanns.
Denn während jener bei aller Feinheit ohne Kraft und
seine delikate Ironie nur für wirkliche Kenner ganz rein
zu genießen ist, sind in Hoffmanns Dichtungen brennende
Phantasie und realistische Erzählerkunst so kräftig und
glücklich gemischt, daß die Lektüre den weitesten Leser-
kreisen seltene Genüsse bietet. Tieck ist Plauderer und
Ironiker, Hoffmann ist Erzähler und Humorist. Weiter
läßt sich der Vergleich nicht führen, denn für die dämonische Kraft, mit welcher Hoffmann über das spukhaft
Schreckliche, das grausig Spannende, über alle Schauer
einer unheimlich verzerrten, dennoch organisch lebenden
Phantasiewelt gebietet — für all das bietet Tieck keine annähernd ebenbürtigen Gegenstücke. Man erzählt von dem
Dichter der «Nachtstücke», ihn haben zuweilen, wenn er
spät nachts an seinen aufregenden Dichtungen schrieb, die
selber geschaffenen Dämonen plötzlich mit solchem Grausen übermannt, daß er, flüchtig vor der eigenen Phantasie,
sich die Augen habe zuhalten und die Arbeit unterbrechen
müssen.   (1900)

«Lebensansichten des Katers Murr»

Dieser tolle «Kater Murr» ist auch heute noch eine erfreuliche Sache und seine Lebensweisheit ist nicht veraltet. Bekanntlich aber ist der «Kater Murr» ein Doppelbuch, es enthält nicht nur die wunderlichen «Lebensansichten» des weisen Katers, sondern auch «in zufälligen Makulaturblättern» die Geschichte des Kapellmeisters Johannes Kreisler, und Kreisler ist gewiß die wunderbarste, geheimnisvollste, durchglühteste Figur in der ganzen Dichtung Hoffmanns. Alles was die deutsche Romantik über Musik gesagt hat, wird unendlich überstrahlt von dem heiligen Musik-Geist dieser Figur, dieses herrlichen, nie genug zu liebenden Kreislers. An ihm hat der junge Robert Schumann, an ihm der junge Richard Wagner sich begeistert und eine unversiegliche Quelle des Trostes, des Verstehens, des Enthusiasmus gefunden. Und wenn Hoffmann nichts gemacht hätte als die «zufälligen Makulaturblätter», die er in tollem Durcheinander seinem «Kater Murr» mitgab, so wäre er dennoch einer der großen deutschen Dichter. Es gab Jahrzehnte, in welchen niemand in der Welt geglaubt hätte, daß Dinge wie der «Kater Murr» einst das deutsche Heer, die deutsche Monarchie und die deutsche Kriegswirtschaft überleben würden; und nun ist es doch so gekommen. (1923)

«Tagebücher»

Diese Aufzeichnungen enthüllen Zartestes, und zuweilen berührt ihre Veröffentlichung wie eine Schändung. Aber wer den Dichter des «Goldenen Topfes» wahrhaft liebt, dem wird dieser Band Tagebücher herzlich lieb werden. Man muß sich erst hineinlesen, diese Blätter sind wahrlich nicht für den Druck geschrieben. Trockenste Notizen über Geldsachen, Briefe, Theaterbesuche, alles abgekürzt im Notizbuchstil, und dazwischen, ebenso hastig, ebenso abgekürzt, ebenso kraus und unbekümmert heikelste Herzenserlebnisse des Menschen und Künstlers, wildeste Ergüsse, rührendste Klagen! Zuweilen kühl aufblitzend über allem Wirbel der Leidenschaften die seltsam klare Selbstbeobachtung des großen Künstlers, kühl und streng bis zum scheinbaren Zynismus. Dem Seelenforscher geben diese Blätter in ihrer kurzen Ehrlichkeit unendlich viel.

(1916)

Den naschhaften Leser werden diese Tagebücher enttäuschen, sie sind ganz und gar nicht für Leseraugen oder gar für ein Publikum geschrieben und entziehen sich in ihrer schroffen Kürze und ihrem andeutenden Depeschenstil dem oberflächlichen Interesse. Um so mehr findet der Sucher und ernste Freund in ihnen, denn sie enthalten in ihrem raschen, wilden Gestammel eine ergreifende Herzens- und Künstlergeschichte.

Hoffmann ist eine Natur, welche dem von ihr Angezogenen immer wieder wichtig und verlockend bleibt, sie enthält Abgründe, über denen wir immer wieder mit liebender Grübelei verweilen müssen. Übrigens zeigen auch diese reichen Aufzeichnungen wieder an vielen Orten klar, was für ein bewußter Künstler Hoffmann war, und Stellen, welche zunächst von ganz privatem Interesse scheinen, bringen Aufschlüsse über wichtigste Fragen der Künstlerpsychologie. Für Unbeteiligte ist dies Buch nichts, für die nahen Freunde des Dichters ist es ein Schatz.   (1919)

ACHIM VON ARNIM
1781–1831

CLEMENS BRENTANO
1778–1842

« Des Knaben Wunderhorn »

Des Knaben Wunderhorn, die populärste und einflußreichste Sammlung deutscher Volkslieder, die jemals veranstaltet wurde, ist jetzt etwas über hundert Jahre alt. Das berühmte Sammelwerk erschien, als gemeinsame Arbeit der Dichter Achim von Arnim und Clemens Brentano, in drei Bänden von 1805 bis 1808, und war die erste nennenswerte Sammlung dieser Art in Deutschland; von früheren Volksliedersammlern kommt für uns nur noch Herder in Betracht, dessen «Volkslieder» 1778/79 erschienen waren, aber zum größeren Teil Übertragungen ausländischer Volkslieder enthielten.

Die enthusiastische Beschäftigung mit Denkmälern deutscher Vergangenheit war seit Herder und seit den Straßburger Studien Goethes ein Kulturelement geworden, zu dem sich die Dichter der jungen Romantik nun mit leidenschaftlicher Bewußtheit bekannten. Wie Arnim und Brentano den Volksliedern, so ging Tieck den alten deutschen Volkserzählungen nach, mit wissenschaftlicher Vertiefung sammelten die Brüder Grimm ihre Sagen und Märchen. Das Wunderhorn und die Grimmsche Märchensammlung sind die bedeutendsten Resultate dieses Interesses für die deutsche Vergangenheit und Volksseele — die indirekten Früchte sind nicht minder wertvoll, ja unermeßlich, denn in jenem neu erwachten Sinn für den Geist des deutschen Mittelalters liegen die Keime für die schönsten, deutschen Dichtungen jener Zeit, von Goethes Faust bis zu den Liedern Uhlands und Eichendorffs.

Was das Wunderhorn für die Zeit vor hundert Jahren war, kann es heute nicht mehr sein. Die Arbeit der beiden jugendlichen Herausgeber ruhte auf Begeisterung und echter Hingabe, aber die Redaktion der Texte und die Auswahl der Lieder war keineswegs einwandfrei. Namentlich Arnim arbeitete nicht sonderlich gründlich. Seither sind zahlreiche wertvolle Sammlungen auf Grund wissenschaftlicher Arbeit erschienen, obenan Uhlands große Volksliedersammlung, dann die wichtigen Bücher von Böhme, Liliencron, Schade und vielen andern. Aber eine wirklich volkstümliche Auswahl des besten lyrischen Volksgutes, ein modernes Wunderhorn mit der Frische des alten, aber mit wahrhaft einwandfreien Texten und strengster Auswahl fehlt noch immer. Vor einigen Jahren ist das bestgearbeitete Buch dieser Art, der «Lindenbaum», in Berlin erschienen. Eine umfangreichere Volksliederauswahl, nach den strengen Grundsätzen des «Lindenbaum» gearbeitet, existiert noch nicht. Zahlreiche Versuche dieser Art sind mehr oder weniger dilettantisch gemacht worden.

So ist denn das Wunderhorn noch immer unentbehrlich und durch nichts ersetzt worden. Obwohl viele von seinen Texten entstellt sind, obwohl wir von vielen ältere, reinere, schönere Fassungen kennengelernt haben, ist das Buch als Ganzes doch stets lebendig geblieben.* (1913)

Über das Werk selber brauche ich hoffentlich den Lesern nichts mehr zu sagen! Es ist, über allen Zweifel, eines der allerschönsten Bücher, die in deutscher Sprache existieren, und je mehr seitdem die Wissenschaft sich dieser Volkslieder angenommen und fehlerlosere Ausgaben und Sammlungen von ihnen herausgegeben hat, desto unbekümmerter dürfen wir uns nicht nur der Lieder, sondern auch der beiden famosen Herausgeber Arnim und Brentano freuen, die so frisch und glühend ins Zeug gingen, Pathos wie Schelmerei mitlebten, die Lieder mitdichteten und man-

* Aus dem Nachwort zu einer Auswahl «Des Knaben Wunderhorn»

ches, das sie nicht verstanden oder dem ein paar Verse zu mangeln schienen, kühnlich ergänzten. Überall weht Jugend durch das herrliche Buch, dem der flinke Bub mit seinem Hörnlein vorausreitet; überall quillt und treibt es, man meint die zwei jungen Herausgeber in ihrer Entdeckerfreude darüber lachen und mitsingen zu hören.

(1909)

CLEMENS BRENTANO
1778–1842

Brentanos Werke

Es gibt große Dichter, welche unbekannt sind, und andere, welche unverstanden sind. Der Unterschied ist dieser: die unbekannten Dichter werden wenig gedruckt und wenig gelesen, leben aber in einem kleinen, treuen Jüngerkreise verstanden und geliebt weiter. Zu diesen Dichtern gehört Novalis, gehörten bis vor kurzem Hölderlin und Jean Paul. Die unverstandenen Dichter aber haben zwar berühmte Namen, sie werden aber nicht nur vom «Volk» nicht gelesen, sondern werden auch von den berufsmäßigen Kennern, den Historikern und Philologen, nicht recht goutiert und nicht recht verstanden, man liest über sie in den Literaturgeschichten Verlegenheitsworte, die einer vom anderen abschreibt.

Zu diesen Unverstandenen gehört, schon seit hundert Jahren, Clemens Brentano. Sein Leben und sein Werk zerfallen in zwei ungleiche Hälften, zwischen welchen seine Bekehrung liegt. Es ist weder das religiöse Leben des frommen, späteren Brentano von unsern Kritikern verstanden worden, noch das latente, pervertierte seiner weltlich-genialischen Frühzeit. Auch Alfred Kerr in seinem famosen Büchlein über «Godwi» hat hierin versagt. Weit Richtigeres und Klügeres als er und als alle protestantischliberalen Historiker hat der Jesuit J. B. Diel über Brentanos Seele gesagt, ihm aber fehlte das volle Mitschwingen für den Künstler und Artisten Brentano.

Beide Clemens, der wilde junge und der fromme alte, behalten nach wie vor ihre Gesichter, die bei aller fast grotesken Verschiedenheit doch den wichtigsten Zug gemeinsam haben: der geniale Komödiant Clemens und der enttäuschte starre Büßer, beide blicken in die Welt mit tiefer, gespenstischer Fremdheit, beide sind nicht in ihr zu Hause. Der eine verhöhnt sie, der andere flieht sie — beide aber leiden, beide leben in einer andern Realität als der unsern und sind bei uns ohne Heimat. (1921)

FRIEDRICH GOTTLOB WETZEL
ca. 1779–1819

«Die Nachtwachen des Bonaventura»

Unter obigem Titel trieb sich, 1804 zuerst erschienen und nie in weite Kreise gedrungen, seit hundert Jahren ein kleines frühromantisches Kuriosum in der deutschen Literaturgeschichte herum, das die eifrigeren Freunde unsrer Romantik seit einigen Jahren in leicht verstümmelter Form aus den «Literaturdenkmalen des 18. und 19. Jahrhunderts» kannten. Als Verfasser galt von jeher, auf Grund älterer Vermutungen und ursprünglich durch das (auch von Schelling 1802 einmal benützte) Pseudonym «Bonaventura» veranlaßt, der Philosoph Schelling. Erst Dilthey hat diese Autorschaft energisch bezweifelt, und jetzt hat Franz Schultz den wahren Autor in dem verschollenen, noch von Heine geschätzten Dichter und Journalisten Friedrich Gottlob Wetzel entdeckt, der 1819 in Bamberg starb.

Das alles ist nicht eben aufregend und ginge uns Nichtwissenschaftler gar nichts an, wenn nicht die Nachtwachen des Bonaventura ein überaus charakteristisches, kräftiges Stücklein deutscher Frühromantik wären. Es steht durchaus im Sternbild Shakespeares, atmet schon bewußt die damals nagelneue Luft des Ofterdingen und des Godwi, auch an Jean Paul anklingend, und hat doch ganz das Pathos und Temperament der Epoche von «Sturm und Drang» und «Ugolino». Diese Mischung ist, wenn auch vielleicht kein Unikum, jedenfalls interessant und lebendig genug, uns zu fesseln, eine Mischung von Pathos und Ironie, Groteskerie und sehnlichem Ernst. Träume und Nachtphantasien eines genialen, zerrissenen Geistes, der solange mit Masken spielt, bis ihn im Spiegel die eigenen Züge maskenhaft starr anblicken. Seine Geschichte («die sich still und verborgen, wie ein schmaler Strom, durch die Fels- und Waldstücke, die ich umher aufhäufte, schlingt») ist die des Journalisten, der ein Dichter ist, und ist auch die Geschichte des Ironikers, in dessen Seele eine verschüttete Stimme um die verlorene Unschuld des harmlos geradlinigen Denkens klagt. (1910)

STENDHAL

1783—1842

Wie der französische Dichter Stendhal (Henry Beyle) es vor bald hundert Jahren vorhergesagt hat, haben seine Werke in unserer Zeit eine Auferstehung erlebt.

Stendhals Auferstehung aus der Vergessenheit ist, zum mindesten für das deutsche Sprachgebiet, an den Namen Nietzsches geknüpft, der in Stendhal einen kongenialen Vorläufer sah. Nietzsche liebte und schätzte an diesem Dichter vor allem die romanische Haltung, die straffe

Kühle der Form, die herrenhafte, stolze Haltung, das Vermeiden der Sentimentalität. Er hat zu Stendhal ein ähnliches Verhältnis wie dieser es zur italienischen Renaissance hatte, ein Verhältnis inniger und stark überschätzender Liebe, genährt aus tiefem Trotz gegen heimatliche und zeitgenössische Erscheinungen. Wie Nietzsche in seiner Empfindlichkeit und Vereinsamung zum Antichristen und zum Antideutschen wurde, so ist einst Stendhal, der Überempfindliche, aus Widerwillen gegen das Frankreich seiner Zeit, namentlich das nachnapoleonische, zum Franzosenhasser geworden. Beiden gemeinsam ist vor allem der sehnsüchtige, zum Teil aus Ressentiment geborene Zug nach dem Heroischen.

Stendhal selbst hat viel über sich bekannt; es gibt umfangreiche Bekenntnisschriften von ihm; ähnlich wie Nietzsche empfand er sein Anderssein als ebenso auszeichnend wie tragisch und wurde nicht müde, in hundert Formen der Nachwelt eine Rechtfertigung seines Wesens und Denkens zu hinterlassen.

Mit Recht sind seine beiden großen Romane, «Rot und Schwarz» und die «Kartause von Parma», die bekanntesten und geliebtesten seiner Werke. Nur ein einziges seiner anderen Bücher, das «Über die Liebe», hat im engeren Kreis der Stendhalfreunde Leser gefunden, die es sogar jenen Dichtungen vorziehen. Man kann diese drei Hauptwerke recht wohl unter einen Gesamtbegriff bringen, es sind die drei Bücher, in welchen Stendhal sein Ideal von der Liebe zeichnet. Und die Erzählung von Sorels Liebe zu Frau Renal, in «Rot und Schwarz», wie die von Fabricio und Clelia in der «Kartause» sind in der Tat zwei der schönsten, innigsten und ergreifendsten Liebesgeschichten der Weltliteratur. Stendhal, der heimliche Romantiker, der mißtrauische Sensible, der sich gerne hinter Ironie und kaltem Verstandestum verbarg, hatte keinen anderen Lebensglauben als den an die Liebe, an die Möglichkeit einer grenzenlosen, heroischen Leidenschaft zwischen Mann und Frau. Wie er diese Leidenschaft in seinem Leben glühend suchte, so suchte er sie in der Dichtung aller Zeiten, vor allem in Urkunden der italienischen Renaissance, und diese ideale Leidenschaft, diese alles andere verzehrende, jeden Opfers fähige, in jedem Opfer selige Liebe hat er zweimal, in jenen beiden großen Romanen, mit einer wunderbaren Glut und Reinheit dargestellt. Diese beiden Liebesgeschichten stellen den Höhepunkt seiner Kunst und seines Gefühles dar. Eine dritte solche Erzählung war vorbereitet und wundervoll begonnen, im «Lucian Leuwen», ist aber Fragment geblieben.

Dafür wurde dieser «Lucian Leuwen» zu einem politischen Roman aus dem Frankreich kurz nach der Julirevolution, auf dessen zahlreiche Parallelen zum heutigen Zustande Deutschlands einer der Herausgeber mit Recht hinweist. Es fehlt dem Dichter Stendhal indessen der Politik gegenüber das, was seine rein psychologischen Erzählungen trotz der kühlen Sprache so glühend macht: der Glaube. Im politischen und gesellschaftlichen Frankreich seiner Zeit sah Stendhal nichts als Niedergang und Auflösung, der Gedanke der Revolution, die Souveränität des Volkes, ist ihm nie wirklich lebendig geworden. Darum bleibt dieser «Leuwen» in pessimistischen, freilich höchst geistreichen Zeitschilderungen stecken.

Bezeichnend für den mißtrauischen Sonderling und Zeitverächter Stendhal ist auch sein Verhältnis zu Napoleon, dem er ein wundervolles Buch gewidmet hat. Er hat seine Begeisterung für Napoleon erst nach dessen Sturz entdeckt und erst lang nach dessen Abgang öffentlich bekannt. Er sah in ihm, sobald er von der Weltbühne abgetreten war, eine Verkörperung seines heimlichen, brennenden Ideals, er sah in ihm das, was seiner Zeit und Umgebung zu seinem Schmerze so gänzlich fehlte: die Möglichkeit des Heroischen.

Über die klassischen, bleibenden Werte jener beiden Romane hinaus enthält Stendhals Werk für den psychologisch wachsamen Leser eine unendliche Fülle des Erstaunlichen und Köstlichen. Diese unter zahlreichen Pseudonymen geschriebenen Werke stecken voll von heimlichen Bekenntnissen, von Selbstrechtfertigungen; sie sind ein höchst organischer, scharf zentrierter Mikrokosmos, in dessen Mitte Stendhals Seele steht, diese höchst sensible, höchst veränderliche, ängstliche, mißtrauische, heimlichstolze Seele eines Unverstandenen und Neurotikers, welcher sich beständig gegen die Welt und gegen sich selbst dagegen wehren mußte, daß sein Anderssein, seine Einzigartigkeit nicht lediglich als Krankheit und Schrulle genommen werde. Vielleicht hat nie ein genialer Sonderling den Mythus seiner Seele so vielfädig und aufschlußreich ausgesponnen wie Stendhal, hierin erinnert er oft an Nietzsche und auch an einen anderen Einsamen, der sonst durchaus sein Antipode ist: an Kierkegaard.

Das Leben hat immer recht. Die Geschichte läßt scheinbar Werte zu Tausenden klanglos untergehen, aber sie entreißt auch das Wertvolle immer wieder der Vergessenheit. So ist der vergessene Stendhal heute einer der großen europäischen Autoren und erlebt Neuausgaben, Übersetzungen und Biographien in Menge. Ein Teil seines Werkes wird unsterblich bleiben. (1922)

«Italienische Novellen und Chroniken»

Hier lernen wir den großen Dichter Stendhal von einer höchst charakteristischen Seite kennen, denn die tiefe Begeisterung für die Menschlichkeit und Anschauungsweise der Renaissance entspringt bei ihm, dem enttäuschten Anhänger Napoleons, einem tiefsten Gefühl, einer Einsicht in sein eigenes Wesen, das vom französischen Modegeist seiner Zeit sich angewidert fühlte. Die Art wie Stendhal alte italienische Chronik-Manuskripte studierte und verwertete, ist bezeichnend für sein ganzes Schaffen, und überall geht er, im schroffsten Widerspruch zum damaligen Stil und der damaligen Mode, begierig auf die unverblümtesten, unsentimentalsten Äußerungen naiv-herrischen Lebensgefühls los. Einige Male hat er diesen Stil auch als Dichter genial gemeistert, so in dem leider unvollendeten «Chevalier de Saint-Ismier», einer der kühnsten, lebendigsten Novellen der ganzen französischen Literatur. Aber auch in jenen Stücken, welche nur Übersetzungen und Bearbeitungen alter Manuskripte sind, zeigt sich derselbe unbeugsame Stilwille. Durch diesen Band wird unsere bisherige Stendhal-Kenntnis ganz wesentlich vertieft. (1921)

BETTINA VON ARNIM
1785–1859

Brentanos Schwester Bettina, eines der seltsamsten und beschwingtesten Temperamente der ganzen deutschen Literaturgeschichte, war auch dem Versinken nahe. Nun erlebt sie eine Gesamtausgabe ihrer Schriften, die auch bisher ganz Unbekanntes bringen soll. Die vier bisher erschienenen Bände enthalten die Günderode, den Frühlingskranz und Goethes Briefwechsel mit einem Kinde, also die drei bekanntesten Werke dieser launischen Dichterin. In diesen fabelhaft sprühenden Briefbüchern, in denen jede Seite aus dem glühenden, lebendigen, erregten Augenblick heraus entstanden ist, kann man über das, was man romantischen Geist nennt, mehr erfahren als in den Büchern vieler Professoren. Dieser romantische Geist aber ist für uns keineswegs eine historisch-gelehrte Angelegenheit, sondern eine höchst aktuelle, denn dort, in der Romantik, sehen wir den letzten großen Aufschwung des deutschen Geistes vor der Zeit der Materialisierung und Verflachung, und mit jenen jungen, glühenden, sehnsüchtigen Geistern der romantischen Dichter fühlt sich die geistige Jugend des heutigen Deutschland vielfach verbunden. Bettina nun hat zwar nicht die Größe ihres Bruders, noch die Tiefe des Novalis, aber sie hat den ganzen Duft jener Zeit und Stimmung, sie phosphoresziert und sprüht nach allen Seiten, und jedes Blatt ihrer Bücher ist voll Jugend, voll Schwärmerei, voll süßer Torheit, voll Übermut. (1921)

«Die Günderode»

Karoline von Günderode (gestorben 1806) ist berühmt durch ihr tragisches Liebesschicksal und Ende. Der Selbstmord des schönen und geistvollen jungen Mädchens war der Abschluß eines psychologisch komplizierten Liebesverhältnisses zu Friedrich Kreuzer, dem Heidelberger Philologen. Sie nahm seinerzeit sowohl als Dichterin wie als temperamentvolle, vielseitig interessierte und gebildete Persönlichkeit im Verkehr mit ihren hervorragendsten Zeitgenossen eine eigenartige, bedeutende Stellung ein. Die tiefste und innigste Freundschaft ihres Lebens aber war die mit Bettina Brentano, und diese hat ihr in dem Buche «Die Günderode» nach ihrer Art ein Denkmal gesetzt. Freilich lernen wir in dem merkwürdigen Buche eigentlich mehr die Bettina als die Günderode kennen. Ähnlich wie in «Goethes Briefwechsel mit einem Kinde»* hat Bettina auch hier das vorhandene Briefmaterial in persönlichster Weise zu einem poetisch-geistreichen Briefwechsel, zu einer halb wahren, halb erfundenen Seelen- und Freundschaftsgeschichte in Briefen ausgebaut. Tatsachen darf man in diesen Briefen nicht oder nur mit großer Vorsicht suchen. Desto reicher sind sie an Geist und Schönheit und auch an tapferer, innerer Wahrheit: denn nicht nur war der poetische Briefwechsel das Ausdrucksmittel, das der unstet lebhaften Natur der Dichterin am meisten zusagte, sondern

* Siehe auch Seite 187 ‹Goethe und Bettina›.

sie besaß auch für das Wesentliche, Bedeutende, Charakteristische in den Persönlichkeiten ihres Umgangs ein ungemein feines, fast divinatorisches Gefühl.

So ist «Die Günderode» eine Art von Roman, ein ver-
dichteter und verklärter Ausdruck des Wesentlichen und
Schönsten, was jenes kurze, leidenschaftliche, unselig er-
loschene Leben enthält.   (1904)

Das Lebendige kann wohl für lange Zeiten verschüttet,
nicht aber getötet werden, es kommt immer wieder ans
Licht. Und Bettinens Werke sind lebendig, weit lebendiger
als das meiste, was heute geschrieben und gelesen wird.
Ihre fessellose, reiche königliche Phantasie, ihre innige Begeisterungsfähigkeit und Liebesfähigkeit, ihr unerschrok-
kener Mut, ihr tiefer Sinn für das Gute, ihr Durst nach
Hingabe, nach Sichverschenken, brennt so lauter in allen
ihren Werken, daß daneben die Bizarrerien und Spielereien ihrer Launenhaftigkeit wohl endlich einmal vergessen werden dürften. Es ist auch kein Zufall, daß das Werk
dieser genialen Frau gerade im heutigen Deutschland wie-
deraufersteht, denn in diesem Werk, und zwar gerade
auch in fast vergessenen Schriften, wie den Dämonen-
gesprächen, handelt es sich um Angelegenheiten der
Menschheit und Menschlichkeit, die heute wieder brennend
aktuell sind.   (1923)

JOSEPH VON EICHENDORFF

1788—1857

Die Familie der Freiherren von Eichendorff, aus Bayern
stammend, war im 17. Jahrhundert nahezu ausgestorben,
als einer ihrer Abkömmlinge sich in Schlesien niederließ.
Dort, auf dem Schloß Lubowitz bei Ratibor, ist der Dich-

ter Joseph von Eichendorff als zweiter Sohn seiner Eltern am 10. März 1788 zur Welt gekommen. Sein Vater, ein gediegener und beliebter Gutsbesitzer, besaß die Bildung eines Edelmanns seiner Zeit, er hatte die Universität besucht, ziemlich ausgiebige Reisen gemacht, ein paar Jahre als Offizier gedient, und muß ein guter, kluger und ritterlicher Mensch und Vater gewesen sein, seine Söhne hingen mit ehrfürchtiger Zärtlichkeit an ihm. Von der Mutter wird berichtet, daß sie eine Schönheit war und in Haus und Gesellschaft durch geistige Behendigkeit, Unternehmungslust und Tatkraft glänzte, sie liebte Heiterkeit, Geselligkeit, Gäste, und bei mancher der anmutigen Schloßherrinnen seiner Novellen wird der Dichter an sie gedacht haben.

Was später sein Wesen bestimmte, hat er aus dieser Familie und aus dieser an Wäldern reichen ländlichen Heimat mitgebracht: die Liebe zur Träumerei und Dichtung, zur Landschaft und vor allem zum Walde, die katholische Gläubigkeit und die Lauterkeit eines zarten, wohlerzogenen, vornehmen Herzens.

Dazu erwarb er sich schon in früher Jugend mehr als gewöhnliche sprachliche und literarische Kenntnisse, trieb Latein, Polnisch, Französisch, Spanisch und zeigte schon als Knabe in Tagebüchern, Briefen und gelegentlichen Gedichten ein leichtes, angenehmes Formtalent, das zur Spielerei neigte und nicht ohne Gefahren für ihn gewesen wäre, hätte ihn nicht sein nobler, ritterlich reiner Charakter vor Eitelkeit und literarischer Streberei bewahrt.

Eichendorff studierte in Halle, wo er dem romantischen Kreise der Steffens und Tieck nähertrat, er genoß früh das Glück sorglosen Reisens, das er wie wenig andere verstanden und besungen hat, und hat in seinen empfänglichsten Jahren ein gutes Stück Welt gesehen. In Heidelberg, wo er seine Studien fortsetzte, lernte er Arnim, Brentano und Görres kennen und war bald ein Glied dieser genialischen

Gesellschaft, starke literarische Einflüsse aber haben nur Arnim und die Lieder des Wunderhorns auf ihn geübt. Von außen betrachtet war es ein weniger gelehrtes als burschikoses Studententum, das er da mitlebte. In seinen Aufzeichnungen über jene Jahre findet man Stellen wie diese: «Es war wahrhaft rührend anzusehen, wie da in den überfüllten Auditorien in der schwülen Atmosphäre der entsetzlichsten Langeweile Lehrer und Schüler um die Wette verzweiflungsvoll mit dem Schlummer rangen ...» oder «Stets schlagfertige Tapferkeit war die Kardinaltugend des Studenten, die Muse war seine Dame, der Philister der tausendköpfige Drache, der sie schmählich gebunden hielt und gegen den er daher mit Faust, List und Spott beständig zu Felde lag. Und gleichwie überall gerade unter Verwandten oft die grimmigste Feindschaft ausbricht, so wurde auch hier aller Philisterhaß ganz besonders auf die Handwerksburschen (Knoten) gerichtet. Wo diese etwa auf dem sogenannten Breiten Steine (dem bescheidenen Vorläufer des jetzigen Trottoirs) sich betreten ließen oder gar Studentenlieder anzustimmen wagten, wurden sie sofort in die Flucht geschlagen. Waren sie vielleicht in allzu bedeutender Mehrzahl, so erscholl das allgemeine Feldgeschrei: Burschen heraus! Da stürzten, ohne nach Grund und Veranlassung zu fragen, Studenten mit Rapieren und Knütteln aus allen Türen, durch den herbeieilenden Sukkurs des nicht minder rauflustigen Gegenparts wuchs das Handgemenge von Schritt zu Schritt, dichte Staubwirbel verhüllten Freund und Feind, die Hunde bellten; so wälzte sich der Kampf oft mitten in der Nacht durch Straßen und Gäßchen fort, daß überall Schlafmützen erschrocken aus den Fenstern fuhren und hie und da wohl auch ein gelocktes Mädchenköpfchen in scheuer Neugier hinter den Scheiben sichtbar wurde.»

Eine Reise nach Paris schloß die Studienzeit ab. Während dieser Jahre war Deutschland aufgewühlt und Preußen nahezu vernichtet worden, sonst hätte der junge Dichter wohl den preußischen Staatsdienst gesucht, es wäre das Hergebrachte und Natürliche gewesen. Berlin kannte er schon, hatte Fichtes Vorlesungen als Gast besucht und das Berliner Theater kennengelernt.

Statt dessen ging er nun nach Wien, legte seine Staatsprüfungen ab und lebte dort einige Zeit im Umgang mit Friedrich Schlegel, Collin, Körner und dem Maler Philipp Veit, bis im Februar 1813 der Aufruf des Königs von Preußen auch ihn zu den Waffen rief. Er hat während des Befreiungskrieges dem Lützowschen Freikorps angehört. Im Jahre 1814 ging er, jung verheiratet, nach Berlin und gab bald darauf seinen ersten Roman heraus «Ahnung und Gegenwart». In aller Stille, denn das Buch wurde zunächst kaum beachtet, trat er damit neben die führenden Romantiker. Das wunderschöne, phantastische Buch, die zeitnaheste seiner Erzählungen übrigens, ist niemals populär geworden, in der Geschichte der Dichtung aber ist das Jahr seines Erscheinens ein wichtiges und festliches Datum, denn dies erste Buch Eichendorffs enthält eine große Anzahl Gedichte, darunter einige seiner schönsten. Was in jenen ersten Liedern klang, das geht weiter durch seine ganze Dichtung: eine halb ritterliche, halb idyllische, genügsame, aber reine und innige Welt, in der die Melodie den Gedanken überwiegt und deren Ethos die Pietät ist. Nie hat Eichendorff eine Mode mitgemacht, nie hat er sich zu ihm nicht gemäßen Leistungen empor zu schrauben versucht, nie hat er sich interessant gemacht. Zwischen dem wilden Geniewesen mancher seiner romantischen Kameraden steht er freundlich, still und lächelnd wie ein Gast vom Lande, etwas verwirrt von dem Getriebe, aber seines eigenen Wesens und Wertes sicher und seiner angeborenen Liebe treu, der Liebe zum Frieden, zur Natur und zu einem Leben, wie er es in den Heimatjahren auf Schloß Lubowitz kennengelernt hatte. Dabei ist er immer geblieben, und da er in der traumhaften Sicherheit seines Kinderherzens gleich in seinen frühen Dichtungen seinen Ton vollkommen rein getroffen hatte, kann man von einer literarischen Entwicklung bei ihm kaum reden. Es folgten jenem ersten Buch mit den Jahren Novellen und Gedichte, ein zweiter Roman und einige dramatische Versuche, und allmählich klang, was einst in der Unmittelbarkeit der Jugend gestrahlt hatte, müder und von rückblickender Sehnsucht verschleiert; auch trat die Frömmigkeit etwas mehr in den Vordergrund, es war nie eine bewußte und gepflegte Frömmigkeit, sie war auch nie verzückt oder asketisch, sie klang mit seiner Liebe zum Wald und zum Wandern brüderlich und naiv zusammen.

Als Eichendorff, nach einer langen Beamtentätigkeit, im Jahr 1857 starb, war er ein Unzeitgemäßer, obwohl viele seiner Lieder in den Herzen der Jugend lebten. Und später wurde er, samt der ganzen Romantik, weggelegt und vergessen und sank in die Flut des Gewesenen unter, aus der nur das Lebendige und in irgendeiner Weise Vollkommene wieder emporzusteigen vermag. Aber siehe, das Werk dieses Bescheidenen war lebendig, war vollkommen, und es stieg aus Staub und Vergessenheit wieder herauf, es lebt unter uns und hat noch den alten süßen, reinen Klang, während so viele glänzendere Größen von gestern und vorgestern so spurlos verweht sind.

Daß die Lieder Eichendorffs zum unverlierbaren Gut deutscher Dichtung gehören, daran wurde auch früher schon selten gezweifelt. Ich habe sie als Knabe von Schulkindern und Dorfmägden, von Studenten und Soldaten hundertmal singen hören und mitgesungen, sie waren Volkslieder geworden: «O Täler weit, o Höhen», «In einem kühlen Grunde» oder «Wer hat dich, du schöner Wald». Seit Schumann haben unsere großen Liederkomponisten bis auf Hugo Wolf und bis auf Heutige immer wieder dankbar und beglückt in seinen Liedern geschwelgt. Von den heutigen Musikern hat keiner so schöne Eichendorfflieder geschrieben wie Othmar Schoeck.

Aber es hat sich mit den Jahrzehnten und Generationen mehr und mehr erwiesen, daß auch Eichendorffs Prosa unsterblich ist, daß sie auf uns anders, aber nicht minder stark und wunderbar wirkt wie auf die Generation von 1820 und 1840, daß ihr eine heitere, lebenfördernde Magie und eine unzerstörbare musikalische Schönheit innewohnt. Die Urteile der Literaturhistoriker über Eichendorff waren vor sechzig, siebzig Jahren sehr viel skeptischer als heute. Wir sind längst überzeugt, daß er zu den Klassikern gehört, und sehen ihn, gleich seinen ähnlich bescheidenen Brüdern Uhland und Mörike, ganz ohne Lärm zu jener Unsterblichkeit eingegangen, an welcher keine Kritik mehr rütteln kann. (1945)

ARTHUR SCHOPENHAUER

1788–1860

Mit Schopenhauer begann ich mich schon in jenen Jünglingsjahren, in denen Nietzsche meine Hauptlektüre war, zu beschäftigen. Je mehr Nietzsche dann in den Hintergrund trat, desto mehr fühlte ich mich zu Schopenhauer hingezogen, um so mehr als ich, von ihm unabhängig, schon früh einige Kenntnis der indischen Philosophie bekam.

Die spätere intensivere Beschäftigung mit indischer und dann mit chinesischer Geistesart war es wohl, die mich abhielt, so viel Schopenhauer zu lesen, wie ich es sonst getan hätte; so ist es gekommen, daß ich «Die Welt als Wille und Vorstellung» zwar vielmals in Händen gehabt, aber doch nur ein einziges Mal ganz und konsequent gelesen habe. In späteren Jahren, als mich mehr und mehr auch die Historie anzuziehen begann, stieß ich immer häufiger auf Schopenhauers Spuren und auf Ergebnisse seiner Einwirkung, namentlich auch bei jenem Historiker, den ich als den größten deutschen Geschichtsschreiber verehre, bei Jacob Burckhardt. (1938)

«Gespräche»

Viele der Anekdoten über Schopenhauer sind beinah Volksgut geworden, etwa die, wie er eines Morgens nicht mehr in seine Schuhe hineinkommt, sie sind plötzlich zu klein, wütend schickt er nach dem Schuhmacher, der sie gemacht hat, beklagt sich und schimpft, und wird von ihm ausgelacht, denn er hat einfach den rechten Schuh mit dem linken verwechselt. Ähnliches Anekdotische und auch Klatschhafte steht viel in dem Buch, aber auch Gespräche voll lebendigster Aufschlüsse über Schopenhauers rassige Person, über seinen Alltag, seine Lektüre, seine Erinnerungen an Weimar und Goethe, seine Kantverehrung. Kräftige Urteile und Derbheiten, witzige Einfälle, knurrige Ironie und zuweilen reiner, schöner Humor, ein sehr gutes Gedächtnis, auch für Kleinigkeiten, ein wenig Schauspielerei, geläutert durch eine Dosis Selbstironie, das sind die Hauptzüge dieser Lebensäußerungen. (1933)

GUSTAV SCHWAB
1792–1850

«Sagen des klassischen Altertums»

Hier können wir harmlos, und unbeirrt von den Händeln und Stänkereien der Philologen im Land der Griechen und Trojer wandeln und vom Zorn Achills wie vom Unglück des Ikarus in gutem Deutsch ohne Noten und Kommentare lesen. Der schwäbische Dichter, dessen Dichtungen wir beiseite gelegt und vergessen haben, erlebt in diesem schönen Sagenbuch, das jeder Lateinschüler besitzen und besser kennen sollte als den großen oder kleinen Plötz, eine ganz unberufne, lärmlose, behagliche Unsterblichkeit, die mancher dem etwas überbeflißnen Dichteronkel gar nicht zugetraut hätte, und die sich doch in aller Stille bewährt. (1910)

ANNETTE V. DROSTE-HÜLSHOFF
1797—1848

... Wer je ein einziges Blatt einer Drosteschen Handschrift betrachtet hat, der ahnt die Größe und Verwickeltheit dieser Aufgabe*, die Manuskripte der Dichterin sind alle wieder und wieder überarbeitet.

Für den aber, der einmal auf diese außerordentliche Frau ernstlich neugierig geworden ist, sind die Varianten voll von Aufschlüssen und Anregungen. — Einsam steht dieses träumerische und kränkliche adelige Fräulein, einsam und auch heute noch in vielem rätselhaft und unverstanden. Jeden aber, der ein Organ für echte Dichtung hat, bezaubert diese scheue und oft verirrte Seele tief durch jenes Geheimnis aller großen Kunst, durch das geheimnisvolle Zusammenarbeiten einer ungewöhnlichen Geistigkeit mit einer ebenso ungewöhnlichen Sinnenkraft. Die sinnliche Fülle ihrer Gedichte, ihr Vermögen für Aufnahme und Wiedergabe zartester Schwingungen, flüchtigster Farben ist so genial, ist von so urtümlicher Kraft und von so verfeinerter Sensibilität, daß die Dichterin daran immer wieder sprachschöpferisch wird, neue Klänge, neue Worte erschafft. Auf diesem Instrument einer seltenen Sinnen-

* Bezieht sich auf eine «in vieljähriger, peinlicher Kleinarbeit, unter Benutzung aller überhaupt erreichbaren Handschriften» entstandene Droste-Ausgabe im Verlag Georg Müller.

verfeinerung und Sprachkraft nun spielt die gefährdete und tief leidende Seele ihr lebenslanges Lied, voll Klage, voll Trotz, voll Verzweiflung, voll Aufschwung und neuem Sichverlieren. Die Fragwürdigkeit alles Menschentums, die Anklage gegen die Schöpfung steht heimlich hinter all diesen herrlichen Gedichten.   (1925)

JEREMIAS GOTTHELF

1797—1854

Wenn wir irgendeine literarhistorische Rarität, ein verschollenes Erotikon oder einen indiskreterweise publizierten Briefwechsel uns in einer guten Ausgabe kaufen wollen, so können wir das ohne Mühe tun, wir können diese Sachen in Leder und in Pergament, auf Bütten und auf Japan bekommen. Hingegen sind noch eine Reihe von großen Dichtern von unseren Verlegern nicht der Ehre einer guten, schönen, ernsthaften Ausgabe gewürdigt worden.

Einer von denen, denen es in dieser Hinsicht immer schlecht erging, ist Jeremias Gotthelf. Der Berner Pfarrer Bitzius, obwohl er gar nicht naiv war, hat beim Schreiben seiner Bauerngeschichten nicht gewußt, daß er ein großer Dichter war, aber heute könnten wir das immerhin wissen, schon durch Gottfried Keller.

Die Schwierigkeiten werden bleiben, es wird nach wie vor dem Ausländer der Dialekt, dem Modernen der predigerhafte Pfarrereinschlag bei Gotthelf zu schaffen machen, und manchen wird er ganz und gar abschrecken. Aber andre werden mehr Ausdauer haben; so gut Schwaben und Bayern Fritz Reuter lesen, so gut können sie Gotthelf lesen lernen, und ich meine, keine Ketzerei zu begehen, wenn ich bei aller Freude an Reuter doch in dem Berner einen Mann von weit größerem Kaliber sehe. Süffig ist er freilich nicht, er macht es seinen Lesern nicht zu leicht; er ist ein Pfarrer, dem die Bauern nicht aus der Kirche laufen dürfen und der darum Zeit hat, seine Sachen gründlich zu sagen. Daß er ein Erzähler ersten Ranges ist und fast homerische Qualitäten hat, kümmert ihn oft wenig; vor allem ist er Pfarrer und Volkserzieher, und wo sich ein Anlaß bietet, hält er inne, zieht Runzeln und wettert los, wobei sofort der Tonfall der Sätze mit den gehäuften Synonymen ihn verrät. Gleich am Anfang von «Geld und Geist», einem seiner ausgeglichensten Bücher, entartet der kurze schöne Anfangssatz in eine kleine entbehrliche Predigt, aber nach zehn Zeilen fällt ihm sein Anfang wieder ein, er beginnt: «Im Berngebiet liegt mancher schöne Hof», und damit beginnt eines der schönsten Erzählerwerke des vorigen Jahrhunderts. Wer dem nachgeht und den Sinn für das Rechte hat, der wird dann dabeibleiben, auch wenn hie und da der Dialekt arg hanebüchen kommt oder der Pfarrer sich wieder weit ins Predigen verirrt. Er wird, wie es das Geheimnis einer rechten Liebe ist, sogar diese Schwierigkeiten und auch die offenkundigen Fehler mit liebhaben müssen und wird dazu kommen, daß er sogar «Jakobs Wanderungen» genießen kann. (1912)

Dieser Gotthelf ist nicht, wie man oft meint, ein schnurriger Dorfonkel mit guten, saftigen Einfällen, ein Sonderling und launiges Original aus einem vergessenen Winkel der Welt; sondern dieser Gotthelf ist einer von den paar deutschen Epikern, einer von den paar ganz wenigen Dichtern des vergangenen Jahrhunderts, in welchen ein Stück Welt, eine Volkseinheit, rund und rein und hundertfältig zum Ausdruck gekommen ist. So etwas lebt unzerstörbar und wird fortbestehen, wenn unsere heutigen Dichtungen nur als Spezialitäten werden genannt werden. Es geht der Atem und das Wurzelgespinst eines ganzen Volkes durch diese Bücher, eines deutschen Volkes, und aus ihren Seiten spricht nicht ein einzelner, sondern spricht der

Geist einer Gesamtheit, einer Sprache und Art, wie aus Homers Gesängen nicht ein einzelner redet, sondern ein Volk und Land samt Glaube und Sitten, samt Meer und Wald. (1919)

HONORÉ DE BALZAC

1799–1850

Zu seinem fünfundsiebzigsten Todestag

Im März des Jahres 1850 war Balzac, einundfünfzig Jahre alt, nach endlosen Jahren zähesten Werbens so weit gelangt, daß sein großer Lebenswunsch sich erfüllte, in der Heirat mit Frau Hanska. Ein unglaublich wildes, begieriges, arbeitsreiches, beständig unter Volldampf keuchendes Leben schien damit seine Beruhigung gefunden, ein Wunderschiff nach hundert Stürmen und voll Schätzen aller Zonen glücklich den Hafen erreicht zu haben. Wenige Monate später, am 18. August 1850, ist er gestorben.

Es gab keinen Hafen, es gab keine Ruhe für diesen schrecklichen Riesen, für dies Genie der Strebsamkeit, des Ehrgeizes und des Arbeitsschweißes.

Er gehört zu den großen Dichtern, die man auf sehr viele Arten lesen kann. Man kann ihn, was bei der Mehrzahl der großen Dichter unmöglich ist, tatsächlich von jeder Lebensstufe aus lesen, als Jüngling oder alter Mann, als Dienstmädchen oder als Denker, als literarischer Feinschmecker oder als barbarischer Büchervielfraß. Die gewaltigen literarischen Qualitäten und Energien, die hinter der riesengroßen bunten Fassade seiner vielen Werke stecken, zeigen sich nicht ohne weiteres, oft scheint Balzac sogar recht banal, recht geschmacklos, recht unverfeinert, nicht selten auch langweilig. Erst beim Versuch, den Umfang seines Lebenswerkes, die Welt dieser zahllosen Bände voll zahlreicher Figuren und Schicksale sich als Einheit, als Werk eines einzelnen, bewußt schaffenden Gehirns, vorzustellen, beginnt man, die zweite Kraft dieses Athleten zu ahnen, die Macht des Auswählens, Ordnens, Komponierens. Seine erste Kraft, die der Zeugung, die des sprudelnden Schaffens, liegt vor jedem naivsten Leser ohne weiteres zutage.

Sein Lebenswerk duftet nach Fruchtbarkeit und strahlt Fülle aus wie das keines anderen Dichters, Shakespeare ausgenommen. Häufig scheint diese Fruchtbarkeit sich einfach um ihrer selbst willen zu ergießen und zu verschwenden, scheint dieser unbändige Schöpfungstrieb richtungslos und beinah unsinnig sich auszuströmen, blind wühlend wie eine furchtbare Naturkraft. Nicht immer ist diesem blinden Schaffen der ordnende Sinn, ist diesem Schaffensdrang der läuternde Geschmack ganz gefolgt. Manchmal aber ist nicht bloß Trieb und Geist, Naturdrang und Bewußtsein in Einklang gekommen, sondern darüber hinaus spürt man noch einen dritten, geheimnisvollen Balzac, einen Weisen, der die Kindlichkeit seines titanischen Tuns, die Sinnlosigkeit seiner zweiten Weltschöpfung kennt und sieht und sie bejaht und sich selber lächelnd zusieht, wie er immer und immer wieder das Unmögliche versucht.

Auch die Moral Balzacs, die sich ja oft so einfach und klar gebärdet, wenn er eifrig und äußerst beredt, zuweilen auch etwas schulmeisterlich, sein Programm verkündet, das Programm eines Legitimisten, Royalisten, Katholiken und Aristokraten — auch diese Moral erweist sich immer wieder als eine Fiktion, als eine glatte Wand, welche die kubische Welt flächig erscheinen lassen möchte, und hinter dieser Flächenmoral fühlt man, oft mit Erschauern, eine morallose, hingegebene Weltbejahung stehen, für die es kein Gut und Böse, noch Schön und Häßlich gibt, sondern nur die Ehrfurcht vor dem Leben, vor dem Seienden, an dessen Geheimnis unsere Maßstäbe und Kritikversuche nicht heranreichen.

Daß der barbarisch-kindliche Schöpfer Balzac hinter der Wand, auf welcher er uns seine bunte, grelle, volle, laute, üppige Bilderwelt sichtbar macht, doch immer die geheimnisvolle Tiefe ahnen läßt, daß seine scheinbar so wirklichen, so blutig lebendigen Figuren und Situationen immer wieder zu Symbolen werden, daß dieser Demiurg ebensosehr den Geist verehrt wie seinen Gegenpol, die blind zeugende Natur, das macht ihn für uns zum Dichter, das macht aus dem Chaos seines Werkes einen Kosmos. Sonst wäre er nur ein Phänomen, nur ein Niagara oder ein Gaurisankar. Wenn er jene dritte Dimension nicht hätte, würde auch seine Bilderwelt für uns Heutige schon erblaßt sein oder doch nach wenigen weiteren Generationen erblassen und hinsterben, denn was geht uns die Wirklichkeit an, die vor neunzig und vor hundert Jahren in Paris, im damaligen französischen Volksleben, in der damaligen französischen Politik vorhanden war?

Aber diese «Wirklichkeit», sosehr sie oft uns Leser mit ihrem Außenbilde fesselt und einspinnt, ja schwer bedrückt, sie löst sich immer wieder zu einem System von Symbolen auf, in welchem Paris nicht Paris, 1840 nicht 1840, Frankreich nicht Frankreich, Politik nicht Politik, Geld nicht Geld ist. Gerade das Geld, dies ewige, bis zum Überfluß die Balzacsche Welt beherrschende Geld, wäre uns längst gleichgültig und langweilig geworden, wenn es nicht in seinen Romanen immer wieder das große Symbol wäre für das Verhaftetsein des Geistes an die Materie, ja für die ganze Reihe der ewigen Antinomien überhaupt.

So wird Balzac, wenn sein hundertster und sein zweihundertster Todestag kommen wird, trotz aller Schlacke in seinem Werk noch immer lebendig sein. Wenn wir seiner denken (mir wenigstens geht es unweigerlich so, sooft ich es tue), so sehen wir nicht nur den Balzac, den wir gelesen haben, oder den historischen Balzac der Biographen, sondern es erscheint uns die Vision eines anderen großen Fruchtbaren und Magiers, die Balzac-Figur Auguste Rodins.

In dieser Figur, in dieser visionären Gestalt eines überzeitlichen, eines gotischen, eines dämonischen Balzac ist, zumindest für uns Heutige, das vielfältige Phänomen umschrieben und sichtbar gemacht, das dieser Meister für uns bedeutet. (1925)

Mag man bei manchen ausländischen Dichtern darüber streiten können, ob ihre Übertragung ins Deutsche möglich und wünschenswert sei, ob nicht der kleine Kreis von verständigen Lesern sie auch im Original erreicht und liest — bei Balzac fallen diese Bedenken weg. Er ist ein Erzähler und Unterhaltungsschriftsteller für alle Stände und Kreise, und in früheren Jahrzehnten haben vielbändige deutsche Bearbeitungen seiner Werke große Verbreitung gefunden. Seither ist er freilich bei uns etwas verschollen und abgekommen. Die natürliche Reaktion auf einen ungewöhnlich starken und anhaltenden Modeerfolg in ganz Europa, den er seinerzeit mit Walter Scott und Bulwer teilte. Bei feineren Lesern freilich blieb Balzac stets in Ehren, ja es geschah ihm, daß er rein literarisch um so mehr gewürdigt wurde, je mehr sein Moderuhm verblaßte. Es hat sich gezeigt, daß er nicht nur der begabte Schilderer seiner Zeit, sondern weit darüber hinaus ein Versteher und Darsteller des Menschlichen war. In der Anschaulichkeit und ungeheuren Gestaltenfülle seiner Werke, in seiner Fruchtbarkeit und unerschöpflich strömenden Erfindungskraft fand seine Zeit einen Spiegel, in dem sie sich geblendet oder amüsiert beschaute, und Balzac wurde von jedermann vom Fürsten bis zum Bedienten mit Genuß und Bewunderung gelesen. Der heutige Leser steht zunächst verwirrt und befangen vor dieser Welt, erstaunt über ihren Umfang und Reichtum, vermißt manche Reize einer verfeinerten, seither malerischer und nuancenreicher gewordenen Sprache, findet da und dort Schablone und sorglose Arbeit.

Dann nimmt ihn zuerst die Unerbittlichkeit eines Naturalismus gefangen, der mehr in der Gesinnung als in der Technik liegt, und im weiteren Lesen verstummen alle Bedenken vor der Wucht und Fülle dieses Kopfes, in dem tausend Leben Raum hatten und dessen Werk ein nahezu vollkommener Mikrokosmos ist. (1908)

Mit wahrem Vergnügen atmete ich nach Jahren wieder diese heftige Luft, wo es so warm und streng nach Paris, nach Geld, nach Frauen riecht, und wo es immer so seltsam und ergreifend ist, hinter der farbigen Fassade den Autor einsam und in ein fast mönchisches Spintisieren verloren zu finden. Absichtlich, um das Experiment zu machen, nahm ich zwischendrein einen Band von Zola, es gelang mir aber nicht, ihn zu lesen, es wirkte neben Balzac alles zugleich roh und weich, zwar gesehen aber nicht gestaltet, zwar beseelt aber nicht vergeistigt, und so kehrte ich schnell wieder zu Balzac zurück, wieder wie bei früheren Malen bezaubert von der Fülle und Vitalität dieses Mikrokosmos, und zugleich von der Einsicht oder Hellsicht, mit der diese schweren saftigen Massen in Ordnung gebracht und aufgeteilt sind. Wir haben ja keine Ästhetik des Romans, man kann auf viele Arten gute Romane schreiben, aber irgendwie muß eben Maß und Proportion da sein, irgendwie muß jede Einzelschilderung, sei sie nun breit oder spitz gemalt, zum Ganzen im Verhältnis stehen. Daß dies auch bei den am meisten ins bloße Malen verlorenen Werken Balzacs doch immer der Fall sei, könnte ich nicht nachweisen, konnte es aber fühlen. (1925)

ALEXANDER PUSCHKIN

1799–1837

Von den großen russischen Dichtern ist gerade der, den
die Russen am meisten lieben, bei uns am wenigsten bekannt geworden: Puschkin. Sein Russisch, unerschöpfliche
Musik für jeden der Sprache Kundigen, ist zwar kaum
schwieriger zu übersetzen als das Gogols oder Dostojewskis, aber irgendwie ist Wert und Zauber der Puschkin-
schen Dichtung inniger und unlösbarer mit der russischen
Sprache verbunden als bei jedem anderen russischen Dichter. Am meisten mag dies Urteil, das Puschkin für unübersetzbar erklärt, für seine Versdichtungen zutreffen.
Seine Prosa, mag sie in der Übersetzung noch so viel verlieren, ist auch uns Nichtrussen zugänglich, und seine vornehme Erzählungskunst, die zarte Romantik und an die
Byron-Zeit mahnende Problematik seiner Erzählungen
hat ihren hohen Reiz und ihre holde Melodik noch heute
nicht verloren.   (1924)

C. D. GRABBE

1801–1836

Als ich ein Knabe war, besaß ich einige zerlesene Hefte
der Reclambibliothek mit jenen von mir geliebten Dichtern, welche in der Literaturgeschichte nicht vorkamen, es
waren Hoffmanns Goldener Topf, Hölderlins Gedichte,
Eichendorffs Taugenichts, und zu diesem geliebten, halb-
verbotenen Bücherschatz gehörten auch zwei seltsame
Theaterstücke, «Napoleon» und «Scherz, Satire, Ironie
und tiefere Bedeutung», sie waren von Grabbe, und von

diesem Dichter wußte man nichts und konnte nirgends etwas Weiteres erfahren, als daß er unglücklich gewesen sei und sich totgesoffen habe. Ich liebte diese beiden Büchlein sehr, obwohl ich sonst meine Lieblinge alle unter den Lyrikern und den Erzählern hatte. In ihnen wehte hohe, verbotene Luft, voll von Leidenschaft, Willkür, Laune, Blitze zuckten in diesen Büchern, und hinter dem blitzenden Spiel des Vordergrundes lag tief und schwarz eine verzweifelte Schwermut.

Auch heute noch liebe ich jene Bücher alle, die ich einst als Schulknabe verschlang, und aus denen ich mir, dem Gymnasium zum Trotz, eine brauchbare deutsche Literaturgeschichte holte. Und wenn einer jener Dichter wieder auftaucht, wenn einer jener Vergessenen, unbegreiflich Verschollenen wieder sich rührt und sich lebendig zeigt, dann lacht das Knabenherz in mir. Fast alle jene Dichter, die zu meiner Knabenzeit von den Professoren unterschlagen wurden und vom Publikum vergessen waren, sind wieder aus der Versenkung getaucht, sind heute wieder strahlend: Jean Paul, Hölderlin, Hoffmann, Brentano — und nun kommt auch Grabbe an die Reihe.   (1924)

ALEXANDRE DUMAS

1802–1870

«Stille und bunte Welt»

Es ist ein Vergnügen, diese Berichte eines unglaublich gesunden, lebensfrohen, von sich überzeugten Menschen zu lesen, eines prachtvoll naiven Burschen, der dabei nicht bloß ein lustiger Aufschneider und Witzemacher, sondern auch ein glänzender Literat ist. Schon die Schicksale seines Vaters, des napoleonischen Generals, mit denen der erste Band beginnt, sind mit einem Pathos und einer verwegenen Überzeugtheit vorgetragen, die uns ebenso rühren wie belustigen. Oder die Geschichte, wie der junge Dumas als armer Notariatsgehilfe die Reise nach Paris unternimmt, indem er sich als Wilddieb durchbringt und seine Zechen mit gewilderten Feldhühnern, Hasen und Wachteln bezahlt, wie er dann nach Paris kommt, mit Talma bekannt wird, ihn in einer Glanzrolle sieht und schließlich von ihm gesegnet und im Namen Shakespeares, Corneilles und Schillers zum Dichter geweiht wird! (1919)

VICTOR HUGO

1802–1885

«Der lachende Mann»

... Ich erinnere mich, diese Geschichte eines Verstümmelten, in vielem ein Gegenstück und Zwillingsbruder zum Quasimodo in «Notre-Dame», einst als Jüngling teils mit Spannung, teils mit Kopfschütteln gelesen zu haben. Es wird auch heute wieder jüngere Menschen geben, denen die Spannung und Erregung eines dicken, virtuos vorgetragenen Sensationsromans die Lesemühe lohnt. Bewundernswert ist die Kraft und das Können dieses merkwürdig pathetischen und doch wieder vulgär-sentimentalen Dichters; sein Wurf ist groß, und seine Farben strahlen üppig; nur ist alles ein wenig dick aufgetragen, und manchmal sieht man die Kulissen ein wenig wackeln. (1925)

NIKOLAUS LENAU

1802–1850

Möchten dem Dichter nun auch die Leser nicht fehlen! Oberflächlich betrachtet, scheint unsere Zeit diesen herrlichen Dichtungen voll Leidenschaft und Schwermut fremd und feindlich zu sein. Aber die Generation, die Büchner entdeckt und sich wieder für Hölderlin begeistert hat, mußte auch für Lenau Ohren haben. Lenau ist ja nicht bloß der düstere Sänger unheilbarer Schwermut, der überall sich reibende, überall scheiternde Neurotiker. Er ist außerdem ein Dichter, einer der großen Dichter, und er hat als Dichter seine rassige Eigenart, seine unnachahmliche Meisterschaft fast in jeder Zeile bewährt. Seine Sprache ist glühender, sinnlicher, lodernder als die irgendeines anderen deutschen Lyrikers, und seine Versmusik ist von einer satten melodischen Fülle, oft der des jüngeren Goethe verwandt. Unter den heutigen Musikern ist einer, ein einziger, der den eigenen Klang der Lenauschen Verssprache voll erfüllt hat: Othmar Schoeck. In seiner Vertonung der «Drei Zigeuner» und in den wunderbaren Lenau-Liedern seiner «Elegie» hat er gezeigt, daß diese leidenschaftlich düstere Dichtung für Seelen unserer Zeit noch ihre volle Wirkung hat. (1923)

PROSPER MÉRIMÉE

1803–1870

Es fiel mir plötzlich der Meister der französischen Novelle, Mérimée, ein, dessen «Venus von Ille» ich seit den Jugendjahren wohl alle fünf Jahre einmal wieder gelesen habe, bald französisch, bald deutsch.

Auf Balzac hin war das ein ganz auserlesener Genuß. Ich hatte es nicht erwartet; es war sehr möglich, daß nach den glühenden und überfüllten Seiten Balzacs der strenge und etwas steife Mérimée kühl und nüchtern wirken würde. Das Gegenteil trat ein, ich habe nie die Sachlichkeit und Überlegenheit des großen Novellisten so bewundert, nie die Proportionen seiner Erzählungen so klar und überzeugend gefühlt wie diesmal. Was für ein Meister!   (1925)

EDUARD MÖRIKE
1804—1875

«Ein schönes Werk von innen heraus zu bilden, es zu sättigen mit unsern eigensten Kräften, dazu bedarf's — weißt Du so gut als ich — vor allem Ruhe und einer Existenz, die uns erlaubt, die Stimmung abzuwarten.»

Das schrieb Mörike am 26. Juni 1838 seinem Freund Hermann Kurz, und der Brief ist geschrieben in Cleversulzbach, dem stillen schwäbischen Nest, dessen bescheidener Pfarrhof seitdem berühmt geworden ist und uns als Heimat des «Turmhahns» und anderer Mörikescher Meisterwerke wie ein seliger Ort der beschaulichen Stille und Weltferne anmutet. Es könnte aussehen, als habe der Dichter jene «Ruhe» und behagliche Existenz wirklich gehabt, denn nicht nur verlief sein äußeres Leben nach kurzen Jugendstürmen ohne Katastrophen und gewaltsame Erregungen, sondern es redet auch aus gar vielen seiner Dichtungen ein wahrhaft idyllisches, stillruhendes Gefühl zufriedenen Behagens, so daß die Lektüre solcher Stücke wirkt wie auf Reisen das Vorbeifahren an abendlichen Dörfern oder unbekümmert in der Sonne träumenden Gärten. Sie erwecken den Eindruck, als müsse ihr Schöpfer ein glücklicher, leidenschaftslos froher Mann der sonnigen, etwas beschränkten Zufriedenheit gewesen sein.

Aber es sind zu allen Zeiten in schwäbischen Pfarrhäusern merkwürdige Pflanzen gewachsen, und Mörike war eine der zartesten, feinsten und scheuesten. Wer näher zusieht, kann auch ohne alle Kenntnis vom Leben und persönlichen Wesen des Dichters aus seinen Werken herauslesen, daß er keineswegs ein Mensch des wohlgefälligen Behagens und der wohlfeilen Zufriedenheit war. Dieses «Vor allem Ruhe!» ist vielmehr aus einer tiefen Sehnsucht und aus einem schmerzvollen Entbehren geboren. Das Innerste in Mörikes Wesen ist eine ganz außergewöhnliche Sensibilität, Erregbarkeit und Verwundbarkeit, und sein Leben war ein beständiges sehnliches Streben nach jener «Ruhe», die ihm ein Lebensbedürfnis war.

Eindrücke solcher Art findet man in fast allen seinen Gedichten. Wie mitten in der humorvollen Behäbigkeit des «Turmhahns» der frühmorgendliche Hahnenschrei uns befreiend ins Herz trifft! Er klingt oder tönt oder hallt nicht, er «glänzet empor»! Man muß feine Sinne haben, um so etwas zu sagen. Oder wie er beim Bad vom Flusse sagt: «Er fühlt mir schon herauf die Brust, er kühlt mit Liebesschauerlust.» Seit ich den Vers kenne, fällt er mir alljährlich beim ersten kühlen Bade im Freien ein.

Neben dem delikaten Gefühl für solche zarte Reize, dem Mörikes Schöpfungen ihr fabelhaft lebendiges und sinnlich berückendes Detail verdanken, lebte aber eine andere, unendlich gewaltigere Macht in ihm: ein tiefes Verbundensein mit dem Leben der Natur, mit den Seelen der Tiere, Pflanzen, Steine, Sterne, und ein ehrfürchtiges, mit Grauen gemischtes Ahnungsgefühl für das Göttliche, für die geheimnisvollen Quellen jedweden Lebens. Seine Gedichte und Erzählungen könnten ebenso rein und edel vorgetragen, ebenso reich und noch reicher an Einzelschönheiten sein — ohne jenes Gefühl wären sie eben nur schön und wohlgefällig, hätten aber nicht diesen Unterton des Unsäglichen, Geheimen, Seherischen, der sie jederzeit entrückt und ihnen die tiefe, unvergeßliche Wirkung von Naturlauten gibt. Zuweilen grenzt dieses Gefühl nahe ans Dämonische, das namentlich im «Maler Nolten» aus dem schweren, angstvoll verwölkten Grunde der Gesamtstimmung mehrmals wie ein bleiches Blitzen hervorbricht. Der «Nolten» ist überhaupt ein Wunderbuch, in ihm bewegen sich die rein und sorgfältig gezeichneten Menschenbilder in einer Atmosphäre der Ahnung und Schicksalsschwüle, die nirgends an Worte gebunden scheint und doch beständig greifbar und fühlbar da ist. Ein fernes Gewitter macht den noch blauen Himmel zittern und füllt näher kommend die dunkler werdende Luft mit stiller Schwere und angstvoller Ahnung nahe lauernder Blitze.

Der behagliche Dorfpfarrer und liebenswürdig spielerische Idylliker, zu dem eine weit verbreitete Urteilslosigkeit den lange verkannten Dichter hat machen wollen, ist eine hübsche, gründlich erlogene Fabel. Mörike ist dem banalen Wohlsein eines «glücklichen Lebens», das ohnehin in schwäbischen Landpfarrhäusern keineswegs so häufig gedeiht wie die Legende lügt, so fern gestanden wie nur möglich. Er lebte in der manchmal bis zum Trostlosen gesteigerten Einsamkeit, die jeden wahren Schöpfer ungewollt umgibt, und das tiefe goldige Leuchten, das seine Werke für Unzählige zu einem Jungbrunnen und Born der Lebensfreude gemacht hat, ist aus schwerem Leid und Kampf geboren. Auch wenn es dafür keine anderen Zeugnisse gäbe als jene schweren, düsteren, schicksalbeladenen Stellen im «Nolten» und den Peregrinaliedern, könnte kein Seelenkenner sich darüber täuschen, daß der Schöpfer dieser gewitterschwülen Sätze und Verse unheimlich vertraut mit den Abgründen des Lebens gewesen sein muß. Dann scheint es oft wieder, als habe ihm plötzlich vor dem eigenen Seherblick gegraut, oder als habe er schaudernd gefühlt, das die Hand eines Fremden, Größeren mit am Werke schaffe. Erschrocken bricht er ab, flüchtet verlegen ins Liebliche, maßvoll Schöne hinüber und versucht ein Lächeln, das ihm doch auf den Lippen erstirbt. Bald darauf läuft seine Sprache wieder wie ein sanft tönender Sommerbach dahin, spielt mit Gras und Blumen, spiegelt zärtlich lichte Mittagswolken und läßt nur den Ernsten, Erfahrenen die unter seinem Spiel und Spiegelglanz verborgene Tiefe ahnen Der Dichter atmet auf, unheimlichen Mächten entronnen, und fast wie das nach einem tiefen Schrecken wieder beruhigte Kind wird er übermütig, treibt Scherz und Neckerei, verliert sich in erlösend absichtsloses Spiel.

So zeigt sich uns Mörike als ein überaus sensibler, zart organisierter Mensch, dessen Empfinden über die Grenzen des alltäglich Wahrnehmbaren hinaus ins Gebiet der Ahnungen und großen Zusammenhänge tastet. Er leidet unter seiner überzarten Empfänglichkeit, ist leicht erschrocken, leicht verwundet, sogar mißtrauisch, der Schwermut zugänglich, und er rettet sich aus dem betäubenden Vielerlei der Eindrücke in die Kunst, indem er jeden Eindruck, er sei groß oder klein, mit unermüdeter Arbeit kraft eines genialen Bildnergeistes in klare, edle, klassische Formen nötigt.

Hier liegen die beiden Endpunkte, zugleich Hauptkräfte seines Schaffens: die ungemein zarte, auf jede delikateste Schwingung mit Stürmen reagierende Sensibilität im Aufnehmen und die unerbittlich strenge, peinlich beflissene Sorgfalt der Formgebung. Das Eigentümliche jeder Farbe, jeden Tones, einer Beleuchtung, eines Duftes, Wolkenfluges fühlt er mit unglaublich feinem Erfassen heraus — aber er schildert es nicht ab, sondern übersetzt es, schafft es neu. So entstanden Verse wie:

> Die Wolke seh' ich wandeln und den Fluß,
> Es dringt der Sonne goldner Kuß
> Mir tief bis ins Geblüt hinein;
> Die Augen, wunderbar berauschet,
> Tun als schliefen sie ein,
> Nur noch das Ohr dem Ton der Biene lauschet.

Da ist keine kleinliche Realistik, auch keine Sentimentalität, nur reine Kunst. Ist das leise Stocken des Rhythmus in der vorletzten Zeile nicht ganz wie ein wohlig schweres, schläfriges Blinzeln? Und dieses Ohr, das im Genuß der Bienenmusik schwelgt, hat noch ganz andere Dinge gehört. Es lauscht dem Innern der Erde, hört verborgene Kräfte und Schicksale gleich tiefen, leisen Strömen rauschen, dichtet Harmonien aus dem Zusammenklang von Tönen der Tiefe und Stimmen der Lüfte:

> Wie süß der Nachtwind nun die Wiese streift
> Und klingend jetzt den jungen Hain durchläuft!
> Da noch der freche Tag verstummt,
> Hört man der Erdenkräfte flüsterndes Gedränge,
> Das aufwärts in die zärtlichen Gesänge
> Der rein gestimmten Lüfte summt.

In solchen Versen ist etwas, ein nicht in Worten auszusprechender Zauber von so besonderer Art, daß nur gewisse Gedichte Goethes und etwa vereinzelte Verse aus den Liedern von Nietzsche (— «Auf müd' gespannten Fäden spielt der Wind sein Lied») den Vergleich damit aushalten.

Neben dem tiefen Gefühl für das Symbolische und die bedeutsamen Parallelen zwischen Natur und Menschenwesen, neben dem Hang zur Einsamkeit und grüblerischen Vertiefung besaß Mörike — einem Gesetz des Gleichgewichts zufolge — eine Zuflucht und ein Heilmittel in seiner ungewöhnlich entwickelten Fähigkeit, sich am Kleinen zu freuen, und einer Art von naivem Spieltrieb, den er mit Bewußtsein pflegte. Als Künstler entwickelte er daraus seine Meisterschaft im Graziösen, Neckischen, drollig Schalkhaften. Als Mensch flüchtete er, wenn Trauer und Müdigkeit ihn verfolgten, oft in das Reich des zwecklos Angenehmen, des Spieles und sogar der Spielerei. Er opferte mühevolle Stunden, um kleine Scherzgedichte sauber mit tadellosen Lettern und Schnörkeln ins reine zu schreiben, womöglich noch in Spiegelschrift. Er erfand für Ver-

wandte, Freunde, Bediente, Kollegen eine Menge drollig-
ster Ulknamen. Er übte Zeichenkünste, bildete sein starkes
mimisches Talent aus, wurde Mineraliensammler, ver-
faßte zahllose, meist überaus gewandte, witzige und form-
schöne Gelegenheitsgedichte, legte jedem kleinen Geschenk
an Freunde einen poetischen Zettel bei. Und das alles trieb
er mit einer Ausdauer und Virtuosität, die fast komisch
wäre, wenn wir sie nicht als eine instinktive Flucht des
überreizten Gemütes ins Enge und Kleine erkennen würden. Denn den großen Schlägen und Härten des Lebens
gegenüber besaß er jene Ausdauer und heitere Zähigkeit
so wenig, daß er, als typischer Neurastheniker, noch in
jungen Jahren sein Pfarramt aufgab, um sich jahrelang
ohne Beruf treiben zu lassen, wobei denn auch seine poetische Tätigkeit nichts gewann. Kleine Entschlüsse fielen
ihm oft schwer, monatelang brachte er zu keinem ernst-
lichen Tun den Mut und die Frische auf, und so hat er, der
früh sein Amt niederlegte und stets von Plänen zu reden
wußte, in einem langen Leben nur vier mäßige Bände voll
geschrieben.

Wo jene tief in seinem Wesen wurzelnde Lust am Spiel
sich literarisch nicht nur als Formkunst, sondern im Erfinden äußert, ist Mörike vielleicht am eigenartigsten.
Hier wird er zum Romantiker, bläst goldige Seifenblasen
in die Lüfte und segelt mit ihnen, für eine kurze Traum-
dauer der Schwere des Seins entbunden. Und so erbaut er
sich, anfänglich in ahnungsvollem Spiel, dann immer bewußter zwischen seiner Tageswelt, die ihm nicht genügt
oder ihn ängstet, und dem geheimnisvollen Land der un-
erforschlichen Mächte, denen völlig anzugehören er auch
nicht vermag, eine dritte Welt, einen lichten phantastischen Raum, ein köstliches Nirgendwo, in dem er zu
Hause ist und, aller Schwere entbunden, mühelose, schöne,
beglückende Flüge tut.

Hier, im frei Erfundenen, mag er ungestraft jedes Ge-
lüst seiner unruhigen Seele stillen, hier hüllt sich seine

Schwermut in faltige, dunkle Gewänder, hier glänzt seine Laune in tausend brillanten Funken, hier spielt sein zartes Schönheitsbedürfnis mit den schlanksten, duftigsten Ätherbildungen. Da wohnen Elfen, Nixen, Kobolde, da ist der «sichere Mann», der Barbier Wispel und der König von Orplid zu Hause.

Orplid! Eine Märcheninsel, von derben und feinen Märchenfiguren bewohnt, Raum genug für tausend Scherze, Seufzer, Ahnungen, aber in das unkörperlich machende, erleichternde, befreiende Licht des Nirgendwo, des Märchens, des Niegewesenen gerückt.

> Du bist Orplid, mein Land!
>
> Das ferne leuchtet;
>
> Vom Meere dampfet dein besonnter Strand
>
> Den Nebel, so der Götter Wange feuchtet.
>
> Uralte Wasser steigen
>
> Verjüngt um deine Hüften, Kind!
>
> Vor deiner Gottheit beugen
>
> Sich Könige, die deine Wärter sind.

Hier mischt sich Urmythisches mit Persönlichstem in ganz einziger, inniger Verschmelzung zu einer merkwürdigen, überaus köstlichen Art von Romantik. Anklänge aus dem homerischen Hellas und aus Ossian verbinden sich zwanglos und mit der Selbstverständlichkeit eines Traumerlebnisses mit lokalen altschwäbischen Sagen, mit eigenen Erlebnissen, und Mörikes Sprache reift dabei zu einer unvergleichlich durchleuchteten Klarheit. Sein Witz schöpft stets aus dem Vollen und verkräuselt sich zuweilen ins kokett Zierliche bis nahe zur völligen Entkörperung.

Auf diesem Boden sind Mörikes Märchen gewachsen. Vom schönsten dieser Märchen, dem «Stuttgarter Hutzelmännlein», glaube ich, daß es nur von geborenen Schwaben ganz bis in die letzten Finessen genossen werden kann. Es ist das höchste und reinste Stück Schwabenpoesie, das ich kenne. Aber nur das letzte Verständnis für die tiefen Quellen des Volkstümlichen, aus denen er schöpfte, bleibt uns Landsleuten vorbehalten — das Ganze ist reine Kunst und jedem feineren Gefühl verständlich.

Das Schicksal seiner Dichtungen aber ist das köstlichste und edelste gewesen. Sie sind still und langsam durch die Welt gegangen und haben überall Menschen gefunden, denen die Begegnung eine Welt bedeutete und die von da an ohne Mörike nicht mehr zu leben wüßten. So wird es auch bleiben, und der bescheidene schwäbische Lieder- und Märchendichter wird sicherer und lebendiger durch die Zeiten weitergehen als viele, deren Namen einst glänzender und heftiger strahlten und die von lauteren Verehrern ausgerufen wurden. Man braucht nicht viel von ihm zu reden — er ist von der Art der süßen, starken Quellen, die auch im Verborgenen und sogar unterirdisch ihren Weg finden und ihre beglückende, lebenfördernde Arbeit tun. Einiges wird allmählich als zeitlich erkannt werden und abfallen, der Kern seines Werkes ist unsterblich und wird noch tausend und tausend Seelen reicher machen. Es werden immer wieder junge Augen brennen und alte Augen glücklich lächeln über diesen Zauberblättern, frohe und traurige Menschen werden sie lesen und werden ihr Leben lang die Stunden segnen, in denen sie es getan haben.   (1904, überarbeitet 1911)

HANS CHRISTIAN ANDERSEN
1805—1875

«Andersens Märchen»

Als wir kleine Kinder waren, die noch nicht lange lesen gelernt hatten, da besaßen wir, wie alle Kinder, ein schönes Lieblingsbuch, das hieß ‹Andersens Märchen›, und sooft wir es gelesen hatten, wir nahmen es immer wieder vor, und es hat uns treulich bis ans Ende der Knabenjahre und der lieben Kindheit begleitet mit seinen Schätzen und Feen, Königen und reichen Kaufleuten, armen Bettelkindern und kühnen Glücksuchern. Da war, neben dem unvergleichlichen Onkel Ole Luk Oie, ein Liebling das Märchen von der kleinen Seejungfer, obwohl es mich immer traurig machte. Wie fing das schon so geheimnisvoll und farbig an, mit dem Palast und den Gärten auf dem Grunde der See. «Bei ruhiger See konnte man die Sonne sehen, die war wie eine Purpurblume, aus deren Becher alles Licht ausströmte.» Und wie gut und knapp und einleuchtend fing die herrliche Geschichte vom fliegenden Koffer an: «Es war einmal ein Kaufmann, der war so reich, daß er die ganze Straße und fast noch eine kleine Gasse dazu mit Silbergeld pflastern konnte; aber das tat er nicht, er wußte sein Geld anders anzuwenden; gab er einen Schilling, so bekam er einen Taler wieder; so ein Kaufmann war er — und dann starb er.»

Diese Sätze waren mir jedoch nicht im Gedächtnis geblieben, ich habe sie eben erst nachgelesen. Im Gedächtnis waren mir keine Sätze und Worte, sondern die Dinge selber geblieben, die ganze, bunte, anschauliche Welt des alten Andersen, und sie war in meiner Erinnerung so wohl verwahrt und war so schön, daß ich mich wohl hütete, in späteren Jahren dieses Buch, das ohnehin verlorengegangen schien, wieder aufzuschlagen. Denn das hatte ich leider schon frühzeitig bemerkt und schmerzlich erfahren: die Bücher, aus denen wir in ersten Kinder- und Jugendjahren alle Wonnen schöpften, die dürfen wir später nicht wieder lesen, sonst haben sie den alten Schein und Glanz nicht mehr und sehen verwandelt, traurig und lächerlich aus.

Aber die Geschichte, die ich las, war gut, sie war gar nicht so märchenhaft und überschwenglich und künstlich, wie ich heimlich doch fast gefürchtet hatte, sondern sah mit ganz gescheiten Augen in die wirkliche Welt und legte ihren Märchenglanz nicht aus Eitelkeit und törichtem Übermut darüber, sondern aus Erfahrung und mitleidiger Resignation. Und der Glanz war echt, und als ich weiter las und nun auch viele von den alten Geschichten wieder vornahm, da war es derselbe schöne Zauberglanz von ehemals, und aus der gefürchteten Enttäuschung war eine Freude und Bereicherung geworden, und wo es etwa fehlte und doch nimmer ganz in der alten Fülle tönen wollte, da lag die Schuld an mir und nicht am alten Andersen.

Nun werde ich in den Bänden noch oft mit Freuden lesen, sie stehen an einem guten Platz, wo sie nicht verstauben. Und wenn ich irgendwie dem alten Andersen wieder begegne, will ich nicht nur den Hut abnehmen, sondern mich auch in dankbarer Verehrung näher um ihn erkundigen; denn er ist ein merkwürdiger, einfacher und reiner Mensch gewesen, wie mir scheint. Das wenige, was man erfährt, stimmt zu dem Märchenmann vortrefflich. In Armut aufgewachsen, früh begönnert und abhängig, reiselustig, ehrgeizig, aber immer so wie der ausziehende Sohn im Märchen, endlich berühmt und wohlhabend, aber nie in Wärme und Fülle, sondern immer im Herzen darbend, in jeder Liebe unglücklich — so hat der seltene Mann gelebt. Und er war so sehr Kind, daß er in seiner Enttäuschung und Einsamkeit sich zu den Kleinen setzte und Märchen für sie ausdachte, und schließlich sind von ihm, der seinen Ruhm zumeist anderen Werken verdankte, eigentlich nur diese Märchen übriggeblieben, denn sie haben die Art der unvergänglichen Dinge. (1910)

Schultyrannen in Österreich

Wie die Zeitungen berichten, besteht für die österreichischen Schulen ein besonderer Index verbotener Bücher, der den römischen freundlich ergänzt. So sind zum Beispiel für alle österreichischen Schulbibliotheken Andersens Märchen verboten, weil nach einem Erlaß des Salzburger Landesschulrates «ihr Inhalt von geringem Werte ist». Wir wollen zur Ehre des Kollegiums annehmen, es

habe jene Märchen aus Faulheit nicht gelesen. Andernfalls
sollte man doch die Strenge ihrer Grundsätze auf diese
Herren selber anwenden und ihre Köpfe für unbrauchbar
erklären, da wirklich «ihr Inhalt von geringem Werte» ist.

(1910)

ADALBERT STIFTER

1805—1868

«Bunte Steine»

Dem äußern Anschein nach kann nichts der heutigen
Jugend ferner liegen, nichts ihr fremder, veralteter und
gleichgültiger sein als Adalbert Stifter mit seinen liebevoll
durchgebildeten Kleinmalereien. Man braucht jedoch nur
seine Vorrede zu den «Bunten Steinen» zu lesen, und man
braucht nur einmal vom Geist seiner Kunst berührt zu
sein, so möchte man wünschen, es kämen diese Kleinode
auch heutigen jungen Menschen in die Hand. Denn so
idyllisch-kleinmalerisch Stifters Dichtungen auf den ersten
Blick scheinen, so fern ihre Probleme den heute aktuellen
sein mögen, in etwas Grundsätzlichem und tief Wesent-
lichem ist dieser bescheidene alte Dichter modern, aufregend und vorbildlich: er sucht, jenseits seiner und unsrer
Zeitprobleme, stets mit glühender Seele nach dem Wesen
wahrer Menschlichkeit, und er beginnt sein Suchen und
endet sein Finden im Geiste der Ehrfurcht. Und eben die
Ehrfurcht ist es, deren Mangel die hinsterbende Generation so arm und dürr erscheinen läßt. Eine der feinge-
strichelten, wohl komponierten, ehrfurchtsvollen Erzählungen Stifters zu lesen, ist inmitten heutiger Stimmungen
so fruchtbar, mahnend und klärend wie die Einkehr bei
Tolstois frühen Dichtungen oder den Gleichnissen des
Tschuang-Tse.

(1922)

«Witiko»

Schließlich hat der wunderliche alte Hermann Bahr, der Trotzkopf mit den Denkerallüren und mit dem prächtig frischen Herzen, so lange Lärm gemacht und die Schande ans Brett genagelt, daß der Insel-Verlag, dem wir schon die beste Neuausgabe des Nachsommers verdanken, sich auch des Witiko annahm. Und nun halten wir dies vergessene Werk des geliebten Dichters in der Hand, das jahrzehntelang vollkommen vergessen und unbekannt war, während literarische Größen Tag um Tag auf- und untergingen. Und nun spricht dies rührend schöne, ganz einzigartige Buch zu uns und offenbart uns einen Stifter, noch ferner vom allgekannten Stifter der hübschen Novellen als es der Stifter des Nachsommers ist, noch herber, noch zäher, noch eigenwilliger, noch treuer und verschlossener, mit zusammengebissenen Zähnen um die Form bemüht. Und dies Werk ist von uns, von unsern Vätern und Großvätern liegengelassen, verachtet, vergessen worden! Gewiß ist es kein Buch für viele, für die Menge; es ist, wie schon der Nachsommer, ein Buch für Menschen, die das Einzige und Echte zu schmecken wissen, auch wenn es nicht in gangbaren Portionen und Aufmachungen serviert wird. Der Witiko, eine Erzählung aus der mittelalterlichen Geschichte Böhmens, ist der einzige Roman aus neuerer Zeit, den ich als Epos empfinde. Breit aufgebaut, von jeder Tendenz ebenso fern wie von jeder Lyrik und Stimmungsmacherei, atmet dies große Werk vom ersten Satz an eine kühle, gesunde, berghafte Luft, geht einen langsamen, würdigen, prachtvoll uneiligen Schritt. Neugierig darf der Leser dieser Dichtung nicht sein, Eile darf er nicht haben, sonst entgeht ihm der ganze Zauber, sonst werden ihm gerade die eigensten Schönheiten dieses Werkes zu Hindernissen. Man muß sich Zeit lassen, man muß warten können, man muß beim Satz bleiben, den man eben liest, nicht voraneilen, dann wird man der unglaublich edlen Form, der beglückend männlichen, vornehmen Sprache dieser großen Dichtung inne.   (1922)

Die heutige deutsche Literatur ist voll von «phantastischen» Dichtungen, von welchen einzig die von Meyrink
eine gewisse Tiefe haben. Der Vater dieser Gattung, Poe,
ist nie wieder erreicht worden. Poe, der einsame, arme
amerikanische Journalist, war ein wahrhaft Gezeichneter,
ein Kain mit dem Zeichen des Genies. Die ganze ihm nachfolgende Literatur des Grauens und der Phantastik wird
rasch wieder untergehen. Poe ist wohl der größte Dichter
Amerikas vor Whitman.   (1922)

W. M. THACKERAY

1811—1863

Mit Erstaunen erfahren wir, daß solche Kleinode, wie
die Erzählungen des Dieners Yellowplush, jetzt zum
erstenmal ins Deutsche übersetzt worden sind. Thackeray
ist kein Dichter, für den die Jugend schwärmt, er ist der
Freund der Stillen und der Tröster der Enttäuschten mit
seiner unerbittlichen Beobachtung und immerwachen
Ironie. Es ist ihm ein Vergnügen, Illusionen zu zerstören,
es bereitet ihm eine nicht immer verschwiegene Genugtuung, Schwächen zu ertappen und Unredlichkeiten auf-
zudecken, aber er ist darüber nie zum hämischen Pessi-
misten von Profession geworden, dafür hatte er zu viel
Humor und zu viel Achtung vor wirklichen Werten, man
denke nur an die Zartheit, mit der er von Kindererleb-
nissen und Kinderseelen erzählt. Daß er ein Meister im
Hinstellen von Typen und im Durchleuchten seelischer

Abgründe ist, war in der Zeit des modernen Naturalismus und gar in den Jahren der Ästhetendichtung zu sehr vergessen worden; nun steht der alte Meister frisch und unzerstörbar wieder da und findet uns dankbar für die Kraft seiner Darstellung und für die tröstlich weise Skepsis seiner reinlich kühlen Weltanschauung. (1912)

SØREN KIERKEGAARD
1813—1855

Kierkegaard gehört zu den Schriftstellern, die ihre Leser sehr oft zum Ärger reizen, und diese Autoren sind auf eine eigene Art fruchtbar. Man liebt sie nicht, man ist gegen niemand so kritisch gesinnt wie gegen sie. Aber man liest sie immer wieder und ärgert sich und gesteht sich ärgerlich, daß dieser unangenehme Mensch Dinge zur Sprache bringt, die einen verflucht nahe angehen. Wie ist er eitel, wie ist er nervös, wie ist er mißtrauisch, wie voller Angst ist dieser Kierkegaard, der von sich selber sagte, er sei «so reflektiert auf sich selbst wie ein Pronomen Reflexivum»! Aber es hilft nichts, seine Probleme sind die unseren, wenn auch sein Weg nicht der unsere zu werden braucht. Nein, wir wollen lieber diesen Weg nicht gehen, die letzte Frucht dieses bittern und kargen Lebens, diese herbste, sprödeste, im Grund liebloseste Art von Christentum wollen wir lieber nicht anbeten, mit welcher Kierkegaard endete. Aber auf dem langen, mühsamen, dürren Wege dahin — wie unendlich viel Geist hat dieser Melancholiker verschwendet, wie funkelt die Energie und Kampflust seiner streitbaren Seele in ewiger Bereitschaft, und wie glänzend führt er seine Waffen, wie glänzend und geistvoll und mit wie tiefer, ironischer Ahnung von der Nutzlosigkeit aller Kämpfe! Kierkegaard und sein bester deutscher Deuter und Verkünder, Christof Schrempf, gehören zu den Geistern, an denen sich zu messen für unsere Jugend unerschöpflich fruchtbar ist! (1919)

«Der Begriff des Auserwählten»

Wie oft während der Kriegszeit habe ich mich gewundert über das vollständige Schweigen der Christen! Der Papst mahnte freundlich, aus sicherer Ferne her, die Landeskirchen aber stellten sich alle eifrig und freundlich zum Kriege, mahnten nicht, warnten nicht, schämten sich nicht, und in der verbrecherischen Kriegsliteratur nehmen die Konsistorialräte und Pfarrer einen breiten Raum ein. Nun, nachträglich, entdecke ich doch einen Christen, der sich gewehrt hat. Es ist Theodor Haecker in seinem leidenschaftlichen Nachwort zu dieser Ausgabe einiger Schriften Kierkegaards. Da spricht ein Unbedingter, ein unter dem heillosen Wahnsinn der Zeit bis zur Raserei Leidender, im Jahre 1917 ein Bekenntnis aus, eine Anklage und Kritik unseres Staates, unserer Bildung, unseres Geistes, anknüpfend an den Meister Kierkegaard. Eine Anklage voll Kraft und Schonungslosigkeit, wie sie nur dem Religiösen, dem Unbedingten, möglich ist. Ich hatte nicht gewußt, daß es noch Christen gibt, ich hatte in den Äußerungen der Professoren und der Geistlichen zum Kriege das müde Bekenntnis gelesen, daß es wohl noch Namenchristen, aber keine Gläubigen, keine Unbedingten mehr gebe. Da ist nun einer, und seine Schrift wirkt trotz mancher Gehässigkeiten und Nervositäten befreiend und prophetisch! Ich wünsche ihr viele Leser, zumal junge. Und nicht nur dem Nachwort Haeckers, sondern dem ganzen Buch, das drei wesentliche Schriften Kierkegaards vereinigt, darunter die sehr zeitgemäße «Darf ein Mensch für die Wahrheit sich totschlagen lassen?» Ich möchte weder Kierkegaard noch Haecker zu Führern unserer Jugend machen, ich stehe auf andrem Boden und halte es nicht für das Wichtigste, welchen Glauben ein Mensch habe, sondern, daß er überhaupt einen habe, daß er die Leidenschaft des Geistes kenne, daß er bereit sei, seinen Glauben, sein Gewissen zu verteidigen gegen die ganze Welt, gegen jede Majorität und Autorität, darüber sagt dies schöne, ernste, keineswegs leichtverdauliche Buch Wesentliches. Es hat Glauben, es hat Gewissen, es hat tiefe Leidenschaft — lauter Flammen, die in unserer grauen, lauen Welt erloschen scheinen. (1919)

THEODOR STORM
1817–1888

GOTTFRIED KELLER
1819–1890

«Briefwechsel»

Für solche mattgoldige Herbstsonntagabende, wenn man von draußen heimkommt und noch die mit rot und gelben Äpfeln überladenen Bäume frisch im Gedächtnis hat, wüßte ich nichts Schöneres zum Lesen, als den vor kurzem erschienenen Briefwechsel zwischen Theodor Storm und Gottfried Keller. Zwei alte Graubärte, die einander erst spät im Leben begegnet sind, plaudern und lachen und brummen da miteinander über sich und ihre Werke, über die Rosen im Juni und über den Schnee im Winter, sagen einander höfliche Freundlichkeiten und freundliche Wahrheiten und knüpfen daran gelegentlich eine Bemerkung übers Leben, über Schicksal und Kunst und Schaffen, seufzen zuweilen über die Beschwerden des Alters und sind im ganzen doch ihres Lebens froh. Und mit allem Recht, denn beide sind Prachtsmenschen, gesunde und tüchtige Arbeiter und Genießer, und beide sind nicht

Literaten und Tintensäue, sondern feine und reine Dichter, denen Gottes Welt nicht eine Gelegenheit zum Räsonieren, sondern ein schöner Paradiesgarten mit bedeutsam redenden Bäumen, Blumen und Tieren ist.

Aber der eine von diesen Graubärten ist ein milder, fein erzogener, gemäßigter Mensch, er besitzt Haus und Garten, hat Frau und liebe Kinder, feiert kleine Festchen und hat häufig Freunde und Verwandte bei sich zu Gast. Und der andere ist ein mit den Jahren scharf gewordener Junggesell, der in Mietswohnungen haust, keine Verwandte und eigentlich auch keine Freunde hat, wenig von Behagen und säuberlicher Wirtschaft weiß, vielmehr häufig des Abends in den Schenken sitzt und oft nicht ohne Stolpern und Fluchen den Heimweg findet.

Ein Briefwechsel ist immer eine Geschichte, und so wollen wir auch diesen betrachten. Er fängt anno 1877 damit an, daß Storm bei sich dachte: «Ihr wenigen, die ihr gleichzeitig auf der Erde wandelt, wenn auch ein Händedruck nicht möglich ist, ein Gruß aus der Ferne sollte doch hin und wieder gehen.» Und so spricht er dem Zürcher seine Verehrung aus und erweist seine gute Bekanntschaft mit dessen Werken dadurch, daß er ihn bittet, seinem «Hadlaub» einen etwas geänderten Schluß zu gönnen, in welchem der Leser nicht so ganz um den Anblick des Hadlaubischen Liebesglückes betrogen würde. Und es geschieht das Erstaunliche, daß Keller, der sonst mit seinen Antwortbriefen oft viele Monate, ja zuweilen jahrelang auf sich warten ließ, schon nach drei Tagen freundschaftlich antwortet, und zwar gleich mit einem echten Kellerbrief, einem der launigsten in der ganzen Sammlung. «Die treuliche und freundliche Vermahnung», schreibt er, «befremdet mich nicht, weil die Geschichte gegen den Schluß wirklich überhastet und nicht recht ausgewachsen ist. Das Liebeswesen jedoch für sich betrachtet, so halte ich es für das vorgerücktere Alter nicht mehr recht angemessen, auf dergleichen eingehend zu verweilen usw. Immerhin will ich den Handel noch überlegen; denn die Tatsache, daß ein lutherischer Richter in Husum, der erwachsene Söhne hat, einen alten Kanzellaren helvetischer Konfession zu größerem Fleiß in erotischer Schilderei auffordert, ist gewiß bedeutsam genug.»

Und später hat er wirklich der erotischen Schilderei nachgeholfen. So fängt der Briefwechsel heiter und fast mutwillig an. Eine Weile tauschen die alten Herren allerlei Meinungen, Berichte und Scherze aus, daß einem recht behaglich dabei wird. Dann fällt einem gelegentlich auf, daß Keller hie und da wieder sehr lang mit dem Antworten zögert, auch daß seine Briefe hie und da kurz und trocken ausfallen. Man stutzt ein wenig und besinnt sich, woher das kommen möge. Und man findet schnell den wunden Punkt. Der Familienvater und Hausherr Storm erlebt beständig viel Kleines, Liebes, Häusliches, und spricht davon mit unermüdlicher, zuweilen rührender Freude und Ausführlichkeit. Und Keller liest's und nickt, aber was soll er antworten? Er kann mit nichts Ähnlichem dienen als mit dem Bericht von einem mühseligen Umzug, bei dem er, da er zu weite Pantoffeln trug, mit einem Arm voll Bücher von der Leiter stürzt und fast den Hals bricht. Und was soll dazu wieder Storm sagen? Bei ihm gibt es keine zu weiten Pantoffeln und keine stürzenden Leitern, denn es ist eine sorgende Frau da, und es herrscht Ordnung und Glück im Haus. Und wenn er auch vielleicht zuweilen in solchen Kleinigkeiten das Tragische fühlte, wenn ihm die Vereinsamung und Unwirtlichkeit des Kellerschen Lebens leid tat, er durfte darüber nichts sagen. So fährt er freundlich und gesprächig im alten Tone fort; Keller aber wird spröder und kühler, läßt sogar einmal ein volles Jahr nichts von sich hören.

Das hatte freilich noch tiefere Gründe. Keller, dem das äußere Leben in Entsagen verlief, lebte sich in ungewöhnlicher Inbrunst und Leidenschaft in seinem Schaffen aus. Zu einem ganz ernsthaften, tiefen Teilnehmen kam es hierin aber zwischen Storm und ihm nicht. Storm berührt in dem, was er jeweils über Kellers Dichtungen sagt, fast nie das innerste Wesen, und der einsame Keller, dem an höflichen Liebenswürdigkeiten wenig gelegen war, zog sich mit leiser Enttäuschung langsam zurück. Zum Schlusse tat Storm, der gewiß nicht ahnte, was er jenem damit antat, Kellers gesammelte Gedichte, ein Lebenswerk, in sehr wenig Worten ab, und damit hatte er sich den schwer zugänglichen Meister vollends entfremdet. Der Rest war Schweigen.

Es läßt sich nicht beschönigen — der letzte Eindruck, den diese Briefsammlung auf den tiefer schauenden Leser macht, ist traurig, bitter traurig.

Aber es kann auch an einem solchen Herbstsonntagabend zuweilen etwas Schönes ums Traurigwerden sein. Denn nicht nur ist in den Briefen, von denen wir reden, nebenher eine Menge prachtvoller Sachen enthalten, sondern es läuft der schmerzliche letzte Eindruck auf das Wiedererleben einer tiefen, tragischen Wahrheit hinaus, nicht auf Äußerlichkeiten oder gar auf eine «Schuld». Schuld hat weder Storm noch Keller. Worüber wir weinen möchten, das sind nicht Mißverständnisse und Kleinigkeiten, vielmehr ist es die Erfahrung, daß es zwischen Menschen, sie seien groß oder klein, so wenig Brücken gibt und daß, wo die einzige einmal verfehlt ist, auch die edelsten Gesinnungen und die schönsten Worte zu keinem inneren Verstehen und Freundwerden führen. Zwei herrliche, einzigartige Seelen begegnen sich, lächeln einander zu, finden das erschließende Zauberwort nicht und gehen stille auseinander. Um so schmerzlicher, da beide Greise sind und wenig Hoffnungen mehr vor sich haben.

Aber wieviel Köstliches steckt in dem Buch, das ein so schmerzliches Ergebnis hat! Es ist Herbst, und die Bäume hängen voll; kein Wind mag daran rühren, so fallen süße, reife Früchte ab. Während die beiden Alten ihre Wege gehen, die sich benachbarn und kreuzen und wieder auseinanderlaufen, sprechen sie viel gute, kräftige Worte, und für einen, der nicht ins Tiefere sehen will, mag ihr Gespräch bis zum Ende erbaulich und unterhaltsam, sogar lustig sein. Der Husumer tadelt den Zürcher wegen eines, wie ihm scheint, zu scharf gesalzenen Schelmenstreichs in einer Erzählung, und der Zürcher schweigt, räuspert sich und wartet auf den Augenblick, da er sich bei dem Husumer boshaft lächelnd dafür bedanken kann, daß sich der eine noch saftigere Kühnheit in seinem neuesten Opus geleistet hat. Daneben leicht hingeschriebene, aber tief erlebte Wahrheiten, plötzlich aufglänzende Prachtsätze, zarte Winke, noch zartere Verschweigungen. Wir können — trotz allem — von Herzen froh und dankbar sein, daß die beiden Meister ein paar Dutzend Briefe «aus der Ferne hin und wieder» aneinander geschrieben haben.

Aber wie es nun eben bei Briefwechseln ist, sie werden nicht von selber zu Büchern, sondern müssen erst «herausgegeben» werden.

Wo etwas «herausgegeben» wird, pflegt es auch versalzen zu werden. So erhielten wir die köstlichen Briefe denn auch nicht in ruhiger Aufeinanderfolge, sondern verbrämt und unterbrochen und geschwänzt von einem Kommentar, der nicht übel ist, aber doch nicht nötig war. Und da Briefschreiben schließlich doch nur ein Vergnügen, Edieren und Erklären aber eine ernste Arbeit und wichtige Sache ist, sind die Briefe selbst eng und klein, der Kommentar aber weit, schön und groß gedruckt worden. Es kann dies ja freilich eine Bescheidenheit sein, indem der Erklärer annahm, man werde die Briefe auch in enger Schrift lesen, nicht aber den Kommentar. Jedoch auch diese Bescheidenheit war unnötig.   (1904)

290

JACOB BURCKHARDT

1818–1897

«Kultur der Renaissance»

... Wir begrüßen es, nicht bloß weil damit ein einzelnes
klassisches Buch (ein Buch, das die besten Geister zwei Generationen lang tief und nachhaltig beeinflußt hat) auch
den Unbemittelten zugänglich wird, sondern vor allem,
weil Burckhardt nach unsrer Meinung der denkbar edelste
Vertreter einer Geisteshaltung ist, der wir Heutigen viel
tiefer verpflichtet und verschuldet sind, als wir meistens
wissen und zugeben. Wenn es auch heute noch unter den
Lehrern und Autoren inmitten der großen Kulturdämme-
rung Geister gibt, welche ihre Mission und Pflicht darin
sehen, eine unbestechliche, vom Aktuellen her unbeeinfluß-
bare, lediglich von der eigenen Verantwortlichkeit ab-
hängige Geistigkeit als vorbildliche Haltung über die Erschütterungen und Verführungen des Tages hinweg den
Nachkommen zu vererben — wenn die Unabhängigkeit,
die Nichtkäuflichkeit und das Gewissen auch heute noch
gültige Ideale für die geistige Leistung sind, so verdankt
unsre Zeit das vorbildlichen Geistern wie Burckhardt.
Gewiß, seine herrlichen Werke wären undenkbar ohne sein
gewaltiges Wissen, seine riesige Belesenheit und ohne den
starken Einschuß von Künstlertum in seinem ganzen Wesen und Werk; aber die Grundlage von allem ist doch sein
Charakter, die strenge, beinah asketische Form seiner intellektuellen Sittlichkeit. Darum wünschen wir jenen unter
seinen Werken, welche auch von Nichtgelehrten verstanden werden können, und in erster Linie seinen «Weltge-
schichtlichen Betrachtungen» und seiner «Kultur der Renaissance» die größte Verbreitung. Mögen diese schönen
Ausgaben, die man heute halb geschenkt bekommt, für
sehr viele bloß Bilderbücher sein, es wird sich doch immer

wieder da und dort ein suchender junger Mensch zu ihnen
finden, sich durch sie belehren, sich an ihnen Vorbilder und
Richtlinien suchen und das Gute in sich durch sie bestätigt
und gefördert sehen.   (1935)

KARL MARX
1818–1883

«Das Kapital»

... Ich las auch im «Kapital» von Marx, das als Volks-
ausgabe erschien und zu einem gar nicht mehr gefährlichen Taschenbuch geworden ist, das fast nichts kostet.
Man hat jetzt keine Ausrede mehr, wenn man es nicht
gelesen hat. Ich habe aber nach wie vor doch nur Bruchstücke daraus gelesen, und sosehr ich Marx bewundern
muß, ich muß doch gestehen, daß ich ihn weder liebe noch
seinen Glauben und seine Betrachtungsweise teile. Ich habe
schon sein Vorbild und seinen Lehrer, Hegel, nicht sehr
gerne, seine blendende Gesprächigkeit macht mir wenig
Spaß und sein professorales Besserwissen auch nicht. Zu-
gegeben, Marx ist sachlicher, und seine Kritik des Kapitals
ist im wesentlichen unanfechtbar. Er hat bei Hegel sich
einen Ekel am sich selbst darstellenden und sich selbst
genießenden Geist der Hegelperiode geholt und hat etwas
davon leider auf den Geist überhaupt übertragen. Nähme
er den Geist an sich und die seelischen Anlagen und Bedürfnisse des Menschen halb so ernst, wie er die Erscheinung des Kapitals nimmt, so läsen wir ihn lieber, und er
hätte über das, was jenseits von Kapital und Arbeit liegt,
Stichhaltigeres zu sagen. Seine Einsicht in die Mechanik
der Wirtschaft ist schlechthin genial und oft prophetisch;
seine Philosophie und Geschichtsbetrachtung ist eng und

geht über das Niveau der verschollenen Aufklärungs-
literatur der Zeit zwischen Darwin und Haeckel nicht weit
hinaus. (1932)

GOTTFRIED KELLER

1819–1890

Gedanken über Gottfried Keller

Vor zweiunddreißig Jahren, beim hundertsten Geburtstag des Dichters, war manche der ihm gewidmeten Betrachtungen recht wehmütig und voll von Untergangsstimmung. Die Ideale, welche Gottfried Kellers Leser mit
ihrem Dichter gemeinsam gehabt hatten, schienen am Erlöschen zu sein. Nicht nur hatte der Weltkrieg gezeigt,
wie wenig von den weltbürgerlich-liberalen Idealen mehr
am Leben sei, es hatte auch die plötzlich hochgeschnellte
Woge des siegreichen Sozialismus damals leichtes Spiel
beim Aufräumen mit sämtlichen Glaubensartikeln des
bürgerlich-individualistischen Idealismus. Es war, so schien
es, zu Ende mit allen diesen schönen Worten und Bildern,
mit dieser bürgerlich-bescheidenen Behäbigkeit und Bie-
derkeit, mit diesem Rationalismus eines unheroischen Bürgertums, das den Verlust eines religiös-mythischen Welt-
bildes durch den etwas dünnen Blumenschmuck eines
Bildungs- und Vernunftglaubens und die Fahnenpracht
vaterländischer Feste zu ersetzen versucht hatte. Zu Ende
auch war es, so sah es damals aus, für immer mit der
lieben Idyllik der Kellerschen Welt, mit der holden
Freude am Kleinen, der kultivierten Naturschwärmerei;
all das, was noch gestern so möglich und hübsch und nur
erst ganz leise als vielleicht etwas aus der Mode kommend
erschienen war, schien jetzt plötzlich weit zurück gerückt,
schien urgroßväterlich fern, irgendeiner sagenhaften

Krinolinenzeit angehörig, schien mit dem Heute überhaupt nicht mehr verbunden zu sein.

Und in der Tat, obwohl die Aspekte sich seit dem Jahr 1919 schon wieder sehr verändert haben, die Kluft hat sich nicht wieder geschlossen, die Zeitwende ist über die ganze Erde hin sichtbar geworden. Es erscheinen dem Menschen von heute manche Gefühle und Seelenerlebnisse, die wir in unsern Jugendjahren geliebt und bevorzugt haben und die von der Dichtung mehrerer Generationen sanktioniert waren, als veraltet, wertlos, als sentimental und töricht. Es haben manche der bürgerlichen Ideologien einen nicht mehr zu heilenden Zusammenbruch erlebt, und die noch starken und lebendigen Kräfte des Bürgertums sehen sich zu ihrem Heil genötigt, ihre Gedankenwelt und ihre Terminologie energisch nachzuprüfen und zu erneuern.

Dagegen war, da nun schon einmal die Weltgeschichte plötzlich ihren Gang beschleunigt zu haben schien, auch allen neuen Programmen und Ideologien etwas von Skepsis und Kurzsichtigkeit eingeboren, die Moden des Geistes schienen sich rascher zu verbrauchen und abzulösen als jemals zuvor, und während die Werte und Worte von gestern einer vernichtenden geistigen Inflation erlagen, kamen die Werte von vorgestern, leicht umgekleidet und schon mit einer anmutigen Patina vertrauenerweckenden Alters beflogen, alle wieder heraufgestiegen wie gestürzte Minister, welche dem Sturz der jetzigen Generation wissend zusehen und bereit sind, womöglich dabei zu gewinnen. Es war, namentlich bei den im Krieg von 1914 bis 1918 unterlegenen Völkern (aber keineswegs bei ihnen allein), alles ins Wanken und Rollen gekommen, und sosehr diese aufgewühlte Zeit allen neuen Gesichtspunkten und Fragestellungen aufgeschlossen zu sein schien, so haben wahrscheinlich im Grunde doch nur die wenigen Mächte mit uralter Tradition und Zucht dabei gewonnen, obenan die römische Kirche.

Von jenen Weltanschauungen nun, welche vor erst dreißig Jahren auf den Idylliker und bürgerlichen Idealisten Keller von hoch oben herabblickten, sind heute die meisten schon gestürzt und vergessen und vermodern vollends schnell mit dem Papier der Nachkriegsjahre, auf das sie gedruckt waren, während das Werk Gottfried Kellers, eine Weile vielleicht weniger diskutiert, nach wie vor dasteht und für eine große Zahl von Menschen das bedeutet, was Kunst in unserer Zeit den Menschen eben bedeuten kann: Trost, Stärkung gegen die Nöte des Lebens, Öffnen einer Tür ins Ewige. Und wenn wir versuchen, uns an jene Autoren zu erinnern, die seine Zeitgenossen waren und denen damals der Ruhm, der Erfolg, die Zeitschriften und die Leserwelt gehörten, so sehen wir, daß die Mehrzahl dieser Dichter und Erzähler, welche damals zum Teil sehr viel berühmter und gekannter waren als Keller, jetzt nahezu ganz vergessen sind. Von den Romanschriftstellern des damaligen Deutschland hat wohl nur ein einziger, Wilhelm Raabe, einen ähnlichen Weg gemacht. Es sind die hübschen Verse von Geibel und die Romane von Heyse, die Bücher der Mode-Autoren der Zeit von 1870 bis 1890, es sind alle die Spielhagen und Hackländer und wie sie alle hießen, hinabgesunken und vergessen worden. Von den Schweizer Prosadichtern des ganzen vergangenen Jahrhunderts ist einzig der um gut zwanzig Jahre ältere Gotthelf noch mehr als Keller immer größer und immer jünger oder immer zeitloser geworden.

Wenn es seine Richtigkeit hatte, daß Literaturgeschichte gleichbedeutend sei mit Ideengeschichte, so wäre die stille Dauer und Haltbarkeit eines Werkes wie des Kellerschen unerklärlich. Es sind die «Ideen» Kellers, seine schweizerisch-bürgerlichen sowohl wie seine idealistisch-weltbürgerlichen, in der Tat gealtert und haben ihren Platz unter den weltbeherrschenden Mächten eingebüßt, einerlei für wie lange, und doch strahlt die ruhige Wärme seines Wortes und die goldene Heiterkeit seiner Bilderwelt unvermindert fort.

Das Geheimnis, das solchen Werken innewohnt, ist einfach das der Meisterschaft. Es wäre zu wünschen, daß die moderne Literaturbetrachtung, befruchtet, aber auch abgelenkt durch die große Woge der Freudschen Psychologie, sich diesen Geheimnissen wieder mehr zuwendete. Es ist weder die Fülle oder Neuigkeit der Gedankeninhalte, welche Dichtungen Dauer verleiht, noch ist es die bloße Wucht der einmaligen Künstlerpersönlichkeit, sondern es ist der Grad von Meisterschaft, von Treue und Verantwortung im Kampf mit den Schwierigkeiten der künstlerischen Arbeit, im Kampf auch mit den Verführungen des wohlfeilen Erfolges und der Anpassung an Zeitmoden. Wo diese Meisterschaft erreicht ist, genügt die ganz allein, um unabhängig von ihrem gedanklichen Inhalt Dichtungen so langlebig zu machen, daß sie auch nach Zeiten langer Vernachlässigung immer wieder «aktuell» werden und immer neue Generationen beglücken können.

Die psychoanalytische Betrachtungsweise vermag die Mechanismen und Zwangsläufigkeiten einer Dichterseele bis in sehr große Tiefen zu enthüllen, sie vermag aber nichts auszusagen über das, was eigentlich das Wichtige an jedem Kunstwerk ist: über den Grad von Meisterschaft, den er erreicht. Hier gerade müßte ein Freudscher Begriff zu Hilfe genommen werden, der in der Praxis der Psychologen eine sehr kleine Rolle spielt: der Begriff der Sublimierung. Freilich wäre dazu irgendein Kulturideal erforderlich und vor allem ein Kulturglaube, also auch der Glaube daran, daß es einen Sinn habe und einen Wert bedeute, wenn ein Dichter aus den Nöten und Beklemmungen seiner persönlichen Gebundenheiten heraus den Antrieb nehme, um die Unvollkommenheit seines Lebens durch die Vollkommenheit seines Werkes zu erlösen. Die Psychoanalyse kennt kein Kulturideal, und nach ihrem Wertmesser müßte der Dichter, der den langen und mühseligen Umweg zur Sublimierung seiner Spannungen im Werk verschmäht und der statt dessen eine Anpassungs-

Kur durchführt und «normal» wird, wertvoller sein als jeder andere.

Bei Gottfried Keller sehen wir aus einem Leben von großer Bedrängtheit und Kargheit, sehen wir aus einem zu klein gewachsenen, schrulligen, armen, trotzigen Junggesellen- und Weintrinker-Leben ein Werk losgerungen, das nichts von Nöten und Verkniffenheiten zu wissen scheint, wir sehen den zu kurz Gekommenen und Vergrämten im Werk eine Harmonie erreichen, eine Atmosphäre der Überlegenheit und reinen Schau, eine Opferung des Ichs zugunsten der Schönheit, die nicht nur entzückt, sondern als Künstlertat im höchsten Grade vorbildlich ist, während doch das «tatsächliche» Leben dieses Dichters so wenig vorbildlich zu sein schien. Aber es schien nur darum so arm und unvorbildlich, weil der Biograph nur das zu zeigen vermag, was übrigbleibt, wenn man von einem Dichterleben die Stunden der schöpferischen Arbeit abzieht. Das Beste dieses Lebens aber, und im Leben jedes Meisters, vollzog sich gerade und ausschließlich in jenen Stunden, deren Zustände und Spannungen wir nur von ferne zu ahnen vermögen, während wir ihre Früchte für immer zu eigen haben.

Die Erreichung der Meisterschaft, der jahrzehntelang immer erneute einsame und hartnäckige Kampf um jene Sublimierung, die nur zu ahnenden Opfer und Überwindungen des Künstlers zugunsten seines Werkes — dies ist der geheimnisvolle Raum, in welchem jedes Künstlerleben, wenn es zur Meisterschaft führte, tragisch wird. Hier wird auch der Bürger und Idylliker Keller, der knurrige Weintrinker und verknitterte Junggeselle Keller tragisch.

Nein, es sind nicht die «Ideen», derentwegen die Dichtungen existieren. Vermöchten wir die Biedermeier-Religion etwa eines Schubert oder auch eines Stifter nüchtern in ihren Inhalten zu rekonstruieren, sie käme uns sehr seicht, sehr wohlfeil, sehr veraltet, und mit Recht veraltet, vor. Aber die zauberhaften Erzählungen Stifters und die magischen Lieder Schuberts zeigen nichts Triviales, und auch nichts Veraltetes. Ebenso steht es mit Kellers Dichtung. (1930, überarbeitet 1951)

Beim Lesen des «Grünen Heinrich»

Der «Grüne Heinrich» ist ein Roman in Form einer Selbstbiographie. Ein noch nicht alter Mann schreibt sein Leben auf, er macht sich zum Mittelpunkt der Welt und stellt vom Hausrat seiner Mutter bis zum lieben Gott alles Erinnerungsgut seines Lebens dar als einer, der für sich selber schreibt und keine erzwungene Objektivität nötig hat. Trotz der Unbefangenheit aber, mit der er sich und sein Leben zu seiner Zeit und zu seinem Lande in Beziehung setzt, ist dieser Memoirenschreiber ein erstaunlich bescheidener Mensch, der sich selber durchaus nicht mit dem gerührten Interesse betrachtet, die Autobiographen meistens für ihre Person haben. Vielmehr hält er sich alle seine Torheiten und Verfehlungen, selbst solche aus frühen Kinderjahren, ungeschminkt vor und geht mit sich ins Gericht, aber auch das ohne Wichtigtuerei.

Wodurch wird nun dieser Roman bedeutend und unvergeßlich? Was macht ihn klassisch? Der Stoff (im gewöhnlichen Sinne) tut es nicht, eine virtuose Bewältigung des Stoffes auch nicht, und eine Tendenz ist nicht vorhanden. Der Stoff ist ein Durchschnittsleben, in welchem alle Sensationen fehlen, die Komposition ist sorglos und ziemlich locker, wichtige Ereignisse nehmen eine Seite ein, und reine Schilderungen breiten sich zu Kapiteln aus. Wesentlich neue Gedanken finden sich kaum, und es wird keine verblüffend originelle Weltanschauung gepredigt.

Was ist denn also das Geheimnis dieser Dichtung? Was ist ihre Größe? Was nötigt uns, sie neben Werke zu stellen, die viele Generationen überdauert haben?

Nun, das Geheimnis des Grünen Heinrich ist dasselbe wie bei Homer, Dante, Boccaccio, Shakespeare und

Goethe. Es beruht auf zwei Gewalten, die nicht Kunstmittel, sondern das Genie selbst sind. Die eine ist das, was ich die Ewigkeit des Stoffes nennen möchte, die zweite Gewalt ist die Sprache.

Ein beliebiger Roman aus den siebziger, ja achtziger Jahren ist heute alt und desto älter, je moderner er damals war. Der Inhalt ist uns nimmer wichtig, die neuen Ideen sind nimmer neu, die Gesellschaftstypen und Sitten sind anders geworden, die Sprache ist rückständig, man schreibt jetzt nimmer so. Weshalb haben wir dieses Gefühl nicht dem «Wilhelm Meister» und auch nicht dem «Grünen Heinrich» gegenüber?

Eine Romanfigur, die nach dreißig Jahren altmodisch erscheint, ist nur eine Interessantheit, nicht ein Sinnbild gewesen. Figuren, deren Wesentliches zeitlich ist, vergehen. Sinnbilder, deren Zeitliches nur ein Kleid des Ewigen ist, bleiben. Der Graf von Monte Christo ist gestorben, aber Odysseus lebt. Es lebt auch noch Don Quichotte, Wilhelm Meister, Hamlet, es leben auch heute noch Quintus Fixlein, Siebenkäs und der Grüne Heinrich, der kleine harmlose Taugenichts von Eichendorff nicht minder als Schillers großer Wallenstein. Denn sie alle sind nicht in erster Linie Repräsentanten ihrer Zeit, sondern schlechthin Menschen. Das, was ihr Schicksal ausmacht, ist zu allen Zeiten vorhanden und wieder möglich. Das ist die «Ewigkeit des Stoffes».

Mit ihr läßt sich das, was man «Zeitkolorit», «Milieu» usw. nennt, sehr wohl verbinden. Obwohl Odysseus ein Sinnbild der Menschheit ist, gibt die Odyssee doch die wichtigsten und feinsten Details altgriechischen Lebens. Auch der Grüne Heinrich ist nichts weniger als zeitlos, sein München ist nicht das von heute, und seine Schweiz ist nicht die Schweiz schlechthin, sondern die seiner Zeit. Auch gibt es in den größten Dichtungen Elemente, die vor dem Veralten nicht sicher sind. In den Wahlverwandtschaften ist viel von Gartenanlagen die Rede, die uns kaum mehr interessieren, und bei Keller manches von einer Malerkunst, die uns altmodisch und verschollen dünkt. Aber die Ewigkeitswahrheit des Ganzen bewirkt, daß wir diese Züge nicht wie sonst lächerlich, sondern rührend finden. Was der Grüne Heinrich erlebt hat, wird heute und morgen und in hundert Jahren von vielen wieder erlebt werden.

Und nun die Sprache. Auch sie wurzelt bei jedem Dichter in ihrer Zeit, und mancher kleine Zug wird späteren Zeiten unverständlich, fremd und vielleicht lächerlich werden. Die Prosa Kellers ist wohl seit Goethe die einzige haltbare Schöpfung auf diesem Gebiet. Er hat tief aus den Quellen der heimatlichen Mundart geschöpft und sich dadurch von der scheinbaren Allgemeingültigkeit jener heimatlosen, volkslosen Sprachschönheit bewahrt, die gar leicht zu lernen ist und gar schnell veraltet. Aber er hat weder Dialekt geschrieben, noch sonst durch unverfeinerte Originalität zu wirken gesucht. Er hat aus der Volkssprache, mit der sein Wesen verwachsen war und die er täglich sprach und sprechen hörte, die nur einer Vulgärsprache eigene sinnfällige Farbigkeit und Drastik in eine aus Überkommenem und Persönlichem erschaffene Kunstsprache herübergerettet, wie außer Luther und Goethe kaum ein anderer deutscher Prosaschreiber.

Daher die Saftigkeit und Frische des einzelnen Ausdruckes, die oft sprichwortartige Anschaulichkeit der Sätze. Das ist der Sprache des Volkes abgelernt. Die Art aber, wie seine Sätze gebaut sind und wie sie aneinanderhängen und auseinander hervorwachsen, konnte er vom Volk nicht lernen. Die wäre ohne ein überaus feines Gefühl für Rhythmus sowohl wie für Tektonik und ohne ein dankbar bescheidenes Lernen bei den Alten nicht möglich gewesen. Ich las große Teile des Grünen Heinrich laut, und ich fand auf vielen hundert Seiten kaum zwei Zeilen, die im Sprechen nicht durchaus wohllaut, natürlich und vollkommen klangen. Das ist etwas, was man bei dem Originell-sein-

Wollen so vieler moderner Autoren fast niemals findet. Schon äußerlich zeigt Kellers Sprache eine beruhigende Sicherheit des Flusses, man findet keine Sätze ohne Zeitwort, wie sie jetzt beliebt sind, kein Nebeneinander von verblüffender Kürze oder stürmend lyrischer Rhetorik. Vielmehr findet man gleichmäßig lange, schön strömende und dem natürlichen Atem und Herzschlag gemäße Sätze und Satzteile, die jedermann ohne Vorbereitung bequem und schön vorlesen kann, und ein Verbinden der Sätze durch einfache kaum bemerkte Bindewörter, deren feine Wahl und wohligen Reiz man wie etwas Selbstverständliches hinnimmt, während sie in jeder Prosa unendlich wichtig sind. Und schließlich ist vielleicht die Hauptsache das Verzichten auf jede verwässernde Umschreibung, der Reichtum an kernvollen Zeit- und Hauptwörtern vor allem. Unsere Dichtersprache krankt an einem argen Hang, Farbigkeit und Feinheit des Ausdruckes namentlich in Adjektive und Adverbien zu legen statt in die Hauptwörter und sich unter Umgehung der wertvolleren Zeitwörter mit den Hilfsverben sein und haben zu begnügen. Von dieser Verarmung zeigt Kellers Sprache keine Spur.

Vielleicht klingt das ein wenig kleinlich und schulmeisterlich. Aber es kann nichts schaden, wenn diese Dinge je und je wieder gesagt werden. Durch das Beachten der Technik Goethes und Kellers kann ein kleiner Dichter niemals ein großer werden, aber auch wir kleinen können lernen, und gewiß hat Keller selber nicht alles aus dem Ärmel geschüttelt, sondern manchen Satz und manches Wort öfters umgewendet und wieder verworfen, ehe das Rechte dastand.

Denn der Grüne Heinrich, wie er jetzt vorliegt, ist ja das Werk eines halben Lebens, seine Umarbeitung und jetzige Redaktion ist unter Mühen und mancherlei Verdruß entstanden, und doch sieht das Ganze so aus, daß, wer die anfängliche Fassung nicht kennt, das Werk als eine ganz frisch und unmittelbar entstandene Schöpfung ansieht.

Man sieht immer von Zeit zu Zeit einmal wieder ein, wie wenig Neues es gibt. Da ist eine neue Philosophie, ein neuer sozialer Gedanke, eine neue Kunstgattung, die wirken so neu und anders, daß das Gestrige schon alt daneben erscheint. Aber gar bald ist ein Historiker da, der diese neueste Philosophie als schon von einem Denker des Mittelalters empfangen nachweist, den sozialen Gedanken bei den Phöniziern und die neue Kunstgattung im alten China längst vorhanden und gekannt findet.

In der Dichtung ist es nicht anders. Neues kommt nur zutage, wo entweder einer der seltenen Riesen geboren wird, oder wo ein bis dahin schweigsam gebliebenes Volk anfängt, sich auszusprechen, wie es seit fünfzig Jahren in Rußland geschieht. Und auch dieses Neue gliedert sich, sobald die Überraschung des ersten Kennenlernens vorüber ist, schnell und sicher dem lebendig gebliebenen Alten an. Denn bleibend ist nur das Sinnbild, nie das Abbild. Wir können uns nicht vorstellen, was ein verschollener Moderomandichter der dreißiger Jahre mit Ibsen und Dostojewski anfangen würde, falls man sie zusammenbringen könnte. Aber der jüngere Goethe und auch etwa Shakespeare fänden gewiß mit diesen Neuen recht viel zu reden.

Gottfried Keller ist uns vielleicht noch nicht fern genug, als daß wir ihn so schlechthin mit den in Jahrhunderten Bewährten zusammenstellen dürften. Aber mir scheint doch, daß neben dem Ritter Don Quichotte, dem Wilhelm Meister und anderen dem Zeitlichen entrückten lieben Gestalten auch der Grüne Heinrich zu Hause ist.

(1907, überarbeitet 1917)

« G r a s h a l m e »

Whitman ist zwar längst in Europa bekannt, in Deutschland aber doch noch zu wenig. Es wird freilich wohl nicht mehr lange dauern, so baut man auch ihm Altäre, bekränzt sein Bild und schreit seine Schriften für Evangelien aus. Schon jetzt sind manche daran, allerlei aus ihm zu machen, was er nicht ist, z. B. einen großen Philosophen und Propheten neuerer Lebensgesetze. Unsre kulturlose und gründlich unphilosophische Zeit hat ja keine Maßstäbe mehr und rennt schwärmerisch jedem echten oder falschen Propheten nach. Was hat man aus Nietzsche, aus Emerson, sogar aus Maeterlinck gemacht! Die Nachwelt wird lang daran zu lachen haben. Und so spuken auch schon «Whitman-Gemeinden» und ähnliche Unternehmungen eines planlosen Enthusiasmus da und dort.

Der Verfasser der «Grashalme» ist nicht der literarisch begabteste, aber der menschlich größte von allen amerikanischen Dichtern. Eigentlich müßte man ihn den einzigen oder doch den ersten «amerikanischen Dichter» überhaupt nennen. Denn er war der erste, der nicht aus dem Schatz oder aus der Trödelkammer der alten europäischen Kulturen schöpfte, sondern mit allen Wurzeln im amerikanischen Boden hing. Er stimmt die ersten Hymnen aus der Seele des jungen Riesenvolkes an, er singt und jubelt aus dem Gefühl ungeheurer Kräfte heraus, er kennt nichts Altes, hinter ihm Liegendes, sondern einzig eine ahnungsvolle, stolz bewegte Gegenwart und eine unermeßliche, lachende Zukunft. Er predigt Gesundheit und Kraft, er ist der Redner eines jungen, starken Volkes, das noch lieber von seinen Enkeln und Urenkeln, als von seinen Vätern träumt. Darum erinnern seine Dithyramben so oft an uralte Völkerstimmen, an Moses zum Beispiel und auch an Homer. Er ist aber doch von heute, darum predigt er nicht weniger feurig das Ich, den freien, schöpferischen Menschen. Mit der stolzen Freude des ungebrochenen Vollmenschen redet er von sich, von seinen Taten und Fahrten, von seiner Heimat. Er singt, wie er, «wohlgezeugt und aufgezogen von einer vollkommenen Mutter», von Paumanok herkommt, wie er die südlichen Savannen durchstreift und als Soldat in Zelten gelebt hat, wie er den Niagara und die kalifornischen Berge, die Urwälder und Büffelherden seiner Heimat sah, und er widmet dankbar begeistert seine Gesänge dem Volke Amerikas, seinem Volke, das er als eine ungeheure machtvolle Einheit empfindet.

Wer zur rechten Stunde in dem Buche liest, findet etwas von Urwelt und etwas von Hochgebirge, Meer und Prärie darin. Vieles wird ihn grell und fast grotesk anmuten, aber das Ganze wird ihm imponieren, wie uns Amerika imponiert, wenn auch wider unsern Willen.   (1904)

DOSTOJEWSKI

1821–1881

Es ist über Dostojewski nichts Neues zu sagen. Was über ihn Kluges und Richtiges zu sagen ist, ist alles schon gesagt, ist alles einmal neu und geistreich gewesen und ist schon wieder veraltet, während die geliebte und schreckliche Gestalt des Dichters immer neu von Geheimnis und Rätsel umzogen uns erscheint, wenn wir in Stunden der Not und Einkehr zu ihm kommen.

Der Bürger, der den Raskolnikow liest und sich auf dem Kanapee aus dieser Spukwelt ein angenehmes Grauen holt, ist nicht der wahre Leser dieses Dichters, so wenig wie der

Gelehrte und Kluge, der die Psychologie seiner Romane bewundert und über seine Weltanschauung gute Broschüren schreibt. Wir müssen Dostojewski lesen, wenn wir elend sind, wenn wir bis zur Grenze unserer Leidensfähigkeit gelitten haben und das ganze Leben als eine einzige brennende, glühende Wunde empfinden, wenn wir Verzweiflung atmen und Tode der Hoffnungslosigkeit gestorben sind. Dann, wenn wir aus dem Elend vereinsamt und gelähmt ins Leben hinüberstarren und es in seiner wilden, schönen Grausamkeit nicht mehr begreifen und nichts mehr von ihm haben wollen, dann sind wir offen für die Musik dieses schrecklichen und herrlichen Dichters. Dann sind wir nicht mehr Zuschauer, dann sind wir nicht mehr Genießer und Beurteiler, dann sind wir arme Brüder unter all den armen Teufeln seiner Dichtungen, dann leiden wir ihre Leiden, starren mit ihnen gebannt und atemlos in den Strudel des Lebens, in die ewig mahlende Mühle des Todes. Und dann auch erhorchen wir Dostojewskis Musik, seinen Trost, seine Liebe, dann erst erleben wir den wunderbaren Sinn seiner erschreckenden und oft so höllischen Welt.

Zwei Mächte sind es, die uns in diesen Dichtungen ergreifen, aus dem Hin und Her und Gegensatz zweier Elemente und Gegenpole wächst die mythische Tiefe und gewaltige Räumlichkeit seiner Musik.

Das eine ist die Verzweiflung, das Erleiden des Bösen, das Hingenommensein und Nichtmehrwiderstreben gegen die grausame, blutige Roheit und Zweifelhaftigkeit alles Menschenwesens. Dieser Tod muß gestorben, diese Hölle muß betreten sein, ehe auch die andere, die himmlische Stimme des Meisters uns wirklich erreichen kann. Die Aufrichtigkeit und Unverblümtheit des Eingeständnisses, daß es mit unserem Dasein und Menschentum eine ärmliche, eine zweifelhafte und vielleicht hoffnungslose Sache ist, das ist die Voraussetzung. Wir müssen uns dem Leiden ergeben, dem Tod überlassen haben, das ganze höllische Grinsen der nackten Wirklichkeit muß unsere Augen frieren gemacht haben, ehe wir die Tiefe und Wahrheit der zweiten, der anderen Stimme aufnehmen können.

Die erste Stimme bejaht den Tod, verneint die Hoffnung, verzichtet auf all die gedanklichen und dichterischen Beschönigungen und Besänftigungen, mit welchen wir gewohnt sind, uns von angenehmen Dichtern über die Gefährlichkeit und Grausigkeit des Menschendaseins wegtäuschen zu lassen. Die zweite Stimme aber, die wahrhaft himmlische zweite Stimme dieser Dichtung, zeigt uns auf der anderen, himmlischen Seite ein anderes Element als den Tod, eine andere Wirklichkeit, eine andere Wesenheit: das Gewissen des Menschen. Mag alles Menschenleben Krieg und Leid, Gemeinheit und Scheußlichkeit sein — außerdem aber gibt es auch noch etwas anderes, das Gewissen, die Fähigkeit des Menschen, sich Gott gegenüberzustellen. Wohl führt auch das Gewissen uns durch Leid und Todesangst, führt zu Elend und Schuld, aber es führt heraus aus der unerträglichen einsamen Sinnlosigkeit, es führt uns in Beziehungen zum Sinn, zum Wesen, zum Ewigen. Das Gewissen hat nichts zu tun mit Moral, nichts mit Gesetz, es kann zu ihnen in die furchtbarsten, tödlichsten Gegensätze kommen, aber es ist unendlich stark, es ist stärker als Trägheit, stärker als Eigennutz, stärker als Eitelkeit. Es zeigt noch im tiefsten Elend, in der letzten Verirrtheit immerzu einen schmalen Weg offen, nicht in die todgeweihte Welt zurück, sondern über sie hinaus, zu Gott. Schwer ist der Weg, der den Menschen zu seinem Gewissen führt, fast alle leben immer und immer gegen dieses Gewissen, sträuben sich, beladen sich schwer und schwerer, gehen zugrunde an ersticktem Gewissen, aber jedem steht in jedem Augenblick, jenseits der Leiden und der Verzweiflung, der stille Weg offen, der das Leben sinnvoll und das Sterben leicht macht. Der eine muß so lange gegen sein Gewissen toben und sündigen, bis er alle Höllen erlebt und sich mit allem Grausigen besudelt hat, um endlich, aufseufzend, den Irrtum zu fühlen und die Stunde der

Wandlung zu erleben. Andere leben mit ihrem Gewissen in guter Freundschaft, seltene, glückliche und heilige Menschen, und ihnen mag geschehen, was da will, es trifft sie alles nur von außen, es trifft sie nie ins Herz, sie bleiben stets rein, das Lächeln verschwindet nicht von ihrem Gesicht. So einer ist der Fürst Myschkin.

Diese beiden Stimmen, diese beiden Lehren habe ich bei Dostojewski gehört, in den Zeiten, als ich ein guter Leser seiner Bücher war, in den Stunden, da Verzweiflung und Leid mich vorbereitet hatten. Es gibt einen Künstler, bei dem ich Ähnliches erlebt habe, einen Musiker, den ich nicht zu aller Zeit liebe und hören mag, ebenso wie ich gar nicht zu allen Zeiten Dostojewski lesen möchte. Es ist Beethoven. Er hat jenes Wissen um Glück, um Weisheit und Harmonie, die aber nicht auf ebenen Wegen zu finden sind, die nur aufleuchten auf Wegen am Abgrund hin, die man nicht lächelnd pflückt, sondern nur mit Tränen und erschöpft vom Leid. In seinen Symphonien, in seinen Quartetten gibt es Stellen, wo aus lauter Elend und Verlorenheit unendlich rührend, kindlich und zart etwas aufstrahlt, eine Ahnung von Sinn, ein Wissen um Erlösung. Diese Stellen finde ich alle bei Dostojewski wieder. (1925)

Gedanken zu Dostojewskis «Idiot»

Oft ist Dostojewskis «Idiot», der Fürst Lew Myschkin, mit Jesus verglichen worden. Natürlich kann man das tun. Man kann jeden Menschen mit Jesus vergleichen, der, von einer der magischen Wahrheiten gestreift, das Denken vom Leben nicht mehr trennt und dadurch inmitten seiner Umgebung vereinsamt und zum Gegner aller wird. Darüber hinaus scheint mir die Ähnlichkeit zwischen Myschkin und Jesus nicht eben sehr auffallend, nur ein Zug noch, ein wichtiger freilich, fällt mir an Myschkin als jesushaft auf: seine zaghafte Keuschheit. Die verheimlichte Angst vor dem Geschlecht und der Zeugung ist ein Zug, der dem «historischen», dem Jesus der Evangelien, nicht fehlen dürfte, der auch deutlich mit zu seiner Weltmission gehört. Sogar ein so oberflächliches Jesusbild wie das von Renan entbehrt dieses Zuges nicht.

Aber es ist seltsam — so wenig mir der ewige Vergleich zwischen Myschkin und Christus sympathisch ist —, auch ich sehe die beiden Bilder unbewußt miteinander verbunden. Es fiel mir erst spät, und an einem winzigen Zuge auf. Es fiel mir eines Tages, als ich an den Idioten dachte, auf, daß mein erster Gedanke an ihn immer ein scheinbar nebensächlicher ist. Wenn ich an ihn denke, sehe ich ihn, im ersten aufblitzenden Moment der Vorstellung, immer in einer besonderen, an sich unbedeutenden Nebenszene. Ebenso geht es mir mit dem Heiland. Wenn irgendeine Assoziation mich zu der Vorstellung «Jesus» führt oder das Wort Jesus durch Ohr oder Auge mich trifft, dann sehe ich im ersten Aufblitz niemals Jesus am Kreuz, oder Jesus in der Wüste, oder Jesus als Wundertäter, oder Jesus als Auferstandenen, sondern ich sehe ihn in dem Augenblick, wo er im Garten Gethsemane den letzten Kelch der Vereinsamung trinkt, wo die Wehen von Sterbenmüssen und höherer Neugeburt seine Seele zerreißen, und wie er da, in einem letzten rührenden Kinder-Trostbedürfnis, sich nach seinen Jüngern umsieht, ein wenig Wärme und Menschennähe, eine flüchtige holde Täuschung inmitten seiner hoffnungslosen Einsamkeit sucht — und wie da die Jünger schlafen! Da liegen sie und schlafen, der brave Petrus, der hübsche Johannes, alle miteinander, alle diese guten Leute, über die sich Jesus mit gutem Willen wieder und wieder liebreich zu täuschen gewohnt ist, denen er seine Gedanken, Teile seiner Gedanken mitteilt, so als verstünden sie seine Sprache, so als sei es möglich, seine Gedanken in der Tat diesen Leuten mitzuteilen, etwas wie verwandte Schwingung bei ihnen wachzurufen, etwas wie Verstehen, wie Verwandtschaft, wie Zusammengehörigkeit bei ihnen zu finden. Und jetzt, im Augenblick der unerträglichen Qual, wendet er sich um nach diesen Genossen, nach diesen einzigen, die er hat, und ist so ganz aufgeschlossen, so ganz Mensch, so ganz Leidender, daß er ihnen jetzt näherzukommen vermöchte als jemals sonst, daß er an jedem dümmsten Wort, an jeder halbwegs freundlichen Gebärde von ihnen etwas wie Trost und Aufrichtung finden könnte — aber nein, sie sind nicht da, sie schlafen, sie schnarchen. Dieser grauenhafte Augenblick ist mir, ich weiß nicht auf welchem Wege, schon seit sehr früher Jugend tief eingeprägt, und, wie gesagt, wenn ich an Jesus denke, so taucht immer sofort unfehlbar die Erinnerung an diesen Augenblick mit auf.

Die Parallele dazu bei Myschkin ist diese. Wenn ich an ihn, an den «Idioten», denke, so ist es ebenfalls ein scheinbar nicht so wichtiger Moment, der mir zuerst aufblitzt, und zwar ist es ebenfalls der Moment einer unglaublichen, totalen Isoliertheit, einer tragischen Vereinsamung. Die Szene, die ich meine, ist jener Abend in Pawlowsk im Hause Lebedeffs, wo der Fürst, wenige Tage nach seinem epileptischen Anfall, als Genesender den Besuch der ganzen Familie Jepantschin empfangen hat, als plötzlich in diesen heitern und eleganten, obwohl auch schon mit heimlichen Spannungen und Schwülheiten geladenen Kreis die jungen Herren Revolutionäre und Nihilisten treten, als der gesprächige Bursche Hippolyt mit seinem angeblichen «Sohne Pawlitschews», mit dem «Boxer» und den andern hereinplatzt, diese unangenehme, jedesmal widerliche, beim Lesen etwas empörende und ekelhafte Szene, wo diese beschränkten und irregeführten jungen Menschen in ihrer hilflosen Bosheit so grell und exponiert und nackt wie auf überhellter Bühne stehen, wo jedes, jedes einzelne ihrer Worte einem doppelt wehe tut, einmal wegen seiner Wirkung auf den guten Myschkin, und dann noch wegen der Grausamkeit, mit der es den Sprecher selbst entblößt und preisgibt — diese seltsame, unvergeßliche, obwohl im Roman selbst nicht allzu wichtige oder betonte Stelle meine ich. Auf der einen Seite die Gesellschaft, die Eleganten, die Weltleute, die Reichen, Mächtigen und Konservativen, auf der andern Seite die wütende Jugend, unerbittlich, nichts kennend als Auflehnung, nichts kennend als ihren Haß auf das Hergebrachte, rücksichtslos, wüst, wild, namenlos stupid mitten in ihrem theoretischen Intellektualismus — und zwischen diesen beiden Parteien stehend der Fürst, allein, exponiert, von beiden Seiten kritisch und mit höchster Spannung beobachtet. Und wie endet die Situation? Sie endet damit, daß Myschkin, trotz einigen kleinen Fehlern, die ihm in der Aufregung passieren, sich ganz seiner guten, zarten, kindlichen Natur entsprechend benimmt, daß er das Unerträgliche lächelnd hinnimmt, auf das Unverschämteste noch mit Selbstlosigkeit antwortet, bereit ist, jede Schuld auf sich zu nehmen, bei sich zu suchen — und daß er damit vollkommen durchfällt und verachtet wird — nicht etwa von dieser Partei oder jener, nicht etwa von den Jungen gegen die Alten, oder umgekehrt, sondern von beiden, von beiden! Alle wenden sie sich von ihm ab, allen hat er auf die Zehen getreten, einen Augenblick lang sind die äußersten Gegensätze in Gesellschaft, Alter, Gesinnung völlig verlöscht, und alle sind einig, vollkommen einig darin, daß sie sich mit Entrüstung und Wut von dem abwenden, der der einzige Reine unter ihnen ist!

Worauf nun beruht die Unmöglichkeit dieses Idioten in der Welt der andern? Warum versteht ihn niemand, ihn, den doch fast alle irgendwie lieben, dessen Sanftmut allen sympathisch, ja oft vorbildlich erscheint? Was trennt ihn, den magischen Menschen, von den andern, den gewöhnlichen Menschen? Warum haben sie recht, wenn sie ihn ablehnen? Warum müssen sie das tun, unfehlbar? Warum muß es ihm gehen wie Jesus, der am Ende nicht nur von der Welt, sondern auch von allen seinen Jüngern verlassen war?

Das ist, weil der Idiot ein anderes Denken denkt als die

andern. Nicht daß er weniger logisch, mehr kindlich-assoziativ denkt als sie, nicht das ist es. Sein Denken ist jenes, das ich das «magische» nenne. Er leugnet, dieser sanfte Idiot, das ganze Leben, das ganze Denken und Fühlen, die ganze Welt und Realität der andern. Für ihn ist Wirklichkeit etwas vollkommen anderes als für sie. Ihre Wirklichkeit ist für ihn völlig schattenhaft. Darin, daß er eine ganz neue Wirklichkeit sieht und fordert, wird er ihr Feind.

Der Unterschied ist nicht der, daß die einen Macht und Geld, Familie und Staat und dergleichen Werte hoch-schätzen, er aber nicht. Es ist nicht so, daß er das Geistige verträte und sie das Materielle oder wie man das formu-lieren mag! Nicht das ist es. Auch für den Idioten besteht das Materielle, er anerkennt durchaus die Bedeutung die-ser Dinge, wennschon er sie weniger wichtig nimmt. Seine Forderung, sein Ideal ist nicht ein asketisch-indisches, ein Absterben von der Welt scheinbarer Wirklichkeiten, zu-gunsten des in sich begnügten Geistes, der allein Wirklich-keit zu sein meint.

Nein, über die beiderseitigen Rechte der Natur und des Geistes, über die Notwendigkeit ihres Ineinanderwirkens, würde Myschkin sich durchaus mit den andern verständi-gen können. Nur daß die Gleichzeitigkeit und Gleich-berechtigung beider Welten für sie ein Verstandessatz, für ihn Leben und Wirklichkeit ist! Dies ist noch unklar, ver-suchen wir, es etwas anders darzustellen.

Myschkin unterscheidet sich von den andern dadurch, daß er als «Idiot» und Epileptiker, der aber zugleich ein recht kluger Mensch ist, viel nähere und unmittelbarere Beziehungen zum Unbewußten hat als jene. Das höchste Erlebnis ist ihm jene halbe Sekunde höchster Feinfühlig-keit und Einsicht, die er einige Male erlebt hat, jene magi-sche Fähigkeit, für einen Moment, für den Blitz eines Momentes alles sein, alles mitfühlen, alles mitleiden, alles verstehen und bejahen zu können, was in der Welt ist.

Dort liegt der Kern seines Wesens. Er hat Magie, er hat mystische Weisheit nicht gelesen und anerkannt, nicht studiert und bewundert, sondern (wenn auch nur in ganz seltenen Augenblicken) tatsächlich erlebt. Er hat nicht nur seltene und bedeutende Gedanken und Einfälle gehabt, sondern ist, einmal oder einigemal, auf der magischen Grenze gestanden, wo alles bejaht wird, wo nicht nur der entlegenste Gedanke wahr ist, sondern auch das Gegenteil jedes solchen Gedankens.

Dies ist das Furchtbare, mit Recht von den andern Gefürchtete an diesem Menschen. Völlig allein steht er nicht, nicht die ganze Welt ist gegen ihn. Es sind da noch einige Menschen, einige sehr zweifelhafte, sehr gefährdete und gefährliche Menschen, die ihn zuzeiten gefühlhaft verstehen: Rogoschin, die Nastasja. Vom Verbrecher und von der Hysterischen wird er verstanden, er, der Unschuldige, das sanfte Kind! Aber dies Kind ist, bei Gott, nicht so sanft, wie es scheint. Seine Unschuld ist keine harmlose, und mit Recht erschrecken die Menschen vor ihm.

Der Idiot ist, sagte ich, zeitweise jener Grenze nahe, wo von jedem Gedanken auch das Gegenteil als wahr empfunden wird. Das heißt, er hat ein Gefühl dafür, daß kein Gedanke, kein Gesetz, keine Prägung und Formung existiert, welche anders wahr und richtig wäre als von einem Pole aus — und zu jedem Pol gibt es einen Gegenpol. Das Setzen eines Poles, das Annehmen einer Stelle, von wo aus die Welt angeschaut und geordnet wird, ist die erste Grundlage jeder Formung, jeder Kultur, jeder Gesellschaft und Moral. Wer Geist und Natur, Gut und Böse, sei es auch nur für einen Moment, als verwechselbar empfindet, ist der furchtbarste Feind jeder Ordnung. Denn dort beginnt das Gegenteil von Ordnung, dort beginnt das Chaos.

Ein Denken, das zum Unbewußten, zum Chaos, zurückkehrt, zerstört jede menschliche Ordnung. Dem «Idioten» wird einmal im Gespräch gesagt, er sage ja nur die Wahrheit, nicht mehr, und das sei jämmerlich! So ist es. Wahr ist alles, ja läßt sich zu allem sagen. Um die Welt zu ordnen, um Ziele zu erreichen, um Gesetz, Gesellschaft, Organisation, Kultur, Moral zu ermöglichen, muß zum Ja das Nein kommen, muß die Welt in Gegensätze, in Gut und Böse eingeteilt werden. Mag die erste Setzung jedes Nein, jedes Verbotes, eine völlig willkürliche sein — sie wird heilig, sobald sie Gesetz wird, sobald sie Folge hat, sobald sie Grundlage einer Anschauung und Ordnung geworden ist.

Höchste Wirklichkeit im Sinne menschlicher Kultur ist dies Eingeteiltsein der Welt in Hell und Finster, Gut und Böse, Erlaubt und Verboten. Höchste Wirklichkeit für Myschkin aber ist das magische Erlebnis von der Umkehrbarkeit aller Satzungen, vom gleichberechtigten Vorhandensein der Gegenpole. Der «Idiot», zu Ende gedacht, führt das Mutterrecht des Unbewußten ein, hebt die Kultur auf. Er zerbricht die Gesetzestafeln nicht, er dreht sie nur um und zeigt, daß auf der Rückseite das Gegenteil geschrieben steht.

Daß dieser Feind der Ordnung, dieser furchtbare Zerstörer nicht als Verbrecher auftritt, sondern als lieber, schüchterner Mensch voll Kindlichkeit und Anmut, voll guter Treuherzigkeit und selbstloser Gutmütigkeit, das ist das Geheimnis dieses erschreckenden Buches. Dostojewski hat aus tiefem Empfinden heraus diesen Mann als krank, als Epileptiker gezeichnet. Alle Träger des Neuen, des Furchtbaren, des ungewissen Zukünftigen, alle Vorboten eines vorgeahnten Chaos sind bei Dostojewski Kranke, Zweifelhafte, Belastete: Rogoschin, die Nastasja, später alle vier Karamasows. Alle werden als entgleiste, als sonderbare Ausnahmegestalten gezeichnet, aber alle so, daß wir für ihre Entgleistheit und Geisteskrankheit etwas von der heiligen Achtung empfinden, die der Asiate dem Wahnsinnigen zu schulden glaubt.

Das Bemerkenswerte und Seltsame, das Wichtige und Verhängnisvolle ist ja nicht, daß irgendwo in Rußland in den fünfziger und sechziger Jahren ein genialer Epileptiker solche Phantasien gehabt hat und solche Figuren gedichtet hat. Das Wichtige ist, daß diese Bücher seit drei Jahrzehnten mehr und mehr von der Jugend Europas als die wichtigen und prophetischen empfunden werden. Das Seltsame ist, daß wir diesen Verbrechern, Hysterikern und Idioten Dostojewskis ganz anders ins Gesicht sehen als irgendwelchen Verbrecher- oder Narrenfiguren andrer beliebter Romane, daß wir sie so unheimlich begreifen, daß wir sie so seltsam lieben, daß wir etwas in uns finden, was diesen Menschen verwandt und ähnlich sein muß.

Das liegt nicht an Zufällen und liegt noch weniger am Äußerlichen und Literarischen in Dostojewskis Werk. So verblüffend manche Züge bei ihm sind — man denke nur an die Vorwegnahme einer schon hoch ausgebildeten Psychologie des Unbewußten —, sein Werk wird von uns nicht als der Ausdruck hochgesteigerter Einsichten und Fertigkeiten bewundert, nicht als die künstlerische Prägung einer uns im Grunde bekannten und geläufigen Welt, sondern wir empfinden es als prophetisch, als Vorausspiegelung einer Zersetzung und eines Chaos, von dem wir Europa seit einigen Jahren auch äußerlich ergriffen sehen. Nicht als ob die Welt dieser Dichterfiguren ein Zukunftsbild im Sinn eines Ideals wäre — das wird niemand so empfinden. Nein, wir fühlen bei Myschkin und allen diesen Figuren nicht Vorbildlichkeit im Sinne von «So sollst du werden!», sondern Notwendigkeit im Sinn von: «Durch dies müssen wir hindurch, dies ist unser Schicksal!»

Die Zukunft ist ungewiß, der Weg aber, der hier gezeigt wird, ist eindeutig. Er bedeutet: seelische Neueinstellung. Er führt über Myschkin, er fordert das «magische» Denken, das Annehmen des Chaos. Rückkehr ins Ungeordnete, Rückweg ins Unbewußte, ins Gestaltlose, ins Tier, noch weit hinter das Tier zurück, Rückkehr zu allen Anfängen. Nicht, um dort zu bleiben, nicht um Tier, nicht um Urschlamm zu werden, sondern um uns neu zu orientieren, um an den Wurzeln unseres Seins vergessene Triebe und Entwicklungsmöglichkeiten aufzufinden, um aufs neue Schöpfung, Wertung, Teilung der Welt vornehmen zu können. Diesen Weg lehrt kein Programm uns finden, keine Revolution reißt uns die Tore dahin auf. Jeder geht ihn allein, jeder für sich. Jeder von uns wird, eine Stunde in seinem Leben, auf der Myschkinschen Grenze stehen müssen, wo die Wahrheiten aufhören und neue beginnen können. Jeder von uns muß einmal, einen Augenblick im Leben, in sich etwas Derartiges erleben, wie es Myschkin in seinen hellsichtigen Sekunden, wie es Dostojewski selbst in jenen Minuten erlebte, als er dicht vor der Hinrichtung stand und aus welchen er mit dem Blick des Propheten hervorging. (1919)

«Der Jüngling»

Der Roman «Der Jüngling» war zwar bisher bei uns nicht unbekannt, aber in deutscher Sprache nur sehr wenig verbreitet, auffallenderweise, denn er gehört zu Dostojewskis großen Romanen und steht zeitlich zwischen den «Dämonen» und den «Karamasows».

Immerhin war schon vor zehn Jahren eine sehr gute Übersetzung von Korfiz Holm erschienen. Ich habe sie damals gelesen, mit jenem heftigen, akuten Interesse, mit dem man alles von Dostojewski liest, und ich war nun ein wenig darüber erstaunt, daß ich tatsächlich den ganzen «Roman» seither vergessen hatte, nämlich die «Geschichte» daran, das Gewebe der Beziehungen, Intrigen und Ereignisse. Nicht vergessen hatte ich die Gesamtstimmung, die Bilder der Hauptfiguren, den Ton der wichtigsten Gespräche und namentlich einzelne Stellen aus diesen Gesprächen, Stellen von psychologischem Sehertum und Stellen voll bekenntnishafter Offenbarungen über das Russentum. Merkwürdig immerhin, daß das ganze Äußere eines Buches von etwa tausend Seiten mir wieder verlorengehen konnte. Aber ich finde darin eine eigene innere Abneigung gegen alle heftigen «Geschichten» bestätigt, gegen alle grellen, vielspältigen, überhetzten Handlungen, gegen alle grellen, allzu bunten, allzu atemraubenden Situationen. Die finden sich ja bei Dostojewski überall, und der Laie knüpft an sie sein Urteil über ihn, hält sie für das Zeichen seiner Größe. Nun ist freilich auch die rein äußere Technik des Erzählens bei diesem unheimlichen Meister immer wahrhaft verblüffend. Es wäre ganz falsch zu meinen, die grelle Art, das etwas Überkolorierte seiner Handlungen sei naiv, oder es sei gar zufällig und beruhe auf einem Unterschätzen des Romans zugunsten seines seelischen Inhaltes. Davon ist keine Rede. Dieser ganze furchtbare, ungeheuer wirksame, dabei aber immer ein wenig unreine Apparat der Handlungen bei Dostojewski, dieses wilde, grelle, beim ersten Lesen fieberhaft packende Operieren mit Geheimnissen, Verrat, Ahnungen, geheimen Dokumenten, mit Revolver, Gefängnis, Mord, Gift, Selbstmord, Wahnsinn, mit belauschten Verschwörungen und gemieteten Nebenzimmern — dieser ganze Apparat ist bei ihm nichts Äußerliches, ist keineswegs Maske, hinter welcher er seine wahren Absichten verbergen würde, er ist absolut ehrlich und eben darum auch so wirksam. Dostojewski ist nicht bloß der geniale Dichter, der überlegene Beherrscher des russischen Wortes und der tiefe Deuter der russischen Seele; er ist außerdem auch der einsame Abenteurer, der vom Schicksal seltsam und auffallend Gezeichnete, der im letzten Augenblick vor dem Erschießen noch begnadigte Sträfling, der einsame, arme Dulder.

Trotzdem wird, wie ich glaube, der jetzt noch so wirksame Apparat seiner aufregenden Geschichten das erste sein, was einmal im Lauf der Zeiten an ihm veralten wird. Schon dieser Krieg wird dazu beitragen, daß wir den Wert des Abenteuers, den Reiz des Gefährlichen, Wilden, nicht mehr so hoch anschlagen. Desto mächtiger wird dann der Geist dieser ungeheuren Bücher wirken. Und je mehr diese

Bücher der Vergangenheit angehören werden, desto mehr wird es sich zeigen, daß sie (noch weit mehr und tiefer als etwa die von Balzac) für alle Nachwelten eine der ergreifendsten und seltsamsten Zeiten der Geschichte in ewigen Bildern festgehalten haben. Bücher wie der «Idiot», der «Raskolnikow» und die «Brüder Karamasow» werden in ihrer Gesamtheit einmal, wenn alles Äußere an ihnen veraltet sein wird, dastehen wie für uns Dante, in hundert Einzelheiten kaum mehr verständlich, im ganzen aber ewig wirksam und erschütternd als Gestaltung einer ganzen Weltepoche.

Der «Jüngling» nun unterscheidet sich von den andern großen Romanen des Meisters doppelt. Einmal durch eine Handlung, die zwar reichlich bewegt, ja wild ist, aber fast ganz im Kreise des Häuslichen, der Familie bleibt. Dann durch einen merkwürdig «literarischen», fast ironischen Klang in der Prägung. Der «Jüngling» ist ein Zwanzigjähriger, der seine Erlebnisse selbst niederschreibt, ein seltsamer, vereinsamter, verbitterter, dennoch ehrgeiziger, höchst aparter Zwanzigjähriger. Und während die Geschichte selbst uns in Anspruch nimmt, welche ein großes Stück russischen Lebens umspannt und der es an Verwicklungen und Aufregungen nicht fehlt, sehen wir gleichzeitig mit fast befremdetem Erstaunen zu, mit welcher überlegenen Meisterschaft, mit welcher Kühle, mit welchem Können der Ton, die etwas blasierte Begabtheit, die erfahrungslose Altklugheit dieses Jünglings weitergeführt wird. Mochte die Form der Ich-Erzählung für die Gruppierung der Menschen wie der Ereignisse und für ihre Wertung eine Erleichterung bieten — psychologisch wurde alles dadurch unendlich mehr kompliziert, unendlich gefährlicher, unendlich heikler. An manchen Stellen, wenn man zwischen den erregten Erlebnissen des Lebens für Augenblicke zur Besinnung kommt, steht man geradezu verblüfft wie vor einem unglaublich kühnen, ja frechen Kunststück. Nur daß jener «Apparat» auch hier sich gelegentlich in

seiner Roheit aufdrängt, die Hintertüren und Über-
raschungsszenen waren auch hier nicht zu vermeiden. Man
ärgert sich darüber, aber man sieht Dostojewski nie auch
nur einen Augenblick als den Mann hinter den Kulissen
an, der die Figuren lenkt. Denn es sind nicht Figuren, sondern Menschen. Und wieder werden diese Menschen so bedeutsam und ergreifend dadurch, daß sie (die einen
ahnungslos, die anderen beinahe bewußt) nicht nur ihre
eigenen, persönlichen, einmaligen Nöte und Schmerzen erleben, sondern in ihnen die typischen Nöte, die höher be-
dingten, tiefer verwurzelten Schmerzen ihrer Generation,
die Nöte eines ganzen Volkes, das sich zwischen Schlaf und
Erwachen in bösen Angstträumen quält.

Es ist eine wilde, erbarmungslose, grausame, eine häßliche Welt, ein rechtes Inferno, in das diese Bücher uns
führen. Da ist Verbrechen und Geisteskrankheit, Größen-
wahn und Gemeinheit, Großstadtlaster und entartendes
Aristokratentum, und alles in einer Atmosphäre von
schwüler Dumpfheit, unter einem Alpdruck von dunkler
Hoffnungslosigkeit. In diesem Buch von tausend Seiten
scheint kaum irgendwo eine Sonne, grünt kaum irgendwo
ein Baum, ein Gras, singt kein andrer Vogel als die ein-
gesperrte Nachtigall in einer wüsten Vorstadtkneipe. Es
gibt keine Jahreszeiten, keine Landschaft, diese Menschen
leben isoliert im Petersburger Nebel. Sie scheinen keine
Luft zu atmen, keinen Erdboden zu treten, sie schwimmen
verzweifelt und preisgegeben in der Flut ihrer Schicksale.
Jede schöne, liebe, warme Selbstverständlichkeit, jedes gute
Lächeln, jede Sonne scheint dieser Welt zu fehlen. Aber
nein, sie ist doch da. Die Sonne dieser Welt ist die Religion,
ist die Heiterkeit des Glaubens, ist die Einfalt des Frommen. Mitten in dieser Petersburger Welt voll entgleister
und richtungsloser Menschen, denen jede gute Tradition,
jede Gemeinsamkeit des Glaubens, Wünschens und Han-
delns verlorengegangen ist, mitten zwischen diesen armen,
kranken, bösen Menschen steht gut und freundlich der

318

Pilger Makar, so naiv und so schlau, so heiter und so gut wie jener wunderbare Heilige in den Karamasows, lächelnd wie ein Kind und voll Wissen wie ein Greis. Er ist wissend, aber nicht gelehrt, er ist Volk, er ist Rußland, und mit dem Bewußtwerden und Aussprechen würde seine tiefe Weisheit flach und entwertet werden. Denn sie ruht nicht im Erkennen, sondern im Leben.

Und auch in den andern leuchtet diese russische Fähigkeit zuweilen ahnungsvoll und versöhnend auf, dieses Lächelnkönnen im Leide, diese tiefe Gutmütigkeit, diese Gabe, sich selber zu verlieren. Da hören wir den alten Werssilow, den typischen Vertreter des an der Wurzel erkrankten russischen Adels, einmal sagen: «Ja, mein Junge, ich sage es dir nochmals, ich kann nicht anders als meinen Adel achten. Bei uns in Rußland hat sich im Laufe von Jahrhunderten ein gewisser höherer Kulturtyp herausgebildet, den man bisher überhaupt nicht gekannt hat und den es sonst in der ganzen Welt nicht gibt: der Typ des universalen Leidens um alle. Es ist das ein ausschließlich russischer Typ, und da er sich in der höheren Kulturschicht entwickelt hat, habe ich ganz von selbst die Ehre, ihm anzugehören. In seiner Hut ist die Zukunft Rußlands.» Und dieser selbe Werssilow, dieser selbe arme, feine, in mancher Hinsicht krankhaft überkultivierte Vertreter eines entwurzelten Adels, dieser Mann des schwachen Gewissens und der Unfähigkeit zu Entschlüssen, dieser unberechenbare Gemütsmensch und beredte Intellektualist, spricht gelegentlich einen Gedanken der praktischen Ethik aus, so einfach, schön und selbstverständlich wie den: «Die Pflicht, unbedingt wenigstens einen Menschen in seinem Leben glücklich zu machen, und zwar praktisch, in Wirklichkeit, würde ich für jeden entwickelten Menschen einfach zum Gebot erheben, ganz wie ich im Hinblick auf die Entwaldung Rußlands jeden Bauern gesetzlich zwingen würde, in seinem Leben wenigstens einen Baum zu pflanzen.»

Die Folge des jetzigen Krieges wird ja wohl eine Beschleunigung in der Europäisierung Rußlands sein, wie denn die Nötigung zur Zucht, zur Organisation, zu einer Art von geistigem Militarismus die erste Mahnung der Zeit an alle Mächte ist, die fortbestehen und die Zukunft mitbestimmen wollen. Das passive Rußland, das christliche, das duldende, selbstlose Rußland wird mehr als je in die Seele des naiven Volkes zurückflüchten müssen. Desto sorgsamer müssen wir auf die Stimmen jenes heimlichen, inneren Rußlands hören. In allem, was «europäisch» ist, hat Rußland vom Westen gelernt und hat noch viel hinzuzulernen. In allem, was die passiven, die asiatischen, die augenblicklich in der Welt wenig geschätzten Tugenden betrifft, werden aber die Russen wieder unsere Lehrer sein, selbst bis in die praktische Politik hinein. Denn auch der andere Pol wird wieder einmal näherrücken, auch jene seelische Kultur, die das Handeln verschmäht, um dafür das Dulden zu üben, wird wieder zur Geltung kommen. In dieser Kunst, in der die Europäer stets Kinder geblieben sind, werden die Russen noch lange die Vermittler zwischen uns und der Urmutter Asien bleiben.   (1915)

Die Brüder Karamasow
oder Der Untergang Europas
Einfälle bei der Lektüre Dostojewskis

> Nichts ist außen, nichts ist innen;
> denn was außen ist, ist innen.

Die hier mitgeteilten Gedanken in eine zusammenhängende und gefällige Form zu bringen, war mir nicht möglich. Es fehlt mir die Begabung dazu, und außerdem empfinde ich es als eine Art von Anmaßung, wenn ein Autor, wie so viele es tun, aus einigen Einfällen einen Essay aufbaut, der den Eindruck von Vollständigkeit und Folgerichtigkeit macht, während er doch nur zu einem kleinen Teil Gedanke, zum weitaus größern Teil aber

Füllsel ist. Nein, ich, der ich an den «Untergang Europas» glaube, und zwar gerade an den Untergang des geistigen Europa, habe am wenigsten Grund, mich um eine Form zu bemühen, die ich als Maskerade und Lüge empfinden müßte. Ich sage, wie Dostojewski selbst im letzten Buch der Karamasows sagt: «Ich sehe, daß es am besten ist, mich gar nicht zu entschuldigen. Ich werde es so machen, wie ich es verstehe, und die Leser werden selber begreifen, daß ich es nur eben so machte, wie ich es verstand.»

In den Werken Dostojewskis, und am konzentriertesten in den «Karamasows», scheint mir das, was ich für mich den «Untergang Europas» nenne, mit ungeheurer Deutlichkeit ausgedrückt und vorausverkündigt. Daß die europäische, zumal die deutsche Jugend Dostojewski als ihren großen Schriftsteller empfindet, nicht Goethe, auch nicht einmal Nietzsche, das scheint mir für unser Schicksal entscheidend. Sieht man daraufhin die jüngste Dichtung an, so findet man überall eine Annäherung an Dostojewski, mag sie auch oft bloß Nachahmung sein und kindlich wirken. Das Ideal der Karamasows, ein uraltes, asiatisch-okkultes Ideal, beginnt europäisch zu werden, beginnt den Geist Europas aufzufressen. Das ist es, was ich den Untergang Europas nenne. Dieser Untergang ist eine Heimkehr zur Mutter, ist eine Rückkehr nach Asien, zu den Quellen, zu den Faustischen «Müttern», und wird, selbstverständlich, wie jeder Tod auf Erden zu einer neuen Geburt führen. Als «Untergang» empfinden nur wir diese Vorgänge, wir Zeitgenossen, so wie beim Verlassen einer alten geliebten Heimat nur die Alten das Gefühl von Trauer und unwiederbringlichem Verlust haben, während die Jungen nur das Neue, die Zukunft sehen.

Aber was ist das für ein «asiatisches» Ideal, das ich bei Dostojewski finde und von dem mir scheint, daß es im Begriff ist, sich Europa zu erobern?

Es ist, kurz gesagt, die Abkehr von jeder festgelegten Ethik und Moral zugunsten eines Allesverstehens, Allesgeltenlassens, einer neuen, gefährlichen, grausigen Heiligkeit, wie sie der Greis Sosima vorverkündigt, wie sie Aljoscha lebt, wie sie Dmitri und noch weit mehr Iwan Karamasow bis zur deutlichsten Bewußtheit aussprechen.

Bei dem Greis Sosima herrscht noch das Ideal der Gerechtigkeit vor, es gibt für ihn immerhin Gut und Böse, nur schenkt er seine Liebe gerade den Bösen mit Vorliebe. Bei Aljoscha wird diese Art neuer Heiligkeit schon weit freier und lebendiger, er geht schon mit einer fast amoralischen Unbefangenheit durch jeden Schmutz und Schlamm seiner Umgebung, oft erinnert er mich an jenes edelste Gelöbnis des Zarathustra: «Allem Ekel gelobte ich einst zu entsagen!» Aber siehe, die Brüder Aljoschas treiben diesen Gedanken noch weiter, sie gehen diesen Weg noch entschiedener, und oft scheint es, allem zum Trotz, geradezu so, als ob das Verhältnis der Brüder Karamasow sich im Lauf des dicken dreibändigen Buches geradezu langsam umdrehe, so daß mehr und mehr alles Feststehende wieder zweifelhaft wird, und mehr und mehr der heilige Aljoscha weltlicher, die weltlichen Brüder heiliger, und der verbrecherischste und zügelloseste Bruder, Dmitri, gerade zum heiligsten, zum empfindlichsten und innigsten Vorahner einer neuen Heiligkeit, einer neuen Moral, eines neuen Menschentums würde. Das ist sehr seltsam. Je karamasowischer es zugeht, je lasterhafter und besoffener, je zügelloser und roher, desto näher schimmert durch die Körper dieser rohen Erscheinungen, Menschen und Taten das neue Ideal, desto vergeistigter, desto heiliger werden sie inwendig. Und neben dem Säufer, Totschläger und Gewalttäter Dmitri und dem zynischen Intellektuellen Iwan werden die braven, die hochanständigen Typen des Staatsanwalts und der andern Vertreter der Bürgerlichkeit, je mehr sie äußerlich triumphieren, desto schäbiger, desto hohler, desto wertloser.

Also das «neue Ideal», von welchem der europäische Geist in seinen Wurzeln bedroht ist, scheint ein völlig amoralisches Denken und Empfinden zu sein, eine Fähigkeit, das Göttliche, Notwendige, Schicksalhafte auch noch im Bösesten, auch noch im Häßlichsten zu erfühlen und auch vor ihm noch Hochachtung und Gottesdienst darzubringen, ja gerade vor ihm besonders. Der Versuch des Staatsanwalts, in seiner großen Rede diese Karamasowerei ironisch übertreibend darzustellen und dem Hohn der Bürger preiszugeben, dieser Versuch übertreibt in Wirklichkeit gar nicht, er bleibt sogar sehr zahm.

In dieser Rede wird, vom konservativ-bürgerlichen Standpunkt aus, der «russische Mensch» geschildert, der seither zum Schlagwort geworden ist, der gefährliche, rührende, verantwortungslose, dabei gewissenszarte, weiche, träumerische, grausame, tief kindliche «russische Mensch», den man gern auch heute noch so nennt, obwohl er, wie ich glaube, längst im Begriff ist, der europäische Mensch zu werden. Denn eben dies ist der «Untergang Europas».

Diesen «russischen Menschen» müssen wir einen Augenblick betrachten. Er ist weit älter als Dostojewski, aber Dostojewski hat ihn endgültig vor die Welt hingestellt, in seiner ganzen furchtbaren Bedeutung. Der russische Mensch ist Karamasow, er ist Fjodor Pawlowitsch, er ist Dmitri, er ist Iwan, er ist Aljoscha. Denn diese vier gehören, so verschieden sie scheinen, notwendig zusammen, sie zusammen sind Karamasow, sie zusammen sind der «russische Mensch», sie zusammen sind der kommende, schon nahe Mensch der europäischen Krisis.

Nebenbei: man beachte etwas höchst Merkwürdiges: nämlich wie Iwan im Laufe der Erzählung aus einem Zivilisationsmenschen zu einem Karamasow, aus einem Europäer zu einem Russen, aus einem geformten historischen Typ zum ungeformten Zukunftsmaterial wird! Das ist von einer märchenhaften Traumsicherheit, dieses Weggleiten des Iwan aus seinem anfänglichen Nimbus von Haltung, Verstand, Kühle und Wissenschaftlichkeit, dieses allmähliche, bange, wahnsinnig spannende Hinübergleiten gerade des scheinbar solidesten Karamasow in die Hysterie, ins Russische, ins Karamasowische! Gerade er, der Zweifler, ist es, der am Ende Konversationen mit dem Teufel führt! Wir werden später gerade davon noch reden!

Also: der «russische Mensch» (den wir längst auch schon in Deutschland haben) ist weder mit dem «Hysteriker», noch mit dem Säufer oder Verbrecher, noch mit dem Dichter und Heiligen irgendwie bezeichnet, sondern einzig mit dem Nebeneinander, mit dem Zugleich all dieser Eigenschaften. Der russische Mensch, der Karamasow ist Mörder und Richter zugleich, Rohling und zarteste Seele zugleich, er ist ebenso der vollkommenste Egoist wie der Held vollkommenster Aufopferung. Ihm kommen wir nicht bei von einem europäischen, von einem festen, moralischen, ethischen, dogmatischen Standpunkt aus. In diesem Menschen ist Außen und Innen, Gut und Böse, Gott und Satan beieinander.

Darum klingt je und je aus diesen Karamasows heraus auch das Bedürfnis nach einem höchsten Symbol, das ihrer Seele gerecht würde, nach einem Gott, der zugleich Teufel ist. Damit, mit diesem Symbol, ist der russische Mensch Dostojewskis umschrieben. Der Gott, der zugleich Teufel ist, ist der uralte Demiurg. Er ist der, der vor Anfang war; er, der einzige, steht jenseits der Gegensätze, kennt nicht Tag noch Nacht, nicht Gut noch Böse. Er ist das Nichts, und ist das All. Er ist uns unerkennbar, denn wir alle vermögen zu erkennen nur in Gegensätzen, wir sind Individuen, sind an Tag und Nacht, an Warm und Kalt gebunden, brauchen einen Gott und einen Teufel. Jenseits der Gegensätze, im Nichts und All, lebt einzig der Demiurg, der Gott des Alls, der nicht Gut noch Böse kennt.

Es wäre viel hierüber zu sagen, aber dies genügt schon. Wir haben den russischen Menschen in seinem Wesen erkannt. Er ist der Mensch, der aus den Gegensätzen, aus den Eigenschaften, aus den Moralen fortstrebt, er ist der

Mensch, der im Begriff ist, sich aufzulösen und jenseits hinter den Vorhang, hinter das principium individuationis zurückzukehren. Dieser Mensch liebt nichts und alles, er fürchtet nichts und alles, er tut nichts und alles. Dieser Mensch ist wieder Urstoff, ist ungestaltetes Seelenmaterial. Er kann in dieser Form nicht leben, er kann nur untergehen, er kann nur vorbeihuschen.

Diesen Menschen des Untergangs, dies furchtbare Gespenst, hat Dostojewski heraufbeschworen. Oft ist gesagt worden, es sei ein Glück, daß seine Karamasows nicht fertig geworden seien, denn sonst wäre nicht bloß die russische Literatur, sondern auch Rußland und die Menschheit explodiert und in die Lüfte gegangen.

Ausgesprochenes aber, auch wenn der Sprecher die letzten Konsequenzen nicht gezogen hat, kann nicht mehr ungesprochen gemacht werden. Vorhandenes, Gedachtes, Mögliches kann nicht mehr ausgelöscht werden. Der russische Mensch existiert längst, er existiert längst weit über Rußland hinaus, er regiert im halben Europa, und ein Teil der gefürchteten Explosion ist ja in diesen letzten Jahren hörbar genug vor sich gegangen. Es zeigt sich, daß Europa müde ist, es zeigt sich, daß es heimkehren, daß es ausruhen, daß es umgeschaffen, umgeboren werden will.

Hier fallen mir zwei Aussprüche eines Europäers ein, eines Europäers, der sicherlich für jeden von uns ohne weiteres den Repräsentanten eines Alten, eines Gewesenen, eines jetzt untergegangenen oder doch zweifelhaft gewordenen Europa bedeutet. Ich meine den Kaiser Wilhelm. Der eine Ausspruch ist der, den er einst unter ein etwas sonderbares allegorisches Bild geschrieben hat und der die Völker Europas ermahnt, ihre «heiligsten Güter» gegen die aus dem Osten andringende Gefahr zu wahren.

Kaiser Wilhelm war sicher kein sehr ahnungsvoller und sehr tiefer Mensch, dennoch besaß er, als inniger Verehrer und Beschützer eines altmodischen Ideals, ein gewisses Ahnungsvermögen gegen Gefahren, die diesem Ideal drohten. Er war kein geistiger Mensch, er las nicht gerne gute Bücher, und er war auch zuviel mit Politik beschäftigt. So ist auch jenes Bild mit dem Mahnruf an die Völker Europas nicht entstanden nach einer Lektüre Dostojewskis, wie man meinen könnte, sondern wohl auf Grund einer vagen Furcht vor den Völkermassen des Ostens, die durch den Ehrgeiz Japans gegen Europa ins Rollen gebracht werden könnten.

Der Kaiser wußte nur sehr, sehr teilweise, was er mit seinem Spruche sagte, und wie ungeheuer richtig er sei. Er kannte sicher die Karamasows nicht, er hatte eine Abneigung gegen gute und tiefe Bücher. Aber er hat unheimlich richtig gefühlt. Genau die Gefahr, die er fühlte, genau diese Gefahr bestand und kam täglich näher. Es waren die Karamasows, die er fürchtete. Es war die Ansteckung Europas durch den Osten, es war das Zurücktaumeln des müden Europageistes zur asiatischen Mutter, das er mit Recht so sehr fürchtete.

Der zweite Ausspruch des Kaisers, der mir einfiel, und der mir seinerzeit einen furchtbaren Eindruck machte, ist dieser (ich weiß nicht, ob er wirklich gesagt wurde oder nur gerüchtweise): «Den Krieg gewinnen wird die Nation, welche die besseren Nerven hat.» Als ich damals, noch ganz im Anfang des Krieges, diesen Ausspruch erfuhr, empfand ich ihn wie das dumpfe Vorzeichen eines Erdbebens. Es war ja klar, der Kaiser meinte es nicht so, er meinte vielmehr, damit etwas für Deutschland sehr Schmeichelhaftes gesagt zu haben. Er selber hatte, möglicherweise, ausgezeichnete Nerven, und die Kameraden seiner Jagden und Truppenschauen auch. Er kannte auch das alte fade Märchen vom lasterhaften und verseuchten Frankreich und von den tugendhaften und kinderreichen Germanen, und glaubte es. Die andern aber alle, die Wissenden, vielmehr die Ahnenden, die mit den Fühlern für morgen und übermorgen — für die war jener Ausspruch furchtbar. Denn sie alle wußten, daß Deutschland keineswegs die besseren, sondern die schlechteren Nerven hatte als die Feinde im Westen. So klang denn dieser Spruch im Munde des damaligen Führers der Nation wie schauerlich-schicksalhafte Hybris, die blind ins Verderben läuft.

Nein, die Deutschen hatten keineswegs bessere Nerven als Franzosen, Engländer und Amerikaner. Höchstens bessere als die Russen. Denn «schlechte Nerven haben», das ist der volkstümliche Ausdruck für Hysterie und Neurasthenie, für moral insanity und alle diese Übel, die man verschieden bewerten kann, die aber in ihrer Gesamtheit genau gleichbedeutend sind mit Karamasowerei. Deutschland stand den Karamasows, stand Dostojewski, stand Asien unendlich viel williger und schwächer offen als jedes andre europäische Volk, Österreich ausgenommen.

So hat, in seiner Weise, auch der Kaiser zweimal den Untergang Europas vorausgeahnt und sogar prophezeit.

Eine ganz andere Frage aber ist es nun, wie man den Untergang des alten Europa bewerte. Da scheiden sich die Wege und Geister. Die entschiedenen Anhänger des Gewesenen, die treuen Verehrer einer geheiligten edlen Form und Kultur, die Ritter einer bewährten Moral, sie alle können diesen Untergang nur aufzuhalten suchen oder trostlos beweinen, wenn er eintritt. Für sie ist der Untergang das Ende — für die andern der Anfang. Für sie ist Dostojewski ein Verbrecher — für die andern ein Heiliger. Für sie ist Europa und sein Geist etwas Einmaliges, Festgefügtes, Unantastbares, etwas Festes und Seiendes — für die andern ist es ein Werdendes, Veränderliches, ewig Wandelbares.

Man kann das karamasowische Element, man kann das Asiatische, das Chaotische, das Wilde, Gefährliche, Amoralische, wie alles in der Welt, ebensowohl positiv wie umgekehrt bewerten. Die, welche diese ganze Welt, diesen Dostojewski, diese Karamasows, diese Russen, dies Asien, diese Demiurgphantasien und all das einfach ablehnen, verfluchen und namenlos fürchten, die haben jetzt einen schweren Stand in der Welt, denn Karamasow dominiert mehr als je. Aber sie begehen den Irrtum, daß sie in all dem nur das Tatsächliche, Sichtbare, Materielle sehen wollen. Sie sehen den «Untergang Europas» kommen als eine schauerliche Katastrophe mit Donner und Pauken, entweder als Revolutionen voll Gemetzel und Gewalttat, oder als Überhandnehmen von Verbrechen, Korruption, Diebstahl, Mord und allen Lastern.

All dies ist möglich, all dies liegt in Karamasow. Bei einem Karamasow weiß man nie, womit er uns im nächsten Augenblick überraschen wird. Vielleicht mit einem Totschlag, vielleicht mit einem rührenden Loblied auf Gott. Es gibt unter ihnen Aljoschas und Dmitris, Fjodors und Iwans. Sie sind ja, wie wir sahen, eben nicht durch Eigenschaften gekennzeichnet, sondern durch die Bereitschaft, jederzeit jede Eigenschaft annehmen zu können.

Aber nicht dies diene den Ängstlichen zum Trost, daß dieser unberechenbare Mensch der Zukunft (er ist schon in der Gegenwart da!) ja ebensowohl Gutes wie Böses tun, ebensowohl ein neues Gottesreich wie ein neues Teufelsreich begründen kann. Was auf Erden begründet wird oder gestürzt wird, darum kümmern die Karamasows sich wenig. Ihr Geheimnis liegt anderswo, und der Wert und die Fruchtbarkeit ihres amoralischen Wesens auch.

Diese Menschen unterscheiden sich von den andern, den früheren, den geordneten, den berechenbaren, den klaren und braven Menschen nämlich im Grunde nur dadurch, daß sie ebensoviel in sich hinein wie aus sich heraus leben, daß sie beständig mit ihrer Seele zu tun haben. Die Karamasows sind zu jedem Verbrechen fähig, aber sie begehen doch nur ausnahmsweise eines, denn meistens genügt es ihnen, das Verbrechen gedacht, es geträumt, sich mit seiner Möglichkeit vertraut gemacht zu haben. Hier liegt ihr Geheimnis. Wir suchen die Formel dafür.

Jede Formung des Menschen, jede Kultur, jede Zivilisation, jede Ordnung beruht auf einer Übereinkunft über das Erlaubte und das Verbotene. Der Mensch, zwischen Tier und ferner Menschenzukunft unterwegs, hat stets viel, unendlich viel in sich zu unterdrücken, zu verstecken, zu leugnen, um ein anständiger Kerl und zur Sozialität fähig zu sein. Der Mensch ist voll von Tier, voll von Urwelt, voll von riesigen, kaum bezähmbaren Trieben einer tierischen, grausamen Selbstsucht. Alle diese gefährlichen Triebe sind da, sind immer da, aber die Kultur, die Übereinkunft, die Zivilisation hat sie verborgen, man zeigt sie nicht, man hat von Kind auf gelernt, diese Triebe zu verstecken und zu leugnen. Aber jeder dieser Triebe kommt irgendeinmal wieder ans Licht. Jeder lebt weiter, keiner wird getötet, keiner auf die Dauer, auf die Ewigkeit verwandelt und veredelt. Und jeder dieser Triebe ist an sich ja gut, ist nicht schlechter als jeder andre, nur hat jede Zeit und jede Kultur Triebe, die sie mehr als die andern fürchtet, die sie mehr verpönt. Wenn nun diese Triebe wieder wach werden, als unerlöste, nur oberflächlich und mühsam gebändigte Naturkräfte, wenn diese Tiere wieder brüllen und sich regen, mit der Klage lang unterdrückter und gepeitschter Sklaven und mit der uralten Glut ihrer Natürlichkeit, dann entstehen die Karamasows. Wenn eine Kultur, einer der Versuche der Domestizierung des Menschen, müde wird und zu wanken beginnt, dann werden die Menschen in immer größerer Zahl merkwürdig, werden hysterisch, haben sonderbare Gelüste, gleichen jungen Leuten in der Pubertät oder Schwangeren. Es regen sich in der Seele Dränge, für die man keine Namen hat, die man, von der alten Kultur und Moral aus, als schlecht bezeichnen muß, die aber mit so starker, mit so natürlicher, mit so unschuldiger Stimme sprechen können, daß alles Gute und Böse zweifelhaft wird und jedes Gesetz ins Wanken kommt.

Solche Menschen sind die Brüder Karamasow. Leicht erscheint ihnen jedes Gesetz als Konvention, leicht erscheint ihnen jeder Gerechte als Philister, leicht überschätzen sie jede Freiheit und Absonderlichkeit, allzu verliebt horchen sie auf die vielen Stimmen in der eigenen Brust.

Aber es braucht aus dem Chaos in diesen Seelen durchaus nicht notwendig Verbrechen und Wirrwarr zu entstehen. Gib dem heraufgebrochenen Urtrieb eine neue Richtung, einen neuen Namen, eine neue Bewertung, so ist die Wurzel zu einer neuen Kultur, einer neuen Ordnung, einer neuen Moral gegeben. Denn so steht es mit jeder Kultur: Töten können wir die Urtriebe, das Tier in uns, nicht, denn mit ihnen stürben wir selbst — aber wir können sie einigermaßen lenken, einigermaßen beruhigen, einigermaßen dem «Guten» dienstbar machen, wie man einen bösen Gaul vor einen guten Wagen spannt. Nur wird von Zeit zu Zeit der Glanz dieses «Guten» alt und welk, die Triebe glauben nicht mehr recht daran, lassen sich nicht mehr gerne unterjochen. Dann bricht die Kultur zusammen — meistens langsam, so wie das, was wir «Antike» nennen, Jahrhunderte zum Sterben gebraucht hat.

Und ehe die alte, sterbende Kultur und Moral von einer neuen abgelöst werden kann, in diesem bangen, gefährlichen, schmerzlichen Stadium, da muß der Mensch von neuem in seine Seele blicken, von neuem das Tier in sich aufsteigen sehen, von neuem das Vorhandensein der Urkräfte in sich anerkennen, welche übermoralisch sind. Die dazu verurteilten, dazu auserlesenen, die hierfür reifen und vorbestimmten Menschen sind Karamasows. Sie sind hysterisch und gefährlich, sie werden ebenso leicht Verbrecher wie Asketen, sie glauben an nichts als an die wahnsinnige Zweifelhaftigkeit jedes Glaubens.

Jedes Symbol hat hundert Deutungen, deren jede richtig sein kann. Auch die Karamasows haben hundert Deutungen, meine ist nur eine davon, eine von hundert. Die Menschheit hat sich in diesem Buch an der Wende großer Umwälzungen ein Symbol geschaffen, ein Bild errichtet, so wie der einzelne Mensch sich im Traum ein Abbild der in ihm sich bekämpfenden und ausgleichenden Triebe und Kräfte schafft.

Daß ein einzelner Mensch die «Karamasows» schreiben konnte, ist ein Wunder. Nun, das Wunder ist geschehen, es besteht kein Bedürfnis, es zu erklären. Wohl aber besteht ein Bedürfnis, ein sehr tiefes Bedürfnis, dies Wunder zu deuten, seine Schrift möglichst ganz, möglichst allseitig, möglichst in ihrer ganzen lichten Magie zu lesen. Dazu ein Gedanke, ein Beitrag, ein Einfall ist diese meine Schrift, mehr nicht.

Man glaube nicht, daß ich alle Gedanken und Einfälle, die ich zu diesem Buche äußerte, bei Dostojewski selbst als bewußt voraussetze! Im Gegenteil, kein großer Seher und Dichter vermöchte je seine eigenen Gesichte bis zu Ende zu deuten!

Andeuten möchte ich zum Schlusse, wie in diesem mythischen Roman, in diesem Menschheitstraum nicht nur die Schwelle dargestellt wird, über welche Europa geht, nicht nur der bange, gefährliche Moment des Schwebens zwischen Nichts und All, sondern wie auch die reichen Möglichkeiten des Neuen überall zu spüren und vorgefühlt sind.

In dieser Hinsicht ist besonders die Figur des Iwan erstaunlich. Wir lernen ihn kennen als einen modernen, angepaßten, kultivierten Menschen, etwas kühl, etwas enttäuscht, etwas skeptisch, etwas müde. Aber mehr und mehr wird er jünger, wird wärmer, wird bedeutungsvoller, wird karamasowischer. Er ist es, der den «Großinquisitor» gedichtet hat. Er ist es, der vom kühlen Ablehnen, ja Verachten des Mörders, für den er den Bruder hält, am Ende bis zum tiefen Gefühl der eigenen Schuld und bis zur Selbstanklage getrieben wird. Und er ist es auch, der den seelischen Vorgang der Auseinandersetzung mit dem Unbewußten (darum dreht sich ja alles! Das ist ja der Sinn des ganzen Untergangs, der ganzen Neugeburt!) am deutlichsten und merkwürdigsten erlebt. Im letzten Buch des Romans ist ein höchst seltsames Kapitel, in welchem Iwan, vom Smerdjakow heimkehrend, in seiner Wohnung den Teufel sitzen sieht und sich eine Stunde lang mit ihm unterhält. Dieser Teufel ist nichts andres als Iwans Unbewußtes, als die aufgerüttelte Menge längst untergesunkener und scheinbar vergessener Inhalte seiner Seele. Und er weiß das auch, Iwan weiß es mit erstaunlicher Gewißheit und spricht es deutlich aus. Und dennoch spricht er mit dem Teufel, dennoch glaubt er an ihn — denn was innen ist, ist außen! —, dennoch ärgert er sich über ihn, greift ihn an, wirft sogar ein Glas nach ihm, von dem er weiß, daß er in ihm selber drinnen ist. Wohl nie in aller Dichtung ist das Gespräch eines Menschen mit seinem Unbewußten klarer und anschaulicher dargestellt worden. Und dies Gespräch, dies (trotz allem Ärger) Eingehen auf den Teufel, dies ist gerade der Weg, den die Karamasows uns zu zeigen berufen sind. Noch ist hier, bei Dostojewski, das Unbewußte als Teufel dargestellt. Mit Recht, denn dem gezähmten, dem kultivierten und moralischen Blick in uns ist alles Verdrängte, das wir in uns tragen, satanisch und verhaßt. Aber etwa eine Kombination aus Iwan und Aljoscha ergäbe schon jene höhere, fruchtbarere Einstellung, die den Boden des kommenden Neuen bilden muß. Dann ist das Unbewußte nicht mehr der Teufel, sondern der Gott-Teufel, der Demiurg, der, der immer war und aus dem alles kommt. Gut und Böse neu zu setzen, das ist nicht Sache des Ewigen, des Demiurgen, sondern Sache des Menschen und seiner kleineren Götter.

Ein eigenes Kapitel wäre zu schreiben über einen weiteren, einen fünften Karamasow, der in dem Buche eine unheimliche Hauptrolle spielt, obwohl er immer halb verborgen bleibt. Das ist Smerdjakow, ein illegitimer Karamasow. Er ist es, der den Alten umgebracht hat. Er ist der von der Allgegenwart Gottes überzeugte Mörder. Er ist es, der auch noch Iwan, den Vielwissenden, zu belehren hat über die göttlichsten und die unheimlichsten

Dinge. Er ist der lebensunfähigste und zugleich der wissendste aller Karamasows. Aber ich finde nicht den Raum, auch ihm, dem Unheimlichsten, in dieser Betrachtung gerecht zu werden.

Dostojewskis Buch ist nicht auszuschöpfen. Ich könnte tagelang neue Züge suchen und finden, die alle nach derselben Richtung weisen. Einer, ein sehr schöner, ja entzückender, fällt mir noch ein: die Hysterie der beiden Chochlakows. Hier haben wir das Karamasow-Element, die Infizierung mit all dem Neuen, Kranken, Schlimmen in zwei Gestalten. Die eine, die Mutter Chochlakow, ist nur krank. In ihr, deren Wesen noch im Alten und Hergebrachten wurzelt, ist die Hysterie nur Krankheit, nur Schwäche, nur Dummheit. Bei der prächtigen Tochter aber ist es nicht Müdigkeit, die sich in Hysterie verwandelt und äußert, sondern Überschuß, sondern Zukunft. Sie, in den Nöten zwischen Kindheit und Liebesreife, entwickelt ihre Einfälle und Visionen viel weiter ins Böse als ihre unbedeutende Mutter, und doch ist bei der Tochter auch das Verblüffendste, auch das Böseste und Schamloseste von einer Unschuld und Kraft, die ganz in eine fruchtbare Zukunft weist. Die Mutter Chochlakow ist die Hysterische, reif fürs Sanatorium, weiter nichts. Die Tochter ist die Nervöse, deren Krankheit nur das Symptom edelster aber gehemmter Kräfte ist.

Ja, und diese Vorgänge in der Seele erfundener Romanfiguren sollen den Untergang Europas bedeuten?!

Gewiß. Sie bedeuten ihn so, wie jeder von einem beseelten Auge beachtete Grashalm im Frühjahr das Leben und seine Ewigkeit bedeutet, und jedes wehende Blatt im November den Tod und seine Notwendigkeit. Es ist möglich, daß der ganze «Untergang Europas» sich «nur» innerlich abspielen wird, nur in den Seelen einer Generation, nur in der Umdeutung verbrauchter Symbole, in der Umwertung seelischer Werte. So ist die Antike, jene erste glänzende Prägung europäischer Kultur, nicht an

Nero zugrunde gegangen, und nicht an Spartakus, und nicht an den Germanen, sondern «nur» an jenem aus Asien kommenden Gedankenkeim, jenem einfachen, alten, schlichten Gedanken, der längst da war, der aber damals die Form der Lehre Jesu angenommen hatte.

Natürlich kann man, wenn man schon will, die «Karamasows» auch literarisch, auch «als Kunstwerk» betrachten. Wenn das Unbewußte eines ganzen Erdteils und Zeitalters sich im Alb eines einzelnen, prophetischen Träumers verdichtet hat, wenn es in seinem röchelnden furchtbaren Schrei geronnen ist, dann kann man natürlich diesen Schrei auch vom Standpunkt des Gesanglehrers aus betrachten. Zweifellos war Dostojewski auch ein sehr begabter Dichter, trotz der Ungeheuerlichkeiten, die sich in seinen Büchern finden und von denen ein solider Nur-Dichter, wie etwa Turgenjew, frei ist. Auch Jesaja war ein recht begabter Dichter, doch ist das wichtig? Bei Dostojewski, und auch speziell in den «Karamasows», finden sich einige jener fast überlebensgroßen Geschmacklosigkeiten, die den Artisten nie passieren, die erst da vorkommen, wo man schon jenseits der Kunst steht. Immerhin, auch als Künstler tut dieser russische Prophet sich da und dort kund, als ein Künstler von Weltrang, und man denkt mit sonderbaren Gefühlen daran, daß dem Europa einer Zeit, in der Dostojewski all seine Sachen schon geschrieben hatte, ganz andere Künstler für die großen europäischen Dichter galten.

Aber ich komme da auf einen Nebenweg. Ich wollte sagen: Je weniger Kunstwerk so ein Weltbuch ist, desto wahrer ist vielleicht seine Prophetie. Aber dennoch, auch der «Roman», auch die Fabel, die «Erfindung» der «Karamasows» spricht soviel, sagt so Bedeutsames, das scheint mir nicht willkürlich, nicht von einem einzelnen erfunden, nicht Dichterwerk. Zum Beispiel, um gleich alles zu sagen, die Hauptsache am ganzen Roman: Die Karamasows sind unschuldig!

Diese Karamasows, alle vier, Vater und Söhne, sind verdächtige, sind gefährliche, sind unberechenbare Menschen, sie haben seltsame Anwandlungen, seltsame Gewissen, seltsame Gewissenlosigkeiten, der eine ist ein Säufer, der andre ein Weiberjäger, einer ein phantastischer Weltflüchtiger, einer ein Dichter heimlicher gotteslästerlicher Dichtungen. Viel Gefahr bedeuten sie, diese seltsamen Brüder, sie reißen andre Leute am Bart, sie vertun andrer Leute Geld, sie bedrohen andre Leute mit Totschlag — und doch sind sie unschuldig, und doch haben sie alle zusammen nichts wirklich Kriminelles begangen. Die einzigen Totschläger in diesem langen Roman, der fast nur von Totschlag, Raub und Schuld handelt, die einzigen Totschläger, die einzigen des Mordes Schuldigen sind der Staatsanwalt und die Geschworenen, sind die Vertreter der alten, guten, bewährten Ordnung, sind die Bürger und Tadellosen. Sie verurteilen den unschuldigen Dmitri, sie verhöhnen seine Unschuld, sie sind Richter, sie beurteilen Gott und Welt nach ihrem Kodex. Und gerade sie irren, gerade sie tun furchtbares Unrecht, gerade sie werden zu Mördern, zu Mördern aus Engherzigkeit, aus Angst, aus Beschränktheit.

Das ist keine Erfindung, das ist nichts Literarisches. Es ist weder die wirkungssüchtige Erfindungslust des Detektivliteraten (und auch das ist ja Dostojewski), noch ist es satirische Witzigkeit eines klugen Autors, der aus dem Hinterhalt her den Gesellschaftskritiker spielt. Das kennen wir ja, dieser Ton ist uns ja vertraut, ihm glauben wir ja schon lange nicht mehr! Aber nein, bei Dostojewski ist die Unschuld der Verbrecher und die Schuld der Richter ganz und gar keine schlaue Konstruktion, sie ist so furchtbar, sie entsteht und wächst so heimlich und in so tiefem Boden, daß man fast plötzlich, fast erst beim letzten Buch des Romans vor dieser Tatsache steht wie vor einer Mauer, wie vor dem ganzen Weh und Unsinn der Welt, wie vor allem Leid und Mißverstand der Menschheit!

Ich sagte, Dostojewski sei eigentlich kein Dichter, oder

dieses sei er nur nebenher. Ich nannte ihn einen Propheten. Schwer zu sagen, was das eigentlich bedeute: ein Prophet! Mir scheint, etwa dies: Ein Prophet ist ein Kranker, so wie ja auch Dostojewski wirklich Hysteriker, beinahe Epileptiker war. Ein Prophet ist ein solcher Kranker, dem der gesunde, gute, wohltätige Sinn für die Selbsterhaltung, der Inbegriff aller bürgerlichen Tugenden, verlorengegangen ist. Es darf nicht viele solche geben, die Welt ginge in Stücke. Ein Kranker dieser Art, er heiße nun Dostojewski oder Karamasow, hat jene fremde, geheime, kranke, göttliche Fähigkeit, deren Möglichkeit der Asiate in jedem Wahnsinnigen verehrt. Er ist Mantiker, er ist ein Wissender. Das heißt, in ihm hat ein Volk, hat ein Zeitalter, hat ein Land oder Weltteil sich ein Organ ausgebildet, ein Fühlhorn, ein seltenes, ungemein zartes, ungemein edles, ungemein leidensfähiges Organ, das andre nicht haben, das bei allen andern, zu ihrem Heil und Glück, verkümmert blieb. Dies Fühlhorn, dieser mantische Tastsinn, ist nicht grob zu verstehen als eine Art blöder Telepathie und Zauberstück, obwohl die Gabe sich sehr wohl auch in solchen verblüffenden Formen äußern kann. Eher ist es so, daß der «Kranke» dieser Art die Bewegungen seiner eigenen Seele umdeutet ins Allgemeine und Menschheitliche. Jeder Mensch hat Visionen, jeder Mensch hat Phantasie, jeder Mensch hat Träume. Und jede Vision, jeder Traum, jeder Einfall und Gedanke eines Menschen kann, auf dem Weg vom Unbewußten zum Bewußtwerden, tausend verschiedene Deutungen erfahren, deren jede richtig sein kann. Der Seher und Prophet nun deutet seine Gesichte nicht persönlich, der Alb, der ihn drückt, mahnt ihn nicht an persönliche Krankheit, an persönlichen Tod, sondern an den des Ganzen, als dessen Organ, als dessen Fühlhorn er lebt. Das kann eine Familie, eine Partei, ein Volk, es kann auch die ganze Menschheit sein.

In der Seele Dostojewskis hat das, was wir sonst Hysterie nennen, hat eine gewisse Krankheit und Leidens-

fähigkeit der Menschheit als Organ, als Weiser und Barometer gedient. Sie ist im Begriffe, dies zu merken. Schon
ist halb Europa, schon ist zumindest der halbe Osten
Europas auf dem Wege zum Chaos, fährt betrunken in
heiligem Wahn am Abgrund entlang und singt dazu, singt
betrunken und hymnisch wie Dmitri Karamasow sang.
Über diese Lieder lacht der Bürger beleidigt, der Heilige
und Seher hört sie mit Tränen. (1919)

«Dostojewski, geschildert von seiner Tochter»

Daß eine Tochter Dostojewskis noch lebt, daß sie ihn
wenigstens als Kind noch kannte und direkte, deutliche Erinnerungen an ihn hat, und daß sie uns diese Erinnerungen
nun mitteilt, für dies alles wollen wir dankbar sein und
wollen es als ein Geschenk nehmen und uns daran freuen.
Und wirklich erfahren wir aus diesem Buche einiges Neue
über Dostojewski, nicht viel Neues zwar, aber einiges
nicht Unwichtiges und dazu eine Anzahl kleiner, an sich
unwesentlicher, doch aber lebendiger Erinnerungen.

Wäre nicht des großen Dichters Tochter die Verfasserin
dieses Buches, so möchte man sich zu Kritik und oft zu
lebhaftem Widerspruch versucht fühlen, denn das Buch
zeigt eine überaus widerspruchsvolle Art von Geistigkeit
und arbeitet mit überaus seltsamen, ja phantastischen
Theorien, welche dadurch zur Kritik reizen, daß sie mit
dem Anspruch auftreten, eine Art wissenschaftlicher Be-
weismittel zu sein. Es handelt sich indessen um die Tochter
Dostojewskis, und wenn diese statt einer geistreichen und
aparten Frau ein Krüppel oder eine Idiotin wäre, so würde
ich immer noch den Hut vor ihr abnehmen und mich der
Gelegenheit freuen, jemandem Hochachtung zu zeigen, der
Dostojewski so nahesteht und sein Blut in sich fließen hat.

Die Theorien, mit welchen Fräulein Dostojewski ihre
Beweisführungen bestreitet, bedürfen für die meisten Leser

gewiß einer Erklärung, vielmehr einer Übersetzung. Es sind nämlich Rasse-Theorien. Dostojewski wird nicht aus seinem Leben und seinen Werken erklärt, sondern aus seinem Blut, aus seiner Herkunft, und da zeigt sich, daß er gar kein Russe ist, sondern halb ein Litauer, halb ein Ukrainer, und auch dies sind nur Mischungen, das Wesentliche, Adlige, Wertvolle in ihm ist ein Tropfen «normannischen» Blutes. Tolstoi ist für Aimée Dostojewski ein Deutscher, Turgenjew ein Mongole. Natürlich bleiben solche Sätze für uns unfruchtbar und beängstigend, solange wir sie, wie es die Verfasserin freilich will, wörtlich nehmen. Wir müssen uns aber zu Übersetzungen entschließen und die ganze Skala der Werte, welche die Verfasserin mit normannisch, schwedisch, finnisch, europäisch, deutsch, mongolisch usw. benennt, zwar ruhig bestehenlassen, die Namen aber ersetzen. Wenn sie etwas Gutes, Edles, Vornehmes meint, sagt sie normannisch, wenn sie etwas Schwaches, Junges und Naives meint, sagt sie slawisch, wenn sie haßt, sagt sie «mongolisch» usw., und wenn wir uns diese Rassenphantasien vernünftig übersetzen, erhalten wir eine Seelengeographie, die ganz fruchtbar ist, und verstehen, wie die Tochter dies und jenes in Dostojewski als ukrainisch, als polnisch usw. empfinden muß.

Mit dieser Einschränkung, mit dem Rat, diese Rassentheorien nur symbolisch nehmen zu wollen, muß ich das Buch dieser eigenartigen, tapferen und eigensinnigen Frau sehr empfehlen. Auch in ihm noch, auch in seiner Eigenart, selbst noch in seinen Schrullen spukt Erinnerung an den großen Vater. (1919)

«Die Schule der Empfindsamkeit»

Die ganze Pariser Moderne hat nichts annähernd so Großes hervorgebracht. Der merkwürdige Roman, dessen zum Teil hervorragende sprachliche Schönheit natürlich nicht übersetzbar ist, ließe sich von verschiedenen Gesichtspunkten aus leicht angreifen, ja lächerlich machen, namentlich ist er nicht frei von billigen romanhaften Spielereien. Und doch kann man ihn nicht ohne Erstaunen und tiefe Ergriffenheit lesen. Die Franzosen haben ja hundertmal den langweiligen Satz aufgestellt, der Roman habe die Aufgabe ein Stück Kulturgeschichte zu geben, ein Spiegel der Gesellschaft und Sitte zu sein. Aber es geht den Franzosen nicht anders als allen anderen Völkern: Die mächtigsten Werke sind auch bei ihnen immer die, in welchen — wenn auch noch so exakt im Kostüm einer bestimmten Zeit gehalten — das äußere Sein und Geschehen zur durchsichtigen Maske ward, aus welcher der Medusenblick des uralten Lebensrätsels bricht. Was kümmert uns das Jahrhundert des Odysseus oder des Hamlet? Odysseus ist nicht ein Grieche der und der Zeit, aus dem und dem Lande; er ist einfach der Mensch, der zwischen Freuden und Schrekken einer endlosen Irrfahrt, ein unstillbares Verlangen im Herzen, bald mutvoll, bald verzweifelnd nach der Heimat trachtet.

Ob Flaubert mit Bewußtsein statt eines Sitten- und Gesellschaftsbildes ein Bild des Lebens selber schuf, ist ungewiß und im Grunde nicht von Belang. Sein Held Frédéric Moreau, der anno 1840 achtzehn Jahre alt ist und Jurisprudenz zu studieren im Sinn hat, ist uns nicht wichtig. Er ist ziemlich unbedeutend, nicht ohne einige Gaben, aber weder ein Talent noch ein Charakter, und seine Ansichten über Leben, Studien, Freundschaft, Politik, Liebe sind uns keineswegs interessant. Daß er ein stattliches Vermögen erbt, das ihm vollends die Entschlußfähigkeit und Tatkraft lähmt und ihn zu einem ziellosen Sichtreibenlassen verleitet, sehen wir ohne jede Erregung mit an. Auch seine Freunde sind, mit einer einzigen Ausnahme, weder liebenswerte noch bedeutende Menschen. Weder der junge Moreau noch irgend jemand in seiner Umgebung tut etwas Aufregendes, begeht ein Verbrechen oder erlebt etwas Ungewöhnliches, keiner ist für sich allein genommen eigentlich der Darstellung eines Dichters wert. Das Geschehen besteht einfach darin, daß der «Held» zwischen einigen Frauen und einigen Freunden ziemlich ratlos hin und wider schwankt.

Aber sagen wir: das Geschehen besteht vielmehr nur darin, daß Herr Moreau älter wird, daß Monate und Jahre und wieder Jahre vergehen. Und hier ist das Unergründliche, Ergreifende, Überwältigende dieses Buches: wir sehen zu, wie einem Menschen sein Leben langsam und kaum bemerkt, aber unerbittlich und unwiederbringlich dahinrinnt, wie er aus unbestimmtem Drang auf ein Schicksal, auf eine Enthüllung von Rätseln, auf eine echte, hinreißend heiße Liebe, auf eine Erlösung, Sättigung, auf eine Rechtfertigung seines Daseins, auf ein Schicksal wartet. Und im halbbewußten, dumpfen Suchen sieht er nicht, daß sein Schicksal über ihm ist und ihn umstrickt, daß es sein Schicksal ist, zu warten und zu ahnen und zu suchen und nicht zu finden.

Er bringt sein Leben damit zu, eine Frau zu lieben, sie über einer zweiten zu vergessen, zu ihr zurückzukehren, sich von ihr abweisen und wieder anziehen zu lassen, und als nach zehn Jahren der Tag kommt, da sie bereit ist, sich ihm zu schenken, fühlt er, daß es zu spät ist und daß er besser tut, die zweifelhafte Erfüllung dem Andenken der jahrelangen Sehnsucht zu opfern. Das ist von wunderbar zarter, trauriger Schönheit, man vergißt es nimmer. Und

dann, am Ende, plaudert dieser Moreau mit einem Jugendfreund über die alte Zeit, über die Schule und die Schul-
ferien, und erinnert sich dabei einer kleinen, lächerlichen
Geschichte, seines ersten knabenhaften Liebesabenteuers.
Er sagt: «Das ist das Beste, was wir erlebt haben.» Und
sein Freund nickt: «Ja, vielleicht ist es das Beste, was wir
erlebt haben.»   (1904)

«Briefwechsel mit George Sand»

Der Mensch Flaubert, der schwache, zarte, gebrechliche,
eitle, ängstliche, zuckende Mensch Flaubert, der sich in seinen Dichtungen so sehr zu verstecken wußte, hat an dem
kühlen, objektiven, leidenschaftslosen Dichter Flaubert
nach seinem Tode schwere Rache genommen. Heute kennt
die Welt beinahe schon mehr den leidenden, armen Menschen Flaubert, als den Dichter. Dieser Briefwechsel mit
George Sand, nun auch in deutscher Sprache erschienen,
erneut und vertieft diese Kenntnis. Wir werten anders
als Flaubert wertete, wir lieben die Zeugnisse seines Menschentums und seiner Schwäche nicht weniger als jene
Werke, in denen er nichts ist als der große Meister und
Könner. Wir halten von Meistern und Könnern und
anderen Autoritäten weniger mehr, wir haben zuviel
Autorität zusammenbrechen, zu viele glänzende Namen
sich als Attrappen erweisen sehen. Wir sind dankbar für
alles, was unser Menschentum bestätigt, unsre Leiden,
unsre Angst, unser Leid, unsre zage Hoffnung.

Traurig und rührend, diese Briefe zu lesen! Und doppelt rührend die aus der Kriegszeit von 1870! Wie da der
Geistige, die Blüte des intellektuellen Europäertums, sich
schaudernd abwendet vor der Dummheit und Roheit der
sich schlagenden Völker, wie er einsieht, daß jeder Frie-
densprediger jetzt nur gesteinigt werden würde, wie er
dennoch den großen Irrtum begeht und hofft, ohne alle
Gründe sehnlich und verzweifelnd hofft, es werde den-

noch und trotz allem aus dem Kriege Gutes kommen, ein
neues Menschentum, ein neuer Idealismus! Wie er erst von
einer Vernichtung Preußens, und dann von einer Züchti-
gung Frankreichs das Gute erhofft! Wie er in die Mühle
gerät zwischen Vaterlandsliebe und Vernunft! Alles wie
heute, alles wie immer. Den Weg zur Rettung hat Flaubert
nicht gefunden, nicht gesehen. Er war zu sehr Europäer, er
war zuviel Verstand, zuviel Materialist. Er wußte nicht,
daß Unglück zu Glück wird, indem man es bejaht. Er
konnte sich, wie zwei Drittel von Deutschland es heute
noch nicht können, nie ganz dazu entschließen, das Schicksal in der eigenen Brust, statt in den Sternen, zu suchen.

(1919)

C. F. MEYER

1825–1898

In meiner Jugendzeit haben die Dichtungen Meyers immer tiefen Eindruck auf mich gemacht, am meisten die
Gedichte und einige der Novellen. Eine davon, die «Leiden eines Knaben», las ich auch später je und je wieder,
ebenso den «Heiligen».

Den stärksten Eindruck aber machte mir, im Alter von
19 oder 20 Jahren, eine Novelle, von der ich gestehen
muß, daß ich sie seither nicht wieder gelesen habe. Es ist
die «Hochzeit des Mönchs», und es mag wohl sein, daß der
Eindruck nur darum so mächtig war, weil diese Novelle
das erste Stück von Meyers Prosa war, das ich kennenlernte. Und daß ich dies Stück später nie wieder gelesen
habe, dem liegt halb unbewußt gewiß der Wunsch zugrunde, mir ein großes, ja heiliges Erlebnis nicht durch
Wiederholung und spätere Analyse zu entwerten.

Die Haltung jener Novelle, vor allem ihre feste, etwas
gewaltsame, latinisierende Sprache hat mich damals er-

schüttert und hat in meiner eigenen künstlerischen Entwicklung und Selbsterziehung eine Rolle gespielt. Dabei
ist mir, wenn ich heute zurückdenke, der «Inhalt» jener
Erzählung zum größern Teil verlorengegangen. Was von
jenem ersten Eindruck her blieb, sind eigentlich bloß einige
wenige Bilder, und der Klang jener streng stilisierten,
gehämmerten Sprache. Suche ich mich an das Erlebnis jener
ersten Lektüre zu erinnern, so sehe ich immer dasselbe,
ein tief eingegrabenes Bild: das des hageren Dante, der
in Verona, in der Verbannung, am fremden Kaminfeuer
düster und streng seine Geschichte erzählt. Der feste, harte
Umriß dieser Gestalt, der soviel Einsamkeit, Bitterkeit,
Resignation und gehärteten Willen mit umschließt, ist mir
Symbol und Hieroglyphe für die ganze Art und Kunst
C. F. Meyers.   (1923)

VICTOR VON SCHEFFEL
1826—1886

Man beginnt irgendwo zu lesen. Im Trompeter oder
Ekkehard, im Gaudeamus oder sonstwo. Und man erinnert sich, daß man einst diese Lieder in verklungenen
Jugendnächten mit Begeisterung gesungen hat und daß
für die Jugend um und nach 1870 Scheffel neben Geibel
der große deutsche Dichter war.

Achtung vor dem Gut der Väter und Achtung vor dem,
was uns selber in den Jugendtagen lieb war! Scheffel als
Former, als Reimer und Modelleur ist immer erstaunlich,
von einer Bravour und Sicherheit, die wir Heutigen in der
Dichtung gar nimmer kennen und suchen. Und oft hat er
Einfälle, vor denen man freudig betroffen stehenbleibt.

Aber daß einmal mit diesen flotten Bierversen unser
Herz geschlagen hat, daß schon unsre Väter sich an der

Weisheit des Hidigeigei erfreut haben, das erscheint uns
nur noch als ein Kuriosum. Man wirft nicht weg, was man
einmal geliebt hat, und im Museum muß neben der falschen
Renaissance der siebziger und der falschen Gotik der vierziger Jahre auch der altdeutsche Scheffel seinen Platz
haben, einen Platz als Großonkel und geehrtes Bildnis
einer verschwundenen Zeit. Aber unsre Söhne werden, so
hoffen wir, mit anderen Liedern und unter anderen Zeichen aufwachsen und fröhlich sein und die Studenten, die
diesen Krieg mitgemacht haben, werden noch viel rascher
als die bisherigen Jahrgänge vollends mit der falschen
Männlichkeit des Bier- und Raufburschen und mit der
falschen Gefühlswelt der Altdeutschelei aufräumen. Und
damit wird auch in der Dichtung das Jahr 1914 ernster
nachklingen als das Jahr 1870.   (1915)

CHARLES DE COSTER
1827–1879

« Tyll Ulenspiegel »

Der vor dreißig Jahren unbekannt und arm gestorbene
belgische Dichter Charles de Coster hat einen «Tyll Ulenspiegel» geschrieben.

Es ist ein erstaunliches Werk: einmal ein stilvolles,
wunderbar echt gefärbtes Kunststück, etwa an die contes
drôlatiques erinnernd, dann aber, weit darüber hinaus,
ein Epos des flämischen Volkes, ganz merkwürdig und
großartig aus niederdeutscher Lebenslust und Schalkerei
und aus wilder, männlicher Freiheitsliebe und Vaterlandsliebe zusammengewoben. Wir wollen daneben ruhig
unsern Gustav Freytag und ähnliches einpacken und zugeben, daß wir seit Grimmelshausen in Deutschland so
etwas nicht gehabt haben. Der «Ulenspiegel» spiegelt sein

Volk mit herrlicher Treue, und während er vom Krieg der Geusen und der Befreiung von Spanien und Inquisition erzählt, führt er Bild um Bild das Leben und die Art seines Volkes vor. Das ist keine Unterhaltungs- und Feuilletonlektüre, sondern ein Buch für Männer. (1910)

HENRIK IBSEN

1828—1906

Gerade Ibsen, der gedankenvollste Dramatiker unserer Zeit, verdient es, daß seine Stücke nicht nur angehört, sondern auch gelesen werden. Erst da erkennt man diesen einsamen, stolzen und an der unerbittlichen Selbstbeobachtung des Gewissensmenschen leidenden Dichter und fühlt den mächtigen Ernst seines Wesens ganz. Es ist nicht immer eine Freude, ihn zu lesen, aber es war ihm auch nicht immer eine Freude, zu schreiben, sondern er tat es oft in Qualen, die er hinter der korrekten Außenseite seines Lebens und auch vieler seiner Briefe verbarg. Seine Unerbittlichkeit war vor allem gegen ihn selbst gekehrt. Erst wenn man das ganz erkannt hat, kennt man Ibsen.

(1907)

LEO TOLSTOI

1828—1910

«Kindheit, Knabenalter, Jünglingsjahre»

Tolstois «Roman» (es ist eigentlich keiner) von den drei Jugend-Lebensaltern ist Fragment geblieben, wenigstens weiß man, daß ein zweiter, abschließender Teil der

«Jünglingsjahre» geplant war. Aber dies Fragment ist eine der schönsten Dichtungen Tolstois, und eine der schönsten, liebenswertesten russischen Dichtungen überhaupt. Nirgends, außer in den schönsten Teilen von «Krieg und Frieden», ist das charakteristische Nebeneinander von reiner Darstellung, von rein künstlerischer, fast möchte man sagen malerischer Schilderung und psychologisch-moralischer Lebensdeutung so reizvoll, so innig, so zauberhaft verwoben wie in dieser überaus zarten Dichtung, die schon den ganzen Tolstoi enthält, sowohl den Künstler wie den Erzieher und Moralisten, aber alles noch wie im traumhaften Keime, alles noch elastisch, werdend, ohne die späteren Schroffheiten und Krämpfe. Einzelne Kapitel, Darstellungen wie die der Reise des kleinen Knaben im Wagen durch das endlose russische Land, gehören zum Schönsten, was die ganze russische Dichtung hervorgebracht hat. Dennoch ist dies Werk nicht sehr bekannt (in einer früheren deutschen Ausgabe trug es den hübscheren Titel «Lebensstufen»). (1923)

«Tagebuch»

Der Denker Tolstoi, nicht der Mensch Tolstoi, scheint, bei oberflächlicher Betrachtung, auch diese Tagebücher geschrieben zu haben. Sie enthalten überaus wenig Biographisches, gar nichts Anekdotisches, sie enthalten scheinbar nur die Niederschrift seiner jeweiligen Gedanken, seiner jeweiligen Bemühungen um das Verstehen der Welt. Und wenn man lediglich das in ihnen sieht, was wir gewöhnlich eben «Gedanken» nennen, dann enttäuschen viele dieser Aufzeichnungen durch das Unsichere, Tastende, Unpräzise und gar nicht Geistreiche ihres Ausdruckes. Aber die «Gedanken» Tolstois sind nicht Gelehrten- oder Literatengedanken; es handelt sich hier nicht um die rein formale Aufgabe, dies und jenes Stück Welt rein intellektuell zu verstehen und möglichst präzis zu beschreiben, sondern es

handelt sich bei Tolstoi um einen ungeheuren, vorbildlichen, ehrwürdigen Lebenskampf um die Wahrheit selbst,
nicht um Erkenntnisse, sondern um die Ermöglichung eines
Lebens aus der Wahrheit selbst, eines Lebens aus Gott.
Darum sind die Ausdrücke für seine Gedanken zuweilen
so suchend und irrend, darum klagt er selbst in bestän-
digen Randglossen darüber, daß er sich unklar ausdrücke,
daß er den Kern nicht treffe — denn dieser Kern ist das
Leben selbst. Auch Gedanken von scheinbar rein abstrak-
ter Art, Gedankenreihen aus dem Gebiet der Phänomeno-
logie und der Erkenntniskritik, erscheinen hier lediglich
als glühende, leidenschaftliche, kämpfende Versuche, abstrakt Erkanntes anschaulich zu machen, Wahrheit zu
Weisheit, Einsicht zu Leben zu machen. Oft erlahmen diese
Versuche in trauriger Resignation, kopfschüttelnd gibt
der alternde Mann es auf, die Welt verstehend zu durchdringen, aber nicht um die Hände in den Schoß zu legen,
sondern um desto treuer, desto wärmer den Weg der Tat,
den Weg der tätigen, täglichen, kämpfenden, unterliegen-
den und sich wieder aufrichtenden Liebe einzuschlagen.
Daß Liebe aller Weisheit Schluß, daß Liebe der Sinn des
des Lebens sei, ist in neuerer Zeit niemals wieder so lebendig, so leidvoll und doch triumphierend, so ergreifend und
so voll Hoheit bekanntgeworden, wie in diesem wunderlichen Tagebuch.   (1923)

Tolstoi und Rußland

Die Zeit ist längst vorüber, in der unser durch die
plötzliche Gefahr aufgeschrecktes Nationalgefühl alles
Fremde ablehnend und gehässig anschaute, da man sich be-
sann, ob es eigentlich noch angehe, bei uns die Stücke des
Engländers Shakespeare zu spielen, und da einige Über-
eifrige Deutschlands beste Tugend, den Respekt vor allem
Wert und aller Leistung auf Erden, als eine nun schleu-
nigst zu überwindende Schwäche denunzierten. Während

sie über das egoistische England schimpfen, das in seiner kahlen Selbstsucht verknöchere, wollten sie dem deutschen Geiste raten, dieselben Wege liebloser und schließlich unfruchtbarer Enge zu wandeln. Das ist vorbei; man wagt längst nichts mehr, wenn man Flaubert oder Gogol rühmt.

Man darf auch schon längst wieder darüber reden, daß nach diesem Kriege Deutschland keine Insel in der Welt bleiben, sondern mit den Nachbarn wieder zusammenarbeiten und mit ihnen gemeinsame Ziele suchen, gemeinsame Methoden befolgen, gemeinsame Götter respektieren müsse. Es ist sogar von «Europa» neuestens mehr als je die Rede gewesen, und eine Stärkung des Europäergefühls, der Hochachtung vor dem Geist Europas, muß auch nach meiner Meinung die schönste übernationale Frucht dieser Zeit werden. Viele aber formulierten ihr Europa nun schon mit so bestimmten Grenzen, daß man nachdenklich werden mußte, und namentlich schließen viele unserer besten Köpfe (so Scheler in seinem prachtvoll glühenden Buch «Der Genius des Krieges») aus ihrem Europa Rußland ganz und gar aus. Überhaupt atmet das Europäertum unserer unruhigen Tage viel Aggressivität und scheint sich weniger als einen Zusammenschluß, denn als eine Trennung zu verstehen. Der Gedanke, Europa als eine ideale Zukunftseinheit könne etwa eine Vorstufe zu einer geeinigten Menschheit bedeuten, wird, wie jeder Kosmopolitismus, zur Zeit schroff abgelehnt und ins Reich der poetischen Träume verwiesen. Ich bin damit einverstanden, aber ich halte viel von poetischen Träumen, und ich halte den Gedanken einer Einheit der gesamten Menschheit durchaus nicht nur für den holden Traum einiger schöner Geister, wie Goethe, Herder, Schiller, sondern für ein seelisches Erlebnis, also für das Realste, was es geben kann. Dieser Gedanke ist ja auch die Grundlage unseres ganzen religiösen Fühlens und Denkens. Jede höhere und lebensfähige Religion, jede künstlerisch-schöpferische Weltanschauung hat als einen ihrer ersten Grundsätze die Überzeugung von der Würde und geistigen Bestimmung des Menschen, des Menschen schlechthin. Die Weisheit des Chinesen Laotse und die Weisheit Jesu oder die der indischen Bagavadgita weisen ebenso deutlich auf die Gemeinsamkeit der seelischen Grundlagen durch alle Völker hindurch wie die Kunst aller Zeiten und Völker. Die Seele des Menschen in ihrer Heiligkeit, in ihrer Fähigkeit, zu lieben, in ihrer Kraft, zu leiden, in ihrer Sehnsucht nach Erlösung, die blickt uns aus jedem Gedanken, aus jeder Tat der Liebe an, bei Plato und bei Tolstoi, bei Buddha und bei Augustinus, bei Goethe und bei Tausendundeiner Nacht. Daraus soll niemand schließen, Christentum und Taoismus, platonische Philosophie und Buddhismus seien nun zu vereinigen, oder es würde aus einem Zusammengießen aller durch Zeiten, Rassen, Klima, Geschichte getrennten Gedankenwelten sich eine Idealphilosophie ergeben. Der Christ sei Christ, der Chinese sei Chinese, und jeder wehre sich für seine Art, zu sein und zu denken. Die Erkenntnis, daß wir alle nur getrennte Teile des ewig Einen sind, sie macht nicht *einen* Weg, nicht *einen* Umweg, nicht ein einziges Tun oder Leiden auf der Welt entbehrlich. Die Erkenntnis meiner Determiniertheit macht mich ja auch nicht frei! Wohl aber macht sie mich bescheiden, macht mich duldsam, macht mich gütig; denn sie nötigt mich, die Determiniertheit jedes anderen Wesens ebenfalls zu ahnen, zu achten und gelten zu lassen. Ebenso dient die Erkenntnis von der über alle Erdteile weg geltenden gleichen Heiligkeit und gleichen Bestimmung der Menschenseele einem Geist, den wir für edler und weiter ansehen müssen als jedes Eingeschworensein auf eine Lehre, einem Geist der Ehrfurcht und der Liebe. Und der allein hat eine ewige Bahn der Vervollkommnung, des reinen Strebens vor sich.

Wenn wir nun Rußland und russisches Wesen in unserem Zukunftsprogramm von dem ausschließen, was wir europäisch nennen, so schneiden wir uns eine tiefe und mächtige Quelle ab. Der europäische Geist hat zwei große Erlebnisse gehabt, die Antike und das Christentum. Unser Mittelalter war die Zeit eines siegreichen Kampfes zwischen Christentum und Antike, die Renaissance war der erneute Sieg der Antike, zugleich die Geburt unserer endgültig abgesonderten europäischen Geistesmethode. Diesen Kampf hat Rußland nicht miterlebt, das trennt Rußland von uns, das läßt uns Rußland im eigentlichsten Sinne als mittelalterlich erscheinen. Dafür aber kam uns neuerdings von Rußland ein so mächtiger Strom von Seelenhaftigkeit, von altchristlicher Liebe, von kindlich unbeirrtem Erlösungsbedürfnis, daß unsere europäische Literatur plötzlich eng und klein erschien vor dieser Flut von Seelendrang und innerlicher Unmittelbarkeit.

Leo Tolstoi hat beides, was für den Russen charakteristisch ist, er hat das russische Genie, das naive intuitive Russentum, und er hat auch das bewußte, das doktrinäre, antieuropäische Russentum in seinem Wesen, und beides in höchster Potenz. Wir lieben an ihm und verehren in ihm die russische Seele, und wir kritisieren, ja hassen an ihm den modern-russischen Doktrinarismus, die maßlose Einseitigkeit, den wilden Fanatismus, die abergläubische Dogmensucht des entwurzelten, bewußt gewordenen Russen. Jeder von uns hat schon vor Tolstois Dichtungen den reinen, tiefen Schauer gefühlt, die Ehrfurcht vor dem großen Genie, und jeder von uns hat auch schon Tolstois dogmatisierende Programmschriften mit Verwunderung und Bangigkeit, schließlich mit Ablehnung und Widerwillen in Händen gehalten. (1915)

Siehe S. 408 Romain Rolland ‹Das Leben Tolstois›.

«Brehms Tierleben»

Jedes Haus, wo Kinder heranwachsen, besitzt an diesem
großen Werk einen rechten Schatz, denn es gibt für Kinder und Große nichts Besseres, als die Natur zu beobachten und liebend zu verstehen. Auch der Brehm ist natürlich
nicht dazu da, verbohrten Viellesern zu üppigen Stuben-
kenntnissen zu verhelfen, sondern man soll die Jugend lehren, das was sie täglich draußen sieht, befragend und
suchend an dieser reichen Quelle näher und schließlich in
seinen größern Zusammenhängen kennenzulernen, mit
dem Rotschwänzchen am Hausgiebel und mit dem Spat-
zen auf der Gasse beginnend. Von da aus geht bei denen,
deren Natur dazu neigt, das Lernenwollen und das Verständnis von selber weiter. Mir sind aus der Knabenzeit
manche Schilderungen aus dem «großen Brehm», den ein
Onkel von mir besaß, fest und treu im Gedächtnis geblieben, und ich wollte, ich hätte an den Regentagen der Jugendzeit mehr darin gelesen. Jetzt hole ich gelegentlich
nach und finde namentlich da, wo die warme Liebe und
Gestaltungskraft des alten Verfassers noch keine Überarbeitung erfahren hat, wundervolle, gut und sicher sitzende
Beschreibungen, die weit über die Allerweltsweisheit popu-
lärer Enzyklopädien hinausgehen.   (1911)

Es sei denen, die es noch nicht wissen sollten, gesagt, daß
klugen Leuten eine gute Beschreibung der Krickente samt
Bildnis mehr zu geben vermag als mancher Schrank voll
Belletristik, und daß in einem halbwegs wohlhabenden
Hause mit Kindern der Brehm notwendiger ist und Besseres wirken kann als eine ganze Bibliothek von moralischen und anderen Jugend- und Bildungsschriften. (1911)

WILHELM RAABE

1831–1910

Es gibt keinen deutschen Erzähler der letzten Jahrzehnte, Freytag nicht ausgeschlossen, der die Brücke vom alten zum neuen Deutschland so für uns personifizierte. In Raabes Werken findet, wer sie nicht einfach ihrer menschlichen Größe und Wahrheit wegen liebt, unser Deutschland und alle deutsche Sehnsucht seit den vierziger Jahren her in hundert Gestalten ausgedrückt, das politische und das unpolitische, und nirgends das offizielle, sondern überall das heimliche, das junge, das ideale Deutschland. Unser Volk hat in den Büchern dieses alten Weisen ein Denkmal ohnegleichen, einen Spiegel zur Freude und zur Kritik an sich selbst, und wenn wirklich jemand Ernst machen will mit dem Versuch, von nun an bloß noch deutsche Bücher zu lesen, so hat er an Raabe einen unversieglichen Schatz! Die Alten Nester, der Dräumling, der Horacker, der Stopfkuchen, Abu Telfan und Prinzessin Fisch — wie sind diese Bücher schön und reich und oft fast wirr vor Fülle, wie deutsch sind sie! (1919)

Seinen Namen kennt jedermann, seinen «Hungerpastor» haben Tausende gelesen. Warum ist gerade dies eine Buch von ihm auf Kosten aller anderen so bevorzugt worden? Niemand weiß es. Es ist nicht mehr nötig, ein breites über Raabes Art zu reden. Aber daß er außer dem Hungerpastor und der Sperlingsgasse vier Bände «Erzählungen» geschrieben hat, unter denen köstliche Werkchen sind, und daß es von ihm einen «Horacker» gibt, eines der deutschesten und liebenswertesten Bücher der letzten Jahrzehnte, daß muß von Zeit zu Zeit wieder recht laut gesagt werden. Ferner hat Raabe im «Dräumling» eine so fröhliche, innerlich lachende Humoreske geschaffen, daß man

nicht begreift, warum dies Büchlein nicht in jedem Hause
liegt. Zart und voll Heimatduft und inniger Wärme ist
«Pfisters Mühle», großartig und eindringlich der «Schüdderump»; die «Akten des Vogelsangs» und die «Leute aus
dem Walde» sind Lebensbilder, die vom Kleinen, eng-
bürgerlich Begrenzten prächtig ins Große und mitten in
die verwirrende Mannigfaltigkeit des Lebens hineinführen.
(1907)

... Nun hatte ich einen tiefen Respekt vor diesem Mann
bekommen, dem einzigen dichterischen Darsteller des
Deutschlands zwischen 1850 und 1880, dem träumeri-
schen Fabulisten und zähen Kritiker, dem strengen und so
warmherzigen Liebhaber seines Volkes. Und tieferen Eindruck noch als diese würdigen Eigenschaften hatten mir
seine hintergründigen Humore gemacht, seine zähen Liebhabereien und Spiele, seine Vorliebe für Umwege und
lange Gänge, seine Lust an wunderlichen und schwierigen
Charakteren, seine Menschenkenntnis, hinter deren Schärfe
und gelegentlicher Spottlust ein großer Glaube, eine große
Menschenliebe zu stehen schien.

Die Literaturgeschichte spricht von ihm mit Achtung, sie
kennt ihn, sie hat von ihm Notiz genommen, aber das
Einmalige und Innigste seiner Dichtung, das eigentliche
Wunder seiner Person und seines Wortes ist noch immer
nicht eigentlich erkannt und als ewiger Wert anerkannt.
Man wird vielleicht, in einem späteren Deutschland, ihn
doch erkennen; er hat die Anwartschaft darauf, denn er
hat jenes die Kritik verwirrende Plus, jene Dimension
zuviel, die so schwer einzureihen ist und die sich mit der
Zeit doch meistens durchsetzt. (1932)

In Band 10 der Hesse-Werkausgabe S. 163, findet sich unter dem
Titel «Besuch bei einem Dichter» eine Erinnerung an Wilhelm Raabe,
den H. H. 1909 in Braunschweig besuchte.

WILHELM BUSCH
1832–1908

«Bildergeschichten für Kinder»

Da stehen sie nun nachbarlich, früher in diverse Ausgaben und Formate getrennt, zuerst die Bilderpossen, dann der Fuchs und die Drachen, dann die sechs Geschichten für Neffen und Nichten, schließlich noch Plisch und Plum, der Affe Fipps und der Maulwurf. Wilhelm Buschs Weltanschauung ist wohl kaum die beste Grundlage für Kindererziehung, aber sein Humor, seine drastischen Einfälle, vor allem aber sein genialer Zeichnerstift sind Werte, die jenen etwaigen Mangel aufwiegen. Des Affen Fipps Manier des Flötenspiels und das erbärmliche Einfrieren des Eispeter, das prägt sich ein; und dazwischen stehen in den farbigen Bildern der «Sechs Geschichten» Blätter von so tiefer Märchenstimmung, daß auch wir Erwachsenen den grausamen Pessimismus des lieben Meisters ganz vergessen. Für zeichnerisch begabte Kinder sind diese Blätter unendlich anregend, weit mehr als alle neueren Bilderbücher. Und wie erfrischend sie auch für uns Große sind, habe ich soeben in einigen frohen Nachmittagsstunden an mir erfahren. (1919)

KARL MAY
1842–1912

Früher wußte ich ziemlich genau, was gute und was schlechte Lektüre sei. Früher wußte man überhaupt in so vielen Dingen prinzipiell das Richtige, daß es eine Freude war zu leben und zu denken. Jetzt ist alles so zweifelhaft geworden, und so geht es mir mehr und mehr auch mit den Büchern.

Während der Kriegsjahre war ich sehr oft genötigt, über gute und schlechte Lektüre nachzudenken; denn es war mein Amt, die Lektüre für fast eine halbe Million Menschen auszuwählen. Da begann ich mit meinen vorzüglichen Grundsätzen von früher her, und erlitt Schiffbruch und wurde täglich durch die tausend Wünsche der Leser (es waren unsere Gefangenen in Frankreich) darüber belehrt, daß der Mensch seine Lektüre weder nach ethischen noch ästhetischen Grundsätzen wählt. Der Gebildete freilich kennt und hat Prinzipien; er achtet eine Menge von Dingen, die ihn im Grund wenig anziehen und verzichtet auf andere, nach denen es ihn hinzöge, wenn eben die Bildung nicht Hemmungen geschaffen hätte.

Ein Schriftsteller, den ich bis dahin nur dem Namen nach gekannt hatte, obwohl er zu den gelesensten der Zeit gehört, wurde mir auf diesem Umweg bekannt. Er stand immer wieder auf den Wunschlisten der Gefangenen. Es ist Karl May. Ich erinnerte mich, Buben meiner Bekanntschaft hatten für ihn geschwärmt; sonst aber fiel mir nichts Rühmliches ein, das ich über ihn gewußt hätte, sondern lauter Schlimmes. Er sei ein zweifelhafter Charakter und ein skrupelloser Macher gewesen, ein richtiger böser Bücherfabrikant, nichts von Ideal und heiligem Feuer dahinter. Weiß Gott, woher ich das alles wußte, aber ich wußte es. Es gab Schafe, und es gab Böcke, das war nun einmal so, und dieser Herr May gehörte zu den Böcken. Jetzt, wo ich aus Neugierde endlich zwei Bücher von ihm las, war ich ganz erstaunt. Er ist nämlich gar kein Macher, sondern von einer geradezu verblüffend reinen Ehrlichkeit. Er ist der glänzendste Vertreter eines Typs von Dichtung, der zu den ganz ursprünglichen gehört, und den man etwa «Dichtung als Wunscherfüllung» nennen könnte. In dicken Büchern erfüllt er sich alle Wünsche, die das Leben ihm unerfüllt ließ; da ist er mächtig, reich, geehrt, fast ein König, gebietet über treue mächtige Verbündete; zeigt sich jedem Feind überlegen, tut Wunder an Kraft, der Klugheit und des Edelmuts. Er rettet Verlorene, befreit Gefangene, stiftet Frieden zwischen Todfeinden, bekehrt Sünder zum Glauben an das Gute, schmettert verstockte Bösewichte nieder. Mit den knabenhaften, kriegerisch-räuberischen Wünschen einer unverdorbenen naiven Natur sind andere, kompliziertere verwachsen; er will nicht nur stark und mächtig sein, nicht nur unsäglich schlau und gewandt, sondern auch fabelhaft gut, und so entstand der Held aller seiner Romane, der nur den Namen wechselt, der aber stets dasselbe Wunschbild verkörpert. Daß er unter der Güte dabei eine europäisch-christliche Güte versteht, mit einem Einschlag von Nationalismus, und daß er sich der Täuschung hingibt, die europäisch-christliche Moral sei allen anderen ebenso überlegen wie die europäischen Feuerwaffen den primitiven der Naturvölker, das ist unwesentlich; auch hier ist er gutgläubig, und geht auf sein Ziel mit einer beneidenswerten Unmittelbarkeit los. Daß er ein großer Dichter sei, möchte ich nicht sagen; dazu ist seine Sprache allzu schabloniert und der Flug seiner Seele zu eng. Aber er vertritt, innerhalb unserer dürr und öd gewordenen Literatur, mit seinen grellen, knalligen Werken einen Typus von Dichtung, der unentbehrlich und ewig ist. Es ist nicht seine Schuld, daß den andern, «besseren» Dichtern dieser Zeit die Phantasie gebricht — es ist die Schuld dieser anderen, wenn ein Mann mit zweifelhaften Mitteln das erreicht, was ihnen mit ihren feineren Mitteln unerreichbar blieb. (1919)

Man lernt immer noch Neues kennen. Kürzlich las ich zum erstenmal zwei Bücher eines Autors, der seit Jahrzehnten vielleicht der gelesenste in Deutschland ist und den ich noch nicht kannte. Es ist Karl May. Von Leuten, die etwas verstehen, war mir immer gesagt worden, er sei ein ganz übler Macher und Schmierer. Es gab einmal eine

Art von Kampf um ihn. Nun, ich kenne ihn jetzt, und empfehle seine Bücher den Onkeln von Herzen, die der Jugend Bücher schenken wollen. Sie sind phantastisch, unentwegt und hanebüchen, von einer gesunden, prächtigen Struktur, etwas völlig Frisches und Naives, trotz aller flotten Technik. Wie muß er auf die Jungen wirken! Hätte er doch den Krieg noch erlebt und wäre Pazifist gewesen! Kein Sechzehnjähriger wäre mehr eingerückt.   (1919)

ANATOLE FRANCE
1844–1924

« Die Götter dürsten »

Was im letzten Buch dieses skeptischen Philosophen und lateinischen Stilkünstlers der Abbé Coignard zu tun und zu sagen hatte, das tut und sagt hier noch freier und beinahe noch feiner der Bürger Brotteaux, der ehemals Zollpächter und ein galanter großer Herr war, nun aber nach Ablegung seines Adelstitels in einer Dachkammer von der Herstellung kleiner Hampelmänner lebt. Ihm ist indessen als Gegenspieler der Mönch Longuemare beigegeben, und wenn nun Brotteaux noch so fein und überzeugend seinen philosophisch-epikuräischen Atheismus verkündet, steht ihm stets der noble, beschränkt-charaktervolle Fromme sanft und fest entgegen. Das gibt ein wundervolles Spiel, Anatole France ist kein Bekenner, und wie einst der Skeptizismus Coignards in den Glauben des Abbé eingewickelt war, so wird jetzt der Atheismus des Bürgers Brotteaux vom Glauben des Barnabiten Longuemare sekundiert und balanciert. Und so bleibt, wie schon einst in der «Tais» und wie schon in ganz frühen Büchern dieses dreimal geschliffenen Franzosen, als letztes Positives eine wehmütig resignierte Verehrung des menschlichen

Verstandes übrig, mit dem man aber doch nur so weit kommt, die Noblesse und innere Stärke eines persönlichen, lebendigen Glaubens mit mehr oder weniger Widerstreben anerkennen zu müssen. Dies alte Gedankenresultat aus einem Leben voll Gelehrsamkeit hat der liebe Weise noch nie so zart und nuancenreich ausgesponnen. Diesmal ist sein nachdenkliches Selbstgespräch in eine Geschichte aus der großen Revolution eingekleidet, und auch diese große, wilde, schreckliche Geschichte betrachtet er mit seinem klugen, etwas wehmütig lächelnden Blick, der ebenso von isolierter Klugheit wie von heimlicher, warmer Liebe zum Leben erfüllt ist. (1913)

PAUL VERLAINE

1844–1896

Die Prosaaufzeichnungen Verlaines halten keinen Vergleich mit seinen wunderbaren Versen aus, sie sind alle voll kleiner Oberflächlichkeiten und Eitelkeiten, aber sie offenbaren dem aufmerksamen Leser dennoch viel über die im Grunde sehr einfache, kindliche Natur dieses Dichters. Der erste Band* enthält die Gedichte Verlaines aus seinen guten Jahren, diese herrlich musikalischen, innigen, schluchzenden Gedichte, die zartesten und ergreifendsten, die in Frankreich seit einem halben Jahrhundert entstanden sind. Und es ist mehr als nur interessant, zu sehen, wie verschieden alle die deutschen Übersetzer diese Gedichte aufgefaßt und wiedergegeben haben und wie sie trotz der Vielzahl der Übersetzer kaum etwas von ihrer inneren Einheit verloren haben. Verloren haben sie freilich — das ist das Los aller Übersetzungen — eine Menge von Unersetzlichem, von holden Klängen, von zartesten

* einer Gesamtausgabe der Werke Paul Verlaines im Insel Verlag.

Schatten, von geheimster Melodik, bei manchen Übersetzungen darf man an das Original nicht denken, obwohl
die Übersetzung ebenfalls sehr schön ist. Nur ist sie etwas
andres geworden, so wie ein paar Takte Musik durch ein
Transponieren, durch einen kleinen Tempowechsel fremd
und bis zur Unkenntlichkeit entstellt werden können.
Denn Gedichte sind Musik, und sie sind, in ihren eigentlichsten Werten, unübersetzbar, vollkommen unübersetzbar. Daß man trotzdem immer wieder versucht, sie zu
übersetzen, ist ebenso unsinnig und ebenso wundervoll,
wie jedes Dichten, das ja auch, von allem Anfang an, stets
ein Versuch ist, Unmögliches zu tun. Unausdrückbares auszudrücken.   (1922)

AUGUST STRINDBERG
1849–1912

Am 22. Januar feiert August Strindberg seinen sechzigsten Geburtstag. Er ist nach wie vor, trotz seiner
europäischen Berühmtheit, daheim und bei uns von den
Philistern in Acht erklärt und unglaublich wenig gekannt.
Zum Teil soll das, sagt man, an der Mangelhaftigkeit der
deutschen Ausgaben liegen. Ich kann das nicht prüfen, aber
ich weiß, daß jahraus, jahrein bei uns Massen von viel ge-
ringern Büchern in viel schlechtern Übersetzungen gelesen
werden. Die Leute lieben Originale nicht, sie haben alles
lieber aus zweiter Hand. Unter den Russen hat es Gorki
getroffen, bei uns berühmt zu werden, seine weit größeren
Vorbilder kennt man nicht. So ist es fast überall, man hat
das Neue nur gern, wenn es schon verdaut und verändert,
verkleinert und verzierlicht serviert wird. Unter diesem
Fluch leidet auch Strindberg, der Paria und Märtyrer der
schwedischen Literatur, die doch sonst bei uns nicht wenig

beliebt ist. Es haben anerkannte und vielgenannte Männer für ihn einzutreten versucht, zuletzt mit viel Wärme und Kraft Knut Hamsun, aber es waren Schläge ins Wasser. Doch darf man deren nicht müde werden, und so sei auch hier wieder einer geführt. Es sei wieder einmal erzählt, daß dieser unheimliche Schwede zu den großen Intelligenzen unsrer Zeit gehört, daß er sowohl schöne, geistreich feine als auch furchtbare, erschütternde Bücher geschrieben hat. Mag er ein Absonderlicher, ein Neurastheniker und Abenteurer sein, er ist vor allem ein Verfolgter und Gehetzter, und er ist es, weil sein Kopf zu gescheit und frech und unerbittlich ist, weil wir lieber Zuckerwasser haben.

Dieser einsame Dichter und Gedankenspinner, der sich selber ebenso unbedenklich, ja fanatisch preisgibt und zerlegt wie alle seine Objekte, beginnt alt zu werden und hat außer einem wilden, sagenhaften Leumund in Europa nicht viel andres gewonnen und erlebt als Verfolgung und Ablehnung. Er braucht keine Ehrenrettung, mag sein übler Ruf wohlerworben sein! Aber er hat sein Leben, vor allem sein kühnes Gedankenleben, nicht nur selbstherrlich und rücksichtslos geführt und vielleicht genossen, er hat es auch, ebenso kühn und tapfer, durchlitten. Er hat sich gern auf die Bank der Spötter gesetzt, nie aber auf die Bank der Bequemen und Selbstgenügsamen, er ist bei keinem Fündlein und kleinen geistigen Erwerb sitzen geblieben, um nun dessen Zinsen zu genießen, sondern hat Hülle um Hülle zerstört, Gedachtes nicht geschont, sondern umgedacht, er ist ein Revolutionär geblieben bis ins Alter. Wohl hat er zuweilen Rache genommen und Peitschenhiebe geschrieben, aber ich fühle kein Bedürfnis, sie zu entschuldigen, ich möchte sie gar nicht missen. Von seinen Büchern seien hier besonders genannt: «Elf Einakter» — «Am offenen Meer» — «Das rote Zimmer» — «Historische Miniaturen».   (1909)

In memoriam Strindberg

Die paar großen Problematiker aus der zweiten Hälfte des 19. Jahrhunderts sind mir nicht in ihrer historischen Reihenfolge begegnet. Der einzige, den ich schon früh, noch in den Jünglingsjahren, kennenlernte, war Nietzsche. Erst mehr als ein Jahrzehnt später fanden auch mit Dostojewski und mit Strindberg Begegnungen statt, und wieder viel später erst lernte ich Kierkegaard ein wenig kennen.

Als ich vor etwa vierzig Jahren die erste Bekanntschaft mit Büchern von August Strindberg machte, rückte er für mich bald in die kleine Reihe der Märtyrer-Dichter, jener einsamen Seher, welche das Fragwürdige, Kranke und Gefährdete ihrer Epoche, der scheinbar glücklichen Zeit des langen europäischen Friedens und des fortschrittsgläubigen Liberalismus, nicht nur kritisch wahrnahmen und gedanklich erlebten, sondern es biologisch, am eigenen Leibe erlitten, welchen diese noch unterbewußte Problematik zur persönlichen, physischen und seelischen Not und Krankheit wurde. Ich spürte, ähnlich wie ich es einst bei Nietzsche gespürt hatte, beim Lesen mit einem unvergeßlichen Schauer: Da war einer der großen Ahnenden und Leidenden, ein Auserwählter und zugleich ein Gezeichneter, ein zartester Seismograph für kommende Erschütterungen, ein nordischer Bruder Nietzsches. Es entging mir zwar nicht, daß dieser leidende und streitende, ja streitsüchtige, anklagende, besessene und erbitterte Fanatiker der Wahrheit und des gefährdeten Menschentums außerdem auch ein bedeutender Künstler und in manchen seiner Dichtungen kleinen Formates, wie den Einaktern und den Miniaturen, ein glänzender Virtuose war.

Aber nicht deswegen mußte ich mich mehrere Jahre lang immer wieder mit ihm abgeben und plagen, vor allem mit seinen autobiographischen und bekenntnishaften Büchern, unter denen eine Zeitlang die aus der Pariser Zeit mir die liebsten waren. Nein, nicht als Künstler hat er mich damals bewegt und fasziniert, sondern als Autor jener schrecklichen, leidvollen, etwas monomanen Bücher, in denen er es im Hergeben der eigenen Person und der eigenen Biographie zu einer edlen Schamlosigkeit brachte, wie sie etwas später durch die Psychoanalyse auch vielen anderen geläufig wurde, die aber damals einsam und herausfordernd wie eine unheimlich züngelnde Flamme einen neuen, makabren, bedrohlichen Klang in die müde-elegante Stimmung jener saturierten Vorkriegsepoche brachte. Es sprach und schrie aus seinen wilden Büchern viel Streit, viel Haß, viel Verbitterung, viel grelles Mißverständnis, je und je auch Bosheit und Schadenfreude, aber weit stärker als dies alles spürte ich in ihnen das tiefe, zehrende Leiden, und zwar nicht nur das einsame und in sich selbst verliebte Leiden eines Psychopathen, sondern ein stellvertretendes: ein Leiden, das alle anging. Dies gewann ihm meine Liebe. (1949)

R. L. STEVENSON

1850—1894

Der englische Dichter Stevenson, der anno 1894 auf einer Insel in der Südsee gestorben ist, war mir durch seine «Schatzinsel» bekannt, ein Abenteuerbuch für Jünglinge. Erst neuerdings lernte ich auch andre Werke von ihm kennen. Ich fand hier eine farbige, heimlich melancholische Romantik und habe einige gute Lese-Abende in seiner Welt zugebracht. Die zwei Bände mit Schilderungen aus den Südseeinseln sind voll von zarter, todesnaher Schönheit. (1925)

Seine Romane und Erzählungen, in England und Amerika sehr viel gelesen, beginnen sich erst jetzt allmählich bei uns einzubürgern. Der englische Dichter, 1850 geboren, 1894 auf Samoa gestorben, wo er sich einige Jahre vorher niedergelassen hatte, gehört zur glänzenden Reihe der großen angelsächsischen Erzähler. Er war lungenleidend und hat in seiner Jugend lang in Davos gelegen, etwas von der mißtrauischen Wachsamkeit und Problematik des Kranken spürt man überall in seinem Werke, dazu eine fast abgöttische Liebe zu Meer und Reise, Abenteuer und Phantastik, nebst einem bewährten, verfeinerten, überlegenen Humor. Als Erzähler erinnert er in seiner gewitzten, geistvoll spielenden Phantastik gelegentlich an Chesterton.   (1924)

ARTHUR RIMBAUD
1851–1891

Rimbaud, der berühmte und berüchtigte Freund Paul Verlaines, hat bekanntlich, nachdem er durch erstaunliche Verse das junge Frankreich verblüfft und bezaubert hatte, noch als Jüngling die Feder weggelegt und sich dem Leben des Abenteurers, Reisenden und Unternehmers zugewandt. Er ist das erste und mächtigste Vorbild der seither häufig gewordenen Figur des Europamüden, der sich aus den Raffinements unserer Kultur zu den starken, primitiven Reizen eines aktiven, außerbürgerlichen Lebens flüchtet. Leider ist seine Biographie, zumal die der späteren Jahre, nicht ergiebig genug, um uns mit dem Verlust zu versöhnen, den Rimbauds Verzicht auf die Literatur bedeutet. Seine exotischen Briefe zeigen mehr einen mißvergnügten Sentimentalen als einen brutalen Überwinder. Seine Dichtungen aber, die Dichtungen eines Zwanzigjährigen, sind von einer Größe und Lebendigkeit, die kein Franzose seither wieder erreichte.   (1921)

EDUARD VON KEYSERLING

1855–1918

«Bunte Herzen»

Es sind nur zwei Geschichten, leider nur zwei, die erste als Gemälde reicher, die zweite inniger und tiefer an Gefühl, und beide mit der stillen, bescheidenen, rührenden Meisterschaft dieses behutsamen, noblen Erzählers berichtet. In seinem letzten Werk, dem Roman «Dumala», hat Keyserling einmal versucht, einen richtigen Roman zu schreiben, einen mit «Handlung» und Spannung, und es ist ein gutes und interessantes Buch geworden. Aber diese beiden Novellen zeigen wieder ganz den alten Keyserling, der keine «Stoffe» und kaum eine «Handlung» braucht, der einen Sommernachmittag so zu beschreiben versteht, daß man während seines Glühens und Verdämmerns das Gefühl des ganzen Lebens hat. Es fehlt ihm vielleicht an der sogenannten Kraft, er hat weder Unbekümmertheit noch Burschikosität. Aber er hat die stille Kraft eines treuen, tiefen, unerbittlichen Fühlens, der sich sein zur Skepsis geneigter, scharfkühler Verstand unterwirft. Er hat, was die beliebten und erfolgreichen Romanciers eigentlich niemals haben, nicht nur den Sinn für menschliche Gebärden, sondern auch den ganz feinen Sinn für die Gebärde der unbelebten Dinge, für das Besondere eines Duftes, einer Morgenstunde, eines grellsonnigen Blumenbeetes. Darum gehen bei ihm, wie bei jedem wahren Dichter, die Menschen und ihre Umgebung mit einfachster Selbstverständlichkeit zusammen, statt daß sie wie bei den «Romanciers» darin herumagieren wie zwischen Kulissen. (1909)

SIGMUND FREUD
1856–1939

In der deutschen Wissenschaft der letzten Jahrzehnte
finden sich sehr wenige Gestalten, die sich an Umfang wie
an Tiefe der Wirkung mit Freud vergleichen könnten. Und
in der allmählich groß gewordenen Literatur der Psycho-
analytiker ist er, außer Jung in Zürich, eigentlich noch immer der einzige, dessen Werk auch außerhalb der Gilde
durch ganz hohe menschliche, sowohl wie literarische Qualitäten überzeugt. Das Schöne und merkwürdig Reizvolle
an den Schriften Freuds ist dies Hingezogensein eines ungewöhnlich starken Intellekts zu Fragen, die alle ins
Überrationale führen, der immer erneute, geduldige, dabei kühne Versuch eines disziplinierten Geistes, mit dem
doch stets zu groben Netz reiner Wissenschaftlichkeit das
Leben selbst einzufangen. Der sorgfältige Forscher und
klare Logiker Freud hat sich ein vorzügliches Instrument
in seiner ganz intellektualistischen, aber prachtvoll scharfen, genau definierenden, gelegentlich auch kampf- und
spottlustigen Sprache geschaffen — von wie vielen unserer
Gelehrten kann man das sagen?   (1925)

«Einführung in die Psychoanalyse»
Dieses lang erwartete Buch ist wirklich das, was man
sich von ihm versprach, es ist die erste systematische Darstellung der Lehre Freuds, der Psychologie des Unbewußten und der Technik der Analyse, gegeben nicht wie einige
bisherige kleinere Versuche von Schülern und Anhängern
Freuds, sondern von ihm selbst, mit seiner vollen Verantwortlichkeit, und mit dem vollen Ernst des Entdeckers
und Pfadfinders für sein Neuland. Alle Vorzüge dieses
Geistes finden sich in dem Buche wieder, seine Klarheit,

seine Gabe zum geduldigen Kombinieren, seine präzise Ausdrucksfähigkeit, sein Witz. Die drei Abteilungen behandeln die Fehlleistungen, den Traum und die Neurosenlehre. Die beiden ersten Themata hatte Freud in seiner «Psychopathologie des Alltags» und seiner «Traumdeutung» ja schon systematisch dargestellt, während eine allgemeine Neurosenlehre in geschlossener Form von ihm noch nicht vorlag. So interessiert nun vor allem diese, und sie erweist sich als eine vollwertige Leistung. Es ist ein Genuß, die Folgerichtigkeit und Vorsicht zu beobachten, mit welcher Freud seine Wege sucht und seine Schlüsse zieht, die Sicherheit seiner Formulierung bei festen, nicht mehr zweifelhaften Funden und die Vorsicht und Bescheidenheit da, wo es sich um Vermutungen, um Tasten und Suchen handelt. Mit diesem Buch ist nun jedermann, vor allem den Ärzten, eine authentische Einführung in Herkunft, Ziele und Technik der Psychoanalyse gegeben.

Der Streit um die Analyse tobt noch immer, während sie sich in der Stille doch längst die Jugend erobert hat und die Zukunft ihr gehört. Die Psychologie als Wissenschaft ist damit begründet, und eine erste wichtige Einsicht in die Gesetze des seelischen Geschehens gewonnen, vor allem aber eine erstmalige, ernste Forschung auf diesem Gebiete begonnen, das bisher abseits der Wissenschaft gelegen war. Die lückenlose Determiniertheit des seelischen Geschehens, die Übertragung des Kausalitätsgesetzes und damit der Möglichkeit wissenschaftlicher Erforschung auf dieses Gebiet, auf die Psychologie, scheint uns heute schon selbstverständlich, erregte aber vor kurzem noch das Entsetzen und den Hohn vieler Geheimräte, ebenso wie heute noch bei Laien wie Medizinern Tatsachen, wie das Vorhandensein einer Sexualität im Kindesalter geleugnet werden. Nun, dieser Kampf ist gekämpft, die Grundwahrheiten der Psychoanalyse haben sich durchgesetzt. Sie werden noch bekämpft, doch nicht mehr umgestoßen werden.

Anders steht es mit der Psychoanalyse als Fundament einer neuen, erweiterten, vertieften Weltanschauung. Daß die Psychologie des Unbewußten eine derartige Rolle spielen wird, scheint unvermeidlich. Hier stoßen wir auf den Punkt, an welchem eine Anzahl von Schülern Freuds sich vom Meister getrennt haben. Freud selbst bleibt durchaus Mediziner und Physiker, er erforscht die Mechanismen der seelischen Vorgänge, ohne damit eine Weltanschauung geben zu wollen, ja mit vorsichtigster Vermeidung jedes metaphysischen Anspruches.

Anders jene Schüler, die nach verschiedenen Seiten hin, zum Teil reichlich dilettantisch, es versucht haben, die Psychoanalyse zu einer Art von Religion auszubauen. In der Tat ist ein Teil dieser Bestrebungen so flach, daß man Freuds Abwehr gegen solche Nachfolger begreift. Andere aber, allen voran Jung in Zürich, haben höchst beachtenswerte erste Versuche geleistet, die psychoanalytische Auffassung über das Medizinische hinaus zur Grundlage einer Philosophie zu machen, deren Formulierung freilich noch nicht vorliegt.

Ungehörig aber wäre es, gewisse mildernde und versöhnlichere Auffassungen der Freudschen Psychologie anzunehmen unter Ablehnung des eigentlichen Schöpfers dieser Wissenschaft. Dieser ist und bleibt Sigmund Freud, den man in Einzelheiten kritisieren oder korrigieren mag, dessen großes Verdienst aber (neben dem des merkwürdig im Hintergrund gebliebenen Breuer) nun wohl zur endgültigen Anerkennung gelangt ist. (1919)

«Über Psychoanalyse,
fünf Vorlesungen in Worcester»

Die Vorlesungen Freuds vom Jahr 1909 sind nach wie vor die beste, kürzeste und klarste Einführung in die Psychoanalyse, d. h. in die junge Wissenschaft von der Psychologie des Unbewußten und der Heilung psychi-

scher Erkrankungen durch Bewußtmachen der «verdräng-
ten» Triebe. Freuds kühle, oft witzige, überaus klare
Darstellungsart ist bekannt, das Lesen jeder seiner Schriften ist ein Genuß. Wie es scheint, wächst allmählich auch
an den deutschen Hochschulen eine Generation heran,
welche reif und willig ist, eine positive Einstellung zu
Freuds großer Tat zu finden, nachdem zwanzig Jahre
lang die deutsche Wissenschaft fast einmütig sich einer
sachlichen Prüfung entzogen und sich mit Schimpfen oder
Totschweigen begnügt hat. Wer nach einer ersten, kurzen
Einführung in Freuds Gedanken sucht, findet sie nirgends
besser als in diesen Vorträgen.   (1919)

HERMANN SUDERMANN
1857–1928

Das hohe Lied
Lieber Herr Langen!
    Sie fahren Ski in Tirol und haben es gut, und weil Sie
den neuen Roman von Sudermann nicht zu Ende lesen
mögen, schicken Sie ihn mir, ich soll es tun und mich darüber entrüsten.
    Leider bin ich nicht der rechte Mann dazu. Einmal habe
ich wenig Talent zur Entrüstung, und dann sitze ich selber
im Glashaus. Denn vermutlich ärgert an dem Roman von
Sudermann nicht das Sie so sehr, daß er schlecht ist, sondern daß der Autor so berühmt und sein schlechtes Buch
schon in vielen Auflagen verbreitet ist. Nun bin ich selber
in der bittersüßen Lage eines Autors, der Glück gehabt
hat. Sie wissen, ich bin ein stiller Lyriker, der zwar als
solcher nicht anerkannt, als Unterhaltungsschriftsteller
aber stark überschätzt wird. Und nun soll ich über einen
älteren und noch viel erfolgreicheren Kollegen herfallen

und Ihrer Entrüstung über sein Buch zum Ausdruck verhelfen!

Nun, ich bin nicht entrüstet. Ich habe den hartnäckigen
Glauben, daß kein Ding und kein Mensch in der Welt vergebens da ist, daß auch das scheinbar Üble andre, wertvolle Seiten hat. Solche Seiten hat nun zwar der Roman
Sudermanns nicht; aber ist die Tatsache, daß Sudermann
kein Romankünstler ist, so wichtig? Kann Sudermann
nicht auf andern Gebieten Herrliches leisten? Meine Weltanschauung gebietet mir, das zu glauben. Beweisen kann
ich es nicht, doch ist auch das Gegenteil unbeweisbar. Leider verstehe ich vom Drama und Theater gar nichts, sonst
könnte ich vielleicht in Sudermanns dramatischer Tätigkeit seine starke Seite nachweisen. Das Bedürfnis, dies zu
tun, habe ich, aber es fehlen mir die Mittel. Doch sollte
auch — was ich nicht beurteilen kann — Sudermanns dramatische Tätigkeit meine frohe Hoffnung enttäuschen, so gibt
es eben zweifellos eine noch andre, uns allen verborgene
Seite an diesem Autor, die alle Schatten aufwiegt und seine
Existenz restlos rechtfertigt. Denn jede Existenz muß zu
rechtfertigen sein.

Aber halten wir uns an den Roman selber! Früher hörte
man die Kritiker immer sagen, Sudermann sei zwar als
Dramatiker schwach und oberflächlich, habe aber ein großes Erzählertalent und habe vor vielen Jahren einen
ganz hervorragenden Roman «Frau Sorge» geschrieben,
der verdientermaßen es auf mehr als hundert Auflagen
gebracht habe. Nun, dachte ich, diesen Roman muß ich
haben, ich kaufte ihn und las ihn.

Es ist unvorsichtig, darüber zu reden. Bekanntlich ist
jeder Autor eines erfolgreichen Buches ein Genie, jedoch
nur bis zur Grenze der hundertsten Auflage. Ist diese
überschritten, so sinkt das Genie in der Meinung der Kritik
zum Trottel herab. Da ich nun die «Frau Sorge» las, als
sie schon die gefährliche Grenze erreicht hatte, mag Vorurteil und schlechte Literatengewöhnung mich verleitet

haben, das Werk mit nur geringem Wohlwollen zu lesen, obwohl ich mir dessen nicht bewußt bin. Jedenfalls — ob es nun an der hundertsten Auflage oder an was sonst lag — tat ich die Frau Sorge mit bittrer Enttäuschung weg und sah mir einen lieben Traum zerstört. Immer noch hatte ich leise gehofft, mein Denken und Empfinden sei dem der ganzen Welt verwandt oder doch nicht feindlich, nun aber sah ich wohl, wie entartet und schlecht ich schon war. Die berühmte Frau Sorge schien mir nämlich ein Schaubrot zu sein, oben Zuckerschaum und unten Pappdeckel, eine halb unwissend begangene Nahrungsmittelfälschung, die ja auf geistigem Gebiete nicht strafbar ist. Ich erschrak und verschwieg meinen Eindruck selbst vor meinen nächsten Freunden, denn ich fürchtete Arges für mich, wenn ich mich verriete. Mein Urteil über die Frau Sorge kam mir wie Versündigung an einem Nationalheiligtume, ja wie Gotteslästerung vor. Alle Kritiker, auch die allergrausamsten, hatten bei ihren oft so harten Angriffen auf Sudermanns Theaterstücke doch immer noch den Hut vor dem Autor der Frau Sorge abgenommen; und ich, der ich den Frieden über alles liebe, sollte auch diesen Heiligenschein abreißen? Nein, ich schwieg.

Als nun vor einiger Zeit alle Zeitungen wußten, daß der große Sudermann an einem Roman arbeite, und als die Notizen darüber sich beängstigend häuften, und als schließlich der Roman wirklich kam, da wagte ich nicht, Hand an ihn zu legen. Doch wagte ich auch kein Geld für ihn auszugeben, sondern ließ ihn als unbekannte Größe bestehen. Ja, ich begann, durch Zeitungsstimmen und durch mein Herz verführt, freundlich von diesem Roman zu denken. Mochte die Frau Sorge etwas grob und theatralisch sein, sie war ein Jugendwerk. Nun aber, in nicht mehr jungen Jahren, nach manchen ungewöhnlichen Erfahrungen, nach Jahrzehnten des Ruhms und Jahren der Anfeindung, nun — dachte ich — fühlt der alternde Mann noch einmal Lust, einen Roman zu schreiben, sich an diese liebe, verlockende, dem Erinnern und Beichten verwandte Arbeit zu setzen. Auch wenn es kein großes Kunstwerk sein wird, dachte ich, so wird es doch die Ehrlichkeit, vielleicht auch die Müdigkeit des Alters haben, es wird uns versöhnen und rühren, wir werden dem vielgeschmähten Autor Abbitte tun, er wird endlich als Mensch mit menschlichen Worten und Gebärden vor uns stehen.

Lieber Herr Langen, warum haben Sie mir diesen Glauben zerstört? Wohlverstanden, nicht meinen Lebensglauben! Der ist unzerstörbar, und er verlangt nach wie vor, daß auch Sudermann guten Zwecken diene und Gottes Willen auf Erden erfülle. Dabei bleibe ich; aber die Hoffnung, er möchte es in seinem Roman getan haben, haben Sie mir geraubt. Ach, dieser Roman mit dem schönen verlogenen Titel ist nicht ehrlich, ist nicht müde, ist nicht ein Erinnern und eine Beichte, er ist nicht rührend und vermag nichts zu versöhnen und gutzumachen. Er ist frech und keck wie kaum einer der früheren, er arbeitet mit wenig Kunst und Bescheidenheit auf Publikumserfolg, und sein Temperament ist Theatertemperament.

Ich weiß genau, daß man alles, was ich hier sage, mir selber aufkreiden und bei nächster Gelegenheit unter die Nase reiben wird; ich weiß, daß ich im Glashause sitze. Aber soll es in Scherben gehen — wenn ich schon einmal meine Meinung über dieses «hohe Lied» sagen soll, so will ich es ehrlich tun und sagen, es scheint mir ein leichtfertiges und schlechtes Buch zu sein. Von der Kunst ganz abgesehen, von der groben patzigen Sprache ganz abgesehen, es ist auch in der «Erfindung» nichts wirklich echt, alles wirklich erfunden, nichts erlebt und mit der Unerbittlichkeit des Lebens festgehalten. Die paar echten Züge sind durch Schminken und Übertreiben verdorben. Ich wage nicht, einzelnes zu kritisieren und Proben zu geben, es würde kein Ende nehmen.

Und ein Ende soll es nun nehmen, denn es ist nicht gut, lange bei Unerfreulichem zu verweilen. Ich weiß aus eigner

Erfahrung, daß Romanschreiben kein reines Vergnügen ist. Es gibt da Hemmungen und Abgründe, man verliert oft den Mut und oft sogar die Sicherheit und Unbeirrtheit des Empfindens. An solchen Klippen gibt es zwei Rettungen: entweder man wartet ab, klärt sein Gefühl und fährt erst fort, wenn dieses wieder seiner selbst sicher ist. Dann kann man noch tausend Fehler machen und das schlechteste Buch schreiben, aber man ist ehrlich geblieben und hat nicht wider den Heiligen Geist gesündigt. Denn auch schlechtgemachte und mißlungene Bücher können ehrlich sein. Oder aber (die zweite Art der Rettung): man denkt sich vor das halbfertige Werk einen Leser gesetzt, den bekannten lieben Leser, den Abonnenten und Bücherkäufer, und man sucht es nun nach Kräften diesem lieben Leser recht zu machen. Diesen Weg ist Sudermann gegangen, jetzt wie früher.

Wie gesagt, vom Theater verstehe ich nichts. Aber ich habe sagen hören, fürs Theater brauche man ein gewisses keckes Drauflos, auch einen stärkern Auftrag der Farben, es gehe da überhaupt massiver und gröber zu als beim übrigen Dichten. Wenn das so ist, dann könnte Sudermann doch vielleicht ein guter Dramatiker sein. Das würde mich freuen, denn wenn es anders ist, so dient dieser Dichter dem Plane Gottes mit seinen Werken überhaupt nicht. Dann hat er seinen Wert und Sinn anderswo, im privaten Leben: aber es wäre doch schade, wenn in eines so berühmten Dichters Leben gerade seine Dichtungen die Schattenseite wären.

Mit Grüßen   Ihr Hermann Hesse

HERMANN BANG
1857–1912

«Sommerfreuden»

Mit Wehmut nimmt man das letzte Buch von Hermann
Bang in die Hand, «Sommerfreuden». Mit Hermann Bang
ist vielleicht der kultivierteste Künstler und der innigste
Dichter gestorben, den die Welt noch hatte; und nun klingt
in dem neuen, letzten Buche, das er uns hinterließ, seine
milde, verschleierte Stimme wieder so gut und zart, so
voll von Verstehen und so voll vom leisen Leid des Verstehens, daß unsre Liebe zu diesem wunderbaren Meister
wieder hell und schmerzlich aufflammt. Wieder ist es ein
Nichts, was er erzählt; und jene Leute, die bei Romanen
immer von «Problemen» oder von spannender Handlung
oder von andern außerkünstlerischen Dingen reden, werden auch bei diesem Buche des großen Dichters wieder
nicht auf ihre Kosten kommen. Nein, es geschieht in diesem
Buche nichts, so wenig wie in den meisten andern Büchern
Hermann Bangs; es geschieht nichts, als daß in einer kleinen, etwas ärmlichen Pension am Meere die Sommergäste
ankommen, ein Schwarm von Menschen mit ihren Bedürfnissen, Sorgen, Schwächen, ihren Eitelkeiten und Liebenswürdigkeiten; es geschieht nichts, und es vergeht während
des ganzen Romans nur ein Tag, ein einziger Sommertag
vom Morgen bis zum Abend. Aber wir lernen nicht nur
dreißig Menschen kennen, jeden bei aller Eile bestimmt
und mit kleinen ganz und gar charakterisierenden Merk-
malen bezeichnet; wir sehen nicht nur in die Sorgen des
Pensionswirtes hinein und in die größeren seiner guten,
fleißigen Frau; wir sehen nicht nur eine Verlobung entstehen und eine Todfeindschaft – das alles wäre gleichgültig. Wir sehen – das ist Hermann Bangs alte Zauberkunst noch einmal mit allen süßen, schwermütigen Reizen

ihrer Tiefe und rätselhaften Meisterschaft — wir sehen ein
Stück Menschenleben, ein Stück vom vielfarbigen Schleier
der Maja, mit allem Schmelz und allem Farbenwirrwarr
wie ein Stück Schmetterlingsflügel. Die Auswahl ist uns
nahezu gleichgültig, es kommt immer aufs Gefühl für
das Ganze an, das bei Bang in jedem kleinsten Einzelzug
vorhanden ist. In dem feinen, oft fast spielerisch feinen
Filigran seiner ungeheuer anschaulichen, oft beinah kine-
matographisch verblüffenden Schilderungskunst ist nicht
die enorme technische Meisterschaft das Tragende, sondern
das immer gleich lebendige Gefühl fürs Ganze, das beständig unter der hübschen Oberfläche schlagende Herz
des Dichters, dem ein tiefes seherisches Gefühl für die
Schönheit und Vergänglichkeit aller Menschendinge eingeboren ist und der darum das Schöne nicht bloß liebt,
sondern überall das Rührende seiner gebrechlichen und
vergänglichen Erscheinung empfindet. (1915)

JOSEF CONRAD
1857—1924

« Mit den Augen des Westens »

Das Phänomen Josef Conrad ist von der deutschen
Leserwelt, welche ja sonst eher vorurteilslos und inter-
national eingestellt ist, bisher nur langsam und zögernd
erfaßt worden. Die Gründe sind mir nicht erkennbar,
einer davon aber ist gewiß die Tatsache, daß jene Kreise
in Deutschland, welche eigentlich ohne weiteres von Conrad wissen und für ihn begeistert sein müßten, nämlich die
Seeleute, keine leidenschaftlichen Bücherleser sind. Trotzdem bricht sich aber auch in deutschen Landen dieser wunderbare Schriftsteller langsam Bahn, der neben seiner
tapfern Männlichkeit und seinen englisch-ritterlichen Ehr-

begriffen noch so viele geheimere, verborgenere Komplikationen und Mischungen in seiner merkwürdigen Seele hat. Im Grunde mögen diese Mischungen alle auf die eine große Mischung und Wandlung in Conrads Person und Leben zurückzuführen sein: auf die Verwandlung des Polen Conrad in den englischen Seemann und Schriftsteller Conrad. Jedenfalls beruht der große Reiz von Conrads erstaunlicher, einzigartiger Erzählerkunst darauf, daß seiner einfachen, graden, sauberen Moral, seinem englisch-seemännisch-offiziersmäßigen Ehrbegriff als Gegenpol eine äußerst komplizierte, zart nuancierte Psychologie gegenübersteht, ja eine bis zur Manie gehende Freude am Verborgenen, an der Intrige, dem langsamen, listigen, beharrlichen Aufdecken geheimer Beziehungen. Eben dies ist ja das Besondere an Conrad: daß dieser seiner neugierigen Freude am Komplizierten und Verschwörerischen eine unbeugsame Sittlichkeit die Zügel hält, daß seine Lust am Unterirdischen so keusch bleibt, daß sein Trieb zum Detektivhaften ihn niemals zum Detektivroman führt. In dieser Hinsicht haben jene Stimmen recht, welche ihn mit Dostojewski vergleichen. Der Vergleich stimmt freilich bloß ein Stückchen weit, und Dostojewski bleibt Conrad genau um so viel überlegen, als seine christlich-mystische Gläubigkeit dem englischen Gentleman-Begriff Conrads überlegen ist.

Von besonderem Reiz für Leser mit wachem Spürsinn sind jene paar «politischen» Romane Conrads, die sich alle mit der Politik und Psychologie ungeordneter, verschwörerischer, revolutionärer, unterirdischer Zustände befassen. «Nostromo» und noch mehr der «Geheimagent» sind da besonders ergiebig, weniger der «goldene Pfeil». Das tiefste und erregendste «politische» Buch Conrads aber, und zugleich das Buch, in dem der Pole Conrad am unverhülltesten dem Engländer Conrad gegenübersteht, ist dies «Mit den Augen des Westens». Der Roman spielt in der Atmosphäre revolutionärer russischer Emigranten der zaristischen Zeit. Ich kann mir denken, daß vielleicht manche von den hellblonden, blauäugigen, nordischen Lesern und Verehrern Conrads (er hat nicht nur unter Literaten, sondern auch unter englischen und holländischen Seeoffizieren begeisterte Anbeter) diesem Buch eher ratlos gegenüberstehen, seine Tiefen und Dämonien wären ohne die Doppelnatur Conrads undenkbar. Bei der Lektüre eines solchen Buches spürt man einmal wieder mit Grauen, wie ahnungs- und phantasielos die Autoren der «Detektivromane» sind! Wären sie überhaupt fähig, etwas zu lernen — hier sollten sie in die Schule gehen! (1933)

SELMA LAGERLÖF

1858—1940

Die Schwedin Selma Lagerlöf ist im Jahre 1858 geboren und erst seit Anfang der neunziger Jahre literarisch hervorgetreten. Mit ihrem ersten Werk, dem «Gösta Berling», ward die Dichterin in Schweden und bald in aller Welt berühmt. Jenes erste Werk war schon vollkommen, enthielt alles Wesentliche der Lagerlöfschen Begabung; die Dichterin trat damit als eine fertige, reife Persönlichkeit hervor und ist sich seitdem in allen Zügen durchaus gleich geblieben.

Darin mag, wer auch dem Schönen gegenüber das Bedürfnis nach Kritik verspürt, den Mangel dieser Begabung finden. Man erlebt an Selma Lagerlöf nicht das Schauspiel einer Entwicklung, ihre Werke stehen geschwisterlich und scheinbar gleichalterig nebeneinander, durch keinerlei Abgründe getrennt. Vielleicht ist das auch das Weibliche dieser Begabung: ein wenig bewegtes Ruhen in sich selbst, ein Wurzeln und Festhalten, ein Sein und Wachsen ohne Zwiespalt und Sprünge. Wer Lust hat, mag aus diesem (scheinbaren oder wirklichen) Mangel an Konflikt, Kampf und Entwicklung den Schluß ziehen, Selma Lagerlöf sei schließlich doch kein Genie. Andererseits besitzt sie aber das vielleicht Wesentlichste des genialen Menschen, das innige Verwandtsein mit allem Seienden, den Reichtum an Beziehungen zu allen Dingen und Geschöpfen der Welt, vereint mit einem ungemein lebendigen, starken Erinnerungsvermögen, ohne das kein Genie und keine Kunst möglich ist.

In der modernen schwedischen Literatur steht diese Dichterin einsam und merkwürdig da wie ein wunderlicher Anachronismus. Nur der feine, viel zu wenig anerkannte Verner v. Heidenstam zeigt in seinem besten Werke, dem Karl XII., zuweilen verwandte Züge. Die neueren schwedischen Dichter, von Strindberg bis Geijerstam, haben durchaus nichts Episches an sich, sind überaus subjektiv arbeitende, differenziert empfindende, nervös analysierende Künstler, auch die weitestblickenden und vielseitigsten von ihnen haften stofflich und sprachlich eng an ihrer Zeit und deren Problemen, sie treiben Psychologie und stellen Thesen auf, kurz, sie sind modern, sie haben die typisch moderne Hochachtung vor der Wissenschaft und das Bestreben, in ihren Büchern eine gewisse Wissenschaftlichkeit zu erreichen. Und gerade davon ist Selma Lagerlöf ganz frei.

Wieviel Mühen, Experimente und Anstrengungen vor dem «Gösta Berling» liegen, wissen wir nicht und erfahren es hoffentlich auch niemals. Sei es nun als Frucht jahrelanger Versuche und Übungen, sei es als wunderbar leicht entstandene, inspirierte Leistung — «Gösta Berling» hat trotz alles warm Persönlichen in Auffassung und Ton daneben und darüber noch etwas Unpersönliches, Zeitloses, Mythisches, etwas aus ewigen Tiefen eines Volkstums Gewachsenes. Seine Menschen, seine Landschaft, seine Ereignisse sind gedichtet, sind Kunstwerk, haben etwas bewußt Geschautes, aber außerdem haben sie eine Realität, ein eigenes Leben, das uns den Autor nicht als Schöpfer, sondern als Inspirierten empfinden läßt. Das ist Geist der Erde und des Volkes, der Wort werden wollte und diese Dichterin zum Werkzeug wählte. Wie im Märchen ein armes Büblein auszieht und unterwegs einen weisen Zwerg antrifft und über Nacht reich und mächtig und König und Zauberer wird, so ist diese Selma Lagerlöf, eine schwedische Schullehrerin, einmal zu irgendeiner Stunde dem Geist ihrer Heimaterde begegnet und ward unter seiner Berührung eine begnadete große Dichterin.

Sie schreibt einen Stil, der keiner Zeit angehört, dessen Nuancen zuweilen sehr frauenhaft sind, zuweilen ans Hausbackene streifen. Sie wandelt wie im Traum beständig auf dem halsbrechenden Grat zwischen Gemütlichkeit und Pathos, Plauderei und Sage. Sie verläßt in den großzügigsten Erzählungen den Weg, um beiseite ein paar Blumen zu pflücken und eine beinah weiblich-sentimentale Liebe zum Kleinen zu zeigen. Aber sie streift die Gefahr nur, die sie kaum ahnt. Während ein banger Verehrer zitternd fürchtet, jetzt streife sie das Zaubergewand von sich und müsse plötzlich als ein armes kleinstädtisches Jüngferlein dastehen, hat sie schon wieder Ewigkeitslüfte um die Stirn wehen und spricht Worte, die so sicher und saftig und magisch sind wie die Worte der Volkslieder und der Bibel.

Ebenso steht es mit der Erfindung. Die Figuren sind sämtlich von einer Gegenständlichkeit und Lebendigkeit, die ihresgleichen sucht; aber dieselbe Zauberin, die sie geschaffen hat, übt eine romanhafte Gerechtigkeit an ihnen, lohnt und straft nach einer biederen, lehrerhaften Moral und hat manchmal ein optimistisches Bestreben, die Poesie ihrer etwas engen Vorstellung einer sittlichen Weltordnung zum Opfer zu bringen. Lauter Neigungen und künstlerische Mißgriffe, die unseren größten Dichtern den Hals brechen würden, während sie bei dieser seltsamen Frau kaum als kleine Trübungen erscheinen.

Dabei muß ich bitten, die Moralität der Dichterin ja nicht mit ihrer Frömmigkeit zu verwechseln. Ihre Moralität ist schulstubenhaft, ihre Frömmigkeit aber ist lauteres Gold, ist innige Einfalt und Kindlichkeit, mutiges Vertrauen und rückhaltlose Hingabe.

So ist der Gösta Berling. Er ist kein Held, er ist eher ein armer Teufel, aber er hat für viele Menschen einen Helden bedeutet, hat viele Herzen hingerissen, viele blendende Lichter entzündet, Mädchen betört und Männer regiert. Er ist die zum Mythus gewordene Heldenfigur einer Provinz, halb noch historische Person mit individuellen Zügen, halb schon zum Symbol ausgedichtet. Was mehrere Generationen eines kleinen Völkchens an Abenteuern, Heroentum, an großen Regungen und Späßen, an Ereignissen und an Fabulierkunst gesammelt, verwahrt und nur in kleiner Münze unter sich umlaufen hatten, das ist in diesem Buch zu einer bunten, reichen, großartigen Dichtung geworden.

Der Gösta Berling hat sich in kurzer Zeit die ganze Welt erobert. Naive Leute lesen ihn naiv und froh als ein prächtiges Geschichtenbuch, verwöhntere Leser genießen ihn als Kunstwerk, alte Leute erwärmen sich an seinen Historien, und Jünglinge lesen ihn ergriffen und begeistert. Wäre nun Selma Lagerlöf nur das zufällige Gefäß einer Offenbarung, hätte sie nur in sorgloser Unbewußtheit die Schätze heimischer Tradition gehoben, verdankte sie alle Schönheit und Wirkung nur dem wundervollen Stoff, so mußte mit diesem einen großen Werk ihre Kunst erschöpft sein, oder es konnte höchstens eine Nachlese folgen.

Es folgte aber im Gegenteil ein neues großes Buch voll Glut und Pracht, «Die Wunder des Antichrist». Hier fallen Vorzüge und Mängel noch viel sichtbarer auseinander als im Berling. Erfindung, Einkleidung und Komposition des Ganzen ist unbedeutend, fast dilettantisch. Und doch ist das Buch wundervoll. Es spielt auf Sizilien, in einer

Bergstadt am Ätna und ist so voll südlicher Sonne wie selten ein nordisches Buch. Das Volksleben dieser Stadt ist der eigentliche Stoff des Werkes, in eine reiche Reihe von einzelnen Bildern aufgelöst, mit wunderbarer Liebe und noch wunderbarerer Anschaulichkeit gemalt. Leicht und zwanglos hängen diese herrlichen Geschichten neben- und durcheinander am lockeren Faden eines kaum noch gewahrten Zusammenhanges, jede ein Kleinod.

Zwischendrein entstanden viele kleine Erzählungen und Legenden, darunter meisterhafte Sachen, und dann folgte Selma Lagerlöfs mächtigstes Buch, der erste Band von «Jerusalem». Das ist wohl das Schönste und Größte, was die neuere schwedische Dichtung gebracht hat, ein Buch über die Seele Schwedens, mannigfaltig und doch einheitlich, zart und gewaltig, realistisch und visionär. Das Leben des schwedischen Bauernvolkes ist darin geschildert, und ich weiß kein anderes neueres Buch, in welchem so die Seele eines Volkes zum Ausdruck gekommen wäre. Ich weiß auch keine Dichtung, in der das religiöse Leben und Erleben einer Gemeinschaft so anschaulich, sachlich und fein dargestellt wäre.

Der zweite Teil des großen Werkes, der in Jerusalem spielt (wohin die dalekarlische Gemeinde einem Sektierer gefolgt ist), hat diese absolute, urtümliche Vollkommenheit nicht mehr. Er ist freilich noch schön und großartig genug und wiegt viele berühmte Romane auf. Aber wie die armen hergewanderten Gebirgler aus Schweden sich im Sonnenbrand der steinigen Stadt in Palästina fremd fühlen und leiden, obwohl es die Stadt der Verheißung ist, so büßt die Dichterin hier etwas von ihrer ungebrochenen Kraft und Sicherheit ein. Die Auseinandersetzung mit der Weltgeschichte, die Nötigung zum historischen Reflektieren ist zumeist daran schuld, mehr als der fremde Boden. Denn Landschaft sowohl wie städtisches Straßenleben des Orients sind schön und charakteristisch, manchmal genial gegeben.

Wäre der erste Teil nicht, so würde es niemandem einfallen, den zweiten so streng zu kritisieren. Aber der erste Band ist eben ein so wundervolles Werk, daß man den zweiten mit unendlich gesteigerten Ansprüchen liest und beurteilt. Darum sei das viele Schöne und Ergreifende darin nicht vergessen.

In diesem zweiten Teil von «Jerusalem» klingt, schön und überraschend, in manchen Bildern das Verhältnis der Dichterin zu Christus an, das in einem späteren Werk, den «Christuslegenden», vollends ganzen Ausdruck findet. Dies Verhältnis ist etwas gar Köstliches, Liebes und Erfrischendes. Der Christus Selma Lagerlöfs ist kein historischer und kein dogmatischer, sondern der volkstümliche, liebe, germanische Heiland, den man lieben muß, wie man die Sonne liebt, dessen Züge vom Leid nur noch das Verklärende haben. Von ihm erzählt sie schlicht und unerschöpflich, wie eine fromme Mutter ihren Kindern die Geschichten vom Heiland erzählt, und um recht viel und genau erzählen zu können, hat sie alles gelesen, was von alten Legenden zu finden war. Die erzählt sie nun wieder, bekannte und entlegene, orientalische und italienische oder lateinische, und von ihren Erzählerlippen tönen sie quellend frisch und innig, beruhigen allen Sturm und Zweifel im Zuhörer und wecken in seiner Seele alles, was noch von Kinderzeiten her in ihr rein und treu und golden ist.

Sooft mir jemand über Selma Lagerlöf recht kritisch redete und sooft mir selber beim Lesen kleine Einzelheiten Zweifel erregt haben, hier war ich stets dankbar gläubig. Und wo in der ganzen heutigen Welt ist ein Dichter, der es wagen dürfte, uns von Jesus zu erzählen? Nicht symbolisch mit sozialen Anspielungen, nicht historisch mit kritischen Details, auch nicht heilsarmeehaft werbend, sondern unbefangen, als hätte das Thema keine Haken und Abgründe? Das hat Selma Lagerlöf gekonnt.

Von den übrigen Büchern der Lagerlöf — sie sind alle schön und mir teuer — scheint mir «Herrn Arnes Schatz» noch besondere Beachtung zu verdienen. Eine Novelle, ganz im großen, strengen Balladenstil, wuchtig und pakkend wie eine bewährte uralte Sage. Herr Arne auf Solberga ist seines Goldschatzes wegen samt Weib, Kind und Gesinde von vagierenden Söldnern erschlagen worden. Der Mord geschah bei Nacht, und es entrann einzig eine Pflegetochter des Hauses, die hernach bei einem armen Fischhändler ein Unterkommen findet. Sie wäre wohl kaum imstande, die Übeltäter wiederzuerkennen, und sie fühlt sich auch keineswegs dazu berufen und fähig, die böse Tat klären und rächen zu helfen. Auch sieht es aus, als seien die Mörder samt dem geraubten Schatze bei der Flucht übers Eis im Meerbusen ertrunken. Aber die unschuldig Erschlagenen haben keine Ruhe, sichtbar und unsichtbar sind sie am Werk, sie schaffen Träume und werben Mithelfer, sie erregen hier Grauen und dort Erbarmen, sie weben den entkommenen Mördern ein unsichtbares Netz von Fallstricken. Die entronnene Waise Elsalill, inzwischen ahnungslos mit einem der Totschläger in ein noch zages Liebesspiel geraten, muß halb willig, halb gezwungen immer wieder Spuren entdecken und entdecken helfen, bis die Räuber gefunden sind, wobei sie ihren Tod findet. Es gelingt den verfolgten Verbrechern, sich auf ein Schiff zu flüchten, das zwar augenblicklich noch fest im Eise liegt, jedoch von Stunde zu Stunde auf den Eisbruch und die ersehnte Möglichkeit der Abfahrt wartet. Aber das Verhängnis ist unentrinnbar. Alle Buchten des Strandes werden frei und schiffbar, Barken und Schiffe steuern überall schon seewärts, nur die eine Bucht und das eine Schiff hält ein Wall von Treibeis eingeschlossen, und die mehrmals schlau Entkommenen verfallen in der letzten Stunde ihrer Strafe. Das ist von machtvoller Wirkung, schlicht und rein und unerbittlich wie nur irgendeine große Tragödie, voll vom Walten sagenhaft übersinnlicher Kräfte und doch folgerichtig und einleuchtend.

Es ließe sich noch viel Dankbares und Rühmendes sagen

über die feine «Herrenhofsage», den entzückenden Niels
Holgersson, doch wozu. Wer sich einmal ernstlich mit
einem Werk der Lagerlöf beschäftigt und befreundet hat,
der muß und wird auch mehr von ihr zu lesen begehren.

(1908)

PETER ALTENBERG

1859–1919

Noch einmal hören wir seine Stimme, der uns so oft
ermahnt, der uns so oft geärgert, uns so oft entzückt hat,
über den wir so oft gerührt waren, so oft lachten. Er ist
tot, und wenn man daran denkt, was aus Wien geworden
ist, so mag man es ihm gönnen. Und wir lesen noch einmal
diese kurzen, eigensinnigen, herzlichen, ins Leben verliebten Dichtungen, und wenn wir von ihnen weg ins
«Leben» zurückkehren, so schmeckt das, was wir so Leben
heißen, recht öd und fade. Lang vor dem Sturz der bisherigen Kunst, lang vor dem Kriege, lang schon vor dem
Offenbarwerden des allgemeinen Abwelkens unserer Kultur ist dieser Peter Altenberg auf seine Art den Weg zu-
rückgegangen, zum Einfachen, zu sich selber. Er ging ihn
auf eine vielleicht seltsame, vielleicht schrullige Art, aber
es war die seine, niemand hat sie ihm vorgemacht. Und so
blieb ihm das elende Schicksal so mancher Jüngeren erspart, sich selber zu überleben.

(1920)

HENRI BERGSON

1859–1941

Diesmal möchte ich auf die deutschen Ausgaben der Werke eines Philosophen hinweisen, der augenblicklich in Deutschland «unten durch» ist, wie das in kriegerischen Zeiten passieren kann. Es ist Henri Bergson, der französische «Modephilosoph».

Bergson ist weit von aller «Mode» entfernt, obwohl er wesentliche geistige Strömungen unserer Zeit erfaßt und ausgesprochen hat. Wem Nietzsche wertvoll geworden ist, dem wird auch Bergson es werden können. Wie jener ist er ein Verfechter des Lebens gegen die Doktrin, ein Kämpfer für neue Wege der Erkenntnis gegen alleinseligmachende Dogmen der Kantischen Schule. Bergson spricht dem Verstande, der mit Begriffen und Logik arbeitenden Intelligenz, die Fähigkeit zur wirklichen Erkenntnis, zum wirklichen Erfassen des Lebendigen ab. Er ist also für die Jünger Kants und für die Intellektualisten jede Art ohne weiteres als Romantiker und Dichter abgetan. Er verzichtet auf die Beweisbarkeit und Allgemeingültigkeit der wissenschaftlich-logischen Arbeit, aber nicht weil er sie nicht kennte oder beherrschte, sondern weil seine ganze, stark künstlerisch veranlagte Natur ihn auf den Weg der Intuition, der Einfühlung und des überlogischen, seherischen Erfassens weist. Es bleibe den Philosophen vom Fach überlassen, wieweit sie Bergson als Denker gelten lassen wollen. Für uns andre besteht kein Grund, Bergsons prächtige Bücher abzulehnen. Sie sind so voll Spürsinn und Lebendigkeit, so frisch und persönlich, dabei so ausgezeichnet geschrieben und so voll von treffenden, blitzenden Einfällen und Vergleichen, daß ihre Lektüre ohne weiteres für wertvoll und fördernd gelten muß, auch da, wo sie vielleicht für den wissenschaftlich arbeitenden Philosophen gefährlich sein mag. Es ist uns ja mit Nietzsche ebenso gegangen, daß wir ihn seinerzeit mit philosophischem Hunger zu lesen begannen, und daß seine Werke uns mit den Jahren immer mehr zu einem grandiosen Einzelfalle wurden, zum kraftvollen Dokument eines kühnen, rassigen, originalen Geistes, dessen ganz persönliche Einstellung zur Welt kennenzulernen ohne weiteres fördernd und köstlich war, während die eigentlich philosophischen Ergebnisse wenig mehr in Frage kamen. Möglich, daß es uns auch mit Bergson einmal so gehen wird, obwohl seine Natur wohl weniger mächtig ist als die Nietzsches. Jedenfalls geben uns seine geistvollen Bücher das prächtige Bild eines Denkers, dem alle schon versuchten Wege zur Erfassung der lebendigen Welt nicht genügen, der mit triebhaftem Drang, aber mit wohlgeschultem Geist, dem Rätsel des Lebens nachspürt. Wie er in der Fähigkeit der Intuition die höchste unserer Fähigkeiten verehrt, so sieht er das Leben durchaus als geistigen Vorgang an und findet in der Naturgeschichte eine Geschichte der Seele. Gründliche naturwissenschaftliche Bildung läßt ihn nicht zum Ideologen werden, wie er denn Schelling viel näher steht als etwa Hegel. Er ist ein Sucher, auf dessen Spuren wir auch das bloße Unterwegssein, das Gehen und Suchen selbst, als köstlich empfinden. Und je mehr wir sein Werk als längst noch nicht abgeschlossen, als vieler Ergänzungen bedürftig, vieler Folgerungen fähig erkennen, desto mehr müssen wir ihn als eine Quelle höchster Anregung schätzen.

(1916)

KNUT HAMSUN
1859–1952

«Kinder ihrer Zeit»

Vor einem Jahr kam ein Buch von Knut Hamsun heraus, das seine Freunde mit tiefer Bewegung lasen. Es hieß «Die letzte Freude» und es erzählte, wie so viele Werke dieses eigenwilligen herrlichen Dichters, von ihm selber in unmittelbarem Bekenntnis, und diesmal war sein Bekenntnis dies, daß er nun auch alt geworden sei. Noch nicht sechzig, noch nicht siebzig, noch nicht müde in den zähen Wandererbeinen, noch nicht müde in den stillen, unbestechlichen Beobachteraugen, aber müde und alt im Wollen, nicht mehr mit Begierden und wilden Träumen geladen, nicht mehr begabt mit dem Glauben an das Unwahrscheinliche. Oft zog sich mir das Herz zusammen, wenn ich in diesem resignierten Buche las, wenn ich las, wie der alte Hamsun sich begnügt, anderen bei ihrem Liebesglück zuzuschauen, wie er damit zufrieden geworden ist, andere zu beobachten und ihnen Gutes zu wünschen, und wie er hier und dort mit leisem Mißtrauen um sich späht, ob man ihn, den Altgewordenen, auch nicht etwa verachte und nimmer ernst nehme.

Natürlich, so traurig das Buch war, es sprach doch wieder die Sprache Hamsuns, die alte, elastische, selbstherrliche Sonderlingssprache dieses Abenteurers und Dichters, und wenn es nicht mehr die Dämonie des «Hungers» und der «Mysterien» war, und nicht mehr die unvergeßliche süße heimliche Musik der «Victoria», so war dafür ein Klang von Reife und Lächeln und Altersweisheit hineingekommen, den man sofort liebte und als nicht minder echt erkannte. Aber, alles in allem, war es ein betrübendes Bekenntnis, und als ich es zu Ende gelesen hatte, ging ich einen Tag lang umher und fühlte mich selber alt und mochte mich nicht damit aussöhnen, daß nun auch dieser Liebling meiner schönsten Jahre von Alter und Welken zu reden anfing. Eigentlich durfte er das nicht. Hamsun durfte nicht alt werden. Er konnte einmal unversehens von einem Felsen stürzen oder bei einer Schlägerei umkommen, in einem fernen einsamen Fjord ertrinken oder bei einem Gelage in Christiania vom Schlag getroffen werden — aber so in seinen Wäldern sitzen, die Rentiere belauschen und dabei sich eingestehen, er sei jetzt fertig und zu nichts mehr gut, das wollte meine alte Verehrung und Liebe diesem Dichter nicht erlauben.

Ich konnte indessen nichts dazu tun, die Zeit verging, und der neue, stillere, müdere Ton Knut Hamsuns klang in mir nach, wurde mir vertraut, selbstverständlich, lieb, so wie nach dem ersten Widerstreben der Herbst einem lieb wird, und als nun dieser Tage ein neues Buch des Dichters kam, da war mir gar nicht bange, da hatte ich keine Sorgen und Voreingenommenheiten, sondern ging mit der alten guten Erwartung ans Lesen, wie an jedes seiner früheren Bücher. Ganz heimlich freilich wagte ich zu hoffen, es möchte in diesem neuen Buch wieder einmal von Hamsuns alten Freunden die Rede sein, von Benoni, von dem Kaufmann Mack und von Hartvigsen, aber es war keine Spur von Enttäuschung dabei, als ich sah, daß der angeblich Altgewordene diesmal einen ganz neuen Faden spann. Im Gegenteil, ich nahm es für ein gutes Zeichen, und ich hatte recht.

Das Buch heißt «Kinder ihrer Zeit», kein sehr guter Titel. Wenn man Lust dazu hat, kann man aus diesem Roman ein Problem herausschälen, das Problem vom modernen Geschäftsgeist, der in eine alte weltferne Bauerngegend eindringt und sie rasch und widerstandslos verändert und zersetzt, bis sie ist wie die ganze Welt. Aber was liegt an Problemen, und was liegt Hamsun daran! Nein, eher muß man einen andern Gedanken, ein anderes Stück Hamsunschen Glaubens darin suchen, nämlich den

Glauben an eine Aristokratie ohne Adel, den Glauben an Herrenmenschen ohne Legitimation, wie der Dichter selber einer ist. Das Buch erzählt von dem großen Gute Segelfoß und von seinem letzten Besitzer. Sein Großvater, der das Gut gekauft und so feudal eingerichtet hat, soll früher Diener gewesen sein. Sein Vater war aber schon ein Herr, ein großzügiger Verschwender und flotter Kerl, für den das Geld Bagatelle war und der jede Laune zur Tat machte. Da kamen Luxusanlagen, Bauten, Gemälde, Marmorsachen, Bücher und hundert feine, seltene Dinge nach Segelfoß. Der Enkel aber erbte schon eine Menge Schulden mit, und wenn auch Wald in Menge und ein Sägewerk und eine Ziegelei und eine Mühle da war, so gab es doch schon Sorgen. Freilich, reden durfte man davon nicht. Herr Willatz Holmsen duldete nicht, daß ein fremder Gedanke sich in seine Angelegenheiten dränge, er duldete es nicht einmal, daß die wachsenden Sorgen ihm selber zu mehr als einer lästigen Nebensache würden. Er duldete es nicht einmal, daß seine Frau von diesen Sachen wisse, oder seine Bauern, und er stiftete und schenkte, lieh und erließ, und war der Herr und Gott und ritt einsam auf seinem Gaul in dem großen Gut herum, jeden lieben Tag. Indessen, Knut Hamsun schafft seine Kraftnaturen nicht so einfach. Nein, Herr Willatz Holmsen ist keine einfache Natur, er ist nicht bloß so ein gesunder Landjunker, dessen Rasse mit allem fertig wird. Er ist vielmehr ein höchst delikater Mensch, er lebt in seltsamen, vereinsamten Vorstellungen und Stimmungen, er hat Mühe, sich zu beherrschen, und er zahlt jeden Tag seine tadellose Haltung, seine flotte Herrschaftlichkeit mit teurer Lebenskraft. Am schwersten geht es zwischen ihm und seiner Frau; da ist nicht alles gut, da ist vieles sogar sehr schlimm, ja ein Fremder möchte beinahe denken, die beiden lebten eigentlich in einer Hölle. Aber nichts davon kommt nach außen, man schweigt, man beherrscht sich, man ist nobel bis zum Verbluten, und man hält das

Weiche, das Schwache, das Sentimentale in sich gut und tief verborgen. Wenn peinliche Dinge zur Sprache kommen, dann weiß Willatz Holmsen zu schweigen und abzulenken, aber es kostet ihm Mühe, und er ballt heimlich die Faust, daß die Gelenke weiß werden.

In dieser Umgebung erscheint nun der reich gewordene Herr Holmengraa, bescheiden und umgänglich, voll Hochachtung für die aristokratischen Manieren auf Segelfoß. Er baut sich nur ein kleines Wohnhaus, und er will einen Wald und ein Stück Fluß vor seinen Augen zu eigen haben, das wird ihm gerne abgetreten. Aber Holmengraa gehört zu den Leuten, unter deren Händen sich alle Unternehmungen verzehnfachen, und zum Hause kommt bald ein Schiffshafen und eine Straße, und ein Quai, und ein Kaufladen für die Arbeiter, und eine große Weizenmühle, und ein Telegraphenamt und ein Arzt und ein Advokat und vieles andere, eins nach dem andern und jedes für sich nicht so wichtig. Aber plötzlich ist alles ringsum anders geworden, und plötzlich ist Willatz Holmsen an allen Ecken verpfändet, und obwohl alles in guter Form und in aller Manierlichkeit abgeht, fühlt er doch den Strick um den Hals. Natürlich hat es bei ihm zur Folge, daß er sich noch steiler hält und noch schweigsamer und stolzer wird, und der Millionär Holmengraa beneidet den armen Willatz um seine Kunst, ein Herr zu sein und Gehorsam zu fordern, durch mißliebige Menschen hindurchzusehen wie durch Luft und so einen durch eine Handbewegung zu erledigen. Herr Holmengraa kann das nicht, aber seine Mühle geht gut, und seine Arbeiter überfluten die Gegend, und als nach merkwürdigen Schicksalen Willatzens Frau mit dem Sohn ins Ausland gezogen ist, da wird zwar Willatz in seinem Auftreten noch herrischer, aber er verzichtet aufs Reiten, und er zieht vom alten herrschaftlichen Hof in seine alte Ziegelei hinüber. Prachtvoll, wie er die Zähne zusammenbeißt, wie er immer königlicher wird, je enger das Elend ihn umkreist. Und am Ende stirbt er nicht als Unterlegener, und es wäre gar nicht nötig gewesen, daß er ganz zuletzt den Schatz des Großvaters noch fand.

Es ist kein Satz in diesem Buch, der nicht den alten Meister Hamsun zeigt, den alten kühnen, launischen Beobachter und Gestalter, und alles ist wieder da, sein Spott, seine Verachtung für die Gewöhnlichen, seine nervöse Sensibilität in Dingen des Wetters und der Liebe, seine Freude am Rassigen und seine verborgne Melancholie. Aber zu allem ist jener Altershauch hinzugekommen, jene milder gewordene Weisheit, jenes leicht spöttische Lächeln, jene vermehrte Scheu vor allem Sentimentalen. An einzelnen Stellen ist er ganz alter Herr, mit einem Zug vom alten Fontane, mit einem Zug vom alten Raabe, und doch zuckt durch die überlegne Gebärde oft genug in plötzlichem Sprung der einstige Hamsun, der Glühende, nicht zu Sättigende. Er hat vielleicht resigniert, er ist vielleicht manchmal müde, er ballt vielleicht seltener mehr die Faust in der Tasche, aber das Leben ist nicht mit Knut Hamsun fertig geworden, er läßt sich nicht vom Schicksal verdauen, und darum hat er solche Kerle gern wie den Willatz Holmsen, diesen armen Kerl, mit dem man doch keinen Augenblick Mitleid haben darf, diesen heimlichen Helden, der zuweilen ganz wie ein Don Quichotte aussieht, diesen zähen Dulder, dem das Dulden ein grimmiges Vergnügen macht. Das ist Hamsunsche Rasse.

Man hat wieder einmal einen Hamsun gelesen. Und man ist wieder einmal gar nicht fertig mit ihm; man hat sich vorgenommen, bald wieder einige von seinen ältern Sachen zu lesen, etwa die wunderbare Geschichte «Victoria», oder den Benoni, oder auch die «Herbststerne». Und man freut sich auf jedes dieser Bücher schon wieder wie auf ein Fest, und man schämt sich, daß man nicht gleich an den «Pan» gedacht hat, der am Ende fast noch schöner als die anderen ist.

Was hat man vor diesem langen, grausigen Kriege nicht alles gelesen! Feine Sachen, gescheite Sachen, nette kleine

Novellen, gute moderne Romane — aber ist nicht fast alles entbehrlich geworden? Kehrt man nicht mit jedem Monat überzeugter zu Raabe, zu Keller, zu Goethe zurück? Aber einige sind da, einige Zeitgenossen und Lieblinge, aus deren Bechern haben wir zu tief getrunken, um ihnen je wieder untreu werden zu können. Zu ihnen gehört Knut Hamsun. (1915)

MAURICE MAETERLINCK

1862–1949

«Serres chaudes» hieß bezeichnend das erste Buch, das Maeterlinck 1889 veröffentlichte. Eine Sammlung Poesien, in denen ein großes Talent sich jugendlich linkisch in der Pose des Décadent zeigt, müde, zerfahren, nervös und lüstern nach extravaganten Reizen und raren, künstlichen Sensationen. Noch im selben Jahre aber erschien seine «Princesse Maleine», in welcher, noch ungeläutert und übertrieben, schon fast der ganze Reiz der Maeterlinckschen Dichtung lebendig ist. Hier erscheint auch zum ersten Male jene blasse, schöne Frau mit den schweren, langen, mattblonden Märchenhaaren, die später in seinen Dichtungen immer schöner, märchenhafter und berückender wiederkehrt. In der «Maleine» ist Schrecken und Spuk fast bis ins Lächerliche übertrieben, und doch bleibt durch das ganze Stück eine starke Ader echter Kunst sichtbar und wirksam. Von da an klärt sich diese schwerblütige Poesie immer edler und freier ab, 1890 erscheinen «Les aveugles» und «L'intruse», 1892 kommt «Pelléas et Mélisande», das erste Werk des Dichters, in welchem seine rätselhafte Eigenart sich in schönem, ungehemmten Flusse gehen läßt. Zwischenein beschäftigte den Dichter das Studium Plotins und der mittelalterlichen Mystiker, und 1894 schließt seine «erste Periode» mit «La mort de Tintagiles». In diesem «petit drame pour marionettes» sind Wirkungen von dämonischer Kraft erreicht. Jene Szene, in welcher vor der verschlossenen schweren Tür die Schwester sich in verzweifelten Anstrengungen erschöpft, während durch die Tür die schwache Kinderstimme des kleinen Tintagiles in Todesangst herüberruft und langsam erstickt — diese Szene fiebert in den atemlos grauenhaften Schrecken des Alpdrucks. Nun folgen die beiden philosophischen Bücher Maeterlincks, zwischen denen als erste Dichtung seiner Reisezeit «Aglavaine et Sélysette» erschien. Sonderbarerweise lesen sich die deutschen Ausgaben seiner Werke ganz wie Originale, ein Unikum in der gesamten französischen Literatur. Maeterlinck hat sich nicht umsonst sein halbes Leben lang mit Novalis beschäftigt. Seine Dichtungen haben gar keinen Esprit, gar keine Eleganz, gar keine raffinierte Komposition; alles ist in ihnen Seele, Wunder, Märchen.

Von der Philosophie Maeterlincks ist in letzter Zeit auch in Deutschland oft die Rede gewesen. «Le trésor des humbles», der Schatz der Armen, heißt das erste philosophische Buch Maeterlincks. Es ist eine Art von Nachdichtung mittelalterlicher Mystiker und verkündigt die Lehre von der unbewußten Weisheit, und daß jede kleinste schlaftrunkene Bewegung unserer unbewußten Seele wichtiger und wahrer ist als die edelsten Produkte des bewußten Denkens und Handels. Das Buch enthält Kapitel von weltferner, träumerischer Schönheit, die fromme Schwermut des Einsiedlers und die zarte, ängstliche Seele des mystischen Wahrheitssuchers wehen uns daraus an wie aus den Pergamentblättern spätmittelalterlicher Breviarien und Meditationen. Neben dieser scheuen, stammelnden Weisheit mutet Novalis wie ein Schulphilosoph an, und doch ist die Verwandtschaft der Maeterlinckschen Mystik mit seinen «Fragmenten» augenscheinlich. Was bei dem deutschen Romantiker in steiler, klarer Flamme empor-

lodert, selbst Fichte an Schwung und Konsequenz über-
bietend, das erscheint bei dem vlämischen Träumer in
nuancenreicher, zarter Lichtbrechung zu stimmungsvoll
dämmerigen Farbentönen zerstreut. Novalis ist der größere Philosoph, er ist klar, sicher, freudig und unbeugsam;
Maeterlinck ist schwankender, fast ängstlich, ist zarter,
musikalischer, weicher und satter in der Stimmung — er
ist der größere Poet. Das letzte Kapitel im Schatz der
Armen handelt von der «inneren Schönheit». Die Seele,
sagt der Mystiker, ist unersättlich sich mit Schönheit an-
zufüllen, aber wir hören nicht auf ihre bittende Stimme.
Sobald wir nicht allein sind, sobald wir reden, verschließen wir unsere Seele noch ängstlicher als sonst, schämen
uns ihrer Zartheit und Schönheit und bestreben uns, die
Blicke der anderen von ihr fernzuhalten. «Warum nicht
den Mut haben, einer niedrigen Frage eine edle Antwort
entgegenzusetzen? — Ich glaube nicht, daß etwas auf Erden
eine Seele unmerklicher und natürlicher verschönt als die
Versicherung, daß es irgendwo nicht fern von ihr ein reines
und schönes Wesen gibt, das sie ohne Hintergedanken
lieben kann. Darum denke man daran: man ist nicht allein,
die Guten müssen wachen».

Man muß die milden, leisen Akkorde dieses außerordentlich vornehmen und ernsten Kapitels im Gedächtnis
haben, wenn man des Dichters vorletztes Werk «Aglavaine et Sélysette» liest. Dieses Drama ist völlig von allem
Zufälligen und Äußerlichen geläutert, das den früheren
Dichtungen des Autors noch anhängt; sogar Szene und
Hintergrund, bei ihm sonst wichtige Faktoren der Stimmung, sind fast ohne mitwirkende Farbe. Nichts als die
Wirkung von Zufall und Unglück auf drei in verschiedenen Graden der Bewußtheit stehende Seelen ist der Inhalt.
Zu Meleander und seiner Gattin Sélysette kommt Aglavaine ins Haus, die junge Witwe von Meleanders Bruder.
Sie ist durch frühes Selbstbesinnen und durch Leid zu einer
inneren Würde und Schönheit von seltenem Grade ent-

wickelt und findet an dem Grübler Meleander einen dankbaren Freund und Schüler. Künstlerisch und psychologisch
ist das der Höhepunkt der Dichtung, wie Meleanders Liebe
in fortwährender Schwankung sich bald zu der großartigen, klaren Freundin, bald wieder zu der unwissend
schönen, naiven Sélysette neigt. Dort die ganze reife Tiefe
einer edlen, bewußt tätigen Seele und Liebe, hier der noch
ungemessene, schlummernde Reichtum des reinen Kindes.
Die Entwicklung besteht darin, daß Sélysette durch Aglavaine aus der naiven Harmonie geweckt und mit Sehnsucht nach jener freien, bewußten, künstlerischen Schönheit erfüllt wird. Das Erwachen dieser Seele, die nun die
eigene Tiefe erst ahnt, ihre ersten taumelnden Flügel-
schläge ins Land der Weisheit und Lebenskunst sind mit
einer schlechterdings neuen Kunst, mit einer unvergleichlich
zarten, schmiegsamen, keuschen Poesie gegeben. Aglavaine
schlief im Rasen am Rande des tiefen Weihers. Sélysette,
in Qualen der Eifersucht im Garten wandelnd, hat sie
gesehen, hat sie geweckt, und nun blicken sich die beiden
schönen Frauen zum ersten Male unverschleiert, voll und
ohne Rückhalt in die Augen.

Noch einmal fühlt man die tiefe Verschiedenheit beider
Frauenseelen. Aglavaine fragt immer ängstlicher, Sélysette
aber lächelt nur und weiß selber die Wahrheit nicht.

«Je suis tombée en me penchant» ... wiederholt sie immer wieder, und stirbt.

Wie in dieser Dichtung Maeterlinck zum ersten Male
klar und mutig das Schicksal nicht als hereinbrechende
fremde Übermacht darstellt, sondern es in die Seelen der
Handelnden verlegt, so tut er in seinem letzten philosophischen Buche «La sagesse et la destinée» (1898) denselben
entscheidenden Schritt. Beim Erscheinen des Buches hieß es
in Deutschland, Maeterlinck habe sich nun der Lehre
Nietzsches zugeneigt. Ein Beweis, wie naiv unsere Zeit in
philosophischen Dingen ist, und wie harmlos man Nietzsche als einen philosophischen Maßstab benützt. Tatsäch-

lich hat das Buch mit Nietzsche außer dem Wort «Lebensbejahung» nichts gemein, sondern ist die folgerichtige Entwicklung des «Trésor», besonders seines letzten Kapitels. Eher möchte man sich dabei an Montaigne erinnern, so zwar, daß man die beiden Essayisten als Antipoden nimmt.

«Weisheit und Schicksal» ist nicht so reich an poetischen, rätselhaft schönen Details wie der «Schatz der Armen», aber es ist ein so einheitlicher, reiner Duft von Güte und Genesung darin, daß es mehr noch als die «Aglavaine» den allgemeinen Glauben an Maeterlincks Entwicklungsfähigkeit und Zukunft befestigt hat. Der Einfluß Emersons tritt oft hervor, er und Novalis haben dasselbe Ideal gekannt, zu dem der fleißige vlämische Sucher hier gekommen ist. Schicksal und Unglück sind, der frühern Auffassung des Autors entgegen, nicht mehr wie lauernde Räuber hinter der undurchsichtigen Wand der Zukunft verborgen; die bewußt gewordene Seele regiert sich und die Dinge, es gibt keine Macht, die dem Weisen die innere Harmonie, welche das Glück ist, rauben kann. Der Schwerpunkt dieser Lehre liegt in dem Prinzip, daß man zur Herrschaft über «die Dinge» nicht durch Härte und Vergewaltigung kommt, sondern durch Ehrfurcht, die aller Weisheit, Güte und Schönheit Anfang ist. Ehrfurcht vor allem Begegnenden haben, auch das Fremde durch Beachtung und Liebe ehren, jedes Ding um seine eigentümliche Art und Sprache fragen, damit befreundet sich der Weise auch das Dunkle und Widerstrebende und lernt erkennen, daß kein Unglück oder Glück von außen kommt, und daß nur der Empfang, den wir allem Geschehenden bereiten, über seine Wirkung auf unser Leben entscheidet.

Gerade an der Aufnahme dieses Buches konnte man wieder sehen, daß unser Zeitalter im Grunde durchaus unphilosophisch ist. Aber muß das ein Mangel sein? Ich glaube nicht, und man kann ohne Mystik dazu kommen, dem Philosophen Maeterlincks «Weisen» vorzuziehen. (1900)

ARNO HOLZ

1863–1929

Er soll jetzt popularisiert werden. Glück auf! Es wird zwar nicht glücken, aber warum soll nicht auch einmal Papier verbraucht und Reklame geschlagen werden für einen wirklichen Dichter? Der Verlag teilt auf dem Umschlag des Buches in einer schlecht redigierten Anpreisung mit, daß unser Volk «politisch und wirtschaftlich geschlagen, seelischer Wiederaufsichselbstbesinnung dringlicher bedarf denn je». — Aber man lasse sich durch diesen Betrieb den Dichter nicht entleiden! Das Buch selbst ist sehr gut gemacht, man lernt fast den ganzen bisherigen Arno Holz aus ihm kennen.* Mir ist das Werk seiner naturalistischen frühen Zeit, so sehr ich die Energie darin achte, wenig genießbar, erst mit der «Blechschmiede» und am meisten mit dem «Phantasus» werde ich vertraut. Da entsinnt sich ein Dichter des alten Geheimnisses, daß in seiner Seele, wenn er ihr einfach zuhört, die ganze, gesamte Welt enthalten ist. Das unaufhörliche Heraufströmen der Bilderreihen aus dem Kosmos des Unbewußten ist ein Schauspiel, das unsre Welt kaum mehr kannte. Sie empfängt nun, erstaunt und etwas betreten, diesen wilden Reichtum aus der Hand des Dichters und bleibt ihm doch fremd, obwohl der Dichter nichts andres machte, als was der Leser jede Nacht im Traum mit gleicher Fülle hervorbringt. (1920)

Unter den deutschen Dichtern der letzten Jahrzehnte ist wohl der merkwürdigste und umstrittenste Arno Holz, welcher bald als Hauptbegründer des deutschen Naturalismus, bald umgekehrt als Neuromantiker oder auch Expressionist aufgefaßt wurde. Er ist nie ins Volk gedrungen

* «Das ausgewählte Werk» von Arno Holz, Bong Verlag, Berlin.

(was natürlich nicht gegen ihn spricht) und hat doch eine
Reihe der bekanntesten Dichter und Literaten seiner Zeit,
obenan Gerhart Hauptmann und Richard Dehmel, sehr
stark beeinflußt. Er selbst, Arno Holz, war nicht zu beein-
flussen, er war klüger als die Mehrzahl seiner erfolg-
reichern Kollegen und war zeitlebens ein von seinem Werk
und seiner Aufgabe ganz und gar besessener, unendlich
fleißiger und durch jahrzehntelanges Unverstandenbleiben
oder Mißverstandenwerden nicht zu beugender Mensch.
Es fehlt hier an Raum, die Theorie seiner neuen lyrischen
Form und damit die Ästhetik seines großen lyrischen
Hauptwerkes, des «Phantasus», darzulegen. Gewiß hat
man Ihnen, meine Leser, schon je und je Wunderliches über diesen Dichter Arno Holz erzählt: daß er eine
neue Art von Versen erfunden und Sätze von vielen Seiten
Länge geschrieben habe. Das alles ist wahr, dieser Dichter
hat in der Tat einen Zug ins Monströse und Götzenhafte.
Aber er ist damit längst nicht abgetan, er ist weit mehr als
ein Monstrum, er ist in der neuern deutschen Dichtung der
große Gegenpol zu Stefan George, und wir hoffen, er
werde nicht vergessen werden. (1935)

RICARDA HUCH

1864–1946

«Michael Bakunin und die Anarchie»
Ohne die anderen neueren Bücher dieser geistvoll spielenden Autorin mit empfehlen zu wollen, möchte ich dies
Buch über Bakunin hier als lesenswert nennen. In der Geschichte der Sozialrevolution im 19. Jahrhundert sind die
beiden großen Persönlichkeiten, Marx und Bakunin, zugleich Gegenpole: Marx der Unpersönliche, der überall
aufsaugende, überall sich ansaugende Geist, ein Gehirn
ohne Figur, und Bakunin, sein uns Poeten unendlich sym-

pathischeres Gegenbild, ganz Person und Gestalt, ganz
rassige Figur. Was seit siebzig Jahren in Europa an Revolution praktiziert worden ist, daran hat Bakunin schöpferischen, gestaltenden Anteil. Sein Leben, phantastisch und
dabei voll wärmsten Blutes, mußte gerade diese Dichterin
zur Darstellung reizen, und es ist ihr geglückt, diesen schönen Stoff zu gestalten. Ihr Buch ist die erste einheitliche
und lesbare deutsche Biographie Bakunins.   (1924)

HUGO BALL
1886–1927

Es gibt nicht sehr viele Menschen, die Hugo Ball näher
gekannt haben. Unter den wenigen ist keiner, der nicht
einen tiefen und großen Eindruck von ihm bewahrt hätte.
Beinahe alle haben ihn geliebt, manche ihn glühend bewundert und verehrt, einige ihn gefürchtet. Ein Bild von
ihm zu zeichnen, wäre mir vor fünf, sechs Jahren viel
leichter erschienen als heute, wo die Mannigfaltigkeit seines Wesens, seines Werkes, die Vielstrahligkeit seines Charakters sich mir mehr und mehr zu enthüllen beginnt.
Dabei kenne ich auch heute nur kaum die Hälfte seines
Werkes (das meiste blieb ungedruckt, vieles auch erschien
ohne seinen Namen) und weiß von seinem Leben nicht allzuviel. Das wenige sei kurz aufgezählt:

Ball ist im Jahre 1886 in Pirmasens geboren, Sohn einer
gutbürgerlichen katholischen Familie, und in christlich-
gläubiger Umgebung aufgewachsen. Er war zeitlebens
Christ, am meisten vielleicht in den Zeiten des Zweifels
und der Vereinsamung, wo er vielen als Weltmensch und
glaubenslos erscheinen konnte. Das unerhört begabte
Kind, von der Musik nicht minder bezaubert als von der
Dichtung, zur strengen Wissenschaft hinstrebend und den-

noch voll von Phantastik, besuchte bis zum 16. Jahr das humanistische Gymnasium — Latein und Griechisch waren ihm zeitlebens lieb. Balls sehnlicher Wunsch, zu studieren, wurde zunächst von den Eltern nicht erfüllt, der junge Ball wurde als Lehrling in ein Ledergeschäft gesteckt, hat dort zwei Jahre lang schwer gelitten, zugleich aber seine dortigen Pflichten mit der ihm stets eigenen Übergewissenhaftigkeit erfüllt. Zwei Jahre später, da seine Verurteilung zum Leder schließlich zu einer Nervenkrise führte, gab man ihm nach; er holte in sehr kurzer Frist die Reifeprüfung nach und ging nach München studieren. Dort warf er sich mit Leidenschaft auf verschiedene Studiengebiete, bereitete eine Dissertation über Nietzsche bis zur letzten Ausarbeitung vor, verließ aber schon nach wenigen Jahren die Universität wieder in einer tiefen Enttäuschung über den Wissenschaftsbetrieb. Er hatte, tief mit Nietzsche beschäftigt, in dieser Zeit das Problem, vor das unsre Epoche den geistigen Menschen stellt, nicht bloß erkannt, sondern schon schmerzlich erlebt. Mit der stillen Leidenschaft und mit der Reinlichkeit und Klarheit, die allen seinen Entschlüssen eigen war, wendete er dem Studium (nicht aber seinem Ideal von Wissenschaft und Forschung) den Rücken und gab seine ganze Liebe dem Theater. Dramen hatte er schon als Knabe geschrieben, ein shakespearisierender «Nero» ist erhalten. Ball verlor durch diesen Schritt den Rückhalt, den er bisher an seiner Familie gehabt hatte, er hat von da an eigentlich nie mehr im Leben irgendeinen Rückhalt, eine Sicherung, eine bürgerliche Zugehörigkeit und Zuflucht besessen. Allein ging er, von jenem Münchner Abschied bis zu seinem Tode, alle die vielen harten Jahre wie ein Heiliger und wie ein Besessener seinen Weg, durch keine Sentimentalität zu bestechen, durch keine materielle Verlockung zu gewinnen, heroisch und fanatisch, beinahe immer in äußerster Armut, oftmals bitter hungernd, aber stets an der Arbeit, stets Ritter des Geistes, treuer Diener am Wort. Mit dem Theater also begann diese harte Laufbahn, denn beim Theater, so schien es dem Zwanzigjährigen, gab es am ehesten etwas wie Ideal und Leidenschaft, etwas wie Begeisterung und Hingabe. Der Stern, der ihn zog, war Wedekind, eine seiner ersten Lieben waren die frühen Stücke von Sternheim. Ball bildete sich unter vielen Schwierigkeiten bei Reinhardt in Berlin aus, fand dann einen Platz als Dramaturg und Schauspieler am Theater in Plauen, lernte die Bühnenprosa bis zur Hefe kennen, ohne doch den Glauben zu verlieren, kam dann als Dramaturg zu den Münchner Kammerspielen, wo er mit Wedekind in nahe Beziehung kam und dessen Stücke spielte, schrieb daneben selbst Stücke, fand immer wieder die Zeit und Konzentration zu literarisch-philosophischen Studien, bis der Kriegsbeginn seinem Leben eine neue Wendung gab. Als Freiwilliger eingerückt und wieder entlassen, tief enttäuscht von der Kaserne, tiefer enttäuscht von der Seichtheit und dem Leichtsinn der kriegerischen Massenbegeisterung, stellte er sich entschlossen, wiederum alle Aussichten und Verbindungen rücksichtslos opfernd, außerhalb dieses Betriebes, außerhalb des Krieges, außerhalb des Vaterlandes, außerhalb seiner Zeit. In der Schweiz, wohin ihn seine spätere Frau Emmy Hennings begleitete, brachte er sich tapfer und ärmlich durch, war Klavierspieler bei einer kleinen Wandertruppe, zog frierend und ärmlich durch die großen und kleinen Städte der Schweiz und hat dieser Zeit ein Denkmal gesetzt in seinem Roman «Flametti». Die Mechanik des Weltkriegs, der Schwindelbetrieb der öffentlichen Meinungen, der politischen Propaganda, das alles war damals nirgends so aus der Nähe zu beobachten wie in den wenigen neutralen Ländern Europas. Ball sah den Hexensabbat und reagierte mit leidenschaftlicher Auflehnung. Er wurde zum Begründer und zu einer der beachtetsten Figuren des «Dadaismus», einer Künstlerbewegung, hinter deren verblüffendem und aggressivem Auftreten nicht bloß Jugend und Neuerungslust steckte, sondern auch viel Verzweiflung über die Not der Zeit. Es war

Balls erster Versuch einer «Flucht aus der Zeit». Daß er in seiner Stille und tiefen Bescheidenheit «Flucht» sagte und nicht «Bekämpfung» oder «Überwindung der Zeit», hat es nachher vielen Mißverstehern erleichtert, Ball als einen romantischen Flüchtling aus der Wirklichkeit anzuzweifeln.

Es war indessen Ball nicht gegeben, jemals zu ernten, jemals Früchte zu sehen und Erfolge abzuwarten. Er hat seinen «Dadaismus» mit einer tiefen Gläubigkeit und mit derselben ganzen Hingabe gepredigt und gelebt wie alles, was er tat. Er hat mit der schonungslosen Verhöhnung der bürgerlichen, moralischen, ästhetischen Konventionen sowohl wie mit seinen phantastisch-magischen Versuchen zu einer neuen Poetisierung der Bühne und des Künstlertums nie gespielt, er gab sich ganz daran hin. Aber als die Sache im Gange war und der Dadaismus eine internationale Modemarke wurde, war der bedeutendste seiner Begründer längst schon nicht mehr dabei. Er erlebte eine Introversion, eine Wendung seines ganzen Lebens nach innen, die eigentlich von da an nur noch ein einziges Mal ernstlich unterbrochen wurde: durch seine kurze, aber intensive politisch-publizistische Tätigkeit in Bern. Unterbrochen von kontemplativen Aufenthalten in kleinen Tessiner Dörfern, war Ball während der beiden letzten Kriegsjahre in einzigartiger Weise als Zeitkritiker und politisch-philosophischer Schriftsteller tätig. Er war der fruchtbarste Mitarbeiter der damals in der Schweiz erscheinenden «Freien Zeitung», in welcher vor allem seine aufregende Artikelserie «Kritik der deutschen Intelligenz» wichtig wurde; sie erschien später als Buch und stellt meines Erachtens den großartigsten, ehrlichsten und tiefsten Versuch Deutschlands dar, sich der verhängnisvollen Mächte im eigenen Gewissen bewußt zu werden, die zur geistigen und sittlichen Entartung des neueren Deutschland und zu seiner innern Mitschuld am Weltelend und am Weltkrieg führten. Das Buch ist von einer großartigen Einseitigkeit, von einem flammenden Bekennereifer, welchen heutige Leser nicht mehr verstehen können, es konnte diese Weißglut nur erreicht werden in einem ganz außerordentlichen Leiden unter dem blutigen Irrsinn dieses scheußlichen Krieges. Damals in der Schweiz (ich war mitleidender Augenzeuge), inmitten eines längst sinnlos gewordenen, übersteigerten Hochbetriebes an Spionage, Spitzeltum und politischer Propaganda, an Käuflichkeit und Korruption, war dieser beinah selbstmörderische, märtyrerhafte Versuch eines tiefmoralischen Verstehens und Entsühnens ein Phänomen, das nur sehr wenige sahen und verstanden, das für diese wenigen aber eines der großen Erlebnisse jener Jahre bedeutet. Die damals und auch später wieder gelegentlich gegen Ball vorgebrachte Beschuldigung, er sei, wie die ganze «Freie Zeitung», im Sold von Deutschlands Feinden gestanden und habe sich auf Kosten seines Vaterlandes gute Tage gegönnt, ist wohl von diesen Anklägern nie wirklich ernst gemeint gewesen, sondern wurde nur als starkes politisches Mittel verwendet. In Wahrheit hat Ball gerade in dieser Zeit seiner politischen Schriftstellerei in Bern in noch größerer materieller Bedrängnis gelebt als sonst schon immer, er hat inmitten des damaligen Bern, wo die Hotels und Luxuslokale von den zu unsinniger Zahl angeschwollenen Gesandtschaften samt Spionen und Spitzeln überquollen, in einer mönchischen Armut gelebt und harte Winter durchfroren. Über Balls äußeres Leben mehr zu berichten, scheint mir hier nicht notwendig. Sein Leben nach dem Kriege verlief ganz und gar abseits der Öffentlichkeit, abseits der Welt, einerlei ob seine Perioden sich jeweils in Deutschland, im Tessin oder in Süditalien abspielten. Es entstand in Agnuzzo bei Lugano Balls schönstes, unvergängliches Buch «Byzantinisches Christentum». Daß der christliche Schriftsteller Ball von der katholischen Öffentlichkeit ganz ebenso mißverstanden blieb und bald ausgebeutet, bald beiseite gesetzt wurde wie einst der theatralische und der dadaistische sowie der politische Ball, sei nebenher erwähnt. Er war allmählich eine legendäre Person geworden, eine heimliche Berühmtheit. Es gab Luxusmenschen, die zwischen Teppichen und Luxusmöbeln das «Byzantinische Christentum» lasen und anschwärmten! Es gab junge Menschen, die sich von Balls mönchischem Leben mit flüsternder Ehrfurcht erzählten. Gekannt war er von sehr wenigen, ganz eigentlich nur von seiner Frau. Er ist mir in den letzten sechs Jahren seines Lebens ein naher Freund gewesen. Im September 1927 starb er, bis zum letzten Tage im Geist und im Willen ungebrochen. Die Todeskrankheit vermochte ihn so wenig zu verändern und zu Anpassungen zu zwingen wie vorher die vielen Jahre der rastlosen Arbeit, des ständigen Allein- und Mißverstandenseins, der ständigen Armut.

So etwa sieht für mich das Leben Balls aus. Aber nun fehlt in diesem Bilde gerade das Merkwürdigste und Lebendigste: das Wunder. Dies asketische Leben nämlich war voll von Liebe, diese in reiner Flamme brennende Geistigkeit war wunderbar begleitet von Herzenswärme und dichterischer Kindlichkeit. Alle, welche je mit Ball befreundet waren, haben etwas von diesem Zauber gespürt, ganz gekannt und miterlebt (weil mitgeschaffen) hat ihn nur sein Lebenskamerad, seine Frau. Die Liebe und Ehe dieser beiden war das Wunder in Balls Leben. Aus ihr wuchsen mitten in der Öde von Sorgen und Leiden immer wieder die Blumen der Gnade, die holden Spielereien einer Seele, die ebenso unschuldig und kindlich war wie sein Geist männlich und sein Gewissen christlich.

Aber davon zu sprechen darf ich mir nicht erlauben. Um das nackte Lebensbild zu ergänzen und vielleicht noch manchen einen Schlüssel zum Innern dieses Lebens zu geben, füge ich meiner möglichst objektiven Darstellung einige persönliche Züge hinzu. Wenn auch Hugo Ball für mich mancherlei Gesichter hatte und wir in unsren herzlichen Beziehungen einander vielerlei wechselnde Aspekte zeigten, so war doch meine Beobachtung für Balls Wesen, soweit es dem meinigen verwandt oder ihm entgegengesetzt war, immer wach, und ich glaube, als der einzige Intime aus Balls letzten Jahren, über seine Natur und seine wichtigsten Antriebe trotz vieler Rätsel mich nicht zu täuschen.

Ball war ein sehr stark und vielseitig begabter Mensch. Er hatte Begabung und innige Beziehung zur Musik, zum Theater, zur Dichtung, noch stärkere zur Philosophie, aber er hat sich auch leicht und mit Hingabe zuzeiten in scheinbar entlegene Gebiete eingearbeitet, hat Sprachen gelernt, hat sich stark mit Politik und Sozialpolitik beschäftigt, hat sich die Technik gewissenhafter Archivforschung zu eigen gemacht. Geschrieben hat er mehrere Dramen, den Roman «Flametti», einen ungedruckten phantastischen Roman, viele Gedichte, die «Kritik der deutschen Intelligenz», das «Byzantinische Christentum», die «Folgen der Reformation», die «Flucht aus der Zeit» und das Buch über mich. Daneben hat er sich in seinen letzten Jahren die Theorie und Technik der Psychoanalyse angeeignet, und die Studien und Pläne seiner letzten Zeit galten einem Werk über die Dämonologie des mittelalterlichen Katholizismus, wobei er, der die Zauber mönchischen Denkens und scholastischer Dialektik innig kannte und liebte, einer mönchisch-christlichen Seelenheilkunde auf der Spur war, einer Psychologie und Psychotherapie, deren exorzistische Methoden er in Parallele zu heutigen Seelenheilkunden, namentlich zur Psychoanalyse, setzte.

Das Innerste in Balls Charakter, sein Urantrieb, das was alle seine Schritte lenkte, was ihn sowohl zur heutigen Wissenschaftstechnik wie zum heutigen Theater, zu den Politikern sowohl wie zu den offiziellen Kirchenkatholiken in unheilbaren Gegensatz brachte, war seine Religiosität. Nicht irgendeine Art von Frömmigkeit oder Glaube, nicht eine bestimmte Art von Christlichkeit oder von Katholizismus, sondern Religiosität schlechthin: das immer wache, immer quellende Bedürfnis nach einem Gottesleben, nach einer Sinngebung unsres Tuns und Denkens, nach einer überzeitlichen, dem Streit und der Mode entrückten Norm des Denkens und Gewissens. In der Politik sowohl wie in seinem persönlichen, vorbildlich selbstlosen und geistgezügelten Leben fand dieser Urtrieb seine moralische Auswirkung. Seine intellektuelle fand er im unablässigen Suchen nach einer geistigen Norm, nach einer Legitimität des Denkens, und im immerwachen, scharfen Prüfen und Kontrollieren des Mittels: des Wortes. Sein intellektuelles Ideal war eine jeder Kritik standhaltende Wissenschaftlichkeit — daß er innerhalb unsrer akademischen und literarischen Normen, Methoden und Konventionen keine Verwirklichungsmöglichkeit für sein Ideal sah, das führte ihn zu den geistigen Quellen seiner Kindheit zurück, zu den kirchlich-katholischen, das machte ihn zum innigen Liebhaber und Verehrer des Lateinischen, das machte ihn zum Todfeind aller intellektuellen Geschwätzigkeit, alles Literatentums, alles Journalismus. Es ist ihm einmal, in seiner mönchischsten und lateinischsten Zeit geglückt, in einem lebendigen, heutigen Deutsch Dinge und Beziehungen zu formulieren, die vorher nur dem kirchlichen Latein zugänglich waren — dies ist der Zauber seines Buches vom «Byzantinischen Christentum».

Mein persönliches Verhältnis zu Ball, meine mit den Jahren aus Achtung und Bewunderung zu inniger Freundschaft gewordene Liebe zu ihm hatte zwei Stützpunkte, zwei Gemeinsamkeiten. Bei aller unendlichen Verschiedenheit unserer Naturen, unsrer Herkünfte, unsrer Ziele waren zwei wichtige Dinge uns beiden gemeinsam: die Herkunft aus dem Religiösen und das Erzogensein in christlichen Idealen (waren auch die meinen von protestantischer Färbung), und zweitens: das Ergriffensein durch das Erlebnis des Krieges. Wir beide hatten aus Vaterhaus und Kindheit alte Traditionen, hohe Ideale, tiefe Mahnungen, hohe Auffassungen vom Sinn des Menschseins mitgebracht, wir beide erlebten im Krieg den sichtbaren

Zusammenbruch, die verzweifelte Explosion eines europäischen Geistes- und Seelenzustandes, und wir erlebten diesen Zusammenbruch beide ganz ähnlich: nicht bloß als Erschüttertsein von all dem Mord und all der Not, sondern als Aufruf an das eigene Gewissen. Nicht die Welt anzuklagen, nicht Forderungen nach außen aufzustellen, sondern mit der Änderung im eigenen Herzen zu beginnen, das Leid bis zur Hefe auszukosten, die Not zum höchsten Antrieb zu machen — darin waren wir einig, darin war es während des Krieges uns beiden, ohne daß wir noch voneinander wußten, ganz gleich ergangen. Von dieser Gemeinsamkeit aus bekamen denn auch unsre Verschiedenheiten und unsere Auseinandersetzungen ihre Intensität und immer neue Frische. Wir haben in allen den Jahren im Grunde über nichts anderes gesprochen, über nichts anderes diskutiert und gestritten als über die eine Frage: Wo ist der Punkt, von welchem aus diese ganze Hölle von Krieg, Korruption, Entseelung zu überblicken und zu überwinden ist? Wo kann man anknüpfen, um auf Erden wieder etwas wie Geist, etwas wie Würde, etwas wie Sinn und Schönheit zu ermöglichen? Diese Frage war uns gemeinsam. Die Wege, auf denen wir Antwort suchten, führten uns weit auseinander. Unter diesem Aspekt sprachen wir an unsern Tessiner Kaminfeuern nächtelang über die Zeiterscheinungen, über die Psychoanalyse, über die neuen Versuche in der Kunst, über Balls mittelalterliche und meine indischen Neigungen und Studien.

Jenseits aller persönlichen und grundsätzlichen Gegensätze aber war uns immer ein friedlicher Boden erreichbar, blühte uns ein Garten der Freude und Erholung auch in Zeiten der Verzweiflungsnähe: die Freude am Spiel, der heilige Glaube an die Wiedererreichbarkeit der Unschuld in jenen Seelengründen, wo Traum und Kunst geboren werden. Dieser strenge Mönch, dieser sich selbst beständig prüfende, sich selbst beständig opfernde Gewissensmensch Ball hatte auch ein Kind in sich, er konnte Trost und Unschuld wiederfinden bei Blumen, bei Vogelrufen, beim Kritzeln kleiner skurriler Zeichnungen, beim Dichten und Sprechen phantastischer Verse. Es sind mir Gedichte von ihm in Erinnerung, Gedichte ohne «Sinn», gewissermaßen also dadaistische, in denen eine überrationale Schönheit manchmal blumenhaft und herzgewinnend aufblühte, sehr vergleichbar etwa manchen Blättern des Zeichners und Aquarellisten Paul Klee, wo inmitten einer ebenso verspielten wie verzweifelten Weltmüdigkeit oft solche Märchentöne aufklingen. Wie sehr Balls Frau Emmy an dieser Welt mit teilhatte, ist nicht zu sagen.

Ich bin am Ende. Die aber, welchen es mit dem Kennenlernen dieses Denkers und Frommen ernst ist, bitte ich nochmals: Saget statt «Flucht aus der Zeit» etwas anderes, oder gebet dem Wort «Flucht» nicht diesen erbärmlichen engen Sinn, als ob dieser heroische, unerhört tapfere und opferfähige Mensch eine Art von Feigling und Drückeberger gewesen wäre! Der Ort, an den er aus der «Wirklichkeit» zu fliehen strebte, war nicht das Unwirkliche, der Traum, die Verantwortungslosigkeit oder gar das Kinderspiel mit gewesenen Formen des Lebens und Denkens, das Theaterspiel mit Mittelalter und Klosterromantik! Vielmehr suchte Ball immerzu gerade die höchste Wirklichkeit, das brennendste Leben zu erreichen, den Ort, wo Gott entsteht, wo der Mensch im Kampf um das glühendste Verwirklichen seiner Möglichkeiten sich aller Spiele und Eitelkeiten entkleidet und sein Leben dargibt, um es zu erneuern.

Seine Briefe sind darum so schön, weil sie ihn nicht einseitig zeigen. Er hatte keine Literatenbriefwechsel, und der Brief, den er an sein zehnjähriges Stieftöchterchen schrieb, war ihm nicht weniger ernst und wichtig als der, in dem er über das Geistigste sich äußerte. Vielleicht, so hoffe ich, tragen diese Briefe in ihrer Frische und Schönheit dazu bei, daß das Bild dieses ungewöhnlichen Lebens und Ringens sichtbar wird, daß sich vielen das Beispiel Balls als

ein Vorbild und tröstliches Gleichnis erweist, als neuer Antrieb, auch inmitten trostloser Zustände den Glauben nicht
zu verlieren.   (1930)

Geschrieben als Einleitung zu Emmy Ball-Hennings: «Hugo Ball. Sein
Leben in Briefen und Gedichten.»

ROMAIN ROLLAND
1866–1944

«Das Leben Tolstois»

Jeder, der ein wenig das Leben Romain Rollands kennt,
weiß auch von der wichtigen Rolle, die Tolstoi in diesem
Leben spielt. Rolland war ein junger Student in Paris, als
er eines Tages, von tiefen Gewissenszweifeln gepeinigt,
schwankend zwischen Beruf für die Kunst und ethischem
Beruf, einen Brief an Tolstoi richtete, einen Brief, der
vielleicht gar keine Antwort erhoffte, der mehr Beichte
und Versuch der Selbstklärung, mehr Bekenntnis und Notschrei als Frage war. Und da geschah das Rührende: der
alte weltberühmte Russe sendet dem unbekannten jungen
Schüler nach Paris eine Antwort, eine liebevolle, gütige,
eingehende, besorgte, tröstliche Antwort, ein Schreiben
von vielen Seiten. Dies Erlebnis ist für Rollands Leben
unendlich wichtig geworden. Und als er, vor etwa zehn
Jahren, sein «Leben Tolstois» schrieb, das erst heute in
deutscher Übersetzung erscheint, war es nicht nur ein Buch,
war nicht nur eine gute literarische Studie, sondern es war
auch die Erstattung eines tiefen Dankes, einer lebenslangen, innigen Liebe und Verehrung. Daß Rolland ein
solches Buch über Tolstoi schreiben konnte, ein so menschliches, liebevolles, innig lebendiges Buch, das war mit eine
Nachwirkung jenes Briefes, den er von Tolstoi einst erhalten hatte. Denn jener Brief hatte ihm, dem jungen

Rolland, einst gezeigt, daß Tolstoi nicht bloß ein großer Künstler und aufwühlender Prediger sei, sondern ein gütiger, hilfsbereiter, brüderlich gesinnter Mensch. Davon nun spricht Rollands Tolstoi-Buch hauptsächlich: von dem Menschen Tolstoi, von dem unaufhörlichen, schmerzvollen Kampf dieses aufrichtigen, schweren Lebens, das wohl viel Qual und Enttäuschung, viel Entmutigung und Selbstpeinigung kannte, dem aber die Lüge fremd war.

Indessen ist dies überaus schöne Buch keine reine Biographie, es geht durchaus von Tolstois Werken aus, und die literarische Wirkung dieser Werke, namentlich der frühen, der «Kosaken», «Krieg und Frieden» und der «Anna Karenina» ist ein Meisterstück. Die Seiten, auf denen Rolland «Krieg und Frieden» bespricht, gehören zum Schönsten, was Rolland geschrieben hat. Es ist eine Freude, an diesem Buche zu sehen, was Liebe vermag! Wie der Franzose den Russen, der hochkultivierte Kunstkenner den naiv polternden Ankläger der Kunst, der sozialistisch gesinnte Westeuropäer den östlichen Mystiker verstanden hat, wie er ihm gerecht wird, wie er nirgends an Doktrinen hängenbleibt, wie er Tolstoi auch in die verstiegensten Ausbrüche seines oft bilderstürmerischen Temperamentes hinein folgt und überall nicht die Irrtümer und Einzelsätze, sondern das inwendige Leben erspürt und aufdeckt, das zu lesen ist ein seltener, außerordentlicher Genuß.

So deutlich sich Rollands Vorliebe für Tolstois frühe Meisterwerke auch ausspricht, so weit ist er doch von der gangbaren Auffassung entfernt, des Russen ethisch-religiöse Publizistik wie eine Verirrung anzusehen, wie die bedauerliche Betätigung eines Genies auf einem falschen Gebiete. Dieser bei uns noch heut sehr verbreiteten Oberflächlichkeit stellt Rolland sich tapfer entgegen und findet so auch den Weg, den dichterischen Spätwerken Tolstois mit zartester Liebe gerecht zu werden. In seiner Analyse der «Auferstehung» allerdings scheint Rolland mir jenen kapitalen künstlerischen Fehler doch zu wenig zu betonen, der darin liegt, daß der Held Nekljudow eine Mission durchführt, der sein ganzer Charakter nicht gewachsen ist. Gerade an dieser Stelle hätte ich auch ein noch tieferes Eingehen auf Tolstois komplizierte Psychologie mir gewünscht, und eine Andeutung des Zwiespaltes, der den Dichter zwang, seine eigensten und innigst erlebten Ideen und Probleme einer Figur in die Hände zu legen, die er allzu wenig nach seinem eigenen Bilde gezeichnet hat. Die Art, wie Tolstoi, auch schon in den früheren Werken, sich selber da und dort skizziert, diese etwas ängstliche Art, mit der er sich halb zeigt, halb verbirgt, sich nie ganz mit einer Figur identifiziert und doch allen Figuren eigenste Bekenntnisse in den Mund zu legen den Drang hat — diese Art von Drang zum Bekennen bei gleichzeitiger Flucht davor, ist nicht bloß ein literarisches Spiel Tolstois, sondern ein Schlüssel zu seiner ganzen Psychologie, soweit sie abnorm und exzentrisch erscheint.

Nicht Mangel an Verständnis, sondern Liebe und Verehrung ist es, was Rolland gehindert hat, den tiefen Zwiespalt, das tiefe Leiden in Tolstois Leben nicht nur aufzuzeigen, sondern auch zu deuten. An einer bedeutsamen Stelle seines Buches spricht Rolland davon, wie für Tolstois glühendes Liebesbedürfnis auch noch die Forderung «Liebe deinen Nächsten wie dich selbst!» zu wenig gewesen sei, da sie einen Beigeschmack von Egoismus habe. Aber gerade hier liegt Tolstois Problem — nicht das seines Geistes und seiner Künstlerschaft, sondern das leidvolle Problem seines persönlichsten Lebens —, daß er die wahre Liebe zu sich selbst nur schwer und selten fand, während er die Liebe zum Nächsten, auch wenn sie Opfer und Leiden forderte, leichter erfüllte.

Ich deute hier etwas an, was ich in Rollands Buch vermisse. Ich übe damit nicht Kritik, das wäre mir diesem herrlichen Buch gegenüber gar nicht möglich; ich deute nur eine Linie an, äußere einen Einfall. Im übrigen wüßte ich über Rollands Werk nichts mehr zu äußern als Freude und

Dankbarkeit und den Wunsch, daß dieses Buch große Verbreitung finde. Die Probleme, mit denen Tolstoi rang, sind zum Teile im Augenblick nicht mehr aktuell — sie sind aber unsterblich und können für jeden Menschen zu jeder Stunde aufs neue brennend werden.   (1922)

«Johann Christof»

Bei so umfangreichen Dichtungen geschieht es leicht, daß der Anfang uns bezaubert, ohne daß das Ganze diese Höhe halten konnte. Auch der «Johann Christof» ist natürlich nicht auf jeder Seite gleichwertig. Künstlerisch, dichterisch halte ich den ersten Teil, die Kindheits- und erste Jugendgeschichte, für den bedeutendsten. Aber jedenfalls wird es keinen Leser geben, der nicht auch das Ganze dieses Werkes liebte, der nicht neben dem Wurf und der Intuition der gelungensten Teile auch die Geduld und treue Arbeit, den Verstand und Gerechtigkeitssinn der übrigen Kapitel bewunderte. Denn ein Werk wie dieses ist ja nicht reine Dichtung. Es ist mehr und es ist weniger. Im Sinne des nur Künstlerischen ist ein schönes lyrisches Gedicht von vier Zeilen vollkommener und wertvoller als jeder Roman, den «Wilhelm Meister» mit inbegriffen. Ein Roman wie der «Johann Christof» ist nicht nur Kunst, ist nicht nur Gebärde einer Seele, er ist außerdem der Versuch eines Geistes, intellektuell und gewissermaßen mit einem kollektiven Gerechtigkeitssinn das Gefüge einer Zeit, einer Kultur, eines Stückes Menschheit zu erfassen. Der Musiker «Johann Christof» ist nicht nur eine Figur, eine ehemalige Dichtervision, er ist zugleich eine Abstraktion, ein Träger voller Bedeutungen, fast ein Mythus. Er ist der Geist der Musik, der Geist deutscher Genialität und deutscher schwerfälliger Gewundenheit, dem als Spiegel, Reiz, Stachel und Paradiesverlockung das holde, liebe, verdorbene, kluge, kindische, verrückte, herrliche Paris unentbehrlich ist zum Schicksal. Romain Rolland, der Franzose, hat seinen deutschen Helden mit einer Liebe gezeichnet, die scheinbar größer ist als seine Liebe zum heimischen Paris. Tausend Seiten lang steht unser liebendes Mitleid stets auf der Seite des kämpfenden Musikers gegen das blinde, böse, verlogene Paris. Scheinbar ist es fast überall so, daß Pariser Sitten, Pariser Kunst, Pariser Arten und Unarten mit unerbittlicher Kritik behandelt werden, während der Held Christof stets dieselbe Liebe genießt. Scheinbar hat Christof recht und Paris unrecht. In Wirklichkeit ist es gar nicht so, und das ist einer der größten Reize dieses Buches. In Wirklichkeit ist dieses äußerliche, böse, korrumpierte Paris Gegenstand einer tiefen heiligen Liebe, steht es viel höher als jede Kritik oder Liebe es stellen könnte, existiert kühl und mächtig und wird jedem zum Schicksal, der es berührt. Die Franzosen, namentlich die der Kriegszeit, wissen noch sehr wenig, welches Lied ihrem Allerheiligsten da gesungen ist. Sehr vielen Franzosen galt Rolland bis zum Kriege für einen Dichter, der die kleine Schwäche einer Hinneigung zu deutschem Wesen zu seiner Stärke gemacht habe. Bei uns wurde er ähnlich beurteilt. In Wirklichkeit ist Rolland durch und durch Franzose, ein wahrer Inbegriff von französischem Geist und eben dadurch wird es doppelt bedeutsam und wertvoll, daß dieser Romain Rolland zu den wenigen gehört, denen es während des Krieges mit der Menschenliebe und den im Frieden so allgemein anerkannten internationalen Idealen Ernst ist. Dieser Mann hat nicht nur einige überaus kluge und gütige Bücher geschrieben, er hat nicht nur darauf verzichtet, gegen wohlfeile Lorbeeren sich am Geschrei und der Hetze des Tages zu beteiligen. Er hat, ebenso wie er den ihm zugefallenen Nobelpreis ohne Sang und Klang dem internationalen Roten Kreuz in Genf zugeschoben, seinen Ruhm, seine Freundschaften, seinen Schatz an erworbener Heimat und Liebe darangegeben, um seinem Herzen treu zu bleiben ... Es wird die Zeit kommen, wo die Werte solcher

Figuren und Handlungen, welche heute rein passiv zu sein scheinen, sich lebendig zeigen. Dann wird man sehen, daß Rollands Verhalten während des Krieges das christlichste war, das sich denken läßt. Und man wird in seinem großen Musikroman nicht bloß den kritischen Intellekt und das große Können bewundern, sondern auch diese keineswegs leidenschaftslose Liebe zur Gerechtigkeit, die mutige und ehrfürchtige Liebe zum Menschlichen überhaupt. (1915)

EMIL STRAUSS
1866–1960

Es ist im Augenblick keine dankbare Aufgabe, der deutschen Literatur Dienste zu tun, ihre aktuelle Oberfläche besteht aus haßerfülltem Gezänk, und beide Lager, die Literatur des Dritten Reichs wie die der deutschen Emigration, sind zu kollegialer Diskussion und zur Anerkennung überparteilicher Standpunkte weder bereit noch fähig. Indessen bleibt es unsere Sache, die Sache der Neutralen, über den geistigen Giftgaskrieg hinweg einer edleren Tradition treu zu bleiben und sie womöglich zu retten.

Emil Strauß wird heute siebzig Jahre alt und wir denken an diesem Tag seiner und seines Werkes mit Dankbarkeit. Immer ein Einzelgänger, aber sehr viel tiefer im Volkstum und Sprachtum verwurzelt als alle Vertreter der modischen «Heimat»-Dichtung, hat er, zu Zeiten wenig anerkannt, in seinem Werk dem südwestdeutschen Volkstum ein Denkmal gesetzt, das unsere Zeit überdauern wird. Wir teilen seine Gesinnungen nicht alle, namentlich nicht den in seinem letzten Werk bekundeten Judenhaß, aber wir lieben und ehren in ihm den bedeutendsten alemannischen Dichter dieser Zeit, einen der gewissenhaftesten und kraftvollsten Verwalter der deutschen Sprache und einen unbestechlich sich selber treuen Charakter. Er hat, vom «Engelwirt» bis zum «Riesenspielzeug», genau das Gegenteil von dem getan, was die falschen Heimatdichter anstreben. Diese kommen vom Schreibtisch und bemühen sich, ihre Schreibsprache und ihr Schreibdenken volkstümlich zurechtzumachen. Statt dessen hat Strauß, ein Kind des Volks und seiner echten Sprache bis in alle Falten kundig, sich zeitlebens auf eine vorbildliche Art darum bemüht, diese bodenständige Sprache in strengster Zucht zur dichterischen Sprache zu erheben.

Er hat, ein sehr männlicher Dichter, da und dort etwas Hartes, sogar eine Neigung zum Grausamen, dafür hat er in seinen Romanen und Erzählungen eine Reihe von unvergeßlichen Frauengestalten hingestellt. Sein Werk ist ein Lob der Frau, ein Preis der erdhaften und mütterlichen Mächte, und ein Dankgesang an die Erde, an den Acker und Wald, die Jahreszeiten und Ernten, die geduldige Arbeit des Landmanns, die er selber geübt hat und versteht. Aber er ist nicht ein Lobpreiser des Herzens auf Kosten des Verstandes, des Erdhaften auf Kosten der geistigen Kultur, er hat die Problematik seiner Generation mit nicht geringerer Ehrlichkeit und Beharrlichkeit auf sich genommen und durchgefochten als etwa ein George oder Rilke, so fern er von ihnen auch zu stehen scheint.

Von seinen Büchern liebe ich am meisten den «Engelwirt» und den «Spiegel».   (1936)

STEFAN GEORGE
1868–1933

Ein kleines, aber schwerwiegendes Buch mit drei Aufsätzen, deren jeder bedeutend ist und Neues sagt, ist von
Carl Muth und heißt «Schöpfer und Magier». Es wird
ohne Zweifel Aufsehen erregen, denn es enthält in seinem
letzten Aufsatz die erste große Kritik an Stefan George,
einen gut fundierten und gründlichen Angriff auf jene gefährliche und unverantwortliche Seite des Dichters, die im
Kreis seiner blinden Verehrer zu einer Art von schlechter
Religion geworden ist: wir meinen die Verherrlichung des
Knaben «Maximin» in Georges Werk. Daß der erste
große Angriff gegen George, den Halbgott zweier Generationen, von katholischer Seite kommt und sich vor allem
gegen das Blasphemische in Georges Ästhetentum richtet,
ist natürlich. Carl Muth leugnet Georges hohe Begabung
nicht und nicht die Bezauberung, die er ausgeübt hat. Aber
er mißt Georges Person und Werk an den größten Maß-
stäben und kommt zur Ablehnung.   (1935)

Was ich vermisse, ist nur eines: Georges Kunst gilt bei
naiven Menschen für musikalisch, man hört das jeden Tag
sagen, während seine Verse absolut unmusikalisch sind.
Jene Leser verwechseln das Pathos der Monotonie (das
die Wüste auch hat oder das Taktschlagen eines Schnell-
zugs) mit Musikalität. Die Georgianer haben für die
Lesung seiner und ihrer eignen Gedichte einen feierlich
leiernden Tonfall extra erfunden, der die wertlosen End-
silben der weiblichen Reime extra dehnt — das Gegenteil
von Musik! Georges Verse ertragen das, was kein Gedicht
von Goethe, Eichendorff, Hölderlin vertrüge — aber die
waren musikalisch!   (1913)

Nun zu George! In meiner Jugend konnte ich ihn nicht ausstehn, zumal ich in Basel eine seiner frömmsten Gemeinden kennenlernte. Der theatralisch sich gebende Hochmut Georges und die Formen von Devotion bei seinen Jüngern waren mir tief zuwider. Immerhin hatte ich vor einigen seiner frühen Gedichte Respekt. Und später sah ich auch mit wachsender Anerkennung seine erzieherische Wirkung ein, die zwar bei seinen Jüngern keine dichterischen Früchte trug, aber auf die sprachliche Haltung und das sprachliche Verantwortungsgefühl der damaligen deutschen Dichtung bedeutenden und guten Einfluß hatte. In mancher Hinsicht erinnerte er mich an die ähnlich pathetische, ähnlich priesterliche und auch ähnlich erzieherische Gestalt Klopstocks.

Ein warmes und herzliches Gefühl für George habe ich nur einmal empfunden: als er nach Hitlers Antritt Deutschland verließ, um anderswo zu sterben.   (1962)

MAXIM GORKI

1868–1936

In seinen Novellen stehen einige Perlen, einige Stücke voll unmittelbarster Poesie, neben minderwertigen. Warum die Sozialisten und Kommunisten diesen Dichter eigentlich propagieren, verstehe ich nicht ganz. Er ist, wie jeder Dichter der ganzen Welt, gerade dort, wo er wirklich Dichter und auf der Höhe seiner Berufung ist, ein Künder seelischer Geheimnisse, ein Künder des seelischen Geheimnisses, in dem jeder Mensch eingeschlossen lebt und von dem der flache optimistische Kollektivismus keine Ahnung hat. Es gibt wohl kollektivistische Gedanken und Predigten, aber es gibt keine kollektivistische Dichtung.   (1928)

ANDRÉ GIDE

1869–1951

Meine früheste Bekanntschaft mit Schriften von André Gide fand zwischen 1900 und 1910 statt. Da war die «Enge Pforte», die mich, freilich in mehr hugenottischer Haltung, dringend an die fromme Atmosphäre meiner Kindheit erinnerte, die mich, den in jahrelanger Auseinandersetzung mit ihr Begriffenen, ebenso anzog wie abstieß. Dann war da der «Immoralist», der mich noch stärker ansprach. Dies Buch war seinem Freunde Henri Ghéon gewidmet, einem jener nahen Freunde, deren Konversion ihn später so schmerzlich berührte. Und außerdem gab es da ein ganz dünnes Bändchen, dem der Übersetzer seinen französischen Titel gelassen hatte: «Paludes», ein sehr wunderliches, eigensinniges, widerborstiges, jugendlich preziöses Büchlein, das mich verwirrte und nasführte, bald bezauberte, bald ärgerte und in den folgenden Jahren, in denen ich Gide wieder fernrückte und ihn beinah vergaß, unterirdisch in mir nachwirkte. Inzwischen war mit dem Kriege von 1914 die Weltgeschichte in mein kleines Literatendasein hereingebrochen, es galt mit ganz anderen, schrecklichen, tödlichen Problemen fertig zu werden als den bisherigen. Aber bald nach dem Ende des Krieges, im Beginn meines Tessiner Lebens, erschien das Buch von R. E. Curtius «Die literarischen Wegbereiter des neuen Frankreich», sein Nachwort war vom November 1918 datiert, und da ich mich während der Kriegsjahre mit Rolland befreundet und kürzlich den mit Péguy und Léon Bloy beschäftigten Hugo Ball kennengelernt hatte und eifrig mit den Befreundungsversuchen zwischen den Intellektuellen Frankreichs und Deutschlands sympathisierte, fiel die Lektüre dieses schönen Buches bei mir auf fruchtbaren Boden, ich suchte mir Bücher von Péguy und

von Suarez zu verschaffen, vor allem aber fand ich mich
wieder intensiv an André Gide erinnert, und nicht nur im
Sinn von Neugierde und Lernlust, sondern im Sinn einer
Revision und Richtigstellung meiner Beziehung zu diesem
Dichter, der mir als so faszinierend und doppelgesichtig in
Erinnerung war und dessen «Immoralist» und «Paludes»
ich alsbald wieder mit Hingabe las. In jener Zeit, angeregt
durch das Buch von Curtius, entstand und befestigte sich
meine Liebe zu diesem verführerischen Dichter, der seine
den meinigen so ähnlichen Probleme auf so ganz andere
Art anging und an dem mir nach wie vor der edle Eigen-
sinn, die Beharrlichkeit und immer neu geübte Selbst-
kontrolle des unermüdlichen Wahrheitssuchers gefiel und
auf wunderliche Art verwandt erschien. Gides Entwicklung nahm in der Hauptsache den Weg der Befreiung von
jener frommen Glaubens- und Vorstellungswelt, es war
der Weg eines allzu streng und eng erzogenen Überbegab-
ten, der die Enge nicht mehr erträgt und die Welt auf sich
warten weiß, der aber nicht gesonnen ist, die in jener Erziehung gewonnene Sensibilität des Gewissens preiszugeben. Zwar gilt sein Streben nach Freiheit nicht nur der
geistigen Sphäre; es sind auch die Sinne, die ihr Recht
fordern, und aus der Revolte der Sinne gegen die Kontrolle und Bevormundung ergibt sich und erklärt sich der
Zug von «enfant terrible», von Freude am Enthüllen und
Entblößen, am Ertappen der Frommen bei ihren fromm
etikettierten Gelüsten und Verdorbenheiten, kurz jener
Einschlag von Bosheit und angriffslustiger Rachelust, der
ohne Zweifel mit zum Bilde dieses Dichters gehört und
ohne Zweifel für viele seiner Leser das am meisten Faszinierende und Verführerische in seinem Wesen ist. Aber so
wichtig diese Triebfeder in André Gides Leben gewesen
ist, so sehr das Entlarven der Gerechten und das Dupieren
des Kleinbürgers ihn gelockt und verführt haben mag, es
drängt in diesem edlen Geist mehr und Größeres der Blüte
und Reife entgegen als das Vermögen und die Lust, seine

Leser zu verblüffen oder zu schockieren. Er war auf dem gefährlichen Wege jedes Genialen, der sich nach dem Durchbrechen einer für ihn nicht mehr erträglichen Tradition und Moral unsäglich einsam und führerlos der Welt gegenüberstehend findet und auf höherer Ebene wieder nach einem Ersatz für die verlorene Geborgenheit sucht, nach Vorbildern oder Normen, welche die allzu gefährdete Losgebundenheit des Individuums korrigieren und heilen könnte. So sehen wir ihn zeitlebens mit den Naturwissenschaften befreundet und beschäftigt und sehen ihn die Welt der Kulturen, Sprachen und Literaturen durchforschen mit einem Fleiß und einer Zähigkeit, die uns erstaunen macht und zur Bewunderung zwingt. Was er in diesem lebenslangen, mühsamen, ritterlichen Kampf gewonnen hat, ist eine neue Art von Freiheit, einer Freiheit von Dogmen und Gemeinschaften, aber in steter Unterordnung unter den Dienst an der Wahrheit, in stetem Streben nach Erkenntnis. Hierin ist er ein echter Bruder des großen Montaigne und jenes Dichters, der den «Candide» geschrieben hat. Es ist immer schwer gewesen, der Wahrheit zu dienen als einzelner, ohne den Schutz eines Glaubenssystems, einer Kirche, einer Gemeinschaft. Ritterlich und vorbildlich ist André Gide diesen schweren Weg gegangen.

(1951)

«Corydon»

Die vier Dialoge enthalten, mit einer Naturgeschichte der Liebe beginnend und mit einer Art Metaphysik der Liebe endend, Gides Bekenntnis zur Knabenliebe und sind zugleich das Bedeutendste, was unsre Zeit zu diesem Thema geäußert hat. Sie rechtfertigen nicht nur die Knabenliebe, indem sie ihr den Charakter einer Spezialität oder eines Lasters absprechen, sie entkleiden das ganze Thema jener falschen Pathetik und Moralistik, in welche Bürgertum und Gesetzbuch es gerückt haben, und werden darüber hinaus, zu einer Theorie der Liebe überhaupt. (1933)

« D i e   A r m e n »

Eine Räubergeschichte, mit der alten konstruktiven Kraft
Manns aufgebaut, an vielen Stellen von seinem ganzen
atemlosen Temperament beflügelt, da und dort gespen-
stisch beleuchtet von seiner alten wilden Freude an der
Karikatur. Unbefriedigend und grell, aber aufreizend
und eindrücklich. Und auf dem Grunde die aktuelle,
schwere Erkenntnis: daß der Krieg, der uns in Atem hält,
die Welt nicht vorwärts bringt, daß er nur aufschiebt, nur
den Leidenschaften vorübergehend neue Ziele hinwirft,
und daß nachher, früh oder spät, die große soziale Not
wieder dastehen wird, groß und furchtbar wie zuvor.

(1917)

Bern, den 19. September 1917

Werter Herr Wolff!

Über die «Armen» von Heinrich Mann habe ich einige
Zeilen im «März» geschrieben.

Das Buch ist aber dennoch eine Enttäuschung! Sie haben
bessere im Verlag.

Vom Technischen, das zum Teil wieder glänzend ist,
will ich nichts sagen. Aber schlimm und schade ist es, daß
Mann, wenn er schon ein so klar umrissenes Problem vornimmt, sich die Sache wie ein Lustspieldichter vereinfacht,
indem er einfach die eine Partei bis zur Lächerlichkeit
degradiert. Interessant und schwierig ist der Kampf zwischen Arbeitern und Kapitalisten, wenn auf beiden Seiten
etwas wie guter Wille da ist, wenn der Kapitalist zwar
reich, aber immerhin ein anständiger Mensch ist. Wenn er
sein Geld gestohlen hat wie in Manns Buch, verliert das
ganze Problem seinen Ernst, aus einer geistigen Angele-

genheit wird ein Detektivstück. Es ist schade dafür, es steckt Großes in dem Buch, aber nur dichterisch. Als Gedanke ist es nicht groß.

« Jugend Heinrichs IV. »

Das Werk spielt in einer Zeit und einem Milieu, aus welchem ganz ungewöhnlich zahlreiche und anschauliche Aufzeichnungen von Zeitgenossen erhalten sind, davon hat der Dichter Gebrauch gemacht und zeichnet das Leben im Pariser Louvre unter den Königen Karl IX. und Heinrich III. und der tatsächlichen Regentschaft der schrecklichen Katharina Medici mit einer Menge toller und pikanter Einzelheiten in seiner virtuosen, klugen und ein wenig ins Groteske und Karikierende verliebten Art. Die Erotik spielt darin eine große Rolle, vielleicht eine allzu große, da es lediglich eine materielle, brutale Erotik ist, immerhin war das Sinnliche im Charakter und Leben des großen Henri IV. wichtig genug, um dies zu rechtfertigen. Den Hauptteil des höchst spannenden Romans bildet die an die Bartholomäusnacht anschließende jahrelange Gefangenhaltung Henris im Louvre unter den Augen der alten Giftmischerin, und seine erstaunliche Kunst, dabei den Halbnarren, den harmlosen Jungen zu spielen und dennoch die Spannkraft nicht zu verlieren.

(1935)

CHRISTIAN MORGENSTERN
1871–1914

Es ist eine Art von Glaubenssatz geworden, die Welt, und insbesondre die deutsche Welt, sei bis zum Jahr 1914 in einem friedlichen Glück geschwommen, dem man dann aus lauter Übermut im Weltkrieg ein Ende bereitet habe.

Materiell gesehen mag das stimmen, obwohl nur halb. Kulturell und geistig genommen stimmt es gar nicht. Sooft ich Briefe oder Biographien aus meiner eigenen Generation lese, sooft ich meiner eigenen Anfänge denke, schreit es mir entgegen, wie fragwürdig, vereinsamt und verlegen jede geistige Jugend damals in der Welt stand, wie beinahe jeder von uns mit Protest oder mit Flucht beginnen mußte, irgendeine Art von gewaltsamer Distanz, von Zucht, von Askese und Weltferne zwischen sich und seiner Zeit aufrichten mußte.

Dieselbe Not hat Christian Morgenstern erlitten, auch ihm ist es ungeheuer schwer geworden, zu einer geistigen Wirklichkeit durchzudringen, die Wesenlosigkeit des Betriebs, der Mode, der Zeitstimmung zu überwinden. Und jener Teil seines Werkes, dem er den Ruhm und Namen eigentlich verdankt, seine humoristische Dichtung, ist ja nichts andres als zum Teil Protest, zum andern Teil Flucht: Protest gegen die Dünne und Ärmlichkeit der geistigen Luft, in der wir aufwuchsen, und Flucht aus dieser Luft in Bezirke romantisch-verantwortungsloser Dichterträume.

Diese Not füllt die erste Hälfte von Morgensterns Biographie, und die Geburt seiner Galgenlieder und seines Galgenhumors aus dieser Not hätte noch eindeutiger und schärfer formuliert werden können.*

Wer Morgensterns Biographie nun ernstlich liest, ohne Partei zu sein, der wird von diesem Leben einen nicht bloß positiven, sondern einen bezwingenden und strahlenden Eindruck bekommen. So wie dem humoristisch-ironischen Spiel seiner Galgenlieder die Reihe seiner «ernsten» Dichtungen gegenübersteht, so entspricht dem einsamen und leidvollen Suchen des jungen Morgenstern ein Finden und Höherkommen, ein schwer erkämpftes Durchdringen zu Harmonie und Sinn. Daß das letzte Stück dieser Entwicklung nicht mehr einsam und führerlos

* Bauer, Meyer, Morgenstern: «Christian Morgenstern, Leben und Werk», Piper Verlag.

sich vollzog, daß er das Glück hatte, mit seinem einsamen Ringen schließlich in einer Gemeinschaft zu münden, nimmt diesem Leben nichts von seiner Originalität und Einmaligkeit. Und hier ist der unaufdringlich schlichte Aufbau und Vortrag des Buches ein großer Vorzug: es wird Morgensterns «Bekehrung» zu Dr. Steiners Lehre und Gemeinschaft nicht zum Wunder entwertet, sie ergibt sich organisch und still, und überzeugt auch den Leser, der nicht dieser Lehre und Gemeinschaft angehört. Gewiß hat Morgenstern, als er zu Steiner kam, Größeres und Selteneres mitgebracht als die meisten andern Jünger, aber er hat auch Unersetzliches empfangen, und seinem Leben ist ein letzter Aufstieg zuteil geworden, dessen schöner Glanz durchaus auch dem nicht auf Steiner schwörenden Leser sichtbar und erlebbar wird. Es scheint so zu sein, daß Morgenstern trotz einer geringen Mitgift an religiöser Tradition eine wesentlich religiöse Seele war, und daß er, über das einsame Erlebnis des Mystikers hinaus, sein letztes und höchstes Erlebnis, das der Gemeinschaft, Dr. Steiner verdankt hat.

Ich habe versucht, die innere Linie dieses Lebens anzudeuten. Das religiöse Erlebnis, das mystische sowohl wie das der Gemeinschaft, ist zwar ein typisches, allgemeines, durchaus überpersönliches; aber es ist nun einmal so, daß es dennoch in seinen hohen Formen nur vom Individuum, von der hochentwickelten Persönlichkeit, vom Genie ganz erfüllt wird. Dafür ist Christian Morgenstern ein Beispiel. (1933)

Es gibt unerträgliche Menschen, welche ihre Humoristen sei es nun Busch oder Morgenstern oder Ringelnatz auf Schritt und Tritt zitieren, weil sie zwar gern lachen, aber selber keinen Humor haben. Ihnen zum Trotz lieben wir Morgenstern und seine Scherzgedichte, die oft so kindlich verspielt, oft so vereinsamt melancholisch sind.

(1933)

«Palmström»

«Palmström» ist ein Büchlein voll launig drolliger Ulk-
verse von der Art, welche man unter Künstlern Viecher-
eien heißt und bis vor kurzem unter Studenten philosophischen Stumpfsinn nannte. Gesprochen, improvisiert
und beim Bier gegen Morgen vorgetragen, sind solche
Verse immer gut, sie sind der reinste und heiterste Ausdruck einer hohen, vorübergehend den Hemmungen der
Konvention entronnenen und fidel gewordenen Intelligenz. Geschrieben und gar gedruckt aber sehen diese
Sachen meistens sehr gering und enttäuschend aus. Das ist
mit dem Palmström anders. Die «Viecherei» ist hier zwar
durchaus echt, aber der Dichter verliert nie die Bewußtheit
des spielenden Ironikers. Er spielt zunächst mit der Technik und zeigt an einigen unendlich formschönen Gedichten
mit völlig verrücktem Inhalt, daß schöne Verse rein als
solche große Wirkung tun können. Von hier führt der
Weg weiter zu den sprachlichen, wortspielenden Phantasien, deren Gipfel das Lied vom Fluß Elster ist, der sich
seiner sprachlichen Herkunft erinnert und als Vogel weg-
fliegt. Hier erscheint der Sprachgeist, wie etwa in manchen
spielenden Philosophemen, als souveräner Schöpfer, dem
die Dinge sich fügen müssen.

Noch schöner, ja wirklich prächtig sind aber Palmströms
eigentliche Phantasien, seine träumerisch spielenden Vorstellungen, von dem «am Tage angehabten» Rock, der sich
nachts ausruht und durch dessen Ärmel die Maus trabt, bis
zum Schluchtenhund und Höllengaul und der entzückenden Mitternachtsmaus. Damit entlehne ich aber schon aus
den «Galgenliedern», einem früheren Büchlein von Morgenstern, das notwendig zum Palmström gehört. Und
wenn ich nun dort blättere und im raschen Wiedererkennen den Zwölf-Elf und das ästhetische Wiesel, das
einsame Knie und den schlittschuhlaufenden Seufzer be-

grüße, wenn ich den «Versuch einer Einleitung» mit seinem den Philister reizenden gelehrt-journalistischen Blödsinn durchlese, um etwa auf die schöne, reine Formel für das alles zu stoßen, da lacht mir hinter dem Titel die Widmung des Büchleins entgegen, die schönste Widmung, die je vor einem humoristischen Buch gestanden hat: «Dem Kind im Manne». Damit ist alles meisterhaft gesagt und das schöne Wort blickt uns aus dem krausen Buche an wie ein liebes, ernstes Auge aus einer grotesken Maske.

(1910)

«Alle Galgenlieder»

Mancher Dichter schon hat sich in Mußestunden der Spielerei mit Wort, Reim, Anklang, Assoziation ergeben, hat mit Vorstellungen und mit Worten gespielt und daraus Verse geschmiedet, deren Form fast immer desto vollkommener war, je weiter er sich ins scheinbar Sinnlose vorwagte. Zu manchen Zeiten war dies Spiel unter Studenten beliebt, und sogar der bedächtige zarte Dichter Mörike hat einige Gedichte dieser Art geschrieben, sein Katergedicht vom Wendehals haben wir schon als Jünglinge geliebt. In den letzten Jahrzehnten war es der ernsthafte Dichter Morgenstern, der neben seinen «eigentlichen», ernsten Gedichten je und je spielerische Scherzgedichte veröffentlichte, und schließlich durch sie berühmter geworden ist als durch die andern.

Diese vor-dadaistischen Dada-Verse haben ihre Beliebtheit wohl verdient, sie sind echt narrenhaft, und manche von ihnen haben so zarte, wohlgebaute, rührend reine Formen, daß man sie schon als Klang lieb gewinnt.

(1933)

MARCEL PROUST

1871–1922

Sehr von [Gide] verschieden, an Qualität und tiefer Künstlertreue seiner Arbeit ihm dennoch ebenbürtig, steht Marcel Proust, der verwöhnte Melancholiker, der vom Kranken- und Sterbebett aus, sich mit Erinnerungen bezaubernd, sein vergangenes Leben, seine Schauplätze und Figuren mit der geduldigen und hartnäckigen Liebe dessen beschreibt, der entsagt und verloren hat, der zum Tod bereit ist und dennoch jede flüchtigste Farbe des entschwindenden Lebens mit glühender Künstler-Verliebtheit nachzumalen gezwungen ist. Die jüngsten Franzosen sprechen heute von dem vor noch nicht zehn Jahren Verstorbenen mit einer gewissen Herablassung wie von einer Mode von gestern. Aber Proust war keine Mode, er war ein großer Dichter, ein großer Künstler und Liebender, und wird nicht vergehen.   (1931)

Ohne Zweifel der gewichtigste Vertreter der Generation der französischen Dichtung, welche auf Gide und Verlaine folgt. Der hellsichtigste und tiefgrabendste Psycholog, der eigenwilligste Gestalter, der sprachlich genialste Meister des Ausdrucks. Die Breite seines epischen Werkes macht ihn fast in ähnlichem Sinn zum Sprecher und Schilderer einer Epoche, wie es einst Balzac war ... Das Werk von Marcel Proust, ein herrliches Werk, das ich mehr liebe als irgendeine andere neue Dichterbekanntschaft des letzten Jahrzehnts!   (1926)

« Im Schatten der jungen Mädchen »
Vor drei Jahren noch, als Proust endlich anfing auch in Deutschland beachtet zu werden, sprachen unsere Kritiker

von ihm flüsternd und geheimnisvoll wie von einem ver-
grabenen Schatz — heut sind sie schon wieder mit ihm
fertig und finden, er sei doch eben nur ein schwächlicher
entnervter Mensch mit Gefühlen zweiten Ranges. Möge
den Kerls Schimmel auf der Zunge wachsen! Ich kümmere
mich den Teufel um sie, ich bin froh, daß es etwas so beseelt
Schönes, etwas so Warmes, Blumiges und Liebenswertes
gibt wie die Gespinste dieses zarten Dichters.   (1927)

HUGO VON HOFMANNSTHAL
1874—1929

Hofmannsthal ist enttäuscht und halb vergessen gestor-
ben, nachdem er einst eine Weile der glänzendste Name
unserer Literatur gewesen war. An ihm, dem Kenner und
Bewahrer der Form, dem Verkünder der Tradition, dem
Pfleger einer edlen Prosa, hat die verwirrte Generation der
Nachkriegszeit sich besonders bitter gerächt; der Berliner
«Querschnitt» durfte sich damals sogar ungestraft bei Hofmannsthals erschütterndem Tode über ihn lustig machen.
Aber diese Lustigmacher auf Kosten so hoher Werte werden morgen nicht mehr da sein, während von Hofmannsthal und seiner Zucht, seiner Ehrfurcht, seinem adligen
Willen noch lange lebendige Spuren bleiben werden. Er
hat in langer sorgfältiger Arbeit nicht nur seine Dichtung
gepflegt, sondern auch seine Kennerschaft, sein Herzens-
verhältnis zu edler Kunst und Dichtung zur Wirkung
gebracht, er hat die schönsten deutschen Lesebücher seiner
Zeit zusammengestellt, hat über die deutsche Sprache
und einige ihrer Meister kostbare Aufsätze geschrieben.
Die schönsten dieser Arbeiten finden wir in der «Berührung der Sphären» wieder.   (1931)

Diese unvollendete Dichtung ist vielleicht das prachtvollste Stück deutscher Prosa aus den letzten paar Jahrzehnten und ist auch als Erfindung oder Vision, obwohl ganz aus Quellen der Bildung, der Tradition und Historik gespeist, von einer wunderbaren Dichtigkeit und magischen Atmosphäre. Auch die «Nachlese der Gedichte» war eine Gabe von bleibendem Wert. Und jetzt ist der Anlauf zu einer repräsentativen Auswahl aus Hofmannsthals Briefen gemacht! Der vorliegende Band beginnt mit dem Jahr 1890 und reicht bis 1901, umfaßt also seine ganze Jugend bis zum Alter von 27 Jahren. Diese Briefe des jungen, glänzenden, etwas verwöhnten und gelegentlich etwas manierierten Wunderkindes führen eine bei uns fast ganz vergessene Kultur herauf, das literarische Wien des fin-de-siècle, die Zeit von Sonnenthal und Kainz und dem Freiherrn von Berger, die Zeit der ersten Publikationen von Schnitzler und Bahr, und die Atmosphäre des wohllebenden, kultivierten, späten kaiserlichen Wien. Und sie zeigen den Dichter, den behutsamen Weisen und Entsagenden in den Zeiten des Übermuts und der Lebensfülle. Die meisten Leser werden sich vor allem die literarischen Briefwechsel betrachten, die Briefe an Bahr, an Schnitzler und (besonders schön) an Beer-Hofmann. Doch sind die nichtliterarischen Briefe, die an die Eltern und Verwandten, besonders die an den Freiherrn Karg von Bebenburg und an den Baron Oppenheimer, vielleicht eher noch aufschlußreicher über den jungen Dichter und über sein Lebensgefühl inmitten der etwas dekadenten Gesellschaft und Künstlerschaft des damaligen Wien. Wir junge Menschen waren damals, wie jede junge Generation, natürlich davon überzeugt, daß eben jetzt eine ganz neue, große, blühende Zeit beginne, und zu den Leuten, auf die wir hörten, gehörte auch der junge Hermann Bahr mit seinen melancholisch hinwehenden Versen und seinen frühen Aufsätzen, welche so merkwürdig vom angenehmen Feuilleton in echte Kontemplationen übergehen konnten. Diese

Zeit und Luft wird durch den Band Briefe beschworen. Der Hofmannsthal dieser Briefe ist noch nicht der ganze, noch nicht der reife Hofmannsthal, er ist noch beinahe ganz der junge Loris. Wie aus ihm, dem bestrickenden jungen Genie mit seinen kleinen Altklugheiten und Spielereien der leidende und enttäuschte, und endlich der reife, edle, überlegene und der echten Liebe kundige Hofmannsthal wurde, das hoffen wir in weiteren Bänden bald zu lesen. (1935)

KARL KRAUS
1874–1936

«Sprüche und Widersprüche»

Karl Kraus, den der Philister durch die «Fackel» und den «Simplicissimus» kennen- und hassen gelernt hat, gab eine Sammlung seiner Aphorismen mit dem Titel «Sprüche und Widersprüche» heraus. Wenn die bekannten eitlen Gebärden der Herren Intellektuellen echt wären, so müßte dies Buch so bekannt sein wie die lustige Witwe. Es wird jedoch diesen Vorzug nie genießen, dafür ist es viel zu anspruchsvoll. Es verlangt nämlich ernst genommen und verstanden zu werden, das hindernislose Rennen des Gewohnheitslesers dürfte auf diesen Seiten keinem glükken. Also wird es bei der «kleinen Gemeinde» oder den «cent lecteurs» bleiben, mit denen wohlwollende Kritiker unbequeme Genies zu trösten pflegen.

Das ist schade, denn das Buch ist unheimlich ernsthaft. Es hat die Ernsthaftigkeit des Narren, der Gold für Gold und Dreck für Dreck nimmt und den Journalisten durchaus nicht glauben mag, daß Dreck Gold sei. Diese Ernsthaftigkeit, so tragisch sie ist, hindert nicht, daß das Buch voll diabolischer Lustigkeit steckt — und wenn zehn Leser die Geduld oder gar das Verständnis für so etwas hätten, würde ich mit Vergnügen auch auf die sprachliche Kunst und formale Meisterschaft der Sprüche eingehen. Statt dessen deute ich an, daß witzige Leser hier reichlich Gelegenheit finden, sich über die tolle Eitelkeit eines nicht einmal sehr berühmten Künstlers aufzuregen, eines Mannes, dem tatsächlich außer seiner Kunst nichts heilig ist, eines Don Quichotte, dessen Manie es ist, das Unmögliche zu unternehmen und sich Todfeinde in einer mächtigen Zunft zu schaffen, in welcher er leicht den Meister spielen könnte. Wenn ein Zehntel dieser Gedanken, etwas ausgekocht und mit mehr Sauce serviert, in einem Band voll langer Feuilletons stünde, so würde Kraus für den ersten deutschen Humoristen gelten.

Ich hatte mir ein halbes Dutzend der Sprüche notiert, um sie als Beispiele anzuführen. Doch ist es besser, statt dessen dringlich auf das Buch selber hinzuweisen, das eben nicht nur eine Sammlung von Einfällen und Schnurren ist, sondern in seiner Gesamtheit, in seinen hundert Spiegelungen und Farbenreizen, dem Aufmerksamen eines der kühnsten und merkwürdigsten Selbstporträts zeigt, das unsre neuere Literatur hat. Das «Indianerstaunen der Zivilisation über die Errungenschaften der Natur» wiederholt sich eben, so oft wir ernstlich vor einer unbeschnittenen Persönlichkeit die Augen aufmachen.   (1910)

C. G. JUNG

1875–1961

« Wirklichkeit der Seele »

Unter den heutigen Psychologen nimmt eine eigenartige und wichtige Stellung der Zürcher Psychiater C. G. Jung ein, einer der glänzendsten Schüler Freuds, seinerzeit kurz vor dem Weltkrieg als Verfasser der genialen «Wandlungen der Libido» Aufsehen erregend, dann sich mit Freud entzweiend und von ihm lossagend, schließlich Begründer einer Psychologie, in deren Mittelpunkt seine beiden Funde standen, das «kollektive Unbewußte» und die «Psychologischen Typen». Seine Typenlehre ist es wohl, die ihn am meisten bekannt gemacht hat. Indessen ist es nicht ganz leicht, ihm aus der Ferne gerecht zu werden, denn Jung ist nicht ausschließlich und nicht einmal in erster Linie gelehrter Autor, er ist vor allem Arzt und ist Lehrer seiner Gemeinde, und so erscheint denn sein neuestes Werk «Wirklichkeit der Seele» mit Beiträgen von einigen seiner Schüler und Freunde. Man möchte sich von Jung wohl ein systematisches Werk wünschen, etwas leise Enttäuschendes haben ja die «Vorträge» immer mit ihrer Anpassung an die feuilletonistischen Bedürfnisse des Publikums und anderen, wennschon ironischen Komplimenten vor dem Zeitgeist. Indessen enthält der Band dennoch genug Wertvolles, Neues und Gutes, um ernster Beachtung wert zu sein. Ein Aufsatz orientiert über Jungs heutige Stellung zu Freud, und sämtliche Vorträge und Aufsätze bemühen sich um die Einreihung der Jungschen Psychologie in die heutige Wissenschaft und das heutige Geistesleben. Praktisch und ärztlich hat diese Psychologie mit ihrem Bekenntnis zur «Wirklichkeit des Psychischen» und ihrer schönen Ehrfurcht vor der Weisheit des überpersönlichen Unbewußten längst ihre feste Stelle auf Erden und ist nicht mehr weg zu denken; ihre Einreihung in die heutige Wissenschaft indes ist noch nicht völlig vollzogen, darum eben geht es ja in diesen Aufsatzbänden. Der Tonfall ist vielleicht ein klein wenig professoraler geworden als früher, Jung ist jetzt sechzigjährig und ist kein belächelter Outsider mehr, sondern eine offiziell anerkannte Größe, und so hübsch dies ist, so tut es einem doch je und je ein wenig leid um die Abseitigkeit und Weltferne des einstigen, «okkulten» Jung. Nun, sein schönes Buch sei herzlich begrüßt, und er selbst mit, zu seinem sechzigsten Geburtstag. Nach Freud hat kein heutiger Psychiater die Einsicht in das Wesen des Seelischen mehr gefördert als er. Er bleibt nicht bei dessen Mechanismen stehen und traktiert es nicht als Naturwissenschaft, sondern als Philosophie. Aber vor einer Tendenz zum Akademischen rettet ihn seine Erfahrung als Arzt; immer wieder, auch in diesen neuen Arbeiten, schöpft er aus seiner psychiatrischen Praxis ein Mißtrauen gegen die reine Theorie und eine originelle Frische der Anschauung.

Und zuweilen, wie in dem Aufsatz über den «Ulysses» von James Joyce, erreicht er eine Höhe und magische Vielseitigkeit der Betrachtung, für die wir ihn bewundern.

(1931)

In einem Aufsatz über Freud macht sich C. G. Jung gelegentlich über den von Freud formulierten Begriff der «Sublimierung» lustig. Für uns Nichtpsychologen, welchen die Ehrfurcht nichts Belachenswertes ist, gibt es in der ganzen Geschichte der Menschheit nichts Interessanteres, ja überhaupt nichts andres, was wichtig wäre, als gerade den Vorgang der Sublimierung. Daß der Mensch unter Umständen dazu fähig ist, seine Triebe in den Dienst überegoistischer, geistiger, religiöser, kultureller Ziele zu stellen, daß es Hingabe an den Geist, daß es Heilige und Märtyrer gibt, das ist für uns das einzige Tröstliche und Positive in der Weltgeschichte, und ist das einzige, was von der Geschichte übrigbleibt. Daß Sublimierung nicht, wie Jung aus Ranküne gegen Freud spottet, ein leeres Wort ohne Sinn, sondern vielmehr als Möglichkeit, als Ideal, als Forderung vorhanden, wirksam und unsrer größten Ehrfurcht würdig ist, davon erzählt seit Urzeiten jeder Mythos, jede Sage, jede Legende und jede Geschichte, und der jüdische Beitrag zu dieser heimlichen Geschichte der Sublimierungsfähigkeit der menschlichen Triebe ist ein gewaltig großer. (1934)

ANNETTE KOLB
1875–1967

«Die Schaukel»

Annette Kolb, die Sechzigjährige, ist unter den weiblichen deutschen Autoren unsrer Zeit der eigenartigste, originellste, unnachahmlichste. Sie ist Tochter einer Französin, hat immer viel in Frankreich und England gelebt, ist durch und durch musikalisch und schreibt ein Deutsch, das genial und elastisch genug ist, ihrer eigenwilligen Persönlichkeit jeden Ausdruck zu erlauben, und das doch anscheinend jeden Augenblick in Gefahr ist, Fehler zu begehen, d. h. allzuviel französische Syntax ins Deutsche herüberzunehmen. Gelegentlich hat ein Satz von ihr jene entzückende Genialität, wie sie eine Sprache bloß im Mund eines Ausländers und nur in begnadeten Augenblicken haben kann, eine Genialität, die zugleich daneben und ins Schwarze trifft, die mit einem kleinen Fehler ein unerhörtes Plus an Ausdruck erreicht. Eigenwillig, deutschfranzösisch, temperamentvoll, launisch und unruhvoll ist auch ihr Gedankenleben, ihre Liebe zugleich für die Musik und für den Intellekt, ihr politischer Idealismus (sie hat im Jahr 1914 mit einer Tapferkeit, die wir ihr nie vergessen werden, in Deutschland den Kampf gegen Fanatismus und Haßpsychose aufgenommen). Daß von dieser ebenso zarten wie wehrhaften, ebenso melancholischen wie temperamentvollen Frau ein neues Buch erschienen ist, eines ihrer besten, hat Tausende erfreut. Selbst in diesem Augenblick tiefster wirtschaftlicher und literarischer Depression hat ihr neuer Roman «Die Schaukel» rasch Erfolg gehabt. Schon die frühern beiden Romane Annette Kolbs enthielten viel Selbstporträt und Autobiographie, dieser neue erzählt uns ihre Herkunft und Jugend, schildert mit entzückender Anschaulichkeit ihr Münchner Elternhaus, die Eltern, die Geschwister, die Jahre der Kindheit und ersten Jugend. Ich weiß nichts darüber, wie viel in diesem Roman fabuliert, maskiert, erfunden ist, ich begehre dies auch gar nicht zu wissen, das Leben und die Person dieser Dichterin ist für uns, ihre dankbaren Leser, genau in der Weise wahr, interessant und wichtig, in welcher sie selbst es erzählt, in welcher sie uns daran teilhaben läßt. Die Bilder dieses höchst lebendigen Buches scheinen in wunderbarer Lässigkeit und Leichtheit hingemalt, hingespielt zu sein — in Wirklichkeit ist diese hohe Kunst schwer erworben und erarbeitet. Die Grundstimmung dieser Dichtung und aller Kolbschen Romane ist eigentlich Melancholie, ist die Wehmut der Erinnerung, des Wissens um Tod und Vergänglichkeit. Aber nirgends ist diese Wehmut schlaff und nur passiv, nirgends ist sie sentimental, sie ist die dunkle, selbstverständliche Basis einer Lebenstapferkeit, einer Bereitschaft zur Freude, Spiel und Scherz, einer Bereitschaft zu Liebe, Kameradschaft und Güte. Auch da, wo der Erzählerin die Tränen nahe stehen, ist ihre Erzählung immer, wie eine gute Musik es sein soll: tapfer, gebändigt, aktiv, zum Rücksprung in eine heitere und lichte Tonart bereit. Das gibt der Dichterin und ihrem Buch den Charme und die Originalität: immer ist ihre Heiterkeit bereit sich der Tragik zu erinnern, und immer ist ihre Trauer bereit, unterwegs eine Blume zu pflücken, eine drollige Kleinigkeit wahrzunehmen. Aus tiefen und dunklen Gewölben fließt der heitere Quell dieser Erzählung. (1934)

THOMAS MANN
1875–1955

« Tristan, sechs Novellen »

Man könnte beinah glauben, Thomas Mann habe den
Ehrgeiz eines Tausendkünstlers. In den «Buddenbrooks»
war er der Athlet, der kaltblütig und sicher mit der Zent-
nerlast eines Riesenstoffes «arbeitete», im «Tristan» zeigt
er sich nun als zierlichen Jongleur, als Meister der Bagatelle. Im Grunde sind freilich beide Bücher so nahe als
möglich miteinander verwandt; nur wuchs, was im
«Tristan» als flüchtiges Mienenspiel erscheint, in den «Buddenbrooks» durch die Wucht und Einheitlichkeit des Stoffes zur großen tragischen Gebärde. Sein neues Buch mag
manchen dazu verführen, es rein als die saubere Arbeit
eines sehr raffinierten Artisten zu betrachten; es scheint
fast mit seiner kühlen Grazie selbst zu kokettieren. Dennoch ist es mehr als ein technisches Meisterwerkchen. Die
sechs Novellen, von denen nur die eine, «Luischen»,
dauernd unbefriedigt läßt, spielen meist nahe an der
Grenze des Burlesken und erinnern zuweilen an irgend-
welche alte, tolle songes drolatiques. Sieht man genauer
zu, so sind die Ungeheuer keine Ungeheuer, die Fratzen
keine Fratzen, es ist nur die scheinbar zufällige, höchst
durchdachte und ausstudierte Beleuchtung — sobald wir
die Laterne etwas anders stellen, erkennen wir in dem
Spuk unsre Freunde, Brüder, Vettern, Nachbarn, manchmal auch wohlbekannte Züge von uns selber. Bei dieser
Entdeckung haben wir ein Gefühl, das halb Schrecken,
halb Aufatmen ist, halb Befriedigung und halb Enttäuschung, und genau genommen war das auch schon in den
«Buddenbrooks» die Grundstimmung. Es gibt Tage, an denen wir die Welt mit einer Mischung von nüchterner Kritik
und uneingestandener Sehnsucht betrachten; an diesen

Tagen zeigen Menschen und Dinge uns solche Gesichter, wie Th. Mann sie malt, so zum Lachen ernsthaft und zum Weinen komisch. Wer solche Mischungen braut, ist niemals bloß Artist, sondern muß schon tief aus den Schalen des Ungenügens und der Sehnsucht getrunken haben, ohne die kein Artist zum Dichter wird. So ist «Tristan» ein Buch, in dem man sehr Verschiedenes finden und das man auf sehr verschiedene Weisen genießen kann, ein Buch ausschließlich für literarische Leser, für Kenner; für diese aber wird es zum Delikatesten gehören, was das zu Ende gehende Jahr geboten hat.   (1903)

Thomas Mann ist vielleicht der einzige unter unseren «Intellektuellen» in der schönen Literatur, bei dem ein großes Darstellungsvermögen dem geübten skeptischen Verstand die Waage hält. Seine Novellen sind weniger Erzählungen als Charakterstudien, aber sie sind alle bis in das einzelne Wort hinein eigentümlich, scharfgeprägt und unendlich überlegt, eine rechte Feinschmeckerkunst ohne alle Falschheiten.   (1909)

«Königliche Hoheit»

Ein umfangreicher, neuer Roman von Thomas Mann ist in unsrer Literatur wohl ein Ereignis zu nennen. Überraschungen zwar erwartet niemand von ihm, denn kaum ein andrer von unsern zeitgenössischen Dichtern ist wie er gleich mit dem ersten Buche fast als Fertiger aufgetreten und hat uns von allem Anfang an sein Bild mit allen wesentlichen Zügen gegeben: das Bild eines noblen, gescheiten, differenzierten Menschen, eines unerbittlichen Beobachters, der feine Sprachkünste übt und dabei sich seiner Künstlerschaft beinahe schämt, so daß er zum Melancholiker und, als intelligenter und auf Abwehr bedachter Mensch, leicht zum Ironiker wird. Alle diese Züge waren schon im ‹Kleinen Herrn Friedemann›, und alle zeigten sich, voll und harmonisch entwickelt, in verblüffendem Zusammenklang in den «Buddenbrooks».

«Königliche Hoheit», Manns neuer, großer Roman bringt wirklich keine Überraschung. Er bringt vielleicht denen, die sich in diesen Jahren wiederholt und beglückt mit den Buddenbrooks beschäftigt hatten, eine Art von Enttäuschung; denn solche Bücher wie die Buddenbrooks schreibt auch ein Meister nicht alle Jahre, und auch nicht alle zehn Jahre. Die Buddenbrooks waren, von kleinen Sonderlichkeiten und Spielereien abgesehen, ein Werk von jener Art, das man im Lauf der Jahre mit eigenem Erleben verwechseln kann, ähnlich einigen großen Schöpfungen von Balzac, Flaubert, Tolstoi, Bang. Sie waren so absichtslos, unerfunden, natürlich und überzeugend wie ein Stück Natur, man verlor ihnen gegenüber den ästhetischen Standpunkt und gab sich hin wie dem Anblick eines natürlichen Geschehens. Damit verglichen, ist «Königliche Hoheit» ein Roman, ein Roman in gutem und schlechtem Sinn, eine Erfindung und künstlerische Arbeit, ein Gewolltes, dem wir mit Interesse, Liebe, Bewunderung, aber nicht mit solcher selbstvergessener Hingenommenheit folgen.

Vielleicht hängt es damit zusammen, daß in diesem neuen Buche auch die paar störenden Sonderbarkeiten weit stärker empfunden werden. Da nun einmal jene Gewalt fehlt, die uns in den Buddenbrooks mitriß, sind wir strengere und kühlere Richter, und da wundern wir uns denn, daß dieser große Künstler einen so fatalen Zug hat und daß all seine Sicherheit ihn nicht immer vor offensichtlichen Irrtümern und Geschmacklosigkeiten retten kann. Es klingt beinah komisch: Thomas Mann und Geschmacklosigkeiten, und doch ist es so.

Thomas Mann hat nämlich die Sicherheit des Geschmacks, die auf höchster Bildung beruht, nicht aber die traumwandlerische Sicherheit des naiven Genies. Damit ist alles gesagt: er ist ein Dichter, ein begabter und vielleicht großer Dichter, aber er ist ebensosehr und noch mehr Intellektueller. Er hat die Gaben, aber er hat nicht die Naivität eines Balzac oder gar Dickens. Darum fühlt er auch seine große Begabung mehr als vereinsamende Besonderheit denn als stolze Auszeichnung. Darum neigt er auch zum Ironisieren und gelegentlichen Durchreißen der Kunstform.

Der naive, «reine» Dichter, scheint mir, denkt überhaupt nicht an Leser. Der schlechte Autor denkt an sie, sucht ihnen zu gefallen, schmeichelt ihnen. Der mißtrauische Intellektuelle, also Thomas Mann, sucht sich den Leser in Distanz zu halten, indem er ihn ironisiert, indem er ihm scheinbar entgegenkommt, ihm Erleichterungen und Eselsbrücken bietet. Dazu gehört die boshafte, übrigens leider häßliche Manier, jede Figur bei jedem Wiederauftreten ihre stereotypen Attribute vorzeigen zu lassen, damit der Leser sage: Aha, das ist der! Mit solchen schlechten Scherzen weiß Mann den Leser bald zu locken, bald zu düpieren, ja er geht so weit, ein durchaus kindliches, ja kindisches Spiel mit Namen und Masken zu treiben, von der Art ältester und übelster Lustspiele. Er bringt einen Doktor Überbein mit grüner Gesichtshaut und rotem Bart, ein Fräulein Unschlitt (Tochter eines Seifensieders!) mit auffallenden Schlüsselbeinen, auch Herr Schustermann mit seinen Zeitungsausschnitten und viele andre solche Figuren sind gar nichts als Masken. Und wenn man eine von Manns unglaublich liebevollen Naturbeobachtungen oder einen seiner leuchtenden Sätze über Kunst, etwa über Musik, gelesen hat, begreift man vorübergehend nicht, wie derselbe Mann seine Kunst so mißbrauchen kann.

Das klingt nun alles etwas grämlich und tadlerisch. Aber doch nur, weil wir Thomas Mann lieben und hochachten, müssen wir ihm jene Manieriertheiten so strenge anmerken. Wahrlich, ein kleinerer könnte mit diesen Mätzchen und Spielereien, die bei Mann uns ärgern, noch Staat machen und imponieren. Uns aber scheint, ein Künstler wie Mann, der intellektuell so hoch über allen Vorurteilen und Urteilen steht, der so rein zu beobachten und so rein zu gestalten weiß, müßte in großen, ernsthaft angelegten und ernsthaft unternommenen Dichtungen diese gewiß witzigen, gewiß amüsanten und ihn gewiß heimlich befriedigenden Antreibereien des Publikums entbehren können. Er räumt damit, natürlich absichtlich, dem gemeinen Leser eine Art von Überlegenheit ein, um ihm alles Feine, Ernsthafte, wirklich Sagenswerte dafür zu unterschlagen, denn das sagt er dann so zart und nebenbei, daß jener es nicht merkt. So ist auch seine Sprache anscheinend die eines guten Journalisten, hat scheinbar keine Absicht als Deutlichsein, Präzisieren, und ist heimlich so voll Pikanterie, Ironie, Noblesse und verstohlenem Glanz, daß man beim Lesen beständig feine Reizungen und Überraschungen erlebt.

Der Bürger kann diese Bücher lesen und sich tatsächlich unterhalten fühlen (um so mehr als in diesem neuen Roman eine recht romanhafte Fabel spielt), während ihm Pointe um Pointe entgeht. Und unsereiner, der die Nase für die Pointen wohl hat, genießt sie nur mit halbem Genuß und beinah schlechtem Gewissen, weil sie bei allem Geist und aller Grazie doch mit der Kunst nur ganz äußerlich zu tun haben. Wir möchten einmal ein Buch von Thomas Mann lesen, in dem er an die Leser gar nicht denkt, in dem er niemand zu verlocken und niemand zu ironisieren trachtet. Wir werden dies Buch nie bekommen, unser Wunsch ist ungerecht, denn jenes Spiel mit der Maus gehört bei Mann zum Wesen; aber vielleicht tut er, der doch nach einer gewissen Objektivität zu streben scheint, sich einmal soweit Zwang an, diese allzu subjektive Technik noch etwas zu objektivieren. Denn dieses beständige Spielen mit dem Leser setzt ein beständiges Denken an den Leser voraus, und dieses Denken gehört nicht zu den Voraussetzungen für das Gelingen reiner Kunstwerke.

Inzwischen aber freuen wir uns an der «Königlichen

Hoheit» und an allem, was von diesem feinen Manne kommt. Sein Unscheinbarstes wird immer noch hoch über dem Üblichen stehen. (1910)

«Leiden und Größe der Meister»

Jede Wiederbegegnung mit diesem elastischen, aber energischen Geist läßt uns fühlen, daß er nicht nur ein glänzender Schriftsteller und sehr kluger, geistreicher Mensch, sondern nicht minder ein treuer, fester, sich bewährender Charakter ist, ein Mann, der sich treu bleibt. Nie wollte er das antibürgerliche «Genie» sein, er will sich nicht aufspielen, er will nicht überkommene Wertungen zertrümmern, er ist ein dankbarer und vollwertiger Erbe und Sohn der bürgerlichen deutschen Kultur, einer vormodernen und zur Zeit von einem Teil der Jugend belächelten Kultur also — aber immerhin jener Kultur, aus der nicht bloß Goethe und Humboldt, Schiller und Hölderlin, Keller, Storm und Fontane, sondern auch Nietzsche und Marx hervorgegangen sind. Wir mögen ihn wohl jenen Meistern zurechnen und anreihen, deren «Leiden und Größe» er, ihr jüngerer Bruder, kennt und deutet. Das im schönen und würdigen Sinne «Bürgerliche» bei Thomas Mann kommt wohl in den Essays über Goethe, über Wagner und Storm besonders rein zum Ausdruck. Ein merkwürdig anpackender und wirksamer Aufsatz ist der über August v. Platen, auch er vermutlich nicht aus dem Ärmel geschüttelt, sondern treu erarbeitet, aber er wirkt wie der Blitz eines glücklichen Einfalls. Wegen des Wagner-Aufsatzes ist Thomas Mann seinerzeit in München von seinen vormaligen Kollegen und Freunden, den dortigen «Intellektuellen», in ebenso häßlicher wie törichter Weise angegriffen und denunziert worden, weil trotz seiner lebenslangen tiefen Liebe zu Wagner sein Verständnis für das Fragwürdige und Pathologische in diesem Genie etwas tiefer reicht als das der Kapellmeister. Ich teile Manns tiefe

Liebe zu Wagner nicht, aber ich muß diesen Wagner-Aufsatz ganz besonders rühmen.

Es sei übrigens, um nicht einem Irrtum Vorschub zu leisten, den die Gegner Manns gern verbreiten — es sei noch ein Wort über das «Bürgerliche» bei Thomas Mann gesagt. Er ist ein Bürger im positiven und edlen Sinne, aber er ist wahrlich kein Spießbürger. Junge Enthusiasten lehnen ihn gelegentlich ab als allzu verständig, allzu intellektuell und ironisch und übersehen dabei ganz und gar, wie sehr dieser Geist auch «Genie» ist, wie sehr individualisiert und gefährdet, wie sehr um das «Leiden» der Meister wissend, wie viel vom Heroismus und auch von der Dämonie des von seinem Werk Besessenen und sich ihm Opfernden er in sich hat. Wer das nicht aus seinen Dichtungen erkannt hat, der könnte es aus vielen herrlichen und verräterischen Sätzen dieser Essays erkennen.

(1935)

ALFRED POLGAR

1875–1955

«In der Zwischenzeit»

Seine kleinen Betrachtungen, Erzählungen und ironischen Glossen haben immer hinter ihrer spielerisch eleganten Fläche eine stille Melancholie verborgen, sie hat sich in dem neuen Buch verstärkt und auch etwas verbittert. Schuld daran ist nicht allein die Emigration. Der Literat, der eine journalistische Aufgabe hat und auf den Apparat der Zeitungen angewiesen ist, mag seine Spezialität noch so hoch ausbilden, seine Kunst noch so fein beherrschen, auf die Dauer wird ein Unbefriedigtsein übrigbleiben und etwas von dem Neid, den der Musikant gegen den Komponisten empfindet. Polgar äußert diese Stimmung zuweilen unverhüllt und hat damit ebenso unrecht wie jeder, der aus einer persönlichen Verstimmung oder auch Tragik heraus über Allgemeines urteilt. Aber seine glänzenden Eigenschaften sind ihm geblieben, und immer wieder trifft er in seinen Feuilletons jenen Ton zwischen Witz und Wehmut, zwischen Spaß und Weisheit, den wir an ihm lieben. (1935)

RAINER MARIA RILKE

1875–1926

Als Rilke starb, war es für die kleine Gemeinde der deutschen Dichtung der Untergang eines Sternes, eines der wenigen, die am trüben Himmel dieser Zeit noch standen.

Jetzt, wo seine Gesammelten Werke herauskommen, erlebt der Leser dieser Werke beim ersten Blättern und Durchsuchen mit Freude und Wehmut eine geisterhafte Wiederkehr; er öffnet Band um Band und findet alle Stadien und Etappen wieder, in welchen er diesen Dichter durch die Jahrzehnte gekannt, geliebt und begleitet hat, oft ohne unterscheiden zu können, ob es sich um Etappen und Entwicklungen im eigenen Leben (des Lesers) oder im Leben des Dichters handle. Oft schien Rilke sich zu wandeln für die, die ihn lange lasen, oft schien er eine Haut abzustreifen, zuweilen sich zu maskieren. Jetzt zeigt die Gesamtausgabe ein überraschend einheitliches Bild, die Treue des Dichters zum eigenen Wesen ist weit größer, die Kraft dieses Wesens weit stärker als das, was wir einst Wandlungsfähigkeit oder auch Wandelbarkeit nannten.

Wir nehmen Band um Band, wir blättern, wir summen Anfangsworte geliebter Gedichte vor uns hin, beginnen einzelne Lieblinge zu suchen und verlieren uns wieder im weiten, lichten Wald dieser Gedichte. Und in jedem Bande finden wir Unvergängliches, Bewährtes stehen, unter den allerfrühsten zaghaften Gedichten nicht weniger als unter den spätesten. Im ersten Bande finden wir jene holden Klänge wieder, die uns vor dreißig Jahren so sanft und tief bezauberten, jene stillen, einfachen Verse voll erstaunter und schüchterner Seele, jene Verse, wie:

> Mich rührt so sehr
> böhmischen Volkes Weise,
> schleicht sie ins Herz sich leise,
> macht sie es schwer,

und die Lieder des «Advent». Im zweiten Bande, beim «Buch der Bilder», erinnern wir uns des starken Eindrukkes von Ermannung und Formkraft, den dies Buch uns einst gemacht, und bleiben lang am «Stundenbuch» hängen, das einst unser und unsrer Freundinnen Liebling war. Im dritten Band, dem letzten der Gedichtbände, weht die klassische Frömmigkeit der «Neuen Gedichte» und steigert sich in den Duineser Elegien zum Gipfel des Werkes. Merkwürdig, dieser Weg vom böhmisch-volksliedhaften Jugendklang bis hierher und bis zum Orpheus, merkwürdig, wie dieser Dichter so folgerichtig mit dem Einfachsten beginnt und mit der wachsenden Sprache, mit der wachsenden Meisterschaft der Form tiefer und tiefer in die Probleme hinabsteigt! Und auf jeder Stufe gelingt ihm je und je das Wunder, wird seine zarte, zweifelnde, der Sorge bedürftige Person entrückt und wird durchtönt von der Musik der Welt, wird wie die Brunnenschale Instrument und Ohr zugleich.

Die zwei folgenden Bände bringen die Prosaschriften, unter ihnen den geliebten, unvergeßlichen Malte Laurids Brigge. Wenn man denkt, daß dieser Brigge seit bald zwanzig Jahren da war, nicht völlig unbekannt zwar, aber doch im Schatten stehend, während inzwischen Dutzende von vergänglichen, schnell aufgeblühten, schnell abgewelkten Erfolgen unsrer so sehr raschlebigen und schlechtrassigen Prosadichtung vorüberzogen! Rilkes Malte Laurids Brigge wirkt wie am ersten Tag.

Den letzten Band der Werke füllen die Übertragungen, und hier blühen noch einmal alle großen Tugenden dieses Dichters auf: die Meisterschaft der Form, der sichere Instinkt im Wählen und die Treue seines Werbens um letztes Verständnis. Kleinode wie die Übertragung von Guérins «Kentauer» stehen da, André Gides «Rückkehr des verlorenen Sohnes» und Paul Valérys Gedichte, und man denkt daran, wie die Liebe zu Paris und zur französischen Sprache, zusammen mit dem Leiden unter deutschem Sprachniedergang und deutscher Sprachsaloppheit, den Dichter in seinen letzten Jahren sogar dazu verführt hat, aktiv um die geliebte Sprache zu werben und französische Gedichte zu schreiben. (1928)

Als vor einigen Monaten der Dichter Rilke starb, konnte man aus dem Verhalten der geistigen Welt — teils aus ihrem Schweigen, teils und noch mehr aus dem, was sie äußerte — deutlich sehen, wie in unsrer Zeit der Dichter, als reinster Typus des beseelten Menschen, zwischen Maschinenwelt und der Welt der intellektuellen Betriebsamkeit gleichsam in einen luftlosen Raum gedrängt und zum Ersticken verurteilt ist.

Diese Zeit deswegen anzuklagen, haben wir kein Recht. Diese Zeit ist nicht schlechter noch besser als andere Zeiten. Sie ist ein Himmel für den, der ihre Ziele und Ideale teilt, und ist eine Hölle für den, der ihnen widerstrebt. Da nun der Dichter, wenn er seiner Herkunft und Berufung treu bleiben will, sich weder der erfolgstrunkenen Welt der Lebensbeherrschung durch Industrie und Organisation anschließen und hingeben darf, noch der Welt rationalisierter Geistigkeit, wie sie etwa unsre Universitäten beherrscht, sondern da es des Dichters einzige Aufgabe und Sendung ist, Diener, Ritter und Anwalt der Seele zu sein, sieht er sich im heutigen Welt-Augenblick zu einer Vereinsamung und einem Leiden verurteilt, welches nicht jedermanns Sache ist. Wir wehren uns alle gegen das Leiden, jeder von uns hat es gern ein bißchen gut und warm auf der Welt, und sieht sich gern von seiner Umwelt verstanden und bestätigt. So sehen wir denn die Mehrzahl der heutigen Dichter (ihre Zahl ist ohnehin klein) sich irgendwie der Zeit und ihrem Geiste anpassen, und gerade diese Dichter sind es, denen die größten Erfolge an der Oberfläche zufallen. Andere wieder verstummen und gehen im luftleeren Raum dieser Hölle still zugrunde.

Noch andere wieder — zu ihnen gehörte Rilke — nehmen das Leid auf sich, unterwerfen sich dem Schicksal und wehren sich nicht dagegen, wenn sie sehen, daß die Krone, welche andere Zeiten für den Dichter hatten, heut zum Dornenkranz geworden ist. Bei diesen Dichtern ist meine Liebe, sie verehre ich, ihr Bruder möchte ich sein. Wir leiden, aber nicht um zu protestieren und zu schimpfen. Wir ersticken in der für uns nicht atembaren Luft der Maschinenwelt und der barbarischen Notdurft, die uns umgibt, aber wir lösen uns nicht vom Ganzen, wir nehmen dies Leiden und Ersticken an als unsern Teil am Weltgeschick, als unsere Sendung, als unsere Prüfung. Wir glauben an keines von den Idealen dieser Zeit, nicht an das der Diktatoren noch an das der Bolschewiken, nicht an das der Professoren noch an das der Fabrikanten. Aber wir glauben, daß der Mensch unsterblich ist und daß sein Bild aus jeder Entstellung wieder genesen, aus jeder Hölle geläutert wieder hervorgehen kann. Wir glauben an die Seele, deren Rechte und Bedürfnisse, wenn auch noch so lange und noch so hart unterdrückt, niemals sterben können. Wir suchen unsere Zeit nicht zu erklären, nicht zu bessern, nicht zu belehren, sondern wir suchen ihr, indem wir unser eignes Leid und unsere eigenen Träume enthüllen, die Welt der Bilder, die Welt der Seele, die Welt des Erlebens immer wieder zu öffnen. Die Träume sind zum Teil arge Angstträume, diese Bilder sind zum Teil grausige Schreckbilder — wir dürfen sie nicht verschönern, wir dürfen nichts weglügen. Wir dürfen nicht verhehlen, daß die Seele der

Menschheit in Gefahr und nah am Abgrund ist. Wir dürfen aber auch nicht verhehlen, daß wir an ihre Unsterblichkeit glauben. (1927)

«Briefe aus den Jahren 1907—1914»

Es ist kein Zufall, und ist, obwohl es zuweilen so aussehen könnte, auch keineswegs eine bloß ästhetische Angelegenheit, wenn die Gestalt des Dichters Rilke für unsere Zeit zu einer solchen Wichtigkeit geworden ist, wenn nicht nur eine Gemeinde treuer Leser seine Werke liebt und ehrt, sondern wenn auch Rilkes Gestalt und Leben, wenn seine Briefe, sein Nachlaß, die Erinnerungen an ihn so ernst genommen werden und mit so viel Verehrung gesammelt und gepflegt werden. Gewiß, es ist in Rilke und seiner Atmosphäre auch ein kleines Stück Snobismus, und es ist viel davon in der Art von Verehrung, die er in gewissen Kreisen genießt. Aber das klebt nur außen, und getragen wird das, was wir den Rilke-Kult nennen könnten, keineswegs von allen jenen Damen der besten Gesellschaft, denen es Ehrensache war, diesen Dichter teils zu verehren, teils zu begönnern und seine schönen, oft schmeichelhaften Briefe pietätvoll zu sammeln. Das Phänomen Rilke hat damit kaum einen Zusammenhang. Es sieht etwa so aus: mitten in einer Zeit der Gewalt und brutalen Machtanbetung wird ein Dichter zum Liebling, ja zum Propheten und Vorbild für eine geistige Elite, ein Dichter, dessen Wesen Schwäche, Zartheit, Hingabe und Demut zu sein scheint, der aber aus seiner Schwäche einen Antrieb zur Größe, aus seiner Zartheit eine Kraft, aus seiner seelischen Gefährdung und Lebensangst eine heroische Askese gemacht hat. Und darum gehören die Briefe Rilkes, gehört sein persönliches Leben und seine Legende so sehr mit zu seinem Werk, weil er in seiner Anlage so sehr typisch ist für das Ungeborgene, Heimatlose, Entwurzelte, Gefährdete, ja Selbstmörderische des geistigen Menschen in unserer Zeit.

Er überwindet nicht, weil er stärker, sondern weil er schwächer war als der Durchschnitt, es ist das Kranke und Gefährdete seiner Natur, das die heilenden, beschwörenden, magischen Kräfte in ihm so gewaltig aufgerufen und gestärkt hat. Und so ist er ein geliebtes und tröstendes Bild und Vorbild des Geistigen und Künstlers geworden, der sich dem Leide nicht entzieht, der sich von seiner Zeit und ihren Ängsten, der sich von seinen eigenen Schwächen und Gefahren nicht abtrennt und lossagt, sondern durch sie hindurch, ein Leidender, seinen Glauben, seine Lebensmöglichkeit, seinen Sieg erstreitet. Als Dichter hat dieser Weg ihn zu einer neuen, erlittenen, erkämpften, oft vor Anstrengung durch und durch vibrierenden Form geführt. Als Menschen hat ihn sein Schicksal demütig und gütig gemacht. Und mit vollem Recht rechnet seine Gemeinde die vielen herrlichen Briefe, die er geschrieben hat, als einen unentbehrlichen und vollwertigen Teil seines Werkes.

Der neue Briefband umfaßt die Jahre, deren wichtigstes Erlebnis und Ergebnis der «Malte Laurids Brigge» war. Um dies Zentrum schwingt das ganze Buch. Aber daneben ziehen überall kleine Geschenke und Kostbarkeiten. Schilderungen (von Bildern, von Wohnungen, von Gärten) von herrlicher Meisterschaft, oder Dinge wie die Seite an Brandes über André Gides «Enge Pforte»!

Die kleine Broschüre «Über Gott» stellt zwei Briefe zusammen, einen wirklichen aus der Kriegszeit und einen imaginären, literarischen aus seinen letzten Lebensjahren, jeder als ein Stück Glaubensbekenntnis gemeint.   (1933)

447

ALBERT SCHWEITZER

1875–1965

Da Albert Schweitzer nur drei Jahre älter ist als ich, gehört er nicht zu denen, die mich gelehrt und geformt haben: ich war längst auf meinem eigenen Wege, als ich zum ersten Mal etwas von ihm las. Aber wir bedürfen nicht nur der Lehrer und Erzieher, wir bedürfen auch der Freude und Anregung, der Ermunterung und Bestätigung durch befreundete, gleichstrebende Geister. Wer in der Wüste des heutigen Lebens und der heutigen Weltgeschichte das Gute meint, den Frieden, die Menschlichkeit, die Brüderlichkeit, den Verzicht auf Gewalt, dem bedeutet es viel, da und dort in der Welt einen etwas älteren Bruder und Kameraden zu wissen. Das hat mir einst Romain Rolland bedeutet, das bedeutet mir auch Albert Schweitzer. Ich habe längst nicht alles von ihm gelesen, bin aber immer wieder seinem wachen Geist und seinem wachen, edlen Herzen begegnet. Seine Kulturkritik, sein Buch über den indischen Geist, sein Buch über Johann Sebastian Bach wurden mir wichtig. Von allem aber, was der große Kamerad geschrieben hat, liebe ich am meisten seine Kindheits- und Jugenderinnerungen. In diesen unvergeßlichen Seiten, in denen Schweitzer schlicht von seinen Herkünften und ersten Lebensjahren erzählt, spürt man konzentriert das ganze Erbe enthalten, das er angetreten und so vorbildlich verwaltet hat. Und es weht da eine Innigkeit und Wärme des Herzens, die einen an die schönsten Kindheitsgeschichten deutscher Sprache, etwa die von Jung-Stilling, erinnert. (1955)

«Aus meinem Leben und Denken»

In diesem Leben ist alles Aktion und Energie, die Gesundheit, Robustheit und Willensstärke dieses Mannes hätte für einen Weltkriegs-Feldmarschall ausgereicht, dieser protestantische Pfarrer aber hat sie in den Dienst der christlichen Liebe gestellt. Er war Pfarrer, Professor, berühmter Orgelspieler, Musikschriftsteller, gelehrter Theologe, alles mit Eifer und Hingabe, aber mit etwa 30 Jahren wirft er alles hin, um Medizin zu studieren und an den Kongo zu den in großem Elend lebenden Negern zu gehen. Es ist ein Schuß von jünglingshaftem Überschwang, ja beinah von Donquichotterie darin, wenn der erfolgreiche Musiker, der beliebte Prediger, der große Deuter Johann Sebastian Bachs, wenn dies Wunderkind mehrerer großer Begabungen der differenzierten Welt seiner Arbeiten und Erfolge den Rücken kehrt und ausgerechnet zu den kranken Negern am Äquator geht, wo seine Musik, seine Gelehrtheit, sein ganzes hochbegabtes Wesen in einem primitiven Fürsorgedienst verbraucht wird. Aber näher besehen war dieser Sprung an den Kongo nicht nur voll Größe und Verantwortung, er war sogar klug, war sogar genial, denn es war der Sprung aus dem Festwachsen und Altwerden in einem geistigen Beruf ins Gegenteil: in die unmittelbare Arbeit am Mitmenschen, die nicht mit Worten, sondern mit Taten, mit täglicher und stündlicher Hingabe vollzogen wird. Mir scheint, niemand müßte Schweitzers Umsatteln zum Missionsarzt besser verstehen und würdigen können als wir Kollegen, wir Künstler, Gelehrte und Schriftsteller, die wir die Gefahr des «Dienstes am Wort» so wohl kennen. Ich weiß nicht, wie weit Schweitzers theologische Arbeiten die Wissenschaft gefördert haben, und kann nicht beurteilen, wie groß er als Autor und Denker ist, ich habe sogar Einwände gegen manche seiner Auffassungen, in seinem Werk finde ich mehr kraftvolle Leidenschaft als vorbildliche Weisheit — aber gerade mit dem Schritt zur Selbsthingabe, mit dem Verzicht auf das Wir-

ken im Wort zugunsten des Wirkens mit der Liebestat hat
er mitten ins Schwarze getroffen und das denkbar Wei-
seste getan. Vielleicht hätte keines seiner Talente und keiner seiner Erfolge uns um mehr bereichert als um Spezialitäten, während das Ganze seines Lebens uns jetzt eine
Gabe von allerhöchstem Wert, ein Vorbild und einen Trost
bedeutet.   (1932)

MARTIN BUBER
1878—1965

« Die Erzählungen der Chassidim »
Martin Buber ist nach meinem Urteil nicht nur einer der
wenigen Weisen, die zur Zeit auf der Erde leben, er ist
auch ein Schriftsteller sehr hohen Ranges und, darüber
hinaus, hat er, wie kein anderer lebender Autor, die Weltliteratur um einen echten Schatz bereichert.

Mit diesen chassidischen Erzählungen hat Buber, neben
seinem großen übrigen Werk, der übrigen Welt eine außerhalb der Ostjudenschaft bisher unbekannte Quelle er-
schlossen, einen geschichtlich-religiös-literarischen Raum
sichtbar gemacht, wo in hoher Spannung, der des protestantischen Pietismus sehr verwandt, ein religiös-geistig-
moralisches Leben von wunderbarer Fülle und Lebenskraft uns entgegentritt. Die mündliche und schriftliche
Tradition dieses der Welt verborgenen Raumes kennen wir
nun in der Prägung, die ihr Buber mit seinen deutsch geschriebenen Legenden gegeben hat, und es ist geheimnisvoll
und wunderlich großartig und rührend, daß diese kostbare Gabe des Judentums an die heutige Welt ihr in der
Sprache seiner Verfolger und Henker dargebracht wurde.
Das paßt zur chassidischen Welt und ist eins ihrer tiefen
Sinnbilder mehr.

Unter den Hunderten von chassidischen Geschichten liebe ich nicht alle gleich, und manche habe ich nicht verstanden. Am meisten aber liebe und verstehe ich jene ganz kleinen, winzigen Anekdoten aus dem Leben frommer und weiser Meister, in denen irgendein Wort oder Geschehnis aus ihrem Alltag berichtet wird. Es wird etwa berichtet, daß ein frommer Rabbi zu einem sehr berühmten Amtsbruder reist, einem großen Theologen, Lehrer und Schriftdeuter. Bei der Rückkehr von dieser Pilgerschaft der Liebe und Ehrfurcht wird er eifrig befragt, was für Worte der große Weise zu ihm gesprochen, welche Meinung über diese und jene wichtige Frage er geäußert habe. Aber der fromme Mann bringt nichts dergleichen mit. Er hat den großen Mann gesehen, er hat gesehen wie er seine Schuhriemen geknüpft hat, das ist ihm genug. Die Geschichte könnte, statt in Podolien im 18. Jahrhundert, ebensogut im alten China im Kreis der Schüler des Kung Fu Tse oder des Mong Tse entstanden sein.   (1950)

HANS CAROSSA
1878–1956

«Geheimnisse des reifen Lebens»

Es ist im deutschen Sprachgebiet oft genug der Unterschied zwischen «Dichter» und «Schriftsteller» betont und untersucht worden, meist mit wenig Glück, denn es passierte den Verteidigern des «rein Dichterischen» leicht, daß sie entweder einen wirklichen Dichter gewisser Züge und Haltungen wegen irrtümlich den «Schriftstellern» oder «Literaten» zuzählten, oder aber, daß sie sehr kleine, ja belanglose Dichter lediglich ihrer Geistfremdheit, ja Geistfeindlichkeit wegen für große Dichter ausriefen. Die Schlagworte spuken noch heute. Wenn man sich nun im heutigen Deutschland nach einem Dichter umsehen wollte, der im denkbar reinsten Sinne «Dichter» und ganz und gar nicht «Literat» ist, so würde wohl bei jeder Umfrage der Name Hans Carossa obenan stehen. Er ist, von uns Kollegen seit langem geliebt, erst ziemlich spät zu eigentlichem Ruhm und Erfolg gekommen und ist heute gewiß eine der edelsten und reinsten Gestalten des geistigen Deutschland.

Die «Geheimnisse des reifen Lebens» sind wieder, wie die Mehrzahl von Carossas Büchern, «Aufzeichnungen», sie bergen ihre tief strahlende Bilderwelt in schlichtester Schale, sie wollen nicht erzählen und kein Roman sein. Sie sind viel mehr. Carossa ist kein Erzähler, er ist ein Seher, ein Magier und Wünschelrutengänger der Seelenbilder, er ist im stillsten und geheimnisvollsten Seelenbezirk zu Hause, ein Empfänger und Gestalter von Visionen voll magischer Urbildkraft. Mit der Dumpfheit und Geistfremdheit irgendwelcher Art von Hellseherei hat er nichts zu tun, und als Künstler bedient er sich, peinlich gewissenhaft, nur der echtesten, bewährtesten, gediegensten Mittel, wohl aber ist der Zaubergarten seiner Symbolwelt dem Bereich des Dämonischen sehr nahe: seine Bilder, seine Gestaltungen sind nicht abgezogen und destilliert, sondern durch Beschwörung gebannt. Innerhalb der heutigen deutschen Dichtung wäre dieser Dichter nur etwa mit Stefan George, oder auch dessen Gegenbild und Gegenspieler Rilke zu vergleichen — nur haben diese beiden ihren Bilderwelten durch das Gewebe der Verse ihre Dichtigkeit gegeben, während Carossa, obwohl überall nahe beim Vers und zuweilen in ihn übergehend, auf dieses hergebrachte Beschwörungsritual des Sehers beinahe ganz verzichtet. Um einen Verwandten und Ahnen des Dichters Carossa zu finden, muß man schon zu Goethe gehen, und zwar zu dem Goethe der «Wanderjahre» und auch dem Goethe der «Novelle». Wobei wir nicht vergessen, daß dies noch nicht der ganze Goethe ist,

und daß zum Seher und Bilderbeschwörer Goethe auch der
«Literat» Goethe gehört, während es einen «Literaten»
Carossa nicht gibt. Seine Basis ist viel schmaler, er steht
viel gefährdeter. Aber die Leuchtkraft und Bedeutungs-
fülle seiner Bilder steht denen seines Meisters nicht nach.
Die Bilder sind nicht alle lieblich und sympathisch, aber
sie sind alle echt und kommen aus der Tiefe, in deren Dunkel Wonne und Grauen nicht zu unterscheiden sind. (1936)

EGON FRIEDELL
1878–1938

«Kulturgeschichte der Neuzeit»

Egon Friedells «Kulturgeschichte der Neuzeit» gehört
zu den paar Standardbüchern des letzten Jahrzehnts. Seine
Darstellung ist bei großer Reichhaltigkeit und Gewissenhaftigkeit originell und von eigenem Gesicht, es ist kein
Schmöker, kein Bildungsbuch für den Salon, es ist wirklich eine einheitliche, fließende und fesselnde Darstellung
des großen Stoffes, eine Geschichte vom Werden und Wie-
der-zweifelhaft-Werden des modernen Lebens- und Welt-
bildes, das Werk eines edlen Humanismus, eine auf breiter
Basis gebaute, durchaus persönliche und frei gewachsene
Geschichtsphilosophie. Ich teile viele seiner Auffassungen
nicht und habe doch jede mit Nutzen und starker Anregung gelesen (1931). Der Geist dieses Werkes ist be-
schwingt und frisch. Keine bloße Materialanhäufung mit
gelehrter Etikettierung, keines von jenen, bei guten Familien beliebten Bilderbüchern, in denen Text und Bilder
sich aufeinander verlassen, jeder, daß ihn der andere entschuldige. Man wird sich bei diesem Werk nicht langwei-
len, obwohl es keine Bilder hat. (1928)

ROBERT WALSER

1878–1956

Seit ein paar Jahren gibt es eine jungschweizerische Literatur, die mit der bisherigen nichts gemein zu haben scheint und weder im bösen noch im guten Sinn den Namen Heimatkunst verdient oder nötig hat. Es sind einige Neue aufgetaucht, mit neuen Manieren und Gesichtern, eine kühne und liebenswürdige Jugend, welche gleich wieder unter einen Hut und Namen bringen zu wollen, töricht und unrecht wäre. Immerhin haben diese neuen Schweizer Dichter, bei großer Verschiedenheit der Persönlichkeiten, viel auffallend Gemeinsames. Sie sind modern, sie scheinen freier von Humanistik und Schulästhetik als noch die letzten der vorigen Generation, sie haben eine besondere Liebe zur sichtbaren Welt, und sie sind Städter. Das heißt, sie lieben, kennen und schildern weniger die einst beliebte Welt der Dörfer und Sennhütten als die der Städte und des modernen Lebens, und ihr Schweizertum tritt nicht absichtlich und betont hervor, sondern äußert sich ungewollt, wennschon deutlich genug, teils in der Denkart, teils in Wortwahl und Satzbau. Zu diesen Jungschweizern, von denen hier nur Jakob Schaffner und Albert Steffen im Vorübergehen mit Hochachtung genannt seien, gehört auch Robert Walser.

Sein erstes Büchlein, ein kokett elegantes Ding mit lustigen Zeichnungen des Bruders Karl Walser, erschien vor fünf Jahren. Ich kaufte es damals auf sein nettes, originelles Aussehen hin und las es auf einer kleinen Reise. Es hieß «Fritz Kochers Aufsätze». Zunächst schienen diese merkwürdigen, halb knabenhaften Aufsätze spielerische Abhandlungen und Stilübungen eines rhetorisch veranlagten jungen Ironikers zu sein. Was an ihnen auffiel und fesselte, war ihr gepflegt nachlässiger, flüssiger Vortrag, die Freude am Hinsetzen leichter, netter, lieber Sätze und Satzteile, die bei deutschen Schriftstellern erstaunlich selten gefunden wird. Es standen auch einige Bemerkungen über sprachliche Dinge darin. Zum Beispiel in einem sehr lustigen Aufsatz über den Kommis die Sätze: «Beim Ansetzen der Feder zaudert ein tüchtiger Kommis einige Augenblicke, wie um sich gehörig zu sammeln, oder wie um zu zielen wie ein kundiger Jäger. Dann schießt er los, und wie über ein paradiesisches Feld fliegen die Buchstaben, Worte, Sätze, und ein jeder Satz hat die anmutige Eigenschaft, meist sehr viel auszudrücken. Im Korrespondieren ist der Kommis ein wahrer Schelm. Er erfindet in raschem Fluge Satzbildungen, die das Erstaunen von vielen gelehrten Professoren erwecken dürften.» — Neben dieser Koketterie und Redelust, diesem Spielen mit Worten und leichten Ironisieren kam aber schon in jenem ersten Büchlein gelegentlich ein Aufleuchten von Liebe zu den Dingen, von wahrer, schöner Menschen- und Künstlerliebe zu allem Existierenden und warf über leichte, kühl helle Seiten rednerischer Prosa den warmen, innigen Schein der echten Dichtung.

Indessen stand das hübsche Büchlein im Schrank und wurde allgemach vergessen. Zwei Jahre später hörte ich in Zürich die jungen Leute heftig über ein neues Buch reden, so begeistert und wieder gehässig, daß ich neugierig ward und mir das Buch kommen ließ. Es war der Roman «Geschwister Tanner» von Walser. Ich wußte seinen Namen nicht mehr; aber als ich die entzückenden ersten Seiten gelesen hatte, fiel mir sofort jenes Aufsatzbüchlein wieder ein, und es war richtig derselbe Dichter. Alles was dort mir gefallen und mißfallen hatte, war hier im neuen Buch, einem stattlichen Roman, noch stärker und farbiger ausgedrückt. Diesmal las ich schon mit warmer Herzensteilnahme, nicht mehr bloß mit stilistischem Interesse, sondern gefesselt durch das Wesen des Dichters selbst, das bald in irgendeinem raschen Zuge seelenhaft aufzuleuchten, bald halb absichtlich von kühlen Gebärden versteckt schien. Wieder genoß ich den leisen, selbstverständlichen Fluß der Prosa, den die deutschen Schriftsteller meist so sehr geringschätzen, wieder fand ich entzückend Lustiges und innig Rührendes nebeneinander, und wieder ärgerten mich gewisse Sorglosigkeiten und Frechheiten grimmig. Bald waren es freche Naivitäten in der Betrachtung der Dinge selbst, bald sprachliche Bummeleien. Im übrigen war das Buch eine einfache, sanft erzählte Jugendgeschichte, und es war hier wie in «Kochers Aufsätzen» nicht irgendein «Stoff» behandelt, sondern der Autor begehrte nichts, als sich und seine Art auszusprechen, die Gebärde für sein inneres Wesen zu finden. Ich gewann das Buch so lieb, daß ich über seine Vorzüge und Fehler viel nachdenken mußte, namentlich über die Fehler, oder was ich dafür hielt, und am Ende wußte ich selber nimmer sicher, ob ich wirklich diese «Fehler» hätte vermissen mögen.

Das waren die «Geschwister Tanner». Mit diesem Buch gewann Walser eine Art von literarischem Ruf und Achtungserfolg, der seither gewachsen ist, ohne daß doch seine Bücher wirklich unter die Leute gekommen wären.

Trotz der scheinbaren Beweglichkeit und artistischen Sachlichkeit der «Aufsätze» zeigte schon das zweite Buch seinen Dichter als einen Lyriker und Subjektiven, der vor allem sich selber darzustellen und auszusprechen trachtet und dessen Vorstellungen und Gedanken den Kreis eines umhegten Bezirkes eigener Erlebnisse und Erinnerungen nicht gern verlassen. Der «Kommis» der Kocherschen Aufsätze war zum Symbol geworden. Er war der Held der «Geschwister Tanner» und trat wieder auf in Walsers nächstem Roman «Der Gehülfe».

Ob dieser Gehilfe wesentlich besser und reifer ist als die Tanner, oder ob nur mein stilles inneres Verhältnis zum Dichter sich seither befestigt und geklärt hat, weiß ich nicht zu sagen. Jedenfalls habe ich es aufgegeben, mich mit den «Fehlern» dieser Bücher zu beschäftigen, obwohl einzelne mich immer noch ärgern können. Dieser gelegentliche Ärger ist aber nichts als die Kehrseite und notwendige Ergänzung einer Liebe. Man muß Walsers Bücher, falls man sie überhaupt lesen mag und verträgt, richtig lieben. Im «Gehülfen» sehen wir wieder monatelang einem armen Teufel von Kommis zu, in die rührende Kleinheit seiner Verhältnisse und Sorgen aber lacht seine Liebe zur Welt und sein offenes Kinderherz.

Dabei läuft die Geschichte selber wieder ihren leisen, schlanken Gang mit stiller Meisterschaft. Während des Lesens achtet man nur der Stücke, der schönen Stellen und Einzelheiten, erst nachher steht das Ganze als ein ansehnlicher Bau vor uns. Dann wundert und freut man sich, wie die Durchschnitts- und Alltagsmenschen des Buches einem lieb und wichtig werden konnten, und nimmt nachträglich den Hut ab vor dem Dichter, dem man während der Lektüre häufig meinte, auf die Schultern klopfen zu dürfen wie seinem Kommis. Ach, und wie leuchtet und wechselt und atmet das bewegliche Lebensgefühl dieses heimlichen Lyrikers! Wie gut weiß er den Ausdruck und die Farbe und den Geruch der Jahreszeiten, Tage und Tageszeiten! Wie wohl unterscheidet er zwischen den Tagen, wie wird er jedem Sommer und jedem ersten Schnee gerecht! Das kann man keinem Professor klarmachen, wenn er es nicht in sich hat, dieses Erstaunen vor dem Selbstverständlichen, dieses Bewundern des Natürlichen, dieses hingegebene Schwimmen und Atmen im Blauen oder Grauen, Heißen oder Kühlfeuchten. Wie beim Duft einer alten feuchten Mauer vergangene Lebensjahre heraufsteigen und wieder da sind, wie beim blechernen Klang einer umgeworfenen Gießkanne lange reiche Ketten von Vorstellungen herauftaumeln und leben und ihr Recht verlangen, das kennt und versteht Robert Walser merkwürdig fein, und das macht ihn zu einem bedeutenden Dichter, nicht seine hübsche Stilsicherheit und alles andere Äußerliche, das man voneinander lernen oder abschreiben kann. Das Verstehen und

Liebhaben und Mitlebenkönnen des «Gehülfen» bleibt aber nicht bei Landschaft, Jahreszeit und Witterung stehen, sondern umfaßt die Menschen seiner Nähe, von denen er keinen hassen kann, von denen jeder ihm merkwürdig und interessant und irgendwie lieb wird. In dieser Hinsicht ist mir das Gespräch des Gehilfen mit seinem besoffenen und verelendeten Vorgänger ernstlich lieb geworden.

Schon «Kochers Aufsätze» waren mit Zeichnungen von des Dichters Bruder Karl Walser geschmückt, originellen, sorglosen, lustig krausen Blättchen von großer Frische, und sie paßten in ihrer ganzen Art vortrefflich zum Buch. Man fühlte deutlich, daß sie aus derselben Familie kamen. Auch sie waren träumerisch-lässig, dabei ironisch, voll Gefühl für die charakteristische Gebärde und von einer gewissen schwerfälligen Grazie. Nun hat dieser Bruder zu Walsers Gedichten eine Anzahl kleiner Radierungen gemacht. Sie wurden kokett und kühn in den Text gedruckt und ergaben ein sehr hübsches, amüsantes, elegantes Buch in kleinem Quartformat, recht ein Vergnügen für Bücherhechte und Sammler. Das Sonderbare und wahrhaft Schöne an dem Buch ist, daß Text und Bilder nicht nur erträglich zusammengehen, wie es ja auch sonst gelegentlich einmal glückt, sondern daß sie ihre Brüderlichkeit erweisen und bewähren und fein und einträchtig beieinander hausen. So hat man seine Freude daran und findet auch den Dichter mit allen seinen wesentlichen Zügen erfreut in seinen Gedichten wieder. Sonst aber ist wenig darüber zu sagen. Die Gedichte sind originell, empfunden, erlebt, aber sie sind nicht gut. Wenn man schon Verse macht, dann lieber gleich gute. Hier reicht das Ideal des flottschreibenden Kommis nicht aus. Damit ist nicht gesagt, daß das Buch keine schönen Gedichte enthalte. Aber sie sind rar darin, und wenn man sich das Häuflein Gedichte ohne die Bilder, einfach in Oktav gedruckt, vorstellt, was freilich eine Roheit ist, so machen sie einen etwas armen Eindruck. Dem Manne, dessen Prosa so voll Lyrik steckt, quellen die Verse nicht leicht und zwingend. Wohl empfindet man den Rhythmus als echt, die Sachen sehen aus wie im Schlendern leis gesummt. Auch begegnet man gleich auf der ersten Seite mit Schmunzeln dem wohlbekannten Kommis wieder, dessen erste Strophe schon im Fritz Kocher anklang:

> Der Mond sieht zu uns herein,
> er sieht mich als armen Kommis
> schmachten unter dem strengen Blick
> meines Prinzipals,
> ich kratze verlegen am Hals.

Das ist drollig und lieb, in seiner ungenierten Naivität oder naiven Pose ganz walserisch.

Und soeben kam Walsers neues Buch, der «Jakob von Gunten». Er bringt die alte Geschichte, der Jakob ist Kocher, ist Tanner, ist der Gehilfe Marti, ist Robert Walser. Auch der Ton ist der alte. Wieder diese schlaue Freude darüber, daß man die Welt reflektierend betrachten und dabei zugleich das Unnötige und Luxuriöse dieses Tuns empfinden kann. Und wieder dieses echte Dichtererstaunen darüber, wie sonderbar die Welt uns ansieht, wie wechselnd und beredt ihr Ausdruck ist, wie im eigenen Wesen gutmütig Selbstverständliches und erschreckend Tolles ruhig nebeneinander liegt. Hier ist alles, was in den früheren Büchern zum Teil hübscher und liebenswürdiger klang, vertieft und herber geworden, die Menschen sehen uns verzerrt und dennoch unheimlich lebenswahr wie aus allzunah aufgenommenen Photographien an, wo jede Falte und Runzel eines augenblicklichen Zuckens erschreckend tief und fest und bedeutsam aussieht. Die Tagebuchform entspricht dem Konfessionsbedürfnis des Dichters, der im Wiederholen und beinahe verbrecherhaften Umkreisen dunkler Punkte im eigenen Wesen oft an Knut Hamsun erinnert.

Was sich eigentlich bei einem Dichter ganz von selber verstehen sollte, meistens aber nicht versteht, die Originalität des Ausdrucks und Freimütigkeit des persönlichen Auf-

tretens, das hat Walser, und da er nebenher bei aller
frechen Sorglosigkeit mit der Sprache doch respektvoll um-
geht wie mit einem hochgeachteten, doch vertrauten
Freund, wird es nimmer lang angehen, ihn zu übersehen.
Man kann ihn lieben, man kann über ihn lachen, man
kann sich über ihn ärgern und sich wieder mit ihm versöhnen — mit wie vielen von unseren berühmten Dichtern
können wir das? (1909)

«Poetenleben»

Es gibt ein kleines altes Buch, das heißt «Aus dem Leben
eines Taugenichts» und ist von Eichendorff. Die Literarhistoriker, die es einige Jahrzehnte lang gelobt, dann
ebenso lang gänzlich verachtet hatten, geben heute mit
Einschränkungen zu, daß es immerhin etwas sehr Hübsches
sei. Junge Leute lesen das Büchlein «auch heute noch» (wie
die Verleger der Neuausgaben sagen) mit Eifer und tragen
es auf Reisen in der Brusttasche. Mancher Gymnasiallehrer
spricht mit Wohlwollen von dieser entzückenden kleinen
Dichtung, mancher Kritiker bekennt sich zu ihr, mancher
Essayist findet einige gerührte Worte, wenn er von ihr
redet.

Daß dieser «Taugenichts» eine von den paar kleinen
Vollkommenheiten der Weltliteratur ist, eine von den
allerreifsten, allerzartesten, allerköstlichsten Früchte am
Baum der bisherigen Menschheit, das hat man noch nirgends gelesen, und doch ist es so.

Wenn ich nun von einem Dichter und seinem Buch sage,
daß mir da und dort bei seinen Worten Eichendorff und
der «Taugenichts» einfällt, so ist das also sehr viel, ungewöhnlich viel. Aber es kann, da man doch dauernd
mißverstanden wird, leicht falsche Vorstellungen wecken.
Wenn ich also das reizende Büchlein «Poetenleben» von
Robert Walser mit dem «Taugenichts» vergleiche, so meine
ich damit nicht, daß Robert Walser ein Romantiker oder

«Neuromantiker» sei und mit Talent und Glück alte poetische Rezepte wieder verwende. Sondern es heißt einfach:
Dieser Robert Walser, der schon so manche feine Kammer-
musik gespielt hat, klingt in diesem kleinen neuen Buch
noch reiner, noch süßer, noch schwebender als in den frühern. Wenn solche Dichter wie Walser zu den «führenden
Geistern» gehören würden, so gäbe es keinen Krieg. Wenn
er hunderttausend Leser hätte, wäre die Welt besser. Sie
ist, sei sie, wie sie wolle, gerechtfertigt dadurch, daß es
Leute wie den Walser und hübsche liebe Sachen wie sein
«Poetenleben» gibt.   (1917)

«Der Gehülfe»

Eine Dichtung, die uns vor dreißig Jahren entzückt hat,
heute wiederzulesen, wo die Welt sich so gewaltig verändert hat, ist eine merkwürdige Begegnung; es sind von den
damals berühmten Romanen nicht viele, welche diese Probe
bestehen. Walsers «Gehülfe» besteht sie wundervoll. Obwohl voll von Stimmungen vom Anfang des Jahrhunderts,
gewinnt diese Erzählung uns durch die zeitlose Anmut ihres
Vortrags, durch die zart und absichtslos spielende Magie,
mit der sie das Alltägliche in die Sphäre der Beseeltheit
und des Geheimnisses rückt, sofort wieder, und viel deutlicher noch als damals vor dreißig Jahren erkennen wir
heute: es sind keineswegs die Probleme und ihre Auffassung, die uns diese Dichtung lieb gemacht haben, sondern
es ist ihre Atmosphäre, es ist ihre dichterische Substanz, ihr
Gehalt an Zeitlosigkeit und Spiel, an Märchentum.

Der «Gehülfe» ist ein junger Mensch, Josef Marti, der
aus der Großstadt und vermutlich aus einer Periode des
Elends kommt und auf dem Lande eine Stelle antritt, der
Ort heißt Bärenswil und erinnert an Wädenswil oder einen
andern Ort am Zürcher See. Er ist von einem Ingenieur
Tobler engagiert worden, einem Manne, der früher in einer
Fabrik angestellt war, jetzt aber als Erfinder einer «Re-

klame-Uhr», einer Tiefbohrmaschine, eines Patronen-Automaten und anderer wohlausgedachter Neuheiten sein Glück zu machen denkt. Es ist Frühling, und wir erleben die ganze Zeit bis in den Winter, bis zu der Stunde mit, in der der Gehülfe seine Stelle wieder niederlegt und das Haus Tobler wieder verläßt, und zugleich erleben wir einen Jahreslauf in der schönen Seelandschaft mit und einen Jahreslauf im Schicksal der Familie Tobler, bei der es im Frühling noch prächtig und herrschaftlich zuging, wo aber mehr und mehr die Wechsel, die Zahlungsbefehle, die Sorgen und der Kummer sich eingenistet haben. Inmitten eines in Auflösung begriffenen Hauses, eines immer ver-fahrener und verwahrloster werdenden «Geschägtes» und Familienlebens bringt der Gehülfe dies Jahr zu, und nun ist es das Entzückende und Liebenswerte an diesem Ge-hülfen und diesem Dichter Walser, daß in all dem Nieder-gang, dem Kummer, der Verlogenheit und Unechtheit die-ses Hauses und Lebens dennoch überall ein Licht aufblinkt, überall ein Klang, eine Farbe uns erfreut. Der Gehülfe be-kommt zwar kein Gehalt, das bleibt man ihm schuldig, aber sein Brot hat er doch, und das Brot ist nicht karg und unlustig, sondern reichlich und heiter, man ißt gut und gern im Hause Tobler, und im Bureau darf der Gehülfe zur Arbeit Stumpen rauchen, und abends sitzt man bei-sammen, trinkt ein Glas Wein und jaßt, gewaltig wird der erste August gefeiert, und die eigensinnige Prahlsucht des Herrn Tobler, der sich, als das Wasser ihm schon bis an den Hals geht, noch eine protzige künstliche Grotte im Garten bauen läßt, um es den Bärenswilern zu zeigen, ist ganz und gar seldwylerisch.

Der «Gehülfe» ist, wie Walsers ganzes Werk, nicht frei von Spielerei; Walser hat eine ausgesprochene Freude am hübsch Gesagten, am kalligraphisch Hingeschriebenen, es gibt Skizzen von ihm, die in ihrer Sauberkeit, ihrer Aufge-räumtheit und spielerischen Anmut an japanisches Kunst-gewerbe erinnern. Diese Spielerei, dies Sichbegnügen mit dem Ästhetischen, auch da, wo das Ethische fraglich wird, ist jedoch nicht nur ein bequemes Fernbleiben vom Moralischen, es ist auch ein bescheidenes und liebevolles Verzichten auf Urteile oder gar Predigten, hinter dem Anschein von Spielerei wird da und dort der nicht mehr spielerische, sondern echte Ästhetizismus sichtbar, jene Haltung, welche zum Ganzen des Lebens Ja sagt, weil es als Schauspiel großartig und schön ist, sobald man es leidenschaftslos betrachtet.

Geschrieben ist dieses unvergeßliche Buch in einer merkwürdigen, mit großer Sicherheit und Kunst gehandhabten Sprache. Kein andrer Schweizer von Walsers Generation hat ein so schönes und dabei so schweizerisch empfundenes und gefärbtes Deutsch geschrieben. Die Sprache ist Walsers große Liebe, eine von ihm selber manchmal eingestandene, manchmal ironisierte Liebe, er schreibt um der Freude an der Sprache willen, ein reiner Musikant, und dies gibt jeder seiner Dichtungen den Zauber einer beinah wieder zur Natur gewordenen Kunst, einer schon beinah wieder kindlich und naiv gehandhabten Virtuosität. Unsre Zeit steht diesem großen Zauber ohne Zweifel noch unempfänglicher gegenüber als jene Zeit um 1900, in der das Buch geschrieben wurde. Ein Grund mehr für die Freunde des Dichters, ihm dankbar und stolz auf ihn zu sein.   (1936)

«Große kleine Welt»*

Vor etwa dreißig Jahren gab es eine Zeit, in der die deutsche Literatur von der Schweiz her eine neue und höchst reizvolle Note bekam; etwa gleichzeitig mit Thomas Manns «Tristan» erschien der erste Roman von Albert Steffen; C. A. Bernoullis Roman aus dem Sonderbundskrieg war auf demselben Verlegerprospekt angezeigt wie der Peter Camenzind, und die ersten Publikationen von Bruno Frank, Wilh. Speyer, Stefan Zweig hatten zu Nach-

* Auswahl von Carl Seelig.

barn und Zeitgenossen die ersten Bücher von Walser und
Schaffner. Unter diesen jungen Schweizern nun fiel neben
Steffen vor allem Robert Walser auf. Es war eine ganz
eigentümliche Freude, seine Sachen zu lesen, sie wirkten
so durchaus neu, so eigen, so anmutig, bald froh, bald ver-
schämt, bald rührend, bald ironisch, und es waren so hübsche liebenswerte Bücher, auch äußerlich, mit den schönen
farbigen Umschlägen von des Dichters Bruder Karl Walser. Einige Jahre nach den «Aufsätzen Fritz Kochers», mit
denen Walser begonnen hatte, und seinem ersten Roman
erschien auch jenes aparte, entzückende Buch Gedichte, mit
den Radierungen des Bruders — über die Umzüge, Bank-
rotte, Erschütterungen der Jahrzehnte hinweg sind sie mir
erhalten geblieben, ich gäbe keines von diesen Büchern her.

Walser gehört auch zu den Dichtern, welche der deutschen Dichtung Farben und Nuancen aus der Schweizer
Syntax zugebracht haben, viele seiner Sätze und Wendungen sind unverkennbar schweizerisch, manche unverkennbar bernerisch. Dieser merkwürdige, von den Zunftgenos-
sen von allem Anfang an beachtete Dichter trat aber nicht
als urchiger Eidgenosse und stämmiger Heimatkünstler
auf, sondern, so schweizerisch er war, er fiel gerade durch
das Gegenteil von dem auf, was üblicherweise zu den
charakteristischen Eigenschaften des Deutschschweizers zu
gehören schien, vor allem zeigte er von allem Anfang an
eine magische Verliebtheit in die Sprache und bildete sich
in wenigen Jahren, zwischen dem Fritz Kocher und den
Geschwistern Tanner, zum Meister der anmutigsten, gra-
ziösesten deutschen Prosa aus, welche damals geschrieben
wurde, und er ist bis heute nicht übertroffen worden oder
im geringsten veraltet. Gewiß, die Anmut dieser kleinen,
holden, scheinbar schwerelosen Prosastücke konnte nur
von einem Mann aufgebracht werden, der mit leichtem
Gepäck durch die Welt zog, den weder die politischen noch
die zeitpsychologischen Probleme heftig interessierten, der
weder aufrütteln noch bekehren noch belehren wollte, und

in der Tat gibt es eine Anzahl solcher Prosastückchen von Walser (sie gehören zu den hübschesten), in welchen der Inhalt, der anfangs dazusein oder doch versprochen schien, sich unter einem graziösen Geschnörkel sprachlicher Belustigungen vollkommen verlor und verflüchtigte. Dies war es auch, was viele seiner Landsleute hinderte, sich mit diesem Dichter zu befreunden. Sie merkten nicht, daß inmitten dieser spielerischen Sprachkunst überall, auf fast jeder Seite, echte dichterische Visionen sich fanden, daß dieser Müßiggänger und Tändler ein echter Dichter war, oft verspielt und verträumt, aber oft auch mit einer einzigen Gebärde die Schönheit der Welt, die Schauer des Natürlichen, Leid und Verklärung des Menschentums unvergeßlich und mahnend aufzeigend.

Alles in allem ist die Heimat diesem Dichter bis heute nicht gerecht geworden. Beklagt hat er sich nie, er ging still seinen Weg, nichts aus sich machend, einen schweren Weg, im jugendlichen Schlenderschritt des heitern Flaneurs begonnen, später durch manche wohlgeheizte Hölle führend.

Es müßte wirklich mit dem Teufel zugehen, wenn wir es nicht noch erlebten, daß dieser Dichter nicht nur von einzelnen geliebt, nicht nur von Kennern gerühmt, sondern von seinen Landsleuten wirklich in seinem Wert erkannt wird. An der Kritik hat es nie gefehlt, Walser ist früh erkannt und gewürdigt worden, auch in der Schweiz. Aber er blieb allzusehr ein Dichter der «Gebildeten», der verwöhnteren Bürgerfrauen, der Geschmackvollen. Seine Wirkungsmöglichkeit ist damit nicht erschöpft.   (1937)

Dem Robert Walser ist sein Vaterland alles schuldig geblieben: das Erkennen seiner großen Sprachbegabung, das Verständnis für die Eigenart seiner Dichtung und seines Lebens und das bißchen Brot ohnehin, das jeder pensionierte Affe von Staatsbeamten bekommt!   (1950)

HERMANN GRAF VON KEYSERLING
1880–1946

«Reisetagebuch eines Philosophen»

Seit bald einem Jahr hatte ich von Keyserlings «Reisetagebuch eines Philosophen» sprechen hören, meist in überschwenglichem Ton, doch gelang es mir erst jetzt, das Buch in die Hände zu bekommen. Ich ging an die Lektüre mit großer Spannung und mit einem Beiklang von jenem leisen Furchtgefühl, mit dem wir den ersten Blick auf ein Werk werfen, das uns von Freunden überaus lebhaft gerühmt worden ist. Die ersten Seiten, der Entschluß zur Reise, die Fahrt nach Indien, die ersten Erlebnisse in Ceylon, die ersten in Südindien, stärkten zwar meine Erwartung und Spannung, zugleich aber auch jene leise Furcht, denn es war da beinahe zuviel Esprit, es war da eine beinahe beängstigende, beinahe allzu virtuose Einfühlungsfähigkeit in beliebige fremde Welten! Kaum ist Keyserling in Kandy, so lebt und atmet er im ceylonesischen Buddhismus wie ein alter Mönch, kennt und versteht ihn aus dem Grunde, lebt ihn genießerisch mit. Und kaum ist er auf dem Festlande drüben und über Tutikorin hinaus, so lebt er ebenso heimisch und rasch eingefühlt im Hinduismus und sieht im ersten Augenblick schon ein, warum der Buddhismus, von dem er gestern noch entzückt war, doch eigentlich in Indien Fiasko gemacht habe. Und kurz darauf steht er mit derselben Grazie, derselben Gerechtigkeit, derselben fast schauspielerischen Einfühlung dem Islamismus gegenüber. Dazu kam die leichte Form, in der das Buch zum großen Teil geschrieben ist, und welche zwar von den meisten Lesern sehr bewundert, für den Autor aber leicht zu einer Gefahr wird. Dieser Philosoph plaudert an manchen Stellen harmlos und liebenswürdig auch von äußeren Eindrücken, von Reise-

und Naturstimmungen, und diese Schilderungen sind zwar geistvoll und hübsch, aber sie sind oberflächlich, denn Keyserling ist ohne dichterische Begabung und sein sprachlicher Ausdruck wird schwach und feuilletonistisch, sobald er andres als Gedanken und intellektuelle Erlebnisse darzustellen versucht.

Nun, alle diese Einwände fielen mit der Zeit dahin. Sie sind im einzelnen alle richtig, dies Reisebuch im ganzen ist aber eine so außerordentliche Leistung, daß diese Schwächen darin nichts bedeuten. Als Ganzes ist dies Buch das bedeutendste, das in Deutschland seit Jahren erschienen ist. Keyserling ist, um die Hauptsache gleich zu sagen, zwar nicht der erste Europäer, wohl aber der erste europäische Gelehrte und Philosoph, der Indien wirklich verstanden hat. So schroff das klingt, und so weh es tut, im Andenken an verehrte Männer wie Oldenberg und Deussen das Wort auszusprechen, es ist dennoch so.

Das, was manche Künstler, und vor allem sehr viele sogenannte Okkultisten, längst von Indien wußten, was sie dort suchten und übten, das für uns Wesentliche am geistigen Indien, das war zu meiner Verwunderung nie von einem der vielen Professoren, die Indien bereisten, unbefangen betrachtet und studiert, ja überhaupt gesehen worden. Es wurde von den Professoren nicht gesehen, weil es ihnen verboten war. Denn jenes Indische, worauf es eigentlich ankam, das war Okkultismus, das war Magie, das war Mystik, es handelte von der Seele, es war nicht genügend mortifiziert und neutralisiert, um von europäischen, speziell deutschen Professoren irgend anerkannt oder auch nur ernstlich bemerkt werden zu dürfen. Bemerkt, studiert, gesucht und nachgeahmt wurde es lediglich von Okkultisten, von Schwärmern und Sektenstiftern, von Theosophen oder von sensationshungrigen Globetrottern. Dies Indien nun ist von Keyserling auch für die Wissenschaft entdeckt worden. Als erster unter all den europäischen Gelehrten hat er das Einfache, längst Bekannte gesehen und einfach ausgesprochen, daß der indische Weg zum Wissen nicht eine Wissenschaft ist, sondern eine psychische Technik, daß es sich um eine Änderung des Bewußtseinszustandes handelt und daß der auf indischem Wege Ausgebildete seine Erkenntnisse nicht errechnet und erstudiert, sondern die Wahrheiten mit dem inneren Auge sieht, mit dem inneren Ohr belauscht, und sie unmittelbar perzipiert, nicht erdenkt.

Das Erkennen und Anerkennen dieser einfachen Wahrheit durch einen einflußreichen und bedeutenden europäischen Denker wird große Folgen haben. Keyserling, dem die Verdrängungen und Scheuklappen der akademischen Zunftleute fehlen, ist darin mit allen Okkultisten einig, daß er Joga anerkennt und empfiehlt. Er bedauert, wie mit ihm mancher Suchende in Europa, unseren vollkommenen Mangel an Tradition und Methode in der Ausbildung der Konzentrationsfähigkeit, und er sieht mit sicherem Scharfblick, daß die einzige, für Nichtkatholiken leider nicht gangbare Methode ähnlicher Art, die das Europa der letzten Jahrhunderte hervorgebracht hat, die genialen Übungen des Ignatius von Loyola sind.

Von allem, was Keyserling über Indien sagt, wird dies am stärksten wirken, obwohl es eigentlich eine Selbstverständlichkeit ist. Es wird ungeheuer wirken, denn Joga ist gerade das, wonach Europa den wildesten Hunger hat.

So verdienstlich nun die Erkenntnis vom absoluten Wert des Jogatums und deren wirksame Formulierung in diesem Buche ist, so sehr sie für die Mehrzahl der Leser ein Hauptergebnis des Buches bleiben wird, sie ist weder neu noch gehört sie zum Tiefsten des Buches. Das Tiefste ist der Sinn für die indische Frömmigkeit, der Sinn für die Gläubigkeit des Hindu und für seine Götterwelten, der Sinn für jenes indische Frommsein, dem das Paradoxe jedes wahren Glaubens keinerlei Bedenken macht, dem jeder Gott, jeder Götze, jeder Mythos heilig ist, ohne daß er doch einen davon in unsrem Sinne je ernst nähme. Hier leistet Keyserling das Außerordentliche, daß er als Europäer und kritisch geschulter Denker die tiefe Naivität des Hindu erreicht und erlebt, die so nah verwandt mit der Skepsis aussieht und doch ihr völliges Gegenteil ist. Verständlich wird diese außerordentliche und wahrhaft begeisternde Fähigkeit Keyserlings nur aus einigen wenigen bekenntnishaften Stellen des Buches, wo er nebenher von sich, von seiner Herkunft und Jugend spricht. Da erfahren wir, wenn wir aufmerksam dieser außerordentlichen Seele folgen, daß sie sich selbst schon von Kindheit an als Proteus gefühlt hat, daß sie instinktiv sich jeder Versuchung zu verfrühter Kristallisation entzogen und immer wieder zum Ideal der unendlich polymorphen Plastizität zurückgeflüchtet ist. Ich scheue mich, das Bildnis dieser Seele aus ihren wenigen, zum Teil nur halb gewollten Bekenntnissen in groben Strichen zu rekonstruieren, aber diese vornehme, elastische, neugierige und proteische Seele ist es, die dem ganzen Werke Keyserlings seine Magie gibt.

Ein kurzes Wort sei auch noch über das ethische, das erzieherische Endresultat dieses bedeutenden Buches gesagt. Auch hier traf Keyserlings Formulierung mich auf parallelem Wege, auch hier erlöste manches Wort von ihm durch beglückende Formulierung. Seit vier Jahren habe ich, in meiner anderen Welt, als Dichter, keinen anderen Gedanken, keinen anderen Glauben so stark und vielfach in mir bewegt und vielfältig auszudrücken gesucht wie den vom Gott im Ich und dem Ideal der Selbstverwirklichung. Nirgends bin ich in der letzten Formulierung mit Keyserling völlig und restlos einig, überall aber hat er mich im Wesentlichsten, Lebendigsten gestärkt, bestätigt, oft geführt, gestützt und durch ein zupackendes Wort gefördert.

Das «Reisetagebuch» wird ohne Zweifel eine ungeheure Wirkung haben. Sie wird vielleicht neben der Bergsons die stärkste Wirkung eines Denkers im heutigen Europa sein. (1920)

ROBERT MUSIL
1880–1942

« Der Mann ohne Eigenschaften »

Nach langem Schweigen erscheint Musil, von dem wir
vor etwa fünfzehn Jahren unvergeßliche Prosa kennen-
lernten, mit diesem Roman von mehr als tausend Seiten
Umfang. Diese merkwürdige, subtile, sehr zeitgemäße
Dichtung ist in weit höherem Maße österreichisch als etwa
Huxleys Romane englisch sind, sie ist in ihrer ganzen
Geistigkeit, nicht nur in der Nuancierung österreichisch
und geht doch darüber hinaus, wird zu einem großen Versuch, über Österreich zu Europa zu gelangen. Einzigartig,
und origineller und tiefer als Huxley, ist die Zweistim-
migkeit des ganzen Buches, das dauernde lebendige Hin
und Wider zwischen einer rein individuellen, freien, spielerischen und unverantwortlich dichterischen Weltbetrachtung und einer überindividuellen, verantwortlichen Ver-
standesmoral. Beständig ist hier ein höchst gewissenhafter,
peinlich genauer Forscher im Begriff, sich aus seiner Arbeit
hinaus ins Unendliche zu verspielen, und umgekehrt
scheint ihm ein Dichter zu antworten, der beständig aus
der launischen Freiheit seiner Phantasie nach Fesseln und
Bindungen im Sozialen strebt. Daß ein so überintellek-
tuelles Buch zugleich so sehr dichterisch sein kann! (1930)

Der große Roman, dessen erster Band vor mehr als
einem Jahr erschien, hat einen der klarsten und originellsten Männer der heutigen deutschen Dichtung zum Autor,
und zugleich einen glänzenden Stilisten. Er hat im Grunde
denselben Gegenstand wie Joseph Roths «Radetzky-
marsch», aber während Roth in einer virtuosen, bewundernswert neutralen Objektivität die Menschen des Österreich von 1914 wie arme Marionetten in ihren Untergang

schlendern läßt, interessiert und gewinnt uns Musil für
seinen Helden, der nicht einen Typus vertritt, sondern
ganz erlebte, einmalige Persönlichkeit ist. Mag seinem
«Mann ohne Eigenschaften» ein verehrter Freund Modell
gestanden haben, mag er Selbstbildnis oder Wunschbild
des Dichters sein, auf jeden Fall ist er ein seltener Mann,
außerhalb seiner soziologischen Zugehörigkeit stehend,
ein Mensch mit eigenem Zuschnitt und eigenem Schicksal, einer, an den man nach dem Lesen denkt nicht wie an
eine Buchfigur, sondern wie an einen Lebenden, mit dem
man sich beschäftigt und auseinandersetzt. Natürlich ist
auch dieses Buch, wie das von Roth, ein Zeitgemälde,
steht aber näher etwa bei H. Brochs «Schlafwandlern»,
mit dem es den psychologisch-moralischen Vorwurf wie
einen Teil der analytischen Methode gemein hat. Nur ist
Musil mehr Dichter, und das gibt seiner etwas gläsernen
Welt Substanz und sogar Wärme, es steht dem analytischen Intellekt die Künstlerschaft bändigend gegenüber.
Die österreichischen Zustände und Sitten um 1914 sind
mit leicht karikierender Feder gezeichnet, in der Figur
Arnheims ist der differenzierte deutsche Industrielle vom
Rathenautyp, der die Vermählung von Seele und Wirtschaft propagiert, mit glänzendem Spott skizziert, aber
auch diese Figur bleibt außerhalb der Sphäre von Ein-
maligkeit und von Tragik, welche dem Helden, dem
Mann ohne Eigenschaften, vorbehalten bleibt. In diese
Gestalt ist nicht nur Können und Klugheit, Kultur und
Virtuosität geflossen, sondern auch Blut, auch Liebe, sie
ist Erlebnis, wahrscheinlich das große bestimmende Erlebnis des Autors selbst.   (1933)

OSWALD SPENGLER

1880–1936

«Der Untergang des Abendlandes»

Geschrieben wird sehr viel, und man kann sehr wohl die Tätigkeit der Literaten mit der Tätigkeit der Rechner und Finanzleute vergleichen, beide sind den ganzen Tag über mit dem Schreiben unzähliger Nullen beschäftigt. Statt mit Einern rechnet man mit Milliarden und Billionen, das fördert den Papierverbrauch. Was nun die Meinungen angeht, so werden sie zum größern Teil nicht von den Dichtern und eigentlichen Literaten geäußert, sondern das Interessanteste und Erfreulichste kommt von Nebenprovinzen, aus den Grenzgebieten zwischen schöner Literatur und Wissenschaft her. Da steht noch immer, an Breite der Wirkung wie an Umfang und Kraft der Begabung, Oswald Spengler obenan, der Verfasser vom «Untergang des Abendlandes». Über diesen Autor wird von fast allen übrigen Literaten des Landes so wild und heftig geschimpft, daß man ihn schon daraus liebgewinnt. Und in der Tat ist sein Buch das gescheiteste, geistvollste der letzten Jahre. Spenglers Fehler und Mangel ist nicht, daß er da oder dort sich täuscht oder unvorsichtige Schlüsse zieht — warum sollte er nicht dies Recht aller Menschen ausüben? Sein Fehler ist auch nicht, daß er politisch unfrei und ein etwas rabiater Preuße ist. Sein Fehler ist lediglich ein gewisser Mangel an Humor und Elastizität, ein gewisses professorenhaftes Zuviel an Ernst und Wichtigkeit, das sich hier und dort auch in seiner recht gepflegten und angenehm zu lesenden Sprache äußert. (1924)

LEOPOLD ZIEGLER

1881–1958

«Überlieferung»

Ein Kulturkritiker und Philosoph von Rang, dazu ein
temperamentvoller Schriftsteller ist Leopold Ziegler; ein
neues Werk von ihm darf zu den geistigen Ereignissen ge-
rechnet werden. Sein neues Buch heißt «Überlieferung»
und ist ein weitgespannter Versuch des Überblicks über
die gesamte geistig-seelische Tradition der Menschheit mit
dem Ziel, diese Erbmasse an Tradition vom abendländischen und christlichen Standpunkt aus zusammenzufassen.
Ziegler postuliert eine Einheit der menschlichen Seelenerfahrung aller Zeiten, ein neues Erobern und Durchdringen der verschollenen und vernachlässigten Seelenkräfte,
und postuliert ein «katholisches», d. h. weltweites und
weltgültiges Christentum, ein Christentum also, das die
«heidnischen» Traditionen nicht verdrängt und bekämpft,
sondern mit sich aufnehmen soll. Mit großem Verständnis und suggestiver Einfühlungskraft entwickelt er im
ersten Buch seines Werks den Ritus, d. h. das gewaltige
System von Kulten, Bräuchen, Zaubern und Ritualen der
primitiven Menschheitsstufe, die Welt der Magie also, das
zweite Buch heißt «Buch des Mythos» und das dritte
«Buch der Doxa». Er vertritt den Anspruch des Geistes,
sich die Erfahrungen, Übungen und Methoden beseelter
Lebensführung aus allen Zeiten, allen Völkern und Kulturen anzueignen und daraus die neue universale Lebensweisheit für heute und morgen aufzubauen. Ob dies möglich sei, ob es praktisch erreicht und durchgeführt werden
könne, bleibt die Frage. Er hat mit seinem Drang nach
dem Universalen, mit seiner Postulierung eines überzeitlichen und übernationalen Generalnenners für alle menschliche Seelenerfahrung und Lebenskunst manchen edlen

Vorfahren; seine wunderbare und wahrhaft schöpferische
Utopie einer universalen Gnosis hat vor ihm schon in
manchem Jahrhundert hohe Geister magisch angezogen,
und selbst wenn sein Ergebnis «nur» eine Dichtung wäre,
wäre es ein edles und unsrer innigsten Aufmerksamkeit
würdiges Ergebnis. Es ist aber mehr. Es ist nicht nur eine
Anhäufung von Wissen über Magie, über Joga, über Kult,
Mythos und Sitten aller Zeiten, es ist eine wirkliche Beschwörung, ein wirkliches Aufrufen und Sichtbarmachen
einer verborgenen, immer vorhandenen, dem menschlichen
Bewußtsein nie ganz entschwundenen Welt. Darin liegt
der lebendige Wert und die große Anziehungskraft seines
Buches; es ist ein wirklicher Seher, der es geschrieben hat,
nicht nur ein Gelehrter und Sammler. Seine Vertraut-
heit mit der Weisheit des Ostens (vor etwa zwölf Jahren schrieb er sein Aufsehen machendes Buddha-Buch)
gibt ihm die Fähigkeit, Getrenntes in eins zusammenzu-
schauen, sich überall dem lebendigen Grundquell, nicht
den vergänglichen Manifestationen zu verhaften. Er wird
von den dogmatisch festgelegten Christen bekämpft und
abgelehnt werden; sein Universalismus durchbricht
Schranken, die von den Kirchen und Religionsgemein-
schaften Europas stets heiliggehalten worden sind. Und
in der Tat bleibt es mehr als fraglich, ob das, was er am
Ende unter Christentum versteht, mit dem «wirklichen»,
historischen Christentum zu vereinigen sei. Aber Utopien
sind ja nicht da, um sklavisch realisiert zu werden, sondern um die Möglichkeit des Schwierigen und doch Er-
sehnten zur Diskussion zu stellen und den Glauben an
diese Möglichkeit zu stärken. Ein vornehmer und
lebenskräftiger Geist beschwört hier im Bilde von Gewe-
senem den Geist des Kommenden. Es wird an Kritik von
vielen Seiten her nicht fehlen, ein Buch dieser Art muß
notwendig auf Widerspruch stoßen. Doch wird es ihm
auch nicht an Lesern fehlen, in denen es weiter wirkt und
auf tausend unsichtbaren Wegen Zukunft bauen hilft. Vor

kurzem hat der Italiener Giulio Evola sein Werk »Erhebung wider die moderne Welt« herausgegeben, das sich beinah genau mit demselben Komplex von Fragen befaßt, aber mit weniger Freiheit und Frische, mit mehr Wichtigtuerei und nicht ohne okkultistische Unarten auftritt, wir halten Ziegler für vertrauenswürdiger.   1936)

STEFAN ZWEIG
1881–1942

«Die Liebe der Erika Ewald»

Stefan Zweig, der sich um das Bekanntwerden Verlaines in Deutschland sehr verdient gemacht und kürzlich eine prachtvoll übersetzte Verhaeren-Auswahl veröffentlicht hat, tritt in den vier Novellen des vorliegenden Buches zum ersten Male als Erzähler auf. «Novellen» ist freilich nicht ganz die richtige Bezeichnung für diese feinen, fast ängstlich sorgfältigen Seelenstudien. Das Erzählerische tritt nicht selbstherrlich und selbstverständlich auf, sondern schmiegt sich, als suche es eine Stütze, an die äußerst zartfühligen psychologischen Lösungen und an die gelegentlich lyrisch verklärte Wärme des Ausdrucks.

Damit sind die Schönheiten und Mängel des eigenartigen, vielversprechenden Buches angedeutet. Die naive, robuste Freude und Kraft des großen Erzählers fehlt ihm noch. Dafür steigen die Geschehnisse wohl vorbereitet aus hell durchleuchteten Seelentiefen hervor, schlicht und ernsthaft; — sie verblüffen und erschüttern nicht, aber sie sind verständlich und wirken im stillen lange nach. Es ist gewiß kein Zufall, daß gerade die letzte und weitaus umfangreichste Erzählung, deren Stoff am meisten echt Novellenhaftes hat, auch am stärksten mit reflektierender Betrachtung, mit zögernder Psychologie durchsetzt ist, so daß der an sich wirkungsvolle, farbige Stoff (Entstehung und Untergang eines Antwerpener Altarbildes) zwar zarter und weicher, aber auch blasser und weniger fest im Umriß wird. Man wünscht hier gelegentlich ein keckeres Zugreifen, eine gröbere, kühnere Hand.

Aber wie immer sind auch hier die Schönheiten untrennbar mit jenen Mängeln verwachsen, so daß man am Ende das Ganze doch nicht anders wünscht und dem Dichter, der so fein beobachtet und so gewissenhaft zart im Anfassen ist, gerne bis zum Ende folgt. Denn Zweig ist, wenn auch als Erzähler noch nicht reif und fertig, eine besondere, liebenswerte Persönlichkeit, und das ist mehr als alle Technik wert. Darum wünsche ich diesem Erstling nicht nur gute Nachfolger, sondern auch gute, aufmerksame Leser und Freunde.   (1904)

«Triumph und Tragik des Erasmus von Rotterdam»

In seiner geschmeidigen Art, aber mit großer Herzenswärme zeichnet er nicht so sehr die private Biographie als vielmehr die geistige Stellung und das geistige Schicksal des großen Humanisten in seiner Zeit. Seinem Endkampf mit Luther, dem kraftvollen und zornigen Kämpfer, hat er ein wahrhaft aufregendes Kapitel gewidmet, ohne dabei Luthers Größe zu verkennen. Der eigentliche Gegenpart des klugen Gelehrten aber, des Freundes der Vernunft und Gerechtigkeit, des Verkünders einer Lehre des Friedens und der Menschlichkeit, war nicht Luther, sondern der nicht minder kluge Machiavelli, der Rationalist und Theoretiker der Machtpolitik. Ihn stellt Zweig im letzten Kapitel dem Humanisten gegenüber und kommt zu dem Schluß, daß allen Kriegen und allen Triumphen der Machtpolitik zum Trotz das Ideal einer übernationalen Gerechtigkeit und einer «Vermenschlichung der Menschheit» immer wieder lebendig ist und als geistige

Gegenkraft an der Erziehung der Menschheit mitwirkt. Der berühmte, aber kaum mehr gelesene Erasmus, der Freund des großen Thomas Morus, in dessen Hause er Anno 1509 seine «Laus stultitiae» schrieb, gewinnt in dieser Darstellung eine merkwürdige Aktualität, und indem der Leser diese vorbildliche Gestalt eines geistigen Helden neu sehen lernt, wird auch der Autor des Buches ihm von neuem lieb. (1935)

FRANZ KAFKA
1883—1924

Wer die Welt dieses Dichters zum erstenmal betritt, eine ganz eigene Mischung aus jüdisch-theologischer Spekulation und deutschem Dichtertum, der findet sich in ein Reich von Visionen verirrt, welchen bald eine geisterhafte Unwirklichkeit, bald eine dem Traum ähnliche, glühende Überwirklichkeit eignet, dabei hat dieser deutschböhmische Jude eine ganz meisterhafte, kluge, bewegliche deutsche Prosa geschrieben.

Angstträume scheinen diese Dichtungen zu sein (so wie vieles in den Büchern des Franzosen Julien Green, des einzigen Heutigen, mit dem man Kafka ein klein wenig vergleichen kann). Alle diese Dichtungen malen mit präzisester Treue, ja Pedanterie eine Welt, in welcher Mensch und Kreatur sich heiligen, aber dunklen, nie ganz verstehbaren Gesetzen untertan wissen, sie spielen ein lebensgefährliches und unentrinnbares Spiel mit wunderlichen, komplizierten, vermutlich sehr tiefen und sinnvollen Spielregeln, deren völlige Kenntnis aber in einem Menschenleben nicht erreichbar ist, und deren Geltung, je nach Laune der unbekannten herrschenden Mächte, beständig schwankt. Man ist beständig in nächster Nähe der größ-

ten und göttlichsten Geheimnisse und kann sie doch nur
ahnen, nicht sehen, nicht fassen, nicht verstehen. Und
auch untereinander reden die Menschen auf eine tragische
Art aneinander vorbei, Mißverständnis scheint das
Grundgesetz ihrer Welt zu sein. Eine Ahnung von Ordnung, von Heimat und Sicherheit tragen sie in sich und
irren doch hoffnungslos in der Fremde, möchten gehorchen
und wissen nicht wem, möchten das Gute tun und finden
den Weg versperrt, hören einen verborgenen Gott nach
ihnen rufen und können ihn nie finden. Aus Mißverständnis und Angst besteht diese Welt, reich an Figuren,
reich an Begebenheiten, reich an entzückenden dichterischen Einfällen und an tief rührenden Gleichnissen für das
Unsagbare, denn immer ist dieser jüdische Kierkegaard,
dieser talmudisch denkende Gottsucher zugleich auch ein
Dichter von hoher Potenz, seine Spekulationen werden zu
Fleisch und Blut, seine Angstträume zu holden, oft ganz
und gar magischen Dichtungen. Wir ahnen schon heute,
daß Kafka ein einsamer Vorläufer war, daß er das
Inferno der großen Geistes- und Lebenskrise, das uns
jetzt umgibt, schon lange vor uns erlebt, in sich getragen
und in Dichtungen beschworen hat, die wir erst heute ganz
aufzunehmen vermögen. (1935)

Fragt man sich nach den Gründen, welche den Dichter
in der Zeit vor seinem Tode bestimmt haben können, so
schonungslos sein eigenes, außerordentlich sorgfältig und
liebevoll gearbeitetes Werk preiszugeben, so sind sie nicht
schwer zu finden. Kafka gehört zu den Vereinsamten und
Problematikern seiner Epoche, zu denen, welchen ihre
eigene Existenz, ihre Geistigkeit und ihr Glaube zuzeiten
tief fragwürdig erschienen. Vom Rande einer Welt, die sie
nicht mehr zu den ihren zählt, blicken solche Existenzen
ins Leere, ahnen zwar jenseits das Geheimnis Gottes, sind
aber zuzeiten tief von der Fragwürdigkeit und Uner-
träglichkeit der eigenen Existenz, und weiter noch: vom

Unglauben an die menschliche Existenz überhaupt, durchdrungen. Von da ist zur radikalen Selbstverurteilung nur noch ein kleiner Schritt, und den Schritt tat der kranke Dichter, als er über sein Werk das Todesurteil sprach.

Wir zweifeln auch gar nicht daran, daß es nicht an Menschen fehlen wird, welche diesem Urteil zustimmen und der Meinung sind, man sollte die Schöpfungen so entwurzelter und problematischer Geister der Menschheit lieber vorenthalten. Aber hier geben wir dem Freunde und Testamentsvollstrecker recht, der dies bei aller Gebrechlichkeit und Fragwürdigkeit wundervolle Werk gerettet hat. Es wäre vielleicht besser, wenn es keine Menschen gäbe, wie Kafka einer war, und keine Epochen und Zustände in der Welt, welche solche Existenzen und solche Werke hervorbringen. Aber mit dem Wegoperieren der Symptome wäre der Epoche und den Zuständen nicht aufgeholfen. Wäre Kafkas Werk wirklich vernichtet worden, so wäre manchem Leser, der sich aus Bildungsbedürfnis mit diesem Werk befaßt, der Blick in Abgründe erspart geblieben. Aber die Zukunft kommt nicht durch die, die vor dem Anblick jedes Verzweifelten die Augen schließen. Das Sichtbarmachen und Bewußtmachen der verborgenen Abgründe gehört mit zu den Aufgaben des Schrifttums.

Und Kafka war keineswegs nur ein Verzweifelter. Er war es gewiß oft, so wie es zu ihrer Zeit Pascal oder Kierkegaard (die er beide kannte) gewesen sind. Aber er hat nicht an Gott, nicht an der höchsten Realität gezweifelt, sondern nur an sich, nur am Vermögen des Menschen, zu Gott oder, wie er es gelegentlich nennt, zum «Gesetz» in ein echtes, sinnvolles Verhältnis zu kommen. Alle seine Dichtungen haben es damit zu tun, am großartigsten der Roman «Das Schloß». Dort bemüht sich einer, der gern dienen und sich einordnen möchte, immer vergeblich darum, Gehör bei der Herrschaft zu finden, in deren Dienst er sich weiß, ohne daß sie ihm doch je sichtbar würde. Die Erzählung in diesem furchtbaren Märchen ist tragisch, wie die ganze Dichtung Kafkas tragisch ist. Der Diener findet seinen Herrn nicht, sein Leben bleibt ohne Sinn. Aber wir fühlen es überall und immer, daß die Möglichkeit des Findens besteht, daß irgendwo die Gnade, die Erlösung wartet — nur erreicht der Held des Märchens sie nicht, er ist nicht reif, er bemüht sich zu viel, er selber versperrt sich immer wieder den Weg.

Ein «religiöser» Dichter im Sinn der üblichen Erbauungsliteratur hätte diesen armen Menschen den Weg finden lassen, man hätte ein wenig mit ihm sich geplagt und gelitten und ihn dann aufatmend durch die erreichte Pforte treten sehen. Kafka führt uns nicht so weit, dafür führt er uns in Tiefen der Verwirrung und Verzweiflung, wie wir sie unter den heutigen Dichtern etwa bei Julien Green finden.

Dieser Suchende und Verzweifelnde, der sein eigenes Werk wegwerfen wollte, war als Dichter von einer hohen Potenz, er hat sich eine eigene Sprache, hat sich eine Welt der Symbole und Gleichnisse geschaffen, mit der er bisher Ungesagtes zu sagen vermochte. Wäre auch alles andere nicht, was ihn uns lieb und wichtig macht, so würde sein Künstlertum allein ihn uns lieb und wichtig machen. Viele seiner ganz kleinen Erzählungen und Gleichnisse haben eine Dichtigkeit der Vision, einen Zauber der Verstrickungen, eine Anmut, über der man für Augenblicke ihre Melancholie vergißt. Es ist ein Glück, daß diese Werke auf uns gekommen sind.   (1935)

Diese oft so beunruhigenden, oft so beglückenden Dichtungen werden aus unserer Zeit nicht nur als Dokumente einer seltenen Geistigkeit, als Ausdruck der tiefsten Fragen und auch Fragwürdigkeiten unserer Epoche übrigbleiben, sondern auch als Dichtungen, als Früchte einer symbolschaffenden Phantasie und einer nicht nur hochkultivierten, sondern auch ursprünglichen, echten Sprachkraft. Auch alle jene Inhalte seines Werkes, die man als verspon-

nen und verstiegen, oder schlechthin als pathologisch empfinden kann, alle jene durch und durch problematischen
und im tiefern Sinne fragwürdigen Wege seiner einsamen
Phantasie empfangen aus der Sprach- und Dichterkraft
Kafkas die Magie des Schönen, die Gnade der Form.

Der Dichter war Jude, und ohne Zweifel hat er, bewußt
und unbewußt, aus den Traditionen, Denk- und Sprach-
gewohnheiten des Prager und überhaupt des östlichen
Judentums eine Menge von Erbgut mitgebracht; seine
Religiosität hat unverkennbar jüdische Züge. Aber sein
bewußter Bildungsgang scheint von christlich-abendländi-
schen Mächten mehr als von jüdischen beeinflußt, und vermutlich hat er nicht Thora und Talmud, sondern Pascal
und Kierkegaard durch besondere Vorliebe und Hingabe
ausgezeichnet. Nächst der Kierkegaardschen Existenzfrage hat wohl kein Problem ihn so dauernd und tief beschäftigt, hat ihn leiden gemacht und schöpferisch gemacht
wie das Problem des Verstehens; alle Tragik bei ihm —
und er ist ein ganz und gar tragischer Dichter — ist Tragik
des Unverstehens, des Mißverstehens zwischen Mensch
und Mensch, zwischen Person und Gemeinschaft, zwischen
Mensch und Gott. Im vorliegenden ersten Bande zeigt das
kleine Prosastück «Vor dem Gesetz» diese Problematik
und Tragik vielleicht am konzentriertesten — man kann
manchen Tag über dieser Legende sinnen. Die beiden
Romane des Nachlasses, «Prozeß» und «Schloß», spinnen
denselben Faden.

Unter den Zeugen unserer zerrissenen und leidenden
Zeit, unter den jüngeren Brüdern der Kierkegaard und
Nietzsche wird das erstaunliche Werk des Prager Dichters
weiterleben. Er war zum Grübeln und zum Leiden begabt,
er stand aller Problematik seiner Zeit offen, oft prophetisch offen, und zugleich besaß er, trotz allem ein Liebling der Götter, in seiner Kunst einen Zauberschlüssel, der
uns nicht bloß Verwirrung und tragische Visionen er-
schlossen hat, sondern auch Schönheit und Trost.   (1935)

«Der Prozeß»

Was ist das wieder für ein seltsames, aufregendes, wunderliches und was für ein beglückendes Buch! Es ist, wie alle Werke dieses Dichters, ein Gespinst aus zartesten Traumfäden, die Konstruktion einer Traumwelt, hergestellt mit so reinlicher Technik und geschaffen mit so intensiver Kraft der Vision, daß eine unheimliche, hohlspiegelhafte Scheinwirklichkeit entsteht, welche zunächst wie ein Alpdruck wirkt, bedrückend und ängstigend, bis dem Leser der geheime Sinn dieser Dichtungen aufgeht. Dann strahlt Erlösung aus Kafkas eigenwilligen und phantastischen Werken, denn der Sinn seiner Dichtungen ist durchaus nicht, wie es zunächst bei der ganz ungewöhnlichen Sorgfalt der Kleinarbeit scheinen könnte, ein artistischer, sondern ein religiöser. Was diese Werke ausdrücken, ist Frömmigkeit, was sie erwecken, ist Devotion, ist Ehrfurcht. So auch der «Prozeß». Ein Mensch wird eines Morgens in seinem Zimmer verhaftet, ahnungslos, schuldlos, man unterzieht ihn einer Menge von phantastischen Kanzleiformalitäten, verhört ihn, schüchtert ihn ein, entläßt ihn wieder, lädt ihn wieder vor, eine unsichtbare, furchtbare Geheimbehörde scheint hinter diesem quälenden Prozeß zu stecken, der wie eine Dummheit und Spielerei anfängt und, langsam an Wichtigkeit gewinnend, das ganze Leben aussaugt und erfüllt. Denn es ist nicht diese oder jene einzelne Schuld, wegen welcher der Angeklagte vor Gericht sitzt, sondern es ist die Urschuld allen Lebens, die unentrinnbare. Die meisten Angeklagten werden nach endlosem Prozeß verurteilt, einige wenige Begnadete sollen in früheren Zeiten vollkommen freigesprochen worden sein, anderen wird wenigstens die «bedingte Freisprechung» zuteil, die aber in jedem Augenblick einem neuen Verfahren, einer neuen Verhaftung Platz machen kann. Kurz, dieser «Prozeß» ist nichts anderes als die Lebensschuld selbst, und die «Angeklagten» sind inmitten der anderen, der Harmlosen, jene Bedrückten und Ahnungs-

vollen, denen eine beginnende Einsicht in die Furchtbar-
keit alles Lebens das Herz einschnürt. Aber sie können
Erlösung finden, auf dem Wege der Ergebung, der frommen Hingabe an das Unvermeidliche.

Diese Lebenslehre wird im «Prozeß» gepredigt; jedoch
nicht mit Erklärungen oder groben Allegorien, sondern
einzig mit den Mitteln echter Dichtung. Der Leser wird
in die Atmosphäre einer traumhaft unwirklichen Welt gelockt, wird in ein Gespinst wirrer Traumfäden einge-
sponnen und ahnt immer nur ganz von ferne, ohne je
ganz erweckt zu werden, daß er im Bilde dieser phantastischen Traumwelt Erde, Hölle und Himmel sieht und erlebt.   (1925)

«Der Prozeß», dies unheimliche Buch, das auch jene unvergeßliche kleine Dichtung enthält, die unter dem Titel
«Vor dem Gesetz» bekannt ist. Beim Lesen des «Prozesses» kann man sich wohl in den Seelenzustand versetzen,
in welchem Kafka den Entschluß faßte, sein ganzes Werk
der Welt zu entziehen und zu vernichten. Es herrscht hier
eine Atmosphäre der Angst und Vereinsamung, welche
nicht nur dem Philister ganz unerträglich, sondern auch
dem Wissenden schwer zu atmen ist, und eine Neigung
zum Fatalismus, der dem einzelnen jeden Zugang zum
Göttlichen verwehrt außer dem einer tapferen Ergebung
ins Unabänderliche. Ein so kluger, so zarter und so sehr
verantwortungsbewußter Mensch wie Kafka kann recht
wohl zu manchen Stunden seine eigenen Dichtungen und
Gedanken als zerstörerisch und schädlich empfunden
haben. Aber wir sind sehr dankbar dafür, daß es nicht
zur Vernichtung kam und daß dies einzigartige, unheimliche, warnende und zugleich höchst liebenswerte Werk
eines tödlich Leidenden uns erhalten geblieben ist. Mit
dem Verbrennen von Manuskripten und dem Wegoperieren von Symptomen heilt man Zeitkrankheiten
nicht, man dient damit nur den Ausflüchten und Ver-

drängungen und hindert die Reifung und tapfere Bejahung der Probleme. Daß Franz Kafka nicht nur ein Dichter von seltener Intensität der Gesichte war, sondern auch ein frommer Mensch, ein Religiöser, wenn auch einer von den problematischen, die zum Typus Kierkegaard gehören, ist längst erkannt worden. Seine Phantastik ist eine glühende Beschwörung der Wirklichkeit, eine dringliche Formulierung der religiösen Existenzfrage.

(1933)

Das Urproblem Kafkas, die verzweifelte Verlorenheit des einzelnen im Leben, der Konflikt zwischen der tiefen Sehnsucht nach einem Sinn des Lebens und der Fragwürdigkeit jeder Sinngebung, wird in diesem großartigen und aufregenden Roman bis zur Verzweiflung abgehandelt; es ist ein beängstigendes und beinah grausames Werk.

Aber in dieser beklemmenden und eigentlich trostlosen Erzählung schwingt im Detail soviel Schönes, soviel wundersam Zärtliches, fein Beobachtetes, atmet heimlich so viele Liebe und so viel Künstlertum, daß aus dem bösen Zauber ein guter wird, die konsequente Tragödie der Sinnlosigkeit ist durchsetzt von so viel Ahnung der Gnade, daß sie nicht blasphemisch wirkt, sondern fromm.

(1935)

«Amerika»

Die Gesamtausgabe der Werke Kafkas schreitet rüstig vorwärts, und wie es scheint, beginnt die bisher auf einen engen Kreis beschränkte Wirkung dieses Dichters, der seit elf Jahren tot ist, mehr und mehr um sich zu greifen. Von den drei Romanen oder Romanfragmenten Kafkas, welche alle dasselbe seelische Thema haben: die Vereinsamung und Gottferne des Menschen von heute: von diesen drei Romanen der Einsamkeit und des Suchens nach Erlösung ist «Amerika» der heiterste, freundlichste, versöhnlichste. Sein Held ist nicht ein Mann, sondern noch beinah ein Knabe, und alles strebt in dieser Dichtung, die Kafka besonders liebte, auf eine Lösung der Dissonanzen, auf eine Entwirrung und Versöhnung hin. Freilich stehen auch in dieser Dichtung Kapitel und Seiten, in denen wir eine tief beklemmende und angstvolle Traum-Atmosphäre atmen, auch hier steht der Held inmitten einer gefährlichen, oft tief feindlichen, einer schwer verständlichen und im Grunde unvernünftigen Welt — obgleich das (schon zu Kafkas Lebzeiten gedruckte) erste Kapitel, wo der Sechzehnjährige in New York aussteigen soll, mit seinem Koffer landungsbereit an Deck steht, plötzlich entdeckt, daß er seinen Schirm im Zwischendeck hat stehenlassen, den Koffer einem Fremden anvertraut, um schnell noch den Schirm zu holen, sich im Riesenschiff verirrt, in fremde Räume und in fremde Schicksale hineinläuft, den Koffer mehr und mehr verlorengeben muß — das erinnert an bange Träume und an Szenen aus Meyrinks Golem. Aber die Jugend und Unschuld, die Gutartigkeit und Liebenswürdigkeit des bedrohten Knaben, der sich allein in Amerika durchschlagen soll, macht alles heller, froher, munterer als irgendeine andere Dichtung Kafkas.   (1935)

«Das Schloß»

Von den umfangreicheren Prosadichtungen Kafkas (sie sind alle drei Fragmente geblieben; doch sind zwei von ihnen, darunter auch das «Schloß», nahezu vollendet) wird wohl das «Schloß» den meisten Lesern die liebste sein. Im Gegensatz zu dem furchtbaren «Prozeß» herrscht in diesem einzigartigen Roman, diesem großen Märchen vielmehr, trotz aller Bangigkeit und Problematik eine Atmosphäre von Wärme und sanfter Farbigkeit, etwas von Spiel und auch etwas von Gnade; das ganze Werk vibriert leise in einer Spannung und Ungewißheit, in welcher Verzagen und Hoffnung sich wunderbar ablösen und die Waage halten. Kafkas Dichtungen haben ja alle in hohem Grad das Paradigmatische, manchmal bis zum

Lehrhaften; in seinen glücklichsten Schöpfungen aber schwebt das kristallen Feste in einem malerischen, wechselreichen Licht, und manchmal gewinnt dann auch seine sehr reine, meist kühle und strenggehaltene Sprache einen Zauber — von dieser Art ist das «Schloß». Auch hier geht es um Kafkas großes Problem, um die Fragwürdigkeit unserer Existenz und die Verhülltheit ihrer Herkünfte und Ursachen, um die Verborgenheit Gottes, um die Brüchigkeit unserer Vorstellungen von ihm, unserer Versuche, ihn zu finden oder uns von ihm finden zu lassen. Aber was im «Prozeß» hart und unerbittlich war, das erscheint im «Schloß» beweglicher und heiterer. Wenn ein späteres Jahrzehnt die Dichtung der Zeit um 1920, diese problematische, aufgeregte, bald ekstatische, bald frivole Dichtung einer schwer erschütterten und verwundeten Generation betrachten und sichten wird, werden die Werke Kafkas neben tausend erloschenen Lichtern unter dem wenigen Überlebenden übrigbleiben. (1935)

Es soll in Deutschland immer noch einige Personen geben, welche fähig sind, einer Dichtung genießend gerecht zu werden — mag es auch nur eine Legende sein, ich wende mich an diese legendäre Gemeinde und verspreche ihr, sie werde in Kafkas «Schloß» einen echten Edelstein finden. Sollten jene paar echten Leser wirklich noch existieren, so werden sie in diesem Roman nicht bloß den Zauber und Beziehungsreichtum eines Traumes, mit echter Traumlogik, finden, sondern auch eine deutsche Prosa von ganz einziger Sauberkeit und Strenge. (1935)

«Der Hungerkünstler»

Der «Hungerkünstler» ist eine der schönsten und rührendsten Dichtungen Kafkas, ätherisch wie ein Traum und exakt wie ein Logarithmus. Seit dem «Landarzt» und der «Strafkolonie», jenen Meistererzählungen, die vor man-

chen Jahren uns aufhorchen ließen, ist der «Hungerkünstler» wohl das echteste, innigste und duftigste Stück
dieses Träumers und Frommen, der zugleich ein heimlicher
Meister und König der deutschen Sprache gewesen ist

(1925)

«Vor dem Gesetz»

Dieser Prager Jude Kafka, gestorben 1924, hat wohl jeden, der zum erstenmal etwas von ihm las, irritiert und fasziniert. Viele freilich negativ, indem er sie verwirrte und
abstieß. Mich hat er, seit ich vor 18 Jahren zum erstenmal
eine seiner magischen Erzählungen las, immer und immer
wieder tief beschäftigt. Kafka war ein Leser und jüngerer
Bruder von Pascal und von Kierkegaard, und er war ein
Prophet und ein Opfer. Man wird über diesen verspon-
nenen Prager Juden, der ein vorbildliches Deutsch geschrieben hat, über diesen pedantisch-exakten Phantasten,
der viel mehr war als nur ein Phantast und Dichter, noch
nachdenken und disputieren, wenn das meiste vergessen
ist, was wir heut an deutscher Literatur unsrer Zeit schätzen.   (1935)

«Tagebücher und Briefe»

Auch wenn dieser Band nicht beinahe lauter Unveröffentlichtes enthielte, wäre er ein literarisches Ereignis: Als
nach Franz Kafkas frühem Tode im Jahr 1924 sein Freund
Max Brod daranging, den Nachlaß teilweise herauszu-
geben, war das eine große Sensation: bis dahin war Kafka
für die wenigen, die ihn überhaupt kannten, ein Klein-
meister gewesen, ein hochbegabter und etwas wunderlicher
Virtuose der kurzen, märchenhaften und paradigmati-
schen Erzählung, ein äußerst sorgfältiger, subtiler Stilist
und ein komtemplativer Geist; nun aber kamen nachein-
ander die großen Werke des Nachlasses heraus, ein voll-
endeter und zwei fragmentarische Romane, Werke von

einer Wucht und einsamen Größe, einem Ringen um die Geheimnisse der Kunst und die Geheimnisse des Lebens, von denen für viele eine fruchtbare Erschütterung und ein Licht ausging, das nicht wieder erlöschen wird. Alle diese großen, geheimnisvollen, vom Leiden aller Menschheit erfüllten Werke waren von ihrem Dichter zur Vernichtung bestimmt, er hat ihre Veröffentlichung verboten, und wenn Max Brod kein anderes Verdienst um Kafka besäße, als daß er den Mut aufbrachte, den Nachlaß trotz diesem Verbot zu veröffentlichen, so verdiente er allein dafür den Dank seiner Generation. Er machte sich schon bald nach der Publikation der drei Romane an eine Gesamtausgabe der Werke, und diese ist nun also, unter denkbar ungünstigsten Sternen und in Deutschland verboten, mit dem sechsten Band zur Vollendung gelangt.

Die Tagebücher werden den kommenden Biographen und Deutern auf lange zu tun geben. Zusammen mit dem kurzen Nachwort Brods und den beigefügten knappen Lebensdaten ergibt der Band für einen aufmerksamen Leser immerhin schon die festen Umrisse einer Biographie, einer innern wie äußern. Überall stößt man auf echte Bekenntnisse. Im Entwurf eines Briefes an den Vater einer Geliebten etwa heißt es: «Mein Posten ist mir unerträglich, weil er meinem einzigen Verlangen und meinem einzigen Beruf, das ist die Literatur, widerspricht. Da ich nichts anderes bin als Literatur und nichts anderes sein kann und will, so kann mich mein Posten niemals zu sich reißen, wohl aber kann er mich gänzlich zerrütten. Davon bin ich nicht weit entfernt.» Für die Psychologie des Dichters, und des Schaffens überhaupt, wird manche Stelle aus Tagebüchern und Briefen künftig wichtig werden, Sätze wie die über das Objektivieren des Schmerzes oder die erstaunliche «Skizze einer Selbstbiographie» oder die Klage in einem Brief an Pollak. Da heißt es unter anderem: «Übrigens ist schon eine Zeitlang nichts geschrieben worden. Es geht mir damit so: Gott will nicht, daß ich schreibe, ich aber, ich muß. So ist es ein ewiges Auf und Ab, schließlich ist doch Gott der Stärkere und es ist mehr Unglück dabei als du dir denken kannst.» Ja, es war viel Unglück dabei, bei dieser wunderlichen, großartigen, selbstquälerischen, selbstmörderischen Art von Schriftstellerei, sie war ein Glück, dem keine Hölle unbekannt blieb.

Aus den Briefen an Max Brod sei ein Satz zitiert, eine lapidare Äußerung von Kafkas literarischer Gewissenhaftigkeit, seines Strebens zum Vollkommenen, seines ewigen Verbesserns, Ausstreichens, Vernichtens und Neubeginnens. Der Satz, den kein Autor ohne Bewegung wird lesen können, heißt: «Schlechte Sachen endgültig schlecht sein lassen, darf man nur auf dem Sterbebett.»   (1937)

Kafka-Deutungen

Unter den Briefen, die meine Leser mir schreiben, gibt es eine bestimmte Kategorie, die immer mehr anwächst und die ich als Symptom für die zunehmende Intellektualisierung des Verhältnisses zwischen Leser und Dichtung beobachte. Die Briefe dieser Art, meist von Lesern jüngeren Alters kommend, zeigen ein leidenschaftliches Bemühen um Deutungen und Erklärungen; ihre Verfasser stellen endlose Fragen. Sie wollen wissen, warum der Autor hier dieses Bild, dort jene Vokabel gewählt, was er mit seinem Buch «gewollt» und «gemeint» habe, wie er auf den Einfall geraten sei, gerade dies Thema zu wählen. Sie wollen von mir wissen, welches meiner Bücher mir das beste scheine, welches mir das liebste sei, welches meine Anschauungen und Absichten am deutlichsten zum Ausdruck bringe, warum ich über gewisse Phänomene und Probleme mich mit 30 Jahren anders geäußert habe als mit 70, wie es um die Beziehungen zwischen Demian und Jungscher oder Freudscher Psychologie stehe, und so weiter und weiter. Manche dieser Fragen kommen von Schülern der höheren Schulen und scheinen unter dem Einfluß von Lehrern zu stehen, die Mehrzahl aber scheint aus echtem, eigenem Bedürfnis geboren, und alle zusammen zeigen jene Wandlung im Verhältnis zwischen Buch und Leser, die überall auch in der öffentlichen Kritik zur Geltung kommt. Erfreulich daran ist die Aktivierung der Leser; sie mögen nicht mehr passiv genießen, sie wollen ein Buch und ein Kunstwerk nicht mehr einfach schlucken, sie wollen es sich erobern und analysierend zu eigen machen.

Die Sache hat aber auch ihre Kehrseite: das Klügeln und Gescheitreden über Kunst und Dichtung ist zum Sport und Selbstzweck geworden, und unter der Begierde, sie durch kritische Analyse zu bewältigen, hat die elementare Fähigkeit zur Hingabe, zum Schauen, zum Lauschen sehr gelitten. Wenn man damit zufrieden ist, einem Gedicht oder einer Erzählung den Gehalt an Gedanken, an Tendenz, an Erziehlichem oder Erbaulichem abzunötigen, dann ist man mit wenig zufrieden, und das Geheimnis der Kunst, das Wahre und Eigentliche, geht einem verloren.

Kürzlich schrieb mir ein junger Mann, Schüler oder Student, einen Brief mit der Bitte, ihm eine Reihe von Fragen über Franz Kafka zu beantworten. Er wollte wissen, ob ich Kafkas «Schloß», seinen «Prozeß», sein «Gesetz» für religiöse Symbole halte — ob ich Bubers Meinung über Kafkas Verhältnis zu seinem Judentum teile — ob ich an eine Verwandtschaft zwischen Kafka und Paul Klee glaube — und noch manches andre. Meine Antwort war diese:

Lieber Herr B.
... Leider muß ich Sie ganz und gar enttäuschen. Ihre Fragen und die ganze Art, wie Sie sich der Dichtung gegenüber verhalten, kommen mir zwar nicht überraschend; Sie haben Tausende von ähnlich denkenden Kollegen. Aber Ihre ohne Ausnahme unlösbaren Fragen kommen alle aus derselben Fehlerquelle.

Kafkas Erzählungen sind nicht Abhandlungen über religiöse, metaphysische oder moralische Probleme, sondern Dichtungen. Wer fähig ist, einen Dichter wirklich zu lesen, nämlich ohne Fragen, ohne intellektuelle oder moralische Resultate zu erwarten, in einfacher Bereitschaft, das aufzunehmen, was der Dichter gibt, dem geben diese Werke in ihrer Sprache jegliche Antwort, die er sich nur wünschen kann. Kafka hat uns weder als Theologe noch als Philosoph etwas zu sagen, sondern einzig als Dichter. Daß seine großartigen Dichtungen heute Mode geworden sind, daß sie von Menschen gelesen werden, die nicht begabt und nicht gewillt sind, Dichtung aufzunehmen, daran ist er unschuldig.

Mir, der ich seit Kafkas frühesten Werken zu seinen Lesern gehöre, bedeutet keine Ihrer Fragen etwas. Kafka gibt keine Antwort auf sie. Er gibt uns die Träume und Visionen seines einsamen, schweren Lebens, Gleichnisse für seine Erlebnisse, seine Nöte und Beglückungen, und diese Träume und Visionen einzig sind es, die wir bei ihm zu suchen und von ihm anzunehmen haben, nicht die «Deutungen», die diesen Dichtungen von scharfsinnigen Interpreten gegeben werden können. Dies «Deuten» ist ein Spiel des Intellekts, ein oft ganz hübsches Spiel, gut für kluge, aber kunstfremde Leute, die Bücher über Negerplastik oder Zwölftonmusik lesen und schreiben können, aber nie ins Innere eines Kunstwerkes Zugang finden, weil sie am Tor stehen, mit hundert Schlüsseln daran herumprobieren und gar nicht sehen, daß das Tor ja offen ist.

Dies etwa ist meine Reaktion auf Ihre Fragen. Ich glaubte, Ihnen eine Antwort schuldig zu sein, weil Sie es ernst meinen. (1956)

JOSÉ ORTEGA Y GASSET
1883—1955

«Der Aufstand der Massen»

Nicht alle Arbeiten dieses sehr lesenswerten Spaniers
haben mich gewonnen, gelegentlich blickt hinter der Bravour und Angriffslust des Autors dennoch etwas wie Bürgerlichkeit und Professorentum heraus. Aber dieses Buch
vom Aufstand der Massen kann ich nicht genug empfehlen, weil es zu den Büchern gehört, in welchen ein Zeitalter um Bewußtwerdung ringt und sein eigenes Gesicht
zu zeichnen versucht. Ortega y Gasset wählt für die Sicht-
barmachung der geistigen Struktur unserer Zeit volkstümliche, oft beinah banale Beispiele, aber er hat einige
von ihnen, namentlich den Durchschnittswissenschaftler
und jenen Typus, den er den «zufriedenen jungen Herrn»
nennt, bis zu einer Deutlichkeit und Ausdruckskraft zu
Ende gezeichnet, daß es nicht ohne weckende Wirkung
sein kann. Letzten Endes ist das Buch ein Warnungsruf
des Geistigen an die Dumpfen, des Aristokraten an die
Fahnenträger der kollektiven Ideale, ein Protest der Persönlichkeit gegen die Masse, und in diesem seinem wichtigsten Sinne kann ich ihm nur zustimmen und mich darüber freuen, daß diese von einigen tausend Menschen seit
langem gedachten Gedanken nun diese packende und, wie
sich hoffentlich zeigen wird, volkstümliche Darstellung
gefunden haben.   (1931)

Ein wenig allzu populär gehalten — denn es ist im
Grunde ein Buch für wenige — und gelegentlich ein klein
wenig rhetorisch, ist dieses ausgezeichnete Buch dennoch
das eines der wenigen Männer, welche vom Wesen der
Menschen, vom Wesen der Geschichte, und damit vom
Stand der heutigen Menschheit ein wirkliches Wissen ha-

ben. Mit der Darstellung und Analyse des Massenmen-
schen, wie Ortega sie gibt, bin ich ohne Vorbehalt einverstanden, so einheitlich und klar ist das noch nie gesagt
worden. Nicht minder einverstanden, und mit aktivem
Willen einverstanden, bin ich mit seiner Auffassung des
Staates, und damit seiner Auffassung von der einzigen
Möglichkeit Europas für die Zukunft, nämlich ein europäischer Staat zu werden. Dazwischen eine Reihe klar
formulierter und originell gesehener Beispiele aus der Geschichte, und im einzelnen manches gute, treffende, auch
witzige Wort, etwa das über Historiker: »Man sieht von
der Vergangenheit ungefähr soviel, wie man von der Zukunft ahnt.« Alles in allem: ein aufrufendes, wollendes,
Besinnung forderndes Werk von europäischer Wichtigkeit.
Die Mehrzahl der deutschen Jugend, statt über die mit
dem Tag verschwindenden Probleme ihres Jahrgangs zu
räsonnieren, sollte solche Bücher lesen, nicht mit dem Willen, nachher klug und schnoddrig darüber zu reden,
sondern daraus zu lernen.   (1932)

JOACHIM RINGELNATZ

1883–1934

Die Jahre gehen schnell, jetzt ist auch der muntere
junge Ringelnatz schon fünfzig Jahr alt geworden, man
muß ihm gratulieren, und er schenkt uns, nobel und zum
Spendieren geneigt, dafür diese kleine Auswahl aus seinen
Gedichten, ein hübsches wohlfeiles Taschenbändchen. Wir
nehmen es gerne an, er hat uns oft Freude gemacht, dieser
Seebär und Landstreicher, er ist ein jüngerer Bruder von
Knulp, und wenn er auch moderner, gerissener und
schnoddriger ist, er kann ja auf diese Umwelt gar nicht
anders antworten! Er kommt halb schneidig, halb rührend
daher, forsch in der offnen blauen Bluse, leicht benebelt,

mit dem breiten Seemannsgang, Witze auf den Lippen und heftige Rührungen im Herzen; und mit der Zeit ist aus dieser naiven Maske ein Geheimnis geworden, es scheint hinter ihr oft ganz anderes sich abzuspielen als diese gerissene Witzigkeit und diese betrunken-seemännische Sentimentalität. Es scheint sich hinter dieser wohlbekannten Maske, der beliebten Nummer im Kabarett, allerlei Erfahrung, Nachdenken, Leid, allerlei Narrenweisheit und Resignation, Überlegenheit und weiser Humor angesammelt zu haben, mehr als sie sagen darf. Ringelnatz geht den gezwungenen, festgelegten Weg des Chargenspielers, er kann nicht zurück, er kann auch nicht darüber hinaus, die Charge ist aus Eisen, sie ist unzerbrechlich, man muß in ihr weiter, muß sie spielen, muß sie tragen, muß sich von ihr weiter hetzen lassen, muß womöglich immer noch ein bißchen frecher ausspucken, ein bißchen gröber auftrumpfen, aber während der Kleine in ihr verhärtet und eintrocknet, wird sie dem echten Künstler Schicksal und Verhängnis. So steht es mit Ringelnatz. Ganz ohne Zweifel hat die Maske des besoffenen Mariners, hat das Chargenspielen ihm manchen hübschen Weg abgeschnitten, hat manche liebenswerte lyrische Blume nicht zum Blühen kommen lassen. Dafür hat ihn dies Schicksal wissend gemacht, und so durchbricht er doch die starre Maske immer wieder für einen lebendigen, zuckenden Augenblick, trifft uns mit einem Clownlächeln ins Herz, vermischt unser Lachen mit Grauen. Dafür halten wir ihm die Treue, auch wo er uns leid tut, auch wo wir selber uns leid tun, daß wir über seine Späße lachen. Wir lesen in seinem kleinen neuen Buch, lesen herzlicher und ernster als man sonst Spaßgedichte liest, bleiben bei den ernsten Versen etwas länger verweilen, etwa beim «Leid um Pasein». Gewiß, bei Eichendorff würde ein solches Gedicht anders und sehr viel schöner klingen, es würde etwa schließen: «Und mich schauert im Herzensgrund.» Aber den Schauer spüren wir auch hier. Seien Sie gegrüßt, Ringelnatz!   (1933)

Seine Bühnenfigur, der «Mariner», war eine gute Verkörperung seines Wesens: kraftvoll, leichtsinnig, noch mit ergrauendem Haar ein großer Junge, besoffner Matrose an Land, rauh bis zur Wüstheit und dahinter weich, ja stark sentimental, und dabei ein guter, anständiger Kamerad und Kollege; damit ist sein Charakter gezeichnet. Nicht mit umrissen wird durch diese vereinfachende Zeichnung der große Reichtum seiner Einfälle, Schnurren, Spielereien, die Beweglichkeit und Straffheit seines Artistentums, denn er ist gar nicht bloß das genial besoffne Genie, er ist auch ein beträchtlicher Könner gewesen, der mit der Sprache, mit dem Reim, mit der Melodie schöpferisch zu spielen wußte, inmitten einer zweckbesessenen Welt von Verdienern und Strebern ein Kind und ein Weiser mit seiner Freude am Spiel seiner Seifenblasen.   (1935)

...Weit stärker als Daumiers Bild war das, was durch den Namen Ringelnatz und durch das Blatt mit seiner schönen, merkwürdig präzisen Handschrift in mir aufgerufen wurde.* Es war die phantastische Gestalt des Humoristen und fahrenden Sängers, der ich einigemal in kollegialer Sympathie begegnet war, und hinter ihr die Atmosphäre jenes Vorkriegs-München, in dem ich in jungen Jahren einige Zeit als Mitarbeiter des Simplizissimus und Mitbegründer des «März» mich häufig gastweise aufhielt. Zwar lernte ich Ringelnatz damals noch nicht kennen, wohl aber seine Umwelt und ihr Klima, eine vergnügte, anscheinend sorgenlose Welt ewigen Karnevals, die in der Zeit vor 1914 und vor Hitler nicht nur hübsch und genießbar, sondern sogar für kurze Dauer entzückend und faszinierend war. Später freilich, als ich den Kabarettisten und Varietéhumoristen Ringelnatz auch persönlich kennenlernte, war dieser Zau-

* Hesse hatte eine Ausgabe von Cervantes «Don Quijote» geschenkt bekommen, die früher einmal Joachim Ringelnatz gehörte. Auf den letzten Seiten fand sich ein handschriftliches, unveröffentlichtes Gedicht von Ringelnatz.

ber längst gebrochen. Desto leichter wurde es mir zu erkennen, daß dieser sächsische Humorist im Matrosenkleid wenig mit jenem phäakischen Vorkriegs-München gemein hatte. Viel eher war er selber eine Art Don Quijote, ein adliger Schwärmer edler Art mit einem Dichterherzen und einem kleinen Vogel im ritterlichen Kopf, ein Mann mit Knabenidealen, humoristischer Rhapsode, der einem satten und vergnügungsgierigen Publikum zwar Spaß machen, aber auch bittere Pillen zu schlucken geben wollte. Ich habe ihn im Alltag nüchtern nicht gekannt, ich kannte ihn nur im Zustand halber Trunkenheit, einer mehr traurig-trotzigen als heiteren Trunkenheit, etwas starr blickend etwa wie ein Seiltänzer auf hohem Turmseil, der todesernst im bunten Kostüm über der bezauberten Menge seinen einsamen und lebensgefährlichen Weg schreitet.

(1956)

Vor bald zwei Jahren ist er gestorben, wir hatten noch kurz vorher unter Freunden eine Sammlung veranstaltet, um ihm eine Kur in der Schweiz zu ermöglichen, denn es war seit kurzem bekanntgeworden, daß er an einer schweren Tuberkulose litt. Die Sammlung kam zustande, aber Ringelnatz zog es vor, keinen Gebrauch mehr von ihr zu machen, er war so schwach geworden und hatte den Appetit verloren, er starb im November 1934, und im vorliegenden Buch* kann man die Tagebuchnotizen seiner letzten Krankheit lesen. Außerdem enthält der Band eine Anzahl nachgelassener Gedichte, das Fragment eines begonnenen Romans und, vielen Freunden willkommen, zwanzig Tafeln mit Wiedergaben seiner Gemälde, in welchen Realistik und Romantik sich ebenso überschneiden und durchdringen wie in seinen Schriften. Ringelnatz ist

* J. Ringelnatz «Nachlaß», Rowohlt 1935.

von der Bühne abgetreten, ehe er seine Spezialnummer zu Tod gespielt hatte. Er ist eine Spezialnummer gewesen, ein exzentrischer Humorist, und er ist nicht immer der Gefahr entgangen, im Chargierten steckenzubleiben. Aber er hat durch alle die langen Jahre seines gefährlich spezialisierten Artistentums immer und immer wieder nicht bloß gute Augenblicke und gewinnende Gebärden gehabt, sondern auch immer wieder wahrhaft lebendige Einfälle, und er hat seine lyrisch-humoristische Form noch immer gefeilt und gesteigert. Es hat in seiner Epoche an Humoristen und Exzentrikern nicht gefehlt, aber die andern sind alle gekommen und gegangen, ohne Spuren zu hinterlassen. Er hat nicht bloß auf dem Brettl, sondern in seinem ganzen Werk jene Rolle des Mariners gespielt, jenes mehr oder weniger betrunkene Hin und Her zwischen sentimentaler Romantik und nüchterner Wachheit, zwischen Träumerseele und Gerissenheit, Frömmigkeit und Blasphemie, und noch in diesem Nachlaßband, den wir seinen Freunden empfehlen, klingt der vertraute Mariner-Ton. (1935)

DIE WEISSEN BLÄTTER

Nach einer Unterbrechung von mehreren Monaten haben die Leipziger «Weißen Blätter» trotz dem Krieg ihren zweiten Jahrgang begonnen, und das Echo der blutigen Zeit klingt in diesen Blättern der jüngsten dichterischen Jugend Deutschlands so ernst und doch so mit Hoffnung und edlem Wollen zusammen, daß wir gut tun, auf diesen Ton zu achten. Mögen heute die Kanonen reden, morgen oder übermorgen wird der Geist der Völker wieder zartere und kompliziertere Sprachen sprechen müssen, und überall wird er sich den Boden der Jugend, des Vertrauens und der Hoffnung wählen, auch da, wo dieser Boden noch gärt und ungewisses Neuland ist.

Die «Weißen Blätter», die Monatsschrift der deutschen dichterischen Jugend (sie sind im letzten Sommer öfters besprochen worden. Auf das Schauspiel C. Sternheims: «1913» im Februarheft sei noch einmal hingewiesen), eröffnen mitten im kriegführenden Deutschland ihren zweiten Jahrgang mit einer Erklärung an die Leser, welche folgende Worte enthält: »Die europäische Gemeinschaft scheint heute vollkommen zerstört — sollte es da nicht Pflicht aller sein, die keine Waffen tragen, mit Bewußtsein heute so zu leben, wie es nach dem Krieg die Pflicht eines jeden Deutschen sein wird?«

Und im Februarheft drucken die «Weißen Blätter» ohne Auslassungen jenen denkwürdigen Aufsatz eines österreichischen Offiziers ab, jenen mutig schönen Aufsatz, der in seiner Anonymität die Stimme einer ganzen Gruppe Gutgesinnter zu sein scheint, und der so edel von dem absticht, was in Deutschland, wie in allen kriegführenden Staaten, von der Presse und den Literaten jetzt gesündigt wird. Es heißt dort wörtlich: «Dieser andere, unblutige Krieg (es ist der der Feder und Tinte) wird von Leuten geführt, die Blut und Gut in sichere Hut zu bringen verstanden, den Kanonendonner nur aus den Reimen der dichtenden Patrioten kennen und deren Einsatz in diesem Kriege gleich Null ist.» Und weiter: «Dieser Zeitungskrieg ist auch ohne jeden Wert. Wenn die Zeitungsschreiber etwa gar glauben, daß sie uns durch die Herabsetzung der Feinde Mut und Zuversicht einflößen, so möge ihnen gesagt werden, daß wir unsere Begeisterung aus anderen Quellen zu schöpfen geneigt sind. Wir verzichten auf solche Stimulantien um so freudiger, als diese Unterschätzung des Gegners bisher immer nur Schaden und niemals Nutzen angestiftet hat.»

Das ist inmitten der Flut von Gehässigkeiten, die zwischen allen kriegführenden Völkern jetzt täglich aufgewälzt wird, eine reine, gute Stimme der Vernunft und des Anstandes, und es ist bedeutungsvoll, daß die jungen Dichter, die literarische Zukunft Deutschlands, solche Worte niedriger hängen und verbreiten wollen. Daß sie selber den Krieg ernstlich miterleben und nicht das blutende Leben in Literatur aufzulösen geneigt sind, liest man aus andern ihrer Kundgebungen, und deutlicher als aus ihnen liest man das aus den Namen derer, die diesem Kreis der Jüngsten angehörten und nun schon im Kriege gefallen sind. Unter ihnen verdient von unserm Standpunkt aus besondere Beachtung der Elsässer Ernst Stadler, Verfasser des Gedichtbuches «Der Aufbruch». Stadler ist als deutscher Reserveoffizier gefallen; er war aber Lektor an der freien Universität in Brüssel, war Freund und Übersetzer französischer Dichter, hatte enge Beziehungen zu England und wäre, kam der Krieg nicht dazwischen, im September als Professor der Germanistik nach Kanada gegangen. Er war dreißig Jahre alt.

Man sage nun nicht, das sei lediglich eine Ausnahmeexistenz, durch Geburt, Herkommen, durch spezielle Beziehungen, Gaben und Schicksale zu einer geistigen Internationalität bestimmt. Er war auch nicht nationslos, sonst wäre er nicht deutscher Reserveoffizier gewesen und an der Front gefallen. Es wäre falsch, dies Europäertum eines Deutschen, dem in Frankreich etwa ein Geist wie Romain Rolland entspricht, als eine vereinzelte Zufälligkeit anzusehen. Es ist viel mehr, es ist eine frühe, noch vereinzelte Blüte eines europäischen Geistes, eines Freundschaftsbedürfnisses zwischen germanisch-gotischem und romanischklassischem Geist. Es ist eine Frucht desselben Geistes, aus dem seit zwei und mehr Jahrzehnten in Deutschland und in Frankreich viele der begabtesten und ernsthaftesten Jungen sich um ein nachbarliches, freundliches, fruchtbares Zusammengehen der beiden Völker bemüht haben. Ob es sich da «nur» um Literatur und Kunst handelte, oder ob auch politische Tendenzen dabei waren, ist unwesentlich, und daß das Politische nicht fehlte, mag man aus dem Zustandekommen der beiden interparlamentarischen Konferenzen in Bern und in Basel sehen.

Was die Dichter der «Weißen Blätter» schreiben, ist ins «Publikum» noch nicht gedrungen. Trotzdem üben sie Macht und wirken unter der Oberfläche, wie etwa in den bildenden Künsten die gewaltigen Anstrengungen der jungen und jüngsten Richtungen wirken und Einfluß üben, während der Bürger noch mit mehr oder weniger Ärger über sie lacht oder schimpft und weit über ihre Verrücktheit erhaben ist. Schon daraus, wie sie sich jetzt in der Kriegszeit von einem billigen Wortpatriotismus entfernt halten und die Aufgaben der Zukunft vorempfinden, schon daraus mag man schließen, daß in diesen noch unbekannten Dichtern etwas vom besten deutschen Geist vorhanden und lebendig ist, und man kann nur wünschen, es möge auch in Frankreich, auch in Rußland recht viel Jugend dieser Art sich finden. Ohne daß wir glauben, es sei gut und fruchtbar, schon jetzt Programme der Zukunft für das Völkerleben zu entwerfen, glauben und wissen wir doch bestimmt, daß ein würdiges und fruchtbares neues Verhältnis der aufgerüttelten Nationen nur aus einem positiven, ernsten Wollen der Geistigen erwachsen kann, das heute schon latent da sein muß. Mögen die im Felde stehenden Heere sich jetzt um Literatur und Gedichte und Menschheitsgedanken den Teufel kümmern — sie haben das Recht dazu. Wir zu Hause Sitzenden haben dies Recht nicht, wie wir auch nicht das Recht zu einer Tätigkeit des Hasses haben, das nach Völkerrecht nur den Uniformtragenden zusteht. Ein Lump, wer jetzt sich nicht zu seinem Vaterlande bekennt — aber daß man seine Heimat von Herzen lieben kann, ohne auf den Gedanken einer ewigen Zusammenarbeit menschlicher Vernunft und menschlichen Kulturwillens in allen Völkern zu verzichten, das sollte sich am Ende von selber verstehen. Niemand glaubt an die ewige Dauer politischer Bündnisse —

wie sollte da jemand an die ewige Dauer nationalen Hasses glauben!

Wer die Gedanken der wertvollsten deutschen Jugend kennen will, kann an ihrer Literatur nicht vorübergehen. Darum seien Suchende auf die «Weißen Blätter» verwiesen. Ich habe hier, aus guten Gründen, das Aktuelle betont. Doch glaube man ja nicht, daß dies die Hauptsache und daß es dieser Jugend gar um ein ästhetisierendes Spielen mit großen Gedanken zu tun sei. Charakteristisch ist nur, daß gerade das Organ der frischesten, stürmischsten literarischen Jugend jene Stimmen der Mäßigung und der Zukunftspflege hören läßt. Damit rechtfertigen sich diese jungen Dichter, noch lange ehe ihre Gedichte die volle Mannesreife erlangt und den Weg zum Volk gefunden haben. Daß überhaupt ein so ernsthaft literarisches, ganz unpopuläres Monatsblatt mit seinen rein geistigen Bestrebungen jetzt mitten im Kriege seinen Weg wieder aufnehmen kann, ist schon ein Ding, das Vertrauen weckt.

Dies Vertrauen wird bei manchem Leser durch die Dichtungen wieder erschüttert werden, die man in den «Weißen Blättern» findet. Mancher wird sie gar nicht verstehen, mancher wird sie gewollt und frech finden, und etwas daran, ein Korn daran, ist am Ende wahr. Es ist Jugend, die sich hier äußert, und es ist ihr nicht um gute Gebärden, sondern um das Aussprechen ihres Lebensdranges zu tun, auch um das Abrechnen mit väterlichem Herkommen zuweilen, und Nachahmer laufen, wie überall, neben den Echten einher. Unter den Echten aber, zu denen Stadler gehörte, zu denen Werfel, Sternheim, Schickele, Ehrenstein und andere gehören, wird man, wenn das erste Stokken vor vielen durchbrochenen Formtraditionen überwunden ist, Töne der Seele finden, Gedichte und Aufsätze voll Ernst und Energie, deren momentane Formen und Wege man keineswegs überall zu billigen braucht, um doch das dahinterstehende Leben der heraufkommenden Generation lieben und ehren zu können. (1915)

«Das große Wagnis»

Wir Dichter sind während diesem Kriege sehr in Not
gekommen. Diejenigen, denen die Flucht in den Massen-
rausch möglich war, haben diesen Weg genommen und sich
damit gerichtet. Sie haben Rausch verbreitet, Haß gesät,
Macht vergöttert. Wir andern fanden, außer ohnmächtigen Zuckungen der Auflehnung, keinen Weg als den ins
eigene Innere. Wir suchten, vom Geiste aus, eine neue
Welt zu bauen, aus uns heraus, aus unsern Träumen, aus
unserm trotz allem noch lebendigen Glauben. Viele Dichtungen mögen so entstanden sein, die noch verborgen liegen.

Eine davon, die nach dem Ende von Krieg und Zensur
den Weg ans Licht gefunden hat, ist Max Brods neues
Buch. Ein phantastischer Roman, aber nicht einer, der das
Phantastische mit geübter Technik kühl von außen aufbaut, sondern eine Darstellung von innerlich Erlebtem,
eine Bilderfolge aus Irrgärten des Unbewußten, geleitet
von Liebe, im übrigen wild und grell, ein rechtes Traum-
tagebuch. Was solche Bücher uns geben, ist nicht das, wonach alle Welt heute schreit. Die Welt schreit nach Klarheit, nach neuen Richtlinien, nach neuen Gesetzen, nach
neuen Gemeinschafts- und Lebensmöglichkeiten für die
erschütterte Menschheit. — Aber die neuen Klarheiten und
Gesetze werden Schatten sein, wie die alten von Macht
und Krieg es waren, wenn sie nur aus Technik und äußerer
Not entstehen. Sie müssen aus Selbsterkenntnis wachsen.
Und zur Selbsterkenntnis führt jeden von uns nur der
Weg ins eigene Herz. Das Chaos unseres Fühlens ist, nach
dem Zusammenbruch der alten Ideale, ein Zustand, mit
dem wir rechnen, den wir kennen, dessen Not und Her-

kunft wir anerkennen müssen. Dazu sind nach wie vor die Dichter unsere Führer.

Max Brods verzweifelte Dichtung zeigt, als ein Beispiel von vielen, die heutige Verfassung des geistigen Menschen, seine brennende Sehnsucht, seine bittere Enttäuschung, seine quälende Ohnmacht. Wir alle träumen ähnliche Träume wie er. Wir alle suchen ähnliche Wege nach vorwärts. Darum begrüßen wir sein Buch. Es ist kein großes Kunstwerk. Es ist kein Führer zu neuen, klaren Zuständen. Aber es schlägt ein Herz in ihm, eine große verzweifelte Liebe. (1919)

« Franz Kafka, eine Biographie »

Der Dichter Franz Kafka, als Mensch, als Dichter, als Religiöser eines der erstaunlichsten Phänomene seiner Zeit, hat ein eigentümliches Schicksal gehabt: nur ein winzig kleiner Teil seiner Schriften ist zu seinen Lebzeiten an die Öffentlichkeit gelangt; der weitaus größte Teil seines Werkes, darunter die drei Romane, blieb bei seinem Tode als Manuskript zurück und zwar mit dem Auftrag an den Nachlaßverwalter, diese Manuskripte zu vernichten. Dieser Nachlaßverwalter war Max Brod, einer der ältesten und treuesten Freunde des Dichters, und er hat es auf sich genommen, den Auftrag des Toten abzulehnen, und hat, erst in Einzelausgaben, dann in den schönen sechs Bänden der Gesamtausgabe, Kafkas Werk der Öffentlichkeit übergeben. Er tut dies nach ernsten Gewissenskämpfen, und wir haben allen Grund, ihm für seine Tat dankbar zu sein. Es ist seither über Kafka viel geschrieben worden, sein Werk hat mannigfaltige, zum Teil einander widersprechende Deutungen gefunden, namentlich nach der religiösen Seite hin. Die Wirkung seiner unvergleichlichen Schriften wird noch lange fortdauern, sie ist noch in den Anfängen.

Der Anfang zu einer Biographie, mit Ausnahme früherer kleinerer Publikationen in Zeitschriften etc., war gemacht mit dem sechsten Band seiner Schriften, der, von Brod herausgegeben, sehr viel biographisches Material enthält. Und nun ist also die erste wirkliche Biographie des Dichters erschienen, ein Werk der Freundschaft und Verehrung, ein Buch, das wohl noch mancher späteren Überarbeitung, Ausgleichung, Durchführung Raum läßt, das aber, so wie es nun vorliegt, etwas Einmaliges und Köstliches bedeutet, schon weil es von Kafkas bestem Freunde stammt, weil es die unmittelbare Erinnerung an des Dichters Erscheinung und Wesen, den Nachklang seiner Stimme, den Atem seiner Persönlichkeit mitbringt. Es werden noch manche Biographien Kafkas geschrieben werden, aber jede spätere wird aus diesem Buch Max Brods und seinen Beilagen (einige Photos, sowie eigene Aufzeichnungen Kafkas und Nachrufe Befreundeter) schöpfen müssen.

Es herrscht ein freundlicher, liebenswerter Geist in diesem Buch, ein wie von Kafka selbst inspirierter Geist, ein liebevoller Sinn für das Lebendige und Einmalige. Zwar gibt auch Max Brod eine Deutung des Phänomens Kafka, aber er tut es behutsam und ohne jede Gewaltsamkeit, und gegenüber den andern bisherigen Kafka-Deutungen, denen gewiß noch viele folgen werden, betont Brod mit liebenswerter Beharrlichkeit stets das Positive, das Lebensnahe und Lebensfreundliche in seines Freundes Kunst und in seinem Leben. Er ehrt damit nicht nur das Andenken an den hingegangenen Freund, er hat auch sachlich recht damit. Es ist leicht, aus den Schriften Kafkas heraus einen durchaus pessimistischen, dämonischen, besessenen Kafka zu konstruieren, ohne Zweifel ist Kafka ein Leidender und Zweifler höchsten Grades gewesen, ein Bruder Hiobs — aber das Erstaunliche und das Gewinnende an seinen Dichtungen ist nicht, daß er so viel und finster gelitten und gezweifelt hat, daß er die Fragwürdigkeit des Menschen und die Fragwürdigkeit des Guten so erschütternd tief erfaßt hat, sondern das Einzigartige und Bezaubernde ist, daß er es ganz und durchaus als Dichter tat, daß er in allem Zwiespalt und Gram stets ein Dichter, ein Liebhaber und Lobpreiser des Lebens, ein Frommer, ein Freund des Schönen und ein Meister der Bilder war. Gerade dies hat Brod aufs Schönste erfaßt und hat das, was wir andern Leser Kafkas über dessen Humor, über seine Begabung zum reinen Künstlertum, zum holden Spiel schon wissen, bereichert um eine Menge von unvergeßlichen, gewinnenden, bezaubernden kleinen Zügen aus Kafkas privatem Leben.

Zu all dem, was Max Brod für seinen großen Freund und dessen Werk getan hat, kommt diese Biographie als eine vollwertige Gabe hinzu. (1937)

OSKAR LOERKE
1884–1941

«Prinz und Tiger»

Wenn aus bedecktem Himmel ein Sonnenstrahl in eine trübe Gasse fällt, so ist es einerlei, was er trifft: die Flaschenscherbe am Boden, das zerfetzte Plakat an der Wand oder den blonden Flachs eines Kinderkopfes: er bringt Licht, er bringt Zauber, er verwandelt und verklärt. So ist der Blick des Dichters Loerke in den Alltag armer, schwer lebender Menschen — sie strahlen auf, sie atmen Licht, sie hauchen Seele aus, sobald der Blick des Dichters auf sie fällt. Denn dieser Blick ist Liebe. Und der Dichter lächelt zufrieden, denn anderes will er ja nicht als diesen flüchtigen Seelenzauber. Anderes will er nicht, als, wie er selber sagt, da und dort Muscheln aufheben und Meer in ihnen rauschen hören. (1920)

« Tagebücher 1903—1939 »

Der schöne, stattliche Band, erschienen als fünfte Publikation der Deutschen Akademie für Sprache und Dichtung, veranlaßt also von der Stelle, die das literarische Bewußtsein und Gewissen Westdeutschlands verkörpert, ist ohne Zweifel ein Versuch, ein großes Unrecht und Unglück gutzumachen. Denn für Deutschland ist, einen kleinen Kreis von Wissenden und Kollegen ausgenommen, Oskar Loerke nicht nur ein momentan Vergessener, sondern er hat auch zur Zeit seines Lebens — und er lebte und wirkte mitten im Zentrum des deutschen literarischen Lebens — Anerkennung und Erfolg nicht gefunden. Man kann ohne Übertreibung sagen, daß das Volk der Dichter und Denker in Loerke wieder einmal eine Begabung und einen Charakter höchsten Ranges unerkannt, ungenutzt und ungeehrt hat leben, arbeiten und sterben lassen.

Oskar Loerke, geboren 1884 und gestorben 1941, hat die deutsche Dichtung seiner Zeit, die ihm nur ein Aschenbrödeldasein gönnte, dennoch intensiv und fruchtbar beeinflußt, als Dichter, als Kritiker und als Lektor und geistiger Mitleiter des Berliner Verlages S. Fischer. Als stärkste lyrische Schöpferkraft neben Trakl und Benn war er durch Jahrzehnte ein heimlicher König der modernen, avantgardistischen Dichtung, ein hundertmal nachgeahmter Bahnbrecher, Vorbild und Vater der Besten seiner Generation und der nachfolgenden. Der öffentliche Erfolg aber blieb ihm versagt, er war zu früh gekommen, um über den kleinen Kreis einer Elite hinaus verstanden zu werden. Von seinem großen lyrischen Lebenswerk in sieben Bänden kann man wohl sagen, es sei noch heute ein ungehobener Schatz. Es existiert heute von diesen sieben Bänden, von denen im geheimen so starke Wirkung ausging, kein einziger mehr. Nur eine sehr knappe Auswahl in einem dünnen Band, von H. Kasack besorgt, ist im Verlag S. Fischer kürzlich erschienen, eins der gewichtigsten deutschen Bücher des vergangenen Jahres.

Außer seinen Gedichten und einigen Erzählungen hat Loerke hauptsächlich kritische und betrachtende Essays geschrieben; genannt sei neben seinem Brucknerbuch das wundervolle Buch «Hausfreunde», eine Sammlung von Charakterbildern, darunter die mir besonders teuren über Stifter, über Jean Paul und über Rückert. Auch dies liebe Buch existiert nicht mehr und scheint vergessen. Man schüttelt den Kopf und schämt sich.

Oskar Loerke hat als Autor und Dichter zwar die Liebe und Bewunderung der Besten unter seinen Kollegen gefunden, aber nie Erfolge und Auflagen erlebt. Statt in Muße seine edlen Bücher zu schreiben und von ihrem Ertrag zu leben, hat er zeitlebens anderen Autoren, von denen nur ganz wenige ihm annähernd ebenbürtig waren, als Lektor, Berater, Kritiker und treuer Schrittmacher gedient. Er war Lektor des mächtigen Verlages S. Fischer, der das erstaunliche Glück gehabt hat, in Moritz Heimann und Loerke die beiden wachsamsten, feinfühligsten und gewissenhaftesten Beobachter, Begutachter und Förderer deutscher Dichtung zu Mitarbeitern zu haben.

So wertvoll und segensreich aber diese jahrzehntelange kritische Tätigkeit gewesen ist, so viele und wertvolle Freunde sie ihm zubrachte, sie war für einen nicht nur kritischen, vielmehr vor allem schöpferischen Geist eine ungeheure Last, ja ein Martyrium. In den Tagebuchnotizen kommt es immer wieder zum Ausdruck, bald als unmutiger Stoßseufzer, bald als rührende Klage. Etwa so: «Das Danaidenfaß der Leserei bringt einen zur Verzweiflung. Immer wieder kommen neue Manuskripte. Nicht nachzukommen. Tage, Abende, alle eigene Arbeit wird aufgefressen.» (30. November 1931)

In hundert Eintragungen seiner rein privaten, ohne jeden Gedanken an Veröffentlichung geschriebenen Tagebücher weht einen die Not und stille Tragik dieses Lebens herzbewegend und beklemmend an. Es war ein schweres, hartes und oft verzweifeltes Leben, das dieser edle Dichter zwischen den Forderungen seines Schöpfertums, den Lasten und schwer empfundenen Verantwortungen seines Brotberufs und den Leiden einer Herzkrankheit hat bestehen müssen.

Wie er es bestanden hat, davon erzählt uns dies ergreifende Gedenkbuch viel. Es scheint das Leid, der Verzicht, die Enttäuschung oft alles andere zu überwiegen, aber immer und immer wieder ist dieser große Dulder auf seinem schweren Wege für die Anrufe des Schönen, des Geistes, der Musik, der Natur, der Liebe dankbar offen, und bis zuletzt bleibt sein Gemüt und sein Denken unerschrocken und unverführbar sich selber treu.

Hermann Kasack, der Freund, Schüler und Mitarbeiter Loerkes, hat ihm mit diesem Buch (in dem man nahezu allen berühmten Namen der deutschen Dichtung und Kunst seiner Zeit begegnet) ein Denkmal gesetzt. Zusammen mit der erwähnten Auswahl von Loerkes Gedichten stellt es das Vermächtnis eines großen Herzens und Geistes dar, dem seine Zeit nicht gerecht geworden ist. Es sollte dabei nicht sein Bewenden haben. Es sollte mindestens ein weiterer Gedichtband und ein Band mit ausgewählten Essays folgen. (1956)

ROMANO GUARDINI
1885–1968

«Der Mensch und der Glaube»
Wenn wir die Versuche unserer Zeit betrachten, sich über die unseligen Spezialisierungen und Parteien hinweg wieder über die Grundlagen des Menschentums, des Glaubens, des Geistes und der Moral zu besinnen, so sehen wir,

Eine Rezension über Ernst Bloch (*1885) Erbschaft dieser Zeit (1935) findet sich in H. H., «Politische Betrachtungen», S. 93.

daß die bemerkenswerten und gründlichen Leistungen nicht von den Gleichmachern und Geschichtslosen ausgehen, nicht von den weder legitimierten noch verantwortlichen Predigern einer allgemeinen, idealistischen Humanität, sondern im Gegenteil von den Vertretern gerade der ältesten Tradition. Es sind einige wenige Geister im heutigen Europa, deren Lebenswerk es ist, die überkommenen Werte der historischen Religion nicht in hübsche Feuilletons aufzulösen, sondern gerade in ihren kennzeichnenden Charakterzügen wiederherzustellen — nicht etwa um sich menschlich abzugrenzen und ein Christentum bloß für die Katholiken oder bloß für die Protestanten usw. usw. zu verkünden, sondern um durch die Reinheit in der Darstellung das Tiefste und Wesentlichste jedes Glaubens neu und verantwortlich sichtbar zu machen und es der Menschheit in Erinnerung zu bringen. Heute möchte ich in diesem Zusammenhang auf das Buch eines führenden Katholiken, R. Guardinis: «Der Mensch und der Glaube» hinweisen. Dieses bedeutsame, tief dringende Buch nennt sich im Untertitel «Versuche über die religiöse Existenz in Dostojewskis großen Romanen». Ich halte es für das einzige der vielen Bücher über Dostojewski, das im Mutterboden dieser gewaltigen und unheimlichen Dichtungen heimisch wird und das Grundgeheimnis ihres Wesens erfaßt hat. Es ist aus der vollen Verantwortlichkeit des Katholiken geschrieben und wird doch dem Russischen, ja dem Asiatischen des Dichters in behutsamer Verehrung und Liebe gerecht; das Lebendigste in diesem aufregend lebendigen Buch ist der Kampf zwischen den klaren und exakten Formulierungen des katholischen Glaubens und der Ehrfurcht vor dem Geheimnis und seines großen Dichters. Die wogende übervolle Welt des Sehers wird nicht gewaltsam in die Kategorien der römischen Begriffs-Sprache gepreßt, sondern von ihnen aus erhellt und gedeutet. (1933)

«Christliches Bewußtsein,
Versuche über Pascal»

Unter jenen katholischen Autoren, die sich mit den brennenden religiösen Problemen auseinandersetzen und sie im Sinn der Kirche zu erhellen suchen, ist mir Rom. Guardini vielleicht der liebste. Die Leser erinnern sich seines Buches über Dostojewski («Der Mensch und der Glaube»); jetzt ist ein neues erschienen: «Christliches Bewußtsein, Versuche über Pascal». Ein Buch, dessen Geistigkeit sich um die «netteté», von der Pascal spricht, nicht nur bemüht, sondern sie hat, ein Buch von großer Reinlichkeit und großem Takt. Was mir Guardini besonders lieb macht, das ist die vornehme Art, in welcher er eine Interessiertheit für aktuelle und für protestantische Probleme, ja eine gewisse Anfälligkeit für diese Probleme mit der festen Haltung des kirchlich Gebundenen vereinigt. Weniger als irgendein anderer der ihm verwandten Autoren neigt er zum geistigen Hochmut. Und besonders liebe ich an ihm, daß er zum Beispiel die Verzweiflungshaltung der jetzigen dialektischen Theologie zu verstehen, ja mitzufühlen fähig ist, ohne darum seinen Glauben an den Menschen aufzugeben, jenen alten, echt katholischen Glauben an den Menschen, der nicht nur Sünder und verderbt, sondern auch Gottes Geschöpf und vom Ursprung her zu Gott hin gerichtet ist. Wir wissen zur Genüge, welcher Teufelei der Mensch fähig ist und wieviel Grund wäre, an ihm zu verzweifeln; man kann diese Verzweiflung miterleben, ohne den Bereich des Weltlichen zu verlassen. Aber diese Verzweiflung zum Mittelpunkt und zur Conditio sine qua non der ganzen christlichen Existenz zu machen, das widerstrebt auch mir, dem Protestanten, zutiefst, und würde mich nicht jede Begegnung mit menschlicher (nicht christlicher, sondern natürlicher) Güte darin bestärken, so täte es jeder Takt einer Bachschen oder Händelschen Musik. — Doch dies nur nebenbei. Guardinis Buch hat es mit einem der erregendsten Phänomene zu tun: mit dem Versuch, die Erkenntnis Gottes zu erstürmen, die Hingabe an Gott auf dem Wege der reinen Erkenntnis zu vollziehen. Er zieht, um Pascal in der Geschichte dieser Versuche seinen Ort anzuweisen, zwei ähnliche Versuche aus anderen Jahrhunderten heran: den «ontologischen Beweis» des Anselmus und das «absolute Paradox» Kierkegaards, den Ausgangspunkt der «dialektischen Theologie». Das Kapitel, in dem diese drei leidenschaftlichen Versuche miteinander verglichen werden, möchte ich am liebsten ganz hier abdrucken dürfen. Wem diese Probleme wichtig sind, der versäume Guardinis Buch nicht.   (1935)

D. H. LAWRENCE
1885–1930

Drei Bücher erinnerten mich in letzter Zeit an Lawrence, den zarten und feurigen Dichter, der in so schweren Konflikt zu seinem England und zu seiner Zeit geraten ist und der diesen tödlichen Konflikt einige Male in wunderbaren Dichtungen gestaltet, einige Male in heftigen Anklagen dokumentiert hat. Aus den Dichtungen (unter denen ich am meisten den «Regenbogen» und den «Hengst St. Mawr» liebe) spricht diese starke Seele zu Menschen aller Kulturen, die Anklageschriften sind beschränkter, sie zeigen das Persönliche, Englische, Biographische an Lawrences großem Konflikt. Zu den Anklageschriften gehört das sehr merkwürdige Buch «Apokalypse», es klagt die englischen Sektierer und ihr Lieblingsbuch, die Offenbarung des Johannes, an. Mit Leidenschaft und Scharfsinn, mit dem Recht des tödlich Angegriffenen und Beleidigten, aber doch mit der Beschränktheit des Affekts rückt er dies Buch ins Licht, aus dem die frommen

Selbstgerechten ihre Machtgelüste befriedigen. Auch ich habe die Offenbarung des Johannes nie geliebt und kann sie leicht für immer entbehren, aber ich habe es, obwohl ich den Konflikt mit pietistischen Herkünften recht wohl kenne, niemals gerade mit ihr so leidenschaftlich zu tun bekommen und glaube nicht, daß sie bei uns die gleiche große Rolle spielt wie bei Lawrences Pseudochristen. Aber auch so ergreift uns sein Kampf, der Kampf der Natur und der Seele gegen die Mechanik und den Buchstaben, es ist ein höchst subjektives aber wunderbar flammendes und ehrliches Kampfbuch, die letzte Abwehr eines Sterbenden gegen eine Welt, in der er ersticken mußte.

Mit der «Gefiederten Schlange», dem mexikanischen Roman von Lawrence, konnte ich wenig anfangen, es gehört zu den Büchern des eigensinnigen Dichters, die sich mir bisher verschlossen haben, es wirkt auf mich gewollt und konstruiert.

Dafür habe ich (in der neuen, gekürzten und kastrierten Ausgabe) jetzt erst die «Lady Chatterley und ihr Liebhaber» kennengelernt. Bisher war das Buch, erotischer Einzelheiten wegen, verboten und verfehmt, es gab bloß eine Ausgabe mit Ausschluß der Öffentlichkeit, für Professoren und Sammler von Erotika. Ich kenne die ungekürzte Ausgabe nicht und weiß nicht, wieviel verlorenging und wie schade es vielleicht darum sein mag. Aber auch so gekürzt, ist die «Lady Chatterley» eins von Lawrences großen, geglückten zauberhaften Büchern, es strahlt sowohl von natürlicher Anmut und Leidenschaft wie von Kampfgeist gegen die Feinde, gegen die Maschine, gegen das Geld, gegen die Welt des Toten, Abstrakten, Blutlosen. Jetzt wo diese erstaunliche Liebesgeschichte endlich der Öffentlichkeit angehört, wird sie ohne Zweifel auch in Deutschland diesem ebenso eigensinnigen wie liebenswerten Dichter Lawrence eine Menge neuer Leser bringen. Die Übersetzung von Herlitschka sei gerühmt; nur die leider langen Dialektstellen, vermutlich schon im Original störend, ermüden stark. Der Dichter verteidigt die Liebe, er verteidigt die Zärtlichkeit, die Sinnlichkeit, er verteidigt die Natur und das Blut gegen alles, was Orthodoxie, Organisation, Industrie, Theorie, abstrakte Moral heißt. Sein Roman ist die Erlösungsgeschichte einer gebildeten englischen Frau der höheren Kreise aus der Lähmung durch Prüderie sowohl wie durch zynischen Intellektualismus, ein Hohelied auf die Liebe. Traurig und doch im Grunde tröstlich und herzstärkend klingt die Stimme des verstorbenen Dichters in uns nach, wir werden sie nicht mehr vergessen. (1933)

Zwischen Hamsun und Lawrence gibt es so viel Verwandtes wie Gegensätzliches. Das naive Heidentum Hamsuns ist dem differenzierten, intellektuell fundierten, zuzuweilen etwas neurotisch gefärbten Heidentum Lawrences an Geistigkeit unterlegen, an Blut aber mehr als gewachsen, und so wird Hamsuns Bejahung beinahe niemals zur Polemik, während Lawrence schon immer bis an die Zähne bewaffnet geht. Hamsuns Weg führt mit einigen Brechungen immer deutlicher und immer naturhafter zur reinen Epik, während Lawrences Novellen oft beinahe zu Essays werden: sein Heidentum hat Hamsuns Unschuld nicht. Das hindert nicht, daß auch Lawrence keineswegs seiner polemisierenden Problematik wegen uns so sehr lieb wird, sondern trotz allem als Dichter, als Gestalter von Personen und Situationen. Im «Zigeuner» stehen ein paar Gestaltungen und Gleichnisse des verstorbenen Dichters, zum Beispiel in der Erzählung «Die Hauptmannspuppe», deretwegen man ihn aufs neue liebt und bewundert. Wenn dieser Autor mit den Jäger- und Reiterinstinkten gerade nicht Pfaffen abschießt oder mit Amoklaufen beschäftigt ist (was ihm keineswegs verübelt sei), so kann er Bilder von unvergeßlicher Zartheit und Transparenz erschaffen. (1934)

«Der Hengst St. Mawr»

Vor noch nicht einem Jahr ist Lawrence gestorben, der ursprünglichste, rassigste englische Dichter von heute. Dieser letzte seiner Romane scheint mir sein schönster, das Buch dampft von Leben und Blut. Sein Symbol, der wilde, gefährliche Hengst, der seinen Reitern gern die Hälse bricht, symbolisiert dieses Dichters ganzes Wesen, seine fast faunische Naturnähe, seinen wachen Empörerinstinkt. Es ist wunderlich und bei näherem Zusehen doch wieder sehr logisch, daß in demselben geistigen England, das etwa die klugen, alles wissenden, leidenschaftslosen Romane von Huxley hervorbringt, dieser Dichter Lawrence leben konnte. (1930)

GOTTFRIED BENN

1886–1956

...Es ließe sich auch an etwas erinnern, was der im Denken fortschrittlichste und unerschrockenste deutsche Dichter unsrer Zeit, Gottfried Benn, im «Ptolemäer», einer seiner letzten Dichtungen, gesagt hat. Es ist dort von Benns Lieblingsthema, dem Niedergang und kommenden Untergang der weißen Rasse, die Rede. «Das kommende Jahrhundert», heißt es da, würde nur noch zwei Typen zulassen, zwei Konstitutionen, zwei Reaktionsformen: diejenigen, die handelten und hochwollten, und diejenigen, die schweigend die Verwandlung erwarteten — Verbrecher und Mönche, etwas anderes würde es nicht mehr geben. «Die Orden, die Brüder werden vor dem Verlöschen noch einmal auferstehen. Ich sehe an Wassern und auf Bergen schwarze Kutten wandeln in stillem, in sich gekehrtem Gang. Jenseits der Gegensätze von Erkennen und Erkanntem, außerhalb der Kette von Geburt und

Wiedergeburt ... und in einem stummen, gefaßten Tat twam asi — auch das bist du — wird sich die Vereinigung mit der verlorenen Dingwelt vollziehen».

Und Benn ist nicht der einzige Seher und Prophet dieser Art. Worin auch wäre der schon beinah zur Mode entartete Durst nach Lotos, nach Nirwana, nach Zen begründet, wenn nicht in der bangen Ahnung kommender Untergänge und Wandlungen und in der Bereitschaft der nicht zu Tat und Verbrechen Begabten oder Gewillten, sich in das Jenseits der Gegensätze zu begeben?   (1961)

«Ausgewählte Briefe»

Ich habe in Zeiten, als dieser Dichter noch unbekannt war, eine Weile seine Werke nicht mit Liebe, aber mit Teilnahme verfolgt, ohne von seinem Leben mehr zu wissen, als sich aus seinen Schriften erraten ließ. Er ist jetzt, ähnlich wie bis vor kurzem Rilke, nicht nur als wirklicher Stern und Meister erkannt, er ist gleich jenem ein blendendes und nicht ungefährliches Vorbild für die Nachahmertalente unter den Jüngern geworden. Es gibt herrliche Gedichte von ihm, die nicht so leicht nachgeahmt werden können wie seine Prosa mit ihren eigensinnigen Amokläufen gegen die deutsche Syntax. Der nach seinem Tode erschienene Briefband nun enthüllt viel von seiner Person und seinem Leben. Sein Stil ist übrigens frei von allen jenen Gewaltsamkeiten und Experimenten. Es ist ein herzbewegendes Buch, war es wenigstens für mich.

Dieser Dichter hat ein überaus schweres, hartes Leben gehabt, ein Leben der Arbeit und der Armut, und Armut nicht nur im ökonomischen, nein auch im seelisch-geistigen Bereiche. Wenig Glück und wenig Muße fand in diesem harten Leben Platz, und wie der geplagte Arzt und Militärarzt in lebenslanger Fron und Enge, so lebte der Mensch und Dichter auch seelisch in zu engem Raume. Bei robuster Gesundheit, doch höchst sensibel für die Zeit-Atmosphäre,

Untergang und Auflösung witternd und vorauslebend, glaubens- und hoffnungslos, den Tröstungen der Musik wenig zugänglich, Religion, Geschichte und Humanismus geradezu hassend, fand er nur in seiner dichterischen Arbeit und in den Naturwissenschaften geistige Atemluft. Man würde sich nicht wundern, träfe man ihn in seinen Briefen als widerborstigen, verbitterten Eremiten an. Aber nein, die Briefe zeigen ihn als einen trotz allem humanen, der Liebe und Treue in hohem Maße fähigen, liebenswerten und bewundernswert unbestechlichen Charakter. Der Nihilist wird, je mehr man ihn kennenlernt, desto mehr zum Gentleman, der Dulder zum Helden. Und für mich ergibt sich aus der Lektüre der Briefe das Gute, daß ich künftig Benn werde lesen können ohne jedes bißchen Unbehagen, das mich früher dabei störte. (1960)

HERMANN BROCH
1886–1951

«Die Schlafwandler»

Ein bedeutender Geist macht in diesen drei «Romanen» den Versuch, die heutige Krankheit unserer Kultur, den Zerfall der Werte, in Symbolen zu zeigen und kritisch zu deuten. Der erste «Roman» spielt ums Jahr 1888, «Pasenow oder die Romantik», der zweite um 1903: «Esch oder die Anarchie», der dritte 1918: «Huguenau oder die Sachlichkeit». Es sind drei gedankenreiche, klug und auch geschmackvoll geschriebene Bücher, ohne doch eigentlich Dichtungen zu sein. Erzählungen ohne Helden sind an sich ein Notbehelf, und ihr Verfasser muß den Mangel durch ein Mehr an Geist ersetzen. Dies hat Broch reichlich getan, und es ist spannend, ja aufregend zu sehen, wie er mit dem Dichterischen seiner großen Aufgabe fertig zu werden sucht. Der erste der drei Romane ist noch ein wirklicher Roman, im zweiten beginnt die Form sich aufzulösen und unter den Diktaten der Inhalte hinzuschwinden, im dritten Band endlich wird die Freiheit vollends usurpiert, und es wird nicht nur die Erzählung nur noch in losen Bildern ohne Kontinuität geführt, sondern es werden auch ganze Seiten und Kapitel der Betrachtung, der unmittelbaren Zeitkritik eingeschaltet. Und dennoch (so heikel sind auch heute noch die Gesetze der Form) rettet diese Freiheit den Verfasser nicht davor, zwischenein mit etwas wie schlechtem Gewissen sich doch wieder um den Anschein, es werde ein Roman erzählt, zu bemühen, und es entstehen gerade im interessantesten, wichtigsten dritten Bande ein paar Dutzend Seiten von geradezu schlechter Arbeit, nahe schon beim Kolportageroman: die ganze Erzählung vom November 1918 steht literarisch sehr viel tiefer als das übrige Werk.

Und dennoch ist es vor allem dieser dritte Band, wegen dessen es sich lohnt, dies umfangreiche Werk zu lesen, und der uns zwingt, es ernst zu nehmen. Denn die Minderwertigkeit jener Schilderungen ist nur ein ästhetischer, ein literarischer Mangel, entstanden aus der Sünde wider die Form. Gibt man die Form preis und hält sich an den Inhalt selbst, an die Intelligenz, die geistige Spann- und Kampfkraft des Autors, dann entsteht der umgekehrte Anblick: das Werk wird vom ersten bis zum dritten Band zusehends reicher, persönlicher, verantwortlicher, dringlicher. Die Auseinandersetzung über den Zerfall der Werte im dritten Band, ein leider in viele Schnitzel zerlegtes kleines Werk intensiver Zeitkritik, überall vom nur Psychologischen weg aufs Metaphysische zielend, ist geistig das Kernstück des Werkes. Diese nach ruhiger Formulierung strebenden, aber von Aktualität und Leidenschaftlichkeit geheizten Kapitel über den Geist und das Gesicht der Epoche, die schönen Seiten über Stil in der Mathematik und Logik, die farbigen über den Charakter der

Renaissance, die Deutung der Reformation und der deutschen idealistischen Philosophie sind eine ungewöhnlich anregende Lektüre.

Indessen vermischt die Erinnerung an diese klugen, spekulativ-philosophischen Seiten sich nach dem Lesen des Ganzen wunderlich mit der Erinnerung an Figuren und Situationen des «Romans», so daß auf irgendeine nicht rationale Art die Wahl dieser dichterischen Form trotz den Verstößen gegen sie, eben doch notwendig und sinnvoll gewesen zu sein scheint. Und zwar bleiben nicht die hübschen, romantechnisch einwandfreien Teile der Erzählung, namentlich aus dem ersten Bande, so stark in der Erinnerung, sondern gerade einige Gestalten und Bilder aus dem verworrenen letzten Bande, die Gestalten von Esch und Huguenau namentlich haben etwas von echten Symbolen.

Wie von 1888 bis 1918 die Tendenzen einer seit Jahrhunderten gezüchteten Geistesart sich dem Untergang entgegen austoben, wie an Stelle der verlorengegangenen Einheit und Katholizität die Sonder-Geister und Sonder-Moralen einander zerfleischen, das ist der erzählerische Inhalt der Trilogie, die in den dritten Band hinein zerstreute Abhandlung vom Zerfall der Werte ist die Musik dazu. Der Ausklang ist weder reiner Pessimismus noch strenges Bekenntnis nach rückwärts, zu Kirche und Scholastik, sondern eine Gebärde der Ehrfurcht vor dem Leben und eine beinahe schüchterne Erinnerung an die Lehre von der Liebe.

So will das ernste Werk nicht Führer und Programm sein, sondern liebevolle Betrachtung, denkender Blick ins Chaos, dessen Bedrohlichkeit wir ja von immer neuen Seiten zu sehen und zu spüren bekommen, das aber doch die Keime zu neuer Ordnung, zu einer neuen Menschlichkeit enthält. (1932)

HANS ARP
1887–1966

«Der Pyramidenrock»

Das Gedichtbuch mit dem drolligen Umschlag wird vermutlich nicht sehr viele Freunde finden, darum möchte ich,
als einer dieser Freunde, ein Wort dafür einlegen. Insofern dies Buch eine dadaistische Kundgebung ist, interessiert es mich nicht. Aber Hans Arps Gedichte sind nicht
bloß Dadaismus. Sie haben eine ganz persönliche Musik,
sie sind in einem gewissen Sinn rechte Lyrik, und sie entspringen einer seelischen Situation, die für unsere Zeit
charakteristisch ist.

Um diese sinnlosen Gedichte zu verstehen, bedarf es
keines Scharfsinns; es bedarf nur einer gewissen Liebe
und Aufmerksamkeit. Man lese eines dieser Gedichte sich
laut vor, ohne Pathos, ohne Hohn, man singe es deutlich
artikulierend ab, wie man eine Gesangsübung von den
Noten absingt, dann ist man sofort mitten drin im «Sinn»
dieser sinnlosen Dichtungen. Man sieht: hier wird eine
irrationale Sprache gesprochen, es werden Worte nebeneinander gesetzt nicht nach einer Logik, sondern nach rein
assoziativen Einfällen, nach Klangreizen, rein spielerisch
wie ein Kind Mosaiksteinchen nebeneinander legt. Regiert
wird diese Zusammenstellung von Sprach-Brocken allerdings auch von einer Unterströmung, einer geheimen
Musikalität. Die Worte werden außerdem gelegentlich
zerlegt, verbogen, gezerrt, es wird mit einzelnen Silben
gespielt, ganz wie ein Kind mit Steinchen und ausgezupf-
ten Blumenblättchen spielt, sie werden in sinnlose, aber
hübsche Reihen, Kreise und Sterne gelegt. Das «du» im
Kakadu wird als du empfunden und verwertet, das «vier»
im Klavier als Zahl, und so weiter.

Nun ja, kann man sagen, das ist ja sehr hübsch, aber ist

das nicht das gleiche wie die Kunst der ganz kleinen Kinder und der Geisteskranken? Ist dies Spiel mit Worten und Silben, ohne Rücksicht auf ihren herkömmlichen Sinn, nicht einfach das harmlose Tun eines Schizophrenen? Gewiß, das stimmt. Nur sei nicht vergessen, daß es Kritzeleien von kleinen Kindern und von Geisteskranken gibt, die entzückend schön sind, weit schöner, reizender und geheimnisreicher als viele einwandfreie, aber ungeniale Werke von Normalen. Und Hans Arps verrückte Verse haben das an sich, daß durch ihre Verrücktheit eine eingeborene Melodik und wehmütige Schönheit durchklingt. Der diese wahnsinnige Musik macht, mag wahnsinnig sein, aber er ist ein geborener Musiker. Irgendwie schätzt man auch diese Kunst als Kunst — wäre sie nur Irrsinn und Zufallsprodukt, so würden nicht einzelne von Arps Gedichten und Versen uns lieber sein als andere. Oder wie kommt es, daß ich einige seiner Strophen als besonders geglückt und reif empfinde, andre als nur halb gelungen.

Aber ist diese Art von Dichterei nun eigentlich irgendwie von Wert, ist sie erlaubt, verdient sie Beachtung? O ja, und gerade insofern sie Krankheit ist, verdient sie sogar höchst sorgfältige Beachtung, wie jede Krankheit. Weise Ärzte studieren Symptome nicht, um sie aus der Welt zu schaffen, sondern um an ihnen den Pegelstand des Lebenswillens abzulesen. Wenn Arps dadaistische Gedichte eine Krankheit sind — was sagt sie uns? Woher stammt sie? Wohin deutet sie?

Sie deutet auf Untergangsstimmung, auf Melancholie, auf Verzweiflung an dem, woran ein Dichter eigentlich zutiefst glauben sollte: an der Sprache. Wenn ein Dichter die Worte zu zerpflücken und die Grammatik aufzulösen beginnt, so tut er das, wie ein Kind seine Puppe seziert: aus Neugierde und Spieltrieb, gewiß, aber auch aufgrund eines schlimmen Erlebnisses, einer großen Enttäuschung. Er hat an der Lebendigkeit seiner Puppe, an der Echtheit seiner Mittel zu zweifeln begonnen, er ahnt Fäulnis hinter der Epidermis. Und kann nicht jeder mit Sprachgefühl Begabte das mitfühlen? Kann man eine Zeitschrift oder Zeitung, oder gar ein wissenschaftliches Buch unserer Tage lesen, ohne tief zu erschrecken vor der Ausgehöhltheit, Starre und Farblosigkeit dieser Sprache? Ist sie nicht welk und krank geworden? Kann man irgendeinen modernen Satz, auch den besten, mit einem von Wolfram von Eschenbach vergleichen, ohne einen Hauch von Herbst und von Altersschwäche zu fühlen?

Diese Sprache, deren echte, durchblutete, natürliche Lebendigkeit nicht mehr geglaubt wird, zupft das melancholische Dichterkind auseinander, und indem er auf die Möglichkeit, auf diesem verkommenen Instrument noch gute Musik zu machen, verzichtet, spielt er doch noch immer mit den geliebten Formen, entdeckt in den ausgerenkten Silben da und dort noch magische Nachklänge des Wunders, das diese Sprache einst war, und setzt in irrem Spiel die zerstückten Teile rein ornamental zusammen, lächelt hier über die saftige Fülle eines Vokals, ironisiert dort die Maskenstarre eines entseelten Modewortes, kuppelt mit trauriger und perverser Freude völlig Fremdes zusammen.

Dieser Vorgang ist genau derselbe wie die Zerstückelung und Deformierung und schließliche Auflösung in abstrakte Formelemente bei vielen heutigen Malern und Zeichnern. Wie irrsinnig, traurig und häßlich sehen viele dieser Gebilde aus! Kommt ein wehmütiges Lächeln, eine verborgene, sich ihrer Innigkeit beinah schämende Musikalität dazu, wie etwa in den Blättern von Paul Klee, dann haben wir ein vollkommenes Pendant zu Hans Arps Dichtungen.

Wenn ich einige von diesen Versen gern habe, wenn ihr grotesker Tanz mit der traurigen Melodie mich gelegentlich ergreift und rührt, so wünsche ich mir dennoch keine Bibliothek von solchen Versbüchern. Es ist an einigen wenigen genug. Diese paar aber sind mir lieber als ganze

Buchläden voll vernünftiger, normaler, gesunder Durchschnittsbelletristik, deren Verlogenheit viel lasterhafter ist als die Perversität der Pyramidenröcke.

Und ganz zuletzt, wenn man ihr gut zuhört, zeigt diese verrückte Lyrik mit ihrem sinnlosen Mechanismus, ihrer inhaltlosen Form, ihrem oft automatenhaft anmutenden Ablauf ins Endlose noch eine letzte, furchtbare Ähnlichkeit und Bedeutung. Spiegelt sie nicht den Mechanismus des modernen Lebens, dessen zwangsläufige, zuckende Bewegungen inmitten eines riesenhaften, technischen, formalen, methodischen Apparates — eines Riesenapparates, dessen Schöpfer zu sein uns keine Freude macht, weil wir ebensosehr seine Sklaven sind? (1925)

GEORG HEYM
1887–1912

Georg Heym, einer der Vorahner, Wecker und heimlichen Führer der jüngsten deutschen Dichtung, ist im Jahre 1912, kaum 24 Jahre alt, beim Schlittschuhlaufen ertrunken. Liest man heute wieder in seinen Dichtungen, so erscheint es einem kaum glaublich, daß Heym noch vor Ausbruch des Weltkrieges gestorben sei — denn stärker als in irgendeinem anderen der damaligen Jungen (Trakl vielleicht ausgenommen) lebt in seiner Dichtung das ahnende Gefühl des Kommenden, wie ein sensibler Barometer weist diese tief empfindende Seele von innen heraus auf dieselben Erschütterungen, dieselben Katastrophen hin, wie sie von außen her seitdem von Millionen erlebt wurden. Georg Heym hat diese ehrende Ausgabe seines wenig umfangreichen Werkes sehr wohl verdient, um so mehr, als in den zehn Jahren seit seinem Tode keiner seiner Altersgenossen, so starke Begabungen auch unter ihnen sind, zu einer Art von Führerschaft gelangt und zum Repräsentanten dieser Generation geworden ist. Auch heute noch werden es vor allem die Jungen, die Zwanzigjährigen sein, zu denen Heyms Dichtung spricht. Mehr als viele laute und scheinbar sehr aktuelle Kundgebungen der Jüngsten scheint diese Dichtung mir aus dem Kern der deutschen Jugend und Zukunft geboren.   (1922)

GEORG TRAKL
1887–1914

Georg Trakl gehört noch inniger als der intellektuellere Stadler zu jener Gruppe junger Dichter, die der Bürger mit Ironie futuristisch nennt und als deren bedeutendste ich Werfel und Schickele zu erkennen meine. Seine beiden Bücher «Gedichte» und «Sebastian im Traum» sind erschienen. Dieser zarte, müde Geist voll wehmütiger Zärtlichkeit und früher Todesahnung ist am Kriege zerbrochen, er ist in einem Soldatenspital in Krakau gestorben. (1915)

Der liebenswerteste, naivste, feinste Lyriker dieses Kreises ist schon tot, er ist als Opfer des Krieges umgekommen. Es ist Georg Trakl. Sein kleines Bändchen «Gedichte» und sein «Sebastian im Traum» sind nicht Gestaltungen eines Willens, sondern naivste, kindlichste Ausstrahlungen eines durch und durch dichterischen, etwas überzarten und vielleicht kranken, aber edlen und tief liebenswerten Wesens. Man muß für reine Poesie, für Urtöne, für das Stammeln des Traumes sich den Sinn bewahrt haben, um diese feinen Seiten richtig zu würdigen. Im «Sebastian im Traum» stehen ein paar Seiten dichterischer Prosa, so schön und tief wie von Novalis.

(1916)

KATHERINE MANSFIELD

1888–1923

«Das Gartenfest und andere Geschichten»

Katherine Mansfield ist vor vierzehn Jahren an der
Schwindsucht gestorben, nur 35 Jahre alt, und hat nur
zwei Bücher veröffentlicht; die aber haben ein so erstaunliches Gesicht und sind literarisch so meisterhaft, daß sie
samt den posthum veröffentlichten Briefen die Frühver-
storbene berühmt gemacht haben. Der vorliegende Band
enthält vierzehn Erzählungen, zusammen mit dem vor
einem Jahre erschienenen Band «Für sechs Pence Erziehung» enthält er den größeren Teil des Werkes der Dichterin.

Die harmloseren unter diesen Erzählungen sind ironische Studien, leicht karikierende Skizzen aus dem täglichen
Leben, dem Leben der gebildeten Stände Englands mit
starkem kolonialem Einschlag (die Dichterin ist auf Neu-
seeland geboren). Mit einer gewissen Vorliebe zeigt Katha-
rine Mansfield ihre Menschen in Situationen, wo Konvention und Natur, wo Pathos und Komik miteinander
kämpfen, wo das Feierliche, Verehrte, Ehrwürdige plötzlich bröckelt und maskenhaft wird. Mit besonderer Anmut und Wahrheit sind die Kinder in diesen Erzählungen
gezeichnet, besonders in der letzten Geschichte des Bandes,
der zusammen mit einer Erzählung jenes früheren Bandes
eine Art Romanfragment aus der Heimat der Dichterin
darstellt — ein Fragment, dessen Unfertiggebliebensein
jeder Leser tief bedauern wird. Die Erzählerin gelangt in
einzelnen Geschichten (namentlich dem Fragment «Geschichte eines Verheirateten») über ihren gewohnten Umkreis hinaus in dämonische Bezirke, deren Atmosphäre
an Julien Green erinnert. Die neuere englische Literatur

verdankt den Frauen viel, und eine der eigenartigsten und liebenswertesten Begabungen war Katherine Mansfield.
(1937)

MAX PICARD
1888–1965

«Die Flucht vor Gott»

Es muß auf dieses wesentliche Buch aus verschiedenen Gründen mit allem Ernst aufmerksam gemacht werden. Die Welt ist heute voll von Zeit-Deutungen und von apokalyptischen Büchern, in denen das herbeigekommene oder dicht bevorstehende Ende der Welt mit mehr oder weniger Ernst und mehr oder weniger Überzeugungskraft besprochen wird. Diese Flut hört seit dem Kriegsende und seit dem Auftauchen des Schlagwortes vom Untergang des Abendlandes nicht auf, und als Symptom muß sie gewiß ernst genommen werden. Im einzelnen aber pflegen diese Bücher an einer gewissen Schwatzhaftigkeit und Unverantwortlichkeit zu leiden, oder sie haben (wie etwa das «Alte Wahre» von Thieme) irgendeine Päpstlichkeit und dogmatische Tribüne, von der herab sie die Weltgeschichte richtig und oft witzig, aber ohne Liebe und letzten Endes darum auch ohne Ernst richten.

Inmitten der Bücher, in welchen ein einzelner die geistige und moralische Weltkrise betrachtet und deutet, stehen die Bücher von Max Picard in einer großen Stille für sich allein, und dies neue Buch ist vielleicht sein schönstes, ist vielleicht das am meisten ernste und zugleich am meisten tröstliche. Es ist ein religiöses Buch, weil es die Menschenwelt und ihre Zustände auf Gott bezieht, aber es ist nicht auf einen Glauben eingeschworen, der sich auf eine bestimmte Kirche und Dogmatik beschränkt: Picard ist zwar Katholik und meint, wenn er von der Welt des

Glaubens redet, in erster Linie den römischen Glauben, er meint ihn aber nicht ausschließlich, sondern billigt jedem Frommen, auch wenn er nicht Katholik ist, ja auch wenn er nur einen kindlichen Naturglauben hat, die Teilhaberschaft an der Welt des Glaubens zu. Und in dem großartigen Kapitel, das von der Sprache handelt und in dem er die Sprache des Glaubens mit der Sprache der «Flucht» vergleicht, ist das einzige Beispiel, das er als Muster einer gläubigen Sprache anführt und der verkommenen Sprache eines heutigen Romans entgegenstellt, aus dem Dichter Jean Paul genommen.

Seinem Wesen nach ist Picards Buch eine seherische Dichtung, sein Bild von der «Flucht vor Gott» ist nicht ein Bild im Sinn von Metapher, sondern eine echte Vision. Picard sieht die lärmende, angstvolle, hastende Welt unsrer gealterten Kultur, die Welt unsrer großen Städte, unsrer Geschäfte, unsrer Kinos, unsrer kurzfristigen und unverbindlichen Lebensformen unter dem Bilde der Flucht: der Flucht vor Gott. Der Leser, der sich das Bild durch Meditation anzueignen sucht, erlebt es unfehlbar mit: er mag die «Flucht» nun als die Flucht eines Heeres, eines Volkes, einer ganzen Menschheit sich vorstellen, oder als grausigen mechanischen Vorgang, als zerstäubende Welt, deren Reste geformt und zusammengehalten werden, von der blinden Gewalt einer zentrifugalen Bewegung. Diese zentrifugale Bewegung ist die Flucht vor Gott. Sie ist begleitet und durchtränkt von der Angst, der Angst vor dem Verfolger, vor Gott. Sie ist organisiert und zu einem gewaltigen Mechanismus gemacht mit allen Mitteln der Technik, des Intellekts, der Wissenschaft. Die Struktur dieser Flucht, dieses Gebildes, das die ganze heutige Menschenwelt umfaßt, wird in zwölf Kapiteln genau untersucht und aufgezeigt, es wird das Fluchtgebilde auf seine Sprache, seine Kunst, seine Technik, seine Wirtschaft hin untersucht, es wird in ihm der Zug zu einer Imitation Gottes erkannt und in Beispielen nachgewiesen. Der

Pseudo-Gott der Flucht schafft sich eine Pseudo-Welt, nämlich eine Welt ohne Substanz, eine Welt ohne Wirklichkeit, deren einziger Inhalt die Angst der Flucht ist.

Wäre die von der großen Flucht verdeckte Welt des Glaubens heimlich nicht dennoch vorhanden, und wäre Er nicht, der Verfolger auf dieser Flucht, so wäre dieses Bild das Trostloseste, das sich aussinnen ließe. Aber der Seher des Bildes, obwohl von der Flucht mitbedrängt und mitberaubt, obwohl unter ihr leidend, betrachtet sie nicht in der Art, wie es die Untergangspropheten tun, er erlaubt sich weder den pathetischen noch den sentimentalen Pessimismus, er blickt auf die Flucht aus der Welt des Glaubens her, und von dorther bekam sein Buch Substanz und Wirklichkeit. Es ist dies schreckliche und tröstliche Buch mit meinen Worten keineswegs fertig charakterisiert. Ich möchte es nicht besprechen, es soll selbst sprechen. (1934)

KLABUND
1891–1928

Gedichte

Jetzt ist es wohl schon mehr als ein Dutzend Jahre her, seit ich eines Tages Klabunds erstes Gedichtbuch in die Hände bekam, mit dem Titel «Morgenrot, Klabund, die Tage dämmern!» Und ich erinnere mich noch wohl daran, wie schon die Rhythmik dieses Titels heiter, befreundet und zugleich etwas spielerisch auf mich wirkte. Damals, mit seinen ersten Publikationen, hat Klabund die Leserwelt mit seinem neuen Ton erschreckt und viele schwer geärgert, es standen da allerlei jungenhafte Verulkungen und manche gewagten neuen Klänge, es war die Zeit, in der die ersten Vorboten eines poetischen Expressionismus sich in Deutschland regten. Heute wirkt ein Buch von

Klabund gerade umgekehrt, jeder Leser von Kultur wird nirgends das Wagnis, das Neue oder Verblüffende im Ausdruck als ein Hauptmerkmal dieser Dichtung empfinden, sondern im Gegenteil ihre tiefe Verbundenheit mit der Tradition. Daß Klabund aus vielen Kulturquellen schöpft, daß er sich, der als Schüler keineswegs dem Kult des Analphabetismus huldigte, sondern ein guter Lateiner und Grieche war, leicht und gewandt in Denkweisen und Formen fremder und vergangener Kulturen einfühlt, ja darin ein Virtuose ist, dies ist dabei nicht das Entscheidende. Es ist nur die glänzende und hie und da den Dichter an der Oberfläche festhaltende Außenseite seines großen Talents. Nein, wesentlich ist seine innige, herzliche Verbindung mit unsrer poetischen Vergangenheit, ist die Melodik seines Verses, ist der Zusammenhang mit der Musik unsrer großen romantischen Lyriker.

Dieser ewig junge Kranke, dieser stets in einer leichten Übertemperatur lebende, oft todkrank gewesene Lungenleidende mit dem Knabengesicht und der seinen Freunden so teuren Heiterkeit atmet als Dichter noch immer die Luft jener letzten großen Lyriker, die er ohne Zweifel als Knabe heiß geliebt hat, der Eichendorff und Brentano, und seine Modernität ist nicht Selbstzweck noch Snobismus, sondern blüht aus einer stets jugendlichen, ja jünglinghaften Offenheit und Hingegebenheit. Gewiß, er hat auch Experimente gemacht, hat Spielereien getrieben, hat werbend oder spottend beim Schreiben an den Leser gedacht, es steckt ein ganzes Stück Literat in ihm. Was ihm unsre Liebe dennoch bewahrt, ist das andere Stück, das Stück echten Dichtertums in ihm, heute eine seltne und immer seltner werdende Gabe.

Alle diese Gedichte handeln von der Liebe, alle werben um Liebe, alle haben diesen jungen, schönen, etwas flehenden Blick.   (1926)

FRANZ WERFEL

1890—1945

Rasch zur Berühmtheit gelangt ist Franz Werfel, er ist auch wirklich der stärkste unter den neuen Lyrikern. Sein Gedichtbuch «Wir sind» zeigt ihn am reinsten: schwankend zwischen einer gedankenlosen Hingabe an das Leben und einem pathetischen Verkündertrieb, bald harmlos Verliebter, bald Prophet und Prediger, in der letztern Rolle nicht immer ganz rein und echt, obwohl gerade Werfels Pathos viel Schönheit hat. Kleine naturalistische Scherze verblüffen da und dort, und zwischen absichtslos schönen Versen meldet sich je und je irgendeine freudig emporgeschleuderte Häßlichkeit, ein Fußtritt für den Philister. Niemand wird an der Echtheit dieser Begabung und an ihrer tiefen innern Frömmigkeit zweifeln, viele Verse von Werfel liebt man vom ersten Lesen an wie Freunde. Ob sich mit der Zeit seine neuere Wendung ins Abstraktere, auch ins Bewußtere, Absichtlichere bewähren wird, ist zweifelhaft. Doch das wird die Zeit zeigen. Jedenfalls besitzt an Werfel die heutige Jugend einen Dichter, dessen Wirkung sich recht wohl mit der Wirkung der ersten Bücher Richard Dehmels auf die damals Jüngsten vergleichen läßt. (1916)

«Der Gerichtstag»

Das neue Gedichtbuch von Werfel, fünf Bücher Gesänge samt einer dramatisch-lyrischen Dichtung, zeigt Werfels Gesicht ausgeprägter, intensiver, lebendiger als irgendein früheres. Es zeigt auch seinen Zwiespalt, den Zwiespalt zwischen Gefühl und Wort, den alten tödlichen Zwiespalt zwischen dem Willen zum reinen, stärksten, innigsten Gefühl und einer Begabung zum Wort, für welche auch das Frömmste und Heiligste schnell Spiel und rasch geformter Gegenstand wird. Dieser Zwiespalt ist zum Teil Inhalt des Buches. Werfels große formale Begabung wird wieder deutlich, oft staunt man über das Formgefühl, mit dem er dem sprödesten Stoffe wie einem Feinde beizukommen weiß, oft denkt man an die Meister der deutschen Barock-Dichtung, an Hofmannswaldau.

Weniger deutlich als Stoff in dem Buche auftauchend, weniger deutlich zu des Dichters eigenem Bewußtsein gekommen, spricht auch der andere, tiefere Zwiespalt in der Seele dieses Dichters sich oft erschütternd aus. Er ist nicht leicht zu formulieren. Werfel steht beständig zwischen zwei Polen, zwischen Chaos und Form, zwischen völliger Hingabe ans Unbewußte und raffinierter Künstlerfreude am persönlich Geprägten. Er gilt, oder galt, ja vielen für einen Revolutionär und Zerstörer der Form. Aber man sehe diese Gesänge, man sehe diese tiefe Freude am Formen, man sehe sie noch in der Lust, die vom Gewohnten abweichende Prägung zu finden, das formale Schema zu zerstören. Diese Form ist es, die Werfel erhält, die ihn vor dem Verbrennen schützt, die zugleich sein Elend und Vorwurf ist. Denn voll Vorwurf gegen sich selbst ist er, in diesem Buche mehr als je. Tief wurzelt in ihm ein christliches Ideal, kein europäisch-kirchliches, sondern ein uralt asiatisch-christliches, nahe dem des Laotse verwandt. Tief zieht es ihn, in sich selbst zu wühlen, das Chaos zu suchen, den Tod zu lieben, oft sieht er nah und deutlich als Vision jene östliche Heiligkeit, welcher alles auf Erden gleich lieb, gleich göttlich ist. Daß das europäische Erlösungsbedürfnis (das ja seit einem Jahrhundert auf immer neuen Wegen den Heimweg nach Osten sucht) in einem so eminent formbegabten Dichter den Weg ins Formlose anstrebt, ist dieses Dichters Größe und Verhängnis. Immer wieder schließt er die klugen Augen, immer wieder wird er Kind, wird unbewußt, wird fromm, und immer wieder gerinnt ihm die Frömmigkeit zu Kunst, zu Wort, zu Form, die er fluchend und erwachend zu Boden schmeißt. In diesem Zwiespalt ist Werfel ein wahrhaft europäischer Geist, einer der Verdammten der großen Rückflucht, einer der Verzweifelten am Heil, ein Sänger, dem jedes Lied am Ende zur Selbstzerstörung wird. Ein Erlöser ist er, bis heute, nicht, wohl aber ein Verkünder und Wegbereiter. Seine Sehnsucht weist in die sanfte, doch tief mutige Heiligkeit hinüber, für welche mit dem Bibelwort «alles Euer» ist, in eine Aufhebung der Gegensätze, ins heilig Amoralische. Aber der Weg ist weit und dunkel, über tausend Gebundenheiten fällt der fliehende Geist, und er, dem alles heilig ist, ist sich selbst unheilig, ist sich selbst tief verdächtig, leidet Angst vor sich selber. Das ist die neurotische Krisis unsres gealterten Europa. Sie kann nicht mehr umgangen, nicht mehr weggelogen werden. Der Weg muß zu Ende gegangen werden. Es ist der Weg Fausts zu den Müttern. Werfel geht diesen Weg, diesen schweren Weg. Unmöglich, auf solchem Wege anmutige Lieder zu singen! Es klingt rauh, was er singt, und gewaltsam, aber dazwischen blüht hier und dort, und vielerorts, eine neue, zarte Süßigkeit des Gefühls auf.   (1919)

«Der Spiegelmensch»

Der «Spiegelmensch» ist ein Erlösungsdrama, das über die nicht wenigen ähnlichen Versuche unserer Zeit weit hinausgeht. Die Herkunft von Goethes «Faust» ist deutlich; an ihn erinnert auch der leichte, sehr flüssige, spielende Gang der gereimten Verse. Der Held hat zum Mephisto den Spiegelmenschen, das falsche, das scheinbare Ich, an das er sich verliert, das ihn wieder und wieder zu Fall bringt und von dem er sich durch das schwerste Opfer erlösen muß. Die seelische Lage, in der die europäische Geistigkeit zur Zeit schwankt, konnte keinen für den Augenblick treffenderen Ausdruck finden als in diesem schönen, magischen Spiel, in dem auch Groteske, Humor und Ironie kraftvoll mitspielen. Der Weg jedes geistigen Menschen, der schwere Weg vom oberflächlichen, kleinen, eitlen, einmaligen Ich zum ewigen, großen, zeitlosen Ich hat in unserer Zeit keinen reichern Ausdruck gefunden als in dieser groß angelegten Dichtung. Wichtig ist auch Werfels Einstellung zum Osten, denn der Versuch, aus einer teilweisen Rückkehr zum Geiste Indiens und des alten China eine neue, höhere Geistigkeit und Religion zu finden (ein Versuch, der in Europa schon vor Schopenhauer begann) ist nicht ein Spiel und Wahn einiger Gelehrten oder Snobs, sondern ein psychischer Vorgang von eminenter Wichtigkeit. Wesentliches hat auch Werfel aus der Lehre Buddhas und der Vedanta geschöpft, aber er begnügt sich nicht mit einem Abbiegen in das östliche Schema, sondern zielt auf eine Synthese, auf eine westöstliche Ethik. Er ist nicht der Messias, man suche bei ihm so wenig wie in irgendwelchen anderen Büchern der Heutigen die Lösung, das Endgültige. Aber er ist ein Ahner und Fühler, er gehört zu denen, die den Zuckungen ihrer Zeit um einen Tag voraus sind. (1921)

WALTER BENJAMIN

1892–1940

«Einbahnstraße»

Inmitten der Trübe und Ahnungslosigkeit, die für unsere jüngste Literatur charakteristisch scheint, war ich erstaunt und beglückt, etwas so Straffes, Geformtes, Klares, Helläugiges anzutreffen wie die «Einbahnstraße» von Walter Benjamin. (1928)

ERNST PENZOLDT
1892–1955

«Kleiner Erdenwurm»

Seit zehn Jahren hat die deutsche Literatur wieder einen Humoristen, nicht einen Witzemacher, sondern einen richtig deutschen, romantischen, mit der lachenden Träne im Wappen, er heißt Ernst Penzoldt. Er hat die gutgelaunte, reizende Erzählung von der «Powenzbande» geschrieben, und namentlich den «Armen Chatterton», sie seien beide auch jetzt wieder empfohlen, die deutsche Dichtung von heute ist nicht so reich, daß man solche Sachen vergessen dürfte.

Der «Kleine Erdenwurm» nun, Penzoldts neues Buch, erzählt romantisch und etwas spitzbübisch flunkernd, mit leisen Anklängen an Reuters Schelmuffsky, die Jugend eines jungen Deutschen, der zwar allerlei Begabungen hat, doch aber nicht so recht in die normierte Welt passen will, eines Träumers, der in manchen Zügen einem Selbstbildnis des Autors zum Verwechseln gleicht. Dieser Humorist ist keiner von denen, welche laut zu ihren eigenen Späßen lachen, er ist eher ein scheuer, ängstlicher, sich selber nicht allzusehr vertrauender Mensch, außerdem belastet mit jener Einschüchterungspsychose, die der Krieg gerade den phantasiebegabten jungen Soldaten hinterlassen hat. Aus der Vorstellungs-, Traum- und Gespensterwelt seiner Jugend hat er eine spielerische Erzählung gebaut; sie macht Gebrauch vom Recht der Schelmuffsky, die Wirklichkeit kräftig umzubiegen, sie weicht den Problemen ins Phantastische aus — aber sie tut das mit einer großen Anmut und auf eine melodiöse, betörende Art. Mit den Programmen des Tages, auch den literarischen, hat diese Dichtung nichts zu tun, und vermutlich werden die, welche für den Augenblick im dichterischen Deutschland die Führer spielen, mit den Werten dieser «romantischen Erzählung» wenig anzufangen wissen, ja sie gar nicht sehen. Der «Kleine Erdenwurm» ist ein liebenswertes, auf eine entzückende Art unzeitgemäßes Buch. (1934)

HANS FALLADA
1893—1947

«Kleiner Mann, was nun?»

Unter den jüngeren Schriftstellern, die das heutige deutsche Leben nicht irgendwie umdeutend und idealisierend, sondern realistisch schildern, steht Hans Fallada ganz obenan. Sein erster großer Roman «Bauern, Bonzen und Bomben» war ein grellbunter Bilderbogen aus dem Leben einer norddeutschen Kleinstadt dieser Tage, voll von saftigen, erlebten, unnachahmlichen Details, vor nichts zurückschreckend, oft brutal wirklichkeitsnah, überall sprühend lebendig. Der vorliegende neue Roman ist ähnlich, aber intimer, herzlicher, beinahe möchte man sagen idyllischer. Er erzählt die Schicksale eines jungen Ehepaares, erst in einer Kleinstadt, dann in Berlin, der Mann ist Angestellter, Verkäufer, die Frau Arbeitertochter, ringsum drückt Mangel, Wohnungsnot, Arbeitslosigkeit, aber die beiden lieben sich und sind jung und erwarten und empfangen ihr erstes Kind mit Freude und Tapferkeit. Inmitten einer reichlich brutalen, zum Teil gemeinen Umwelt blüht das kleine ängstliche Paar seinen kleinen bescheidenen, ärmlichen und doch entzückenden Frühling. Die Wahrhaftigkeit in der Darstellung des Milieus und der Zeit, die Liebe zum Kleinen, Einzelnen, ohne Trübung des Blickes für das Ganze, die unendliche Fülle an schönen, genau und sauber gezeichneten, liebevoll beobachteten Einzelszenen machten das Buch zur Dichtung, nicht nur zum Zeitdokument. (1932)

Ein kommunistischer Kritiker wird zu diesem Buch sagen: «Warum ziehen Sie die Konsequenzen nicht? Warum führen Sie Ihren Helden und Ihre Leser nicht dem einzigen Ziel zu, das sich aus Ihren Darstellungen ergibt: Der Revolution? Sie sind eben auch nur ein Bürgerlicher, feig, gekauft, alles ins Humane abbiegend.» So wird er etwa sagen über diese rührende und meisterhafte Geschichte von der Not und dem Glück eines kleinen Angestellten und wird damit genauso weit recht haben, als Partei-Urteile über Dichtungen recht haben können. Er täte klüger, dem Dichter dafür zu danken, daß er so sachlich, so wahrhaftig und treu berichtet hat, und ihn zum mindesten nicht dafür zu tadeln, daß er hinter dem Angestellten auch noch einen Menschen, hinter den «Zuständen» auch noch ein Leben, hinter der Not und Schweinerei auch noch eine Ahnung von Menschentum gelten läßt. Es ist ein Buch vom armen geduldigen Arbeitslosen, der wohl zuweilen eine Faust, aber keine Revolution macht, der zwischen der Not seines bedrückten Lebens und den Werbungen der Parteien sich an das einzige hält und klammert, was er als wirklich, als Leben, als Ding und Wert inmitten von all dem Papier und Schwindel erkennt: an seine Liebe, an seine Frau, an sein Kind, an sein bißchen bedrohtes Glück und Menschentum. Not und Glück des kleinen Mannes sind mit einer großen Sicherheit und Kraft erzählt, mit einer Fülle und Anschaulichkeit im einzelnen, die es mir sehr lieb gemacht haben.   (1932)

«Wer einmal aus dem Blechnapf frißt»
Das Buch mit dem häßlichen Titel erzählt von einer häßlichen Welt, von der Welt der Strafgefangenen, von Gefängnis, Zuchthaus, von Entlassung und hoffnungslosen Versuchen der Rückkehr ins Bürgerliche, Geordnete, Bequeme, Anständige. Fallada, einer der wenigen deutschen Autoren von heute, deren Arbeit den Aspekt einer

echten sozialen Funktion hat, erzählt uns immer von Helden, die keine Helden sind, sondern arme Teufel, nicht dümmer und nicht gemeiner als ihre Umwelt, aber auch nicht klüger und nicht edler, er erzählt von den kleinen Leuten, und er ist darin zu einem Meister geworden, auf den man hören muß. Von allen den vielen Versuchen, die Masse dichterisch darzustellen, den namenlosen Proletarier zu zeichnen, den armen Kerl, der so reizend nett und so bodenlos gemein sein kann, der kaum ein Gesicht hat — von allen diesen Versuchen der jüngern deutschen Dichtung scheint mir neben Falladas Büchern nur noch Walter Bauers «Ein Mann zog in die Stadt» ein wirklicher Vorstoß in neue Gebiete zu sein. Fallada zeichnet den kleinen Mann, in diesem Fall den kleinen Verbrecher, mit einer so zärtlichen Kenntnis und Sorgfalt, folgt seinem Tageslauf so aufmerksam, liebt das volkhaft Unpersönliche an ihm so innig, daß er manchmal beinahe rosig malt, er hat irgend etwas mit Dickens Verwandtes — aber kaum hat sein unheldischer Held dich ein wenig gerührt, da streckt er schon wieder die Zunge heraus, knallt dir ein unanständiges Wort an den Schädel und lacht dich aus. Er ist wunderbar gut studiert, dieser kleine Mann, diesmal heißt er Kufalt, kommt nach fünf Jahren aus der Gefängniszelle, hat gehorchen und strammstehen, lügen und schmeicheln gelernt, kennt eine Welt ohne Gewalt und Erpressertum kaum noch im Traum und sehnt sich doch sehr nach etwas wie Heimkehr, Ordnung, Sauberkeit, Sicherheit. Ehrlich und anständig, oft überwältigend geduldig und gutmütig probiert er es, erlebt das Los der Strafentlassenen, läßt sich von diesen frommen Hausvätern, strengen oder öligen Pfarrern, von Polizei und Bürgerwelt herumstoßen und anschnauzen, sehnt sich nach der Freiheit und hat zugleich doch Angst vor ihr, wirbt um jene Popanzen, um die Mächte der Ordnung, lernt sie immer aufs neue in ihrer Kälte und Unechtheit kennen und fügt sich darein, für immer von dieser Welt der Ord-

nung ausgestoßen oder doch ihr nur im Zustand des Strafgefangenen eingeordnet und nur so von ihr geduldet und
für sie verwendbar zu sein. Er endet im Kittchen, wie fast
alle, die einmal lange genug dort drin waren.

Diese stupide, alltägliche, schreckliche und herzbedrük-
kende Geschichte hat scheinbar nichts mehr zu tun mit
jener Art von Dichtung, an die wir gewohnt sind und die
wir lieben, mit jener Dichtung, deren Sinn und Funktion
es ist, uns die Möglichkeit eines schönen, eines echteren,
eines edleren Lebens zu zeigen, als wir es tatsächlich leben.
Fallada zeigt uns nichts davon, er zeigt uns eine böse,
mechanisierte, ja teuflische Art von Leben, ein Leben, dem
jeder Flug abgeschnitten, jeder Glanz ausgelöscht, jede
Freude verdreckt und zertreten worden ist, und wir müssen es annehmen, müssen zugeben, daß es stimmt, daß es
so ist, daß Tausende und Millionen so leben und daß ich,
der ich das Glück habe, anders zu leben, dies Glück bloß
einem Zufall verdanke, der mich von der Mitschuld am
Dasein dieser ganzen Welt nicht freispricht, dieser Welt
einer «Ordnung», die durch Wachtmeister, Gefängnisse,
roheste Brutalität und niedrigste Gemeinheit aufrechter-
halten wird. Bei Fallada ist die Unentrinnbarkeit, die
grausige Notwendigkeit dieser Zustände zudem viel einleuchtender als bei schlechteren, bei romantischeren Autoren (auch der berühmte Sinclair Lewis hat einen gut-
gemeinten Gefängnisroman geschrieben, der an Wert tief
unter Fallada steht) — und dennoch wirft man sein trauriges Buch nicht weg, sondern folgt ihm bis zum Schluß
nicht bloß gepeinigt, sondern trotz allem auch dankbar.
Denn wenn dieser Dichter darauf verzichtet, uns Menschen und Lebensformen zu malen, welche als Vor- oder
doch als schöne Traumbilder wirken könnten, wenn er
statt dessen die Sprache der Landstreicher und Verbrecher
spricht und uns vor den Blechnapf setzt, so ist sein Buch
doch keineswegs ohne Licht. Es hat das Licht der Liebe,
der Liebe zum Menschen und der Liebe zur Wahrheit,

es hat die Tapferkeit des Erkennenwollens und die Treue der Zeichnung, die nichts weglassen oder verschönern will, und es ist voll, ist gedrängt voll von Sehnsucht nach dem anderen, dem Schönen, dem Edlen, der höheren Wirklichkeit, dem tieferen Menschentum. Diese Verbrecher und ihre Wärter und Peiniger stellen in ihrer Gesamtheit eine Welt, eine teuflisch entartete Widerwelt dar, deren mechanisierte und organisierte Wirklichkeit zum Himmel schreit und bis zum Unerträglichen geladen ist mit der Sehnsucht nach Explosion, nach Zertrümmerung und Neubau.

Es gibt tiefere Kenner der Entartungen heutigen Menschentums und unheimlichere Darsteller ihrer Höllen als Hans Fallada — es sei nur etwa an Julien Green erinnert! Mit ihm verglichen ist Fallada bürgerlich-bescheiden. Aber als sachlicher, genauer Schilderer des Alltags in dieser Unterwelt ist Fallada ein nicht nur liebenswerter, sondern auch ein wichtiger, ein notwendiger Schriftsteller. (1934)

HARRY FRANK

«Als Vagabund um die Erde»

Der amerikanische Student Harry Frank trieb sich als Vagabund, Bummler und Gelegenheitsarbeiter ohne Geld rund um die Erde. Der smarte Student zeigt, was ein flotter, trainierter Amerikaner mit Armen und Beinen, Magen und Nerven zu leisten vermag, und als sonderlinghafte Sportsleistung ist seine Weltreise bemerkenswert, originell und lustig; das Buch ist auf eine vergnügte harmlose Art geschrieben, und es steht eine Menge von Dingen darin, die man von anderen Reisenden nicht erfährt. An manchen Stellen scheint mir Jägerlatein zu stehen, so in einigen kühnen Erzählungen aus Indien und Ceylon, aber ein wenig aufgeschnitten wird ja in allen Reisebüchern, und hier geschieht es lustig und hübsch. Eine Menge von Photographien sind dabei. Die Naivität des schneidigen jungen Amerikaners aller alten und namentlich aller religiöser Kultur gegenüber ist von dokumentarischer Großartigkeit, begonnen mit seinem kläglichen Besuch in Weimar und so weiter bis zu seinen forschen Bemerkungen über Religionen und Kasten der Inder.

Die Amerikaner sind das Volk, von dem wir später gefressen werden sollen, und so ist es gut, den Feind vorher kennenzulernen. Dazu kann dies Buch dienlich sein; es zeigt den Amerikaner in seiner schlechthin imponierenden Smartheit ebenso wie in seiner geistig-kulturellen Inferiorität.   (1911)

ALDOUS HUXLEY
1894–1963

« Nach dem Feuerwerk »

Manchmal habe ich Huxley beim Lesen seiner geistreichen Bücher unrecht getan. Seine Darstellung ist oft so straff und durchblutet, so nahe am Dichterischen, daß ich ihn mit dem Maßstab des Dichters maß, und dann enttäuscht war, statt des Dichters doch nur einen Intellektuellen zu finden. Es war ungerecht. Nicht, daß Huxley also doch ein Dichter wäre, dazu ist er zu bewußt und kritisch, man stößt bei ihm nie auf jene Schicht unter Tag, wo neben den Scherben die Goldschätze liegen und von Drachen gehütet werden. Aber er ist darum nicht «bloß ein Literat», denn er dringt mit seiner Beobachtung und Ironie in erhebliche Tiefen, und zuweilen hat er schon jetzt etwas von der anmutigen Wehmut des Weisen, der alles weiß und nur aus dem Bedürfnis nach guter Haltung darüber lieber lächelt als weint. Das Publikum liest dicke

Romane bekanntlich lieber als Novellen, es zieht auch schlechte Romane meistens guten Novellen vor, aus unbekannten Gründen. Das ist für Huxley schade, denn seine Novellen sind als Kompositionen schöner und origineller denn seine Romane. (1932)

«Welt wohin?»

Huxleys utopischer Roman hat alle die angenehmen Eigenschaften seiner früheren Bücher, die guten Einfälle, die artige Laune, die ironische Klugheit, seine Wirkung wird nur abgeschwächt durch das Utopische selbst, durch die Unwirklichkeit seiner Menschen und Situationen. Dargestellt wird mit Scharfsinn und Ironie eine vollkommen mechanisierte Welt, in welcher auch die Menschen längst nicht mehr Menschen, sondern den von ihnen erwarteten Funktionen gemäß «aufgenormte» Maschinchen sind. Nur zwei von ihnen sind nicht ganz Maschinen, ein Überwertiger und ein Unterwertiger, sie haben noch Reste von Menschentum, von Seele, von Persönlichkeit, von Traum und Leidenschaft. Dazu kommt ein Wilder, ein Vollmensch, der folgerichtig in der normierten Zivilisationswelt schnell zugrunde geht: der letzte Mensch. Übrig bleiben die beiden Halbmenschen, und einer von ihnen mag wohl das Symbol von Huxleys eigener Tragik sein: die Gestalt des klugen, begabten, erfolgreichen, glänzenden Literaten, welcher zwar von der Zivilisation allzusehr aufgeschluckt ist, um noch, wie sein Ehrgeiz es wünscht Dichter sein zu können, welcher aber sehr wohl um den Zauber und das Wunder der Dichtung weiß, gründlicher vielleicht darum weiß, als mancher wirkliche Dichter je wußte, denn er sieht mit vollkommener Klarheit, daß Dichtung aus anderen Wurzeln kommt als Technik, daß sie gleich Religion und echter Wissenschaft aus Opfern und Leidenschaften gespeist wird, die auf dem Asphalt einer normierten Oberflächenwelt mit ihrem wohlfeilen

Warenhausglück unmöglich sind. Es kommt im Buche nicht zur Tragik, es bleibt bei der leicht melancholischen Ironie, aber man liebt Huxley um dieser Figur willen, man liebt seine tiefe Liebe zu Shakespeare und seine sanft ironische Gebärde der Resignation. (1933)

CHARLES MORGAN
1894–1958

«Das Bildnis»

Nun ist auch der erste von den drei Romanen Morgans in deutscher Übersetzung erschienen. Der letzte, dessen deutsche Ausgabe «Die Flamme» heißt, hat den englischen Dichter berühmt gemacht und ist wohl der bedeutendste Künstlerroman unserer Tage. Ein Künstlerroman ist auch «Das Bildnis», sein Held ist ein junger Maler. Es ist ein Ich-Roman. Alt geworden, erzählt der Maler die Geschichte seiner Jugendliebe, die Liebe zu einer Frau, deren Bildnis er malen sollte und nicht malen konnte, weil er sie zu sehr liebte, weil ihr Eigentliches, ihr Kern, ihre Idee für ihn nicht mit ihrer fleischlichen Erscheinung zu identifizieren war. Die Geschichte dieses Bildnisses, das nicht gemalt werden konnte, füllt das erste Drittel des Buches und ist ganz wunderbar erzählt, wie denn auch dieser Roman, gleich der «Flamme», voll von tiefen Einsichten in die Psychologie und Moral des Künstlers ist. Dem Leser, der zuerst die «Flamme», den Roman eines Dichters, und erst nachher das «Bildnis» liest, drängt sich eine Beobachtung unabweislich auf: So wie das Bildnis der Jugendgeliebten nicht gemalt, sondern erst im Alter vom Künstler in der Form der Niederschrift, der Erinnerung und Beichte, gezeichnet werden konnte, so führt in der Entwicklung Morgans der Weg vom «Bildnis» zur «Flamme», vom Roman des begabten Malers zum Roman des begnadeten Dichters, ein Weg vom Sinnlichen zum Geistigen also. Die Entwicklung ist nicht nur psychologisch folgerichtig, sie entspricht auch einer geheimen Ordnung der Werte und Kategorien.

Wer mit Morgans «Flamme» nichts anfangen konnte, der hoffe nicht, vielleicht mit dem «Bildnis» mehr anfangen zu können. Wer aber die «Flamme» liebt, der wird auch ein guter und dankbarer Leser dieses früheren Buches sein. Daß Bücher dieser Art zu Welterfolgen werden können, ist eigentlich erstaunlich, aber höchst erfreulich. (1937)

JOSEPH ROTH
1894—1939

«Tarabas»

Joseph Roth hat immer die Welt am Rande der Ordnung geliebt, die Welt der Flüchtlinge oder Ausgestoßenen, der nicht Einzuordnenden, der Verfolgten und der Verbrecher, der Triebmenschen und Heimatlosen. Und nun hat er — eines seiner schönsten Bücher — diese Ballade vom Oberst Tarabas erzählt, dem russischen Gutsbesitzerssohn, der schon früh ins Abseitige und Gefährliche geriet und das Verbrechen streifte, den dann der große Krieg scheinbar wieder einordnete und rehabilitierte, der Major und Oberst wurde und sich gar nicht darein finden konnte, als der Krieg zu Ende war. Er blieb Soldat, er übernahm es, im neuen Rußland ein Regiment zu bilden und zu führen, er lag in einer kleinen Stadt in Garnison, aber die Verordnungen, papiernen Befehle, das ganze Verwaltungszeug war nichts für ihn, ihm fehlte der Krieg, und wieder geriet er in Nöte und Absonderlichkeiten, wieder geriet er an den Rand aller Ordnungen und über den Rand hinaus

ins Ungeordnete, und diesmal weht es ihn noch ein Stück
weiter, in die echte und heilige Not, in die wahre Heimat-
losigkeit, ins Büßertum. Er endet als Landstreicher und
«Heiliger», er findet den Weg ins Absolute zurück.

Ich weiß nicht, ob diese balladenhaft erzählte Legende
vom Obersten Tarabas ihre Herkunft aus einer Wirklichkeit hat, ob es (wie das Buch fingiert) einen Mann dieser
Art irgendwo im großen Rußland und im Chaos des
Krieges und Nachkrieges gegeben hat oder ob alles des
Dichters Spiel und Erfindung ist. Es kommt nicht darauf
an. Die Dichtung ist echt. Sie hat etwas Starres und der-
wischhaft Monomanisches, etwas Besessenes und Verhex-
tes; manchem wird sie vielleicht gräßlich scheinen. Aber es
ist eine echte Dichtung, und wenn sie am Rande der
menschlichen Ordnungen spielt und einen Hang zum Chaotischen und Wilden hat, so reicht sie dafür ein Stück
weit in die höheren Ordnungen hinüber, dorthin, wo es
Buße und Heiligung gibt.   (1934)

WILLIAM FAULKNER
1897–1962

«Licht im August»

Ähnlich wie Wolfes Buch*, den ich immerhin für den
größern Erzähler halte, ergreift dieser Roman durch die
Kraft und Bilderfülle, durch die große Wirklichkeitsnähe
und sinnliche Jugendlichkeit, mit welcher auch hier ein
Stück amerikanischen Südens Stimme gewinnt; trotz der
verkommenen, verbogenen, ins Öde, ja zum Teil ins Teuflische geratenen puritanischen Theologie, die hier mit her-
einspukt, empfindet man die Welt dieses Buches nicht als
alt oder müde, sondern durchaus als jung und werdend. Der

* Thomas Wolfe ‹Schau heimwärts, Engel›.

Inhalt ist schauderhaft: das arme, glücklose Leben eines «weißen Niggers» und sein schreckliches Ende. Und die ausführliche, kluge, aber nicht überlegene Psychologie des Dichters beglückt ebenfalls nicht. Dafür aber stehen in seinem Buch Bilder, stehen Gestaltungen naiver Schauenskraft, die sich recht wohl mit denen Wolfes vergleichen lassen: alle Sinne sind an ihnen beteiligt, sie strahlen tief und sättigend wie Werke eines großen Malers und stehen in ihrer zeitlos unschuldigen Schönheit in wunderlichem Widerspruch zu der vielen Klugheit und der vielen kinohaften Erzähltechnik des Autors. Diese Bilder kommen, wie manche solche Bilder etwa bei der Lagerlöf, aus einer jugendlichen und volkhaften Schauenskraft, ihretwegen wird die Erzählung uns lieb mit ihrer rauhen, kämpferischen, ganz vom Mann aus gesehenen Welt.   (1935)

ERNST JÜNGER

* 1895

«An der Zeitmauer»

... Das Buch, das mich in letzter Zeit am längsten beschäftigt hat, ist Jüngers «Zeitmauer». Um es gleich zu sagen: es ist ein überaus gescheites und gutes Buch, das ich mit dem Vergnügen las, mit dem man eigene Empfindungen und Gedanken durch einen kompetenteren Mann bestätigt sieht. Womit ich freilich nicht sagen will, daß ich Jüngers Haupt- und Grundgedanken auch selber schon gehabt hätte.

Das Buch ist eine Untersuchung über das Unbehagen in der heutigen Menschheit, zumal der abendländischen. Ich will zuerst andeuten, wieweit ich Jüngers Vorstellungen vom heutigen Stand der Menschheit schon vor dem Lesen seines Buches geteilt habe. Für ihn wie für mich erklärt sich die Weltstunde als Ende eines Weltalters, des eisernen nach der antiken Mythologie, die sich in diesem Punkt mit der indischen nahezu deckt. Wir leben im Spätherbst eines Äons, in einer untergehenden, sich auflösenden Welt, die für viele zur Hölle, für beinah alle unbehaglich geworden ist und deren Bedrohungen ständig zunehmen. Einerlei, ob die Frist bis zur Vollendung dieses Prozesses noch Jahrhunderte, Jahrzehnte oder Jahre daure, ob die Endkatastrophe sich als Selbstmord der Menschheit im Atomkrieg, als Schiffbruch der Moral und Politik, als Überwältigung des Menschen durch seine Maschinen abspiele — wir sind unterwegs zu jener Stunde, in der nach indischen Vorstellungen der Gott Schiwa die Welt im Tanz zertrampelt, um Raum für eine neue Schöpfung zu schaffen. Wir sehen die Weltgeschichte, das heißt die Geschichte unsres Weltalters, in hypertrophischen Staatengebilden, in sinnlosen Materialschlachten, in der Ausrottung unzähliger Tier- und Pflanzenarten, dem Hinwelken des Schönen und Wohltuenden im Bild der Städte und Länder, im Gestank der Fabriken, dem Erkranken der Gewässer, und nicht minder im Erkranken und Hinwelken der Sprachen, der Werte, der Worte, der Denk- und Glaubenssysteme hinsiechen. Und daß diesem still und rasch sich beschleunigenden Zerfall eine blendende Hochentwicklung der technischen Intelligenz und Leistung gegenübersteht, daß wir uns von der Zentrifuge unsres mechanisierten Daseins nächstens in den Weltraum schleudern lassen können, das scheint mehr den Massen als den Denkenden ein Trost zu sein.

Soweit habe ich, und haben mit mir Tausende das Klima unserer Zeit empfunden und gedeutet, und nun sehen wir unser Unbehagen und unsre Versuche, es zu verstehen, im großen ganzen von Jünger bestätigt, der mit großer Intelligenz und großem Feingefühl, dazu mit dem Rüstzeug eines sehr vielseitigen, namentlich naturwissenschaftlichen Wissens alle diese Symptome beobachtet, ordnet und deutet. Aber während wir andern, die schiwagläubigen Hindu ebenso wie wir heutigen Künstler und Dichter, auch Geister wie Nietzsche und Spengler inbegriffen, den Weltzustand historisch und durchaus anthropozentrisch betrachten, sieht ihn Jünger — das ist das Neue und Überraschende an seiner großen Vision — nicht mehr geschichtlich, das heißt menschheitsgeschichtlich, sondern erdgeschichtlich. Was die Menschheit heute an Üblem wie an Gutem treibt, sieht er nicht mehr als einzig von ihr gewollt und ins Rollen gebracht, sondern als vom Erdgeist, ja vom Weltall diktiert. Er sieht uns im «Austritt aus der Geschichte» begriffen.

Das reiche Material aus der Geologie, Paläontologie, Zoologie und andern Disziplinen der Naturwissenschaften, das der Verfasser zusammenträgt, ist für mich lehrreich gewesen, aber unkontrollierbar geblieben. Was er aber aus der Geschichts- und Geisteswelt gesammelt hat, um seine Darstellung zu bereichern und zu stützen, das konnte ich nachprüfen, und er zeigt hier nicht nur ein bedeutendes Wissen, sondern darüber hinaus eine erfreuende Feinfühligkeit, ein zuverlässiges Qualitätsgefühl. Wundern mag sich mancher Leser, daß Jünger von einem Zeitsymptom wie dem Auftauchen der Astrologie in den Zeitungen ausgeht und das ganze Buch hindurch daran festhält. Ich würde andere Symptome ernster nehmen. Aber er hat davon den Vorteil, daß er, ohne etwa einen Glauben an den Wert astrologischer Prognosen zu verraten, sich der schönen Symbolsprache dieser ehrwürdigen Kunst bedienen kann. In der Tat ist ja ein gewöhnliches Zeitdatum, ein eigenschaftsloser Punkt in einer Linie ohne Ende, etwas sehr anderes und sehr viel Geringeres als ein sternkundlich bestimmter Augenblick, der vom Planetensystem und dem Tierkreis her mit Bildern und Bedeutungen geladen ist. Dahin zielt das ganze Buch, es legt dem Leser statt der abstrakten, nur intellektuellen Seh- und Erlebensweise eine «synoptische» nahe und fordert ihn auf, sich selbst und sein Tun und Erleiden auch von der

Erde und vom Kosmos her determiniert zu sehen. Das führt auch zu sehr schönen Betrachtungen über das Spiel zwischen freiem Willen und Determination und guten Worten über die menschliche Freiheit. Überhaupt endet die Betrachtung, die ja teils ein Abschiednehmen von unsrem «geschichtlichen» Zeitalter und von aller «Geschichte», teils ein ahnender Hinweis auf Kommendes ist, keineswegs mit irgendeiner Art von Nihilismus. Die vortrefflichen Schlußkapitel optimistisch zu nennen, wäre freilich zuviel gesagt, sie sind aber bejahend und zukunftsgläubig, und sie nehmen ihre moralische Haltung durchaus aus der humanen und humanistischen Erbschaft.

Wieweit nun Jüngers Dichtungen und Prognosen «stimmen», oder was von diesem oder jenem Standort aus Triftiges gegen sie vorgebracht werden kann, berührt mich nicht. Der Streit darüber wird Literatur und Geschwätz sein. Mir genügt es vollauf, an dieser Schau teilgenommen und fruchtbare Tage mit ihr verbracht zu haben. Belehrt und korrigiert hat mich das schöne Werk auf den Gebieten der Naturwissenschaften und der Technik, auf denen ich rückständig bin. Im Humanen und Moralischen hat es mich nicht geändert, aber wohltuend bestärkt.

(1960)

GIUSEPPE TOMASI DI LAMPEDUSA
1896—1957

«Der Leopard»

Sein Verfasser ist ein sizilianischer Aristokrat, ein Fürst von Lampedusa. Ich habe Ihnen früher schon gelegentlich davon gesprochen, was für gute Erzähler die Sizilianer sind, und Sie mit Verga und Pirandello bekannt gemacht. Die waren beide von Beruf Literaten.

Der Autor des «Leopard» war bis zu Mussolinis Zeit Offizier, dann Privatmann und hat erst in seinen letzten Jahren zu schreiben begonnen und das Manuskript dieses prachtvollen Romans hinterlassen. Die Geschichte spielt innerhalb der hochadligen Familie, deren Wappentier der Leopard war, beginnt in der Zeit der Kämpfe um die Einigung Italiens und hat zwei Helden: den Fürsten Fabrizio, genannt «Der Leopard», und die Insel Sizilien. Der Leopard nun ist eine großartige Verkörperung des Aristokraten, des großen Herrn schlechthin, groß und verschwenderisch in allem, was er tut und lebt, groß im Sinnlichen wie im Geistigen, groß in der Leidenschaft und groß in der Geduld, mächtig als Gatte, Familienhaupt und Großgrundbesitzer, von vielen geliebt, von vielen gefürchtet, ironischer Beobachter der aufregenden politischen Umwälzungen, der echten und falschen Begeisterungen und Patriotismen. Das Beobachten, Berechnen, Bedenken hat er unter andrem bei seinen vieljährigen astronomischen Studien gelernt. Mit grimmiger Ironie sieht er zu, wie er bestohlen wird und wie ringsum Streber und Spekulanten groß werden, und die neuen Herrscher aus Piemont imponieren ihm so wenig wie der welke letzte König von Neapel. Er gehört zu den Figuren, die gleich den Heroen des Mythos in unsern innern Bilderschatz eingehen wie Robinson, Tom Jones, Werther, Kutusow oder Oblomow. Aber achten Sie beim Lesen auch auf den andern, nicht personellen Helden des Romans: Sizilien und sein Volk. (1960)

MANFRED HAUSMANN
* 1898

«Salut gen Himmel»

Der «Salut gen Himmel» ist, soweit ich mich auskenne, bis heute der stärkste und echteste Ausdruck jenes jugendlichen Lebensgefühls, das die wandernde und freiheitsuchende deutsche Jugend seit einer Generation erfüllt. Es ist eine heftige, etwas rechthaberische und oft unartige Jugend, wir fürchten für sie, wenn sie alt sein wird, sie wird dann vieles büßen müssen. Aber es ist keineswegs nur Übermut und Knabendummheit, was diese Jungen nicht an das Altwerden glauben läßt. Es ist ebensosehr Verzweiflung. Diese jungen Wanderer und Stürmer glauben nicht recht daran, daß sie einmal alt werden könnten, denn sie fühlen sich dem Tod sehr nahe und ausgesetzt. Hausmanns schönes Wanderbuch sagt alles das stärker und schöner als die meisten ähnlichen Jugendbücher von heute, die so oft etwas unangenehm Dilettantisches haben. Ein wunderschönes, ernsthaftes, wichtiges Buch.   (1930)

ERNEST HEMINGWAY
1898–1961

«In unserer Zeit», Erzählungen

Hemingway ist bei uns bekannt und beliebt als ein verflucht schneidiger Kerl, ein richtiger flotter Boy aus Amerika, männlich, abenteuerfroh, gespickt mit Kriegsabenteuern, großer Zecher, und dann wieder plötzlich, wenn er der Heimat denkt oder von der Liebe spricht, weich bis zur blühenden Sentimentalität. Alle diese Züge zeigt auch dieser Band Erzählungen, und außerdem sind sie angeordnet und durch eine lockere Serie Kurzgeschichten unterbrochen, etwa nach dem Rezept des Dos Passos, das man so sehr satt bekommt. Man kann dies Moden nennen oder Unarten, wichtig zu nehmen braucht man es nicht. Aber es stehen in dem kleinen Buch einige gute Geschichten und außerdem einige Naturschilderungen: die schönsten, die ich je von einem Amerikaner las. Die schönste steht auf S. 153 ff*. Ein hoher Genuß. (1932)

ERICH KÄSTNER

* 1899

«Fabian»

In dieser liebenswerten und graziösen Erzählung läßt der Dichter mitten im irrsinnigen Berlin von heute einen Menschen herumlaufen, einen weder sehr starken noch sehr geschickten, aber eben einen Menschen: einen, der noch nicht irrsinnig ist, der ein Herz und einen Verstand hat. Ein klein wenig zwar ist auch er schon geknickt und entstellt, aber überall, wohin er gerät, schimmert Menschlichkeit auf, glänzt mahnende Erinnerung an etwas, was es vor kurzem noch überall gab und was jetzt unter einer Million bloß noch einer besitzt. Sein Bildnis und die vielen leicht und zart hingezeichneten Berliner Bilder sind in reiner Künstlerfreude geschaffen, nicht ganz ohne gute Absicht, nicht ganz ohne Moral, aber nicht von ihr verzerrt. Das Zeitgemäße konnte nicht zeitloser gesagt werden als hier, es ist von Hölle und Irrenhaus die Rede, aber es klingt wie Musik, es ist durch den Filter der Kunst gegangen und voll Anmut geworden. (1932)

* Es ist die Erzählung «Großer, Doppel-Herziger Strom».

ANNA SEGHERS
* 1900

«Auf dem Wege zur amerikanischen Botschaft»

Anna Seghers hat vor drei Jahren für eine Erzählung den Kleistpreis erhalten, sie ist unter den Frauen der jungen deutschen Dichtergeneration wohl die merkwürdigste und imponierendste Erscheinung.

Ihre Erzählungen aus dem Leben der Armen sind ohne Tradition und ohne Manier, schwer und zögernd geht ihr Schritt, wie in Fesseln, und man empfindet diese Fesseln sowohl als Schwere des erlebten Inhaltes wie auch als zähen Kampf um die Form. Diese neuen Erzählungen bestätigen alle Hoffnungen, die jenes erste Werk erregt hat, sie kommen aus Not und Dumpfheit und dringen bis zur reinen Dichtung vor, dem programmatischen Romane etwa von Heinrich Mann und Leonhard Frank hierin weit überlegen. (1931)

JULIEN GREEN
* 1900

«Der Geisterseher»

Und dann habe ich noch einen andern Roman gelesen, den Roman eines Dichters, den ich seit meiner ersten Bekanntschaft mit ihm liebe und verehre: den «Geisterseher» von Julien Green. Er ist sehr schön übersetzt, nur der Titel ist nicht ganz prägnant: «Geisterseher» ist der Held dieser Dichtung eigentlich nicht, sondern Visionär, Seher. Er sieht Gesichte, nicht Geister. Wieder spielt diese glü-

hend intensive, wie ein tief bedeutungsvoller Traum sich
einprägende und nachwirkende Dichtung in der französischen Provinz, in einer Atmosphäre von stickigem Konser-
vatismus, fataler Bigotterie, arrogantem Bourgeoistum
und einer zwar sehr entarteten und verkalkten, aber
strengen und konsequenten Moralität. Wer übrigens den
Prager Dichter Franz Kafka kennt und liebt, dem muß
schon bei den ersten Seiten in Greens Roman Kafkas
«Schloß» einfallen, und im Weiterlesen wird man der Verwandtschaft sowohl wie der großen Verschiedenheit dieser beiden großen Dichter noch oft nachsinnen. Der «Geisterseher» ist ein junger Mann, der als Waise von seiner
Tante, einer stengen und bigotten Witwe, aufgenommen
und trotz aller Strenge sehr geliebt wird, denn sein Vater
war einmal ihre Jugendliebe. Er arbeitet in einer Buchhandlung, und im Haus der Tante wächst neben ihm seine
jüngere Base heran, an der der schüchterne und kränkliche Jüngling alle Verlockungen, Gefahren, Verführungen, Krämpfe und Kämpfe einer Pubertätsverliebtheit erlebt — und er ist nicht bloß ein schüchterner, verschreckter,
bigott erzogener Bub, dem die Pubertät zur Gewissens-
hölle wird, er ist überdies noch krank, todeskrank. Er hat
eine kranke Lunge und tägliche Fieber, dabei muß er hart
arbeiten, steht überdies im Feuer seiner Geschlechts- und
Liebeserlebnisse und im geistigen Kampf um einen Glauben, der ihm den zerrinnenden Kirchenglauben ersetzen
soll. Überfällt die Krankheit ihn zeitweise heftiger, dann
steckt ihn die Tante ins Bett, sitzt bei ihm, liest ihm Gebete vor, läßt ihn Tee trinken und schwitzen; an Dinge
wie Tuberkulose glaubt sie nicht, und über die Ärzte lacht
sie nur. Dieser arme, junge Mensch nun in seiner Hölle erfindet sich sein «Schloß», ein imaginäres Kafkasches
Schloß, in dem er imaginäre und symbolische Abenteuer
und Entwicklungen erlebt: ihr Inhalt ist, in verschiedenen
Verkleidungen, die gefürchtete und ersehnte Begegnung mit
dem Tode, die ganze Schloßdichtung und das ganze Buch

ist eine flammende Beschwörung des Todes. Der Jüngling träumt aber diese Schloßabenteuer nicht bloß: er schreibt sie auch auf! Er hat in der Schule seiner Not das Tagebuchschreiben gelernt, es war seine Zuflucht und sein Trost, seine Rechtfertigung und sein Halt in der grausamen Einsamkeit und Todesangst seiner Jugend. Er hat sich angewöhnt, seinen Alltag zu beschreiben, exakt und nüchtern, mit dem Streben nach Sachlichkeit und genauem Ausdruck, er zeichnet Tag, Stunde, Wetter, Temperatur und so weiter mit derselben sorgfältigen Genauigkeit auf wie die Beleidigungen, die sein Prinzipal ihm antut, und die Schimpfworte, die die Gassenbuben ihm nachrufen. Und nun wendet er diese Technik einer pedantischen Akribie, einer gewissenhaft auf Vollständigkeit und Nüchternheit gerichteten Tagebuchschreiberei auf das ganz andere an, auf das «Schloß», auf die Welt seiner Träume, Fieberbilder, Seelenwünsche und Sinnenvisionen! Das Phantastische wird bewältigt mit der Technik alltäglicher Übung, das scheinbar Imponderable wird mit der Waage gemessen! Es ist wie ein Blick in das heilige, ebenso nüchterne wie wahnsinnige Geheimnis der dichterischen Arbeit. Und was dabei entsteht, ist von einer furchtbar intensiven, einer penetranten Überwirklichkeit, ist eine Vision, die den Vergleich mit den stärksten Stücken der phantastischen und okkulten Literatur aushält. Dieser Franzose Julien Green mit dem englischen Namen ist ein nüchterner Magier, und jede seiner Dichtungen scheint noch exakter und noch zauberischer den bittren Kern seiner Lebensweisheit zu enthüllen: daß des Lebens Herz und Seele das Leiden sei.

(1935)

SAINT-EXUPÉRY
1900–1944

«Nachtflug»

Ein schönes und ernstes Buch, und doch lehne ich es ab, aus umgekehrten Gründen wie A. Gide es lobt. Das schöne Buch verteidigt, ja vergöttert den Mann, der eisern genug ist, Nacht für Nacht junge Menschen in Lebensgefahr zu hetzen, im Dienst einer Gesellschaft, einer Geldverdiene-Maschine, höchstens noch im Dienst einer primitiven Gottheit, genannt etwa «Technik» oder «Fortschritt». Ich lehne diese Gottheiten ab und halte es für Mißbrauch, wenn man ihr Opfer vorwirft, Menschenopfer, und sich dabei grade an die edlen Seiten in der Seele der Opfer wendet, an ihren Mut, ihr Heldentum, ihre Fähigkeit zur Begeisterung appelliert. A. Gide ist in Konsequenz seiner Einstellung und seiner Freude an eisernen Männern Bolschewik geworden, andre gehen andre Wege. Ich sehe, sie tun's zum Teil aus edlen Motiven, aber ich lehne den Zauber ab, heut wie einst.   (1942)

THOMAS WOLFE
1900–1938

«Schau heimwärts, Engel»

Sinclair Lewis, in der Psychologie des Spießers witziger als im Charakterisieren des Genialen, soll über dies erstaunlich schöne und reiche Buch gesagt haben, es sei «eine kolossalische Schöpfung voll tiefer Lebenslust». Das hat etwas Richtiges, kolossalisch ist dieser Roman gewiß, und natürlich ist er auch «voll tiefer Lebenslust», weil er wie jede echte Dichtung tiefe und heftig saugende Wurzeln im Sinnlichen hat, also das Leben liebt und lobpreist. Aber schon der Untertitel, den der Autor selber seinem Buch gegeben hat, klingt nicht nach dieser gepriesenen Bejahung und Lebenslust, er heißt «eine Geschichte vom begrabenen Leben», und zu dem vielen Unterirdischen und Nächtigen dieser Dichtung gehört obenan dies Gefühl vom Begrabensein des Lebens, von der Unwirklichkeit des Wirklichen, vom Einsamsein und Verlorensein jedes Menschen, auch inmitten aller scheinbaren Gemeinschaft. Die Lebenslust nimmt hier oft die Form äußerster Verzweiflung an, und von dieser Seite her interessiert uns dieser scheinbar so robuste Amerikaner aus den Südstaaten besonders.

Das Verlorensein, die Verzweiflung dieses Dichters, die ihre Wurzeln so tief im Sinnlichen, im Hingegebensein an Bild, Klang, Gefühl und Geruch hat, die aus einer so tollschönen, so beinah rabelaisischen Sinnenbejahung und Sinnenberauschung wie eine verzauberte finstre Blume hervortreibt, scheint die Folge eines vollkommenen Mangels an Glauben, an Religion, an Autorität und Tradition zu sein. Der Held des Buches erbt von den Vorfahren eine kräftige, gesunde, ja überschäumende Sinnlichkeit, eine blühende Phantasie, einen kräftigen Lebenshunger, auch ein Stück Gutmütigkeit und eine Menge Begabung, aber kein Zauberwort, keine Formel zur Beschwörung des Chaos, keinen Gottesnamen, keine Zuflucht zu Gebet, Vertiefung, Andacht. Er steht zwischen seiner Sinnlichkeit und seiner an spärlicher Schulbildung üppig hochgerankten Dichtersehnsucht allein, ohne Führer, nicht einmal einen kräftigen Aberglauben hat er: die harmlos blühende, üppig strahlende Welt seiner Sinnenfreude steht schutzlos der Kritik des Verstandes, den Verführungen des Geistes gegenüber, vor ihnen schrumpft sie ein, erscheint plötzlich sinnlos, verloren und todestraurig, ohne Ziel, ohne Dauer, schillernder Sumpf.

Nicht darum warten wir nun auf den nächsten Band

dieses liebenswerten Dichters, weil wir so begierig wären, nochmals einige hundert Seiten seiner hinreißenden, wunderbaren Lobgesänge auf die Natur zu lesen, auf Essen und Trinken, auf die Wollust, auf den Rausch, auf den Geruch der Blumen, der Tiere, der Speisen, der Frauen — sondern weil dieser kommende Band den naiven jungen Siegfried dahin führen muß, wo die Schönheit und die «Verlorenheit» der Welt nicht länger mehr nebeneinander zu ertragen sind, wo unter Schmerzen ein Weg zur Sublimierung erbohrt werden muß. Man wartet darauf mit großer Begierde, denn dieser erste Roman entläßt seinen Helden als Jüngling, und ohne Zweifel ist dieser Held der Dichter selbst. Bis zur letzten Seite des großartigen Buches hat er sich so weit differenziert und ist seiner selbst so stark bewußt geworden, daß es nur noch zwei Wege für ihn geben kann: Untergang im Nur-Sinnlichen, etwa als Trinker, wie sein Vater einer war, oder schmerzvolle Sublimierung, verantwortliche Sinngebung. Sie ist ihm schwer gemacht durch seine Herkunft, durch seine Eltern, durch seine Sinnlichkeit, sogar durch seine Begabung.

Mein nüchtern abstrahierender Versuch, die Linie dieser Dichtung anzudeuten, konnte nur ahnen lassen, wieviel Schönes und Geniales das Buch enthält, auch wenn man ganz von seinem tiefen Problem absieht, ja wenn man es preisgibt. Wie ein genialer Säufer schluckt dieser Enthusiast allen Erden- und Lebenssaft in sich hinein, immer verliebt, immer Künstler, und was für ein Künstler!

(1933)

Der junge Held dieses großartigen Buches, Eugen Gant, ist am Ende des Romans noch keine 20 Jahre alt, sein eigentlicher Roman wird erst noch kommen. Dies erste Buch Th. Wolfes mit dem wunderlichen Titel erzählt von Eugens Herkunft, von seiner Familie, von seiner Kindheit und ersten Jugend. Es geht wunderlich und heftig zu in der Familie Gant, ihr Leben ist ein chaotisches Durcheinander von Gegensätzen, von Erfolg und Vergeblichkeit, von Laster und Großmut, von Phantasie und knickrigem Geschäftsgeist. Dies verknäuelte, heftige, laute Leben der Familie Gant spielt sich in den Südstaaten Amerikas ab, in einer kleinen Stadt in den Bergen, in einer üppigen und kurzlebigen Atmosphäre. Der Rhythmus von Aufblühen und Verwelken, von geilem Wuchern und elendem Hinsterben pocht traurig und erregend durch das ganze große Buch, es singt Vergänglichkeit, es wogt leidenschaftlich zwischen Lust und Tod. Wunderbar stehen alle Glieder dieser Familie in der Spannung der Gegensätze, die das Kennzeichen der Familie ist, sie scheinen so grundverschieden voneinander zu sein wie nur möglich und haben doch alle die gleiche wunderliche Lebensangst. Der Vater, der alte Gant, ist ein großer Säufer und Fresser, um ihn riecht es heftig nach Whisky und nach gutem, kräftigem, würzigem Essen, aber das Leben dieses Genießers, welchen Frau und Kinder verachten und dennoch lieben, ist bis in allen Schmutz hinein von Phantasie und Sehnsucht durchzuckt, und mitten in seinem dampfenden, lauten, anspruchsvollen Säuferdasein, mitten in seinen großen, pathetischen Reden, seinem Theaterspiel, seiner Prunkmoral steht er geheimnisvoll allein und verloren. Während der ganzen zweiten Hälfte des Buches, einige hundert Seiten lang, wartet man auf seinen Tod, er ist zerstört und zusammengefallen, der Hüne ist schwach geworden, weinerlich und impotent kriecht er, krebskrank, dem Tod entgegen, aber er stirbt keineswegs, er lebt und lebt, schattenhaft, halbwirklich, aber er ist da, er bleibt, er kann kein Ende des Spieles finden. Und die Mutter, die ihre Kinder alle schon ganz früh zum Verdienen ausschickt, die sich als Hausmutter und Vermieterin abrackert und nie zum Schlafen kommt, spekuliert und rafft in aller Stille, kauft und verkauft Grundstücke und besitzt, während ihre kleinen Söhne noch als Zeitungsausträger rennen und sich die Schwindsucht holen, schon ein ganz fettes Vermögen. Ein Vermögen, das sie jedesmal gern hergäbe, wenn das

Schlimmste kommt, wenn eins stirbt, wenn sich zeigt, daß es nun zu spät ist für die Vernunft, zu spät für Liebe und Güte. Zwei Söhne sehen wir sterben, den lieben, hübschen, kleinen Glover, den hagern, klugen, strengen Ben, und jede dieser Todesszenen ist auf ihre besondere Art schauerlich und einzig.

Inmitten der elterlichen Gewitter, der Rede-Orgien des besoffenen Vaters (der bei der Prohibitions-Abstimmung feierlich und hochmoralisch gegen den Alkohol stimmt und nachher doch weitersäuft), inmitten der vielen Geschwister, der vielen Mieter und Pensionäre, wächst der kleine Eugen auf; sichtlich erzählt der Dichter in seiner Geschichte seine eigene. Von beiden Eltern her mit Gaben und mit Gefahren belastet, ewige Beute der inneren Vereinsamung, wächst er auf, nicht ohne Bildung, aber ohne Glauben, ohne Maßstäbe, ohne Trost, und steht als Zwanzigjähriger, gesund und voll Geist, nicht minder verloren und preisgegeben in der wilden feindlichen Welt als sein kranker, seit Jahren sterbender, seit Jahren trotzdem weitertrinkender Vater. Hier entläßt ihn das Buch, an der Schwelle zum selbständigen Leben, mit den Möglichkeiten zum Genie wie zum Lump. Er ist geistig um viele tausend Schritte weiter als sein Vater, aber er ist so gefährdet, so verloren wie jener.

Dieses Epos der Familie Gant ist die stärkste Dichtung aus dem heutigen Amerika, die ich kenne.   (1933)

«Von Zeit und Strom»

Der amerikanische Romancier Wolfe ist im Jahre 1900 geboren, in einer kleineren Stadt der Südstaaten: sein Vater stammte von deutschen Siedlern ab. Er ist von dem Willen besessen, das Phänomen «Amerika» in allen seinen Dimensionen, Schichten und Nuancen in einer gigantischen Reihe großer Romane zu schildern, deren Plan schon feststeht und von welchen zwei schon erschienen sind. Vor zwei Jahren kam der erste Roman «Schau heimwärts, Engel» heraus, soeben ist in zwei starken Bänden der zweite erschienen, der die Familiengeschichte des ersten fortsetzt.

Dem Gigantischen des Planes kann man als einem Reiz erliegen, der Zauber der Quantität gehört nun einmal zu Amerika. Und Wolfe bringt zu dem großen Unternehmen eine Arbeitswut, einen Heißhunger, eine Energie und Begeisterung mit, die man wohl mit der eines Zola oder auch Balzac vergleichen darf. Er ist fasziniert von seinem Lande und seinem Volk, von seiner Größe, seiner Wildheit, seiner Mannigfaltigkeit, seinen Reizen, seinem Norden und Süden, Osten und Westen, seinen Roheiten und Feinheiten, seinen Riesenstädten und seinen tagelangen Schnellzugfahrten, seinem Menschengewimmel und seinen Reserven an Einsamkeit und Urwelt, von der Kraft seiner Menschen und auch von ihrer Verlorenheit in dem riesigen Lande, in dem sie alle noch jung und noch nicht völlig zuhause sind, in dem eine Unruhe und wilde Dynamik sie umhertreibt. Es gibt kultiviertere und gekonntere Romane aus Amerika, aber ich wüßte keinen Autor, der in seiner Person und in seinem Wollen so sehr die unruhige Vielschichtigkeit und Komplexität des Amerikanertums repräsentierte. Und so ist es auf jeden Fall lohnend und ergebnisreich, dem Schauspiel zuzusehen, wie dieser Gargantua die Staaten und Länder, die Klimate und Volksschichten, die Ströme, Wälder, Ebenen, Gebirge und Großstädte seines Landes zusammenzuraffen und in seine große Faust zu pressen sucht.

Es wird die Frage sein, ob das, was dabei entsteht, ein Kunstwerk sein wird; auch wenn es keines wird, wird man ihm die Notwendigkeit nicht absprechen können. Ich gestehe, daß ich von jenem ersten Roman Wolfes, dem «Engel», ungemein stark angezogen war. Und ich kann nicht verhehlen, daß der jetzige zweite Roman an Wurf und Energie und Atemweite ebenbürtig ist, nicht aber an Kunst und nicht an innerer, echter Substanz. In jenem

«Engel» erzählte der Dichter von seinem Vaterhaus und seiner Kindheit, und obwohl er dies gewiß nicht in idyllischer Weise tat, so half ihm doch die Zauberkraft der Kindheit, die Dichtigkeit und Frische der Erinnerungen und vor allem die Beschränkung auf einen kleineren Umkreis. Die Stadt, in der man aufwuchs, kennt man anders und tiefer als später jemals eine andere, und die Atmosphäre der Heimat und Familie beschwört man leichter als die Geister der Fremde. Der zweite, neue Roman rollt eine gewaltige Reihe von Bildern auf, führt Dutzende von Menschen und Familien und Schicksalen vor, aber sie haben nicht die Magie jener frühesten Bilder, es ist alles nicht nur kühler, es ist auch undichter und gewollter, und von den Menschengestalten des neuen Romans sind die blutvollsten und echtesten die, die wir schon aus dem «Engel» gekannt haben, vor allem die des Vaters und der Mutter. Das neue Werk führt den Helden Eugen Gant als Studenten, dann als Instruktor und beginnenden Schriftsteller an die Universitäten des Nordens: er erlebt die Großstadt, erlebt die Größe Amerikas (die großen Eisenbahnfahrten gehören zu den stärksten Partien des Buches), er erlebt die Welt des Intellektualismus und den bitteren Kampf der Selbsterhaltung, auch der geistigen und moralischen. Außerdem lernt er viele Menschen und Situationen kennen, arme und reiche, kultivierte und primitive Familien, er arbeitet sich durch ein tüchtiges Stück Amerika und ein tüchtiges Stück zwanzigstes Jahrhundert. Der intellektuelle Ertrag jedoch ist, so scheint mir, größer als der dichterische, es wird die Bildkraft des ersten Romans nicht wieder erreicht. Das ergibt eine gewisse Enttäuschung, denn wir Leser erwarten von Wolfes großem Werk ja nicht eine amerikanische Enzyklopädie, sondern eine Dichtung. Aber wir wissen nicht, wie dieser Roman sich später in die Reihe einordnen wird, es mag wohl sein, daß auch das, was uns jetzt unbefriedigt läßt, sich dann als sinnvoll erweisen wird. Nehmen wir das Buch nicht als Fortset-

zung des «Engels», sondern einfach als Darstellung eines
amerikanischen Studenten- und jungen Literatenlebens
der Jahre nach 1920, so ist es interessant und kennenswert
genug. (1936)

JOACHIM MAASS
* 1901

«Die unwiederbringliche Zeit»

Für den begabtesten und erfreulichsten unter den jüngeren deutschen Romanciers halte ich den Hamburger
Joachim Maass. Vor kurzem ist sein dritter Roman erschienen: «Die unwiederbringliche Zeit». Ein ganz ausgezeichnetes Buch, die Geschichte einer Hamburger Bür-
gerfamilie zu Anfang des Jahrhunderts, gesehen vom
Blickpunkt eines Kindes. Die literarische Kultur dieses
Romans, und auch schon der beiden früheren Romane von
Maass, ist eine sehr hohe. Es gibt ja heute auch eine, sogar
von Autoren und Verlegern oft gepredigte Auffassung, als
käme es bei einem Buch beileibe nicht auf das «Literarische» an, als genüge es, eine gute Absicht, eine anständige
Gesinnung und das Herz auf dem rechten Fleck zu haben,
um vorzügliche Bücher schreiben zu können. Wir teilen
diese ebenso törichte wie verderbliche Meinung nicht. Es
gehört dies und jenes dazu, ein anständiges Buch schreiben
zu können, und wenn die Gesinnung und der gute Wille
dazu genügten, dann wäre die Welt voll Autoren ersten
Ranges. Die deutsche Romanliteratur hat trotz hoher einzelner Leistungen im Durchschnitt kein sehr hohes Niveau,
es wird eben auf die Gesinnung (die man übrigens leichter
vortäuschen kann als das Können) mehr Wert gelegt als
auf das literarische Handwerk. Es besteht die Tendenz,
sogenannte «Lebensbücher» höher zu bewerten als «litera-

rische» Bücher — aber wenn das «Literarische» wirklich bei einem Buch nebensächlich sein soll, so ist das nicht anders, als wenn man bei einem Gemälde das Malerische, bei einem Gebäude das Architektonische für nebensächlich erklären wollte. Gewiß gibt es ein Zuviel des Literarischen, ein Artistentum, dem die virtuose Ausübung des Handwerks Selbstzweck ist. Aber daß ein gekonntes, ein «literarisches» Buch mit hohem künstlerischen Niveau eben doch etwas ganz anderes sei als die schlecht geschriebenen «Lebensbücher», das zeigt gerade ein Beispiel wie der Roman von Maass. Seine Technik ist, wenn man so will, eine impressionistische oder malerische, und wenn man irgendeinen beliebigen Satz aus seinem Roman mit einem beliebigen Satz aus einem bloßen Gesinnungsroman vergleicht, so sieht man deutlich, wo das Leben und wo der Wirklichkeitssinn größer ist. Bei Joachim Maass gibt jeder Satz eine Anschauung, Bild an Bild, eindringlich geschaut und künstlerisch verdichtet, von erlebtem Leben, von genau und gewissenhaft gesehener Wirklichkeit ganz gesättigt. Und die Gesinnung? Sie ist über der Treue und Gewissenhaftigkeit des literarischen Handwerks keineswegs verkümmert: es steht hinter dem dichten, soliden Gewebe dieser Bilderreihe ein überall spürbarer, aber nirgends direkt und predigend sich äußernder Sinn für das Moralische. Dieser Erzähler hat das Herz mindestens ebenso richtig auf dem Fleck wie irgendein Mann der wohlfeilen Volkstümlichkeit, und außerdem kann er sein Handwerk, übt die lebendige Moral seiner Kunst und entzückt uns durch sie auf jene Art, welche den Predigern nie gelingt und die eben die Art echter Dichtung ist. Dieser Roman wird die Mehrzahl der antiliterarischen und antiintellektuellen Bücher überdauern, die im Augenblick die Oberfläche der Literatur bevölkern. (1935)

ARNO SCHMIDT
* 1910

«Leviathan»

Das ist nun, im Gegensatz zu fast allen seinen Kollegen, ein junger Intellektueller und Dichter, der nicht nur mit dem Untergang des Abendlandes von Herzen einverstanden ist, sondern auch den Untergang der Menschheit glühend wünscht und in naher Zukunft errechnet. Es geschieht in dem kaltschnäuzigen Ton des modernen Desperado, der den Krieg und alle Teufeleien unsrer heutigen Welt mit angesehen und ausgekostet hat, mit einem berechtigten und legitimen Pessimismus und einer begreiflichen Aggressivität also. Das wäre für sich allein nicht interessant, der Weltkatzenjammer ist nicht mehr um Ausdrucksmittel verlegen. Aber hier ist es nun ein wirklicher Dichter, der seinen Ekel uns ins Gesicht spuckt, und schon der von Hiob und Jesaja, aber auch von J. Green her mit Assoziationen gesättigte Titel «Leviathan» verspricht mehr als nur existentialistisches Feuilleton. Dieser junge schnoddrige und sehr begabte Dichter, der schon in mythischen Vorexistenzen den Plato zur Strecke gebracht, den Dämon Leviathan erkannt und sich mit Berechnungen über die Liquidierung der Menschheit befaßt hat, ist ein etwas gefährdeter und möglicherweise nicht ungefährlicher, aber echter Visionär. Und auch seine etwas kokett betonte Liebe zum scheinbar Exakten, zu Mathematik und Astronomie ist nicht die naive Liebe des gläubigen Logikers, sondern die glühende und nervöse des Phantasten und Häretikers. (1949)

MAX FRISCH
* 1911

«Stiller»

Es sei gleich zu Anfang gesagt: meine Worte zu diesem
Buch können und wollen keine Kritik, keine Analyse sein.
Das müssen andere leisten, haben es vielleicht schon getan, .
denn vorübergehen darf man an einem solchen Werk
nicht. Es wird Kritik erfahren, anerkennende und ab-
lehnende, freundliche und feindselige. Ich, der ich aus
einer anderen Generation und Welt stamme, stehe den
Problemen dieses bemerkenswerten Romans eher etwas
fremd gegenüber. Viele der Dinge, die dem sein Leben
erzählenden Stiller wichtig sind, sind es mir nicht, ja ich
muß sagen, mir scheint es ein Fehler dieser breit ausge-
sponnenen Erzählung zu sein, daß sie sich als eine Art
Roman des modernen Eheproblems zu geben scheint. Die
beiden Ehen nämlich, von denen die Geschichte handelt,
eine mißglückte und eine nach längerer Krankheit erfolgreich geheilte, scheint mir das wenigst Interessante darin
zu sein. Das Buch erzählt von vier Personen, zwei Ehe-
paaren, aber wirklich und ernstlich angesprochen hat mich
nur eine einzige von den vieren: die Person Stillers. Die
drei andern sind gut gezeichnete Romanfiguren, die man
mit hundert andern vermutlich bald wieder vergißt. Den
Stiller aber, die Hauptperson, vergißt man nicht wieder,
er ist keine Romanfigur, sondern ein Individuum, ein in
jedem Zug erlebter und überzeugender Charakter: unbe-
deutender Bildhauer, aber für alles Künstlerische voll und
rein empfänglich, unfähiger Ehemann, aber Ehemann
einer frigiden Frau, vergrämter Rückkehrer nach langen
Auslandsjahren und glücklicherweise ein hochbegabter
Schilderer, Erzähler und Fabulant. Aber nicht nur die
geistvolle und auf schöne Art spielerische Kunst im Dar-

stellen und Erzählen ist es, die den einsamen Kauz Stiller
uns wichtig macht, sondern wir empfinden seine Nöte und
seine beinah tödliche Problematik auch als über-indivi-
duell, als typisch, als stellvertretend für zahllose. Gerade
daß er seine schwere Malaise nicht nach einem existentia-
listischen Schema darstellt, sondern ganz und gar individuell, gibt ihm diesen Mehrwert über das Literarische
hinaus. Dieser Stiller, über den man sich gelegentlich auch
recht wohl ärgern kann, ist hinter seinen Masken und
Fabulierkünsten ein sehr liebenswerter Mensch, dem man
wünscht, es möge ihm Verständnis und Liebe auch aus
seiner eigenen Generation und Umwelt entgegenkommen.

(1954)

J. D. SALINGER
* 1912

«Der Mann im Roggen»

Manche Briefe von ganz jungen amerikanischen Step-
penwolflesern, teils blasierte, teils verzweifelte, sind mir
beim Lesen dieses bedeutenden Romans vollends ganz
durchsichtig geworden. Erzählt werden die Erlebnisse
weniger Tage aus dem höchst problematischen und gefährdeten Leben eines sechzehnjährigen Amerikaners. Es ist
kein hübsches Milieu, in das man hier blickt: viel zu reiche
und viel zu beschäftigte Eltern, der Vater Anwalt, die
Mutter nervöse Gesellschaftsdame mit hundert Zigaretten
im Tag, der Sohn auf auswärtige Schulen abgeschoben,
wird eben wieder, wie schon öfter, aus seinem College
weggejagt, ist vollkommen führungslos, mitten in den
brennenden Nöten der Pubertät. Alle Leute, Erwachsene
und Kinder, Schüler und Lehrer sind, wie in allen amerikanischen College-Geschichten, Säufer, sie saufen zu jeder
Tages- und Nachtzeit, sie sprechen eine künstlich rauhe,

künstlich forsche Sprache, jedes zehnte Wort ist ein Fluch — kurz, es scheint eine hoffnungslos korrupte, dreckige und trostlose Welt zu sein, in der diese armen gottverdammten Leute ihr armes blödes verfluchtes Leben führen (das ist der Stil, in dem da geredet wird). Der Sechzehnjährige weiß von seinem Vater nichts, als daß er sehr viel Geld verdient und ihn vermutlich umbringen wird, wenn er nun heimkommt, auch von dieser letzten Schule weggejagt, zur Mutter hat er verschwommen sentimentale Beziehungen, zu beiden kein Vertrauen. Aber er hat, außer einem früh gestorbenen, sehr geliebten Bruder, noch einen älteren Bruder, der begabte Kurzgeschichten geschrieben, sich dann aber in Hollywood verkauft und prostituiert hat, und dann eine kleine Schwester, ein Kind noch, der seine ganze Zärtlichkeit gehört. Und hinter der Fassade des abgebrühten blasierten Frühreifen blüht uns, während wir ihn schreckliche Nächte in Animierkneipen und Zuhälterhotels durchirren sehen, in langsamer, stetiger Entwicklung eine Seele auf, eine überaus schöne, reine, liebenswerte und liebesfähige Seele, voll edler Triebe und ungenutzter guter Gaben, und im Lesen wird uns dies korrupte, brutale, lasterhafte Amerika ebenso zur Scheinfassade wie das Auftreten und die Sprechweise dieser Schüler. Hinter der widerlichen Maske steckt, vom Schmutz kaum berührt, edles Menschentum, beherzt und begabt. Vielleicht wird auch dieser liebe verwahrloste Knabe einmal Dichtungen schreiben, vielleicht wird später auch er einmal erliegen und sich irgendwie an Hollywood verkaufen. Vorläufig ist er allen faustdicken Unarten und Männerallüren zum Trotz ein Kind, ein irregelaufenes, sehr gefährdetes Kind, voll unverbrauchter blühender Seelenkräfte, voll Sehnsucht nach dem Guten und Schönen, voll Anständigkeit und Güte.

Ob man diesen Roman als Individualgeschichte eines halberwachsenen schwierigen Knaben, ob man ihn als Sinnbild für ein ganzes Land und Volk lese, man wird

vom Dichter den schönen Weg von der Befremdung zum
Verstehen, vom Ekel zur Liebe geführt. In einer problematischen Welt und Zeit kann Dichtung nichts Höheres
erreichen.   (1953)

PETER WEISS
* 1916

«Abschied von den Eltern»
(aus einem Brief an Peter Weiss)

Daß wir wieder von Ihnen hören, ist an sich schon eine
Freude, denn Sie sind bei uns unvergessen, und daß es mit
diesem großartigen Buch Ihrer Jugendgeschichte geschieht,
verdoppelt die Freude.

Sie haben eine andere Kindheit gehabt als ich, eine viel
ärmere, einsamere und geistfernere, und wenn ich an den
Peter Weiss denke, wie ich ihn damals in seiner Mon-
tagnolazeit kennenlernte, muß ich darüber staunen, wie
verhältnismäßig heil Sie damals waren oder schienen. Und
nun haben Sie aus Ihrer Kindheits- und Jugendgeschichte
dies Buch gemacht, ein ebenso prachtvolles wie schreckliches Buch, das jeden Leser ergreifen und tief bewegen
muß. Rein literarisch betrachtet ist es vollkommen, Gedächtnis und Beobachtungsgabe von ungewöhnlicher Genauigkeit treffen da mit einem Sprachgewissen zusammen,
dessen Sauberkeit und Intensität man lieben muß. Wenn
sich bei mir ein Einwand erhebt, so gilt er lediglich einem
Teil seines Inhalts, der Geschichte Ihrer lang dauernden
Sexualhemmung. Das ist eine pathologische Privatsache,
und ihre Darstellung wäre nach meinem Gefühl nur dann
von Wert, wenn der Leser auch den genaueren Vorgang
der Heilung erfahren würde.

Die Frage nach dem Wert des Inhalts stieg mir auch

schon beim Schatten des Körpers des Kutschers auf, ich hätte damals Ihnen gern geschrieben, konnte aber, obwohl der Eindruck stark war, das Ganze nicht so unbedingt bejahen wie Ihr neues Buch, es schien mir übermäßig viel Talent und Arbeit an eine Belanglosigkeit verschwendet, und die Collagen gefielen mir ganz und gar nicht.

Es gibt in der neusten deutschen Literatur sehr wenige Werke von ähnlicher Stärke, und daß wir beide nun Autoren des gleichen Verlags sind, freut mich.   (1961)

Ende einer Bücherbesprechung

In diesen köstlichen Büchern lese ich, in meiner Klause eingeschlossen, während draußen die Primeln und Anemonen blühen, und der dunkle Schwarm der Fremden sich durchs Gefilde bewegt. Weil es heute Mode ist, zu Ostern in Lugano zu sein, sind sie hier. In zehn Jahren werden sie in Mexiko oder Honduras sein. Wenn es Mode wäre, schöne Gedichte und Geschichten zu lesen, würden sie sich auf die obengenannten Bücher stürzen. Das überlassen sie jedoch mir, ich funktioniere als stellvertretender Leser für Millionen. Dafür werde ich dann im Sommer, wenn hier die berüchtigte Hitze ausbricht, auf unsern kleinen Wald- und Wiesenwegen wieder Raum haben und gehen und atmen können. Dann sind die Fremden zu Hause in Berlin oder im Hochgebirge oder weiß Gott wo, immer aber da, wo sie sich mit ihresgleichen ums letzte leere Bett streiten und im Staub ihrer eignen Autos husten und blinzeln müssen.   (1926)

>>Das Haus in Montagnola nimmt
ständig von draußen die Fülle der
Welt in ihren Büchern in sich auf, die
in Deutschland, Frankreich, England,
Amerika und in anderen Ländern erscheinen. Sie werden gelesen, beurteilt
und diskutiert.<< Peter Suhrkamp

Hermann Hesse war, wie Thomas Mann es einmal
formulierte, einer der besten Förderer des Neuen, weil
er dem Neuen beistand, ohne das Alte aufzugeben, weil
er das Alte kannte und liebte und es ins Neue hinüber-
getragen hat. Das gilt für das poetische Werk Hesses
nicht weniger als für sein nahezu unbekannt gebliebenes
analytisches und kulturkritisches. Denn als einer der pro-
duktivsten Herausgeber von Werken der literarischen
Tradition und zugleich als einer der aufmerksamsten
Leser der Arbeiten seiner Zeitgenossen hat er das kultu-
relle Leben der ersten Hälfte unseres Jahrhunderts mit
mehr als dreitausend Buchbesprechungen begleitet und in
einem noch nicht erkannten Ausmaß mitgeprägt. Diese
Arbeiten sind seit 1899, als in der >>Allgemeinen Schweizer Zeitung<< Hesses erste Rezension erschien, bis in die
fünfziger Jahre in etwa sechzig, über den gesamten deutschen Sprachraum verteilten Zeitungen und Zeitschriften
veröffentlicht worden. Die vorliegende Auswahl kann
davon allerdings nur etwa den zehnten Teil dokumen-
tieren.

Als Peter Suhrkamp unmittelbar nach Ausgang des
Zweiten Weltkriegs mit untrügbarem publizistischem Instinkt vorschlug, diese kulturkritischen Arbeiten in Buch-
form zu versammeln, wollte Hermann Hesse davon

nichts wissen. Für ihn war der Nachdruck seines im Verlauf des NS-Regimes zunehmend behinderten und schließlich teilweise verbotenen erzählerischen und lyrischen Werkes vorrangig. Das Konstruktive und Synthetische war Hesse von jeher, besonders aber zum damaligen Zeitpunkt der Neuorientierung, wichtiger als alles Analytische und Streitbare. Doch als dann 1957 die siebenbändige Ausgabe seiner Gesammelten Schriften vorgelegt werden konnte, war der Achtzigjährige mittlerweile mit Tausenden von Leserbriefen und den Belästigungen einer seit dem Nobelpreis (1946) ständig gewachsenen Reputation so überfordert, daß er sich »keineswegs nach einer Vergrößerung der Lawine sehnte«, wie sie eine Publikation seines zeit- und kulturkritischen Oeuvres zweifelsohne zur Folge gehabt hätte. Hesse wußte nur allzu gut, daß jede seiner kritischen Äußerungen von den Medien und der Öffentlichkeit journalistisch überspitzt, gekürzt, in unzulässige Zusammenhänge gebracht, des langen und breiten diskutiert, dementiert und ideologisch hin- und hergezerrt worden wäre, ohne daß man dadurch etwas Sinnvolles gefördert hätte. Sinnvoll, das war für Hesse immer nur das Individuelle, die ganz und gar undoktrinäre Veränderung des Einzelnen durch das Beispiel oder durch individuelle Kritik. Diese jedoch in die Öffentlichkeit zu tragen, hielt er für »Klatsch«. Wo es nötig war, konnte er zwar äußerst scharf und mit brillianter Treffsicherheit reagieren, nie aber durch Bloßstellung von Personen.

Uns, den eher analytisch geschulten Lesern der Nachkriegsgeneration, ist meist die einseitig kritische, ja überpointierte Argumentationsweise vertrauter. Daher wird nun die analytische Perspektive in Hesses Buchbesprechungen und Briefen um so überraschter entdeckt werden, als sie in scheinbarem Gegensatz zu der ausgewogenen Komplexität seiner poetischen Werke steht. Doch sind diese Rezensionen und Briefe nichts anderes als das exakte Pendant, die intellektuelle Gegenprobe zu seinen Dichtungen. Sie beweisen einmal mehr, daß sich unerbittliche Analyse und harmonische Synthese keineswegs ausschließen, sondern sich geradezu bedingen, daß also effektive Dichtung nicht möglich ist ohne realistischen Scharfblick und präzise Formulierung des Unbehagens. Hätte dieser Teil seines literarischen Oevres schon zu Hesses Lebzeiten gesammelt vorgelegt werden können, so wäre wohl kaum das Gerücht und Image vom »Idylliker in der Gartenlaube« so erfolgreich gewesen.

Unsere Auswahl wurde 1970 eigens für die neue Hesse-Werkausgabe (Band 12) zusammengestellt. Sie durfte den Umfang von 550 Seiten nicht wesentlich überschreiten und sollte doch einen charakteristischen und zugleich ein breiteres Leserpublikum interessierenden Querschnitt durch Hesses literaturkritisches Schaffen geben. Nichts lag bei der umfassenden Belesenheit dieses Autors näher, als aus der Fülle seiner Bücherbesprechungen, Vor- und Nachworte so etwas wie eine »Literaturgeschichte in Rezensionen und Aufsätzen« zu destillieren, nicht nur in Anlehnung an seine eigene, erstmals 1927 in »Reclams Universum« erschienene Betrachtung »Eine Bibliothek der Weltliteratur«, sondern auch, weil die zahlreichen werbenden Besprechungen von Neuausgaben vergriffener Werke der Weltliteratur seine dort getroffenen Charakterisierungen variieren und vertiefen. Doch auch die ehemals zeitgenössische Literatur seiner eigenen Generation und die der Jüngeren ist mittlerweile Literaturgeschichte geworden, und geradezu verblüffend ist es, heute zu verfolgen, wie wenig Wertbeständiges ihm hierbei, trotz der verwirrenden Vielfalt der alljährlichen Neuerscheinungen, entgangen ist. Seine universelle, von Kindheit an leidenschaftliche Belesenheit und wohl auch die Erfahrungen, die er im Ersten Weltkrieg machen konnte, als er Lektüre für nahezu eine halbe Million deutscher Kriegsgefangener auszuwählen hatte, ermöglichten es ihm, mit sicherem Blick in der Masse der Neuerscheinungen das Wesentliche und Dauerhafte zu erkennen. Kaum daß ein solches Buch auf dem Markt war, fand sich fast immer auch schon Hesses Rezension dazu in einer der Zeitungen. So gehört er z. B. wenn nicht zu den »Entdeckern« so doch zu den frühesten Förderern von Franz Kafka und Robert Walser. Als einer der ersten hat er Werke von Proust, Gide, Karl Kraus, Thomas Mann, Musil, Trakl, Heym, Ernst Bloch, Buber, Broch, Canetti, Anna Seghers, Max Frisch, Arno Schmidt u. a. empfohlen, denn er rezensierte grundsätzlich nur solche Bücher, die er empfehlen konnte, die für ihn in irgendeinem Sinn etwas Vorbildliches und Gültiges hatten, das er als wesentlich und charakteristisch für die Zeit erkannte, und dem er zutraute, »daß es vielleicht noch bis morgen oder übermorgen bestehen werde«.

Dies war seine Eigenart: Bücher, die er nicht ernst nehmen und schätzen konnte, legte er meist beiseite, ohne sich je darüber zu äußern. »Das Positive und Spendende zu sehen und zu betonen«, schrieb er 1934 in einem Brief an Max Picard, »schien mir immer die Hauptaufgabe dessen, der zwischen Büchern und Lesern vermittelt. Darum habe ich auch nur ganz wenige Male in meinem Leben Bücher öffentlich getadelt. Ist nichts zu loben, so schweige ich.« Oder 1936 an R. J. Humm: »Jedenfalls haben Sie die Hauptsache gespürt und akzeptiert: daß ich nicht klüger sein, richten und Zensur erteilen, sondern das äußern wollte, was Ihr Buch an Liebe in mir geweckt hat. Das genügt.« Hesses Literaturkritik ist also positiv, nie polemisch. Die darin vorhandene Zeitkritik gilt fast ausschließlich dem kulturpolitischen Hintergrund, von dem sich das empfohlene Buch abhebt. Sein Grundsatz war: das Gute anerkennen, das Geringe oder auch das, worüber er sich kein Urteil anmaßen wollte, gar nicht diskutieren. Seine Buchkritiken sind folglich keine streitbaren Auseinandersetzungen mit den Autoren, sie sind

Information, Anregung und Orientierung für den Leser, Versuch, einem guten Buch möglichst viele Leser zuzuführen. Die Geste des schlagfertigen Besserwissers war ihm unmöglich, zumal er als Autor die Sicherheit, mit der die Kritiker auftreten und ihre Kultur- und Zeitkritik treiben, stets mit Mißtrauen und Unbehagen betrachtet hat.

Einen besonderen Reiz gewinnen Hesses Besprechungen durch die seltene und glückliche Konstellation, daß hier nicht wie so oft der Rang des Urteilenden hinter dem des Beurteilten zurückbleibt, daß also Peinlichkeiten entfallen, die sich sonst so leicht aus dem Gefälle an Differenziertheit ergeben. Denn es muß nicht allemal am Sender liegen, wenn der Empfang gestört ist.

Es ist wichtig, sich beim Lesen dieser Auswahl mitunter zu erinnern, daß Hesse seine Buchbesprechungen natürlich nicht auf eine solche Edition hin geschrieben hat. Die hier zusammengestellten Beiträge mußten teilweise, dem thematischen Konzept unseres Bandes wegen, aus ihrem größeren Zusammenhang, etwa aus Rundbriefen, Sammelreferaten (worin Hesse eine größere Anzahl von Büchern meist unter einem gemeinsamen inhaltlichen Aspekt zu besprechen pflegte) oder sogar aus Feuilletons gelöst werden. Sein häufiges Verpacken von Buchempfehlungen in solche unterhaltsamen Zeitungsfeuilletons wirft ein bezeichnendes Licht auf die mit vielerlei Listen zum guten Buch »verführenden« Intentionen der Buchkritik Hesses.

Unter den verschiedenen, bei der Anlage dieses Bandes erprobten Konzepten erwies sich die chronologische Anordnung nach den Geburtsjahren der Autoren aus mehreren Gründen als die dienlichste. Bewußt wurde auf eine Unterteilung in die sonst üblichen literaturhistorischen Kategorien, wie – Ismen, Schulen und außerliterarische Klassifizierungen, verzichtet. Der Leser kann auf diese Weise die ganze antagonistische Vielfalt der jeweiligen Kulturphase nachvollziehen. So steht etwa Grimmelshausen neben Jakob Böhme, Lessing neben Casanova, Schiller neben Johann Peter Hebel, Eichendorff neben Schopenhauer, Marx neben Gottfried Keller usw.

Gab es innerhalb verschiedener Jahre zum selben Buch oder Autor mehrere Stellungnahmen Hesses, dann wurde, wenn nicht die ausführlichste, so doch die bündigste gewählt, oft auch mehrere kurze Besprechungen zueinandergestellt und nach inhaltlichen Kriterien geordnet, nicht danach, in welchem Jahr die jeweilige Besprechung geschrieben wurde. Die Entstehungs- bzw. Publikationsdaten der Rezensionen finden sich am Ende des jeweiligen Textes.

Fast alle diese Beiträge enthalten, da Hesse die Bücher ja gekauft und gelesen wissen wollte, genaue Hinweise auf Verlag, Erscheinungsort, Ausstattung und Preis. Unterschiedliche Ausgaben und Übersetzungen werden verglichen und überprüft. Solche Angaben waren zeitbedingt und wurden in unserer Edition gestrichen, zumal die meisten dieser Ausgaben heute nicht mehr im Buchhandel zu finden sind.

Ein detaillierter bibliographischer Nachweis aller in unserem Band enthaltenen Texte wäre bei dem für unser Projekt einer »Literaturgeschichte in Rezensionen und Aufsätzen« ohnehin allzu knapp bemessenen Raum auf Kosten von mindestens dreißig Seiten Hesse-Text gegangen. Eine solche Bibliographie muß der Edition einer künftigen Supplement-Werkausgabe vorbehalten bleiben, die einmal Hesses zeit- und kulturkritisches Oeuvre versammeln wird.

Volker Michels

Bibliographie der von Hermann Hesse herausgegebenen bzw. mit Vor- oder Nachworten versehenen Buchausgaben

März, Halbmonatsschrift für deutsche Kultur. Herausgegeben von H. Hesse, L. Thoma, A. Langen, K. Aram; Langen, München 1907–1912.

Der Lindenbaum, Deutsche Volkslieder. Herausgegeben von H. Hesse, M. Lang, E. Strauß, S. Fischer, Berlin 1910.

Die heiligen Schriften des Alten und Neuen Bundes. Vorwort von Hermann Hesse, übersetzt von Martin Luther, 4 Bände, Georg Müller, München 1910.

Ausgewählte Gedichte von Eduard Mörike. Herausgegeben und eingeleitet von H. Hesse (Deutsche Lyriker 8, Hesses Volksbücherei 598), 1911.

Des Knaben Wunderhorn, Alte deutsche Lieder, gesammelt von A. v. Arnim u. C. Brentano. Herausgegeben mit einem Nachwort von H. Hesse, Deutsche Bibliothek, Berlin 1913.

Gedichte und Novellen von Frh. v. Eichendorff. Herausgegeben mit einem Vorwort von H. Hesse. Deutsche Bibliothek, Berlin 1913.

Titan von Jean Paul in zwei Bänden. Gekürzt herausgegeben mit einem Nachwort von H. Hesse, Insel, Leipzig 1913.

Die Reiseschatten. Hrsg. von Justinus Kerner. Einleitung und Nachwort von H. Hesse, Kiepenheuer, Weimar 1913.

Das Meisterbuch. Herausgegeben mit einem Vorwort von H. Hesse, Deutsche Bibliothek, Berlin 1913.

Gedichte von Christian Wagner. Herausgegeben mit einem Vorwort von H. Hesse, Müller, München 1913.

Der Zauberbrunnen. Die Lieder der deutschen Romantik. Herausgegeben mit einem Vorwort von H. Hesse. Liebhaberbibliothek, Kiepenheuer, Weimar 1913.

Morgenländische Erzählungen, Palmblätter. Herausgegeben von J. G. Herder, A. J. Liebeskind. Neu herausgegeben mit einem Nachwort von H. Hesse, Insel, Leipzig 1914.

Lieder deutscher Dichter. Herausgegeben und mit einem Vorwort von H. Hesse. Eine Auswahl der klassischen Lyrik von P. Gerhardt bis F. Hebbel. Langen, München 1914.

Gesta Romanorum. Das älteste Märchen- und Legendenbuch des christlichen Mittelalters. Nach der Übersetzung von J. G. Th. Grässe. Herausgegeben und eingeleitet von H. Hesse, Insel, Leipzig 1915.

Der Wandsbecker Bote. Eine Auswahl aus den Werken von Matthias Claudius. Herausgegeben und mit einem Nachwort von H. Hesse (Insel-Bücherei 186), Leipzig 1916.

Deutsche Internierten-Zeitung. Herausgegeben von H. Hesse und R. Woltereck. Heft 1–62, Deutsche Kriegsgefangenenfürsorge, Francke Verlag, Bern 1916–1917.

Lektüre für Kriegsgefangene. Den Gönnern und Stiftern unserer Gefangenenbibliotheken gewidmet. Sonderausgabe 1916.

Der Sonntagsbote für die deutschen Kriegsgefangenen. Herausgegeben von H. Hesse und R. Woltereck, Schweiz. Hilfsstelle für Kriegsgefangene, Francke, Bern 1916–1918.

A. Welti, Gemälde und Radierungen. Herausgegeben und mit einer Einleitung von H. Hesse, Furche, Berlin 1917.

Bücherei für deutsche Kriegsgefangene. Herausgegeben von H. Hesse und R. Woltereck, 22 Bände. Bücherzentrale für deutsche Kriegsgefangene, Bern 1918–1919.

Isländerbuch. Zwei Geschichten aus dem Isländerbuch. Herausgegeben mit einem Vorwort von H. Hesse und A. Bonus. Bücherei für deutsche Kriegsgefangene 15, Bern 1918.

Dichtergedanken mit Vorwort von H. Hesse. Bücherei für deutsche Kriegsgefangene 5, Bern 1918.

Das kleine Buch der Wunder. Herausgegeben mit einem Vorwort von H. Hesse, A. Fürst und A. Moszkowski. Bücherei für deutsche Kriegsgefangene 10, Bern 1918.

Alte Geschichten, Zwei Erzählungen. Bücherei für deutsche Kriegsgefangene 1, Bern 1918.

Don Correa von Gottfried Keller mit einem Vorwort von H. Hesse. Bücherei für deutsche Kriegsgefangene 2, Bern 1918.

Zwei Märchen. Bücherei für deutsche Kriegsgefangene 12, Bern 1918.

Aus dem Mittelalter. Herausgegeben mit einem Vorwort von Hermann Hesse. Bücherei für deutsche Kriegsgefangene 19, Bern 1918.

Anekdoten und Sagen. Herausgegeben mit einem Vorwort von Hermann Hesse und W. Schäfer. Bücherei für Kriegsgefangene 9, Bern 1918.

Emil Strauß, Der Laufen; Musik. Herausgegeben mit einem Vorwort von H. Hesse, Bücherei für deutsche Kriegsgefangene 6, Bern 1918.

Alemannenbuch. Hrsg. von H. Hesse. Seldwyla, Bern 1919.

Ein badisches Buch. Herausgegeben mit einem Vorwort von H. Hesse und R. Woltereck. Bücherei für deutsche Kriegsgefangene 12, Bern 1919.

Ein Schwabenbuch für die deutschen Kriegsgefangenen. Herausgegeben von H. Hesse und W. Stich, Bern 1919.

Vivos voco. Eine deutsche Monatsschrift. Jahrgang 1–2. Herausgegeben von H. Hesse und R. Woltereck. Seemann, Leipzig 1919–1922.

Ein Luzerner Junker vor hundert Jahren. Aus den Lebenserinnerungen des X. Schnyder von Wartensee. Hrsg. mit einem Nachwort von H. Hesse, Benteli, Bern 1920.

Geschichten aus Japan. Herausgegeben und mit einem Nachwort von Hermann Hesse (Merkwürdige Geschichten, Bd. 3), Seldwyla, Bern 1922.

Salomon Gessner: Dichtungen (Die Schweiz im deutschen Geistesleben, Bd. 2). Einleitung von H. Hesse, Haessel, Leipzig 1922.

Jean Paul, Der ewige Frühling. Vorwort von H. Hesse, Tal, Wien 1922.

Jean Paul, Die wunderbare Gesellschaft in der Neujahrsnacht, Erzählungen. Herausgegeben und mit einem Nachwort von H. Hesse (Merkwürdige Geschichten, Bd. 1), Seldwyla, Bern 1922.

Heinrich Leuthold, Der schwermütige Musikant. Vorwort von H. Hesse, Tal, Wien 1922.

Mordprozesse. Herausgegeben und mit einem Nachwort von H. Hesse (Merkwürdige Geschichten, Bd. 5), Seldwyla, Bern 1922.

Novellino. Herausgegeben und mit einem Nachwort von H. Hesse (Merkwürdige Geschichten, Bd. 2), Seldwyla, Bern 1922.

Aus Arnims Wintergarten. Herausgegeben und mit einem Nachwort von H. Hesse (Merkwürdige Geschichten, Bd. 4), Seldwyla, Bern 1922.

Zwei altfranzösische Sagen. Mit einem Nachwort von H. Hesse (Merkwürdige Geschichten, Bd. 6), Seldwyla, Bern 1924.

Die Geschichte von Remeo und Julia. Herausgegeben und mit einem Nachwort von H. Hesse (Merkwürdige Geschichten und Menschen), S. Fischer, Berlin 1925.

Geschichten aus dem Mittelalter. Übersetzt, herausgegeben und eingeleitet von H. Hesse, Hönn, Konstanz 1925.

Hölderlin. Dokumente seines Lebens. Herausgegeben und mit einem Nachwort von H. Hesse (Merkwürdige Geschichten und Menschen), S. Fischer, Berlin 1925.

Novalis, Dokumente seines Lebens und Sterbens. Herausgegeben und mit einem Nachwort von H. Hesse (Merkwürdige Geschichten und Menschen), S. Fischer, Berlin 1925.

Sesam, Orientalische Erzählungen. Herausgegeben und mit einem Nachwort von H. Hesse (Merkwürdige Geschichten und Menschen), S. Fischer, Berlin 1925.

J. *Swift, Lemuel Gullivers Reisen in verschiedene ferne Länder der Welt.* Mit einem Vorwort von H. Hesse, List, Leipzig 1925.

Blätter aus Prevorst. Eine Auswahl von Berichten über Magnetismus, Hellsehen, Geistererscheinungen usw. aus dem Kreise Justinus Kerners, herausgegeben und mit einem Nachwort von H. Hesse, S. Fischer, Berlin 1926.

Märchen und Legenden aus den Gesta Romanorum. Herausgegeben und mit einem Nachwort von H. Hesse, Insel, Leipzig 1926.

Schubart, Dokumente seines Lebens. Herausgegeben und mit einem Nachwort von H. Hesse (Merkwürdige Geschichten und Menschen), S. Fischer, Berlin 1926.

Frans Masereel, Die Idee. Einleitung von H. Hesse, Kurt Wolff, Leipzig 1927.

Hugo Ball, Sein Leben in Briefen und Gedichten. Vorwort von H. Hesse, S. Fischer, Berlin 1930.

J. *W. v. Goethe, Dreißig Gedichte.* Herausgegeben und eingeleitet von H. Hesse, Lesezirkel, Hottingen, Zürich 1932.

Frans Masereel, Geschichte ohne Worte. Nachwort von H. Hesse, Insel, Leipzig 1933.

Jean Paul, Siebenkäs. Nachwort von H. Hesse, List, Leipzig 1935.

Falterschönheit, Exotische Schmetterlinge. Vorwort von H. Hesse, Iris, Leipzig 1936.

Emmy Ball-Hennings, Blume und Flamme. Vorwort von H. Hesse, Benziger, Einsiedeln 1938.

Bunte Feier, Erzählungen und Gedichte (junger Autoren). Vorwort von H. Hesse, Widmer, St. Gallen 1938.

Jean Paul, Ausgewählte Werke. Einleitung von H. Hesse, Scientia, Zürich 1943.

Der Autorenabend. Dichteranekdoten von Rabelais bis Thomas Mann, Einleitung von H. Hesse, Diogenes, Zürich 1953.

A. Baeschlin, Ein Künstler erlebt Mallorca. Vorwort von H. Hesse, Lemper, Schaffhausen 1953.

L. Zahn, Künstler auf der Höri am Bodensee. Vorwort von H. Hesse, Simon & Koch, Konstanz 1956.

Ernst Mogenthaler. Vorwort von H. Hesse, Scherz, Bern 1957.

Ernst Morgenthaler, Ein Maler erzählt. Vorwort von H. Hesse, Diogenes, Zürich 1957.

Zeittafel

1877 geboren am 2. Juli in Calw/Württemberg

1892 Flucht aus dem evgl.-theol. Seminar in Maulbronn

1899 »Romantische Lieder«, »Hermann Lauscher«

1904 »Peter Camenzind«, Ehe mit Maria Bernoulli

1906 »Unterm Rad«, Mitherausgeber der antiwilhelminischen Zeitschrift »März« (München)

1907 »Diesseits«, Erzählungen

1908 »Nachbarn«, Erzählungen

1910 »Gertrud«

1911 Indienreise

1912 »Umwege«, Erzählungen, Hesse verläßt Deutschland und übersiedelt nach Bern

1913 »Aus Indien«, Aufzeichnungen von einer indischen Reise

1914 »Roßhalde«, bis 1919 im Dienst der »Deutschen Kriegsgefangenenfürsorge, Bern« Herausgeber der »Deutschen Interniertenzeitung«, der »Bücher für deutsche Kriegsgefangene« und des »Sonntagsboten für deutsche Kriegsgefangene«

1915 »Knulp«

1919 »Demian«, »Märchen«, »Zarathustras Wiederkehr« Gründung und Herausgabe der Zeitschrift »Vivos voco«, ›Für neues Deutschtum‹. (Leipzig, Bern)

1920 »Klingsors letzter Sommer«, »Wanderung«

1922 »Siddhartha«

1924 Hesse wird Schweizer Staatsbürger

1924 Ehe mit Ruth Wenger

1925 »Kurgast«

1926 »Bilderbuch«

1927 »Die Nürnberger Reise«, »Der Steppenwolf«

1928 »Betrachtungen«

1929 »Eine Bibliothek der Weltliteratur«

1930 »Narziß und Goldmund«, Austritt aus der »Preußischen Akademie der Künste«, Sektion Sprache und Dichtung

1931 Ehe mit Ninon Dolbin geb. Ausländer

1932 »Die Morgenlandfahrt«

1937 »Gedenkblätter«

1942 »Gedichte«

1943 »Das Glasperlenspiel«

1945 »Traumfährte«, Erzählungen und Märchen

1946 Nobelpreis

1951 »Späte Prosa«, »Briefe«

Hermann Hesse
in der Bibliothek Suhrkamp

Beschwörungen; Bilderbuch: Briefe; Das Glasperlenspiel; Der Steppenwolf; Diesseits; Erzählungen; Kleine Welt; Fabulierbuch; Frühe Prosa; Gedenkblätter; Gertrud; Knulp; Krieg und Frieden; Kurgast; Die Nürnberger Reise; Märchen; Narziß und Goldmund; Peter Camenzind; Prosa aus dem Nachlaß; Roßhalde; Schriften zur Literatur; Siddhartha; Traumfährte; Unterm Rad.

Briefe
Kindheit und Jugend vor Neunzehnhundert. Hermann Hesse in Briefen und Lebenszeugnissen 1877–1894; herausgegeben von Ninon Hesse
Kindheit und Jugend vor Neunzehnhundert. Hermann Hesse in Briefen und Lebenszeugnissen 1895–1900; herausgegeben von Gerhard Kirchhoff
Hermann Hesse, Gesammelte Briefe, 1895–1921. Unter Mitwirkung von Heiner Hesse; herausgegeben von Ursula und Volker Michels
Briefe. 2. erweiterte Ausgabe
Hermann Hesse – Peter Suhrkamp. Briefwechsel 1945 bis 1959; herausgegeben von Siegfried Unseld
Hermann Hesse – R. J. Humm. Briefwechsel

Über Hermann Hesse
Dank an Hermann Hesse. Reden und Aufsätze
Hermann Hesse – Eine Chronik in Bildern; herausgegeben von Bernhard Zeller
Hugo Ball: Hermann Hesse. Sein Leben und sein Werk
Emmy Ball-Hennings: Briefe an Hermann Hesse
Adrian Hsia: Hermann Hesse in China
Siegfried Unseld: Hermann Hesse, eine Werkgeschichte
Siegfried Unseld: Begegnungen mit Hermann Hesse
Martin Pfeifer (Hrsg.), Hermann Hesses weltweite Wirkung. Internationale Rezeptionsgeschichte. Band 1 und Band 2

Sonderausgaben
Hermann Hesse, Die Erzählungen
Hermann Hesse, Weg nach Innen
Hermann Hesse, Schriften zur Literatur. 2 Bde.
Politik des Gewissens. Die politischen Schriften 1914–1962
Hermann Hesse als Maler

Hermann Hesse
Gesammelte Erzählungen
4 Bände in Kassette
DM 32.–

Hermann Hesses sämtliche Erzählungen sind in vier Taschen-
buchbänden erschienen:
Band 1 Aus Kinderzeiten, 1900–1905 (st 347)
Band 2 Die Verlobung, 1906–1908 (st 368)
Band 3 Der Europäer, 1909–1918 (st 384)
Band 4 Innen und Außen, 1919–1955 (st 413)
Alle vier Bände zusammen werden in einer Schmuckkassette
vorgelegt.
Nicht unerhörte Begebenheiten, sondern das Unerhörte der
alltäglichen Begebenheiten kommt hier zu Wort. Denn so ver-
traut die Schauplätze anmuten, die Konflikte, die dort aus-
getragen und festgehalten werden, wachsen weit über das Lo-
kale hinaus. Der Mikrokosmos des scheinbar Provinziellen und
Individuellen verweist vom Detail auf das Ganze. Dabei bedeutet die Lektüre dieser Erzählungen nicht Arbeit, sondern
Regeneration.

Hermann Hesse auf Schallplatten

Hermann Hesse liest
»Über das Glück« und Gedichte
Gert Westphal liest:
Aus einem Brief des 15jährigen an seine Eltern
Prosa aus »Klingsors letzter Sommer« und Gedichte
Suhrkamp Verlag
Sprechplatten der Deutschen Grammophon Gesellschaft
Aus dem »Tractat vom Steppenwolf«
gesprochen von Helmut Griem
Die Stadt und satirische Gedichte aus dem Nachlaß
gesprochen von Gert Westphal
Heliodor Bibliothek Nr. 2571009
Aus dem »kurzgefaßten Lebenslauf«,
gesprochen von Gert Westphal
Haßbriefe und »Briefe an einen Kommunisten«,
gesprochen von Peter Lühr
Heliodor Bibliothek Nr. 2571031
Lieder nach Gedichten von Hermann Hesse
vertont von Othmar Schoeck und Gottfried von Einem
Gesungen von Dietrich Fischer-Dieskau
Deutsche Grammophon Gesellschaft LP 25308777

st 527 Jochen Schimmang, Der schöne Vogel Phönix
Erinnerungen eines Dreißigjährigen
300 Seiten
Der autobiographische Bericht eines Dreißigjährigen, der
die Spätphase der antiautoritären Bewegung, Studium,
Kaderarbeit für eine K-Gruppe und den Bruch mit dieser
Gruppe, Schwierigkeiten beim Übergang ins Berufsleben,
Hoffnungen, Desillusionierung und Depressivität dieser
Jahre durchaus repräsentativ, also nachvollziehbar, zum
Wiedererkennen und Sichunterscheiden, verfolgt, mitge-
macht, erlebt hat.

st 528 Junker/Link, Ein Mann ohne Klasse
Roman
512 Seiten
Neugierig, wach, witzig, eitel, sehr beredet ist dieser
»Mann ohne Klasse«, ein energischer Macher, souverän,
aber zugleich der wuchernden Vielfalt seines Lebens aus-
geliefert, sie frißt ihn auf: die Lebenssituation der siebziger Jahre im Roman.

st 529 Helmut Degner, Graugrün und Kastanienbraun
Aufzeichnungen eines Neurotikers
294 Seiten
Zwischen den Aufenthalten in der Psychiatrie hat der
Neurotiker sich acht Jahre lang in seiner Wohnung ver-
krochen. Er hat Angst und Angst vor der Angst. Eines
Tages hat er begonnen, sich aus dieser Angst und aus den
zwanghaften Erinnerungen an leidvolle Erfahrungen her-
auszuschreiben. Er nimmt freieren Kontakt zu Marion

und zu anderen Menschen auf. »Graugrün und kastanienbraun sind nicht mehr nur die Augen und das Haar des Mädchens – das ist für mich das Leben: grau, aber immer auch ein wenig grün, und wenn es schön ist, kastanienbraun.«

st 530 Wolfgang Koeppen, Reisen nach Frankreich
176 Seiten
Die *Reisen nach Frankreich* führen vom äußersten Norden bis nach Marseille und Nizza. Aber bei allen Städten Frankreichs in der Provinz, die Koeppen besucht, spürt er die große Sehnsucht, die nach Paris gerichtet ist. So schließt auch wie selbstverständlich ein großes Paris-Kapitel dieses Buch, das 1961 erstmals erschien, ab.

st 531 Hermann Lenz, Der russische Regenbogen
Roman
176 Seiten
Die junge Russin Tamara wird 1944 als Kriegsgefangene nach Ostpreußen geschafft, von dort flieht sie nach Italien, gelangt aber nur in das Zwangslager einer süddeutschen Stadt. Ihr moralischer Halt sind ihr Haß und das Gift, das sie in der Jacke versteckt hat. Von den Amerikanern befreit, gibt sie ein Fest, das Opfer und ehemalige Feinde vereint.

st 532 Christiane Rochefort, Frühling für Anfänger
Roman
ca. 240 Seiten
Christoph Ronin, sechzehn Jahre, dreht eines Abends durch. Aus der Beschirmtheit durch den häuslichen Fernsehapparat geht er weg und seiner eigenen Wege. Seine Stationen sind Pommes-frites-Buden, Flipperlokale, eine Bibliothek, drei Betten und ein Parkplatz. Der März im Paris des Jahres 1967 wird zum Vorboten des Pariser Mais 1968.

st 534 Stanisław Lem, Der futurologische Kongreß
Aus Ijon Tichys Erinnerungen
Aus dem Polnischen von I. Zimmermann-Göllheim
Phantastische Bibliothek Band 29
144 Seiten
Im Zeitalter der Psychemie werden alle Sinneswahrnehmungen durch chemische Mittel beeinflußt, die die ganze

menschliche Existenz durchdringen, so daß es keine Wirklichkeit mehr gibt, die nicht chemisch manipuliert wäre. Lem betreibt ein Spiel mit der Sprache und imaginiert beiläufig eine Futurologie, die die Zukunft anhand der Umformungsmöglichkeiten der Sprache erforscht.

st 535 Herbert W. Franke, Sirius Transit
Phantastische Bibliothek Band 30
176 Seiten
Ein neuentdeckter, erdähnlicher Planet und eine Firma, die die Besiedlung organisiert: die SIRIUS TRANSIT. Für Barry Griffin bedeutet der neue Planet die Erfüllung alter Träume und Sehnsüchte, und er hofft, daß der ältere Bruder, der Leiter der SIRIUS TRANSIT, ihm einen Job bei den Erschließungsarbeiten verschaffen kann. Schließlich gelingt es Barry, das Geheimnis der SIRIUS TRANSIT aufzuklären, aber er verirrt sich in diesem System perfekter technischer Illusion, in dem die Unterschiede zwischen Wirklichkeit und Täuschung verfließen.

st 558 Erica Pedretti
Harmloses, bitte
80 Seiten
An den Bildern, die Erica Pedretti in anschaulicher Deutlichkeit entwirft, läßt sich der Übergang von der Deskription einer idyllischen Landschaft, des heilen Lebens zur angedeuteten Tragödie erkennen. Dieses Modell ist in einer gegenständlichen Sprache erzählt, die modernste Erzähltechniken ebenso wie den einfachen Satz aufnimmt. So erweist sich der Text als spiegelndes Glatteis, auf dem der, der Harmloses erwartet, zu Fall kommt.

st 559 Ralf Dahrendorf
Lebenschancen
Anläufe zur sozialen und politischen Theorie
238 Seiten
Dieser Band ist ein Versuch, den Begriff der Lebenschancen als Schlüsselbegriff zum Verständnis sozialer Prozesse zu etablieren und in den Zusammenhang geschichtsphilosophischer Erwägungen zur Frage des Fortschritts, sozialwissenschaftlicher Analysen des Endes der Modernität und politisch-theoretischer Überlegungen zum Liberalismus zu stellen.